李晓明 著

（第二版）

On Legal Mechanism to Control Corruption

控制腐败法律机制研究

司法部法治建设与法学理论研究部级2006年重点研究项目（编号：06SFB1009）

法律出版社
LAW PRESS·CHINA

自 序

腐败是人类社会的毒瘤,也是世界各国及国际社会的公害和公敌,如何控制腐败也逐渐成为全球性的重大课题。长期以来,我国党和政府十分重视反腐败斗争,尤其是十八大以来,无论理论界还是实务部门,都在潜心研究和深入治理腐败。在国外,世界各国同样面临着腐败的袭扰,正如有关权威人士所言:“所有国家,不管大小和贫富,都存在着腐败现象。”因此,2003 年 10 月 31 日联合国大会通过了《联合国反腐败公约》,这在极大程度上也充分表明了国际社会的反腐败决心。世界银行统计数据显示,在发达国家和不发达国家中,每年支付的贿金超过 1 万亿美元。腐败对发展中国家尤其具有破坏性,可以说是阻碍脱贫和经济发展的重要因素。目前,我国正处在改革的关键期,社会主义市场经济也逐步进入到深水区,有效遏制和控制腐败,不仅是全面建设小康社会的前提基础和根本性条件,而且也是我国加入联合国反腐败公约后必须履行的一项国际义务。研究和制定控制腐败的法律机制等措施,不仅有利于当前惩治和预防腐败,而且将造福子孙后代和整个人类,是一件功在当代,利在千秋,益国、益民、益世的大事,必须抓实抓好。

本书共由导论、十五章和四个附录组成,体系较为完整,基本覆盖了反腐败和控制腐败法律机制的各个方面。我们对腐败、控制腐败、法律机制等基本概念和范畴进行了系统梳理和全面解析,而且提出了"法治反腐"和"控制腐败须要法律机制"等新的理论观点,并根据党的十八大以来的系列精神和对反腐工作的新要求,重新阐释了现今的"控制腐败法律机制"不仅包括"国法"层面的法律机制,而且包括了"党法"层面的法律机制,还从"党纪国法"双重视角下认真研究和界定了认定腐败的具体标准。在此分析的基础上,深入剖析了腐败的形成机理和深层原因,指出腐败的成因是与人之本能有关的立论,即"本能——腐败的原动力;冲突——腐败的内动力;机会——腐败的外动力",作者提出的"腐败三动力"理论,恰好对应着腐败形成的"三个阶段",首先是腐败的本能欲望阶段,其次是腐败主体的特质与最终选择阶段,最后是腐败的机会与可能性分析阶段。

本书针对腐败的形成机理和深层原因,有针对性地提出腐败只能控制,不能消灭的观点。如书中所言,本能是人的自然属性,是无法改变的,而冲突、机会则可以改变,也必须改变。当腐败主体内心冲突需要做出腐败与不腐败选择时,要让敬畏之心大于侥幸之心;当选择腐败而需要寻找机会时,要让制度完善严密、无机可乘。或许这正是"控制腐败法律机制"的重中之重与核心所在。就腐败犯罪的控制而言,从事前的预防腐败、事中的控制腐败到事后的惩戒腐败等就是为了最大限度地消除腐败的侥幸心理,最终做出正确而理性的选择,让犹豫不决的人最终权衡利弊、下定决心"不想腐败",让想腐败的人由于制度防控的严密性而"不能腐败”,让虽然想腐败但迫于法律的威慑力的人最终选择“不敢腐败”。机制打造也是为了建立起系统全面的各类控制腐败的政策机制和法律机制,法律机制不仅包括“国法”机制,甚至包括“党法”机制。最终使党和国家的权力运行制度化、程序化和法治化,真正做到环环相扣,监督有力、制约到位,无机可乘,让想腐败的人“不敢腐败”,让敢腐败的人“不能腐败”,甚至迫于法律的威慑和制度的不能以及政策的导向,让所有的人都不再想去冒险腐败,最终达到控制腐败的终极目的。这不仅是一种符合控制腐败的规律与原理,更是我国解决腐败问题的一条有效途径和光明道路,值得大力提倡和发扬光大。

本书还主张腐败虽然可以预防,但效果未必就佳,尤其是任何国家和社会无法防止腐败犯罪一定不发生,可以说这是世界各国和国际社会在反腐败的斗争中得出的极其宝贵的经验。尤其是在我们国家,要彻底改变那种“大轰大嗡”口号式却不见成效的反腐败做法,以及以法律惩处为主的“严打式”的甚至是“运动式”的传统思维,就要按照控制腐败法律机制的规律办事,进而追求更加有效地控制腐败和防治腐败的法律效果。实践证明其实践价值正在于:本论不仅引入“机制”“法律机制”“控制腐败”“制衡权力”“党法机制”“国法机制”控制腐败法律机制和控制腐败法律机制系统工程等基本概念、原理和范畴,而且以博弈论和实证研究的分析方法,设计与控制腐败法律机制相关的数学模型,最终创建控制腐败法律机制和控制腐败法治系统工程,从而解决控制腐败法律机制的实际问题和具体应用,包括在党的十八届四中全会全面推动“依法治国”的严密部署下,进行反腐败的顶层设计,通过修改宪法和选举法逐步推动在县级以下、地市级以下和省级以下实行直选或差额选举,变对上负责为对下负责,以及通过对刑罚效果的实证分析和修改刑法机制,打造对控制腐败有良好效果的法定刑机制以及建造具有威慑力的控制腐败的行刑机制等。

作者将“腐败犯罪控制”和“控制腐败机制打造”作为本书的重中之重和核心价值。这是因为“机制”除了依托体系、制度外，其自身更重要的是在具体的运作过程中形成，具有不可或缺的自律性或律动性效应与作用。准确地讲，这种律动性或律动作用的根本价值和功用还在于其自身的协调性和自动纠偏性或称自动纠错性，即为了实现预期的工作目标，其会在需要时进行自我纠正和协调，以保证最终反腐工作任务与目标的顺利完成与实现。

另外，本书还梳理和研究了美国、加拿大、新加坡等国和诸如透明国际、联合国内部事务监督厅、世界银行等国际组织较为成熟和先进的控制腐败法律机制和工作机制，这不仅增强了本书反腐败知识的系统性，而且也传递了世界各国和整个人类反腐败的集体智慧与经验。通过这些法律机制和操作性机制的引入，基本构建了一套适合我国国情的，包括法律、人大、政府、法院、检察院、公安局、监察局、人民监督和其他监督组成的全方位、多角度、多层次的立体监督体制与网络，具体分为政策导向机制、立法制度机制和惩处威慑机制三个方面。本书特别根据党的十八大以来的系列精神，把“党法”也正式扩充进“法律机制”的基本范畴，按照习近平总书记倡导的，党的事物及党的管理也要实行法制化和法治化，包括也要实行“法治反腐”等。我们还系统引入了博弈论的思维与方法，根据反对腐败和控制腐败的工作特点，从博弈论的视角认真研究腐败的种种表现，将腐败犯罪的复杂表象归结为理性人“趋利避害”的本能与本性，深刻地指出理性人的逐利本性和易于诱发权力与利益的勾结性；由于腐败犯罪人的避害心理，导致腐败犯罪的手段与方式的复杂化，以及腐败利益人追逐腐败收益及其效益，致使腐败犯罪的数量与数额逐渐攀升，最终导致腐败犯罪人的逐利—避害—逐利等各个环节相互作用以及恶性循环，从而导致腐败之风愈演愈烈或腐败之风盛行的现象。

本书在构建控制腐败法律机制理论，以及借鉴国外成功工作机制经验和引进先进反腐技术与系统分析方法的基础上，制定出了适合我国实际情况的控制腐败法律机制的操作性方案：(1)理顺国家权力机关及党和政府的管理体制，全面推动和拓展“依法治国”的发展进路与空间，为建造控制腐败法律机制奠定更好的体制环境和法治环境；(2)成立类似于我国香港“廉政公署”式的全国反腐败专门机构，并通过专项立法(《国家反腐败法》)和配套立法(《公务员财产透明法》)赋予特殊侦查手段或特权来侦办腐败案件，以及处理与反腐败有关的公务员队伍管理包括财产管理的具体事务；(3)通过修改一系列与反腐败有关的法律，重点是宪法、选举法、遗产继承法等，逐步推行县级以下、地市级以下、省级以下官员差额选举或直接选举，变只对上负责为既对上负责也对下负责的领导干部任职机制，彻底消除管理中的腐败隐患，有效控制腐败行为的发生与蔓延。包括对现行刑法中行贿、受贿等“对偶犯”设置对等或平等的法定刑措施，以及司法操作中存在的激励悖论，包括激励悖论的重罚化、刑罚轻重的失衡性、自首机制的无效性、制度设计的冲突性等，并在此基础上，设计出以利益机制为核心、以刑罚均衡机制为依托、以刑种配套机制为辅设、以利益隔离机制为原则、以信誉评价机制为补充和以严格执行机制为基础等控制腐败法律机制的新思路，使整个控制腐败法律机制更具有实用性和可操作性。

本书的基本主张与理论观点主要包括以下十个方面：

1. 腐败不是一个法律概念，而是一个政治概念或社会概念，如今国内外腐败的概念极不统一。在梳理各学科或领域不同概念的基础上，提出了最广义(违法 + 违纪 + 背德)、广义(违法 + 违纪)和狭义(违法)三个层次划分的观点。并针对腐败的广义概念，提出了其主体的公职性、行为的涉权性、目的的利益性、手段的不合目的性四个特征。在界定概念和特征的基础上，提出了在具体认定腐败时应坚持双重视角下的标准：违纪型腐败和违法型腐败(主体、客体、目的、手段、结果、违纪的形式以及违纪行为的认定依据)。

2. 腐败并不一定就是道德和人品问题,也不仅是体制问题,还可能跟人的本能有关。通过对腐败本源的追溯,包括对腐败几种学说(私有制说、制度说、人性本恶说)的分析,提出了“与人之本能有关”的假设,并认真论证了该假设学说中“本能——腐败的原动力;冲突——腐败的内动力;机会——腐败的外动力”等导致腐败产生的因素,且在此基础上首次提出了本能视角下腐败防控的两个目标(不可无视人的本能冲动和不可夸大人的本能冲动),系统性地提出了腐败产生与形成的机制与机理;甚至提出了腐败形成的社会环境因素(政治因素、经济因素、法治因素和文化因素等);腐败形成的个体心理因素(不良意识类群因素、腐败心理类群因素、腐败心理形成与变化的动态分析等)。从个体、社会、心理等多个层面揭示了腐败犯罪的真正原因与形成机理,最终描述出一个总体的“腐败形成、变化的轨迹图”。该图核心描绘的是腐败形成的机理:本能欲望是腐败的根源性动力,社会环境因素的交互作用是腐败的外动力,不良意识是腐败相关心理的起点,腐败的个性心理是腐败的内动力,风险决策即成本收益评估是腐败进程的推动力,从而共同构成了腐败的最初背景和相关过程。

3. 产生腐败的原因固然是多方面的,但不管是对其横向(各国)比较还是纵向(历史)比较,甚至从我国具体国情出发,权力的过度集中或称为绝对的权力始终是产生腐败或制约反腐败的根本原因。必须深刻揭示绝对权力与腐败现象间的内在关联性,进而对权力进行有效制约,如此才能从根本上和源头上遏制腐败,也才能够建立起切实有效的控制腐败法律机制和法治系统工程。

4. 目前权力过分集中的重要表现是党内民主有待加强。中国共产党作为执政党,领导及管理国家的各项事务。但是党内自下而上的民主制度还不够健全,致使各级领导干部更多的是对上负责而不是对下负责,这极易导致党内权力过于集中。反腐败的一个重点改革领域即应在党内进一步加强民主,用胡锦涛同志的话叫作"以党内民主推动人民民主",如实行党代会常委会常任制、党内选择差额制等改革,目的是强化普通党员权利,形成对党内权力的制约与监督,进而从权力制约因素上防止腐败滋生与蔓延。

5. 在权力制衡理论的支撑下,提出了控制腐败的三大机制:控制腐败的政策机制、控制腐败的立法机制和控制腐败的惩处机制,并指出"应在县级以下实行差额选举,变对上负责为对下负责"的观点。结合机制建设的需要,撰写了我国反腐败的专项立法(《国家反腐败法》)和反腐败的配套立法(《公职人员财产透明法》),提出了修改与反腐败相关法律的具体建议,以及相关的存款实名制、遗产继承法和国际合作等配套性措施。

6. 在查处腐败机制方面,现有体制存在的主要弊端在于纪检监察机关虽然反腐败主动性强,组织协调力度较大,但由于其是执政党纪律检查机关和行政监察机关,其法治化和覆盖面不足。而检察机关的反贪部门是专业机构,其法治化和专业化明显,但其法律地位(尤其是实际权力运行与操作方面)缺失,甚至法律授权也不足(总是不能完全按照法律规定来操作运行,如检察机关反贪案件的办理不能完全做到"以事立案",而往往是"以人立案",甚至搞不搞谁都要有党委或领导审批,这样极易形成新的腐败或失去反腐败的应有威慑力与正义性)。因此,应根据权力制约的原则,对现行反腐败体制进行较全面的改革。即仍由纪委负责组织协调工作,但不行使事实上的调查权等准司法权,而且不能干预司法机关办案。在各级人大中设立反腐败委员会,与纪委合署办公,在国家机构体系这一层面获得法律授权,负责指导腐败预防、进行国际反腐合作等。取消行政监察机构,合并检察机关的反贪局和反渎局,组建新的独立的国家级"反腐败调查局"这一第四大司法机关的独立机构,直接隶属于国家主席或全国人大,专门负责查处腐败官员的案件调查,坚持依法独立办案,虽受党委领导但不受党委干预。

7. 提出了博弈论与控制腐败具有关联性和契合性的观点,在博弈论的视角下对腐败行为的一些新特点进行了再认识,指出长期以来我国刑法中对行贿、受贿设置的法定刑以及司法操作中存在"激励悖论",刑罚轻重存在失衡性,自首缺乏利益激励机制,制度设计存在理论与实践冲突性等,并在此基础上重点提出了以利益激励机制为核心、以刑罚均衡机制为依托、以刑种配套机制为辅设、以利益隔离机制为原则和以信誉评价机制为基础的新观点。

8. 提出了具体应用和运作控制腐败法律机制的总体思路:建立控制腐败法律机制及其法治系统工程。尤其运用制衡和系统工程理论及机制控制原理,深入研究了我国控制腐败法律机制及其法治系统工程建设,以及与国际反腐败公约的衔接。严密监督和控制腐败的整体性法网,并在此基础上构建了控制腐败的长效法律机制和法治系统工程,使其高效良性运行,以切实起到遏制和控制腐败的功能与效用,最终实现治理和控制腐败的工作目标与任务。

9. 控制腐败需要环境,包括体制环境和法治环境,需要进行顶层设计。一是宪法的完善与实施,明确党对立法的直接领导、改革人大与政协制度、构建宪法审查与宪法实施机制。二是营造法治环境氛围,"有法必依"不可懈怠、"执法必严"形成风气、"违法必究"必须刚性。三是改善党的执政方式,通过领导立法实现施政纲领、通过督导执法贯彻施政措施、通过独立审判实现公平正义。四是整体完善现有立法,系统梳理体系、精心编纂制度、实现立法中立。

10. 控制腐败法律机制不仅包括"国法",而且包括"党法",即"党法"亦是"法"。不仅要实行法治反腐,而且从严治党也要按照党规党法办事,真正实行依法治党。可以说,这些内容也是本书的一个特色。包括按照党的十八大以来的系列精神，加强法治型党组织的建设，也即要求各级党委要健全完善依法决策程序，建立健全重大决策法律制度和党规党法中的议事制度，要求严格按照国家和党内的法定程序办事。像习近平总书记所讲的那样，要讲规矩、讲规则，凡超越权限、违反党规国法程序的决策行为及决策失误造成严重后果的，依照党规国法严肃追究主管部门、单位和相关人员的责任，坚决防止因缺乏法治思维和决策不当引发社会矛盾。当然，建立法治型党组织是一个渐进的过程，为保证和推行这一工作的贯彻落实，要求为党委、党组配备专门的党务系统的法律顾问。并在此基础上，各级党委和党员干部尤其是领导干部要自觉适应依法执政、依法治国的新态势，牢固树立正确的权力观、政绩观、利益观，正确处理好权与法、情与法、利与法的关系，带头崇尚法律、学习法律、遵守法律，带头依法办事，做到心中有法、虑必及法、行必依法，坚决破除特权思想和"家长制""一言堂"作风，决不允许任何人凌驾于法律和组织之上。如果这些方面真正在党内做好了，才能够真正做到制约权力，将权力真正关进党规国法的"制度的笼子里"，最终从组织上、体制上、权力上控制或制约腐败。

上述十个方面，仅仅是本书创新理论观点的一种采撷与缩影。《控制腐败法律机制研究》不仅是一本设计控制腐败法律机制方案的理论著作，更是一本全面贯彻和落实控制腐败法律机制的实践指南。诚然，作者在此也是抛砖引玉，热忱希望有更多关于控制腐败法律机制的精品力作问世，为我国控制腐败的理论与实践做出更多新的贡献，也为我国的反腐倡廉事业再立新功。

囿于种种，不妥之处，敬请斧正，自是为序。

李晓明

2017 年 2 月 5 日　谨识于苏州大学相门寓所

序　一

张智辉*

早在十年前就认识李晓明教授，尤其是2002年他与江苏省人民检察院的同志一起承担最高人民检察院的重点课题"'严打'刑事政策研究"，给我留下了很深的印象。2004年和2005年作为访问学者的他在英国和美国关注了国外的刑事司法改革、国际反腐败问题和知识产权刑法保护等项研究，并在国内外法学刊物上多次发表文章，曾引起了我对他近些年来研究方向的关注，并请他到深圳的一次学术会议上专门介绍了美国网络犯罪和知识产权刑法保护的情况。可以说，此次他主持2006年司法部的重点课题"控制腐败法律机制研究"（课题编号：06SFB1009），是他刑事法学研究中的又一次

---

* 现任最高人民检察院检察理论研究所所长，中国检察官协会秘书长，国际刑法学协会中国分会副主席，北京师范大学刑事法律科学研究院兼职教授、博士生导师。

高峰,尤其是他的该项成果能在相关部门组织的成果验收时被专家同行们鉴定为优秀等级成果,更能说明他学术之路上的勤奋和对法学研究事业的执著追求。我闻讯为他高兴,且应邀为他的成果出版作序。

在李晓明教授向司法部提交鉴定成果前,他将打印好的成果文稿送我征求意见,该课题成果给我留下了深刻印象。从研究题目的精心选择到文稿体系的谋篇布局,以及内容构思与观点上的创新等,均在同一研究领域有相当多的超越。该课题从改变反腐败的观念入手,核心打造我国控制腐败的立法与司法机制,深入探讨控制腐败法律机制的有效性和可操作性。其创新之处突出表现在三个方面:

一是观念与思路上的创新。该课题成果,从一些新的基本概念和范畴入手,深入研究了控制腐败法律机制的原理及其实际功效与价值,架构了一个全新的控制腐败法律机制及其法治系统工程。从课题成果的整体形式来看,既有理论性又有实践性,尤其是理论与实践的结合使得整体设计上的科学性和可操作性比较突出。文中在系统分析权力滥用与产生腐败关系的基础上,从人的生物属性深挖了产生腐败的本能性根源,论证了腐败最终产生的机理,并运用博弈论中的利益博弈与权衡理论,深入分析了行贿受贿双方的利益博弈心理,以及在法律制定与执行中所造成的空当与漏洞等异化或负面效应,设计了控制腐败的政策机制和法律机制。

二是研究内容上的创新。该课题在研究腐败的根源、腐败的形成机理和控制腐败机理的基础上,系统分析了腐败的产生同权力滥用间的天然关系,系统地提出了根治或控制腐败必须建立法律机制的思路,深刻阐述了建立控制腐败法律机制的必要性、可行性和有效性,并从立法与司法制度上进行了精心设计,提出了立法方案,包括建议制定专门的《中华人民共和国反腐败法》及与之相配套的《国家公务人员财产申报法》等,系统修改与之相关的《中华人民共和国选举法》和《中华人民共和国刑法》等,使控制腐败法律机制得到切实的落实和有效的保障。从这些课题成果反映出的内容看,研究者实实在在地突出了制度构建,重点研究了控制腐败法律机制的良性高效运行和具体实际操作等非常切合实际的制度体系,从多方面、多层次和多维度进行了精心设计,给我们提供了思考的新视角。

三是研究方法上的创新。就该课题的研究方法而言,除使用比较研究方法和实证分析方法外,还运用了系统工程理论、博弈论和网络公众调查等现代方法,既具有开放性,又具有严肃性。开放性集中体现在系统的分层次的比较研究、法治系统工程理论包括其各子系统的具体设计、博弈论对腐败犯罪及职务犯罪深层次的分析、行贿人与受贿人相互间的利益博弈与分析,以及利用这些利益权衡与分析进行制度性设计和完善等,都进行了全方位和多角度的深入分析和拓宽性研究。严肃性表现在对腐败产生的根源性包括人性在腐败犯罪中彰显出的自发和自觉的系列行动与思维的论证,对人类社会出现腐败以来所表现出的一般规律和各国控制腐败对策性措施与体系的论证,都是建立在通过网络及实际问卷调查进行缜密的数据和技术层面的比较分析与研究的基础上,彰显了严谨的学风和严肃的态度。

腐败问题是关系到党和国家生死存亡的大问题,也是近年来人民群众反映强烈的问题之一。改革开放以来,腐败问题不仅一直困扰着政治领袖,而且一直困扰着所有的政策研究和法律研究工作者。所以有关这方面的研究成果层出不穷,所献良策也不计其数。但是,我国的腐败问题始终没有从根本上解决。这种状况,既是由社会发展的阶段性所决定的,也说明我们的对策研究还没有切中我国腐败问题的要害,或者卓有成效的研究成果还没有被决策者真正认识到。对腐败问题的研究和研究成果的推广应用任重而道远。这个领域取得的任何新的研究成果,尽管都可能或多或少地存在一些缺陷和不足,很难做到十全十美或完全被推行,但都是可喜可贺的,也是值得推崇的。作为一名检察理论工作者和刑事法研究者,我愿有更多、更高质量的研究腐败和控制腐败的成果问世,使得我国反腐败的理论研究与实际工作更高一筹,以推动我国社会的健康、良性发展和我国社会主义法治的快速进步!

是为序。

2010 年 11 月 1 日

序　二

吴雪芳*

腐败是人类社会的毒瘤。在自我膨胀中它吞噬着人类的良知,撼动着公共的秩序,阻碍着社会的进步。随着全球化进程的不断深入,腐败的危害越发显著。其不但能左右个人、企业、团体,甚至有可能左右国家和世界;其不但能影响社会、经济、文化,甚至有可能影响到政治和安全。腐败日益成为人类公敌,如何控制腐败也逐渐成为全球性的重大课题。

苏州大学李晓明教授等著的《控制腐败法律机制研究》一书是他主持的司法部法治建设与法学理论研究部收 2006 年重点课题(课题编号:06SFB1009),该书不仅让我们重新审视了腐败的根源、认识了腐败的机理、感受了腐败的危害,还深刻解读了控制腐败

---

* 苏州市人民检察院副检察长,兼任江苏省女检察官协会副会长,苏州市检察官协会副会长等职务。

的对策。尤其是本书着眼于职务犯罪的控制和机制打造两个重点，着力发挥法律机制内部各要素间的导向和律动作用，意图使每个公职人员不想腐败、不敢腐败和不能腐败。本书试图通过“三不”机制与理论的打造，真正实现整个社会的廉洁与公正。崭新的思路，真的使我们茅塞顿开。

全书共分十章，体系较为完整，基本覆盖了反腐败的方方面面。作者对腐败、控制腐败、法律机制等基本概念和范畴进行了系统而全面的梳理，重新界定了双重视角下认定腐败的标准，深入剖析了腐败的深层次原因和形成机理，指出腐败的成因是与人之本能有关的立论，即“本能——腐败的原动力；冲突——腐败的内动力；机会——腐败的外动力”，李教授提出的“腐败三动力”理论，恰好对应着腐败形成的“三个阶段”，首先是腐败的欲望，其次是腐败的选择，最后是腐败的可能。这些立论朴实而深刻，透彻而明了，确实令人耳目一新。

众所周知，只有深刻认识腐败存在的深层次根源及其成因，才能更有针对性地控制腐败。“犯罪控制和机制打造是本课题研究的核心价值”，李教授的观点恰好切中了打击腐败的重中之重和要害。作为一名在反贪战线工作 30 余年的检察人，长期的办案经历、理论研究和工作思考，无不佐证着李教授观点的精准和到位。

如书中所言，本能是人的自然属性，是无法改变的。而冲突、机会则可以改变，也必须改变。当内心冲突而需要做出选择时，要让敬畏之心大于侥幸之心；当选择腐败而需要寻找机会时，要让制度完善、无机可乘。或许这正是李教授“控制与机制”理论的基础与核心。就犯罪控制而言，从事前的预防、事中的控制到事后的惩戒，就是为了最大限度地削弱侥幸心理，做出正确的理性选择，让想腐败的人不敢腐败。包括机制打造也是为了建立起系统全面的各类控制腐败的政策机制和法律机制，使权力运行环环相扣，监督有力、制约到位，找不到漏洞可钻，让敢腐败的人不能腐败。

另外，作者重点研究的美国、加拿大、新加坡等国和诸如透明国际、联合国内部事务监督厅、世界银行等国际组织较为先进的控制腐败机制，也令人眼界大开。通过这些可操作性机制的引入，基本构建了一套我国包括法律、人大、政府、法院、检察院、公安局、监察局、人民监督和其他监督组成的全方位、多角度、多层次的立体监督网络，具体分为立法机制和惩处机制两个方面。最为可贵的是，作者研究方法很特别，引入了博弈论的思维和方法，从博弈论的角度看待腐败行为的种种表现，将腐败犯罪种种复杂的表象归结为系理性人“趋利避害”的本性，深刻地指出理性人的逐利本性和诱发权力与利益的易于勾结性；由于犯罪人的避害心理，导致犯罪手段和犯罪方式上的复杂化，以及利益人追逐收益，致使犯罪数量与数额的攀升，所以才导致犯罪人的逐利—避害—逐利的恶性循环，导致腐败之风愈演愈烈。

作者翔实地分析了我国现行刑法中对行贿、受贿设置的法定刑以及司法操作中存在的激励悖论，包括激励悖论的重罚化、刑罚轻重的失衡性、自首机制的无效性、制度设计的冲突性等，可谓一针见血，切中肯綮。在此基础上，作者还别出心裁地设计出以利益机制为核心、以刑罚均衡机制为依托、以刑种配套机制为辅设、以利益隔离机制为原则、以信誉评价机制为补充和以严格执行机制为基础等控制腐败法律机制的新思路。总体而言，该课题和本书打造的控制腐败法律机制较为完备、翔实、系统，很具有可操作性。

我们知道，司法实践的深入开展，离不开司法理论的支撑。《控制腐败法律机制研究》既是一本理论著作，又是一种教育读本，而对我们在一线从事反腐贪工作的司法人员来说，则更是一本全面实用的指导与操作用书。其中论述的很多理论观点、方法思路与工作机制等颇具创新性,甚至可以直接用于指导我们的业务工作,不断提高和推动我们预防和惩治职务犯罪的工作能力和水平。

在此,我也真诚希望《控制腐败法律机制研究》一书,能为我国控制腐败的实践作出重要贡献!

是为序。

2010 年 11 月 11 日

目录

第五编　不敢腐败及其惩处机制

导论：控制腐败需要法律机制

众所周知，“腐败”在汉语中的原意是指食品因变质而产生臭气、刺激味和毒性物质的一种自然现象。如《韩诗外传》卷八中说：“民无冻馁，食无腐败。”[1]后也指文章内容陈腐，如清代刘大櫆在《〈张俊生时文〉序》中所言：“至于时文，则必取腐败者诵读之，而先民诸作，藏瘗不观，时文之日就卑下，固其宜也。”[2]到了现代，腐败才指制度、组织、机构、措施等混乱黑暗和政治腐败，甚至也指堕落行为和腐败的人。由此可见，腐败(corruption)，不仅是一个古老的话题，也是当今舆论场中的一个强势话语。而控制腐败(control of corruption)，只不过是20世纪六七十年代国外学者才提出的一个新名词。至于控制腐败法律机制(legal mechanisms for

---

〔1〕 (汉)韩婴：《韩诗外传》(卷八)。

〔2〕 (清)刘大櫆：《〈张俊生时文〉序》。

control of corruption),则是我国学者最近几年才提出的新概念。本书将围绕这些基本概念与范畴,系统阐述控制腐败的基本原理及其法律机制。

一、国内外的腐败及其研究现状

实事求是地讲,目前腐败已经是世界性通病,各国几乎毫无例外地面临着汹涌而来的腐败浪潮。正如权威人士所言:“所有国家,不管大小和贫富,都存在着腐败现象。”来自世界银行的一份统计数据显示,在发达国家和不发达国家中,每年支付的贿金超过10,000亿美元。也有国内学者指出,中国社会有三个“3000亿元人民币”,即公款出国3000亿元人民币、公款招待3000亿元人民币和公务用车3000亿元人民币;并认为,中国的行政成本多年来高居世界第一位,行政管理费用支出占财政支出的比重远远超过美国、法国、日本等国家。[1] 联合国秘书长潘基文在2014年12月9日“国际反腐败日”表示,根除腐败对“我们未来的福祉至关重要”,呼吁人人都响应“打破腐败链”的倡议。

由此可见,腐败不仅是个经济问题,也是个政治和社会问题,它严重威胁着一个国家的发展与稳定,是一种对社会产生广泛腐蚀作用的“恶性肿瘤”。腐败行为危害巨大,它破坏民主与法治、扰乱经济与社会秩序、扭曲市场和社会风气、助长有组织犯罪和恐怖主义,甚至危害人们正常的生活与价值观念。为此,联合国于2000年成立了特设委员会,专门负责起草和制定《联合国反腐败公约》(U. N. Anti-Corruption Convention),并于2003年10月

---

〔1〕 熊剑锋:《财政部摸底全国行政成本规模 细化预算支出科目》,载《第一财经日报》2010年1月21日版。

31日第58届联合国大会通过了历时两年多起草和修改的《联合国反腐败公约》和确定每年的12月9日为“国际反腐败日”的决议。此后每年的12月9日,联合国都会呼吁世界各国举行相关宣传活动,倡导“帮助消除腐败是每个人应尽职责”的核心理念。2009年12月9日是联合国确定的第6个国际反腐败日,其宣传活动的主题是“别让腐败毁掉发展”,旨在强调腐败问题已成为阻碍实现联合国千年发展目标的重要因素。这既标志着当今世界腐败现象的日益严重和反腐败的任重道远,同时也彰显着国际社会乃至全人类坚定反对腐败的决心和信念。

随着腐败问题的日益严重,打击和消除腐败行为已迫在眉睫。这不仅需要政府有坚定的政治决心,采取切实可行的措施,铲除滋生腐败的根源,同时还需要加强国际合作与交流,包括学界和学者对腐败问题的深入研究和全面努力。美国学者塞缪尔·亨廷顿(Samuel P. Huntington,1927年4月18日—2008年12月24日)在1968年出版的《变革社会中的政治秩序》(*Political Order in Changing Societies*,1968)一书中论证了现代化与腐败的关系,成为西方研究腐败的代表性著作。约翰·C.博伦斯和亨利·J.施曼特(John C. Bollens and Henry J. Schmandt)等学者在20世纪70年代推出代表作《美国政治腐败——权力·金钱·美女》(*Political Corruption:Power,Money,and Sex*),就腐败与反腐败理论及美国腐败问题进行了实证研究。美国学者罗伯特·克利特在《控制贪污腐败》一书中提出腐败公式:腐败动机=贿赂-[(被发现和制裁的机会)×(所受处罚)]>薪金+廉洁的道德满足感,这成为西方经济分析法在腐败问题上运用的典范。

长期以来,我国也十分重视并致力于反腐败斗争,有关国家机关和学界也都极为重视对反腐败问题的研究,特别是学者们还主持了一些具有代表性的科研项目,如杨永华教授主持的国家社科“九五”规划重点项目《中国共产党廉政法制史研究》,苏彩霞博士主持的司法部2004年青年项目《〈联合国反腐败公约〉与我国刑事法的协调完善》，夏赞忠教授主持的国家社科规划项目《中国廉政法律制度研究》，以及王明高博士主持的国家社科规划后期资助项目《中国惩治和预防腐败重大对策研究》等，均具有重要的学术与应用价值。此外，学界还发表了大量关于反腐败的学术论文。这些研究成果不乏真知灼见，为我国腐败问题的研究提供了极为丰富和宝贵的基础理论和观点。包括实际工作部门，也都在潜心研究我国的腐败问题，甚至穷追猛治，乃至整个社会对腐败也都痛恨之极。但不得不承认，我们的工作更多的情况是口号多于行动、空喊大于实效，虽然许多地方和部门建立了防腐机构并进行了地方与部门立法，但收效甚微，甚至如今的社会腐败之风愈演愈烈。究其原因，一是人人痛恨腐败，而人人又不能完全摆脱腐败的缠绕；二是在特定的从众心理、文化背景和国家管理体制下，社会普遍存在滋长腐败的温床；三是只关注对个人品质评判，没能从源头上厘清权力制约与制衡同遏制与控制腐败的内在联系，甚至没想或很难从制衡权力这一根基上阻断或减少腐败；四是只注意孤立、片面地对现有制度或漏洞进行修修补补，没能立足于制衡权力和打造机制两个基点上来设计控制腐败的整体法律机制。研究层面也是理想化的宏观架构多，而应用性尤其是整体性、配套性的法律制度和可操作性的长效机制相对少，没能从源头上寻找腐败的根源和控制腐败的关键，在操作层面也未能具体落实。当然，腐败之风盛行在较大程度上也受到我国政治与经济体制、传统文化与社会环境等多方面因素的影响。

随着我国社会的发展，尤其是腐败问题呈现出的一些更新的方法和手段，以及一些窝案、大案、要案的增多，对我们在研究对策上也提出了更高的要求。过去的问题突出表现在对腐败问题的研究较为泛化，重点不够突出和明晰、对策不够实际和有效、措施不够具体和有力。甚至偏重严密刑事法网和加重打击力度等对腐败的惩处上,对腐败滋生和蔓延的深层次原因剖析不够,对建立以权力制衡为核心、惩防并举、长期有效的反腐败法律机制与法治系统工程的构建亟待加强。我国目前正处在改革的关键期,有效遏制腐败,不仅是全面建设小康社会的重要前提和必要条件,也是我们加入联合国反腐败公约后必须履行的一项国际义务。如何紧密结合中国国情,借鉴国外反腐败的先进经验,针对当前我国反腐败体制与机制中的具体运作问题提出建设性、针对性,特别是实效性、可行性的应对方案,是本课题深入研究和迫切想要解决的核心问题与关键所在。

(一)研究的现实意义与价值

腐败虽然可以预防,但效果却不一定最佳,尤其无法完全防止腐败犯罪的发生,国际社会也证明如此。这就为反腐败提出了更高的要求,也为本书的研究提供了契机。本书的研究是为了彻底改变"大轰大嗡"口号式的反腐败做法,以及以法律惩处为主的"严打式"的传统反腐思维,要按照控制腐败法律机制的规律办事,进而追求更加有效地控制腐败法律效果。其意义在于:不仅创设理论,如引入"机制""法律机制""控制腐败""制衡权力"、系统工程和"法治系统工程"等概念与范畴,以及博弈论和实证研究的分析方法,研究、设计与控制腐败法律机制相关的数学模型及基本原理,最终创建控制腐败法律机制和控制腐败法治系统工程等;而且解决实际问题和应用,包括通过修改宪法和选举法在县级以下实行直选或差额选举,打造"变对上负责为对下负责"机制,以及通过对刑罚效果的实证分析和修改刑法,系统建设对控制腐败有良好效果的法定机制等。其中,"犯罪控制"和"机制打造"将作为本课题研究的核心价值。在本书看来,"机制"除了依托体系、制度外,其自身更重要的是在具体的运作过程中,具有不可或缺的自律性或称律动性。确切地讲,这种律动性的根本价值和功用还在于其自身的协调性和纠偏性,即为了实现预期的工作目标,其会在需要时自我纠正和协调,以保证反腐工作任务与目标的顺利完成与实现。

当然,同其他的犯罪一样,对付腐败与职务犯罪的过程也可以划分出不同的实施阶段,或区分出不同阶段中存有的不同基本范畴,即犯罪前的预防、犯罪中的控制和犯罪后的惩戒。犯罪前的预防是指在腐败与职务犯罪发生之前从总体上调动一切积极因素和可能力量,最大限度地消除其产生的主客观因素,以致最终腐败行为不发生的客观工作过程。就主观因素而言,腐败与职务犯罪预防主要是行为主体在接受教育、遵守纪律和职业操守等自我约束下不想实施腐败行为而防止了犯罪的发生;就客观因素而言,腐败与职务犯罪预防主要是行为主体在得不到实施腐败行为客观条件或不具备实施腐败犯罪客观因素的条件下不去实施腐败行为而防止了犯罪的发生。总之,腐败与职务犯罪预防通常是以不想犯罪或不能犯罪为基础的,而且以不产生犯罪思想为前提或不实施腐败行为为界限所进行的一系列客观工作过程。而犯罪中的控制是指针对腐败与职务犯罪必然产生的客观状况,为了掌控腐败与职务犯罪,不让其发生或少发生,甚至不让其任意泛滥或超出一定范围而采取的威慑、限制和制止腐败行为的一切措施和客观工作过程。也就是说,绝对防止腐败的发生是不可能的,总是有人或多或少地利用一些机会去腐败、去犯罪。控制腐败就是要在制度的约束下,在技术条件的控制下,甚至在法律的威慑下使行为人不敢、不能去腐败或不愿在腐败犯罪时被发现和受到制约,从而制止腐败行为发生的一系列客观工作过程。当然,控制腐败又被具体划分为从总体或部分去进行宏观上的控制,以及从具体腐败行为和案件出发进行微观上的控制等。显然,控制腐败是以行为主体有可能产生犯意或腐败思想的前提下实施的,这一点绝不同于预防腐败。至于腐败后的惩戒则完全是在腐败行为发生后,国家和社会对腐败行为所表明的一种事后态度和针对行为人所犯腐败之罪的情节轻重而对其进行的一种惩罚和处理。当然,对于行为主体实施后的行为而言它是一种惩处,而对于行为主体尚未实施的行为而言它又是一种预防或控制。

反腐败课题的研究价值主要表现在:(1)更新了反腐败研究的观念与思维方法。变空喊口号和空洞的说教式研究以及孤立的惩罚为主的对策研究为实用型、系统性的创新研究,包括对腐败根源的系统性分析,引入机制、控制和系统工程的原理,特别是引入数学模型和博弈论的分析方法,彻底更新了反腐败研究的传统观念,提升了该领域的研究层次。(2)在梳理腐败与职务犯罪等传统概念的基础上,系统提出了课题研究所涉及的机制、法律机制、控制腐败法律机制和控制腐败系统工程等一系列重要的基本概念和范畴,而且在此基础上提出了认定腐败的双重视角下的具体标准。(3)从人性的自身缺陷出发,深入分析了产生腐败的本能根源,以及腐败与权力孪生关系的本质,从较深层次揭示了产生腐败的根源和形成机理,并用权力制衡理论从源头上触动了腐败的根基和主脉,为控制腐败法律机制的基础理论建设奠定了基础。(4)提出和论证了控制腐败的两大机制:政策机制和法律机制,重点研究了控制腐败法律机制的机理,以及立法机制和惩处机制,充实和丰富了控制腐败原理研究的基础理论内容。(5)揭示了控制腐败法律机制的核心规律:控制财产和制衡权力。为此不仅起草了我国《反腐败法》和《公务员财产透明法》的草案,尤其提出了“应在县级以下实行差额选举,变对上负责为对下负责”的新观点。(6)首次提出博弈论与控制腐败相契合的观点,指出我国刑法中刑罚设置存在的“激励悖论”,并在此基础上提出了以利益激励机制为核心、以刑罚均衡机制为依托、以刑种配套机制为辅设、以利益隔离机制为原则和以信誉评价机制为补充、以严格执行机制为基础的控制腐败法律机制的新内容。(7)引入系统工程原理和数学模型方法,对控制腐败法律机制进行了应用性研究,不仅系统地解决了基础理论问题,而且设计出整体性的控制腐败法治系统工程,使控制腐败法律机制的工作更加务实有效。

(二)研究的主要内容

本书的研究内容主要有六大部分。

第一部分是控制腐败需要法律机制。尤其是党的十八大以后,全面推动"依法治国"将以建设社会主义法治国家为核心,当然对待腐败也要法治反腐,这其中最核心的是建立控制腐败的法律机制。该部分主要从国内外的腐败及其研究现状谈起,重点讨论控制腐败及其与法治的关系,其中引入了控制、控制腐败和控制腐败法治系统工程和控制腐败法律机制的概念,以及提出了控制腐败的核心是打造法律机制的鲜明观点;并深入探讨了控制腐败法治系统工程的具体内容,包括控制腐败法治系统工程的基本原理与构成要素、控制腐败法治系统工程的基本功能和主要技法、控制腐败法治系统工程的总体设计、控制腐败法治系统工程的操作运行与维修监督等。

第二部分是腐败及其形成机理。该部分主要对国内外腐败的概念及其相关范畴进行了系统梳理和界定,具体包括域外腐败的概念、域内腐败的概念,腐败概念的重新界定及其特征,对与腐败相关的概念,如权力、寻租、腐败现象、职务犯罪、腐败犯罪等基本范畴进行了研究和系统梳理,并在此基础上,对认定腐败的标准进行了深入思考和界定。尤其是分析了不同学科或领域的认定腐败的标准,重点研究和阐述了双重视角下的认定腐败的标准,即违纪型腐败和违法型腐败,并在此基础上详细建构了此两种腐败的具体标准及其认定。在统一了对腐败的认识、界定了腐败的具体认定标准的基础上,我们首先将重点投向了对腐败原因及其形成机理的关注上。通过对腐败本源的追溯,包括对腐败几种学说(私有制说、制度说、人性本恶说)的分析,提出了"与人之本能有关"的假设,并认真论证了该学说中"本能——腐败的原动力；冲突——腐败的内动力；机会——腐败的外动力”等具体内容，且在此基础上提出了本能视角下腐败的具体防控目标，开创性地为整个课题的研究指明了方向。接下来就腐败形成的社会环境因素，包括政治因素、经济因素、法治因素和文化因素等，以及腐败形成的个体心理因素，包括不良意识类群、腐败心理类群、腐败心理形成与变化的动态分析等进行了系统全面的研究。从个体、社会、心理等多个层面揭示了腐败犯罪的真正原因与形成机理，最终描述了一个总体的“腐败形成、变化的轨迹图”，详见本书中的具体内容和绘图。

第三部分是控制腐败及其机制的打造。在充分认识腐败原因与形成机理之后，我们将研究的重点放在了国内外腐败的现状及其控制机制上。国内外反腐现状梳理包括国际组织，如透明国际、联合国内部事务监督厅、世界银行、欧洲理事会反腐败国家集团等；域外国家和地区，如主要美洲国家（美国、加拿大、巴西等）、主要欧洲国家（芬兰、冰岛、德国等）、主要亚洲国家和地区（菲律宾、韩国、日本、沙特、科威特、伊朗、伊拉克、新加坡、中国香港等），以及我国历史和现代腐败与控制腐败的状况，包括国际社会对我国“腐败指数”及其评价的最新资料。最后提出了在我国系统建立“控制腐败法律机制”的方案论证，其要素包括法律、人大、政府、法院、检察院、公安局、监察局、人民监督和其他等（详见“控制腐败机制示意图”）；深入阐述了控制腐败法律机制的建立前提、具体设计与操作运行，重点研究了控制论原理、控制腐败法律机制的基础理论及其原理、控制腐败法律机制的内容、作用与操作等。本书认为，就控制腐败机制内容而言，主要包括控制腐败政策机制和控制腐败法律机制，甚至政策机制也是法律机制的基础和前提，通过法定程序，政策机制在一定时候也可转化为法律机制，而控制腐败法律机制具体包括立法机制和惩处机制等内容。当然，除按照我国目前的法律体系对我国的控制腐败法律机制进行了深入系统的研究外,本书还从方法论的角度对一些新的控制腐败机制进行了有益探索。其中特别引入了博弈论的思维与方法,提出了博弈论视角下对腐败行为一些新特点的再认识,以及对控制腐败法律机制的再分析和再打造,尤其是详细分析了长期以来我国刑法中对行贿、受贿设置的法定刑以及司法操作中存在的"激励悖论",刑罚轻重的失衡性、自首缺乏利益激励机制的无效性、制度设计上理论与实践的冲突性等,并在此基础上重点阐述了以利益激励机制为核心、以刑罚均衡机制为依托、以刑种配套机制为辅设、以利益隔离机制为原则和以信誉评价机制为补充的新的控制腐败法律机制的创新型设计。由于该项新的思考与方案还在研究和探索之中,许多设想尚未完全成熟,加之我们目前传统法律体系与内容规定上的某些限制,以及课题结项时间上的急促,故我们主张目前尚不宜完全按照此项思路与方案对我国的控制腐败法律机制进行全面设计,但可以作为新思路对我们控制腐败法律机制进行新的思考与探索。

第四部分是不想腐败及其政策机制。在全面设计了我国控制腐败的机制后,接下来对控制腐败机制(包括政策机制和法律机制)分别进行了研究。严格来讲,虽然控制腐败的政策机制并不纯粹属于法律机制的内容,但本书认为,控制腐败的政策机制与控制腐败的法律机制有着密不可分的联系,故在本书中首先研究了控制腐败的政策机制。尤其是国家领导人在多个讲话中都反复提及的"不想腐、不能腐和不敢腐"的具体内容,其中"不想腐"主要是国家通过调整反腐败的政策,加大腐败的成本与代价,使得那些想腐败的人经过认真思考、权衡利弊,认识到腐败得不偿失,不值得去腐败,从而达到不想腐的效果,从意念和根本上打消腐败的初衷和念头。本部分主要从不想腐败法律机制的形成,系统讨论和梳理了政策、机制、政策机制等基本范畴,主要讨论了政策机制的意义及分类、控制腐败的总体政策机制、控制腐败的基本政策机制、控制腐败的具体政策机制等内容,后者具体包括教育、规制、监督、惩治和国际合作等。从而对习近平总书记提出的“不想腐”做出具体、系统的理论阐述,为深入的研究在理论与实践上做重要支撑。

第五部分是不能腐败及其法律机制。如果说不想腐败的政策导向机制是控制腐败的基础,那么不能腐败的法律制度机制就是控制腐败的核心。所以这一部分重点研究了控制腐败的法律机制,尤其是其中的系统法律制度规定。也可以说,该部分是控制腐败法律机制研究的重中之重和核心内容。该部分主要阐述了控制腐败的法律体系、立法制度及其机制,包括立法机制的概念、特征和意义,中外控制腐败的立法概况等。研究了控制腐败立法机制的建立,包括建立的原则、具体设计及立法机制涉及的相关法律研究等。通过具体的法律制度建设,重点建立了“变对上负责为对下负责(或部分对下负责)”的有效制度,打造了“财产申报与监督”的阳光政府和透明管理的法律机制与制度,以及严格审计、实施监督使其不能腐败的法律机制与制度。

第六部分是不敢腐败及其惩处机制,重点研究了中外控制腐败的惩处状况和我国控制腐败惩处机制的建立,具体包括对违法型腐败的惩处机制和对违纪型腐败的惩处机制等。最终试图打造一个控制腐败的法治系统工程,这也可以说是整个控制腐败法律机制的总体设计与运行。意图是想要真正充分地发挥控制腐败法律机制的职能作用,就必须将控制腐败法律机制的具体设计和运行置于整个控制腐败法治系统工程之中,并使该工程的各个职能进行有机地组合,形成一个统一的整体,从效能上来讲这叫作总体效能大于各部分之和。也只有这样,才能使我们的控制腐败法律机制更富于实用性和可操作性,以真正发挥其整体效能和作用。这部分我们重点研究了控制腐败法治系统工程的定义及其特征、基本原理与构成、基本功能及主要技法、整体设计、操作运行与维修监督。最终实现了对整个控制腐败法律机制的可操作性设计，完成了控制腐败法治系统工程的整体运行，乃至完成了整个控制腐败工作的历史使命和总体任务。

（三）研究的基本思路与方法

在基本研究思路上，首先，厘清基本概念和范畴，尤其是理清权力与腐败的关系、权力制衡对腐败的影响、控制腐败法律机制和控制腐败法治系统工程的联系，并在此基础上深入研究控制腐败法律机制的机理，以及控制腐败法治系统工程的基本原理和基础理论。

其次，深入开展社会调查和调研，尤其是开展对当前我国社会腐败现状的调查，包括哪些行为属于当前腐败现象中最突出的问题、我国目前对腐败控制的状况如何、哪些人更易腐败、失职和玩忽职守等过失行为是不是腐败、腐败的惩治过程中哪个部门起的作用最大、控制腐败最应该做的是什么等问卷。根据这一系列设计，我们集中在2008年4～6月分别在人民网和社会街头等进行了长达3个月的广泛民意调查，收到了很好的效果。而且这些调查结果和数字，以及根据这些数据所做出的客观分析和结论都在课题研究和书稿中得到了应用。

再次，认真研究调查来的数据和材料，尤其是动用科学的方法分析数据而得出可靠结论。根据本课题组的问卷调查，在"您认为下列哪些行为属于当前腐败现象中最突出的问题?"中"领导干部利用职权为配偶、子女经商牟利"行为排在"贪污受贿"行为之后，占所有投票数的18.5%。研究表明，很多官员在履行国家机关的职务时，往往将私情掺入其中，徇情徇私更是有恃无恐。从某种程度上讲，国家的职位完全变成了官员个人从事人情交易的工具和资本，这显然背离了职位本身所应有的为公为民性质。目前的考公务员热，不排除有人想为国效力，实现自己的远大理想和抱负，或感到公务员的工资相对稳妥而有保证。但在我国权力象征其社会地位,官职是其社会交往的工具,甚至是权钱交易的最大资本等因素也在其中占有相当大的比例。否则,无法解释部分政府官员是如何凭着微薄的工资而买得起那么昂贵的别墅或好多套住房的。历史经验证明:一个崇尚官位、仕途的社会起码不是一个最廉洁的社会。

最后,在厘清基本概念和基础理论的基础上,本书再深入进行人之本性理论、权力制衡理论和控制腐败法律制度与机制理论的研究。在寻找和深挖腐败产生的总体根源与深层次原因的基础上,在权力制衡理论的支撑下,形成一条控制腐败主线和法律制衡机制的基本理论体系。尤其运用制衡理论和系统工程理论及机制控制原理,深入研究我国控制腐败的法律机制与系统工程建设及其与国际反腐败公约的衔接问题。包括起草《反腐败法》《公职人员财产申报法》《新闻监督法》《公职人员职业道德法》等专项立法和完善《宪法》《选举法》《刑法》《刑事诉讼法》《公务员法》《审计法》《社会保障法》《国家赔偿法》《财产继承法》及其他行政法和行政程序法等(尤其通过修改宪法和选举法,进行直接、差额选举,变对上负责为对下负责,切实形成对绝对权力的制约),严密监督和控制腐败的整体性法网,并在此基础上建构一个控制腐败的长效法律机制和法治系统工程。

总之,在准确把握与课题相关基本范畴的基础上,本课题深入研究了人之本性与腐败、权力与腐败间的内在联系,进而深入分析并揭示了目前我国控制腐败机制运作过程中存在的主要矛盾和突出问题。在深入调查研究的基础上,重点研究了在我国目前情况下权力与腐败间的内在关联,科学分析了我国腐败的发展趋势,并指出了当前我国控制腐败法律机制中存在的主要问题。整个课题研究中始终贯彻了以探索建立符合中国国情的控制腐败法律机制为主线,以完善控制腐败法律制度和加强法律监督等治本措施为重点,以有效遏制、惩处和预防腐败为目标,综合运用法治系统工程和法律控制机制基本原理对我国控制腐败工作建设进行了整体性研究,尝试性地建构了一个惩防并举、结构合理、配置科学、程序严密、制约有效的控制腐败法治系统工程。包括控制权力滥用、建立由法律制衡的阳光政府、透明的个人财产制度和稳定社会的良好信用机制,以及打造体系性的控制腐败的长效法律机制等,最终完成该课题的研究。

在研究的具体方法上,该课题主要运用机制控制原理、法治系统工程原理、博弈论的思维与方法、系统分析方法和比较研究方法,并采用实际社会调研和数理统计分析等具体的实证研究方法等,对控制腐败法律机制及控制腐败法治系统工程进行了深入研究。尤其树立了整体大于各部分之和的理念,发挥法治系统工程的整体效用与功能,大胆移植和运用权力制约原理、社会与法治原理、社会工程与法治效用原理,并吸收了社会工程人员与技术工程人员参加,而且采用了建立数学模型和模拟试验等仿真手段,走定性研究和定量研究、实证研究和思辨研究、更新观念和改革现实相结合之路,甚至引入了博弈论的经济分析方法,深入探讨了腐败双方的利益与风险关系,切实保障了课题研究的开拓性、创新性、深入性和实用性。

研究课题所追求的创新之处:(1)设计了一批科学合理的数学模型群,并综合运用了法学、政治学、系统工程等理论,通过对具有代表性、典型性腐败案例相关腐败因子及其数据进行分析,深入阐述了腐败与绝对权力之间的本质联系,揭示了制约我国反腐败成效的根本原因在于在国家管理中长期存在的权力过度集中,或称权力的绝对化,此乃本课题研究的实证基础和基础理论。(2)本课题从权力制衡的视角,深入探讨了权力制约法律机制与反腐败的关系,并论证了控制腐败法律机制的必要性、可行性,甚至设置和建立了具体方案,在此基础上还对惩控腐败法治系统工程的建设与基础理论进行了研究,在厘清了一些基本概念和相关范畴的基础上，重点进行了控制腐败法治系统工程及其基本原理的总体设计，且追寻其实际功效与真正价值的发挥。(3)围绕以权力制衡为核心的基础理论和价值理念，兼顾“以权力制约权力”“以权利制约权力”“以义务制约权力”等多方内容，从不同层面、多维度、多视角，并充分运用系统论、信息论、机制有效运作原理等构建了主要由立法、司法和反腐败职能部门参加的社会各方面、各阶层共同参与的进行了全方位思考的控制腐败法律机制和法治系统工程体系，并对该系统中的各子系统如何有序运作进行了具体的机制、措施、方法等方面的总体设计。(4)本课题从根源上寻找和揭示了长期以来我国产生腐败的根本原因，以及制约我国反腐败成效的关键点及其主要症结，这就是在我国国家管理体系中长期存在的绝对权力，或叫权力得不到应有的制约与制衡，或称权力的无形干预或滥用，并针对这种情况提出了建立以权力制衡为视角的控制腐败法律机制和控制腐败法治系统工程。(5)提出了适合中国国情的，且与国际反腐败公约相衔接的我国控制腐败法律机制和控制腐败法治系统工程的具体内容，包括起草、修改和完善相关立法的基本方案，如起草《反腐败法》《公职人员财产申报法》《新闻监督法》《公职人员职业道德法》等专项立法和完善《宪法》《选举法》《刑法》《刑事诉讼法》《公务员法》《审计法》《社会保障法》《国家赔偿法》《财产继承法》及其他行政法和行政程序法等相关法律。

(四)十八大以来党和国家的反腐败力度

2012 年 11 月 15 日党的十八大刚刚闭幕，在新一届中央政治局常委集体亮相的记者见面会上，新任中共中央领导人习近平总书记面对在场等候的数百名中外记者，他的整场演讲给大家留下了深刻印象，其中就以“打铁还需自身硬”表露了其反腐的宏大决心。也就在两天之后，十八届中共中央政治局第一次集体学习时，习近平总书记又以“物必先腐，而后虫生”来警示大家。他指出，近年来一些国家因长期积累的矛盾导致民怨载道、社会动荡、政权垮台，其中贪污腐败就是一个很重要的原因，大量事实告诉我们腐败问题愈演愈烈，最终必然会亡党亡国，我们要警醒。他进一步明确表示，“腐败问题愈演愈烈，最终必然会亡党亡国”，“着力整治庸懒散奢等不良风气，认真纠正损害群众利益的不正之风”。对一切违反党纪国法的行为都必须严惩不贷，绝不能手软。同样在2012年11月19日，新任中共中央政治局常委、中央纪委书记王岐山，在中央纪委监察部机关全体党员干部大会上，也再次强调要将反腐工作引向深入，他要求下决心改进文风、会风，着力整治庸懒散奢等不良风气，认真纠正损害群众利益的不正之风。王岐山指出，要大力加强党的作风建设，围绕保持党的先进性和纯洁性，着力整治庸懒散奢等不良风气，要全面贯彻“标本兼治、综合治理、惩防并举、注重预防”方针，坚定不移反对腐败，努力实现干部清政、政府清廉、政治清明的目标要求。可以说，从十八大闭幕至今，来自新一届中央领导集体针对反腐的一系列表态，引发了社会各界的强烈关注，也被舆论看作是反腐风越来越猛的重要标志。

相关数据统计，十八大以来平均每天有396名中共党员和公职人员受处分，每两天有1名厅级干部因腐败受到查处，每月有1名省部级干部落马，每三个月有1名政治局委员或前政治局委员落马，这些都是中国反腐力度和成效前所未有的。针对中国反腐形势依然严峻复杂的现状，中国社会科学院法学研究所所长、中国法学会副会长李林指出，目前中国在应对和解决腐败问题上大致有三种思维路向，一是政治思维，二是德治思维，三是法治思维。[1] 所谓政治思维就是政治反腐，其核心是倡导廉洁，鼓励廉政，寄希望于执政党性质和宗旨、国家制度优势、干部廉政楷模及

〔1〕 李林：《十八大以来反腐力度前所未有》，载《法制日报》2013年11月26日版。

公仆政治觉悟。所谓德治思维就是德治反腐，重在教育、感化、训诫、教化，寄希望于公权力者自身的觉悟、觉醒和自律。所谓法治思维就是法治反腐，其核心理念是依法治国，法律至上，反腐治权，其寄希望于法律和制度的严密性、权威性、规范性、强制性和他律性。针对腐败这个社会毒瘤，李林强调，在现阶段，中国既不能靠搞20世纪50年代“三反、五反”时的政治运动，也不能靠搞“文化大革命”那样的“大民主”，更不能靠搞意识形态斗争和道德说教来解决问题。在政治思维和德治思维下提出的“反腐倡廉”，凸显的手段和目标只能是“倡廉”，而在法治思维下提出的“反腐治权”，凸显的手段和目标则是“治权”。[1]

翻开中国的历史，从明代的开国皇帝朱元璋到清朝的皇帝雍正等铁腕治贪，与十八大以来反腐情况相比较，当前反腐力度可谓历史罕见。十八大以来，中国共产党通过强化中央巡视、开通网上举报、践行八项规定、开展群众路线教育实践活动等一系列举措，依法依纪严惩党政公职人员的腐败、腐化行为，赢得了广泛的民众支持和普遍的国际赞誉。2013年，全国纪检监察机关共接受信访举报195万件(次)，总量比上年增长49.2%；立案17.2万件，结案17.3万件，给予党纪政纪处分18.2万人。被处分人数比上年增加2.1万人，增幅达13%。被处分的县处级以上干部6400多人，比上年同期增长36.3%。无论是中共政治局委员、重庆市委书记薄熙来，还是普通乡镇科级干部，“老虎”与“苍蝇”一起打，真是“踏石留印，抓铁有痕”。紧接着在2014年就法办了前中央政治局常委周永康，以及政治局委员徐才厚、苏荣等。2015年“两会”透露出的反腐数字更是惊人：一是反腐再次成为“两会”期间关注的热点(见图0-1)。二是各级法院审结贪污贿赂

〔1〕 李林：《十八大以来反腐力度前所未有》，载《法制日报》2013年11月26日版。

等犯罪案件3.1万件4.4万人,同比分别上升6.7%和5.2%。其中被告人原为厅局级以上的99人,原为县处级的871人。加大对行贿犯罪打击力度,判处罪犯2394人,同比上升12.1%。[1]三是严肃查办贪污贿赂和行贿等职务犯罪。全年共立案侦查各类职务犯罪案件32,567件44,506人,人数同比增加1%,其中贪污贿赂大案18,464件,涉嫌犯罪的县处级以上国家工作人员2524人(含厅局级198人、省部级7人)。严肃查办利用执法权、司法权谋取私利、贪赃枉法案件,立案侦查涉嫌职务犯罪的行政执法人员7366人、司法工作人员2395人。对4217名行贿人依法追究刑事责任,同比增加6.2%。加强反腐败国际司法合作,完善境内外追赃追逃机制,会同有关部门追缴赃款赃物计77.9亿元,抓获在逃职务犯罪嫌疑人1631人。[2]

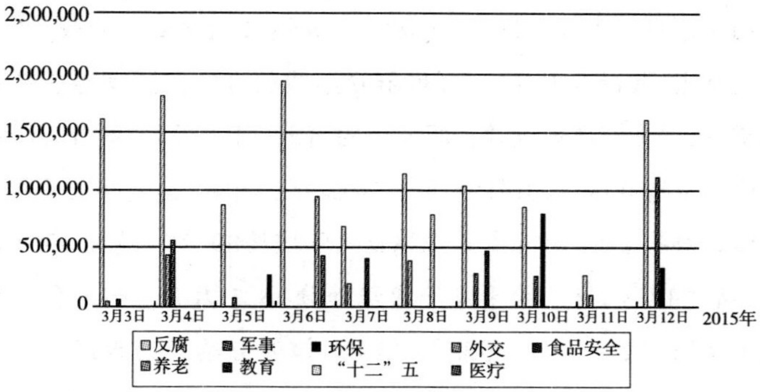

图0-1 “两会”热门话题榜

当然,社会存在腐败是不可避免的常态,没有哪一个朝代不存在贪腐现象,没有哪一个国家不存在贪腐行为。按哲学的观

[1] 2015年全国人大十一届五次会议曹建明所作的《最高人民检察院工作报告》。

[2] 2015年全国人大十一届五次会议周强所作的《最高人民法院工作报告》。

点，这就是“人的自私本性”所决定的。当然，社会存在腐败现象也体现了社会的复杂性一面。因此，反腐是一个常抓不懈的系统工程。十八大以来，党中央不断出台新规定，制度越来越具体，管理越来越细化，监督越来越公开。主要表现在：一是源头治理，制度反腐将是大势所趋；二是官员财产公示制度，顶层设计和立法是突破口；三是网络反腐新动向，进一步调动公众力量参与监督。具体措施是：透明反腐、责任反腐、节日反腐、治奢反腐、法治反腐、网络反腐、国际追逃等一系列新措施。尤其是“把权力关进制度的笼子”不是一句空话，甚至“踏石留印，抓铁有痕”更不是一句口号，是真抓实干，掷地有声。

二、控制腐败与法治的关系

在上文中本书重新界定了腐败的概念，那么随着腐败概念的更新，控制腐败及其相关的基本范畴在此也需要做出新的界定。探讨腐败的概念，厘清腐败的内涵，划定腐败的外延，最终的目的还在于设置社会规范防控腐败，将腐败控制在社会大众可容忍的范围之内。

（一）控制

所谓控制是指掌握住不使其任意活动或超越范围。“控制”一词最早源于希腊语“κμβεβυητικη”，译为“驾船的舵手”。亚里士多德（Aristotle，公元前384—公元前322年）曾把管理国家同驾船视作具有同一法则的事，它们均不能超越它所控制的范围。然而，控制思想作为一门学科和方法，乃是20世纪二三十年代才逐步形成的。美国数学家诺伯特·维纳（Norbert Wiener，1894年11月26日—1964年3月18日）对控制论的形成做出了重大贡献，1948年维纳出版了《控制论》（*Cybernetics*）一书，正式宣告了这门新学科的诞生。

所谓控制,就是控制主体按特定规则使控制对象符合特定要求与秩序。也就是说,控制是施控主体对受控客体的一种能动作用,这种作用能够使受控客体根据施控主体的预定目标而动作,并最终达到这一目标。控制作为一种作用,至少要有作用与被作用者,以及将作用由作用者传递到受作用者的传递者这三个必要的元素。[1] 因此,控制就是要使一定的活动不超越预定的界限和范围,从哲学角度上来讲,控制就是一种特定的作用。

(二)控制腐败

人类社会本是一个结构复杂的进化系统,欲使其朝着人们期望的目标发展,须对影响其运行轨道的各种因素进行必要的调节和控制。尤其是腐败现象,其本身就是一种社会毒瘤,如果不加控制,势必泛滥成灾,冲击社会的有机整体,所以必须对腐败加以控制。

控制腐败,就是将控制的概念运用到反腐败斗争中而形成的新概念。所谓控制腐败,是指控制主体对腐败现象(包括腐败意识、腐败行为)所采取的限制、纠正、惩戒措施的总和及其全过程。这里的控制主体主要是指国家专门的控制机关,但同时也包括社会上各个层面的机构和个人,他们也是控制腐败不可或缺的主体部分。目前,腐败现象在全球蔓延,国际社会尽管做出了各种努力,但尚无法彻底根除腐败现象,"政治腐化已成为当今世界的一大公害,在一些发展中国家显得尤为严重。"[2] 当今世界,除极少数面积小、人口少的国家如瑞典、新加坡等被人们认为腐败程度较低外,整个资本主义国家几乎找不出根治腐败的办法。[3]

---

[1] 王雨田:《控制论、信息论、系统科学与哲学》,中国人民大学出版社1986年版,第47页。

[2] 何增科:《政治之癌——发展中国家腐化问题研究》,中央编译出版社1996年版,第1页。

[3] 王传利:《给腐败号脉——新中国腐败频度与控制程度相关性研究》,群众出版社2004年版,第60页。

之所以选择控制腐败而不是根除腐败,是因为目前我们还无法彻底地根除腐败,而腐败又的确是对社会有害的现象。所以既然不能根除腐败,就必须要将其控制在一定的范围之内、程度之内,不然腐败就可能会愈演愈烈,甚至最后演变成一种阻碍社会进步的障碍物或一场社会性灾难。具体来说,现阶段选择控制腐败而不是消灭腐败的原因大致有二:其一,从理性经济人角度出发,只要腐败能带来收益,有利可图,腐败就会依然存在;其二,我国目前处于经济转轨、社会转型的关键时期,各种社会关系错综复杂,腐败现象高发、多发,势头严重,国家和社会虽然加强了对腐败的预防与惩治,但从腐败的特点和现实的查处情况来看,腐败所具有的隐蔽性使得腐败行为并不一定会完全被发现和惩处,这样法律的威慑作用也就大打折扣。所以说,在现阶段不能根除腐败的情况下,我们明智地选择采取有效措施控制腐败,是首选和必选。具体来说,控制腐败的内容主要有三个方面。

1. 控制主体。从广义上来说,控制腐败的主体不仅包括社会与国家,还应包括国家的组织、机构以及社会成员。这是由于:第一,社会与国家是控制主体的最高层级,因为一个社会与国家的性质、意识形态、文化传统与价值观念等对每一个社会成员的思想和行为都会产生深刻而广泛的影响,对一些试图腐败、正在腐败、已经腐败的人员亦是如此;第二,社会与国家的组织、机构也是控制腐败的主体,其中包括专门的控制腐败机构,如各级司法机关、纪委,也包括其他专门的控制腐败机构,如各级社会与国家组织机构;第三,广大的社会成员也可以成为控制腐败的主体,他们可以通过各种各样的方法与途径,如群众监督,对腐败进行最为广泛的控制。

这里需要说明的是,腐败的控制主体不是绝对的,控制主体有时也可能同时是腐败的控制对象,二者之间可能会双向互动,互相转化。

2. 控制对象。腐败行为因程度不同而归属于不同的调整范围，有的腐败行为程度比较轻，属于不道德行为或违纪行为；有的腐败行为程度比较重，属于违法行为或犯罪行为。但如果对轻微的腐败行为不加以有效的控制，就可能演变成严重的腐败行为。所以说腐败的控制主要应以公职人员为对象，但与腐败有关的非公职人员的行为也应纳入控制范围内，即腐败的控制对象不应仅局限于刑法意义上或犯罪学意义上的腐败犯罪的主体。如果“将犯罪控制的对象仅仅定位在刑法意义上的犯罪也许是个大错误。因为这很可能缩小了控制对象的实际范围，结果忽视了各种越轨和纠纷的恶性发展而制造出新的犯罪。实际上，犯罪的前身是各种违法、越轨、侵权行为，如果忽视了这些问题的控制，也不是最好的犯罪控制”。〔1〕 对腐败犯罪的控制同样是如此。

3. 控制手段。对腐败的控制可以分为广义的腐败控制与狭义的腐败控制。前者是指对腐败犯罪的社会控制包括通过各种力量、各种社会方式、各种社会途径、各种社会手段对社会成员，主要是公职人员的约束、影响、干预，使其思想和行动符合既定的社会关系、秩序的要求，排斥腐败犯罪的思想与行为的过程，也可以指整个社会外在环境对腐败犯罪主体的干预及腐败犯罪主体内心的自我约束和限制。后者是指反腐败专门机构对腐败犯罪所采取的限制、纠正、惩戒的措施及过程。〔2〕 由于腐败形成原因的复杂性、多重性，需要对腐败进行多角度、全方位的控制，根据控制腐败的主体、对象及目标，在控制手段上选择将法律和道德二者结合起来，以构建控制腐败的法治系统工程，形成一股强大的反腐败力量与工作机制，将腐败控制在社会公众可容忍的范围内。

---

〔1〕 白建军：《控制社会控制——一种犯罪学范式的分析》，载《中外法学》2000年第2期。

〔2〕 王传利：《给腐败号脉——新中国腐败频度与控制程度相关性研究》，群众出版社2004年版，第20页。

关于控制手段的问题，首先，控制腐败不能仅仅依靠道德。道德控制属于内部控制，即通过腐败主体的自律来实现，这实际上是犯罪预防所说的事前教育工作。对于那些准备腐败、正在腐败和已经腐败的人来说，虽然我们在道德层面上的否定与谴责是无可厚非的，但腐败的人也是人，作为一个独立的个体，他就有自己的私人利益与行为，我们不能期待每个腐败的人都是只讲公共利益不计个人私利的人，所以对于道德自律或事先预防我们不能期望过高。其次，控制腐败应当以法律为主。在法治国家，随着依法治国理念的深入人心，法律至上几乎成为世界上所有国家治理国家的基本理念和价值取向，成了整个社会制度的核心要求。基于腐败的原因和特点，除采取宗教、道德等控制手段外，法律的确是对腐败进行控制的首选。因为相对于道德而言，法律不仅具有明显的制度优势，而且由国家力量保证实施，具有鲜明的强制性与规范性。但人类社会发展的历史表明：一方面是法制的不断完善进步，另一方面是贪污、贿赂等腐败活动愈演愈烈。因此，仅仅依靠法律也是无法实现对腐败的有效控制的，所以法律和道德这两种控制手段，应该相互依存，相辅相成。

（三）控制腐败的法治顶层设计

党在十八届四中全会上专题研究“依法治国”问题，令人十分鼓舞，如同当年邓小平同志推动改革开放、发展经济一样，具有十分重要的国家治理和国际政治的战略意义。“法治”虽然不是最有效率的社会管理方式，但截至目前是人类社会和世界各国选择最多的社会管理方式，也是相对成熟、公平和平稳的社会管理方式。如上所述，不仅国家建设需要法治，而且反腐败工作也需要法治，控制腐败更加需要法治顶层设计。主要内容如下：

1. 宪法的完善与实施：明确党对立法的直接领导、改革人大与政协制度、打造宪法审查与宪法实施机制。宪法是“依法治国”或“建设法治国家”的根本，1982 年宪法基本上是在计划经济体制下形成的,尽管中间多次修订,但那只是局部修订。30多年来我国政治经济、社会发展等发生巨大变化,故对宪法进行系统修改与完善实属必要。实施"依法治国"战略,也十分必要有一个与之相适应的宪法制度支撑,包括体制性改革,如党对立法的直接领导、完善人大与政协制度、打造宪法审查与实施机制等,均需要进行系统性和整体性设计。

一是党对立法的直接领导。作为执政党,直接领导立法是天经地义的,也是目前世界各国议会制度的通行做法。党领导立法有益于执政党执政意志的贯彻和体现,尤其是通过制度加强社会管理,可以做到社会管理的整体性和体系性设计,最终为社会的科学管理和有效管理奠定坚实基础。实际上,省级人大在该方面已经做了多年尝试,并取得显著成效,这种领导方式比直接干预地方行政管理更加科学和合理。

二是用宪法形式对国家最高权力的制度移交做出明确性程序规定。完成党和国家最高权力的制度移交,是最大限度地防止国家权力移交风险的重要保证,也是防止体制性腐败的重要基础和核心,更是建立历届领导人领导权威重要支撑,而且十分有利于党和国家领导人德政与才能的选拔,以保障和推动党和国家事业健康、稳定、持续性发展。哪一届领导人完成国家最高权力制度移交的体系性建设,就历史功绩而言,应当说与毛泽东等老一辈无产阶级革命家完成"解救老百姓于水深火热之中"历史重任一样的伟大,其重要意义在于使党和国家的政权更加趋成熟、稳固和强大。

三是改革人大与政协制度。首先是在人大设置我国法律的编纂与梳理及立法技术建议机构,不仅负责每个年度我国法律及其法律解释的编纂和梳理,而且负责我国法律的长期编纂、校对和规范蓝本(包括从技术上提出立法上的建议以及起草、审定和编纂具有实际指导意义的法学会组织的立法专家意见稿等)的制定,以便在内容与形式上均切实做到"有法可依",使社会主义的法律体系真正达到完善与完备的程度。其次是在政协分别设置宪法审查机构和宪法实施机构,真正做到对违宪立法、执法和司法的实质审查与纠正,切实保障宪法的贯彻执行与实施。最后是改变目前人大代表、政协委员的产生程序与人员结构:(1)原则上政府官员不能再进入人大和政协,从根本上改变“既是裁判员又是运动员”的现状;(2)严格人大代表和政协委员的产生程序,逐步放开专职人大代表和政协委员比例,以及专职人大代表和政协委员通过竞选或直接选举产生的程序;(3)赋予人大代表和政协委员,尤其是专职人大代表和政协委员以实质性的权利,以保证其真正发挥制约和监督立法的良好作用。

四是打造宪法审查与实施机制。为了充分发挥政协宪法审查和宪法实施的有效作用,也为了充分发挥人大和政协的有效制约、相互监督与配合的作用,建立以下具体违宪纠正制约机制:(1)凡是人大通过的立法,在公布前必须由政协进行实质性的违宪审查,通过后再由国家元首予以公布;(2)政协的违宪审查不仅包括已经生效的法律法规、行政规章和法律解释(包括立法与司法解释),也包括没有生效需要报批人大(报批人大的人大负责审查)和政协的规范性文件审查,以及执法和司法的违宪审查,并启动实质性程序。

2. 营造法治环境氛围:“有法必依”不可懈怠、“执法必严”形成风气、“违法必究”必须刚性。党的十一届三中全会针对国家的法制建设,提出了具有里程碑意义的四句话,就是“有法可依,有法必依,执法必严,违法必究”。然而 38 年过去了,实事求是地讲,我们只是勉强做到了第一句话。由于没有法治环境与氛围,使得后面三句话做得不好,严重影响了法治质量与法治环境。

一是“有法可依”不可懈怠。改革开放后的 38 年,不可否认我们制定了大量的法律,甚至也基本形成我国社会主义的法律体系,虽然还不够完善,更谈不上完备。但无论如何,“有法可依”应当说还是基本做到了。问题的关键就在于，我们制定的法律很大一部分没有去落实，也就是说没有真正依照法律来执行、来行事、来办事，执法随意、有法不依的情况比比皆是。首先，我国是一个人情社会，法的观念与权利意识淡薄。人们的行为准则和依据不是法律，而是人脉关系。不管大小事，事事讲人情，找关系。如此，制定好的法律，早就束之高阁，并不依据和遵从，甚至个别官员竟然说“法律算个屁”。其次，国家机关的作风是得过且过，尤其是在做事和行政上，按惯性和惯例，而不依法律。由于任免干部体制的原因，行政机关更多贯彻的是领导意志，而不是法律规定。甚至在司法机关内部，国家的基本法律还不如司法解释和会议纪要管用，前者可以不执行，但后者即便不合法也要执行。最后，包括法律监督机关也是有选择地执法和进行监督，并不是根据法律赋予自己的职责进行全面的执法与司法监督，因此导致“有法不依”或“不依法办事”长期得不到纠正，成为见怪不怪的常态，最终造成虽然有法律明确规定，非但领导过问或有批示，难以做到不折不扣地去执行法律。针对上述“有法不依”的现象和顽症，除强调法律监督机关必须全面监督法律的执行外，建议从法律程序上建立民间或社会组织的法律监督及其起诉机制，只要有社会组织或公民有针对“不依法办事”的起诉，法律监督机关或中立的司法机关——法院就应当受理，并严格审查、审理和追责。

二是“执法必严”形成风气。相对于“执法必严”当然是执法不严，也即选择性执法或随意性执法，或在具体案件中随意选择或放弃执法对象，甚至避重就轻。总之，不能严格按照法律不折不扣地执行。比如同样贪贿，甚至同样拿钱，有人被追究了责任，而有的就没有被追究责任。导致被追究责任的人心理上不平衡，甚至认为之所以自己被追究责任，不是因为自己拿了不义钱财，而是没关系、没靠山、没根基，甚至认为没跟对人或自己倒霉。如此的心理扭曲是导致腐败泛滥的重要根源。据此，我们应注意建立司法铁则:反腐要做到“以事立案”,而不能“以人立案”,只要违了法,无论谁都必然受到追究。并通过建立追责机制,逐步形成“执法必严”的良好风气。

三是“违法必究”必须刚性。刚性执法是贯彻落实“依法治国”战略的必由之路,也是实现“法治”的必然选择。而“违法必究”则是刚性执法的核心支撑,要真正做到刚性执法,必须做到“违法必究”,毫不姑息。

综上,要制定刚性执法和“违法必究”的铁则,即无论是执法还是司法人员只忠实于法律,否则针对违法犯罪没有被追究的情况,一律追究办案人的责任,做到一视同仁、概莫能外。

3. 改善党的执政方式:通过领导立法实现施政纲领、通过督导执法贯彻施政措施、通过独立审判实现公平正义。西方的多党轮流执政或“三权分立”虽然有其一定的优势,但也有缺陷和不足,并不一定适合我国国情。再者,人类历史的经验也已证明,“三权分立”并不是实现法治的“充要条件”或唯一方式,一党执政也未必不能实现法治。可以说,英国在2005年之前并不是“三权分立”国家,是典型的君主立宪,可谁又怀疑过它实现了800年的法治呢?因此,作者深信在我国一党执政的前提下,通过改革和完善党的执政方式,坚持“依法治国”,也一定能够最终实现法治。

一是直接领导立法。长期以来,为了建立、取得和巩固党的政权,我们一贯倡导和执行的是“党领导一切”,并取得了巨大成功和胜利,尤其在革命战争和社会主义建设时期,包括改革开放的特殊时期,这都是十分必要的。但我们如今面临着非常复杂的国内与国际环境,尤其在进行全面的社会主义法治建设过程中,根据国内国际形势,必须善于改善党的领导方式和执政方式。比如,由原来的全面领导方式改为现今的重点领导方式,尤其是直接、侧重地领导立法工作,真正把我们的社会主义法律体系建设完备。这是因为一个国家的政治核心本来就应该在国会,其是协调社会各阶层利益的枢纽和重心,也是贯彻执政党意志最集中的地方。

二是间接督导执法。除了立法是一个国家的政治中心外,执法也是一个国家的执政或行政中心。因此,我们党除直接领导立法外,还要密切关注、全面监督和积极指导执法工作。甚至可以继续沿用我党的组织部门和系统,包括向各级行政机关或地方政府推荐党的优秀分子,如推荐各部部长和地方政府的"一把手"——市长,以及党委"一把手"——市委书记。但为了加入竞争机制或真正打造建立一支廉洁干部队伍的有效机制,不再推荐1个(包括不再直接任命书记),而是由党的组织部门推荐2~3名或3~5名候选人,最终由公民或普通党员分别选出市长或市委书记。如此,变原来的完全"对上负责"的领导方式,为"部分对上负责部分对下负责"(或对法律负责)的领导方式,真正从体制上营造法治的环境与氛围,把我国社会主义法治建设的制度体系全面推向落实。

三是不再干预司法。既然要建立法治社会,我们就要给出宽松中立、客观公正的司法环境。这是因为作为执政党直接领导立法,甚至间接督导执法都是无可非议的,但无论如何不能去领导司法,更不能干预司法。因此,我们党必须改变长期以来形成的党直接领导司法的执政方式,今后不再领导司法,更不容许任何人干预司法。党可以推荐优秀分子担任司法官员,但他们只能忠实于法律。

党通过对立法、执法和司法领导方式的转变,使社会主义法治环境日趋完备。

4. 整体完善现有立法:系统梳理体系、精心编纂制度、实现立法中立。现有的法律体系大部分是建立在改革开放初期的计划经济体制基础之上的,加之我国社会与经济的迅猛发展,以及国际国内形势的巨大变化,尤其是我国市场经济体制的深化,故需要对我国的法律体系进行全面梳理、整合、补充和完善。

一是系统梳理体系。如果将人大和政协确立为我国的政治中心和“依法治国”的核心,那么其担负的是建设完备社会主义法律体系的重任。目前而言,亟须根据国情对我国现有法律体系进行全面地梳理和整合,如根据我国的经济基础和市场体系,重新审视和完善现有的法律体系,最终打造适合我国未来发展的较为系统和完备的法律体系,包括究竟设置多少个部门法,以及部门法相互间的衔接关系,不能像现在这样,法律部门划分混乱,各部门法之间没形成有效衔接,更没有形成有机整体,这将直接影响我国法律体系整体效益的发挥,也将破坏法律体系的完备性,使我国的法治建设缺乏坚实基础。目前亟须在全国人大建立梳理和专门研究我国社会主义法律体系的部门,组织法学和社会管理专家,尽快梳理现有法律体系,建构适应现代社会管理需要的新体系,尤其注意各部门法的相互衔接和有机配合,形成整体。

二是精心编纂制度。在梳理和建造完备社会主义法律体系的基础上,深入系统、细致缜密地研究各个法律部门的具体制度,并在总结现有制度包括法律解释的基础上,全面吸收人类的智慧成果和经验,打造适合我国经济与社会发展的具体制度和有效机制,以实现我国社会主义法律制度的完备。

三是实现立法中立。体系的建构、具体制度的打造,均涉及立法中立问题。其中关乎全国人大和政协制度本身的完善,以及整个立法决策与过程的中立。彻底解决长期以来我国立法的部门化、行业化,立法的部门利益纷争化,以及立法不民主、不中立、不科学等诸多问题的存在。

5. 强化制约管理机制:立法是根本、行政讲诚信、司法为核心。社会管理的核心是执法和司法管理,社会管理的支撑是法律制度的完备与严格执行。因此,强化和打造通过法律制度的社会管理制约机制,尤其是立法、行政和司法的有效制约,是社会管理与执法和司法管理的重中之重。

一是立法是根本。在整个社会管理中,立法是整个社会管理制度的核心和根本。没有一个良好的社会管理法律制度作支撑或作依据,社会管理与治理的有效性就难以保证或成为一句空话。因此,作为执政党,要牢牢地抓住国家立法权这一重心,并通过有效管理制度的制定,参与到国家的管理之中,真正实现“有法可依”,以及对整个社会的有效治理。

二是行政讲诚信。不管是国家机关、社会团体与组织对公民个人讲诚信,还是作为每一个社会成员,如公民个人、企业法人或其他单位或组织对整个社会讲诚信,都是依法治国或建立法治国家的重要基础。此时,其一,要处理好道德与法律间的关系,也即“依法治国”和“以德治国”间的关系,二者不是分离的关系,而是紧紧粘贴在一起的关系。“以德治国”不是“依法治国”的有效补充,而是“依法治国”的有效倡导和引领;而“依法治国”也不是“以德治国”的并行措施,而是“以德治国”的重要支撑和有效保证。其二,要解决好诚信与法治的关系问题。社会没有诚信就没有法治,诚信是法治的重要基础和支撑,法治是诚信的具体落实和有效保证。打造诚信,国家尤其是代表国家行使日常行政管理的机关要首先讲诚信,其次再要求公民讲诚信,也即政府要首先带头做到。对公民诚信的要求要通过行政执法和司法,以及社会福利管理的有效机制来实现,而不是通过命令、专权、说教或专制来推动。比如通过现代化的信息手段,建立公民个人的诚信系统与信用档案,如果公民不守诚信,甚至以身试法,就通过剥夺其社会福利和生存优势,以及限制其社会救济权利等市场游戏规则来制约。通过行政化、社会化、福利化的机制来实现对公民诚信的有效督促与监督,而不是动则命令和镇压等强制性手段来让其遵守;通过打造机制,取得真正建立诚信社会的最佳效果。

三是司法为核心。一切社会公平与公正的实现,要通过司法手段而不是行政手段来实现,因为任何行政手段都有自己的功利追求,不可能实现真正的公平。因此,要强调司法中立,甚至司法独立,让司法实现有效的和有权威的公平与正义,而不是行政上随意的、有选择的所谓公平,实则是不公平。司法公平是整个社会稳定的核心,一切游戏规则都将通过法律尤其是司法来实现,而不是通过行政命令和执法来实现,最终通过司法实体和司法程序来消化社会矛盾,实现社会的有效管理和公平正义,使大家逐渐养成相信法律、信任司法、诚信社会的实际司法效果和社会管理方式。

上述只是"依法治国"顶层设计的一个基本思路,限于篇幅,许多具体制度与措施的建议没有展开。如果我们能够努力做到上述设计的话,不仅可以逐渐走进法治国家的康庄大道,而且该种设计非常有利于反腐败,包括构建控制腐败法律机制及其法治系统工程。

(四)控制腐败法治系统工程

系统工程是当今世界上一门正在蓬勃发展的综合性新兴管理技术。它产生于第二次世界大战期间,在战后20世纪50年代开始有了初步发展。60年代,美国的阿波罗登月计划成功地运用了系统工程的科学方法,按预定目标第一次把人类送到了月球。以此为转机,系统工程受到了世界各国的高度重视,获得迅速发展,被广泛应用到自然科学和社会科学的各个领域,开创了系统工程发展的新时期。我们知道系统工程是运用系统方法,对系统进行规划、研究、设计、制造、试验和使用的组织管理技术。1930年,美籍奥地利生物学家路德维希·冯·贝塔朗菲(Ludwig Von Bertalanffy,1901—1972年)的系统论思想,对系统工程的形成产生了直接的影响。作为一门横跨许多学科的具有高度综合性的新兴技术,系统工程的形成还与一系列基础科学有着十分密切的联系。这些基础学科主要有运筹学、控制论、信息理论、基础数学和计算机科学等。20 世纪 60 年代以来,系统工程发展的显著特点是开始突破自然科学和工程技术领域,向社会科学领域不断渗透。随着 20 世纪 70 年代的“大系统理论”的兴起,系统工程与社会科学的结合更加密切了。目前,系统工程已在经济、社会、人口、军事、行政、法制、科学、教育、人才、情报和未来研究等社会科学领域得到越来越广泛的运用,充分显示了其无限广阔的发展前景。20 世纪 80 年代,系统工程发展的显著趋势是巨大化、复杂化、社会化,它意味着系统工程将进一步向社会科学各领域广泛渗透,社会工程的开发与研究,将成为今后系统工程发展的主要方向之一。在系统工程的应用与研究中,长期以来逐步形成了一套科学的工作方法和步骤。〔1〕

通俗意义上的“系统工程”指的是组织“系统”规划、研究、设计、制造、试验和使用的一种科学方法,是对所有“系统”都具有普遍意义的科学方法。故本书认为,所谓系统工程,是指由许多相互联系、相互制约的各种要素按一定的目标、以最佳协调方法把各要素有机结合在一起的一种管理思想和方法。系统工程的内容包括有明确目标的目标管理;区分层次的能级管理;适应外部环境、要素有机联系的统筹管理和追求整体功能、体现效益优先的整体管理思想。〔2〕

腐败是一种复杂的社会现象,因其无法消灭,我们只能选择对其有效控制,包括法律控制。腐败产生的原因又是多种多样的,属于一果多因,单纯从某一方面进行又难以实现有效的控制,

〔1〕 石磊等:《哲学新概念词典》,黑龙江人民出版社 1988 年版,第 155 ~ 156 页。

〔2〕 韩王君:《应用系统工程管理思想方法提高工程中标率》,载《施工企业管理》2004 年第 6 期。

故我们又必须采取综合性的多环节、多层次的对策体系。尤其是在法治的国际与国内背景环境下，又必须以法律控制为重点，因此我们要构建一个控制腐败的动态的、开放的法治系统工程。而该工程的方法又是一种对所有"系统"均具有普遍意义的科学方法，所以将系统工程的理论运用到反腐败的法律控制中，就形成控制腐败法治系统工程理论。这里本书将其定义为：运用系统工程的方法和原理来进行控制腐败法律机制的综合运用和整体性的方案设计，使其科学地组成一个大系统，以确定其用法律控制腐败的整体目标，并根据实际情况和需要将该系统划分成若干层次或子系统，通过对整体目标的确认和运作，使控制腐败的法律工作成为具有目标性、整体性和层次性，且运转有序、高效多能的社会工程。

三、控制腐败的核心是打造法律机制

控制腐败的手段多种多样，本书重点讨论的则是如何通过法律机制来控制腐败。所以，首先要讨论的就是法律机制及其相关的范畴问题。

（一）机制

"机制"一词最早源于希腊文，原意是指机器的构造和动作原理，后来泛指一个工作系统的组织或部分之间相互作用的过程和方式。有的学者认为，所谓协调有机体系机制就是指事物各相关因素（包括内部结构和外部条件）所共同形成的、受一定规律支配又具有稳定效应的交互作用场。[1] 本书认为，根据系

---

〔1〕 周路：《中国社会治安综合治理机制论》，群众出版社 1999 年版，第 7 页。

统论的观点，机制是指系统内部各要素间相互作用、相互联系、相互制约的有机体系，由于其内部结构和外部条件的作用，使该体系在其事物内部形成的一种具有一定向度（导向）和律动（自律）作用，以及自动纠偏和稳定效应的工作（运作）方式。

机制广泛地存在于自然界与人类社会之中，为了进一步系统地研究机制，这里我们对机制进行分类，可将其具体划分为自发机制和人为机制。所谓自发机制，是指自然而然地形成和起作用的机制，如潮汐、闪电和光合作用的机制，都属于自然界中的自发机制。所谓人为机制，是指为达到某一人为目的，通过人的主观努力而建立起来的机制。人为机制的特点有四个方面：一是明确的目的性；二是以具备必要的物质条件为基础；三是有一套能落实和发挥物质条件的动力和办法；四是创造条件和采取办法必须符合规律的要求。[1] 另外，无论是人为机制还是自发机制，都具有一定的向度性和律动性。正如湖北社会科学院于真教授指出的："所谓机制是指事物在运动中，各相关因素（包括内部条件和外部条件）有一定向度的、相互衔接的律动作用联系。"[2] 这里的向度性指的是一种状态和或动作指向所具有的属性，如本课题中的控制和腐败控制。律动性是指循着一种规律而动，而且具有自动纠偏的功能，这也是机制不可比拟的优势。也就是说，只要某一工作机制有了向度，自我控制、自动纠偏、自我调节的功能也就蕴含其中了。当然，我们这里主要采用的是人为机制，即建立一套人为的控制腐败法律机制，并在此基础上设计一套控制腐败的法治系统工程，使控制腐败法律机制能够进行整体运作，进而使我们的控制腐败的各项工作取得应有成效。机制具有以下几个方面的特点。

---

〔1〕 周路：《中国社会治安综合治理机制论》，群众出版社 1999 年版，第 10～12 页。

〔2〕 于真：《论机制与机制研究》，载《社会学研究》1982 年第 3 期。

1. 系统性

首先政策机制包括两大系统,即由各个要素所组成的子系统和作为整体而存在的母系统。前者是彼此分散的,各自孤立存在,一个要素和另一个要素之间并没有取得联系;而在后者之中,组成整体的各要素之间是相互制约、相互联系的统一体,它们在这个统一体中都发挥了最大的功效,这也取得了比原先每个要素简单相加所得更为有力的制约机制,是政策制定者所追求的目标。

2. 律动性

这个由不同要素所组成的系统是动态的,它会随着社会形势的变化而做出及时准确的反应,而这种反应同时也是有规律的,它总是遵循一定的模式,在既有模式不变的框架下对时势做出某种合乎规律的反应。在这种模式之下,无论社会上哪些人、哪些领域一旦出现政策中所标定的腐败时,政策机制就会做出及时的反应并通知负责人员,它对外界的变化反应迅速灵敏,显示出动态的规律性。

3. 自动纠偏性

正是由于政策机制对外界变化具有某种规律性,就像冬眠的蜗牛一样,外壳显得毫无生机但内部却是生机盎然,政策机制亦是如此,表面上好像并没有起到多么大的作用,但是一旦遇到激活它的条件即出现腐败现象时,其活力就立马显现出来了。总之,政策机制的框架是不变的,但是内部各子系统以及各要素之间相互联系的方式时刻在发生着潜在的变化,这种变化就是适应外界环境的结果。一旦出现不符合外界环境变化的因素,它就会产生一种内在的制约力量对这种因素进行有效的纠正,以使其恢复原来的状态或达到与原来的状态效果等同的程度。这一特点对遏制腐败的蔓延具有十分重大的意义。

4. 导向性

最后,政策机制还具有一定的导向性,也即机制中的向度。

政策机制的建立主要目的还是为国家、政党或其他社会团体正确制定包括刑事政策在内的各项政策提供原则性指导,使制定出来的政策符合社会形势的需要和社会发展的规律,从而维护社会的稳定、经济的持续快速健康发展和人民生活的和谐,保障社会主义事业健康稳定的发展,这也是建设和发展有中国特色社会主义的必然要求。

(二)法律机制

通常认为,法律机制是指法律的律动和调节机制,在实行法制的整个过程中各个环节间相互协调、一致的动作,最有效地发挥其部分和整体功能的状况。它是一个动态的概念。[1] 法律机制又称"法律调整机制",它要从法律的各个方面的联系和从法律的动态上来考察法律对社会关系的调整功能的运行过程。其中既包括立法机制,也包括执法机制,以此来使法律确切地反映社会关系发展需要,正确地实施法律规范,谋求法律对社会关系调节的最佳效果,以达到立法者的目的。[2]

如上所述,"机制"一词原指机器的构造和动力的原理。把它引用到社会或法的研究上,是为了从社会或法的各个方面的联系和从动态上来考察法对社会关系及法律关系的调整功能的运行过程。首先,法律规范的形成源于社会生活中的具体社会关系,调整这种社会关系的客观需要借助于统治阶级的法律意识而上升为各种法律规范。为了使法律规范准确反映社会关系调整的需要,它本身需要有合理的结构,各种法律规范需要进行分类组合,并结成协调一致的立法体系和法律体系。其次,法律规范借助于法律事实而进入实施过程,法的实施有不同的方式,如公民

〔1〕 王威:《市场经济、法律体系与法制机制》,载《西南师范大学学报》1994 年第 4 期。

〔2〕 廖盖隆等:《马克思主义百科要览》(上卷),人民日报出版社 1993 年版,第 1316 页。

对法律的自觉遵守，国家机关对法律的执行和适用，研究不同法律实施方式的相互关系（包括区别和联系）对正确实施法律规范具有重要意义。最后，通过法律规范实施而确立、丧失和变更着法律关系而使权利主体的权利和义务在现实生活中得到实现，从而起到调整社会关系的效果。上述过程以及过程中的不同阶段的各个方面综合起来就构成法律机制。研究法律机制旨在认识和掌握法发挥职能的规律性和提高法调整社会关系的效果。[1]

这里本书将法律机制定义为：它是指在法律系统内部各法律要素之间的相互作用、相互联系和相互牵制的协调有机统一体，由于法律内部结构和外部条件（法治环境）的作用，使该法律体系在其自身内部形成的具有一定价值目标、导向和律动作用，甚至能够为此而自我纠偏和调节并产生稳定法律效应与效果的制度群（制度体系）。

要建立控制腐败法律机制，首先必须对法律机制进行深入思考。以下本书尝试从动态性、整体协调性、整合性以及自律性（自动纠偏性）对法律机制的特性进行分析。

1. 动态性

辩证唯物主义认为，世界上任何物质都是运动中的物质，运动是物质的存在方式和根本属性，物质离不开运动，即世界上的一切事物都处在永不停息的运动、变化和发展之中。列宁就曾指出："因果关系运动实际上等于在不同的广度和深度上被抓住内部联系的物质运动及历史运动。"[2] 法律机制也不例外，因为法律机制也无疑应当属于一种物质的存在形态，其要发挥积极的作用和产生良好的效果，同样是各种因素运动的结果。概言之，完备的法律机制应该包含如下因素：自然事件、人们的行为、行为的

---

〔1〕 王启业等：《公证律师实用辞典》，黑龙江人民出版社 1989 年版，第 326 页。

〔2〕 《列宁全集》（第 38 卷），人民出版社 1986 年版，第 170 页。

结果以及法律责任等。而这一系列因素要构成相互之间有机联系的整体,就必须遵循一个经历由自然事件或人们的行为产生相应的结果,并由此引起相应的法律责任的逻辑演进过程,而此过程显然是一个动态的过程,因为在此过程中,首先表现为法律对人们行为的调整,众所周知,人们的行为是法律调整的基本领域,而行为是一个动态的概念,法律对人们行为的调整,不是遏制人们行为的动态性,而是公平地使所有人们的行为都得到合理的展开,都有相同的实现机制。[1] 同时,法律机制还要求针对人们不同的行为,从具体的法律规范出发,分别通过禁止性规范、倡导性规范、授权性规范和制裁性规范等的相互作用,对人们的行为合理地加以调整,并在此基础上确定法律责任。但确定法律责任的过程又绝非机械地寻求法律责任构成要件,而是一个找出相关因素再现相互作用的过程,这要求根据各因素的相互作用及其效应,再确定法律责任的质与量。唯有经历如此一个动态性的过程,才能形成比较完整的法律机制。

此外,值得注意的是,法律具有自身的发展完善过程,良好的法律机制意味着立法、司法、执法和守法的全过程都处在不断的发展之中,我们可以看到立法是一个过程,不仅法律草案的提出以及以后的审议、通过等是一个过程,而且实际上在提出法律草案之前就有对立法需求的调查,有对这种需求的法律对策的讨论,然后才可能有法律草案的拟制和提出。这种立法过程不仅是表现在某一个法律文本上,而且这个立法过程是同以前的立法过程相衔接的。同时,在司法实践中,在执法、守法包括违法犯罪这个过程中都体现了法的动态发展。这种动态发展不仅有立法、司法、执法、守法行为本身的发展过程的变化,而且有人

[1] 谢晖:《论法律秩序》,载《山东大学学报》(哲学社会科学版)2001年第4期。

们在一定法律意识、法律观念的指导下对法律文本的理解所形成的和它的法律行为的互动关系。[1] 总之,动态地分析立法行为、司法行为、执法行为、守法行为等,都能够使我们对法律有比较真切的了解。反之,如果做静态的分析,不把法律作为一个过程来看待,那么它就可能导致实践中的错误。基于上述分析,我们不妨得出结论,即动态性的确是法律机制中不可或缺的主要特性。

2. 整体协调性

整体协调性也是法律机制的一项重要特性。首先,完善的法律机制应当是包含各个部门法规范、原则、政策等以及各种法律现象之间有机运行所构成的统一体,这表现出突出的整体性特征,这主要在于法律机制的性质、功能及其运动规律只有在整体中才能表现出来,整体表现了各个组成要素所没有的新特征。但需要注意的是,法律机制的这种整体性并不是其各组成部分简单相加所构成的整体,而是在其各组成部分有机结合的基础上形成的整体。事实上,法律机制的各构成要素之间、要素与整体之间,以及整体与环境之间都存在一定的相互联系、相互制约与相互作用,所有这些都对法律调整机制整体及其运行状态具有重要影响。这种影响具体表现在三个方面:(1)机制中每一要素的情况如何,都会影响整体。比如法律规范是否严谨、是否具有可操作性,对法律关系的建立及法律的实施有极大的影响。(2)构成机制整体的各要素之间,其相互联系和作用不能离开整体去考察。比如民事权利和民事行为只存在于民事法律关系中,离开了民事法律关系整体,它们就失去了作为整体中部分要素的意义。(3)机制整体中各要素作用的发挥也不能脱离整体的环境。比如法律规范作用的发挥,与社会经济、政治、文化发展密切相关,没有发达的经济与文化,法律

[1] 倪正茂:《法律的静态分析和动态分析》,载《法学》2001年第1期。

规范不可能很好地发挥作用。[1] 这也诚如美国著名法学家罗纳德·德沃金(Ronald Myles Dworkin)所言:“法律的正当性来源于法的整体性,即尽可能把社会的公共标准和理解看作是以正确的叙述去表达一个正义与公平首尾一致的体系。”[2]

实际上,法律机制除了具有整体性特征外,同时还应当具有协调性的特性,就是要在保证整体性的基础上,注重法律机制内部各种组成因素、各种表现形式、各种表现形式内部以及与其相关联的法律部门之间和谐统一的关系。法律机制的协调性要求所有的法律部门都必须体现一个共同的立法宗旨,形成一个相互配套、相互对应、相互衔接的完整的体系。同时,也要求立法机关在已有法律的适用过程中,及时发现问题,尽快改革由于历史原因和立法技术等原因遗留下来的法律规范不协调,甚至相互矛盾、相互冲突的现象,解决新的政治、经济、国际形势下出现的与现有法律已不适应的新问题。可以说,协调性的实质在于促进法制的统一和完善,从而更好地发挥法律机制在保障社会主义现代化建设中的整体作用。

3. 整合性

由于当今社会正处于一个多元化的价值观、价值体系和价值目标共同存在和发展的时代,因此,需要通过社会整合把社会中多元化的因素转变为建设性的综合体,从而使多元化的价值观、价值体系和价值目标共同成为构建和谐社会的必然要素。在社会整合的过程中,法律是贯穿其始终的链条和界限,也是达到和谐的法治社会的必然路径。基于此,法律机制就必须充分发挥其积极的整合作用。须知,构建和谐社会需要以法律机制的整合为其创造

〔1〕 宋瑞兰:《论法律调整机制》,载《法律科学》(西北政法学院学报)1998年第5期。

〔2〕 [美]罗纳德·德沃金:《法律帝国》,李常青译,人民出版社1996年版,第171页。

基本背景和框架，不仅如此，作为一种特殊的制度因素，法律机制的整合还以其独特的作用和功能发挥着维护整个社会稳定和均衡的特殊功能，保障和疏通着社会联系，缓和着各种对立的冲突。具体而言，法律机制的整合作用主要体现在以下几个方面：

(1)法律机制的整合可以平衡与协调利益冲突，合理地分配与保障利益。虽然法律是适应利益调节的需要而产生的，但法律既不创造和发明利益，也不确认和保障所有的利益，尤其是当今价值标准多元化的时代，利益诉求也呈现多元化的态势，因此法律总是根据一定的社会价值观的指导，选择某些利益加以承认和保护，同时拒绝承认和保护某些利益。此外，不同利益之间随时会发生矛盾和冲突，法律就需要对各种利益关系做出适当的安排，平衡利益冲突，协调利益矛盾。在此基础上，法律为现实生活中存在的各种利益的初次分配和再分配提供原则和规则。最后，当合法利益受到妨碍或遭到不法侵害后，可以通过法律来回复、弥补和保障，从而得到实现。

(2)法律机制的整合可以对经济行为和经济关系产生影响。首先，法律通过各种制度明确人们各种利益的法律性质，划分合法利益与非法利益的界限，为经济利益的取得、分配、传承、转让等提供规则，从而调节社会经济关系，使人们各种纷繁复杂的利益关系有序化。其次，法律对人们的经济行为加以规范，调节经济生活，建立和维护基本的社会经济生活秩序。

(3)法律机制的整合可以对政治行为和政治关系产生影响。首先，政治关系从根本上来讲是一种围绕国家权力而发生或衍生的关系，这些权力关系都需要由一定的法律整合机制加以协调。其次，政治权力是围绕着政治权力的获得和运用、政治权利的获得和实现而展开的社会活动，各种政治行为或直接或间接地、或多或少地受到法律的规范，以实现社会整合。当前我国正在大力加强民主和法制建设，推进依法治国方略的实施，但我国的政治和法律制度还不完善，现实社会中还存在严重的权力腐败现象，为此，必须进一步加强法制建设，充分发挥法律在政治领域的整合功能。

(4)法律机制的整合还具有公共功能，主要表现在维护人类生存的基本自然条件，管理和促进各项公共事业的发展，维护和改善人类基本生产、生活条件以及预防社会冲突、解决社会问题、保全社会结构等。[1]

基于上述分析，整合性也是法律机制中不可忽视的重要特性。

4. 自律性

法律机制的自律性也叫自动纠偏性，是指明确法是社会关系的调节器，更是一种行为规范。那么在法律机制内部，主体就应该以法规范为标准来要求自己做或不做某种行为的特性，同时，如果主体的行为不符合规范要求时，法律机制的内在运作机理就应当自动予以纠正，使之趋向于合理化、标准化和规范化。诚然，法律机制的正确运行能够对社会关系进行有效的调节，但如果发生偏差又没有得到及时纠正的话，势必使得法律机制内部主体的行为失范，进而导致社会秩序的混乱，其结果是十分可怕的。因此，法律机制的自律(纠偏)功能是不可忽视的。具体而言，法律机制的自律性应体现在如下几个方面：

(1)首先从法律机制的自律性的定义出发，应当认可法律机制内部主体所遵循的法规范的标准只能是法律，而非其他规则，否则就不能在法律机制的框架之下探讨所谓的自律性。这里的法律也应有严格的限定，即指一国的现行法律，包括立法机关制定的法律和立法机关授权其他机关制定的法律。[2]

---

〔1〕 李瑜青：《法律社会学理论与应用》，上海大学出版社 2007 年版，第 231～234 页。

〔2〕 苏永生：《法的自律性的理论逻辑》，载《青海民族学院学报》(社会科学版)2003 年第 1 期。

(2)在肯定如上前提后,就需要考虑法律机制的自律性如何得以真正地发挥和实现。本书认为,必须确保法律机制内部主体所遵循的法规范具有正义性、公正性与合理性。可以说法自产生之日起,就应当融入人类最基本的价值理念——正义与公正。正义与公正也是法产生和发展的最基本动力,由于人们普遍认为法是正义与公正的实现手段,因此人们就以法作为来衡量自身的行为是否符合正义与公正的标准,法的自律性也因之得以体现。然而,当法律本身失去正义性与公正性时,人们也就失去衡量自身行为规范的标准,法的自律(纠偏)功能就无从发挥。所以,法规范首先应当具有正义性与公正性是不言而喻的。其次,法规范还应当具有合理性,具体是指法必须符合社会的发展和法必须能够被实施。就前者而言,法必须符合社会经济、政治、文化的发展,否则法将失去其存在的意义。同时,法还必须真正体现广大人民的意志,必须实现立法法治化、立法民主化和立法科学化。[1] 就后者而言,所立之法必须得以实施。因为立法者制定法律就是为了使其立法目的通过法的实施而得到实现,如果其所制定的法不能够被实施,其立法目的当然无法实现,不利于其对国家的治理。对照上述要求,如果法对社会经济、政治、文化的发展起阻碍作用,或者立法过程及结果不科学导致不利于体现广大人民的意志,甚至所立之法根本得不到有效实施,那么法律的合理性就不复存在,就应当适时加以废除、修改或者重立,使法律尽可能实现科学化和合理化。

(3)树立法律至上的观念也是相当重要的。正因为法律应当是作为衡量人们行为规范的准则,就必须使人们从内心确信和信仰法律,树立牢固的法律意识,这样就需要法律机制时刻对自身进行自律和纠偏,使人们意识到对法律的信仰是正确的选择。如

---

〔1〕 周旺生:《立法学》,法律出版社1998年版,第120~138页。

果人们对法律失去信仰,则法律就没有至上性,人们就无法将法律作为衡量自身行为规范的准则,法的自律(纠偏)作用也显然无从谈起。

(4)积极守法也是法律机制的自律性的重要体现。所谓积极守法,就是指以法的主人的姿态,自觉地、主动地、创造性地按照法的规定,在法的激励下,去做一切有利于法治的事,积极守法者既是法的主人,又是守法的主体,对积极守法者来说,法不是外在于自我的意志与利益的对立物,守法不是由于它具有强制性,这种守法具有自觉性、主动性和创造性。〔1〕 由此可见,积极守法者由于自觉为法的主人,实现着法的自我内化,而法的自律性要求人们基于对法的认同的基础上以法作为自己行动的标准,而这种认同正是法的自我内化。所以,积极守法才是法的自律性的实现方式。〔2〕 综上分析表明,自律性乃是法律机制良性运作过程中内在生成的一种重要特性,自律性缺位的法律机制绝非完善的法律机制。

综上所述,完整的法律机制必然包含如上四个方面的特性,缺一不可。可以说,这四个特性是共同体现于法律机制的运行过程之中的。

(三)控制腐败法律机制

通过上文对控制、机制和法律机制的分析与理解,我们这里提出控制腐败法律机制的范畴,它是指动用法律手段和机制功能的优势来掌握腐败现象与犯罪,使之形成一个有机协调的能够控制和把握腐败不致轻易泛滥的统一体。如同其他法律机制一样,控制腐败法律机制也能够通过一系列的与反腐法律规定和执法

〔1〕 倪正茂:《法哲学经纬》,上海社会科学出版社1996年版,第916~917页。

〔2〕 苏永生:《法的自律性的理论逻辑》,载《青海民族学院学报》(社会科学版)2003年第1期。

司法环境,使之成为按照既定的反腐目标和控制要求实现维护导向、支撑律动,并保持自我调节和良性运行(稳定反腐效能)的法律制度体系及动作方式。很显然,其核心和重点是运用法律手段和机制优势来控制腐败。

这是因为腐败现象的扩张与蔓延让腐败控制变得刻不容缓,控制腐败成了一项重大而复杂的系统工程。从上文腐败的概念及其特征中我们可以看到权力在腐败中的作用。因此,本书认为必须从权力的监督角度来谈控制腐败,权力的监督制约机制也就成了控制腐败系统工程中的核心。而为了更好地监督制约权力,保证权力的正确行使,最佳手段就是通过法律手段来规范权力,从权力的授予环节开始,到决策环节、执行环节,通过科学配置权力,健全监督程序,完善监督制度来逐步建立健全的权力监督制约机制,以防权力失控、决策失误和行为失范,让权力在法律的范围之内规范行使。也只有这样,腐败的问题才能从源头上得到遏制。

综上所述,预防腐败是一项艰巨的系统工程,控制腐败法律机制的建立也就成了一项系统而具体的课题。关于控制腐败法律机制的具体建立,作为本书最重要的写作目的,将在下文详细阐述。

四、控制腐败法治系统工程

如上所述,控制腐败法治系统工程也可以说是整个控制腐败法律机制的总体设计和运行。要想真正充分地发挥控制腐败法律机制的职能作用,必须将控制腐败法律机制具体设计和运行于整个控制腐败法治系统工程之中,并使该工程的各个职能进行有机地组合,形成一个统一的整体,从效能上来讲这叫总体效能大于各部分之和。也只有这样,才能使我们的控制腐败法律机制更富于实用性和可操作性,以真正发挥其整体效能和作用。这里我们将重点研究控制腐败法治系统工程的定义及其特征、基本原理与构成、基本功能及主要技术方法、整体设计、操作运行与维修监督,最终实现整个控制腐败法律机制的具体运行,完成控制腐败法治系统工程的设计,乃至整个控制腐败工作的历史使命和总体任务。

(一)控制腐败法治系统工程的基本原理与构成要素

1. 基本概念

最初我们讨论了控制、控制腐败和系统工程等基本概念。简单来说,系统工程就是用搞工程的办法来搞组织管理。具体来讲,它是指为达到某一系统内的最佳预定目标,从整体上对该系统的结构、组成要素、信息传输、控制机制等进行分析、设计、规划、管理、评价和控制,以实现其最优效果的技术。控制腐败就是一项涉及面宽且又极其复杂的社会大系统,所以只有科学动用全社会的力量,巧妙安排系统内各要素间的合理组合,正确选择先进的技术方法,才能达到控制腐败的预期目的和最佳社会效果。再者,我国控制腐败工作长期以来明显存在指挥不统一、组织不严密、责任不明确、任务不具体、工作不深入、实施不系统、反馈不及时等问题。故建立一套完备实用的控制腐败法治系统工程不仅是当务之急,而且是我国控制腐败方略的最佳选择。

那么,究竟什么是控制腐败法治系统工程呢?如上所述,它是指运用系统工程的方法和原理来进行控制腐败法律机制的综合运用和整体性的方案设计,使其科学地组成一个大系统,以确定其用法律机制来控制腐败的整体工作目标,并根据实际情况和需要将该系统划分成若干层次或子系统,且通过对整体目标的确认和运作,使控制腐败的法律工作成为具有目标性、整体性和层次性,且运转有序、高效多能的社会工程。从该定义可以看出,控制腐败法治系统工程具有下述几个方面的特征：

（1）目标性特征。这是由控制腐败工作的任务和最终目的决定的。我们知道，控制腐败工作的任务是想通过自身的工作减少和制止腐败行为与结果的发生，可以说这既是控制腐败法律机制的追求目标，也是控制腐败法治系统工程的追求目标，可以说两者是统一的、一致的。具体来讲，控制腐败法治系统工程所追求的目标，就是通过法律机制的具体设计与运作将我国腐败的情势控制在一定的合理程度与合理范围之内，不让其任由发展与泛滥。

（2）整体性特征。这是由系统工程的基本原理和所依据的科学理论所决定的。我们知道，系统工程的核心问题是运用系统思想与观点、整体性的方法与观念来分析研究问题。控制腐败法治系统工程将控制腐败的有关方面及所需使用的科学理论与技术方法有机地组合在一起，构成一个规模巨大的控制腐败有机整体。再者，多年来的实践告诉我们，控制腐败光靠社会力量不行，必须以职能部门为主体，尤其是通过打造切实有效的法律机制，依法治理和控制腐败，最终形成一个规模宏大的控制腐败法律网络和有机整体，这些都体现了控制腐败法治系统工程的整体性特征。

（3）科学性特征。这是由系统工程和控制腐败的科学理论所决定的。系统工程的科学性不必论证，用法律机制控制腐败的科学理论，尤其是通过建立控制腐败的有效法律机制来科学地控制腐败，早已被实践证明是可靠的、可行的和科学的。另外，该项工程的科学性还表现在其与过去的只喊口号、不见行动、零打碎敲的工作方式相比，不仅具有适应性强、信息量大与量化分析的特征，且具有反应迅速、多能高效、方案优化的特点，这正是其科学性特征的集中体现。

（4）层次性特征。这是由该工程的内部结构所决定的。从其内部结构的纵向上来看，需要有中央级、省级、地（市）级、县（区）

级和乡(镇)级等方面的层次划分;从其内部结构的横向上来看,需要有法律职能部门的管理与决策系统(立法机制)、预防系统(行政工作机制)、控制系统(法律的执行机制)、预测系统(技术分析工作机制)、惩戒系统(惩戒机制)、信息反馈与超前预报系统等的划分,这种纵横交错的网络层次正是控制腐败法治系统工程层次性特征的集中体现。

(5)优化特征。这是由系统工程本身的功能所决定的。我们知道,任何系统工程的最终目的和目标,就是想通过其工作过程建立某一系统的模型群,以求得该系统的工作在方法上最优和效果上最佳。控制腐败法治系统工程也是这样,在机制打造和机制运作过程中,采用了大量数学方法和模型技术,科学地采集和分析数据,为科学决策和选择优化方案奠定了基础,这就是控制腐败法治系统工程优化性特征的集中体现。

了解上述特征,对于我们深刻认识和研究控制腐败法治系统工程理论具有积极意义。

2. 基本原理

简单来说,控制腐败法治系统工程的基本原理就是用搞工程的方法来搞控制腐败的机制运作与管理。具体来讲,它是以控制腐败法律机制为核心和主要设计研究对象,把具体工作过程中的事物用概率、统计、运筹、模拟等方法,经过分析、判断、推理和综合,建立一整套适应控制腐败工作需要的数学模型,然后以优化的方法求得该系统的最佳工作效果。也可以说,经过控制腐败法治系统工程的全过程,使控制腐败法律机制达到技术上先进、经济上合算、时间物资上节省,并能高效率协调运转的最佳社会效果,这才是我们建立控制腐败法治系统工程的真正目的,也是控制腐败法治系统工程基本原理的实质和核心所在。

当然,这一基本原理和工作过程是我们博采众家之长,吸收或移植各学科理论及科研成果之精华融合而成的。涵盖的主要学科与理论有马克思主义哲学、党和政府有关控制腐败的政策与理论、有关法律与法规、博弈论方法、社会学与软科学、信息论与控制论、一般系统理论、耗散结构理论、协合学与运筹学、协同论与突变论、统计学与预测学等。这些学科与理论，可以说是建立控制腐败法治系统工程的重要理论基础、基本原理和依据，学习和运用好这些理论对控制腐败法治系统工程的建成与有效运行都具有十分重要的意义。

3. 基本构成

关于控制腐败法治系统工程的基本构成，如上所述，该工程是由纵横方面的层次相互交叉构成的。具体来讲有以下六个子系统：

(1)职能管理与决策系统。职能管理与决策系统也称控制腐败的领导与指挥系统，它是指从中央到地方依法建立起来的专门负责控制腐败纵向上的领导与指挥、横向上的调节与配合、总体上的决策与监督的管理体制或有机管理体制。其主要职能是：依据党的政策和国家法律决策控制腐败的有关重大事宜，协调社会各行各业各个部门间的控制腐败工作，督促、检查、指导控制腐败的日常工作，并对有关部门或单位的控制腐败工作进行优劣评估和监督。关于控制腐败法律机制的层次划分，一般认为有五个层次，即中央级、省级、地(市)级、县(区)级、乡(镇)级。领导顺序是中央管省、省管地(市)、地(市)管县、县管乡、乡管村，这样一级抓一级，级级落实，层层深入，才能保证控制腐败法律机制及工作措施真正落到实处。

(2)信息反馈与超前预报系统。信息反馈系统是指从中央到地方将控制腐败法律机制的运作情况通过职能管理与决策系统等将信息输送出去，并通过该系统的工作将其修正立法和调整运作机制的反馈结果再输送回来，对控制系统下一步的工作做出新的规划和部署，以实现控制腐败工作信息传递系统的高效多能。具体来讲，其主要职能是及时搜集、掌握并传送各级部门和有关控制腐败的信息和情况，以确保控制腐败立法决策和司法运作机关依据这些新的可靠信息纠正、控制、调整原来的工作部署或制定新的更加切合实际的政策和法律。超前预报系统是指在腐败行为与结果没有发生之前，各有关部门的单位和个人通过该系统，将腐败可能发生的信息及其他情况提前输送到控制腐败部门，使之超前得到预报，以便采取紧急的和相应的控制腐败措施。其功能主要是迅速有效地预报有关腐败的情报信息，以便有关部门采取相应对策，避免或控制腐败的最终发生或少发生。以保护我们的干部，减少腐败产生的负面影响。由于这两项工作均属于情报信息传递系统，完全可以由一套系统来完成，故我们称之为控制腐败的信息反馈与超前预报系统。

(3)预测系统。预测系统是指运用各种科学知识和技术手段，对不同时期的腐败情态及未来腐败趋势进行事先预测和推估的工作体系。按照腐败情状预测的层次不同其又可分为国家级、省级、地(市)级和县(区)级等腐败情状预测中心。其主要职能是预测全国或本辖区未来腐败情态与发展趋势，定期向所辖区相关部门发布预测成果，以协助和指导领导机关从宏观整体上推动控制腐败工作的开展。

(4)预防系统。预防系统是指从总体上调动一切积极因素和可能力量，最大限度地消除产生腐败的主客观因素，并阻止腐败行为与结果发生的一种工作体系，具体包括教育、预防、舆论宣传、技术预防和法律惩戒等工作。其主要职能是，通过“硬工程”(主要是指一些个别预防措施、技术控制设备和硬性法律制度规定)和“软工程”(主要指对腐败高危人群或行业的教育和有针对性的舆论宣传等措施)两个方面的工作，来加强对人、物(腐败目标)的预防和监控，以最大限度地减少或控制腐败行为与结果的发生。

(5)惩戒系统。惩戒系统是指将腐败视作一种社会病态，动用法治手段进行严厉惩戒或根治,最大限度地控制这种行为和社会病态的泛滥。其主要职能是该系统肩负着教育、惩戒和改造腐败行为人和犯罪人的神圣使命,通过该系统的工作,对腐败行为人的行为予以威慑和震慑,使社会病态得以康复,使腐败分子改造成为新人,使整个社会的腐败现象和势力减弱,故该系统工程的工作质量好坏直接影响着腐败控制的整体性效果。当然,要实现这一目标,必须建立腐败惩戒机关与社会实际工作相联系的制度,即与控制腐败工作中的社会教育相配合,真正形成一个人人痛恨腐败,整个社会共同抵制腐败,高危人群不想腐败、不能腐败、不敢腐败的良性循环机制。

(6)控制系统。控制系统是指以准确的腐败信息为依据,运用打击和惩治等多种方式严格控制腐败的任意泛滥和发展,对腐败行为与犯罪进行有针对性的调控工作体系。其主要职能是,通过打击、惩戒和集中办理一批腐败案件对腐败起到一定的威慑和震慑作用,通过重点行业、区域、部门或人员的制度与技术控制使腐败少发生或不发生,从而有效地防止、控制和减少腐败行为与结果的发生,以实现控制腐败的最终工作目标。

另外,对整个社会来讲,既存在导致腐败产生的相对恶劣的社会环境和因素,又存在抑制或控制腐败产生的制约因素和机制,关键是通过操作看哪一方能占据上风。直观地说,控制腐败就是控制腐败的主体——社会政策与法律的制定者和操作者(施控者),对腐败受控的客体——受控者的一种能动作用,这种作用能够使受控者根据施控者的预定目标而动作,并最终达到一定的效果,这就是控制腐败法治系统工程中控制腐败的最基本原理。由此可见,控制腐败作为一种过程,至少要有施控者、受控者及起控制作用的传递者(感受机构和执行机构)三项基本要素,如图0-2所示。只有具备了这三项要素,相对于某种环境而言,控制腐败才能达到其应有的功能与作用。

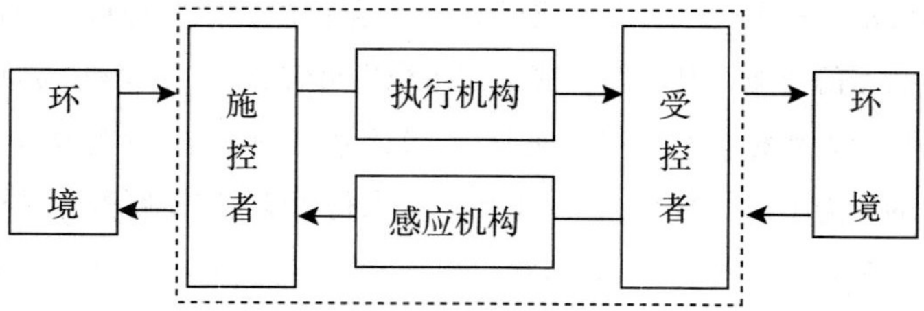

图0－2　控制腐败的过程

当然,社会的环境也好条件也好,均涉及一个国家的社会政策和法律的出台,而任何社会政策和法律的效果又都是一分为二的,有些政策和法律的制定很有可能既有利于整个社会的进步与发展,又会暂时在一定时期内产生负效应,甚至导致和诱发新的腐败和犯罪。这也就涉及如何有效地控制使用这些政策和法律,即我们既不能因怕产生腐败而不采取有效国策促进社会发展,又应有效地控制使用这些政策和法律,以最大限度地减少腐败的发生。否则就会像怕病从口入而不敢吃食物一样,最终因不吃食物而生出其他更加严重的疾病或活活饿死。因此我们说,控制腐败也是一个极其复杂的问题,涉及国家、社会,尤其是法律的方方面面因素,我们既不能单方面为控制腐败而不发展社会,又不能只顾社会发展而不控制腐败,可以说任何一种倾向都会导致一个国家的畸形发展或走向灭亡。

既然控制腐败,那么其目标是极为明确的,就是控制腐败行为及其犯罪,即不能允许腐败的任意泛滥和发展。具体内容包括以下几个方面:

(1)腐败数量。腐败数量即某时期发生腐败案件的绝对数。在一定时期内,腐败数量的猛增一定会对整个社会公信力发生危机。因此,对腐败数量的控制是控制腐败的当务之急,尤其是当腐败数量突然超过某一临界点或警戒线时,必须采取包括严打在内的一切控制腐败的方法与措施。

(2)腐败增长率。腐败增长率是指某一时期与过去同期相比腐败发生量的增长速度。这也是表现腐败发展状况和腐败发展趋势及对社会稳定的破坏力的一项极其重要指标。可以说,腐败增长率在较大程度上直接决定着腐败发案总量,因此增长过快的腐败率必然给社会带来腐败任意泛滥的灾难。因此,加强对腐败率增长过快的控制,也是腐败控制的一个极其重要方面。

(3)因部分腐败案件的增长过快而产生的对整个社会稳定的冲击和破坏。如1994年,虽然我国的总体腐败数量和腐败增长率趋于平稳,但重特大腐败案件增长太快,这在一定程度上继续构成了对整个社会稳定和治安的直接威胁,因此亟须对重特大案件发案率加强控制。

(4)因腐败手段的花样翻新而产生的社会公众怨恨及党和政府形象与威信下降。有时腐败案件并不多,腐败增长率也不快,只是腐败的手段翻新和触目惊心,照样构成对整个社会公信力的威胁与挑战,甚至搞得整个社会怨声载道。因此,作为控制腐败的职能部门,不仅要将眼光盯在腐败案件数量和腐败增长率上,而且还应时刻注意腐败案件的手段翻新及其大案、要案对社会的影响,尤其是对国家和社会的公信力以及党和政府的形象和威信的影响。也只有这样,才能切实保证腐败控制的有效性。关于控制腐败的方法和途径主要包括以下几大方面:

一是文化控制。文化一词有广狭两义,广义的文化是指人类在社会历史发展过程中所创造的一切物质财富和精神财富的总和;狭义的文化是指人们在创造物质财富的同时所形成和积累起来的观念形态、社会规范及诸多的精神现象之总和。当然,随着对文化研究的逐步深入,文化又有主文化(主流文化)和亚文化(也称次文化,有人将腐败现象和其他社会黑暗面视为亚文化或黑社会文化)。所谓文化控制,既是为防止违纪、违法和腐败而进行的对文化的一种普遍选择,又是对文化产生、发展、变异过程的一种自觉管理和疏导。基于这样的认识,可以看出,文化控制的内容和含义是极其广泛的,至少包括思想、道德、教育、信仰、行为规范、舆论宣传、风俗习惯、生活方式、价值取向等。文化控制是一项系统工程,要对文化进行控制必须从多方面、多角度地开展工作,如舆论导向可以引导或规范人们的价值取向,文化教育可以提高人们的自控力,廉政教育可以提示或警示我们干部时刻抵御腐败。只有全面系统地对社会文化进行整体控制,才能收到应有的防腐反腐社会效果。

二是法治控制。法治控制是指利用法律制度和立法、司法运作机制对腐败进行控制。换句话说,即控制腐败要步入法治化轨道。控制腐败是一项工作量大、涉及面广且又极其复杂的工作,不能只喊在嘴上、浮在面上,要确定责任、真抓实干、具体落实。尤其是要依法反腐,注意加强控制腐败的法律机制建设。一要建立控制腐败的专项立法,具体确定控制腐败的目标,明确各级行政职能部门、立法机关、司法机关等在控制腐败工作中应当担负起的责任;二要制定与控制腐败的专项立法及相配套制度(如公务员财产申报制度和金融实名制、遗产税和赠与税制度、公民信用保障号码制度以及预防和惩治贪官外逃的反腐败国际合作制度),规定控制腐败的具体程度、措施及其落实等;三要在基层及有关单位普遍建立控制腐败的专项制度和立法,以保证控制腐败工作及具体措施的逐项落实;四要自上而下建立健全控制腐败组织,以加强对控制腐败工作的统一领导和指挥。如上所述,腐败的法律控制也是一项系统工程,需要逐步建立和完善。另外,建立健全之后,最重要的问题还在于认真执行和落实,只有这样才能真正保证控制腐败的法治化及其应有的社会效果。

三是职能控制。职能控制是指控制腐败的职能部门(如中纪委包括其直属的反腐败工作局,以及各级地方纪委、监察、检察和审判机构等)所实施的控制腐败工作。本书认为,在我国所谓控制腐败的职能部门主要是指中纪委包括其直属的反腐败工作局，以及各级地方纪委、监察、检察和审判机构等肩负有控制腐败职责、功能和任务的部门。因为这些部门的主要工作任务就是同一切腐败行为和犯罪作斗争，以保证社会的稳定，为完成这一任务，当然要采取包括控制腐败在内的一切措施。如当腐败发展到或超出一定界限时，这些职能部门就有可能依法进行严打，这本身就是一种强有力的控制腐败措施。再如在刑事司法政策上认真贯彻“惩办与宽大相结合”的政策，在宏观上“严而不厉”，在微观上“宽严相济”，进而达到严格刑事责任、严密刑事法网，不仅使任何腐败犯罪不易漏网，而且使腐败犯罪人认罪服法，又不产生对刑罚的抗力，切实维护了法律的尊严，在客观上必然起到控制腐败的作用。因此，职能部门控制腐败的作用是极其重要的，也是极其有效的。

四是技术控制。技术控制是指利用技术设备和技术手段对腐败进行控制。如使用闭路电视监视系统对重点部位、重点人等进行有效监控。技术控制也是控制腐败工作中的一项极其重要的措施、方法和途径，从某种程度上来讲，它也是其他控制腐败措施的配合、协作和补充，更是其他控制方案的具体落实和表现。搞好技术控制，对控制腐败行为与结果的发生是极为有效的。

五是社会控制。社会控制是指利用全社会的力量对腐败进行的有效控制，具体包括利用经济的、政治的、法律的及行政措施等，利用群体、社会、家庭、单位、个人等进行全方位、全社会的主体和对象控制。这种控制有利于控制腐败整体措施的全面落实和控制腐败问题的彻底解决，是整个控制腐败工作所向往的目标。也可以说，法律机制控制是控制腐败的最优方案，其工作做好了腐败必然控制得住，腐败数量必定减少，控制腐败的最终目的也就达到了。

当然，就控制腐败的战略而言，文化控制是坚实基础，法制控制是理想模式,职能控制是战略重点,技术控制是根本途径,而社会控制是战略目标。

(二)控制腐败法治系统工程的基本功能与主要技法

1. 基本功能

控制腐败法治系统工程是一个较为复杂的工作系统,其总体功能当然是预防和控制腐败。其具体功能主要表现在以下五个方面:

第一,预测预报功能。这里的预测当然是说的预测腐败,是指在正确认识腐败表现的历史与现状及其发展变化规律的基础上,运用科学知识和方法,对未来一定时空范围内腐败现象可能产生的变化和发展趋势进行的推估与判断。也就是说,预测腐败既不是证实过去,也不是说明现实,而是探索未来,是对未来腐败情态与趋势的估计和推断,其目的在于帮助控制腐败决策部门制定相应对策和有针对性的措施。所谓预报功能,是指对腐败情态的事先或超前报告,以便为控制腐败的科学决策提供依据。

第二,防范控制功能。所谓防范控制,是指针对那些可能发生的腐败情况或容易为腐败所瞄上的重点部位采取的阻止腐败事件发生和控制腐败不让其任意发展的应对措施。我们知道控制腐败的根本目的就是防止、控制和减少腐败行为与结果的发生,故对整个反腐工作来说,控制功能显得异常重要。

第三,惩戒改造功能。惩戒改造功能是指对有腐败行为或腐败犯罪劣迹的人员进行侦查、起诉、审判和改造的一系列工作措施。这是控制腐败法律工作机制中一个极其重要的方面,在建立控制腐败法治系统工程时应充分考虑这一功能,以发挥其应有的效用。

第四,整体作战功能。整体作战功能是说充分利用控制腐败法治系统工程的整体优势,统一部署和行动,以取得整体运作的最佳效果。我们知道，任何系统的整体功能往往大于各部分之和，这不仅适用于控制腐败的整体管理，也同样适用于控制腐败各子系统或部分。该工程也正是利用这一优势来优化和改进控制腐败整体工作的，并通过具体措施充分发挥整体作战效用。

第五，量化分析与动性研究功能。可以说在过去的控制腐败工作中，定性的分析多而量化的具体指标少，这很不利于控制腐败工作的科学管理和防范措施的具体落实。控制腐败法治系统工程建成后，即可将许多工作具体量化，使每个问题的分析都具有可靠性的数据，以提高控制腐败的科学化程度。当然，我们也应注意和加强对控制腐败动态性工作方面的研究，以适应控制腐败工作不断变化的新情况，加速推进控制腐败工作的科学化与现代化的早日实现。

2. 主要技术方法

控制腐败法治系统工程所使用的主要技术方法有：

(1)系统模型技术。系统模型技术是指以现实系统的抽象或模仿为己任，并说明该现实系统本质或特征的主要因素构成及其相互关系，通过建模映象和研究现实的一种控制腐败的技术方法。模型技术有四大特征，即现实性、简洁性、完整性和规范性。其分类一般有形象模型、模拟模型、数学模型三种，一般系统目标确定之后，建立现代化控制腐败法治系统工程的首要任务就是建立模型，之后再进行优化和评价。故我们在建立现代化的控制腐败法律机制时，应首先考虑针对控制腐败工作的特点，进行各层次和子系统的建模问题，适合搞形象模型的搞形象模型，适合搞模拟或数学模型的搞模拟或数学模型。实质上，任何系统的研究必须化为对模型的研究，这是进行现代化管理和解决复杂的腐败问题的基础和前提。

(2)系统预测技术。系统预测技术是指根据事物以往或现在的资料，通过一定的科学方法、推理和研究分析，对事物未来的发展趋势做出预计和推测的一种控制腐败的技术方法。预测技术具有科学性、近似性和局限性的特点，其分类也多种多样，从不同角度可做出不同分类。如从内容上可分为社会预测、经济预测、科学预测、技术预测、军事预测、犯罪预测、腐败预测等，从时间上可分为近、中、远期预测，从方法上可分为定期、定时、综合预测等。其中社会预测、定性预测、定量预测、综合预测、近期预测、中期预测和远期预测等均对腐败的预测、预防具有重要意义。

(3)系统网络分析技术。系统网络分析技术是指把要开发研究的规划和过程作为一个系统来进行处理，并将组成系统的各项任务及各阶段按先后顺序，通过网络图的形式，统筹规划，全面安排，达到组织、协调、控制和完成整个系统目标的一种控制腐败的技术方法。其特点是简单、明了、直观。分类有总网络图、局部网络图、日历网络图等。在此，我们应根据控制腐败法治系统工程的具体内容、级别层次等勾画出网络图，以标明目标、分清主次、确定轻重缓急和方便组织管理。总之，网络分析技术是统筹安排、正确决策、提高管理水平的途径。

(4)系统分析技术。它是从系统的概念出发，采用各种分析方法和工具，对系统进行定性和定量分析，以求得系统整体决策最优的一种控制腐败的技术方法。它是解决矛盾因素多、不确定因素多的复杂系统决策问题的一种卓有成效的技术方法与途径，故在控制腐败这个大系统中拥有广泛的用武之地。

(5)系统决策技术。系统决策技术是指把决策对象看作一个系统，对其进行预测研究，建立系统的结构和类型，进而用定性、定量和综合的方法进行分析与评价，对比各方案的优劣，从而选择一个最佳方案作为最终决策的一种控制腐败的技术方法，种类有博弈决策技术和统计决策技术。应当说，在整个控制腐败系统中决策是关键,决策正确与否直接影响和关系着控制腐败整体目标的实现。故我们一定要掌握和运用好系统决策技术,更好地为控制腐败工作机制服务。

(6)系统价值分析技术。它是把一个事物的结果看作一个系统,从该系统的功能和成本的综合分析来选择达到系统整体最优的途径,是一种追求效益与效果的组织管理技术。它是一种根据国力、财力具体情况,衡量价值利弊得失,科学解决系统分析管理的有效方法与途径。尤其是在当今我们的国力、财力还相当薄弱的情况下,更应该在控制腐败工作中引进、移植并运用好该技术,以求得"投入少、产出多"的最佳社会效果与经济效果。

(7)系统可靠性技术。系统可靠性技术是指系统在规定的条件与时间内成功完成预定任务的一种组织管理技术方法。分类有固有可靠性技术、使用可靠性技术、工作可靠性技术。由于它适合于解决那些规模大、复杂程度高、系统环境恶劣等难度较大的系统,故用来解决极其复杂的控制腐败问题再适合不过了。

(8)管理信息系统。管理信息系统是指输入一些与控制腐败管理有关的信息,而输出供控制腐败管理人员使用的有用信息,且保证该管理系统内部通讯畅通的信息处理技术方法。分类有多种多样,按结构可分为单功能管理信息系统、多功能管理信息系统;按功能可分为战略级、战术级和操作级等。可以说,任何一个管理系统的建设都离不开自身的信息系统,因为其是该系统情报信息的主要来源渠道和进行决策的重要科学依据。在极其复杂的控制腐败管理系统中更不能没有自身的管理信息系统。因为该系统不仅构成复杂,而且不确定因素多,难以控制,随时都可能出现一些紧急情况,若没有自身的良好畅通的信息系统,必将贻误战机,甚至造成防控系统的失灵与失败。因此在控制腐败法治系统工程建设中,不仅要有而且还必须建立高质量、高水平、多功能的信息系统,以保证控制腐败法治系统工程良性运作和取得最佳效果。

(三)控制腐败法治系统工程的总体设计与组织架构

1. 组织建制

(1)性质:控制腐败系统的主体机构是中央及各级地方纪律检查委员会、监察、检察与审判机构。它是协助党中央、国务院领导全国及各级地方控制腐败工作的常设机构,也是负责协调和指导各有关部门的控制腐败工作,决策有关控制腐败事宜的实质性管理与指挥机构。

(2)任务:认真贯彻执行党的基本路线、方针、政策和国家法律,在各级党委和政府的统一领导下,协调指挥各有关部门的防控腐败与职务犯罪的工作,紧密依靠广大人民群众,齐抓共管,运用政治的、经济的、行政的、文化的、教育的等多种手段,整治社会环境,打击腐败和控制腐败,保证社会稳定,为社会主义现代化建设和改革开放创造良好的社会环境。

(3)目标:预防和控制腐败,稳定社会,使广大人民群众具有安全感,为祖国的改革开放和经济发展创造一个良好的环境。

(4)人员素质及其职责:控制腐败法治系统工程的人员组成主要有党政领导人、法学专家、预防和控制腐败专家、纪委、监察和检、法、司部门的实际工作者和系统科学技术及专业人才等。这里我们想重点谈谈从事系统科学研究的专业人员应备的素质:首先,他们是一些知识广博的人,既熟知自己所从事的专业——系统科学技术,又懂得控制腐败工作,且还有通达许多领域的知识结构,如法学、心理学、社会学;其次,他们不仅具有严密的数理分析能力,而且要有高度的概括综合能力;再次,他们善于了解关于控制腐败相关领域的动向,并精通电子计算机应用;然后,他们善于发现反腐败或控制腐败的新问题,并有足够的想象力和创造力;最后,他们的环境适应能力较强,善于同各处中不同类型的人打交道,有影响力、组织力、决断力。总之,他们应是那些善于登高望远、通观全局、有创造精神的人。至于职责,我们知道,一个现代化管理系统的设计与建造是不能凭经验和现有的知识及权力所能决策的,必须依靠科学技术和系统科学知识进行该系统的开发研究。因此从各方面来讲,系统科学专业人员是控制腐败决策机构与决策者的有力助手和咨询参谋。另外,系统科学专业人员是为该系统的设计、建造与运作进行开发性研究,给决策机关提供决策备选方案的,同时也在计划执行中突出实施技术监督。应当指出的是,控制腐败系统的设计与建造应当是集体创造性劳动的结果,是各类专业技术人员共同合作的结晶,并非一两人所能完成,况且一个人全面具备这些知识也是困难的。因此,要强调发挥和组织所有人员,通过共同努力来完成控制腐败法治系统工程的设计、建设与运行。

(5)组织机构,如图0-3所示:

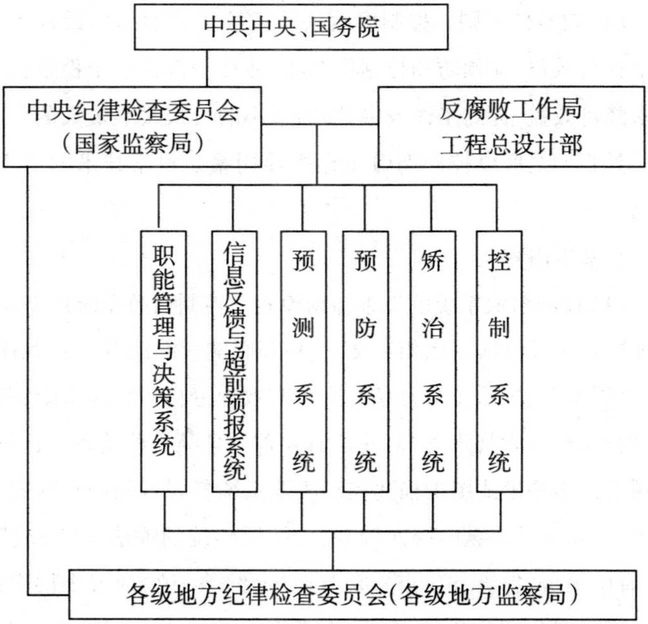

图0-3 控制腐败的组织机构

2. 设计规则

控制腐败法治系统工程总体设计应遵循以下原则:

(1)科学性原则。科学性原则,即指在控制腐败法治系统工程总体设计与建立模型过程中,要符合客观实际与系统科学技术规范性的要求,按照控制腐败的科学规律办事。

(2)实用性原则。控制腐败法治系统工程的设计与建造要从我国的具体实际情况出发,讲求实用,使其在控制腐败实际工作中真正发挥作用。

(3)可操作性原则。这是将控制腐败工作进一步具体量化的生动体现。过去控制腐败工作大都是喊的多做的少,能上口的多能动手的少。在总体设计中,一定要千方百计地改观这种局面,将一些大道理变成可操作性的东西,将许多具体措施落到实处,使控制腐败工作真正抓出实效。

(4)效益性原则。控制腐败法治系统工程的总体设计,一要讲求社会效益,即预防和控制住腐败,使社会真正趋于稳定;二要进求经济效益,提高工作效率,即以最小的投入换取最大的效果。这正是我们之所以控制腐败工作中使用系统科学技术的最主要原因。

3. 基本内容

(1)控制腐败系统的三维结构模式。控制腐败系统的多层次特征决定了其纵横层次相互交叉、相互影响、相互制约,且纵横交错、盘根错节、关系十分复杂。为了有效地分析研究该系统,并对其进行系统科学技术处理,我们必须首先理顺这些关系。这里我们用三维结构模式图来描述控制腐败系统各要素间的相互关系,如图 0 - 4 所示。纵向层次的划分,按照传统的说法即"块块"划分,有中央级、省级、地(市)级、县(区)级、乡(镇)级五个层次;横向层次的划分,即"条条"划分,根据控制腐败工作的实际情况及该系统功能构成方面的需要,由职能管理与决策系统、信息反馈与超前预报系统、预测系统、预防系统、惩戒系统、控制系统六个子系统构成。这些横向层次或子系统相互之间存在关联,同时又和纵向层次相互交叉,即是说它既要对横向负责又要对纵向负责;要建立控制腐败法治系统工程,无论纵向层次还是横向层次都离不开建立该系统所使用的系统科学技术方法,主要包括系统模型技术、系统预测技术、系统网络分析技术、系统分析技术、系统决策技术、系统价值分析技术、系统可靠性技术、管理信息系统等。因此,控制腐败法治系统工程的三维结构模式是成立的,其无论对宏观上的控制腐败,还是对微观上的腐败问题研究,都给出了明显的层次结构,并标出了它们之间的相互关系。

(2)控制腐败的模型体系。如上所述,控制腐败系统是一个多层次、多结构、关系极其复杂的大系统。要解决这些问题,单靠一两个模型都是绝对办不到的。因为一个模型所容纳的变量是极其有限的,它所研究的关联作用与影响也是局部的,且其具有的功能也都各自有所侧重。故必须按照系统科学的思路和方法,建立一个由一组或多组模型群构成的比较完善的模型体系。这个体系应具有多形式、多层次、多功能,有的属于综合性模型,有的属于专题性模型,这就需要根据具体的实际问题,有针对性地选择不同形式的模型,建立一个由综合模型和专题模型相配套的模型体系。根据控制腐败的工作特点,本书认为,起码应建立如下几个模型群:系统结构模型群、预测模型群、决策模型群、优化模型群、改造矫治模型群、系统综合模型群等。当然这是按其功能和用途来划分的,模型群的划分不可能完全按照各子系统的层次划分,这是考虑到模型群间的功能关系及控制腐败实际工作需要的缘故,限于篇幅,控制腐败各模型群的性能、功能及具体方法就不详述了。

(3)控制腐败法治系统工程的各子系统间的相互关系,如图0-4所示。

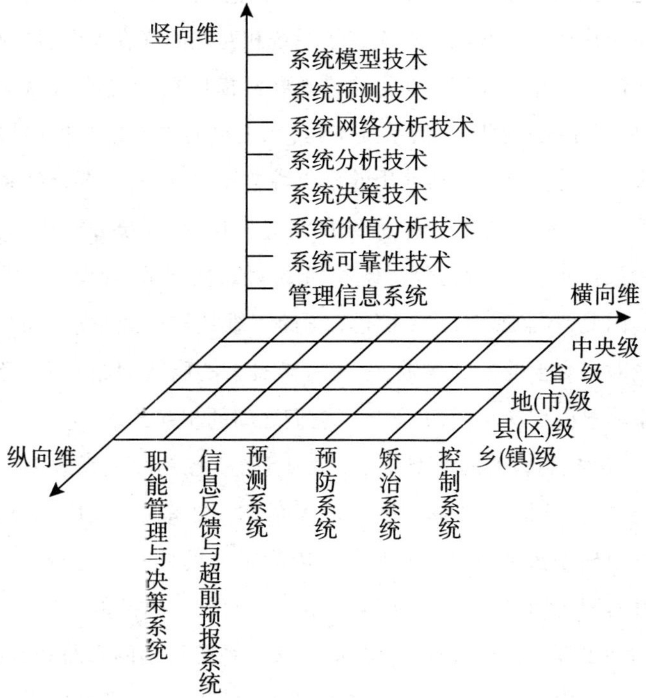

图 0－4　控制腐败各子系统间的相互关系

(四)控制腐败法治系统工程的操作运行与维修监督

1. 宏观总体上的操作运行

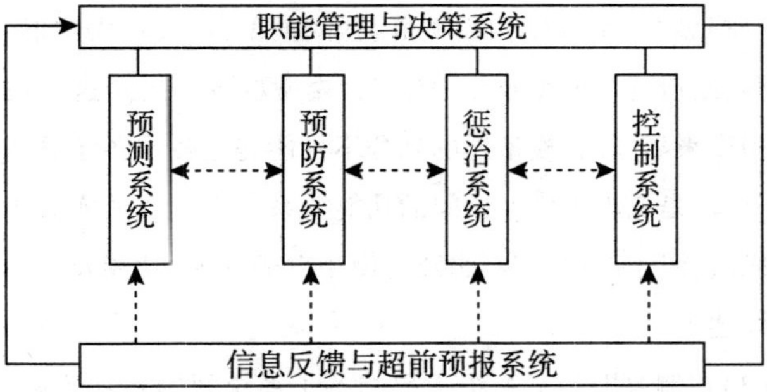

图 0－5　控制腐败的操作运行过程

如图0－5所示,职能管理与决策系统是控制腐败法治系统工程的中枢,其中工作职能就是负责纵向上的领导与指挥、横向上的调节与配合、总体上的决策与监督,并在本层次内重点协调和指导其他各子系统的工作与正常运行;其他各子系统接到决策机构和职能管理部门的指令后,各自开始履行自己的职责,且相互之间要做到密切配合与协作。如预测系统要将自己的预测成果及时通报预防系统和控制系统;控制系统和预防系统也要将自己的控制、预防措施告知预测系统,使之能够对新的腐败情态予以监测;信息反馈与超前预报系统,一方面对职能管理与决策系统输送出去的信息通过自身将其与实际作用后的结果返送回来,另一方面对各实体系统的工作情况也进行必要的信息反馈,并将某些紧急情况与信息及时或超前预报给各有关部门,使之及时采取有效措施,调整工作,保证各子系统的工作均能做到良性运行。

2. 微观各部门的操作运行

在职能管理与决策部门的统一标准和原则规定下,各子系统根据自身的功能将已确定的目标搞成更具体的量化指标体系,建立或设计各自的模型与模型群(当然有些模型群需要与其他系统协作),通过对模型的研究分析和技术处理达到对系统的管理目的,并经过科学论证和反复实验可在本系统内推行。这里限于篇幅就不再分析控制腐败各子系统的具体量化指标体系及有关的建模等技术问题。

另外,在操作运行中应注意以下几个方面的技术问题:

(1)要注意各种表格、数据及计算机软件设计上的统一与标准化。

(2)要注意各子系统上下左右间的相互配合,以便更大地发挥整体功能。

(3)有条件的可以以“信息反馈与超前预报系统”为主体,建立自身的现代化通信系统和电子计算机数据处理中心。

3. 维修与监督

控制腐败法治系统工程的维修的含义包括对该工程的维护、修理和修改三层意思。维护是指为了使控制腐败法治系统工程免遭破坏而采取的使之继续存在下去,并保持良好运行状态的积极有效的保护措施;修理是指一旦控制腐败法治系统工程自身出现故障或遭受到外来力量的破坏而采取的恢复其原来状态,重新使其正常运行的积极有效措施;修改是指由于科学技术手段的日益发展及周围客观情况已经发生较大的变化,致使原来的控制腐败法治系统工程不能完全适应变化了的新情况而采取的改动或完善原系统工程的积极有效措施,维护、修理与修改都是保证控制腐败法治系统工程正常运行的必要措施,因此在运行时必须紧跟这些措施,以保证控制腐败工作顺利有效地进行。控制腐败法治系统工程的监督是指为了保证该系统始终处于良好的运行状态而采取的对整个控制腐败法治系统工程每个环节与工作内容的查看与督促等有效措施,使之不发生意外,严格按照所设计的规则、程序、技术要求准确可靠地良性运行。依其性质可具体分为行政监督、司法监督、技术程序与手段监督等。行政监督是指依靠国家的行政权力实施的对控制腐败法治系统工程的运行程序及各个重要环节的监督;司法监督是指依靠国家的法律手段对控制腐败法治系统工程各个方面的监督;技术程序与手段监督是指从事控制腐败法治系统工程的专业技术人员依据系统科学的技术规范与操作要求行使的对该工程的运行程序及各个重要环节的监督,以保证该工程在操作运行上不发生失误。行政监督、司法监督、技术程序与手段监督都是保证控制腐败法治系统工程良性运行的积极有效措施,因此必须保证这些监督措施在整个控制腐败法治系统工程中切实有效地实施与落实。

第一编　腐败及其形成机理

第一章 腐败及相关基本范畴

近年来,腐败已经成为全世界关注的焦点,不论是在发达国家还是在发展中国家,不论是在资本主义国家还是在社会主义国家,不论是在市场经济国家还是在非市场经济国家,腐败都是一个极其敏感的政治问题和社会现象,对世界各国政府形成了巨大的冲击和挑战。可以说腐败是无所不在、无孔不入,它与毒品、环境污染一起被列为现代社会的三大毒瘤。对于中国政府而言,腐败同样是一个沉重的话题,这与我国正处于社会变革和体制转型的过程中有密切关系。联合国通过对107个国家的调查后得出这样一个结论:一个国家处于人均收入为265～1000美元时期,是社会剧烈变革时期,也是社会经济、思想状态等变化最大的阶段,而我国目前就处于这一特殊的阶段之中。因此,近年来腐败问题成为我国学界和社会关注的热点。党的十七大报告提出,坚决惩治和有效预防腐败,关系人心向背和党的生死存亡,是党必须始终抓好的重大政治任务。胡锦涛总书记在第十七届中央纪委第二次全会上再次提出,要以更加明显的成效取信于广大干部群众。回顾过去几十年的革命与建设,尤其是改革开放三十多年来,腐败问题从来都是重中之重,"腐败"一词依然是当前社会中流行的高频词汇。由此可见,对腐败问题的研究不仅必要而且迫切。虽然腐败问题的研究千头万绪,但正确认识和厘清腐败的概念及相关的基本范畴不仅是我们研究腐败的起点,也是我们有效治理腐败的前提和基础。

腐败不是一个法律术语,而更多的是一个政治术语。由于理论背景、价值取向的不同,有关腐败及其相关概念的研究可谓是众说纷纭,各国、各位学者的观点也是见仁见智,至今仍未形成一个统一的认识与观点。

一、国外腐败的概念

(一)国际组织与国际条约中关于腐败的定义

国际货币基金组织(International Monetary Fund)将腐败定义为:腐败是滥用公共权力以谋取私人的利益。腐败更为广义的定义,乃是指通过关系而有意识地不遵从规则,试图从该行为中为个人或相关的个体谋取利益。[1]

国际透明组织(Transparency International)对腐败的解释是:公共部门中官员的行为,不论是从事政治事务的官员,还是从事行政管理的公务员,他们通过错误地使用公众委托给他们的权力,使他们自己或亲近于他们的人不正当地和非法地富裕起来。[2]

---

〔1〕 胡鞍钢:《腐败与发展》,载《决策与信息》2004年第1期。

〔2〕 同上。

2000年11月15日,第55届联合国大会通过的《联合国打击跨国有组织犯罪公约》(U. N. Convention Against Transnational Organized Crime)第8条将下列两种行为规定为腐败犯罪:(1)直接或间接向公职人员许诺,提议给予该公职人员或实体不应有的好处,以使该公职人员在执行公务时作为或不作为;(2)公职人员为其本人或其他人员或实体直接或间接地索取或接受不应有的好处,以作为其在执行公务时作为或不作为的条件。[1]

2003年10月1日,联合国反腐败特设委员会核准的《联合国反腐败公约》(U. N. Anti-Corruption Convention)(草案)将腐败定义为:直接或间接地许诺、请示、提议给予、给予或接受不适当的好处或期盼,使接受贿赂、不适当好处或期盼的人不正常履行职责或作出应有的行为。

2003年10月31日,第58届联合国大会通过的《联合国反腐败公约》将腐败犯罪分为九种:贿赂本国公职人员犯罪、贿赂外国公职人员或国际公共组织官员犯罪、公职人员贪污犯罪、公职人员挪用财产犯罪、影响力交易罪、滥用职权罪、资产非法增加罪、私营部门内的贿赂罪、私营部门内的侵吞财产罪。[2]

(二)相关国家关于腐败的定义

国外的立法和理论研究对腐败的内涵亦是存在诸多争论,当然,同时也出现许多对腐败现象的揭示与概括。国外法律理论中对腐败研究最为典型的就是盖罗德·蔡登,他把腐败行为概括为19种情形:(1)叛国、颠覆、非法的对外交易、走私;(2)贼盗统治、将公共资金化公为私、盗窃;(3)挪用、伪造和盗用、篡改账目、瞒报盈利、滥用公款;(4)滥用权力、胁迫、酷刑、不合理的宽恕和赦

---

〔1〕《联合国打击跨国有组织犯罪公约》,载 http://www.110.com/fagui/law_12782.html,2015年8月1日访问。

〔2〕《联合国反腐败公约》(中文版),载 http://www.law-lib.com/law/law_view.asp?id=158348,2015年8月1日访问。

免;(5)欺骗和欺诈、误传、作弊和诈骗、勒索;(6)危害正义、犯罪行为、提供虚假证据、非法拘留、诬陷;(7)不履行职责、开小车、寄生;(8)行贿受贿、贪污、敲诈、非法征收税费、回扣;(9)操纵选举、操纵投票、为本党利益改划选区;(10)不正当地使用内部消息和秘密信息、伪造档案;(11)未经批准出售公共职位、公共财产和公共执照;(12)操纵规章、物品的采购和供应、合同的发包和贷款的发放;(13)逃税、牟取暴利;(14)为购买影响力和政府偏袒而充当"掮客",利益冲突;(15)接受不适当的礼物、费用、好处费、娱乐和野餐;(16)和有组织犯罪有牵连、黑市交易;(17)任人唯亲、包庇;(18)非法监视、滥用无线通信和邮件;(19)滥用公章、文具、住所和额外补贴。[1] 这些概括,实际上是把所有公职人员利用职务或者是职务影响实施的违法犯罪行为都纳入为腐败行为,是腐败概念在我们日常社会生活中被引申、泛化形成的后果,并不能准确地揭示腐败的内涵,但是对我们重新审视腐败的内涵具有很大的启发意义。

西方国家对腐败概念的界定主要有三个角度:一是从腐败与公职关系角度,认为腐败即是公职人员所做的偏离公职的行为;二是从腐败与市场关系角度,认为政府官员如将其公共职位视为一种经营活动,将其作为一种获取尽可能多的收益的资本,并付诸实践,那么他就腐败了;三是从腐败与公益关系角度,认为公职人员为了自己的利益而侵犯共同利益就是腐败。以下介绍几个西方主要国家的官方或学者对腐败的定义:

1. 英国是世界上第一个制定反腐败法律的国家,然而其法律却没有界定腐败的含义。然而在英国使用频率最高的词是"欺诈",其覆盖范围比所谓的"腐败"要广泛得多,英国政府设有"反

---

〔1〕 彭萍、丁振东:《腐败犯罪的内涵新论》,载《检察实践》2005 年第 5 期。

欺诈局”而不是“反腐败局”。目前流行于英国的腐败概念是：“腐败意味着有目的地做法律禁止的企图贪污的事，它和不诚实意义不同。”〔1〕

2. 美国对腐败的研究中存在不同的腐败定义。如阿诺德·罗高(Arnold Rogow)和哈罗德·拉斯韦尔(Harold Lasswell)这样定义腐败：“一个腐败行为至少违反了对公共制度或市民秩序的责任，事实上，与任何这样的制度不和谐(破坏性的)。一个公共制度或市民秩序把特殊利益高于公共利益之上，为了特殊的有利条件而违反公共利益的行为就是腐败。”〔2〕而美国当代著名政治学家、哈佛大学教授塞缪尔·亨廷顿(Samuel P. Huntington)在《变革中的政治秩序》一书中说：“腐化，即公职人员为了谋取私利而违反公认准则的行为，腐败的基本形式就是政治权力与经济财富的交换。”〔3〕美国官方则认为，腐败就是指“社会活动家、国务活动家、政治家、官员及所有公职人员利用职务之便进行的经济违法活动”。〔4〕

3. 德国内政部对腐败的定义是：“腐败被理解为对于官方职务、经济职权以及某一政治授权的滥用，这种滥用可能是由于他人的诱导也可能是出于自身意愿，但都是为了自己或第三方能获得利益而使公众利益或企业利益蒙受损失或陷于可预料的不利状况。”〔5〕

4. 就全球而言，法国是较为廉洁的国家之一，但单就发达国

〔1〕《彻底清除腐败》，陈明莉译，载《国际水力发电》2002年第4期。

〔2〕Alan Cottlieb and Dave Workman, *Double Trouble*, *Daschle and Gephardt*, *Capitol Hill bililies*, Bellevue, Washington: Merril Press, August 2001, p. 25.

〔3〕［美］亨延顿：《社会变革中的政治秩序》，载《学习》1994年第2期。

〔4〕中国社会科学院“世界主要国家反腐败体系比较研究”课题组：《国际上关于腐败概念及其行为的界定》。

〔5〕中国社会科学院“世界主要国家反腐败体系比较研究”课题组：《国际上关于腐败概念及其行为的界定》。

家特别是欧洲而言,法国则是腐败问题较为严重的一个国家。法国“预防贪污腐败中心”是全球唯一的预防腐败中心,它在2001年年度报告中将腐败定义为:“以谋取私利为目的滥用公共或社会权力或不公正的决策行为。”[1]

5. 日本官方或学术界对“腐败”一般理解为:“政治家、官僚与企业经营者等拥有公权力者滥用公共权力以获取私利、满足私欲的行为。”[2]

二、我国腐败的概念

腐败在中国古汉语中早已有之,原指物质尤其是食物的腐烂变质,最早见于《汉书·食货志上》:“太仓之粟,陈陈相因,充溢露积于外,至腐败不可食。”然而和域外一样,我国的理论界、实务界及现行的法律、法规至今也未对腐败的概念做出明确的表述。

从理论界来看,学者的观点同样各不相同。王沪宁教授从权力运用角度给腐败下的定义是:“公共权力的非公共运用。”[3]林喆教授认为:“腐败,也即权力腐败。它特指权力职能的蜕变。从法哲学的角度上看,凡是行为主体为其特殊利益而滥用权威或偏离公共职责的现象都可以视为权力腐败。”[4]杨春洗教授认为:“腐败是指执政党组织和国家机关及其工作人员,包括受其委托从事公务的组织和人员,为满足私欲、谋取私利或局部利益而实

〔1〕 中国社会科学院“世界主要国家反腐败体系比较研究”课题组:《国际上关于腐败概念及其行为的界定》,载《社科党建》2007年第1期。

〔2〕 同上。

〔3〕 同上。

〔4〕 林喆:《腐败犯罪学研究》,北京大学出版社2002年版,第9页。

施的严重违背纪律和法律，侵犯人民利益并造成恶劣政治影响的蜕化变质行为。"[1]何增科教授认为腐败是公职人员及其工作单位运用公共权力和公共资源谋取私利的行为。[2]学者宋觉综合了关于腐败的两种定义，一种观点认为，所谓腐败，是指政府官员受内外因素的刺激（如金钱的引诱），利用职权违反法律规范、纪律规范或道德规范而背离既定的管理目标的现象；另一种观点是从政治学的角度，把腐败界定为思想上、行为上的堕落，以及组织、机构、措施等方面的混乱等。[3]

从我国的社会、法律和反腐败的实践来看，通常腐败分为最广义、广义和狭义三种。最广义的腐败，是指腐蚀或侵蚀社会肌体或管理机体的行为，包括大吃大喝、生活腐化、贪污浪费等，以及一切利用不正当手段破坏社会管理规则和侵害公共利益与准则的行为。广义的腐败，是指享有和使用公共或团体权力的人没有正当地运用这些权力，不为国家、社会和团体谋福利的行为，即不廉政、不勤政，甚至贪污和侵占公共与社会利益，包括工作、生活腐化的行为，通常包括政治生活腐败，如吏治腐败；经济生活腐败，如贪污受贿；思想道德腐败，如包养情妇。这些腐败现象又集中表现为滥用权力、牟取私利、贪污贿赂、侵占公共财产、假公济私、失职渎职、工作生活作风腐化等行为，这些主要为《公务员法》和《中国共产党纪律处分条例》所规定。《公务员法》第53条规定了禁止公务员做的16种行为，其中包括了贪污、贿赂、滥用职权等行为。《中国共产党纪律处分条例》分则把违纪行为分为违反政治纪律的行为，违反组织、人事纪律的行为，违反廉洁自律规

---

[1] 楚文凯：《腐败概念的界定与泛化》，载《中国监察》2005年第16期。

[2] 何增科：《反腐败新路：转型时期中国腐败问题研究》，中央编译出版社2009年版，第9页。

[3] 李频：《腐败的经济学分析及对策研究》，中南大学2004年硕士学位论文。

定的行为,贪污贿赂行为,破坏社会主义经济秩序的行为,违反财经纪律的行为,失职、渎职行为,侵犯党员权利、公民权利的行为、严重违反社会主义道德的行为,妨害社会管理秩序的行为。但其均没有明确列明哪些是腐败行为。狭义的腐败即职务犯罪。这也是腐败的极端表现形式,一般指我国《刑法》第8章规定的贪污贿赂犯罪、第9章规定的渎职罪和其他有关章节规定的国家工作人员利用职权实施的严重侵犯公民人身权利和民主权利的犯罪。〔1〕 而本书认为,狭义的腐败主体即职务犯罪主体,既应包括在国家机关、国有公司、企业、事业单位中从事公务的人员,也应包括在非国有公司、企业、事业单位中从事管理(因为这里的管理也是公职)的人员。

由以上可以得出,要对腐败概念进行全面而准确的界定,首先要确定的就是界定的维度和视角。因为维度与视角不同、层次不同,侧重点也不同,这样是无法得出一个统一的概念和统一的结论的。因此,我们对腐败的概念将从最广义、广义和狭义三个层面分别界定,分别得出该层面上腐败的确切含义。

三、腐败概念的重新审视

(一)腐败概念的词义渊源

逻辑学所说的概念是指反映客观事物的本质属性的思维形式。概念就是事物的本质属性在人头脑中的反映,是人脑对客观事物的本质的认识。所谓内涵是指概念反映的事物的本质属性。所谓外延,是指概念所包括的全部对象。内涵和外延的关系,表

---

〔1〕 陈正云、胡健波:《腐败含义辨析——以增强腐败治理有效性为视角》,载《人民检察》2008年第12期。

现为内涵的增加或减少会引起外延的缩小或扩大。换句话说,一个概念,内涵越少,外延越大;内涵越多,外延越小。二者成反比例关系。简单地说,概念的内涵和外延的关系,反映了事物的一般性和个别性的关系。概念不明确,会使语言表达产生混乱和毛病。所以我们研究腐败,首先就要研究其概念的内涵与外延。腐败是一个人们熟悉的名词,腐败的概念首先应从其原意开始探究,即将原意的象征价值作为腐败问题研究的历史沿革出发点的内核。

“腐败”一词源于拉丁语 *rumpere*(破坏),意指对某些事物的破坏。《辞海》中对腐败的定义是:腐烂,也泛指败坏、堕落。而《现代汉语词典》中对腐败的定义是:物体腐烂,腐败食物;行为堕落的,腐败行为;(制度、组织、机构、措施等)混乱、黑暗,政治腐败。由此可见,腐败一词的原意是指物质的一种化学运动状态,即事物由原初的纯粹状态而变质与腐烂。这一定义后来被引入到社会生活领域,并被泛化用来形容道德行为、社会风气的败坏、堕落等。从中受到启发,现在我们通常所使用的腐败概念是很宽泛的,它不仅包括政治上的腐败,也包括经济上的腐败,甚至还包括道德上的腐败。也就是说,给腐败下一个概括的定义很容易,即腐败就是以权谋私,腐化堕落。但是要给腐败下一个确切的定义,从而帮助我们去分析腐败的原因和寻找反腐败的策略,却是件困难的事。如上所述,为了力求准确与全面,以下我们将从三个层面来界定腐败的概念。

(二)腐败概念的重新界定

我们重新界定腐败的概念,最终的目的在于厘清腐败的内涵,并为其模糊的外延划定一个更加合理的界限,然后在这个界限范围之内设定法律控制腐败的目标与措施,是重在预防、重在惩处还是二者并重,这也是我们重新界定腐败概念的价值取向。在此,我们分为三个层次分别论述。

1. 最广义:违法 + 违纪 + 背德

对于腐败的定义,从不同的角度界定就会产生不同的概念。腐败作为一种社会现象,从广义上来说,凡是在公共领域和私人领域违背社会法律、纪律和道德的行为,都被视为腐败行为。生活腐化堕落、吃喝嫖赌、思想道德低下等,尽管发生在私人领域,但也被我们视为一种腐败现象。因为这些私人领域中的腐败通常是公共领域中腐败的诱发因素或社会基础,二者很难绝对地分开。在公共领域,则有铁路系统的以车谋私、乱收费、乱加价;卫生部门的"红包"现象;邮电部门的以邮谋私;电力部门的以电谋私等。对于这些领域中的腐败现象,我们可以从多个不同的角度加以界定:从社会规范的角度来看,腐败是指政府官员为谋取私利而违反法律规范、纪律规范或道德规范的行为,主要表现在经济上贪污贿赂、工作上严重官僚主义,生活上糜烂堕落,组织上任人唯亲;从伦理的角度来看,腐败是社会道德尤其是公务人员道德的堕落;从文化的角度来看,腐败是社会政治价值和政治规范的败坏;从社会学的观点来看,权力的不正当运用并违反社会规范的行为就是腐败;从经济学的角度来看,腐败就是权力与金钱财富的非法交易。正是由于这些不同的界定角度,腐败概念也就产生了非常广泛的外延。这个角度下的腐败一般就是通常我们所使用的腐败,也就是最广义上的腐败,是指任何为谋取私人利益而侵蚀社会有机体的行为。

2. 广义:违法 + 违纪

从最广义的腐败概念可以看出,那些仅仅是违反道德的腐败,其实并不是真正意义上的腐败,而是腐败概念在日常社会生活中的泛化。我们所要研究的腐败并不包括道德上的腐败,所以有必要在广义的层面上给腐败下一个相对精确的定义:腐败就是公职人员或者组织不合目的地行使公共权力,为谋取私人利益而实施的严重违反党纪、政纪或国家法律的行为。

也就是说，广义的腐败概念不仅包括违反法律的腐败行为，还包括那些并不违反法律但是违反党纪、政纪的腐败行为。这一相对精确的腐败概念，将背德型腐败从我们的研究视野中暂时地隔离，这一暂时的隔离，不仅为我们的研究明确了目标，更为我们在预防和打击腐败的过程中缩小了打击的范围、强化了打击的力度，以便于我们集中力量打击后果更重、危害更大的腐败行为，所以其具有不可替代的重要性。

3. 狭义：违法

腐败就是公职人员或组织不合目的地行使公共权力，为谋取私人利益而实施的违反国家法律的行为。

这是狭义的腐败概念，包括违反刑法及一般性法律的腐败行为。另外，需要做出解释的是，这里的“公职人员或组织”不仅包括公职部门及其人员，也包括私营部门及其人员。在私营部门如公司、企业、团体中拥有一定职务的人员，也会因其所处的职位而享有一定的职权，这也是所谓的企业中的“公职”人员，不合目的地使用这些职权的行为也是我们所要研究的腐败行为。

四、腐败行为的基本特征

根据上文给腐败下的定义可以看出，广义上的腐败行为具有如下几个特征。

（一）主体的公职性

公职性，即腐败的主体具有公职人员的属性，也就是法律赋予、国家授予、公民选举或企业约定或给予的行使某种权力的公职人员。这里的公职人员不仅包括在国家机关中任职的国家公职人员，而且泛指在党和其他公司、企业、事业单位、人民团体等社会公共机构中担任特定职务的一切公职人员，甚至包括在非国有公司、企业、事业单位从事管理职能的人员,因为就一个单位而言从事管理也就有了公职性。不具有公职的人不是腐败的研究对象,因为如果公职人员不腐败,社会也就不会再普遍关注腐败问题,腐败作为一个政治话题就丧失了意义。

关于公职人员,《联合国反腐败公约》做出了明确的界定,“公职人员”系指:(1)无论是经过任命还是经选举而在缔约国中担任立法、行政管理或者司法职务的任何人员,无论长期或者临时,计酬或者不计酬,也无论该人的资历如何;(2)依照缔约国本国法律的定义和在该缔约国相关法律领域中的适用情况,履行公共职能,包括为公共机构或者公营企业履行公共职能或者提供公共服务的任何其他人员;(3)缔约国本国法律中界定为“公职人员”的任何其他人员。但就本公约第2章所载某些具体措施而言,“公职人员”可以指依照缔约国本国法律的定义和在该缔约国相关法律领域中的适用情况,履行公共职能或者提供公共服务的任何人员。

(二)行为的涉权性

涉权性,即腐败总是与权力相联系,腐败主体所不当行使的就是公共职权。公共职权即行使公共管理职能者的权力,是一种支配力量。它不仅包括党权和政权,还包括公司、企业、事业单位、人民团体等社会公共机构、经济组织中的公共管理职权。党权,即政党的权力,既包括执政党的权力,也包括在野党的权力。政权,即国家权力,是指国家统治者通过国家机关实行统治实现国家职能的公共支配力量。它是一种特殊的公共权力,它支配社会公共资源,可以使全社会的公民、法人和其他组织都服从其意志。[1] 政权包括立法权、司法权和行政权。对党权、立法权、司法权和行政权的不正当行使都可能导致腐败。社会公共机构、经济组织中的公共管理职权,也是一种支配权,对这种职权的滥用

---

〔1〕 杨海坤:《宪法学基本理论》,中国人事出版社2002年版,第179页。

也应纳入腐败的范畴。

恩格斯曾经指出，一切政治活动归根结底都是为了经济利益而进行的，政治权力不过是实现经济利益的手段。腐败就是权力主体的一种主动性行为选择。从许多政治家、法学家的论著中，可将权力概括为：权力是支配社会、控制社会或影响他人的能力，体现不平等的社会关系和强制性的力量。因此，权力容易膨胀，容易失控。[1] 在大多数情况下，权力运行的过程就是社会利益的分配过程。这样，由个人所掌握的权力，一方面同社会的整体利益相关，另一方面又与掌权者的个人利益相关，而这两种关联之间是可能存在冲突的。由于权力的扩张性，掌权者为了谋取私利，就可能会超越权力和突破权力，进行权力寻租，于是权力的扩张特性造成了权力走向腐败的过程。所以说，权力异化的过程也就是腐败产生的过程。因此，也可以说权力是腐败产生的前提条件和必要条件。

（三）目的的利益性

经济学上有一个基本的假定，即资源的稀缺性和经济人行为的理性。从经济学的观点来看，所有人的活动都只有一个目标，那就是自身效用的最大化。这里我们引入经济学上的成本—收益分析方法来研究腐败行为的目的问题。该方法认为，人们的行为总是建立在比较行为的预期收益与预期成本的大小之上。事实上，尤其是在我们高调反腐已经成为我们的强势话语之时，每个进行腐败的人在腐败之前都会有意无意地进行一番腐败的成本—收益计算：腐败成本越低，腐败的可能性就越大，腐败收益越大，腐败的可能性就越大。经济学从来都是讲究成本的，人有趋利避害的本性，当腐败的收益大于腐败的成本时，他才会产生腐

---

〔1〕 刘金国：《再论权力腐败的法律制约》，载《中国政法大学学报》2001年第4期。

败动机,才会选择腐败活动;反之,他就不会选择腐败活动,甚至远离腐败。腐败主体要考量腐败所要付出的成本,并同时考量腐败所能带来的收益。

这里,腐败主体所要考虑的腐败成本主要包括两个方面:一是腐败的直接投入;二是腐败被发现后所要承担的损失。在实践当中,腐败的直接投入往往很小,腐败成本主要是来自后者,包括政治损失、经济损失、道德损失和法律制裁。腐败主体所要考虑的腐败收益主要是经济财富,即运用手中的权力所能换来的经济利益。从某种程度上来讲,腐败的目的就是谋取私利,即为个人、亲属及其所属的群体谋取利益。所以,从这一角度来看,腐败也就是权钱交易,是理性经济人优化选择的结果。

(四)手段的不合目的性

权力的扩张从实质上来看,就是一种权力运行与权力既定目标的偏离,权力丧失了本来意义,也就是权力发生了异化。其实,权力本是人民赋予的,权力的目标是要维护人民的根本利益,但是在权力运行的过程中,人民与权力发生分离,由权力的主体变成了权力的客体,权力的人民性、正义性异化为个人性、非正义性。[1] 此时,权力服务的目标不是公共利益而是个人私益,腐败在这一过程中就形成了。

然而,我们可以说腐败源于权力,却不能说权力必然产生腐败。权力蕴含着腐败的可能性,但是不能就此得出腐败是权力运行的必然样态,应该说它仅仅是一种可能性,这种可能性既可以永远停留在可能的阶段,也很容易发展为现实,即当这种潜在因素获得合适的条件,腐败就从潜在的状态变化为现实的状态。[2]

---

〔1〕 王康:《权力腐败的运行规律及其对策》,载《理论前沿》2003 年第 9 期。

〔2〕 张迪:《论公共权力与利益的关系》,载《云南社会科学》2003 年第 5 期。

也就是说,腐败是否实际发生还要取决于权力主体如何使用其掌握的公共权力以及规则、制度限制。现实生活中掌握权力的人很多,而腐败分子只是占其中的一部分而已。只有权力主体在行使权力时加入了自身的利益衡量、取舍时才会使权力倾向于腐败。当权力的行使者偏离公共角色的规范和权力行使规则,公共权力背离了公共性,权力才引发了腐败,此时的规则或制度缺陷就为腐败提供了现实可能性,使腐败有可能转为现实。

从总体上来看,腐败行为的四方面基本特性并不是彼此孤立的,是有其内在逻辑的。第一,主体的公职性是腐败的应有之义,确定的是发生腐败的身份"够格";第二,行为的涉权性是腐败发生的关键要素之一——确定的不仅仅是腐败与权力有着十分密切的关联,而且是基于公职才拥有"权力";第三,目的的利益性是腐败发生的关键要素之二——是说腐败最终追逐的还是利益,甚至通过滥用权力而实现不正当的"利益";第四,手段的不合目的性是"权力"与"利益"博弈过程中的权力"越轨",最终必然产生腐败。

五、与腐败相关的基本范畴

提到腐败,人们往往会将其与职务犯罪、权力寻租、腐败犯罪等概念相联系。存在这一现象不仅因为它们存在一定的相似性,也与腐败概念在日常生活中的泛化有很大的关联,因此有必要对这些相关基本范畴进行逐一梳理和界定。

(一)权力

提及腐败,总是与权力相关。然而,什么是权力?自古至今中外学者对权力的界定也是众说纷纭。德国的政治经济学家和社会学家马克斯·韦伯(Max Weber,1864 年 4 月 21 日—1920 年

6月14日)将权力定义为:"一个人或一些人在某一社会活动中,甚至是在不顾其他参与这种行动的人进行抵抗的情况下实现自己意志的可能性。"托马斯·霍布斯(Thomas Hobbes)认为,权力是"获得未来任何明显利益的当前手段"。而伯特兰·罗素(Bertrand Russell)认为,权力是"预期效果的产生"。以上几种对权力的解释虽着眼点不同,但都共同揭示了"权力"的特性,即权力是一种力量和控制,是特定的主体因某种优势而拥有的对社会或对他人的强制力量和支配力量,包含支配与强制。不同的人对权力的理解不尽相同,具有多样性的同时也具有一定的复杂性。权力是一种复杂的社会现象,它形成于自然法则,后被人为法则所演绎,而与特定职位相联系,表现为相应的"职权",从而联系着腐败。权力本身具有社会性,是用于为公众和社会谋利益的。但出于社会管理与经济性的考量,权力又不可能为所有社会成员共同享有,而只能由社会成员中的一小部分人作为社会成员的代表来行使。由于权力的强制性与支配性,在每一个社会阶段,人们几乎都渴望拥有权力,主导权力,屈服对手,获取利益。当权力主体肆意扩张权力,背离权力的设置目的谋取私人利益的时候,就形成了我们所说的腐败。

(二)寻租

寻租理论是于20世纪70年代以后发展起来的一门新的经济学分支。寻租理论问世,引起了世界范围内的强烈反响,美国著名经济学家公共选择学派的代表人詹姆斯·麦吉尔·布坎南(James Mcgill Buchanan)因寻租理念及公共选择理论获得了1986年的诺贝尔经济学奖。何为"寻租",有多种不同的定义。布坎南等人认为,"寻租是人们凭借政府保护进行的寻求财富转移而造成的浪费资源的活动"。而安·克鲁格教授(Anne O. Krueger)则认为,"寻租是为了取得许可证和配额以获得额外收益而进行的疏通活动。”[1]贺卫教授则认为，所谓寻租，是指由于政府的无意创租、被动创租和主动创租可使经济中产生巨额租金，经济人通过各种政治的、经济的、合法的、非法的手段从政府官员处获取某种垄断特权而取得直接的非生产性利润的活动。[2] 由此可见，寻租是指人们凭借政府保护而进行的寻求财富转移的活动。它包括旨在通过引入政府干预或者终止它的干预而获利的活动。寻租的主要特征是不经过相应的生产劳动而将社会公众财富转移到一部分人手中，它根本上是与公平、诚实原则相违背的，也是对公共资源的侵害和浪费。

我们发现，寻租是西方经济学中研究腐败发生原因的一种理论。寻租自20世纪80年代后期传入我国以来，人们自然地将其与腐败联系在一起，有许多学者将腐败等同于寻租，也有学者将腐败直接定义为寻租，并依据寻租理论来寻找腐败的根源与反腐败的对策。例如当权力领域中的“设租”行为和市场领域中的“佃租”行为联结在一起，并以权钱交易这样的非法形式进行的时候，权力腐败便出现了。[3] 其实从上文的寻租定义可以看出，腐败不完全等同于寻租。腐败首先是一种政治腐败，即公职人员在运用权力中的不法行为；其次是经济腐败，即用政治权力换取金钱；最后是作风腐败，即用政治权力达到个人超常的享乐。腐败与寻租的共性在于，经济人运用公共权力主动创租与寻租。[4] 但是腐败与寻租的差异要大于它们之间的共性。首先，腐败者都拥有特定的职权，所有无职权者的寻租不在腐败之列；其次，寻租可分为合法的寻租和非法的寻租，所有合法的寻租也都不在腐败之

---

〔1〕《寻租》，载 http://baike.baidu.com/view/477.htm，2015 年 8 月 6 日访问。

〔2〕贺卫：《寻租经济学》，中国发展出版社 1999 年版，第 229 页。

〔3〕唐伟：《对当前我国权力腐败的社会分析》，载《边疆经济与文化》2007 年第 2 期。

〔4〕贺卫：《寻租经济学》，中国发展出版社 1999 年版，第 237 页。

列;再次,腐败的内涵十分宽泛,而寻租的内涵则非常集中;最后,寻租一般仅以租金为目标,而腐败的目标则要广泛许多,不仅包括金钱等物质性利益,还包括权力、地位、色相等非物质性利益。从某种意义上来说,"寻租"与"腐败"都是权力与利益博弈的结果:寻租是权力(拥有资格)与狭义的利益(经济利益,如租金)博弈的结果,该结果可能违法,也可能合法;腐败是权力与最广义的利益进行博弈产生的不合法律评价的结果。

虽然寻租理论给腐败原因的研究开拓了一种新的视角,但它也有两个明显的缺陷:一是权力寻租本身就是一种腐败犯罪,它的发生背后有着更为深广的原因;二是权力寻租主要是针对经济领域内的腐败犯罪现象,而不能很好地解答政治、文化、体育等领域内的腐败犯罪现象,尤其是它无法解释有些腐败犯罪现象的根源,如利用公职权力的贪污,盗窃,滥用资金、公章、公物,偷税漏税,敲诈勒索,诈骗,作伪证,伪造档案,在选举中严重营私舞弊;而且它也无法解释在市场经济高度发展的西方发达国家中,何以会发生那些并非因价格双轨制所引起的政治腐败的原因。[1]

综上所述,尽管腐败与寻租之间存在一定的交叉,但并不能将二者直接画等号,而应分而视之。也就是说,区别腐败与寻租有利于对症下药,避免产生理论上的误区、行动上的盲点,从而不利于对腐败的预防与治理。

(三)腐败现象

腐败作为一种社会现象,以权力为轴心,蔓延于社会上的每一个角落、各个领域、各个行业与各个阶层。贪赃枉法、行贿受贿、以权谋私和吃拿卡要等违法乱纪行为都是腐败现象的一种,普遍存在于各个历史阶段的世界各国。腐败是腐化、堕落的一种现象,它包括权力腐败、行业腐败和社会生活腐败等,具体的分类

---

〔1〕 林喆等:《腐败犯罪学研究》,北京大学出版社2002年版,第126页。

将在下文中详述。腐败现象也是一种最严重的社会不公,它最能导致社会不满情绪的滋生,也往往是社会动乱的导火索。世界上的各个国家,基本上都逃不出腐败现象的阴影,或多或少、或重或轻均存在腐败现象。腐败现象也因此成了困扰大多数国家的一个世界性、历史性的问题。在我国,随着市场经济体制的建立与社会发展的持续,腐败现象呈现出发生、发展、不断蔓延的趋势。腐败由个案发展到窝案、窜案,腐败官员由低职位向高职位发展,腐败数额越来越大,动辄百万元甚至千万元。腐败现象严重腐蚀着党的机体,动摇着社会发展的基础。所以坚决反对和防止腐败,也成为党和政府当前的执政任务之一。

(四)腐败犯罪

所谓的腐败犯罪,并非"腐败"与"犯罪"两个概念的简单相加,也不是我国刑法中的概念,只是法学理论研究语境下出现的一个词语,是针对这类犯罪提出的法理上的称谓而已。"腐败犯罪"一词虽然在我国法学研究和司法实践中频频出现,"但中国现有的法律没有'腐败犯罪'的表述和定义,也没有界定哪些行为是腐败犯罪"。[1] 如果说刑法学上的犯罪概念揭示犯罪内涵遵从于法的规定性,以保障司法机关认定犯罪的"统一性"和实现司法公正,那么犯罪学上的犯罪概念揭示犯罪内涵则只遵从危害的事实性,以实现国家控制犯罪的理智性和保证社会自身的和平与发展。

虽然我国的《刑法》尚未明确规定腐败犯罪的定义,但学者们关于该问题的探讨却早已是如火如荼。学者林喆认为,"腐败犯罪是指国家公职人员违反或偏离公共职责,私用或滥用公共权力,由此不仅损害了国家公共职务的廉洁性,而且也侵害了国家

---

〔1〕 郭国松:《制度阻断腐败:廉政立法在即》,载《21世纪经济报》2005年2月21日第5版。

公共管理职能和秩序，致使国家和人民利益遭受重大损失，从而依照法律应受刑罚处罚的行为”。[1] 学者张智辉认为，“腐败犯罪首先是指以某种不正当利益为基础的，包括索取、获得、给予或许诺给予某种不正当利益，并且因为这种不正当利益致使或者可能导致职权的行使或职责的履行违背该职权或职责本来的性质和宗旨，以满足某个人的愿望。不涉及非法获取不正当利益的，不应当视为腐败犯罪。其次，腐败犯罪在客观上表现为危害社会共同利益以触犯刑律行为”。[2] 学者刘生荣、张相军、许道敏认为，腐败犯罪是指：(1)国家单位、国家工作人员或其他担任公务职责的人员，违背职务的宗旨，利用职务的便利或者职权的影响，实施贪污、受贿等非法取得财物或者其他非法利益的行为。(2)非国家单位或者非国家工作人员为获得利益，实施向国家单位或者国家工作人员行贿或者介绍贿赂等非法行为。[3] 学者高尚源、范光奇认为，“腐败犯罪是权力腐败的极端形式，是国家公职人员为实现私人目的而非公共、非规范地运用公共权力和公共资源谋取个人利益，触犯刑律的行为。以权谋私、权钱交易是腐败犯罪最为显著的特征”。[4]

从以上这些关于腐败犯罪的概念中我们可以发现，腐败并不等同于腐败犯罪。腐败作为我们日常生活中的一种普遍存在的现象，并非所有的腐败都处于违法状态之中，更非所有的腐败都是腐败犯罪。只有当它在法律上被认定为是犯罪时，才能从一般

[1] 林喆等：《腐败犯罪学研究》，北京大学出版社2002年版，第11～12页。

[2] 陈明华等：《刑法热点问题与西部地区犯罪研究》，中国政法大学出版社2003年版，第1442页。

[3] 刘生荣等：《贪污贿赂罪》，中国人民公安大学出版社2003年版，第18～19页。

[4] 高尚源、范光奇：《浅析腐败犯罪的制度成因和防治对策》，载《吉林公安高等专科学校学报》2006年第6期。

的文化现象或政治现象转化为法律规制的对象,变成一种特定的法律现象——腐败犯罪。从实然的角度来看,“只有达到触犯刑律的程度,在法律上构成犯罪的腐败行为,才被视为是腐败犯罪行为”。[1] 从腐败所承担的责任形式来看,腐败犯罪行为属于腐败行为的一种极端表现形式。[2] 也就是说,只有腐败行为达到一定程度触犯了刑事法律的有关规定才能升格为腐败犯罪。

(五)职务犯罪

作为一种特殊类型的犯罪,职务犯罪一般是指与职权和公务有关的犯罪,当然这里的职权不仅包括国家的职务和权力,甚至包括企业(包括民营企业)的职务和权力;这里的公务也不仅仅是指国家事务,也包括企业(包括民营企业)中管理、经营事务。根据我国《刑法》的规定,《刑法》第 8 章规定的贪污受贿等是职务犯罪,第 9 章规定的渎职行为也是职务犯罪,甚至《刑法》第 5 章规定的职务侵占罪和挪用资金罪、挪用特定款物罪等,《刑法》第 4 章强迫职工劳动罪、刑讯逼供罪、暴力取证罪、虐待被监管人罪、非法剥夺公民宗教信仰自由罪、侵犯少数民族风俗习惯罪、私自开拆隐匿毁弃邮件电报罪、出售非法提供公民个人信息罪、打击报复会计统计人员罪等,以及《刑法》第 3 章第 3 节非国家工作人员受贿罪、为亲友非法牟利罪、虚假破产罪、签订履行合同失职被骗罪、国有公司企业事业单位人员失职罪、国有公司企业事业单位人员滥用职权罪、徇私舞弊低价折股出售国有资产罪等,还有《刑法》第 3 章第 4 节擅自发行股票公司企业债券罪、内幕交易泄露内幕信息罪、利用未公开信息交易罪、诱骗投资者买卖证券期货合约罪、职务侵占罪、贪污罪、非国家工作人员受贿罪、受贿罪、挪用资金罪、挪用公款罪、背信运用受托财产罪、违法运用资金

[1] 马克昌:《近代西方刑法学说史略》,中国检察出版社 1996 年版,第 30 页。

[2] 孙恒山:《腐败犯罪控制论》,吉林大学 2006 年博士学位论文。

罪、违法发放贷款罪、吸收客户资金不入账罪、违规出具金融票证罪、对违法票据承兑付款保证罪、逃汇罪等均属于职务犯罪的范围。当然,通常意义上的职务犯罪是指国家工作人员和国有企业的工作人员犯罪,但严格来讲民营企业的职务犯罪也应引起高度重视,甚至也应纳入职务犯罪的视野。另外,由于职务犯罪具有严重的社会危害性,是腐败的一种极端形式。因此,这里我们将重点研究学界和实务界关于职务犯罪的各种观点。

有学者认为,职务犯罪是指国家工作人员和国有单位在其职务活动中徇私舞弊、滥用职权或者玩忽职守,侵犯公民人身权利和民主权利、妨害国家对公司和企业的管理活动、非法占有公共财物和他人财物或者妨害国家机关正常管理活动,致使公共财产、国家与人民利益遭受重大损失的行为。〔1〕

也有学者认为,职务犯罪是指国家工作人员利用职务之便进行违法活动,或滥用职权、玩忽职守、徇私舞弊、侵犯公共利益、腐蚀破坏现行社会关系的行为,其本质是以权谋私、权钱交易。职务犯罪的主要表现是贪污贿赂、挪用公款等经济犯罪和渎职侵权犯罪,是腐败现象最突出的表现。〔2〕

还有学者认为,职务犯罪是指国家机关、国有公司、企业事业单位、人民团体工作人员利用职权和职务形成的便利条件实施的违反刑事法律规定,应受刑罚处罚的行为,包括刑法规定的"贪污贿赂罪"和"渎职罪"以及其他应当比照贪污贿赂罪、渎职罪处罚的犯罪。〔3〕

从以上三个关于职务犯罪的大同小异的概念中可以发现,首

---

〔1〕 赵廷光:《论职务犯罪体系》,载《山东警察学院学报》2006年第5期。

〔2〕 黄文忠:《职务犯罪的原因及预防浅析》,载《社会科学论坛》2007年第1期。

〔3〕 《职务犯罪》,载 http://baike.baidu.com/view/423090.htm,2015年8月6日访问。

先,职务犯罪不是一个法律概念,而是法学研究者对与职务有关的犯罪的概称;其次,给职务犯罪下一个概括性定义比较容易,即职务犯罪是指:"行为人违背职责要求实施的触犯刑律应受刑罚处罚的行为的总称。"〔1〕但是如果想给职务犯罪下一个具体的定义,将职务犯罪的主体、行为特征等都在其概念中反映出来,就如同给"腐败"下定义一样,也不是一件容易的事情,极有可能又会出现仁者见仁、智者见智的解释。其实,对于"职务犯罪"的概念,关键就在于如何理解"职务"一词的内涵。

从字面意思来讲,"职"就是掌管的意思,用作名词表示拥有一定的位置,而"职务"则表示分内应做的事情,也即某一职位所必须履行的义务。《现代汉语词典》将"职务"解释为"职位规定应该担任的工作",因此,"职务"的前提是先有一定的"职位",由该职位确定其所应有的职权和义务。"职务"就是职权和职责的统一,一个人具有某种职务,表明他既拥有处理一定事务的权力,又必须恪尽职守,不能滥用权力,也不能不履行职责。〔2〕基于上述对"职务"的理解,何秉松教授认为,"所谓的职务犯罪就是指国家工作人员和其他在社会团体、企业、事业单位中依照法律、法规或者组织章程等从事公务的人员在履行职责过程中,利用职务上的便利条件,或者滥用职权,或者不正确履行职权所实施的违背职责要求的依照刑法规定应受刑罚处罚的行为的总称"。〔3〕从这一定义可以看出,在一定的组织、团体中担任一定职务的人员也可以构成职务犯罪。这种"职务"与国家管理活动中的"职务"相比,也有其"公务性",也就是我们所定义的"职务",因此,具有这种"职务"的人员也可以构成职务犯罪。

---

〔1〕何秉松:《职务犯罪的预防与惩治》,中国方正出版社1999年版,第4页。

〔2〕同上书,第69页。

〔3〕同上。

本书认为,所谓的职务犯罪就是指在国家机关、社会团体、企业(包括民营企业)、事业单位中依照法律、法规或者组织章程等从事管理活动的人员在履行职责过程中,利用职务便利、违背法律法规和职责要求所实施的依照刑法规定应当受到刑事处罚的行为。

需要特别说明的是,在我国的刑法理论中,习惯于把国家工作人员犯罪称为职务犯罪。其实,在中华人民共和国成立初期,国家建立了大量的国家机关,国家机关的职能几乎渗透到社会生活的方方面面,政治、经济、军事、文化,甚至人们的日常生活都处在国家的有效管理之下。在当时的社会条件下,几乎所有的职务都是国家的职务,在这些职务上执行职能的都是国家工作人员,没有拥有职务却不是国家工作人员的职务,“职务”和“国家工作人员”在内涵上是一致的。但改革开放以后,我国政治体制改革的结果是,国家对社会的管理范围逐渐缩小,国家更倾向于把管理的重心限制在具有宏观性质的、全局性调控的事务上,把大量的原属于国家管理的职能交给了一些社会团体和群众自治组织。另外,市场经济的建立使得大量的非国有性质的公司企业建立起来,这些公司企业规模宏大,组织结构严密,内部分工明确细密,这些公司企业的人员利用自己的职务之便犯罪的,当然也是职务犯罪,这样职务犯罪的外延就扩大了,包括了原不属于国家工作人员犯罪的职务犯罪行为。

第二章　认定腐败的标准及其分类

内涵和外延的合理界定是认识一个事物的前提，以此来区分此事物与彼事物。腐败标准的意义正在于此，它旨在从纷繁复杂的事物中，过滤出我们所要讨论的“腐败行为”或“腐败现象”，正确确立本书的研究对象和研究范围。

一、认定腐败的标准概说

（一）认定腐败标准的含义

如上所述，腐败是公职人员或者组织不合目的地利用公共权力，为谋取个人或局部利益而实施的严重违反党纪政纪或国家法律的行为。而标准是衡量事物的准则。[1]

---

〔1〕《现代汉语词典》，商务印书馆2007年版，第49～50页。

那么,腐败标准应当是指腐败行为和现象的可测度和量化尺度,旨在使腐败细化、量化为各个要素,以正确界定腐败,防止腐败概念的泛化和滥用。

(二)认定腐败标准与学科领域

何者才算是学科意义上而非通俗意义上的"腐败行为"或是"腐败现象"呢?由于历史阶段、学科角度和观察者体验的不同形成了众多学说,但也由于这些角度缺乏统一的分类标准,难免存在交叉和重复。为了使"腐败行为"或"腐败现象"的分类既无遗漏又无交叉,把这些观点加以归纳、融合并以各学科领域为主要分类标准就显得很有必要了。下文将以本书的实际研究可行性和必要性为目的,先梳理各学科领域内的观点,再总结提出本书的观点。

1. 道德文化标准

这是一个伦理学的命题,因为腐败的本意就是"从原本纯洁的状态中发生堕落"。由于腐败主体身份的特殊性——掌握一定权力,所以公认的任意性道德规范就有必要上升为权力主体的强制性职业规范。换句话说,权力主体得遵守比普通市民更高的行为准则,以使权力的行使达到为公的预设目的,如不得偷盗就会上升为廉洁奉公、不得贪污受贿;先人后己就变作克己奉公、不得徇私枉法。从这个角度来讲,只要背离了现行社会主流规范,形成了特定群体或个体(掌权者)的亚文化或亚价值观,就会被伦理学指称为"腐败"。但由于道德调节范围过广、道德标准本身含有强烈的主观价值判断,又受地域因素、文化因素、代际因素等影响,道德文化标准本身就具有不确定性,容易得出社会各个角落都存在腐败的结论。从而导致评价标准过低,降低了对主要腐败行为的敏感度,[1]同时也违背了本课题的研究初衷,所以本书认

---

〔1〕 盖玉彪:《腐败的犯罪学分析》,载《江苏公安专科学校学报》2000年第9期。

为此标准不可取。

2. 社会学标准

社会学科固有的庞大复杂性价值,研究者经历和研究角度的不同,使腐败标准的认定略显繁乱。但从另一个角度来说,腐败本身就是社会的副产品,无论界定是否精确科学,都会给在其他领域下界定腐败以启迪意义。综合各学者著作、观点,社会学角度的观点细分为以下三种:

第一种是公共利益说。此说认为负有职责的公职人员违反了服务于公众的职责或义务,结果损害了公众利益和公共利益就是腐败。可以说,这一标准符合民众意愿,同时有利于社会大局的发展。但由于公共利益本身难以界定,加之腐败并不总是损害公众的全部,而是损害或有助于公众中的某一部分,[1]如出现将受贿资金用于扶贫、地方保护主义等现象时,还是符合一小部分团体的利益的。这部分小团体的利益是公共利益的一部分,如果这部分利益无限膨胀就难免发展为公共利益。也就是说,由于公共利益界定标准的模糊性,使受贿扶贫、地方保护主义究竟是不是腐败难以厘清。所以本书认为,公共利益说不足以成为判断腐败的标准。

第二种是公共舆论说。该说以公共舆论来决定何为腐败,群众呼声较高,反响强烈的就是腐败。这一标准与公共利益说大同小异,虽注重民主形式,但民众情绪模糊不定,又难以掌握,使"公众舆论"丧失了客观判断标准上的可操作性。

第三种是消极越轨说。该说认为,只要违背了各种法律、纪律、社会潜规则甚至公序良俗就被称之为腐败。显然其将社会丑恶现象都吸纳进来,似乎有些情绪化和过激化,脱离了腐败的内

---

〔1〕 周琪:《西方学者对腐败理论的研究》,载《美国研究》2005 年第 4 期。

涵,扩大了腐败的外延,也无法避免无限扩大的弊端。所以,本书不主张采用此学说。

3. 经济学标准

如前所述,由于在经济学中腐败形同于寻租和设租行为,即公职人员在权力运行、资源配置中考虑了私人利益,违反了委托——代理的权力运行规范,用权力不正当干预市场资源配置。与其他领域的学说不同,经济学标准更强调行为者超越了政府管理干预和市场自由运行的边界。虽然此理论可以探寻腐败的原因,清晰划定腐败的标准,但由于视角过窄,容易推导出荒谬的结论,如所有的非公职人员的寻租行为不属于腐败,所有合法的寻租(如院外游说)也都不在腐败之列。由此可见,腐败内涵比较集中,寻租内涵比较宽泛;腐败皆为公理不容,而寻租则有一定合理存在空间。所以,两者之间不能简单地画等号,且寻租是个政治术语,将腐败等同于寻租也使腐败标准丧失了普适性。

4. 政治学标准

在早期,腐败通常与政治制度、政治体制和政治程序联系在一起。例如亚里士多德认为,权力构成和实现形式的过度专制化就是社会政治的腐败。[1] 由此可见,此时腐败的独特性标准在于采取了专制政体,或是违背了民主。到了现代,关于腐败的探讨不再集中在“制度腐败”上,而是用“滥用职权的公共官员接受金钱或值钱的东西”来界定腐败[2],把“违反公共职责的规则,背弃了公共制度和市民秩序”作为政治领域的腐败标准。不难看出,该标准与社会学标准有契合之处,这应归因于政治学本身就是社会学的一个分支学科。本书认为,此说符合当前我国社会腐败现实的需要,是值得借鉴的。

---

〔1〕 李文生:《腐败防治论》,中国检察出版社2004年版,第5~6页。

〔2〕 周琪:《西方学者对腐败理论的研究》,载《美国研究》2005年第4期。

5. 法律标准

由于法律具有规范属性，调整的社会关系也是有限的，所以与其他领域的学说相比，腐败的标准就稍显微观具体了。根据危害性不同可将腐败的标准分为两种：第一种是违反经济法、行政法等一般性法律。第二种是违反刑法应受刑罚处罚。[1] 由于本书重点在于研究控制腐败的法律机制，既然是控制就应当首先考虑腐败的控制可能性，以清晰、合理和权威性的标准严格认定腐败现象，力争做到腐败行为认定标准的普适性和统一性。所以，只要把法律上和一部分符合腐败内涵的社会上的腐败现象作为本章以及本书研讨的重点即可。因为一方面，实事求是的工作方法要求科研工作者以精确、严谨、务实的态度来对待一切研究对象，腐败标准的模糊化是与这种要求背道而驰的。另一方面，腐败行为的法律标准也是正视腐败现象的需要，毕竟腐败并不是存在于社会各个角落，避免"草木皆腐"的主观臆断，过分夸大腐败的斗争面，人为地加大了反腐工作的难度。所以，从法律标准角度来界定腐败行为能很好地借鉴法律条文的明确性，避免了认定标准的模糊化或泛化。

总之，为使本书的研究对象更加科学具体，综合考量以上各学科观点和我国腐败形势，我们将采用腐败行为的法律标准，即根据腐败的危害程度不同，将腐败行为分为违纪型腐败和违法型腐败。违纪型腐败的标准是违反《中国共产党纪律处分条例（试行）》和《行政机关公务员处分条例》以及其他一些公司、企业或者单位内部的制度条例等自律性、团体性规范。违法型腐败的标准是违反经济法、行政法和刑法，符合这一标准的就是违法型腐败，需要使用法律的强制性来处罚。两者的联系在于都表现为一种硬性的规定，对特定群体具有约束力。两者的区别更为重要的

---

〔1〕 李文生：《腐败防治论》，中国检察出版社2004年版，第7~8页。

是，在制定主体、制定程序、适用对象和表现形式不同，而这些不同点集中表现在两者的效力上。前者的效力仅及于团体内部，且没有法律效力，而后者则是上升到法律层面，强制性明显强于前者。

二、双重视角下的腐败

对于腐败的研究，学者站在不同的视角界定就会产生彼此迥异的观点。从最广义的层面来看，腐败既包括了政府官员为谋取私利而违反法律规范、纪律规范的行为，也包含了一些违反道德规范的行为。由于道德的因素具有不确定性，本课题旨在从规范的角度来分析腐败问题。为了避免对腐败概念理解的泛化，这里只从违纪和违法的角度来审视腐败，进而得出腐败的违纪标准和违法标准，更具有实际意义。

（一）违纪型腐败

现实生活中违纪型腐败比较突出，不仅表现在党政管理领域中一些官员违反党纪政纪的行为，更表现在市场经济的发展过程中，在日常的经济管理领域所发生的各种违规违纪的腐败现象。虽然这类腐败的社会危害性没有达到受刑法和一般法律规制的程度，但此类腐败行为所涉范围最广，危害面最大，并随时有向违法型腐败过渡的危险。

1. 党政管理领域

这里所说的党政管理领域主要是指在党政机关、事业单位等政府和党的机构中所进行的机关事务的日常管理行为。由于这些机关往往手握大权，在缺乏有效监督的情况下，滥用和不当使用权力的现象十分普遍，故这一领域的违纪型腐败值得关注。

（1）贪污受贿型。贪污，是指国家工作人员或者经手、管理国家财物的人员中的公职人员，利用职务上的便利，侵吞、窃取、骗取或者以其他手段非法占有公共财物的行为。而受贿则是指以上人员利用职务上的便利，索取他人财物，或者为他人利益非法收受他人财物的行为。贪污受贿型腐败是腐败类型中最常见也是最多发的现象，是广大官员干部腐化的普遍形式。根据本课题组委托人民网进行的网上问卷调查，在“您认为下列哪些行为属于当前腐败现象中最突出的问题？”中，“贪污受贿”行为高居榜首，占所有投票数的62.1%。[1]

（2）权色交易型。改革开放后随着经济的发展和观念的变化，社会上权色交易型的腐败行为呈愈演愈烈之势。常言道，“英雄难过美人关”，一方面，社会上的不法之徒为了达到经济目的，不择手段地拉拢腐蚀我们的干部，不惜以金钱美女开道，使一批批干部倒下；另一方面，一些干部依仗着手中的权力和金钱包养情妇，出入色情娱乐场所，往往权色交易与权钱交易混杂在一起。上海社保案主角陈良宇，除了受贿和滥用职权两项罪名外，还有“道德败坏，利用职权玩弄女性，搞权色交易”的行为。据称，陈良宇曾与多名女子发生性关系，其中两名成为他的长期情妇，更有一人曾3次堕胎。[2] 权色交易成为官员腐败的新内容，是对社会道德伦理的巨大破坏。

（3）徇情徇私型。都说人是感情动物，但将亲情、友情及其他情感带入国家机关的正常工作中，对工作全局的影响是有百害而无一益的。根据本课题组委托人民网进行的网上问卷调查，在“您认为下列哪些行为属于当前腐败现象中最突出的问题？”中，“领导干部利用职权为配偶、子女经商牟利”行为排在“贪污受贿”行为之后，占所有投票数的18.5%。很多官员在履行国家职

〔1〕 李文生：《腐败防治论》，中国检察出版社2004年版，第77页。

〔2〕《陈良宇曾与多名女子发生性关系》，载http://bbs1.people.com.cn/post/60/1/2/126004693.html，2015年8月9日访问。

权时，往往将私情掺入其中，以权谋私，尤其为亲戚、为家属、为情妇谋利益等现象层出不穷。而在一些权钱交易的背景下，徇情徇私更是有恃无恐。国家的职位完全变为官员个人从事人情交易的工具和资源，背离了职位本身所具有的国家权力性质。职权的异化是官员腐化的最终结果，政府职能部门办事的公平性、公正性也在徇情徇私中消失殆尽。

（4）卖官鬻爵型。近年来用人制度腐败现象尤为突出，一些官员将权钱交易引入干部任用中，使卖官鬻爵几近成风。据2003年新华社报道，黑龙江省买官卖官现象严重，黑龙江省森工总局原副局长牛凤玉除了受贿之外，还为了升官行贿100多万元；中共黑龙江省绥化原地委书记马德向260多名县处级以上官员卖官，聚敛钱财高达2000多万元人民币。[1] 这种卖官鬻爵的行径不但严重违反了党和国家的人事任用制度，而且将各种职位明码标价地叫卖，直接侵犯了作为国家机关职权的廉洁性和不可收买性。[2]

（5）享受奢靡型。其典型现象就是用公款挥霍浪费严重，公款吃喝盛行。一些党员和国家工作人员违反政纪党规，用公款旅游，参与用公款支付的营业性歌厅、舞厅、夜总会等的娱乐活动，或者以其他方式挥霍浪费国家、集体的资财。此外，一些单位违规用公款请客、送礼，擅自提高规定的招待标准；违反规定，擅自给职工滥发实物；违反规定，擅自购买社会集团购买力专项控制商品等。另外，一些单位还违规购买、更换进口豪华小轿车，以及违反规定对所乘坐的小轿车进行豪华装修等行为。更有人曝出中国公款消费"三个3000亿元"的问题，即公款出国3000亿元、

---

〔1〕《马德疯狂卖官记 绥化市委大院成了乌纱帽批发部》，载 http://theory.people.com.cn/GB/41038/4848243.html，2015年8月10日访问。

〔2〕丁子江：《腐败现象16式》，载《政府法制》[半月谈（下）]2004年第8期。

公款招待3000亿元和公务用车3000亿元。这些说法或许危言耸听，但不能不引起我们的高度关注。

(6)官商勾结型。由于社会上大量的稀缺资源由国家管理，而作为国家机关代表的国家工作人员在项目审批或是资源的划拨过程中，往往会和相关的利益集团相勾结，在以非正常的方式让渡国家资源的同时，收受各种好处和回扣，腐败官员和逐利的商家站在了一起。许多党政干部甚至直接或通过家人亲属间接经营各种酒店、舞厅。这些所谓官家私营店的一个共同特点，即通过权力和"后门"关系等社会资本和非经济手段进行不公平的市场竞争，从而牟取暴利。如上所述的在有管辖权下属企业投资入股等，均是实质的洗钱活动，包括工程投标中的伪标串标现象也十分普遍和严重。这些均是典型的官商勾结型腐败。

(7)挪用物资型。现实生活中，一些官员往往掌握着各种资源的分配，经手或管理着国家各种财产物资。这些官员中的一部分人，常常利用自己掌管国家财产物资的便利条件，挪用物资或钱财供个人使用，或是挪用公款进行营利性活动。此外，一些由国家机关、国家拨给经费的团体和事业单位，也往往会挪用生产性资金用于非生产性支出，或者将科研、教育、卫生、军工等专项资金挪作他用。这些官员和单位的行为都是违反党纪政纪和国家规定的，如果严重到一定程度，可以依法追究相关人员和单位的刑事责任。

(8)弄虚作假型。弄虚作假的典型是在基层民主选举中，随着民主选举范围的扩大和作用的增强，一些干部为竞选成功，向选举人行贿的现象越来越多。在基层，特别是在实行广泛民主选举的农村，这种贿选现象也屡见不鲜。尤其是在市区县及乡镇两级人大代表换届选举紧锣密鼓进行之际，贿选的手段也层出不穷，从行贿到请客吃饭样样都有。影响农村正常选举，除了金钱贿赂因素外，还有同姓宗法势力因素、农村黑恶势力因素、法制常识和程序方法缺损等因素，这些都将使我国多年来推动的基层民主工作陷入困境。

（9）不作为型。不作为型腐败，顾名思义是指政府官员在岗不谋其职，玩忽职守，没有认真履行自己职位所要求的行为。不作为的原因除却客观的因素所造成的工作中的失误，很大一部分原因是工作内容所致。现实中常会看到某项关乎老百姓日常生活的事情长久得不到解决，各职能部门互相推诿，百姓不知如何是好，最后求助媒体舆论才得以解决。从中不难看出，一些官员公共服务意识淡漠，人民公仆意识缺失，因此不作为型腐败不可小视。

（10）权钱交易型。近些年，由于权色交易的风险很大，许多当官的出事就是栽在权色交易或玩弄女人上，所以就违纪型腐败的风向而言主要是权钱交易。尤其是一些基层政权和组织，包括少数农村和乡镇干部，办事拿钱似乎是天经地义，甚至成为一种潜规则或普遍现象。许多干部不但吃拿卡要，而且以权谋私，在下属企业或关系单位投资入股，甚至分红回报率达30%～100%。显然，这完全是一种变相行贿，但由于法律对此并无明确规定，很难以犯罪论处。

就上述类型而言，改革开放初期挪用公款和权色交易比较严重，如今这些类型的违纪行为只有10%左右，但权钱交易、卖官买官现象仍根深蒂固，充斥着整个官场和商场及社会。另外在国家的行政管理中还存在执法犯法型的腐败、集体腐败型的腐败，以及诸如一些公车私用等以权谋私、应受党纪政纪处罚的行为，均属于行政管理领域的腐败。

2. 经济管理领域

这里所说的经济管理领域有别于上文所述的党政管理领域。企业作为市场经济的主体，在社会改革发展中起着非常关键的作用。在各行各业的经济活动中，由于缺乏有效的规制和监督，各种经济违纪行为时有发生,对我国市场经济的健康发展造成了不良的影响。

(1)金融领域的腐败现象。金融行业是现代经济的核心,金融市场的发展,直接关系到社会生产力的发展、国家经济实力的增强和人民生活水平的提高。与其他行业相比,我国金融业的改革相对滞后,在改革发展过程中金融腐败现象也是层出不穷。金融领域的腐败主要表现在一些银行的所属分支机构,不同程度地出现违规账外经营,非法拆借资金;违反国家的利率政策,擅自提高利率,高息揽存,将巨额资金用于炒地产、炒股票、做期货等,对全国的金融秩序造成了不良的影响。又如一些银行的信贷业务不严格执行放贷制度,任意发放人情款、关系款,导致银行不良资产增加,经营困难。还有一些证券公司将客户的保证金擅自挪作他用;有的保险公司挪用投保人的保费,违规直接进入二级市场买卖股票或进行其他违规经营,导致严重后果。

(2)工程领域的腐败现象。建筑领域的腐败所产生的后果往往十分巨大,一些"豆腐渣工程""腐败工程"的频频出现,直接伤害和威胁着人民的生命财产安全,给国家造成重大的经济损失,给社会稳定带来严重威胁。工程领域的腐败主要表现在一些发包者违法违规操作,见钱就发包,而承包者用钱"开路",以小钱换大钱,一旦工程到手后便只顾捞钱而不顾工程质量。此外,在建筑领域,工程转包成了很普遍的现象。一些不具备工程资质的建筑单位,以交纳"管理费"等方式挂靠在有施工资质的公司或企业名下。而一旦这些公司或企业拿到工程,扣取"管理费"再转包给挂靠单位,这些单位往往又会转包给一些个体业主承建,这样造出来的工程不是"豆腐渣工程"就是工程决算金额远超预算的"腐败工程",而这些工程腐败的背后便是巨大的安全隐患。

(3)医药领域的腐败现象。人都有生老病死,医药领域的腐败对普通百姓来讲感触则是最直接的。近年来,医药领域腐败确实比较严重,医院黑幕重重、药价虚高严重,虽然医药体制改革取得了一些进展,但医药领域仍然存在严重问题。比如医疗设备和药品要想打入医院,基本都要支付出一定比例的"开支",这已经成为公开的秘密。首先,医疗"红包"和"用药回扣"现象也十分普遍,这还不包括普通患者想要医生额外关照所支出的费用,医药回扣成了牵涉面最广的医药腐败之一。其次,一些医院顶着"创收"的名义,将科室"承包"给一些江湖游医,打着专家、学者的头衔,大开各种"专家门诊""特色门诊",向广大患者收取高昂的诊疗费,而医院却心安理得地收取"管理费"。此外,药品生产和流通环节的层层"盘剥",也使药价居高不下。[1]

(4)国有企业的腐败现象。自改革开放以来,国有企业为国家的财富积累、社会稳定做出了重大贡献。可时至今日,许多企业步履蹒跚,举步维艰。一些国有企业的经营管理者或经手、管理企业财务的人员,利用职务或工作上的便利,钻财务管理漏洞和监督不力的空子,使国有资产严重流失。一些企业在实行内部放权、承租的过程中,有的干部为了个人或小集体利益隐瞒转让部分企业财产收入,化公为私,挪用公款;或私设"小金库",供个人或小团体支配使用。另外,一些国有企业中缺少科学的现代企业决策机制,往往由少数企业领导说了算,重要问题不集体讨论,重大项目不重视市场调查,缺乏严密的市场论证。往往出于领导个人的私人利益就草率决策,一旦决策失误,就造成国有资产严重流失,使国家和企业蒙受巨大的经济损失。

(5)教育行业的腐败现象。教育领域一向被人们看作是一方净土,是圣洁的地方。但近几年来,随着不正之风的蔓延,这块原本圣洁的土地也受到了污染。"教育腐败"泛指教育界和办学过

---

〔1〕 李文生:《腐败防治论》,中国检察出版社2004年版,第461~466页。

程中种种不健康的、异化或变质的状态,它其中涵盖了社会性的违规、以权谋私、行业不良风气、个人师德败坏等问题。就教育行业腐败现象的广度而言,影响面最大的主要是乱收费问题。教育支出费用的增加,直接导致家庭培养子女压力的增大。就烈度而言,最具震撼力的教育腐败事件是高考舞弊和招生黑幕。这也冲击着整个社会的公平理念,导致了事实上的所谓"源头的不公平"。此外,买卖文凭现象也日趋严重,追问着教育制度的有效性、真实性和权威性。学术腐败的蔓延更使作风严谨的学术界,面临着道德和法律的双重考验。

(6)体育行业的腐败现象。随着人们生活水平的逐步提高,体育的地位变得越来越重要。但是正如一首美妙的曲子由于弹奏不善会出现不和谐音符一样,体育行业在我国转型时期也出现了这样那样的问题。体育腐败问题在近几年愈加凸显。它的滋生和蔓延将会对我国体育事业的健康发展产生极大的阻碍作用。首先是体育赌博问题,地下体育赌博正如"毒瘤"一样严重危害着社会生活。由于地下体育赌博投资少、收益快,不法分子受到利益驱动而不择手段非法经营,最近出现的中国足坛打黑反赌"南勇案"就是一例。其次是兴奋剂问题,我国虽已明确表明反兴奋剂的态度,正在逐步加大反兴奋剂的力度,然而部分教练和运动员在利益的驱使下仍会铤而走险。最后是足球"假球""黑哨"现象,搞的联赛赛场乌烟瘴气,滋生了我国足球环境下许多腐败现象。这些腐败现象极大地打击了球迷对足球的热情,也给中国竞技体育的发展蒙上了一层阴影。〔1〕

(7)其他腐败现象。在社会生活中还存在诸如行业垄断型腐败、体制漏洞型的腐败、隐性灰色型腐败等形形色色的腐败。这

---

〔1〕 李润中:《我国主要竞技体育腐败探析及应对策略》,载《安徽体育科技》2005年第4期。

些腐败现象在经济管理领域普遍存在,不能不引起我们的广泛关注。

(二)违法型腐败

我国正在进行法制化建设,依法治国也已成为一项基本国策。然而在我国迈向法治化的道路上,腐败现象日趋严重,其中尤以违法型腐败的危害最为严重,给党和国家造成的损失也最为巨大。这类腐败行为违反的是国家法律,特别是刑法。对于违反刑法的腐败犯罪可分为四种类型。

1. 贪污贿赂型

贪污贿赂罪是指国家工作人员利用职务之便,侵犯职务行为的廉洁性、不可收买性的行为或国有单位实施的侵犯国家廉政制度,以及其他人员或单位实施的行贿、介绍贿赂,情节严重的行为。该类腐败犯罪在刑法分则第 8 章中共规定了 13 个罪名,分别为贪污罪、挪用公款罪、受贿罪、单位受贿罪、利用影响力受贿罪、行贿罪、对单位行贿罪、介绍贿赂罪、单位行贿罪、巨额财产来源不明罪、隐瞒境外存款罪、私分国有资产罪和私分罚没财物罪。其中贪污、挪用公款等犯罪表现为直接利用职务之便获取公共财物,就侵犯的法益而言既包括职务行为的廉洁性,也包括公共财物的占有权、使用权;巨额财产来源不明罪、隐瞒境外存款罪则直接侵犯了国家工作人员职务行为的廉洁性;贿赂类犯罪则表现为行为人以职务换取财物或者以财物换取国家工作人员营私,直接侵犯的法益是国家工作人员职务行为的不可收买性。此外,在客观方面,这 13 个罪名主要表现为侵犯职务行为廉洁性和不可收买性的作为与不作为行为。而贪污罪、挪用公款罪、受贿罪、私分国有资产罪、私分罚没财物罪等通常表现为作为;巨额财产来源不明罪、隐瞒境外存款罪等表现为不作为。这一类型的犯罪主体较为复杂,其中贪污罪、挪用公款罪、受贿罪的主体是国家工作人员,而行贿罪、介绍贿赂罪则一般自然人主体即可构成。有些犯罪只能由单位构成，如单位行贿罪、单位受贿罪，而有些则单位、自然人皆可，如对单位行贿罪。[1]

2. 渎职型

渎职罪是指国家机关工作人员玩忽职守、滥用职权或是徇私舞弊，致使公共财产、国家和人民利益遭受重大损失的行为。该类腐败犯罪在刑法分则第9章共规定了35个罪名，分别为滥用职权罪，玩忽职守罪，故意泄露国家秘密罪，过失泄露国家秘密罪，徇私枉法罪，民事、行政枉法裁判罪，判决、裁定执行滥用职权罪，判决、裁定执行失职罪，私放在押人员罪，失职致使在押人员脱逃罪，徇私舞弊减刑、假释、暂予监外执行罪，徇私舞弊不移交刑事案件罪，滥用管理公司、证券职权罪，徇私舞弊不征、少征税款罪，徇私舞弊发售发票、抵扣税款、出口退税罪，违法提供出口退税凭证罪，国家机关工作人员签订、履行合同失职被骗罪，违法发放林木采伐许可证罪，环境监管失职罪，传染病防治失职罪，非法批准征用、占用土地罪，非法低价出让国有土地使用权罪，放纵走私罪，商检徇私舞弊罪，商检失职罪，动植物检疫徇私舞弊罪，动植物检疫失职罪，放纵制售伪劣商品犯罪行为罪，办理偷越国（边）境人员出入境证件罪，放行偷越国（边）境人员罪，不解救被拐卖、绑架的妇女、儿童罪，阻碍解救被拐卖、绑架的妇女、儿童罪，帮助犯罪分子逃避处罚罪，招收公务员、学生徇私舞弊罪和失职造成珍贵文物毁损、流失罪。显然，渎职罪的犯罪主体是国家机关工作人员。国家机关对公共事务进行管理的职权来源于全体公民权利的让渡，故而国家机关工作人员肩负着公正履行职权的义务。如果国家机关工作人员玩忽职守、滥用职权或徇私舞弊，不当地行使职权，就会使国家、社会及个人利益受到侵害，也就破坏了国家机关职务活动的正当性。

---

[1] 李晓明：《中国刑法罪刑适用》，法律出版社2005年版，第630~631页。

3. 侵权型

侵权型腐败犯罪是指国家机关工作人员利用职务侵犯公民的人身权利和民主权利的犯罪。该类腐败犯罪在刑法分则第4章中规定了7个罪名,分别为非法拘禁罪、非法搜查罪、刑讯逼供罪、暴力取证罪、报复陷害罪、虐待被监管人罪和破坏选举罪。此类犯罪的主体为国家机关工作人员,刑讯逼供罪和暴力取证罪更强调主体是司法工作人员,虐待被监管人罪主体也要求为监狱、拘留所、看守所等监管机构的监管人员。虽然7个罪名中诸如非法拘禁罪、非法搜查罪等的主体在刑法构成要件中是一般主体,但本书重在讨论违法型腐败犯罪问题,将具有国家机关工作人员身份的这类人单列出来,更有助于分析违法型腐败犯罪的实质,以便在现有法律机制中得以控制。

4. 其他类型

刑法中规定的违法型腐败,除了以上涉及国家机关工作人员的三类之外,对于在其他非国有公司、企业和单位工作的人员来说,他们违反法律的腐败行为,刑法也予以了规制。如在刑法分则第5章,针对现实中存在的非国有公司、企业和其他单位的人员,利用职务上的便利,将本单位财物非法占为己有,以及挪用本单位的资金归个人使用或者借贷给他人的行为分别规定了职务侵占罪和挪用资金罪。此外在刑法分则第3章中规定有公司、企业人员受贿罪,对公司、企业人员行贿罪等,对公司、企业的工作人员利用职务上的便利,索取他人财物或者非法收受他人财物,为他人谋取利益的行为做出了相关规定。

三、认定腐败标准的建立

前文从违纪和违法两个角度详述了社会各个领域中存在的

腐败现象,将一些背德型腐败或亚腐败(如工作官僚主义、道德堕落主义、生活享受主义)排除在外。除了研究的需要外,排除的依据还有什么?如何从这些行为中提炼出腐败行为或腐败现象的标准呢?以下将从这两个方面阐述。

(一)认定腐败标准建立的理论根据与方法

腐败标准的建立既要有相关理论支撑,凸显其学科性;又要有方法论,彰显其逻辑性。

1. 腐败标准建立的理论根据

腐败标准的建立首先要有一个合适的视角,为其提供观察、研究的平台。也就是说,研究者是从何角度来观察这一对象的,是不是所有的现象均无筛选的纳入研究者视野中?这两个问题就是以下两个理论根据分别解决的。

(1)哲学上个人主义与整体主义

个人主义是关于个人在社会行动中的主动性的观点和学说。个人主义认为个体是社会真实本体,也是社会分析的基本单元。社会不可也不能脱离个体存在,社会是个体行为的集合和关系组合,最终可以还原为个体和个体行为来解释。它的关键假设可以归结于三个:只有个人才有目标和利益,强调个体独立存在的意义和特征;主张通过个人之间的安排来解决问题;社会体制随着个人行为的变化而变化,外部因素对个体的影响范围有限。

整体主义是借助于整体的系统观察各个部分的观点和学说,它把社会整体置于首要位置,并认为社会整体是个人行为的影响者和制约者,集中考察社会制度、惯例如何制约个人行为。[1] 它同样可以归结为三个方面:社会整体显著影响和制约其个人行为;社会整体大于其部分之和;个人行为应该以作为整体内社会

---

〔1〕 汪浩翰:《经济学方法论的个人主义和整体主义之争》,载《经济科学》2002 年第 2 期。

系统的宏观法则及个人在整体中的作用演绎而来。

个人主义与整体主义争论的实质在于是从个体还是从整体的角度出发,说明或解释一种社会现象。其实两种方法都有其局限性,前者难以解释个体是如何过渡到整体的,后者难以界定整体的范围,如小至家庭、企业大至利益集团、国家,既可以是个人又可以是整体。只有把两者结合起来应用,既个体又整体,既微观又宏观的方法才不至偏颇。

腐败标准的建立依赖于个人主义,如关于腐败主体的研究就是从掌握权力的个体为切入点,先界定划分腐败的范围,不使其外延过于扩大,再综合运用逻辑思维方法分析这些主体的共同性,得出腐败标准的各因素。腐败标准的建立也离不开整体主义的应用。首先腐败现象是社会产物,不可能背离社会制度和社会背景来探析社会通病,并且标准的提出要着眼并最终应用于社会领域,所以要想使腐败标准客观、公正,就应该综合运用个人主义和整体主义两种方法。

(2)犯罪本质论:严重社会危害性

"犯罪"一词有狭义和广义两种定义。狭义上的犯罪是指触犯刑法应受法律惩罚的行为,而广义上的犯罪则以严重社会危害性为唯一内涵,其外延不仅包括绝大多数法定犯罪、违法行为和某些越轨行为。从这个意义上来说,腐败应该是广义上的犯罪,[1]其外延是具有严重社会危害性的行为,即超越了刑法规制的范围。那些没有被刑法规制也不具有严重社会危害性的行为(上文提到的背德型腐败)不纳入研究视野中。同时我国签署的《联合国反腐败公约》也为从广义犯罪的角度理解腐败提供了法律依据。从《联合国反腐败公约》的具体条文中,我们可以发现

---

〔1〕 盖玉彪:《腐败的犯罪学分析》,载《江苏公安专科学校学报》2000年第9期。

《联合国反腐败公约公约》中“腐败”是指贪污、贿赂、挪用、滥用职权、影响力交易、资产非法增加、洗钱、妨害司法、窝赃等行为。这其实就是对腐败犯罪外延的规定。更进一步的是,《联合国反腐败公约》将私营部门的贿赂、私营部门侵吞财产、影响力交易、腐败犯罪洗钱、妨害司法、窝赃也列为打击腐败犯罪的对象。[1]需要强调的是腐败是广义上的犯罪行为,与实然刑法规定的腐败犯罪在逻辑上是包含与被包含的关系,并不是同一层次上的问题。

由于腐败的这一广义犯罪属性,不仅可以突破我们在反腐问题上研究的狭隘性,也为腐败标准的建立提供了直接的理论借鉴。根据其危害性程度的不同,那些由刑法规制的腐败犯罪应建立一个法律标准,以科学界定腐败犯罪、严密法网,以刑法手段严惩腐败。而对那些因社会危害性不严重尚未进入刑法领域的“腐败犯罪”,则应另有一个较低的标准,以便把当前新出现的腐败现象纳入进来,全面打击新、旧型腐败,避免反腐工作过于局限,这也是本章研究的初衷和价值所在。

2. 建立腐败标准的方法论

方法论是科学研究的手段和工具,它如同桥梁般把理论基础和实践资料连接起来,使两者能推导出合理的结论。根据思维方式的不同,这些方法包括以下几种类型。

(1)规范方法与实证方法

规范方法是以一定的价值判断为基础,提出某些标准作为分析、处理相关问题的指南,并为以后相关政策的制定提供依据。它回答的主要是“应当是怎样的”问题,如在法学中规范方法关注的焦点是“法律应当是怎样的”,并引发法律与正义、道德关系的探讨。规范经济学则经常激情地赞美或诋毁某种经济运行机制

---

〔1〕 彭萍、丁振东:《腐败犯罪的内涵新论》,载《检察实践》2005年第5期。

或人们行为的做法。[1] 它要求研究者以超越现实、哲圣的胸怀和终极关怀的理念去关注问题背后的价值，判断研究对象的存在是否符合研究者的价值理念以及应当如何的问题，但由于价值理念、知识积累的局限，使这种方法具有强烈的主观性与阶级性，致使我们会对同一现象、行为做出不同的判断和选择。以本章为例，研究腐败标准应当是什么的问题，首先这一命题的提法本身就是一种规范方法，而作为腐败标准的素材——腐败现象更是一个内涵和外延都有争议的概念，是要经过研究者价值筛选的。其次腐败标准的提出虽然经过逻辑思维，但材料的取舍、观点的提炼还是要关涉道德层面的价值理念。考虑权力主体应当如何作为，符合什么样的行为规范仍离不开价值方法。

实证方法是指从某个可以证实的假设前提出发来分析人们的活动，并预测人们行为后果的一种分析方法。这种方法企图超越或排斥一切价值判断，只考虑建立事物之间关系的规律，并在这些规律的作用下，分析和预测人们行为的效果。[2] 它主要回答"是什么或者不是什么"的问题，它侧重从假设条件到论证过程运用逻辑思维方法，似乎很难看出其所创造的理论与"世俗"的主观联系。[3] 例如同样是腐败标准问题，实证方法似乎更关注如何从形形色色的腐败现象中推导出腐败标准的各因素。如下文将要单独论述的演绎和归纳方法就是这一方法的重要组成部分。

但规范方法与实证方法并非绝对排斥，"规范方法和实证方法……彼此是有联系的，这种联系表现在：凡属被认为是真实的、以经验为依据的表示'是'的陈述性说明，无不有赖于社会上明确

---

〔1〕 郑利平：《腐败的经济学探析》，中共中央党校出版社2000年版，第8~9页。

〔2〕 同上书，第9~10页。

〔3〕 於莉、饶劲峰：《规范方法与实证方法的现代整合》，载《山西经济管理干部学院学报》2002年第12期。

认为我们晚年应该接受那种表示'是'的说明的一致意见。"[1]二者是不可分离的，一般来说越是具体的问题，实证分析的成分越多；越是带有决策性的问题，越具有规范性。[2] 腐败标准的建立是运用逻辑思维抽象总结出当前各腐败现象间的共性作为其研究基点的，这也是腐败标准客观性的要求。但此标准不仅应该判断一个行为是不是腐败，并且也要预测腐败行为的发展趋势和应对措施，这也是腐败标准的最基本价值所在。所以，腐败标准的研究应该综合运用实证方法和规范方法。

(2)归纳方法和演绎方法[3]

归纳和演绎都是从实践到理论的思维形式，但两者的思维过程是不同的。前者是从个别到一般，后者则是从一般到个别，两者从两个方面严密论证，保证结论的科学性。

①归纳法

归纳法是从个别或特殊的经验事实出发而概括得出一般性原理、原则的思维方法。归纳法有不同的分类，根据其依据是否完全，可分为完全归纳法和不完全归纳法。不完全归纳法中，根据其是否运用了因果律又可分为简单枚举归纳法和科学归纳法。完全归纳法是从全部对象的一切属性中概括得出这一类对象的共同属性。$S_1 S_2 S_3 S_4 \ldots S_n$是 S 的 S 类的全部对象，他们都有属性 P，所以可推导出 S 类事物的共同属性为 P。

不完全归纳法中的简单枚举归纳法是从部分对象的属性中概括出这一对象的共同属性，如我国的间接选举制度可认为是简

---

[1] [英]马克·布劳格：《经济方法论》，商务印书馆 1992 年版，第 136～137 页。

[2] 郑利平：《腐败的经济学探析》，中共中央党校出版社 2000 年版，第 9～10 页。

[3] 演绎和归纳是实证方法的组成部分，从理论上来说，再单独论述以有逻辑混乱和语言赘述之嫌，但由于篇幅限制和思维分类的依据不同，加之这两个方法是本书重要的方法，所以单独论述。

单枚举归纳法的体现。[1]

由于本章的目的是从各种腐败现象中寻求其间的因果关系和腐败的本质，从而得到腐败标准的各因素，所以着重引用科学归纳法。

科学归纳法，在逻辑学中又称为“穆勒五法”，它基本分为求同法和求异法。下面一一介绍：

求同法又称契合法，是在导致被研究对象出现的不同情况、现象中找相同的因素。如图 2－1 所示：

	现象	有关因素	被研究对象	
实证＋价值→	（一）	ABC	a	→A 是 a 的实质组成要素
	（二）	ADE	a	
	（三）	AEC	a	

图 2－1

从上图可以看出，在有关 a 的三个现象中，只有因素 A 才是共同的，所以可以判断 A 是 a 的原因，抑或成为实质要素。需要说明的是，这里的“原因”可以做广义上的理解：引起与被引起两者之间的前后关系。当然，尽管本章并不是探求腐败的原因，但求同法亦可用于腐败标准的建立上，得出腐败标准的因素。如在司法腐败中可简单提炼出“执法者”“滥用”“司法权”三个因素，在学术腐败中也可简单提炼出“学者”“滥用”“学术资源”三个因素。因此利用求同法即可得出腐败标准的三个基本类要素：主体、客体和手段。

求异法，又称差异法，指某一对象在一个场合下不发生，而在另一个场合下发生，这两个不同的场合所有的其他因素都相同，只有一个因素不同，则此一因素便是被研究现象产生的原因。求异法的特点是“从同中求异”。例如，做一项水稻新品种的试验。在两块面积、土质、肥沃程度完全相同或基本相同的水田中，分别

---

〔1〕 王崇德：《社会科学方法要论》，学林出版社 1990 年版，第 183～184 页。

插上新旧品种秧苗,在气候条件和管理情况完全相同的情况下,新品种水稻获得丰收,由此得出结论:如果其他情况相同,新品种是水稻获得丰收的原因。

现象	有关因素	被研究对象	
(正)	ABC	a	→A 是 a 类群的实质组成要素
(反)	XBC	x	

图 2-2

比如说"受贿扶贫",这种伪腐败现象虽然形具"主体和手段"二要素,但与贪污受贿等真正意义上的腐败现象相区别的是"主观目的和危害结果",所以求异法可以从反面归纳出腐败标准的各因素。

②演绎法

演绎法是运用一般原理来分析和说明特殊(或个别)对象或现象的思维或推理方法。这种方法主要包括传统逻辑的三段论(直言推理)、运用直言命题变形法的直接推理和依据"逻辑方阵"中命题间关系而进行的间接推理。[1] 在实践中,应用最广泛的是起源于公元前 3 世纪亚里士多德的三段论。此方法由两个性质判断作为前提,并借助于两个判断中的共同概念,从而推出结论。三段论是由三个性质判断(两个前提和一个结论)和三个项(概念或名词)构成的,每个项要重复两次,在结论中作主项的项叫小项或小词,用 S 表示;结论中的谓项为大项或大词,用 P 表示;在结论中没有出现而在前提中出现两次的概念为中项或中词,用 M 表示。举例释之:科学真理是不怕批评的,科学发展观是真理,所以科学发展观是不怕批评的。[2] 在这个示例中,结论

---

〔1〕 李增刚:《溯因、归纳与演绎》,载《山东经济》2004 年第 6 期。

〔2〕 王崇德:《社会科学方法要论》,学林出版社 1990 年版,第 183~184 页。

中的小项是“科学发展观”(S),大项是“不怕批评”(P),把大、小项概念连接起来的中项是“科学真理”(M),用符号表示是:

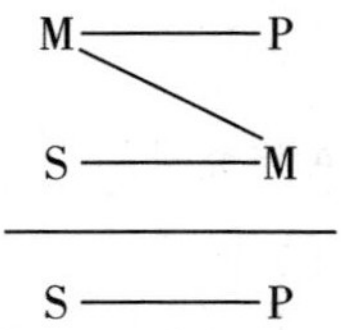

由此可以看出,三段论是由一般性程度较大的知识推出一般性较小的知识的一种推理形式,结论的知识不能超出前提的知识范围。因此,三段论结论的获得带有必然的性质。[1]

但为了保证结论的准确性,至少需要注意以下问题:

第一,前提必须是真实的,否则难以保证以其为基础而得出的判断的准确性。

第二,前提中不周延的概念在结论中也不得周延,以保证结论的知识不能超出前提的知识范围。

如一切腐败者都是掌权者

张某不是腐败者

↓

所以,张某不是掌权者

显然这是个错误的命题,原因就是作为中项的“掌权者”在大前提中没有周延,却在结论中周延了,结论超出了前提的知识范围。

再如公职人员是腐败主体

国家工作人员不是公职人员

↓

国家工作人员不是腐败主体

这也是个错误的命题,因为“腐败主体”在大前提中没有周

[1] 徐志明:《社会科学研究方法论》,当代中国出版社1995年版,第93~94页。

延，所以在结论中也不得周延。

第三，两个前提中至少有一个肯定的命题，两个否定的前提推不出结论，有一个前提是否定的，结论也必然是否定的。

如果在前提中两个前提都是否定命题，那就表明大小项在前提中都分别于中项相互排斥。在这种情况下，大项与小项通过中项就不能形成确定的关系，因而也就不能通过中项的媒介作用而确定地联系起来，当然也就无法得出必然的结论，即不能推出结论。

如以公共利益为目的的行为都不是腐败

某某人不是以公共利益为目的

↓

所以……（无法得出结论）

如果前提中有一个是否定命题，另一个必然是肯定命题。这样，中项在前提中就必然与一个项是否定关系，与另一个项是肯定关系，大项和小项通过中项联系起来的关系自然也就只能是一种否定关系，因而结论必然是否定的。

如腐败的主体是公职人员

某某不是公职人员

↓

所以，某某不是腐败主体

以上就是一个正确的命题。

3. 腐败标准的要素构建

以上详述了各种腐败现象和方法论，下面将两部分结合起来以得出腐败标准的组成要素。

（1）主体：公职人员或者组织

为了相对客观、准确、全面地反映中国腐败的现实状况，我们首先采用客观测量法，也就是实证分析法之一，对官方正式公布的腐败案件进行汇总统计。所谓客观测量法，是通过统计分析各种被曝光和查处的腐败案件情况来揭示腐败的总体状况,包括腐败行为主体的层级分布和数量分布、腐败案件发案数量及其所造成的损失。需要说明的是,客观测量法是一种间接的方式,有着很大的局限性。因为在现实中被曝光和查处的腐败案件只是实际所发生的腐败的"冰山一角",只占腐败实际数量的一小部分,它只能反映社会反腐败的努力程度,而不能准确说明腐败的实际程度。[1]

在上述腐败定义中已经指出,主体的公职性即腐败的主体具有公职人员的属性,也就是法律赋予、国家授予或公众给予的行使某种权力的公职人员。而根据本课题组随机现场发放问卷调查和在人民网上做的调查数据也支持了这个观点。在问及"您认为以下哪些人更易腐败?"这个问题时,有 50.9% 的人认为是国家公职人员易腐败(A 选项),有 4.7% 的人认为公司企业中掌握财政、人事、管理的只要掌握权力的人易腐败(B 选项),有 44.4% 的人认为不论公权还是私权,都会腐败(C 选项)。根据 2008 年 3 月 10 日"两会"上的最高人民检察院的工作报告,在 2003 年到 2008 年,我国立案侦查贪污受贿 10 万元以上、挪用公款 100 万元以上案件 35,255 件,涉嫌犯罪的县处级以上国家工作人员 13,929 人(其中厅局级 930 人、省部级以上 35 人)。其实,结合腐败的定义,"掌握公权还是私权"就等同于"公职人员",[2] 再根据归纳和演绎的方法,可以推导出这个腐败主体是公职人员。

在社会实践中,腐败向走高端的同时也在向底端发展。一些在人们观念中几乎没有什么权力的人也在腐败,如公司企业人员

---

[1] 云中兽:《中国腐败现象的测量与腐败后果的估算》,载 http://blog.tianya.cn/blogger/post_show.asp,2015 年 8 月 14 日访问。

[2] 这里公职人员的外涵与上章提到的一致,都不仅包括在国家机关中任职的国家公职人员,而且泛指在党和其他公司、企业、事业单位、人民团体等社会公共机构中担任领导职务的公职人员。所以,问卷中的 C 选项是包括 A、B 选项的。也就是说有除了国家工作人员这个真包含于 C 选项的选择之外,有 44.4% 的人认为腐败的主体是公职人员。

和足球裁判员的受贿行为、民办学校校长招生时的受贿行为，非国有单位负责人基建招标中的受贿行为，民办医院人员暗收药品回扣行为，民间艺术团体举办大奖赛索取选手“辛苦费”，民间基金会人员发放款项收回扣行为，新闻腐败和学术腐败，这也在学界达成了共识。根据归纳法中的求同法不难得出腐败的主体是公职人员，只是这里的公职人员要做广义的理解，以涵盖非国有、民办单位中的这些人员。也就是如前所述，公职人员不仅包括在党和其他公司、企业、事业单位、人民团体等社会公共机构中担任领导职务的公职人员，还包括私营部门及其人员。在私营部门如公司、企业、团体中拥有一定职务的人员，也会因其职位而享有一定的职权，这也是“公职”人员，即掌握权力的人。〔1〕在实践中，也会存在有组织性的集体腐败，他们是个人腐败的集合，所以这些组织包括国有企事业单位和人民团体，也包括非国营、私营和民办团体。

而利用演绎推理的方法也可以反证上一结论：

公职人员是腐败主体

公司企业人员是公职人员

↓

公司企业人员是腐败主体

(2)手段：违反党纪政纪和法律

同样利用归纳方法中的求同法，把违纪和违法的腐败现象的行为手段主要归纳为两种，以用来区分腐败和非腐败的直观标准。具体包括：一是贪污贿赂：这是违法型腐败的主要方式。据统计，2006 年年底至 2007 年年初，《检察日报 · 廉政周刊》派记者对江苏职务犯罪的发展变化规律展开调查。结果表明，在该省

---

〔1〕马庆炜、张冬霞：《对刑法第 93 条中从事公务的理解》，载《中国人民公安大学学报》2005 年第 5 期。

检察机关近年查办的职务犯罪案件中,贪污贿赂案件的比例呈现规律性的变化:贪污案件比例下降,贿赂案件所占比例逐渐上升。贪污受贿是腐败之源,可以说凡腐败者必是贪污受贿者。由于贪污行为比较容易曝光,腐败官员才改变了抢占国库的手法,故贪污案减少了,变成了受贿案增多。如果把贪污犯比喻成暗抢国库的抢劫犯的话,那么受贿犯就是坐地分赃的强盗头。因此,无论是违纪性或违法性腐败贪污贿赂都应当成为主要的腐败标准,只要贪污贿赂了,就必腐败无疑。二是以权谋私型:这里的"私"可做广义的理解,包括财产和财产性利益。这是违法型腐败和违纪型腐败最重要的行为手段。因为腐败现象从其本质上说是将公权私用的积极行为方式,如无论是违纪中的官商勾结、徇情徇私还是违法型腐败中的渎职型和侵权型,无非是公职人员超越了权力运行规范,违背了权力的公众性和公益性,这里就预设了一个前提,只有公职人员才有可能腐败。

(3)目的:私利性

经济学中有理性人的假设,这点也在前一章中有所论述。约翰·穆勒(John Muller)提炼出了经济人的假设。经济人就是使市场得以运行的人,即会计算、有创造性、能寻求自身利益最大化的人。具体来说,人在经济活动中总受利己的动机所驱使,进行经济决策时,总是深思熟虑地通过成本——收益分析或趋利避害的原则来对各种可能的机会和目标以及实现目标的手段进行权衡取舍,以便给自己带来最大限度的利益[1]。有了这一假设的存在,就不难理解公职人员冒险去腐败。虽然有学者不赞成用目的经济性来衡量腐败,依据就是腐败事件东窗事发后,腐败目的不易侦查,容易成为腐败者逃脱惩罚的借口。但反之,如果不考

〔1〕 郑利平:《腐败的经济学分析》,中共中央党校出版社2001年版,第21页。

虑目的要素就会有客观归罪之嫌,也对“腐败者”不公。所以,要遵循主客观相统一的观点,既要考虑主体和手段客观要素,也要考虑目的主观因素。在目的经济性这一前提下,不具有目的经济性,即腐败不是满足私欲,就不算是腐败。如从腐败的行为方式和后果来看,腐败者是为了满足自己金钱占有的欲望,或是将贪污、受贿、挪用、滥用职权等用于部门保护主义和地方保护主义就不能是腐败,可以按违反党纪和刑法相关罪名处理,与腐败无涉。当然,这种不利己的腐败现象是很少的,但也不能因为没有这种现象的出现,就忽略了特殊现象发生的可能性,忽视了少数群体的权利保护。用演绎法的三段论表示如下:

腐败目的是私利(或经济性)

某公职人员违反职责行为的目的不是私利

↓

这一行为就不是腐败

(4)裁定标准:权力运行规范或职业规范

这一要素应用的主要是规范方法。规范方法是以一定的价值判断为基础,提出某些标准作为分析、处理相关问题的指南,并为以后相关政策的制定提供依据,它回答的主要是“应当是怎样的”问题。“腐败”一词就是力图建立一个规范,回答“应当是怎样的”问题,本身就是一个有关规范的命题。具体到腐败标准来说,就是以公职人员的职业规范和道德操守的价值判断为基础,提出一个尺度作为衡量一种行为和分析、处理腐败问题的指南。公职人员作为权力的代行者,理应遵守权力的运行规范,把公共利益和个人利益划分清楚,不能超越授权者的委托范围,只要在授权范围内的行为都是合法的。但是如果腐败者超越了这条界限,把权力当作谋私的工具,违反了权力的运行规范就应当是腐败行为。所以,公职人员的权力运行规范或职业规范就是衡量判断腐败的标准。由于公职人员的身份、行为后果的严重性,以及违反的职业规范也是不同的，所以裁定标准划分为违纪标准和违法标准。

（二）认定腐败的违纪标准

在综合考察腐败标准建立的各项基本因素包括主体、手段、目的、裁定标准的基础上，我们进一步得出腐败违纪标准和违法标准的相关定义，以及各定义下的各项具体标准。在这样一个有机的框架下来阐明腐败的标准和分类，剥离腐败本质分析中的道德因素，以期还原腐败这一现象的本质。

1. 腐败违纪标准的界定

就腐败的违纪标准而言，腐败就是公职人员或组织不合目的地行使权力，为谋取私益而实施的违反党纪政纪以及其他各种纪律规范的行为。需要做出解释的是，这里的公职人员或组织应当做广义的解释，不仅包括公职部门，也包括私营部门及其人员。在私营部门如公司、企业、团体中拥有一定职务的人员，也会因其职位而享有一定的职权，这也是“公职”人员，如不合目的地使用这些职权也是腐败。

2. 腐败违纪的具体标准

这里的具体标准是在以上腐败违纪标准定义的基础上，从腐败违纪行为的主体、客体、目的、手段、结果、违纪的形式以及违纪行为的认定依据等多个方面来构建腐败的违纪标准。

（1）行为主体

在腐败的违纪标准中，其主体是公职人员或组织。这里的公职人员不仅包括在国家机关中任职的国家公职人员，而且泛指在党和其他公司、企业、事业单位、人民团体等社会公共机构中担任领导职务的公职人员。公职人员区别于社会其他人员的特殊之处是其公职性，这种公职性的权力来源是法律赋予、国家授予或公众给予。虽然在政府职能部门中工作的国家机关工作人员，以及在国有公司、企业或者事业单位中供职的国家工作人员与在非国有的公司、企业或者其他单位中工作的从业人员所工作的机构，其所有制性质可能有所不同，但他们都有一个共同的特点即公职性。根据本课题组委托人民网进行的网上问卷调查，在“您认为下列哪些人更易腐败？”中“国家公职人员”占所有投票数的50.9%，“只要掌握权力的人，不论公权还是私权，都会腐败”占所有投票数的44.4%。由此可见，在公职的背后，权力的因素占了很大比重。腐败违纪标准中主体的公职性决定了这一标准所涵盖的人员范围，并不是社会生活中的任何人都是这一标准体系中的主体。只有当社会成员参与到社会组织中，其所从事的职业具有了这里所谈的公职属性，才符合腐败违纪标准的主体要求。

另外，在腐败违纪标准的主体要素中还包括各种组织。这里的组织不仅涵盖党政机关、国有公司、企业和事业单位，也包括各种所有制性质的非国有公司、企业和其他各种单位。

(2)行为客体

行为客体即腐败行为指向的对象，应当说腐败违纪标准的客体是整个社会有机体。所谓社会有机体，是指社会经济结构、政治结构和思想意识结构的有机统一体。社会经济结构是指一定社会的物质资料的生产方式，腐败进入经济领域通过社会生产关系而对生产力发展起到一定的阻碍作用。社会政治结构是指一定社会的上层建筑及其结合方式。这是腐败发生的主要场所，权钱交易、行贿受贿等腐败现象主要集中在这个领域之中。社会思想意识结构领域的腐败主要表现为腐败行为对于社会合理性规范的违反。[1] 在现实生活中，腐败主体的违纪行为不仅侵害了公共职位所具有的廉洁性，在一定程度上也是对整个社会有机体的侵害。它侵害了社会的公平和公正，是对社会有机体的侵蚀和

---

〔1〕 张春明、王登龙、冯国华：《关于腐败概念界定的研究》，载《石家庄经济学院学报》2000年第4期。

腐化。

(3)行为目的

在腐败违纪标准体系中,主体的违纪行为的目的是攫取有限的、非己的社会资源。每种腐败行为的背后总有利益的影子,正如在腐败现象的共性特征中谈到的,腐败具有谋私利性,而这种私利性总是以一定的社会资源为依托。而社会资源分配的权力往往由相关职能部门掌握,手中握有这样的权力,如果再缺乏有效的监督,违纪的腐败行为就很有可能发生。由于社会资源的稀缺,在资源的分配中不可能使每个社会成员的需求都得到满足。人的欲望又是无限的,在现有资源分配格局不能得到满足的话,一些团体和个人必然会寻求非正当的途径来实现自己的利益需求,当这种需求与腐败分子个人的诉求不谋而合时,往往就会导致权钱交易、官商勾结等违纪行为的发生,因此腐败也正是在这一追逐私利的过程中产生的。

(4)行为手段

违纪腐败行为的手段可谓多种多样,小到公车私用、不作为型腐败,大到卖官鬻爵、权钱交易等。这些腐败行为的手段都有一个共性,就是不正当使用某种社会资源的优势地位。作为社会有机体,有其自身运行的规范和规则,正是通过这些规范和规则来调控社会生活中的各种利益纷争。而这些规范和规则的遵守,需要依托强而有力的公权力保障。因此公权力的实施者客观上拥有了超出一般社会成员的优势地位,并具有了能够在一定范围内调配社会资源的能力。虽然社会公众要求公权力实施者在履行职务时必须秉公执守、毫无偏私,然而在没有有效制度制约的情况下,公权力的实施者常常会滥用职权,滥用自己所拥有的配置社会资源的优势地位,而这也正是腐败现象的一种最重要形态。

(5)行为结果

违纪腐败行为的结果无疑是侵犯公共利益。这种侵犯公共利益的过程是对现存社会关系的腐蚀和破坏,给社会造成严重的直接损害。同时,由于违纪腐败行为事实上违反了党纪政纪以及其他一些纪律规范,是理应受到党纪政纪处罚的行为。这也在客观上造成党纪政纪的败坏,影响政府清廉的形象,并且也是对整个社会所追求的公正、公平理念的巨大伤害。尤其是一些与百姓日常生活有密切联系的职能部门,它们的腐败违纪行为虽然还没有达到犯罪的程度,可其对社会的恶劣影响却有过之而无不及。既然公职人员掌握的公共权力是由人民赋予,党、国家和其他社会公共机构行使的权力是社会公共利益的体现,那么公职人员为谋求私利或个别部门的利益而滥用公职权力,势必造成危害社会、侵犯公共利益的结果。[1]

(6)行为形式

考察违纪腐败犯罪的基本形式,主要有作为和不作为两种。如同刑法中对犯罪行为的定性采取作为和不作为两种基本形式一样,违纪腐败行为亦有作为和不作为两种基本形式。不过,违纪腐败行为的作为和不作为通常是故意的。故意作为的腐败是公职人员为谋求不合法私利而滥用公共职权的行为,如贪污受贿、徇私枉法、走私泄密。故意不作为的腐败是公职人员出于最终与私人利益相关的原因,故意放弃应当履行且能够履行职责的行为,如放纵违纪违法、妨碍司法调查。无论是作为型的腐败违纪行为还是不作为型的腐败违纪行为,其皆是出于私人或者小团体利益的考虑而做出的与所在职位要求相悖的行为。其结果都是导致社会公共利益受到侵害,社会诚信和廉洁观念受到破坏。

(7)行为认定依据

违纪型腐败的认定依据主要是《中国共产党纪律处分条例(试行)》和《行政机关公务员处分条例》,以及其他一些公司、企

[1] 于风政:《论“腐败”的定义》,载《新视野》2003 年第 5 期。

业或者单位内部的制度条例。由于违纪型腐败行为虽然影响恶劣,对党和国家、社会造成的损失也是十分巨大,但它尚未达到国家法律特别是刑事法律规定的构罪标准,只能依照上述条例予以处罚。例如根据《中国共产党纪律处分条例(试行)》第57条规定,党和国家工作人员或者经手、管理国家财物的人员中的共产党员,利用职务上的便利,侵吞、窃取、骗取或者以其他手段贪污公共财物,情节较轻的,给予警告或者严重警告处分;情节较重的,给予撤销党内职务或者留党察看处分;情节严重的,给予开除党籍处分。贪污党费、救灾、抢险、防汛、优抚、救济、扶贫、防疫、支前款物的,从重或者加重处分,直至开除党籍。以上两个条例以及其他一些单位内部的制度条例,共同构成认定违纪型腐败行为的依据。

(三)认定腐败的违法标准

腐败的违法标准不同于腐败的违纪标准,虽然都表现为腐败分子以权谋私、滥用公职权力的行为,但两者有着本质的不同。受党纪政纪处分的腐败行为属于一般的违法违纪行为,而受刑罚处罚的腐败行为则属于犯罪。受党纪政纪处分的腐败的处罚机关是党政机关,而受到刑罚处罚的腐败的处罚机关是法院。另外,二者在处罚的程序、效果等方面也不同。

1. 腐败违法标准的界定

腐败的违法标准就是指公职人员或组织不合目的地行使权力,为谋取私益而实施的违反法律的行为。腐败的这一违法标准采用的是狭义的腐败概念,即违反刑法和一般性法律的腐败行为。其剥离了腐败的本质分析中的价值因素,同时也把那些一般性的违反党纪政纪的违纪型腐败排除在外。通过考察分析腐败的这一违法标准可以明确在现行刑事司法的框架下,哪些类型的犯罪与腐败行为息息相关,从而为在国家法律机制的系统内很好地预防和控制腐败违法犯罪行为的发生打下坚实的基础。

2. 腐败违法的具体标准

这里所述的具体标准同样是在以上腐败违法标准定义的基础上，从腐败违法行为的主体、客体、违法的目的、手段和结果，以及最后的违法形式和认定依据等多个方面来构建腐败的违法标准。

(1)行为主体

在腐败违法标准的体系中，其主体与腐败的违纪标准中的主体是相同的，即主体是公职人员或组织。这里的公职人员不仅包括在国家机关中任职的国家公职人员，而且泛指在党和企业、事业单位、人民团体等社会公共机构中担任领导职务的公职人员。根据本书第2章和前述内容的描述，这里的公职人员或组织的概念采用的是广义的解释，不仅包括公职部门，也包括私营部门。在私营部门如公司、企业、团体中拥有一定职务的人员，也会因其职位而享有一定的职权，这也是“公职”人员，不合目的地使用这些职权也是腐败。由此可见，除却道德的因素，违纪型腐败和违法型腐败在主体的界定上是相同的。这主要是因为我们的党纪政纪以及相关制度条例与刑事法律所调整的主体范围是相同的，所以腐败违法标准的主体还是公职人员或组织。

(2)行为客体

行为客体即腐败行为指向的对象，可以说腐败违法标准中的客体是公共权力。公共权力是社会公共利益的体现，腐败行为正是对公共权力的滥用。具体而言是国家公职人员和相关部门对公共权力的非公共使用，是以公共权力的利用超出了法律规范所允许的范围为前提的。这里的公共权力的背后暗含着作为公共职位的廉洁性和不可收买性，而腐败违法行为正是对这种廉洁性和不可收买性的挑战。可以说，每一种腐败犯罪行为的过程都是公权力沦为私用，公权力逐步异化的过程。公共权力本身是中性的，它本身并不会产生腐败。产生腐败的真正基础在于权力的随意性、无约束性。作为腐败主体的公职人员拥有一定范围的自由支配稀缺资源和处置他人的权力。如果这种权力得不到监督和约束,往往就会产生腐败行为。

(3)行为目的

目的是谋取私人利益或部门利益。这里的牟取私利或部门利益,不仅指公职人员追求金钱利益,而且泛指公职人员追求满足其自身物质和精神方面的需要和欲望的一切利益。在公共权力的行使中背离了权力的应用界限和目标,将公共权力变成了个人或小集团的私有资源并从中牟利。这种不正当的私利,意味着对社会利益和他人利益的巧取豪夺。社会利益和他人利益极为丰富,既有人类社会生存和发展所必需的、最基本的经济利益,又有参与管理、参与决策的当家作主人的政治利益,也有优化精神境界、完善人格的文化利益以及全面发展所必需的其他社会利益。它既包括不同群体的公共利益,也包括属于某一个体的合法利益。大凡腐败行为和腐败现象都毫无例外地在牟取私利的过程中侵犯了他人或公共的利益。

(4)行为手段

违法型腐败的手段可谓层出不穷,与违纪型腐败行为相比可谓有过之而无不及。由于违法型腐败已上升到犯罪的高度,因此无论是在行为定性的程度上还是在行为给整个社会造成的冲击上,都比违纪型腐败行为更加严重,所以国家对这一类腐败行为历来都是严厉打击。现实生活中发生的滥用职权、徇私舞弊、枉法裁判等行为如果严重到一定的程度,刑法都有相应的罪名予以打击。考察这些腐败手段,其都有一个共同的特征,即滥用职权。这种对于公共权力的非法使用,是对既定的行政伦理原则、社会制度和道德规范的违反和亵渎。滥用职权也使本为公共利益所设立的职位,沦为私人牟利的工具。因此,只有在现有刑事法律的框架下来研究违法型腐败问题,针对腐败的各种手段用相应的刑事法律予以打击。

(5)行为结果

腐败违法行为的一个重要后果便是导致对国家法制的巨大冲击,使公权力的公共性遭到破坏。腐败犯罪行为损害了国家对职务活动的管理,使公共权力成为超越和凌驾于法律之上的特权,成为个人或小团体谋私利的“工具”,因而它亵渎了公务活动的神圣和尊严,侵害了国家和社会公务活动的合法性、公正性、权威性和廉洁性,相对于其他一般犯罪,造成的潜在影响更坏、更深、更广,因而危害更大。所以针对腐败犯罪行为的巨大危害,只有动用刑事法律的威慑力量来加以打击,才能有效地遏止腐败犯罪蔓延的趋势。[1]

(6)行为形式

腐败违法标准的一个重要形式便是行为的不合法性。所谓合法主要是指人们对法律的服从和遵守的性质和状态,虽然不同时期、不同民族、不同文化对腐败的具体形式有不同的解释,但无论何时何地,法律意义上的腐败都具有不合法性。借鉴关于腐败的违法标准的论述,法律意义上的腐败主要是指违反狭义上的合法性规范即法律规范(法律法规),而不包括纪律规范(党纪政纪)和制度规范(政治经济制度及其管理体制)。那些违反纪律规范和制度规范的行为,只能属于违纪意义上的腐败行为,而不会上升为违法犯罪行为。所以,不合法性是腐败违法标准区别于其他标准的重要形式。

(7)行为认定依据

由于违法腐败行为所具有的严重危害性,将这些行为规定为犯罪,动用刑罚手段严惩,是历代国家和政府的必然选择。事实

---

〔1〕 余小三:《职务犯罪的概念及特征析评》,载《武汉交通职业学院学报》2006 年第 3 期。

上,无论是哪种文化,无论是什么社会制度,都把诸如严重的贪污、贿赂、滥用职权、玩忽职守、徇私舞弊、为亲友非法牟利、报复陷害等重度腐败行为规定为犯罪予以严惩。以法律特别是刑法作为评价腐败的标准,其最大的优势便是标准明确、可操作性强、打击严厉。如《刑法》第 382 ~ 383 条贪污罪对犯罪标准有严格的主体、主客观方面的规定,并根据涉案数额的大小和其他一些情节,分四种量刑幅度进行处罪。可以说刑事法律为判断腐败行为的性质划定了一条清晰的标准,任何达到构罪标准的腐败行为都将受到法律的严惩。但是以刑法作为评价腐败的标准也有不利之处。法律一旦制定出来,便已落后于社会实践的发展,而且随着国际轻刑化的趋势,刑罚圈将日益缩小。层出不穷的腐败现象有的将因为没有法律的规定而处于放任状态,这显然不能完全满足社会对于违法腐败犯罪的打击。因此,只有将腐败的违法标准与腐败的违纪标准有机结合起来,构筑起防治腐败的大网,才能有效地打击社会生活中形形色色的腐败现象。

第三章　腐败的原因及其形成机理

要控制腐败首先要了解腐败产生的根源，我们首先从人之本能视角对腐败的原因进行追本溯源式的探察，以寻求腐败产生的根源性因素。腐败作为一种社会现象，其产生也涉及政治、经济、思想、文化、伦理等多方面的社会环境因素。同时，腐败又最终表现为个体行为，因此有必要对腐败个体的心理及其进程进行追踪研究。所以本章着重从腐败产生的根源、社会环境因素、个体心理因素来分析腐败的原因，并进一步阐述腐败形成的机理。

一、腐败的本源追溯

江泽民同志在党的十六大报告中就要求“把反腐败寓于各项重要政策中，从源头上预防和解决腐败问题”。[1] 由此可见,“从源头上预防和解决腐败问题”为我国反腐倡廉提供了新的思路和视角,也为我们对腐败根源的探究提出了明确、具体、更高和更紧迫的要求。首先我们试图从人之本能视角对腐败原因进行追本溯源式的探察,并寻求腐败产生的根源性因素,以期能对腐败现象的顽固存在有一个更客观更全面的认识,从而确立科学的腐败防控观,也为从源头上预防和遏制腐败提供预案。

(一)腐败根源的几种学说

所谓腐败根源,也即腐败产生且带普遍性的终极原因。腐败的根源何在?对此已有诸多理论,概括起来大致有以下几种观点:

1. 私有制说,也称社会历史原因说。“所有腐败现象都是剥削阶级思想、观念作用的结果,是剥削阶级价值观的表现,是剥削制度的产物。”[2] 私有制导致私有观念和利己主义思想的产生,当私有制和私有观念与权力的运作联系起来时,私有观念就会恶性膨胀,导致腐败的产生。所以,腐败的根源在于剥削阶级的私有制,所有腐败现象都是剥削阶级思想、观念作用的结果,是剥削阶级价值观的表现,是剥削制度的产物,腐败现象的彻底消灭最终要依赖于私有制的彻底消灭。虽然在我国,剥削制度、剥削阶级已被消灭,但在社会主义初级阶段,剥削阶级思想的影响仍然会长期存在。[3] 如我国封建社会的特权、等级观念和“人情开道”的宗法制度对人们的消极作用,改革开放中资产阶级腐朽思想、价值观念、生活方式等的侵蚀作用,都是剥削阶级私有制的残余。

---

〔1〕《党的十六大报告全文》,载 http://www.china.com.cn/guoqing/2012-10/17/content_26821180.htm,2015 年 8 月 15 日访问。

〔2〕 江泽民:《论党风廉政建设和反腐败斗争》,中国方正出版社 2003 年版,第 2 页。

〔3〕《全党一项重大的政治任务》,中央文献出版社 2003 年版,第 24 页。

2. 制度说，也称客观现实说。经济学家吴敬琏认为，目前出现的严重腐败现象的根源在于改革的不彻底，原先计划经济下行政力量对市场的管制和干预为贪污、以权谋私制造了温床，给某些掌握或接近权力者留下了营私舞弊的机会。腐败表明平等的市场机制尚未真正建立。[1] 我国正处于政治、经济体制不断发展完善的动荡过程中，在新旧体制交替时期，两种体制之间的磨合还需要相当长的时间。在这个阶段中，新的体制尚未完全建立，而旧的体制下建立的有关法律和规章制度因不能适应当今社会而被废止，从而形成在政策、法律或规章制度上的“空档”，这种“空白地带”的存在就是腐败滋生的根源。[2]

3. 性恶说，也即人性本恶说。该观点从人性的视角探究腐败的根源，认为“人性的恶是腐败产生的根源”。[3] 人类所固有的人性上的弱点或缺陷，诸如贪得无厌、趋乐避苦、自私自利等恶劣品质，极容易驱使那些意志薄弱的权力持有者，利用职权牟取私利而走向腐败。

毋庸置疑，上述三种关于腐败根源的观点都有其一定的理论依据。但本书认为，探讨腐败的根源不能将腐败产生的内在原因和外在条件混为一谈。原因包括内因和外因，内因是变化的根据，外因是变化的条件，外因通过内因而起作用，故事物变化的决定性因素是内因。

腐败作为一种社会现象，固然有其深远的历史原因。但私有制下产生的封建主义的残余也好，资本主义私有观念的侵蚀也好，无非是在人们的思想意识、价值观念、生活方式等方面发挥一

---

〔1〕 林鄤：《权力腐败的根源及根源性的反腐败》，载《中国法学》2013 年第 10 期，转引自《视点》1993 年第 2 期。

〔2〕 张明主编：《新时期预防职务犯罪理论与实践》，新华出版社 2007 年版，第 70 页。

〔3〕 同上。

定的作用,仅可能使权力主体的价值水准、道德观念严重扭曲,为腐败创造了主观条件,提供了思想基础而已。甚至社会转型时期存在的政策、法律或制度上的空白,也只能为腐败的产生提供外在条件。

众所周知,除精神病人和幼童的行为外,犯罪行为均出自行为人的"自由意志",都是行为人自由地、自觉地选择的结果。而腐败作为一种普遍的现象,最终也都是由个人的具体行为来表现的。所以,我们应从腐败行为人本身去寻找腐败的真正原因,对腐败根源的探求只能从内部矛盾即对腐败主体——行为人的分析入手。简单来说,一切腐败行为都是为了牟取私利而侵害公众利益,腐蚀、破坏某种现存社会关系的行为。腐败的主要表现是国家工作人员利用手中掌握的公共权力谋取一己私利,搞权钱交易,挥霍国家和人民的财产,腐化堕落。有观点认为,腐败是一种"恶"的体现。虽然该性恶论从人性恶的角度揭示腐败的根源有其合理性,但也不可否认,人性论自身的固有缺陷也是客观存在且无法消除的。本书认为,历史上的人性论存在三个致命缺陷:(1)缺乏确证其真理性的能力,直到今天也没有一种人性论能够取得普遍的认同。(2)其现实操作带有明显的不确定性,这就使得人性论的价值不能得到应有的发挥。人性一元论者都差不多认可了人性的二元转化性质,看到并了解善恶之间的转化关系,理论上是进步,但在现实中当我们面对具体个人时,我们无从认定其人性的善恶。至于二元论者或多元论者,他们的理论在操作上更是叫人无所适从。[1] (3)善恶性论带有主观价值判断的意味,使人不免有探究其客观性的冲动。讲人性,必言善恶,在此时称之为善的某种本性,在彼时可能就是一种恶。正如英国哲学家

---

〔1〕 罗明星:《人性假定——作为工具价值的思考》,载《理论月刊》2003年第7期。

霍布斯(Thomas Hobbes,1588—1679 年)所说:“任何人欲望的对象就他本人来说,他都称为善,而憎恶或嫌恶的对象则称为恶,轻视的对象则称为无价值和无足轻重。”〔1〕

人性只能存在于具体的个人身上,并通过个人表现出来。如果非要追究人作为“类”存在的共性,那就是人都是具有某种本能的动物,甚至均具有一种本能的反应与冲动。如同对“喜新厌旧”的评价一样,不能简单地归结为个人的道德品质问题,而是需要探究其背后的深层因素,即它或许是一种本能的反应与冲动。例如,总吃一种食物必然使你厌烦,无论食物本身有多美味;又如客观讲在对异性的态度上,总是面对某一特定的异性,审美疲劳的产生可能也无法避免。诚然,即便是本能反应也不能让其泛滥,而应当适当抑制与约束,因为毕竟还有比这种本能更重要的东西值得追求。因此包括腐败,对本能的思考只能帮助人们更客观、更冷静地去面对和认识腐败,即便是有本能因素的存在也不能成为腐败的托词,不能成为实施腐败行为的一种理由。因此,我们不打算再去究诘人性的所谓真相,而试图从人之本能的新视角来探究腐败的深层次根源。

(二)有关人之本能的界定

何为本能?《辞海》中把它定义为:“动物在进化过程中形成而由遗传固定下来的、对个体和种族生存有重要意义的行为。”〔2〕《简明不列颠百科全书》中将其定义为:“动物对外界刺激做出的无意识的应答。表现为一种可预见的、相对固定的行为模式。本能行为具有遗传性、模式的复杂性、适应功能以及外部

〔1〕 [英]霍布斯:《利维坦》,黎思复、李廷译,商务印书馆 1985 年版,第 206 页。

〔2〕 《辞海》,上海辞书出版社 1979 年版,第 1246 页。

条件变化下的稳定性等重要特征。"[1]这些都是对动物的本能的界定。动物的本能就是求生存的本能，在自然界中动物通过交错成网的食物链紧密联系起来，这种联系就表现为弱肉强食的规律。但是这种弱肉强食的生存本能本身无所谓好与坏，本能需要作为一种自然的生命力形态，本无美丑和善恶之别，诚如英国哲学家罗素（Bertrand Arthur William Russell，1872—1970年）所指出的，自然本身是中性的，不好也不坏，既不应受赞扬，也不应受指责。[2] 本书赞同这种十分理性和客观之描述。

以上可以说是对所有动物本能的揭示。那么究竟什么是人之本能，它是等同于动物的本能还是有自己独特的含义？这才是我们讨论的核心和寻找腐败根源深层次因素的起点。

人们常说，"人一半是天使，一半是野兽"。[3] 人既是圣洁的，又是污秽的，任何人无论怎么磨砺，也无法将内心的兽性完全驱逐出去。这是对人类本身进行评价时的常用话语，并用其来涵盖人的双重性。所谓"一半是魔鬼"，是因为人始终源于动物，虽然在人类漫长的发展过程中社会驯化、束缚了这部分属性，但这种人类的基本属性始终不可忽视。正如马克思所说："人直接地是自然存在物……而且作为有生命的自然存在物。"[4]恩格斯在《反杜林论》中也说过："人类源于动物的事实已经决定人永远也不能摆脱兽性，所以问题永远只能在于摆脱得多一些或少一些，在于兽性和人性的差异。"人和动物一样，都是肉体的存在物，他首要的就是满足基本的需要，这是人类生存的前提。所以，"在人

---

〔1〕《简明不列颠百科全书》，中国大百科全书出版社1985年版，第664页。

〔2〕 罗万昌：《本能欲望泛滥的危机》，载《人文杂志》2000年第1期。

〔3〕 康杰、张平：《一半是天使，一半是魔鬼——双重人格犯罪心理剖析》，载《青少年犯罪问题研究》2003年第1期。

〔4〕［德］马克思：《1844年经济学哲学手稿》，载《马克思恩格斯全集》（第42卷），人民出版社1979年版，第167页。

类所具有的各种本能中，最基本而最强烈的，当是求生存的本能。”[1]人类求生存的本能，作为人的生命存在的一种自然属性，以需要和追求需要的特征表现出来。在马斯洛（Abraham Maslow，1908—1970年）的需要层次论中，具体表述为基本的生理需要和基本的安全需要这两类级别最低的需要。基本的生理需要，诸如吃、喝、住以及其他生存必不可少的需要，这是维持和延续生命的需要，也是最基本的自然需要。基本的安全需要，它包括对人身安全、生活稳定以及免遭痛苦、威胁或疾病的需求等，这是维护生命的需要。这两种需要都是维持人的生命存在的自然需要，属于同一个类型和层次。[2]

但是我们在充分考虑人的自然属性的同时，也不能否认人同动物毕竟是有一定区别的。动物是相对独立的存在物，自然赋予它们独特的生存本领使它们能够直接从自然中索取资源并独立地生存；而人相对于动物来说，天生就是软弱的，肉体的本领相对其他动物来讲大为逊色，孤立的个人在自然界激烈的生存竞争中生存更加困难，因此在同自然的对抗中人被迫组成社会进行合作，共同生产、生存和繁衍。即使某些动物也有合作、共同生活的表现，但其在结合的程度上与人类社会是无法相比的。所以人虽然最初源自于动物，但最终更是一种社会性群体动物，即人具有社会属性，这也是人区别于其他动物的根本标志。动物只能机械地遵循自然法则，产生需要和满足需要。而人的需要不是纯粹的自然需要，人的需要通过自己的生产得到满足，之后又会产生新的需要。相对于动物的刺激感应性，人在社会化过程中形成了特

---

〔1〕 杜迈之：《自由与自由主义》，中华书局1949年版，第2页。

〔2〕 在马斯洛的需要层次论中，人的需要被分为五个层次：生理需要、安全需要、社会需要、尊重需要和自我实现需要。马斯洛将生理需要和安全需要划分为两个不同的层次有合理性，但是断言后者高于前者则是不符合事实的。作者认为生理和安全的需要都是生命存在的必要条件，两者处于同等重要的地位，缺一不可。

有的意识,这种意识和生产实践对生存需要的满足使得人不再仅仅满足于保障个人的生存需要,还有进一步追求更好生活的需要,包括精神的需要、活动的需要、审美的需要等。这些需要是人所独有的,它们相对于生存的低级需要来说是高级的需要,在生存的需要得到满足或相对满足的时候,人就开始追求其他需要。在此过程中人的自然属性渐渐隐藏而社会属性不断强化,人的意识发展为理性,人不再被动地受需要的支配,而变成由欲望主动地推动需要的满足。人的欲望和需要不同,受到了意识和行为的极大改造,主观性更大,同需要的客观内容相比,欲望可以发展出很严重的片面性。[1]

综上所述,可以说人的本能是不完全等同于动物的本能。人由动物进化而来,具有自然属性,所以人的本能中包含着动物的生存本能——需要。但是人从出生起就是社会动物,其成长的过程就是社会化的过程,人类所具有的社会属性使人的本能有别于动物的生存本能,这种本能即人在追求高级需要中产生的欲望。人正是在满足了生存的基础上,才进一步要求生活质量的提高——一种无法满足的且推动社会发展的需要。我们在这里把它界定为生活的本能,这种本能包含了动物的生存本能。从“生存”和“生活”的字面就可以明显看出,生活的前提是生存,生活包含了生存。但是生活又不等同于生存,动物是没有生活可言的,动物的生存是被动地适应自然,而人的生活则含有积极主动地改变生存环境、追求超越现实限制的内涵。这种追求既可能有对良善生活的需要,也可能有对腐化生活的欲望。所以相对于动物生存本能的不宜评价,人的生活本能是要接受评价、接受道德和社会规制的。

---

〔1〕 需要和欲望在很多时候被混合使用,如陈永先认为需要就是人对某种目标的渴求或欲望,需要是主观的。而本书中,作者认为人的需要在内容上是物质的、现实的、客观的,而需要的实现形式——欲望则是主观的。

（三）本能——腐败的原始驱动力

本书认为，腐败最初源自于人在原始状态下的动物性本能，即生存本能。然而动物的欲望明显不像人那样有贪得无厌的可能，饥则食、渴则饮，这些欲望都只是停留在果腹，并没有超出最低生存的需求，很难看出这种低级的本能有发展出腐败的可能性。何况，人是社会的人，腐败只能发生在社会生活过程中。因此，实在难以理解在丛林中发展出来的本能可以一步到位地衍生出腐败。

社会化过程中产生的腐败自然要到社会中去寻求原因，所以我们从人在社会生活过程中产生的本能去研究。如上文所述，人之本能区别于动物的生存本能，是生活的本能，且这种本能高于所有动物的普通生存本能。当人在群体活动中通过交往发生各种各样的关系并逐步形成人类社会时，动物那种简单的生存需求逐步被生活的需求所替代，生存的原始人被生活的现代人（这里只是相对于原始人群而言）所替代。当然，这种生活本能是生存本能的发展或扩展，它是生存本能在群体生活中经社会因素交互刺激、相互抑制而形成的，包括社会管理所需要的权力因素的介入和欲望的膨胀及群体和谐的需求等。所以它既有正确规范地行使权力而为社会创造福祉的一面，也有不合目的性地滥用权力而为社会制造麻烦的一面。前者是良善之本，后者是腐败之源。

如上所述，动物的生存本能是种需要的满足，动物是在被动地适应这种需要。但人并不是被动地适应，他是在积极主动地寻求满足。因此，人的生活本能已经超出了自然需要的界限，进入积极主动的欲望层面。

随着我们对人之生活本能欲望的深入考察，我们又终于发现人类区别于动物的另一个不同点，这就是人的欲望似乎又是无穷的，一个欲望满足后又会产生另一个新的欲望。也正是这种欲望的无限膨胀性，去推动着人们不停地追求新的更多和更大的满足，以致这种循环往复又能不断强化欲望的强度。而且我们又惊奇地发现，似乎人类没有了欲望，没有了满足欲望的追求，社会也就失去了发展与进步的动力。与此同时，在一定意义上或许可以说，欲望也是随着社会的进步而不断受到推动的。另外，欲望相对于需要来说，具有很大的主观性，正当的、合理的欲望是生命和事业前进的动力，但如果没有遏制，欲望似乎都会不可阻遏地滑向贪欲。

那么，欲望与贪欲又有什么不同呢？我们可以说，欲望是人的正当的需求，它与人满足欲望的能力相匹配，是人通过正当途径的努力就可以实现的，而贪欲则表现为追求无法满足的欲望，或不合理、不正当的欲望。我们可以举例说明，在现实中一个有能力的人想买一辆汽车是正当的欲望，既可以方便自己生活的使用，还可以在客观上促进汽车业的发展和经济繁荣，但一个身无分文的人想马上要一辆汽车就属于贪欲，不切实际地想做自己根本做不到的事，就会使欲望变为贪欲。[1] 其实腐败中对物质、金钱和私利的追求与否，包括对权力合目的性的行使与不合目的性的滥用，也如同这样的欲望与贪欲一样，正当的追求与行使将造福于社会与民众，不正当的追求与滥用将滑入腐败的泥潭。

但是，对欲望和贪欲进行明确区分却是十分困难或难以做到的。无论欲望还是贪欲都是人之内在心理活动，只能从个体所处环境的角度来对其进行评价，而这样所得到的结论是不完全客观的。同时，对于个人本身来说，两者之间的转化也是模糊的。古人云："邪生于无禁，欲生于无度，"两者之间的"度"却是很难把握的，从欲望到贪欲往往只是一步之遥。在不受任何约束的情况下，欲望发展成贪欲是一种必然。同样腐败的产生，无论是对金

---

〔1〕 梁小民：《欲望不是贪婪》，载《人民日报》(理论版)2004 年 5 月 31 日版。

钱的追求还是对美色的贪恋,抑或是对权力的追逐,都是贪欲的表现。因此,正是欲望的无度引发了腐败的产生,而欲望却无时不源于人的生活本能。所以我们可以说,正是人的生活本能导致了腐败的产生。当然,生活本能只是其中消极的一极在部分人中引发了腐败,而且这一极作用的形成同样受种种其他因素的影响;但另外积极的一极,作为良善生活的追求,则在社会生活中力争实现个体的自我价值,并在种种社会环境或制度的作用下,对另一极尽心抑制和规制。所以起消极作用的生活本能只是腐败的一个源点,即腐败的原动力。

(四)冲突——腐败的内在驱动力

如上所述,腐败的根源产生于人的生活本能,发展于人的欲望之源,又造就于人的贪欲的形成。但是主体的欲望往往呈现为抽象的意念,即希望得到满足,这种意念必须在一定冲突的作用下或交互撞击中才会得到激发,直至形成贪欲,进而强化为腐败的意志。这些冲突主要表现在欲望与资源、贪欲与现实和个体自身之间的对应关系上。

最强大的内在驱动力表现为欲望与资源的冲突,即存在于欲望无限性和资源有限性的矛盾中。资源的有限性也称资源的稀缺性,是相对于人类不断变化的需求结构和多样化的需求而言的。在生态层面上,自然资源的供给量和人类的发展是一个动态平衡体系,这种平衡是一种略微供不应求的平衡。当资源相对剩余时人类随之发展,直到再次出现资源的相对不足。因此,人类的总体需要是超过自然可以提供的总量的,这一现象来源于社会的基本矛盾:生产力发展水平与物质文化需求之间的矛盾。将视角推进到个人,资源总是难以满足个人的欲望的。资源永远处于相对稀缺的状态,所以对资源的争夺不可避免,腐败是资源稀缺状态下对资源的争夺。在中国,欲望无限性与资源有限性的矛盾更为突出。中国现在还处于社会主义初级阶段,生产力不足,资源本身就比较匮乏。更重要的是,有限的资源又大多掌握在政府手中,不仅包括社会有形的、具体的物质资源,如资金、土地、外汇储备,还包括各种抽象的非物质资源,如权力、机会。公职人员除了直接占有资源,享有对资源的实际支配力外,还可以利用资源的稀缺性来达到欲望的满足。[1]

同时,我们还应看到贪欲与现实的冲突,即贪欲无度性与其自身客观现实的冲突。虽然说人的潜力是无限的,但是人的欲望总是超过现实满足度的,从客观上讲人的能力相对于无限膨胀的贪欲是十分有限的。人产生某种欲望后只能保持两种状态,或是不满足,或是暂时满足,满足总是相对的,是处于两种欲望的间隙之间的一个短暂瞬间。可以说,贪欲与现实性之间的奇异差距,也是腐败产生的内在驱动力。

另外,十分重要却常常被我们忽视的那股驱动力,在于个体与个体之间的冲突。这种冲突具体表现在以下三个方面:一是个体与个体之间的生理差异。个体作为生物来到世上,遗传基因决定了个体间的需求存在差异,不在同一层面上,总有些人相对于他人来说需求更多,这部分人实施腐败的可能性更大。二是个体与个体之间的心理差异。由于个体的社会化程度不同,个体追求满足的意志在思维结构中所占的比重也是不同的。三是个体之间因竞争而产生的冲突。无论在什么领域,竞争都是不可避免的。正当的、公平的竞争推动社会的发展,不正当的、无序的竞争则会阻碍社会的发展。在我国社会主义市场经济制度建立的初期各项制度和法律都还没有完善,不正当竞争的现象比比皆是,

---

〔1〕 主要通过权力寻租的手段实现。权力寻租是指握有公权者以权力为筹码谋求获取自身经济利益的一种非生产性活动。权力寻租是把权力商品化,或曰以权力为资本,去参与商品交换和市场竞争,以谋取金钱和物质利益。资源永远处于相对稀缺的状态,对资源的争夺不可避免,腐败是资源稀缺状态下对资源的争夺。

机会的不平等、资源占有的不平等加剧了个体的心理压力，腐败可能成为缓解与释放压力的出口。

在欲望与资源、贪欲与现实和个体自身的冲突下，人的欲望如果不加约束任其表现的话，就会导致欲望的极度膨胀，尤其当发展到极端状态——贪欲时，冲突对腐败原动力的驱动力及其作用即告形成。

（五）机会——腐败的外在驱动力

在冲突效应的作用下，人的欲望从希望得到满足的意念上升到通过腐败达到满足的意志，甚至发展为贪欲的无止与无度。但这种意志与无度不能孤立地发生作用，从意志到行为的实现还应依赖于一定的媒介，这种媒介就是腐败的机会，也即外来的刺激。

《辞海》中将机会定义为："行事的际遇时会、时机。"〔1〕所以，我们可以将腐败的机会简单界定为：腐败产生的际遇时会或时机。具体来说，腐败的机会主要表现为以下几个特征：首先，腐败的机会具有多样性。腐败的种类是多种多样的，任何一个领域都同时存在不同的腐败机会。其次，腐败的机会又呈动态性。腐败机会不是一成不变的，而是随着社会经济、政治的发展，随着反腐斗争形势的变化而不断变化，并且每一次制度变迁都会使腐败机会的形式和内容发生相应的变化。再次，腐败机会的产生还可能具有自发性。除了来源于先天的制度缺陷或其他外部因素的影响外，还可以由主体人为制造。最后，腐败机会还具有普遍性。腐败机会不存在有无的问题，只存在多和少的问题。对于任何国家，不论阶级，也不论时期，在社会生活的一切领域都存在腐败的机会。〔2〕

腐败主体通常握有某种职权或权力，所以腐败行为的产生与

〔1〕《辞海》，上海辞书出版社1979年版，第1250页。

〔2〕李红：《科学制约公共权力是反腐败的治本之路》，载《湖南社会科学》2003年第3期。

权力具有天然的联系,而权力的失衡又为腐败的产生提供了更多的机会。权力失衡主要表现在权力的垄断和权力的无序运行上。权力资源是有限的,同时权力又总是掌握在少数人手中,可以说权力总是处于相对垄断的状态。腐败主体的职权越大,其拥有的信息、资源就越多,从而腐败的机会也就越多。正像英国著名思想家阿克顿勋爵(Lord Acton,1834 – 1902 年)所说:"权力导致腐败,绝对的权力导致绝对的腐败。"〔1〕法国启蒙思想家孟德斯鸠(Charles de Secondat,Baron de Montesquieu,1689 – 1755 年)也指出:"一切有权力的人都容易滥用权力,这是万古不易的一条经验。"〔2〕由此可见,这种权力本身与腐败联姻的属性、权力主体对权力的滥用,以及腐败机遇的必然性等,均为腐败外在驱动力的形成创造了条件。加之权力运行过程中又缺乏法定程序的约束和必要的法制监督,这就必然为腐败的发生提供了机会。

腐败的机会还存在于制度和管理程序的漏洞和空隙上。目前,我国尚存在腐败产生的种种机会,其中最主要的是社会管理制度在体制上存在缺陷。由于在社会主义制度下建立和建设市场经济体制是一种史无前例的探索,这就决定了社会主义的制度建设既会有机制、法制、制度不完善的问题,也会有自觉或不自觉地保存一些旧制度的痕迹和遗留的问题。同时,在社会主义改革过程中,新旧体制交替中的隙缝加上管理工作中存在的漏洞和薄弱环节,也给掌权力者提供腐败的机会。正如美国斯坦福大学胡佛研究所高级研究员希尔顿 · 鲁特(Hilton Root)所说:"管理程序的烦琐为行政官员的腐败提供了机会。"〔3〕中国科学院国情研

〔1〕 [英]阿克顿:《自由与权力:阿克顿勋爵论说文集》,侯健、范亚峰译,商务印书馆 2001 年版,第 427 页。

〔2〕 [法]孟德斯鸠:《论法的精神》(上册),张雁深译,商务印书馆 1982 年版,第 154 页。

〔3〕 [美]希尔顿 · 鲁特:《中国的腐败已经成为体制性的了吗?》,载 http://www.lzgcw.com/show.asp? id =21,2015 年 8 月 15 日访问。

究中心主任胡鞍钢也认为:“腐败现象多种多样,产生腐败的原因极其复杂,涉及的利益集团盘根错节。但是目前我国各类解决腐败问题的措施缺乏相互协调,而且其作用有时相互抵消,各类机构之间相互推诿或者职能重叠、争执不下。同时也存在许多‘制度真空’和‘管理真空’,给腐败分子留下可乘之机。”[1]国际货币基金组织财政事务局主任韦托·坦茨(Vito Tanzi)甚至明确指出:“在很多国家,规章、法律和管理过程中透明度的缺乏,为腐败提供了温床。规章条例含糊不清,而确定这些规章的相关文件又不能向公众公开,而且有些规章经常可以在不事先公布的条件下被加以更改。正式的法律条文通常是由专业的法律人员加以确定,而且只有专业的律师才能读懂,而对于一些重要问题在概念上的含糊不清又给不同的解释提供了回旋余地。政治以及其他问题的管理程序和过程上的不透明(如对公共建设项目的竞争),使人们无法事前对相关决策进行有效的评价。如此一来,社会公众就很难对腐败行为在重大决策中所起的作用进行监督和防范了。”[2]这些表述均在极大程度上阐释或说明了腐败机会产生的绝对性,并以此推动了腐败外在驱动力的形成。

(六)本能视角下腐败的防控目标

从本能视角谈腐败的根源,并不意味着对腐败的防治持“怀疑和悲观”的态度。本能的行为不仅仅是一种暂时的冲动,而是一种永恒的、固定的力,不能用逃避来对付腐败,因为人的本能的力量是倔强的、不可低估的。[3] 从本能视角谈腐败的根源,同样

[1] 胡鞍钢:《防止腐败的综合战略与重大措施》,载 http://www.lzgcw.com/show.asp? id=22,2015年8月15日访问。

[2] [英]韦托·坦茨:《世界范围内的腐败:原因、后果、范围和医治对策》,载 http://hi.baidu.com/%C7%B0%D6%DC%B4%E5/blog/item/82a8c70af996c11d94ca6b1c.html,2015年8月15日访问。

[3] 高维俭:《弗洛伊德本能论之犯罪学思考——兼论其哲学价值》,载《犯罪研究》2002年第5期。

也使我们认识到防治腐败并不是朝夕之间的事。腐败源于人的本能,而人的本能从人类诞生之初就已经开始形成,几千年的人类发展史使得人要在一夜之间根除某些劣根性成为一种奢谈。而且,由于人的本能在不同的历史背景和现实环境中会产生不同的作用,要防治腐败必须同时具备合适的历史和现实条件,这也在一定程度上增加了防治的难度。所以,要防治腐败就必须首先从思想上确立正确的防治观念并认识到防治的难度和长期性,有长期奋斗的打算;其次又要认识到人的本能的不同方面,以及社会、制度和思想教化等方面在改变人性中的积极作用,认识到防治工作肯定性的结果。故在本能视角下腐败防控目标的定位应考虑以下几点因素。

1. 不可无视人的本能冲动

把人分为贪婪的人和廉洁的人,以传统的"用人不疑,疑人不用"理念来制定反腐对策,是典型的人治思维。致力于对人的本能的禁锢,如"存天理、灭人欲"是禁欲主义的做法,这不仅是不人道的,同时也是被社会历史和生活实践证明行不通的。人都具有本能冲动,而这种冲动发展到极端的状态就会产生腐败的原动力,再结合一定的物质力量,腐败的产生就具有了极大可能性。本能是无法消除的,它只能被压制在一个适当的范围内,所以腐败防治的制度建设不可无视人的本能冲动,更应以人的本能欲望为出发点。只有在探究人的本能欲望基础上制定出来的对策,才是真正有效的对策。我们不可能铲除腐败的根源,不可能毕其功于一役,我们能做的是尽量压缩腐败存在的空间。正如邓小平同志所言,"好制度能使坏人变好,坏制度能使好人变坏"。也就是说,好的制度能制止或控制腐败,却不能彻底消除腐败,只能建立有效克制欲望膨胀的制度,来使腐败产生的概率最小化。因此,不可无视人的本能告诉我们,人本能的消极方面使得腐败的根源无法根除。但因其巨大的破坏作用使得我们不得不认真考虑对消极本能的遏制，而制度建设对这种遏制则明显带有根本性、全局性、长期性和有效性（虽然制度建设并不能根除腐败只是防控、遏制腐败）。腐败在很大程度上可以说是由于制度的缺陷，防治腐败的效果往往取决于制度的完善程度，完善而严密的制度能大大提高腐败行为的难度，并使腐败的预期收益远远小于其风险，在这种情况下，只要人的理性尚存，就不敢轻易去冒险。同时，完善而严密的制度还能够在潜移默化中提高公职人员的职业操守。[1] 所以，制度是腐败发生前的防护线。同时，制度也是腐败发生后的防线，完善有效的惩治机制意味着对腐败行为进行及时的纠处，弥补腐败造成的损失以及对后人进行警醒。因此，本书认为要进行以下的制度建设：(1)建立权力之间的相互制约机制。权力之间的相互制约首先在于适度分权，只有对权力资源进行有效合理的分配才能防止权力集中或独大，权力持有者之间才能进行必要的监督和控制。其次是权力分配要细致化，从而使得某部分权力可以有效地集中但又没有独大之虞，也使某些权力可以有效地分散但又可以有效运作。(2)建立权力运行的主体负责制。任何权力都应当是具体的、有限的，权力应当在职责范围、界限和运行程序内行使，权力不行使或滥用都应承担责任。(3)建立多层次全方位的社会监督制约机制。加强公民的权利意识，强化公民对权力的监督，可以达到以权利制约权力的目的。同时还要强化社会舆论、社会团体、各党派对权力的民主监督，制约权力。这样就能建立一个广泛的监督网络，铲除腐败滋生的社会环境条件。(4)建立严格的腐败惩治机制。只有对腐败全面惩治，把“大”“小”腐败都变成难收益的行为，才能有效遏制腐败恶性蔓延。[2]

---

〔1〕 吕红霞、杨正元：《反腐败：以人为本——反腐新理念之解读》，载《长春理工大学学报》2006 年第 6 期。

〔2〕 方新平、石华：《私欲与腐败控制》，载《韩山师范学院学报》2002 年第 1 期。

2. 不可夸大人的本能冲动

强调生活本能冲动对人类行为的原动力作用，强调本能的恶的倾向性，并不意味着本能无法抑制，腐败无法控制。社会文明形成的过程，也是人社会化的过程，人不再仅仅具有生物属性，也具有了社会属性，是动物性和社会性的统一体。人的本能一方面表现出为了自己不顾一切的行为趋向，而另一方面则对前述趋向进行制约。本书认为，如果人没有那种消极的本能，就会受到来自社会外部的毁灭，而不对它进行遏制，则人类社会将在内部遭到毁灭。如果我们肯定人的本能的消极一面，腐败则是这种本能的表现，而人的本能积极方面则可以表述为对前述倾向的遏制，反腐败正是其体现，它的作用是遏制欲望过度膨胀后的个人行为。正是积极本能的存在使人类具备了被教化的基础，也正是这种教化使人类积极本能可以足够强大到遏制消极本能。有关教化在防控腐败上的作用，我国的领导人早已高瞻远瞩地做出了指示。邓小平同志在1985年党的全国代表大会上指出："改善社会风气要从教育入手，教育一定要联系实际。"[1]江泽民同志在党的十五大报告中也明确提到反腐败要"坚持标本兼治，教育是基础，法令是保障，监督是关键"。[2] 教育作为反腐败的一项工作，其目的是通过反复的精神教化来净化人们的心灵，将外在的道德要求通过受教育者具体化为内在的精神要求，并外化为一种自觉自愿的行为，使人们形成一种发自内心的耻于腐败的信念，形成一道事先的个人防线。历史经验已经证明：即使在封建道德的熏陶下，我国历史上也产生了包拯、海瑞、于成龙等清官；资产阶级的道德也曾孕育出了美国历史上的华盛顿，他开创了总统任职不

---

〔1〕 邓小平在1985年9月23日中国共产党全国代表会议上的讲话，载http://www.lcdjw.gov.cn/show-59.html，2015年8月16日访问。

〔2〕 江泽民：《1997年9月12日党的十五大报告》，载http//www.china.com.cn/zyjy/2009-07/13/content_18122516.htm，2015年8月16日访问。

得超过两届的宪法惯例，抵御住了“权力欲”的极大诱惑；我国当代，在共产主义思想熏陶下产生了焦裕禄、孔繁森等人民的好公仆。因此，我们绝不能低估教育在防止腐败中的作用。当然谈及用教育防控腐败，从长远来看，普及和重视全民教育才是根本出路。在一个社会中如果道德水平群体性下降，腐败形成一种心理定式，那么即使有良好的法律和制度也是一纸空文。从短期来看，加强对权力运行主体的教育，让有“德”者执掌权力是防止腐败的有效措施。假若一个利欲熏心的人执掌权力，那就会增加了腐败的可能性。当我们从人的本能角度来审视腐败时，我们必须认清腐败并不是不可遏制的，人的本能也不是不可控制的。通过后天的教育，形成种种自我控制，必然可以在个体心中形成反腐败的警戒线。

总之，腐败控制是一项社会工程。充分认识到人的本能中消极方面的持久性和破坏性，努力构建有效的遏制本能的良性制度与机制，从外在环境上对本能的消极方面进行积极有效的规制。与此同时，我们也要认识到人本能中的积极方面，认识到积极本能的向善倾向，从而努力对积极本能进行教育和引导，以期最大限度地发挥积极本能在抑制消极本能方面的作用。因此，通过外在的制度规制和内在的道德教育，将教育和制度建设两个要素有机地密切配合，我们则可以建立一个控制腐败的法治系统工程，将腐败的发生控制在最低限度范围内。

二、腐败形成的社会环境因素

腐败作为一种久治不愈的社会丑恶现象，产生的原因是多方面的，涉及政治、经济、法律、文化各个领域。我国正处在社会主义初级阶段，在建设和完善社会主义市场经济体制的过程中，在新旧体制并存转轨的特定历史条件下，经济体制与政治体制都处在巨大的变革之中，以往的社会政治制度和社会秩序受到极大的冲击，新的适应市场经济发展要求的管理体制、监督制约机制不可能在短时间内建立起来，社会主义民主法制的健全和完善也需要一个长期的过程，客观上存在腐败现象多发易发的条件和机会，不仅使原来隐蔽的腐败现象显示出来，而且还迅速地传播与蔓延。

（一）政治因素

由于我国现阶段正处在一个体制转轨、社会转型的特定历史发展阶段，消极腐败现象呈现出阶段性多发、高发的态势，因此反腐败的形势依然十分严峻。造成腐败的政治因素是多方面的，其中最主要的因素还在于权力的异化、监督的弱化、干部人事制度上的种种弊端。

1. 权力因素

从政治学角度来看，权力是滋生腐败的温床，腐败寄生于权力，无权力则腐败无从谈起。权力与腐败似乎是一对孪生兄弟。阿克顿勋爵（Lord Acton）有一句至理名言："权力导致腐败，绝对的权力导致绝对的腐败。"可谓是对权力与腐败关系的最好描述。[1]

（1）腐败主体权力的来源

"权力"一词在我国汉语词汇和法律规定中一般指国家权力或公共权力。国家机关所参加的绝大部分法律关系是在法定的、职权范围内的，与其相关的职权、权力都是与国家的强制力密切联系的。[2] 权力起源于维护社会公众利益和社会公共生活秩序的需要，就其本质而言，权力是一种公共意志，是一种组织社会秩

〔1〕 孙忠良：《从权力反腐败走向制度反腐败》，华侨大学2005年硕士学位论文。

〔2〕 沈宗灵：《权利、义务、权力》，载《法学研究》1998年第3期。

序、控制社会资源和支配社会财富的力量。[1]

无论是国家权力、公共权力或是公共意志都必须通过“组织”这个社会实体来实施或是实现，我们说某某单位或是某某人“有权”，并不是这个单位或是这个人有权。而是这种权力需要通过“组织”这个实体才能与被支配者发生关系，组织是这种关系发生的媒介。莱特·米尔斯(Wright. Mills)在《掌权的优秀人物》一书中讲道：“权力是社会体制中职位的标志而不是某个人的标志。当人们在社会机构中占据权势地位和支配地位时，他们就有了权力。一旦他们占据这种地位，不但在他们有所作为时，会使人们感到权力的存在，而且即使他们无所作为，也同样会使人们感受到他的权力的存在。因为虽然他们自己无所作为，却对其他人的行为产生了很大影响。”所以在他看来只有拥有一定社会组织中的地位才能获得支配别人行为的权力。组织是权力得以产生和发展的母体，权力无不是存在于组织中的。

腐败主体权力的来源正是该腐败者或是潜在的腐败者拥有某组织中的某种地位，他们的权力是社会体制中职位的标志而不是某个人的标志，一旦他们拥有这种地位无论是他行使这种权力还是不行使这种权力，这种权力所带来的压力是一直存在的。只要你在该组织中、只要你有行使这种权力的可能性，那么这种权力所带来的社会影响力就会始终存在。基于这种影响力的稀缺及不可替代性，就存在不正当行使可能性的存在或者寻租现象的产生，继而产生腐败。

(2)权力的本性

权力主要表现为权力主体对权力客体的支配能力，那么影响腐败的关键因素之一：权力的本性是怎样的，也就是权力最本质

---

〔1〕 禹建柏：《简论预防腐败的权力制约路径》，载《湖南社会科学》2007年第3期。

的东西究竟是什么呢?

第一,权力具有责任性。

何为责任?其一,使人担当起某种职务和职责。《新唐书·王珪薛收等传赞》载:“观太宗之责任也,谋斯从,言斯听,才斯奋,洞然不疑。”《元史·武宗纪一》载:“是以责任股肱耳目大臣,思所以尽瘁赞襄嘉犹,朝夕入告,朕命惟允,庶事克谐。”《续资治通鉴·宋英宗治平三年》载:“陛下能责任将帅,令疆埸无事,即天下幸甚。”其二,谓分内应做的事。宋朝司马光《谏西征疏》载:“所愧者圣恩深厚,责任至重。”清朝李渔《玉搔头·止兵》载:“曾与老爷当面说过,内患不除,是老爷的责任。”其三,做不好分内应做的事,因而应该承担的过失。

现代社会对责任的理解是:责任是一种职责和任务。它伴随着人类社会的出现而出现,有社会就有责任,责任是身处社会的个体成员必须遵守的规则和条文,带有强制性。责任有个人的责任和集体的责任,个人的责任指一个完全具备行为能力的人所必须去履行的职责。集体的责任指一个集体必须去承担的一种职责。责任的追究一般以法律有明文规定为准,如个人的责任、社会的责任、国家的责任。权力的腐败从法理上分析是对责任的放弃或是对权利的倾注,即权力腐败是权力的非责任化和权力的权利化。〔1〕一个人一旦取得了行使某种权力的权利,那么这将产生一种责任,且这种责任不可放弃、不可转移。权力就是一种责任,没有责任的权力就是一种滥用的权力、就是权力的腐败。责任为权力设立了一种合理的界限,使权力的运作成为主体所施放的一种具有负责精神的行为过程,而且可以使在这种界限被突破之后,成为一种义务追加的依据。〔2〕权力的责任一旦被抛弃则

〔1〕王勇飞、刘金国:《反腐法治论》,高等教育出版社2003年版,第6页。

〔2〕同上。

当然引起法律的追究,所以说权力具有责任性。

第二,权力具有公共性。

我们所说的权力又叫公共权力,即权力具有公共性。权力是公法的核心内容,是政治社会用以维护社会并保障权力社会独立性的法律法规,由公法主体操作,并直接作用于公共领域。权力体现的是一种社会关系,是人类社会所特有的现象。权力随着人类社会的产生而产生,但是政治权力不是随着社会的产生而产生,而是社会发展到一定历史阶段,随着阶级的产生而产生,是阶级斗争的产物和表现。权力的产生主要有两种模式:一种是目前主要用于乡镇以上的间接选举(通常称为"代表选举制");另一种是目前主要用于村一级的"直接选举"(有的村也使用"间接选举")。由此可见,无论是直接选举还是代表式的间接选举都是代表着一定人群的公共意志,由此产生的权力是公共权力而不是个人权力,因此它的行使也必须为公共利益服务。对于这里的公共性所带来的必然是公众对它的平等监督权,对于关系到整个公共利益的权力行为都有权提出疑义,并且通过此方式来实现对公共事务的间接管理,所以权力的这种公共性是每个利害关系人都可以进行一定"干预"的性质。

权力是一种责任,不是一种荣耀,可一些公共权力机构的执业者却把自己看成高高在上的"主子",而把其所服务的公众看成自己的"仆人"。他们不愿意放下架子和面子去从事一些在他看来低等级的"小事儿",他们把相当多的精力与时间放在升迁、逐利、消遣和娱乐上,从而极力寻求自己私利(物质酬劳和精神快感)的最大化。他们把自己手中的权力看成套现的工具和资源、自利的武器和身份的符号,他们宁愿卡拉 OK、桑拿足浴、打牌搓麻,也不愿在"不合理"和"不恰当"的时间里深夜"出勤",更何况常规性的工作时间也不一定能够"满勤"。在纪律严厉的行政环境下,他们常常寻找"上有政策、下有对策"的公共管理机会主义之“万全之策”。在此种情形之下,权力公共性危机地地道道的受害者是广大的老百姓,他们成为不作为状态下所谓的“公共”牺牲品。因而,出现了“骂总统无事、骂局长拘留”的怪现状;也出现了“幼女遭奸、民警无事”的警场逍遥景。[1] 诸如此类,正是相关当事者也就是权力有权实施者无视权力的公共性的存在,而是将人民赋予其手中的权力当作私人的权利也就是前文所说的权力的权利化,严重违反了权力的公共性这一重要特性。

所以说,任何一个权力握有者都不得将公共的权力当作自己满足私欲的工具,将权力无端地进行私有化进而进行任意行使或是放弃。因为权力具有公共性,是人民大众的,权力行使的最终目的同样是为了公共利益。

第三,权力具有权威性。

权力一旦产生并且被授予了合法的性质,且行使要得到全体公民的认可,那么就具有了权威性。在一个国家或是集体中总是有符合人类社会发展总规律的角色体系来维持,它使处于一定地位的人有权行使处于相对地位的人服从自己,而且后者遵循且认为这样是合适的。比如在原始社会为什么各族的长老或是酋长有处死或是处罚其族人的权力,正是基于该族成员的认可,具有了权威性。这个长老或是酋长在其他族就不可能还具有这种权力,因为他没有得到其他部族成员的认可,不具有权威性。而在现代社会一切权威都是制度性的结果。罗伯特·达尔(Robert A. Dahl)说过:“政治体系中的首领们通常支持一套理论主张,用以说明他们这一政治体系的领导是合理的。这样做的目的是通过论证赋予他们领导的合法性,使他们影响力成为权威。”可见取得合法的法律地位,对于权力的权威性具有绝对的作用。

---

〔1〕 陈潭:《行政不作为与权力的公共性危机》,载 http://www.chinavalue.net/Finance/Article/2004-9-12/800.html,2015 年 8 月 18 日访问。

同时权力的权威来源于权力所具有的相当的公信力,这种公信力不但来自法律赋予的合法地位,还来自国家机关及其国家工作人员,通过他们的权力行为在社会上形成正面的影响力,这些强有力的影响力中最为重要的就是公众对权力的信赖,基于这种信赖而使权力具有了权威性且公众又基于这种权威而自觉服从权力的约束。权力有使他人“为”或“不为”的能力,正是由于权威性的存在。

中国古代和当今社会权力都存在权威,不同时期权威的性质是不同的。中国古代“皇权”至上,这种权力至高无上不受任何约束,它的权威源自当时人们对“龙”的崇拜和对“皇位”世袭制的认可,我们说这种权威是一种非理性权威。与之相较,当今中国社会权力的权威是一种较为理性的权威,这种权威是一种有限权威,即只在该种权力所覆盖的领域内发挥拥有的作用,如工商管理部门可以对非法工商户做出相应的处罚决定,具有权威性,但是如果在处罚中碰到一个违章行车的是否能做出处罚呢?结论很简单,当然不能,因为它在该领域不具有权威性。同时,当今社会不可能仅存在像古代“皇权”那样的一种权威,而是多种权威的共存且相互影响、相互制约,没有一种权威能够凌驾于其他权威之上而成为无限权威。所以在这种情况下,社会一项制度或是一种实体的诞生都是通过多种权威的妥协与交涉完成的。这些权威的背后正是各种权力的存在,所以说权力具有权威性,权力行使的一个重要依据也是权威的存在。

第四,权力具有依赖性。

权力的最终目的是对权力被支配者产生影响,实现权力应有的作用。那么权力产生之后没有其作用实现的载体,那么这种目的将无法达到,所以说权力具有一定的依赖性。这个载体便是前面提到的“组织”里面的职位,权力必须借助于这些职位才能将相应的权力变为相应的职权,职权的稳定形成了各个机构。机构的形成使本来人与人之间偶然的权力关系稳定化,稳定的权力关系又反过来使机构变得巩固。在某种职位上的人将该职位所拥有的职权付诸实施,从而实现权力本来的目的。

(3)权力在腐败中的关键作用——权力的异化

权力之所以是腐败滋生的温床,主要是因为权力在一定条件下会发生异化。权力的异化,即掌有权力的个体的人,背离所拥有的权力确定的初衷,使权力部分地私有或为己所用,谋取个人的或小集团的利益。

权力与公共资源、个人私欲的结合本身并没有什么冲突和不妥,但是权力约束的缺失、公共资源的稀缺、个人私欲的无限膨胀,这样三者的结合又会产生怎样的效果呢?资源是有限的、需求是无限的,当维持生存的必需品满足后,哪怕是生活上再无忧无虑也不会就此满足于眼前的现状。那么对于那些拥有权力的人便可能会用手中权力去实现这种畸形欲望,由此权力发生异化,腐败产生。私欲膨胀几乎是每个腐败分子所具有的共同特征,正是这种膨胀的私欲导致了无数掌权者手中权力的异化,私欲的膨胀导致权力主体在价值选择上发生了歪曲,最终促使他们贪婪地卷入了权力腐败的浊流。

我们从法律角度看权力,任何一种权力都是有法律界限的,超出这个界限就发生权力的异化。权力异化是一种反文明现象,与现代民主政治目标根本背离,是政治文明肌体上的肿瘤和致命伤,成为危害人民根本利益、影响社会发展的严重阻碍。〔1〕权力异化背离社会公共权力的性质,造成运用权力追逐个人私利,给国家与社会带来严重危害。权力异化是产生腐败的重要因素。〔2〕

〔1〕 田丽静、李伟:《公共权力的异化及其制约机制新视角》,载《西藏民族学院学报》2007年第5期。

〔2〕 孙忠良:《从权力反腐败走向制度反腐败》,华侨大学2005年硕士学位论文。

权力的异化主要表现在：

一是权力私有化。权力的公共性决定了权力不可能代表某个人或是为某个人服务。在现实社会中，一些权力握有者表面上承认自己的权力是人民的、国家的，可心底里还是认定手中的权力是靠自己个人奋斗得来的、是自己的，所以权力就是其个人的囊中之物，就如同自己的私有财产一样，可以随意支配。正是在这种歪曲的权力观的支配下，一些掌权者便以权谋私、滥用人民赋予的权力，为自己或是亲朋好友谋取私利。他们有时甚至拒不接受法律监督，盛气凌人、不可一世、横行乡里，成了骑在人民头上作威作福的老爷。把用以维护公共利益、谋取公众福利的公权力当作个人或小团体的私人财产来支配，以谋求其私人利益，出现公共利益部门化和部门利益私人化的现象。

二是权力商品化。市场经济条件下的灯红酒绿，迷住了一些领导者的眼睛，为了追求物质上的享受，便把手中的权力当作商品去交易，买官卖官，认钱不认理，给了钱便乱办事，不给钱便不办事。将权力异化为个人进入“权力市场”进行私人交易的商品，占有权力就意味着公共资源及其支配权的拥有，也即意味着更多的获利可能性。因此，在一定程度上权力就是利益的代名词，成为人们趋之若鹜的获利工具。我们干部队伍中由此也形成了一个专营权力的特殊群体——“商人型权利人”，他们从获得权力后便将权力当作商品进行无耻交易，大肆损害着人民、社会的利益，将当初想着如何为人民服务的信念抛之脑后。

三是权力庸俗化。有些人游戏权力，耍手腕，投机钻营，视人民的权力为儿戏，玩弄于股掌之间。只要权力在手，就极力扩大自己的权力范围，对所控制的资源随意处置，挥霍无度、荒淫成性。权力可以腐蚀人，不受制约的绝对权力绝对可以使人腐败。

四是公权力滥化。公权力滥化即公权力的行使不规范、不合理，致使公权力背离或止步于增进公共利益的价值目标。公权力滥化是我国极为常见的一种公权力异化形式,其主要表现是:公权力涉足范围失衡,即该公权力积极作为的领域出现缺位,不该公权力作为的领域却几近膨胀;公权力行使手段失当,即行使者行使权力不合法或不合理,而使公权力出现异化;公权力行使目标失准,即公权力的运行脱离为公众服务的正当轨迹而异化为谋求私利的工具等。

五是权力集中化。自从人类为了自身的生存和发展不得不组织起来时起,便产生了公共权力。由于权力可以带来利益,一旦权力不受制约,被个别人所垄断,公共权力便会蜕化为个人谋利的手段。在人类社会发展史上曾发生过多种形式的权力垄断现象,在氏族公社制度的晚期,就出现了氏族贵族垄断权力的现象,接着便是奴隶主贵族、封建帝王的权力垄断现象。这种专制政体下的权力垄断,使权力腐败现象成为不可避免的事情。古代社会为什么总是腐败横行,许多强大的王朝都被自身的腐败所摧毁,原因就在于权力垄断。所以说,专制与腐败是一对孪生子,共生共存。〔1〕早在改革开放之初,邓小平同志就指出党和国家领导制度中的主要弊端之一就是权力过度集中,过度集中往往把党的领导变为个人领导。权力制衡制度还不够完善,没有制约的权力必然导致腐败,以权制权是权力制约的重要手段。〔2〕不少地方和单位都有家长式的人物,他们的权力不受限制,别人都要唯命是从,甚至形成对他们的人身依附关系。这种过分集权的体制危害之一是为少数人提高了自由用权,不受约束的可能。有些人自恃大权在握,违法违纪、贪污受贿、为所欲为,最终滑入腐败的泥潭。弊端之二是使得纠正过错的代价大大提高。事实上,很多

〔1〕 陶际恒:《论我国社会主义市场经济初期腐败的机会》,载《西昌农业高等专科学校学报》2004年第4期。

〔2〕 楚德江:《从制度分析的角度透视腐败现象:问题与对策》,郑州大学2003年硕士学位论文。

腐败活动在发生初期已被群众发现和举报，但集权体制在客观上为极少数人提供了排除障碍的力量，往往是违法行为不可收拾、对国家和人民造成极大损害时，才受到制止和追究。[1] 由此可见，要想消除权力腐败，首先要消除权力垄断。至于彻底铲除权力腐败，除非公共权力彻底消亡，或者权力被完全监督，然而这两种情况在目前的社会现实中都不可能出现。[2]

六是权力运行无序化。权力的无序运行是指在权力运行过程中缺乏法定程序的约束和必要的法制监督。当公共权力者通过民主程序被社会公众委以管理权力以后，要想保证权力不被滥用，首先要制定严密的程序法，让权力有序运行。有序运行的权力既不会越位，也不会越界，更不会被滥用。而无序运行的权力则会像脱缰的野马，被握有权力者随意操作，随时都可能出现以权谋私和侵害公民权利的行为。权力无序运行会使权力在执行过程中被个别人所垄断，从而形成了腐败发生的基础条件。在现实生活中，任何一级的公共权力者只要垄断了一部分权力，哪怕是很微小的一点权力，我们就会看到弄权营私的现象发生。[3] 公共权力运行制度的漏洞较多。公共权力运行制度是公共权力在实现其职能过程中的程序规范。我国权力运行制度的漏洞主要存在于两个方面：一是一些权力运行的制度规范还没有建立起来，如“行政程序法”还没有颁布实施；二是现行的权力运行制度还存在权力过度集中，权力运行缺乏监督，权力运行透明度不高等问题，亟须加以完善。

上述几种权力的异化正是权力非正常的行使，权力握有者为

---

〔1〕 文红梅：《经济体制转轨时期党内腐败现象的成因及对策》，西南师范大学2002年硕士学位论文。

〔2〕 陶际恒：《论我国社会主义市场经济初期腐败的机会》，载《西昌农业高等专科学校学报》2004年第4期。

〔3〕 同上。

了获得更多的社会稀缺资源而异化其手中的权力，所以说权力的异化在权力腐败中发挥着重要的作用。

2. 监督机制因素

我们知道，“一切有权力的人都容易滥用权力，这是万古不易的一条经验。有权力的人们使用权力一直到遇到界限的地方才休止……从事物的性质来说，要防止滥用权力，就必须以权力约束权力”。〔1〕 权力的力量是巨大的，这体现在其运行过程中的支配作用。权力既能用来行政又能用来谋私，权力监督如果失效腐败就不可避免，因此监督不力是腐败滋生蔓延的现实基础。多年来我们为了加强对权力的监督制约采取了不少措施，也取得了一些成效，但就目前而言，我国还没有真正形成完整、强大、协调、科学、严密和具有足够约束力的监督体系。

(1)监督机制弱化的原因分析

监督权缺乏保障，形同虚设。因受制于决策权和执行权，监督权常常既得不到权威的保护又缺乏法律法规条例的保障。按照宪法规定，人大有权监督宪法和法律的实施，但直至今日人大都没一个专门的机构负责此事，使得这一职能一直虚设。〔2〕 群众监督仅以文字形式存在于宪法法律文书上，缺乏具体的法律保障、安全保障及权利保障，在现行体制下权力的触角太广，而监督的保障太少，尤其群众为监督而付出的代价又太大。

监督权缺少知情权作基础。有效监督理论要求监督主体与客体之间信息对称，因此政务公开是实施监督的前提，知情是监督的保证。行使监督权两大基本条件必不可少，一是被监督者公开被监督的事情，二是监督者了解有必要进行监督的内情。然而

---

〔1〕 [法]孟德斯鸠：《论法的精神》(上册)，张雁深译，商务印书馆1982年版，第154页。

〔2〕 周文升、孟凡麟：《社会转型期职务犯罪原因新论》，载《山东社会科学》2004年第6期。

现实是公共部门执行制度时不愿在真公开、全公开、常公开上下功夫,公开制度因透明度不高而流于形式,群众对“一把手”暗中操作、从中渔利的情况很难了解,难以形成有效监督。同时,计划经济下个人收入几乎透明的状态已不复存在,领导干部的财产状况、工作能力等情况群众很难了解,甚至连组织也掌握不够,这就必然形成监督真空,造成“有名无实或名存实亡的‘虚监’,监而无力的‘弱监’,疏而有漏的‘失监’,内外有别的‘禁监’”[1]等监督障碍。我国的政务公开制度在公开的范围上尚须进一步扩大,在公开的内容上要进一步具体化。

廉政制度不落实,监督打击力度不够。为适应改革开放的新形势,各级党委、政府和纪检监督部门出台了大量有关领导干部廉洁自律的制度和措施,对预防职务犯罪、加强廉政建设具有一定的现实针对性。然而从当前揭露的违法犯罪情况来看,一方面这些制度和规定的落实情况并不理想,有法不依、执法不严的问题屡有发生,另一方面就是打击职务犯罪的力度明显偏小,体现不出法律的威慑力。这就使得一些人心存侥幸,致使职务犯罪有增无减,贪官“前腐后继”,层出不穷。

(2)内部监督因素

监督在我国分为内部监督和外部监督。内部监督既包括自上而下和自下而上两个纵向序列,也包括不同地区、部门及个人之间的横向平行制约。十月革命后列宁就提出“现在我们愈是要坚决主张有绝对强硬的政权,就愈是要有多种多样的自下而上的监督形式和方法”。[2] 我国的内部监督体制以自上而下为主,实行以领导为中心的权力辐射体制,其优点是操作起来效率较高,弱点是监督权源自于个人,监督的效果往往以领导者的好恶为转

---

〔1〕 陶东明、陈明明:《当代中国政治参与》,浙江人民出版社 1998 年版,第 271 页。

〔2〕 《列宁全集》(第 34 卷),人民出版社 1985 年版,第 186 页。

移,造成下级的言行事实上主要对上级组织和领导人负责,造成“看得见,管不着;管得着,看不见”的局面。要保证这种自上而下的监督取得良好的效果,就必须将其与平行制约和自下而上的监督相配合,然而出于本部门利益的考虑和碍于同事之间、上下级之间的情面,这种配合在很多情况下效果极差。

内部监督最薄弱的一环就是党内监督。我国人民民主专政的性质决定了人民政权应该由人民监督,即自下而上的下级组织对上级组织、党员群众对党员干部、全党对中央的监督。而实际情况恰恰相反,自上而下监督序列强化且运转非常有效,而自下而上监督序列弱化且运转常常失灵,这样的党内监督愈加强就会离本意愈远而离党内集权、专制愈近。〔1〕另外党内监督与形势发展的要求还不适应,尤其是在监督实践上依然存在监督机制疲软、乏力,以及监督功能发挥不够充分等问题。首先,党内领导干部监督意识淡薄,自我监督观念不强,缺乏自觉性和责任感。一些人担心监督会影响团结;少数人缺乏接受监督的自觉性,对党内监督存有误解和抵触情绪;个别存在特权思想,将自己置于监督之外;很多普通党员缺乏监督的责任感,怕实施监督得罪领导,受到打击报复,这些都影响了监督的效果。其次,党内监督在制度化、规范化方面存在问题。党内监督机制在运行中所需的政策和法规还不完备,谁是监督者、被监督者,监督者的权利责任、被监督者的权力义务、监督的方式等都没有明确、具体的规定,而且现行的有关惩处性规定空隙多、弹性大,都影响了党内监督功能的正常发挥。最后,党内监督实施力度不够,党员民主权利过小,党员监督手段简单。在指导思想上片面强调思想教育,使得对党员干部的软约束无力、硬约束不健全,而

〔1〕王韶兴:《中国共产党监督的主要经验和基本规律》,载《中国共产党》2001年第4期。

间接选举、等额选举以及任命制被广泛运用,本身就说明党内监督的实施力度不够。[1]

(3)外部监督因素

在我国,对制度执行情况的外部监督效果也不理想,甚至不如内部监督。不管是人大、纪委,还是其他享有检查监督权的机关和个人,在社会生活中的实际权力并不大,在执行其检查监督功能时受到来自各方面的干扰。导致这种现象有以下多方面的原因:

一是监督权受制于执行权。监督作为一种外在强制力,客观上需要监督主体具有相对独立性和权威性。我国最高权力监督机关是各级人民代表大会及其常务委员会,其监督往往是原则性的,对具体问题的监督缺乏同步性和一贯性,事前监督没有主动权,事中监督没有追究权,事后监督没有决定权。在现行体制下,行政监督机关虽实行双重领导体制,但主要受同级领导,这就使它实际上成为同级政府的一个部门。地方纪委和同级党委是一种上下级关系,造成一种监督者受制于被监督者的有悖于监督规律的现象,从根本上决定了监督主体及其拥有的权力独立性和权威性不足以制约监督客体。监督者置于被监督者的直接领导下,甚至监督者的任免、调动、待遇、升迁等都掌握在被监督者手中,尽管我们一再提倡要敢于监督、秉公执法,但“位”决定“为”,在权势和高压面前监督者很难超脱所处环境,造成了监督的弱化。尤其是对“一把手”的监督更加显得苍白无力,出现了权力地位越高,受到的制约越弱的现象,致使腐败现象不断滋生蔓延。

二是群众监督薄弱。我们党历来强调党政机关的一切工作都要接受人民群众的监督,但不可否认的是在相当多的地方、部门,群众的监督和评判对党政机关及其干部的影响微乎其微,甚

〔1〕 孙忠良:《从权力反腐败走向制度反腐败》,华侨大学2005年硕士学位论文。

至只是一种姿态、形式而已。目前的群众监督尚不能适应我国现阶段政治、经济发展的需要。首先,群众监督意识淡薄。受我国传统文化和历史因素的影响,我国公民重情轻法和对权力既崇拜又疏远的心理不可能在短期根除,多数人怀有事不关己、高高挂起的心态,不想、不愿、不敢监督。其次,群众监督的渠道狭窄。在实践中存在着不允许越级上访、对上访和举报群众以各种理由进行压制、打击、报复,甚至刑事制裁等问题,严重挫伤了群众监督的积极性。同时监督渠道的不畅以及监督手段的单一也使得群众在反腐斗争中充满盲目性和无序性,严重影响了群众监督功能的有效发挥。最后,群众监督作用被轻视。有些领导认为腐败问题及其斗争只要领导重视,专门机关积极工作,群众参不参与无关紧要,对群众来信或举报不认真受理,即使受理了也不积极处理,甚至不了了之。我国的群众监督缺乏具体制度的支撑,只有通过有权威的监督机关才能实现,但如果权威机关漠然置之的话,人民群众的监督权就没有切实的保证,群众监督也只能沦为空谈。相当长的时期以来,群众监督只不过徒具虚名,这种轻视群众监督的做法也严重挫伤了人民群众参与监督的积极性。[1]

三是舆论监督没有起到应有作用。现代社会生活中,人们常常把舆论监督和新闻媒体的监督联系在一起,称为“新闻舆论监督”。[2] 马克思说,舆论是一种“普通的、无形的和强制的力量”,而舆论监督是“另一个法庭——社会舆论的法庭”。[3] 可以说对待传播媒介舆论监督的态度是检验一个国家政治民主化程度的主要指标之一。改革开放以后,舆论监督随着中国政治和经济改革的发展取得了长足的进步,发挥了其他监督形式难以替代

〔1〕 孙忠良:《从权力反腐败走向制度反腐败》,华侨大学2005年硕士学位论文。

〔2〕 尤光付:《中外监督制度比较》,商务印书馆2003年版,第410页。

〔3〕《马克思恩格斯全集》(第1卷),人民出版社1963年版,第237页。

的重要作用,但就总体而言,监督体制薄弱的局面还远未改变。第一,舆论监督的自主权相对较小。我国的新闻媒体受制于行政权力,报纸、杂志、广播、电视等媒体报道一些敏感性的问题往往要经过上一级的批准,要想充分发挥批评监督的作用并不容易。第二,舆论监督的法规不健全。我国还没有专门的新闻法律法规,没有从法律的角度确定新闻媒体的地位、性质,在新闻自由、自律、诉讼、记者的权利义务、国家信息的安全和公民隐私的保护等方面也缺乏详细的规定,新闻工作者的调查权和报道权缺乏可靠的保障。这使我国舆论监督的法制保障力度不够,容易受到领导层的左右和政治氛围的影响。第三,舆论监督的公正客观性缺乏监督。舆论监督工作本身也存在着某些弊端,对事实的把握、监督热点和对象的选择、监督信息的有效传递等方面都可能存在偏差,同时一些素质低下的新闻从业者也容易偏离新闻工作的正确导向,甚至被某些集团利用散布虚假信息。〔1〕许多腐败贪官本来可以在舆论的监督下现出了原形,由此可以看出舆论监督在遏制腐败中所发挥的重要作用,对舆论监督本身的公正、客观也需要进行有效的监督,而这些资源在我国都是相当匮乏的。

3. 干部任用机制因素

我国的干部人事制度改革起步较晚并存在诸多弊端,最突出的问题是干部的任免方式基本上还属于委任制,干部选用在很大程度上还停留在神秘化和封闭式状态,缺乏真正的竞争机制和必要的民主程序。旧的选人用人机制一旦与市场经济的趋利原则相结合,就为少数利欲熏心的领导者和官欲极强的经营者以可乘之机,形形色色的跑官、要官、买官、卖官便时有发生。社会上流

---

〔1〕 孙忠良:《从权力反腐败走向制度反腐败》,华侨大学2005年硕士学位论文。

传的“不跑不送,降级使用;光跑不送,原地不动;又跑又送,提拔重用”反映了干部人事制度上的腐败现象。[1] 另外在干部的选用上把关不严,没有坚持德才兼备的标准,又或者重提拔、轻教育,重使用、轻监管,对干部的考核流于形式,这使一些素质较差的人在侥幸获取权力后变本加厉截取私利却不能得到有效制止,暴露了我们在干部任用体制上的严重缺陷。

(二)经济因素

当前我国正处在由计划经济向社会主义市场经济、传统农业社会向现代化社会的转型过程中,围绕社会主义市场经济体系的规律框架虽已初步建成,但市场经济就是法治经济的观念并未完全成为人们自觉的行为规范。变革不可能一蹴而就,不可避免地要出现管理失控的真空地带,这在客观上为腐败带来空前的机遇。

1. 双轨并存的经济体制因素

所谓双轨并存,也即计划与市场两种经济体制并存。我国选择了渐进式、以双轨制为主要特征的改革之路,在不断打破中央集权的计划经济体制的同时引入市场经济体制。在渐进式改革的过渡时期,一方面,指令性计划经济体制失去了其各方面的完整性和配套性,直接行政控制已逐步减少;另一方面,新的市场经济体制还在逐步建立过程中,各方面配套也不完整,政府的间接控制手段还不能及时跟上。这样,两种经济体制都不能正常而有效地运作。腐败现象的产生,在很大程度上是由新旧体制转换过程中的脱节造成的。[2]

我国的宏观调控体系还没有完全建立起来,政府对经济的调控和管理还不适应市场经济的需要。市场经济不是完全自由竞

---

〔1〕 文红梅:《经济体制转轨时期党内腐败现象的成因及对策》,西南师范大学2002年硕士学位论文。

〔2〕 罗忠敏主编:《腐败成因与防治对策》,北京大学出版社2008年版,第27页。

争的经济，宏观调控是政府对经济进行整体、总量和全局性管理的重要手段，是充分发挥市场机制对资源配置起基础作用的重要保障，宏观调控的范围大小、力度强弱直接关系到一国经济能否持续、快速和健康发展。转变政府职能是建立健全宏观调控体系的前提，目前突出的问题是政府职能转变滞缓，严重阻碍宏观调控体系的健全。随着企业制度改革和政府职能转变的推进，计划经济体制下政府直接管理企业的基本框架有所改变，但这一框架还远远没有突破，很多情况下政府仍然采取直接行政命令、指示的管制方法，可以说政府官员同时充当了制定者和执行者、仲裁者与参与者。政企分开还没有完全形成制度，政企不分的体制在政府和企业的关系中仍然起着很大的作用，主要表现在相当一部分资源是按计划体制方式配置的。改革开放以来，许多由政府管理的事情逐步放开交由市场调节，使相当一部分的生产资料和生活资料已经进入市场，只剩下少部分关系国计民生的重要生产资料仍按计划经济方式进行配置，而这些重要生产资料要素又常常是供求矛盾相当紧张的产业。政府提供的产业发展扶持基金、项目及优惠性的政策仍主要按部门的格局进行分配，这样就使得政府机关对企业继续享有权力作用。公共权力意味着物质资源、信息和市场，因此争取公共权力的支持是各种经济实体的普遍愿望和经营活动，使得相关的计划审批权变成一种可以带来收益的权力。各市场经济主体在利益机制的驱动下，为了获得紧俏的生产性资源或项目、配额等计划控制的指标，企业之间竞争激烈，就不惜使用贿赂、回扣等一切不正当手段，而那些手握实权的行政主管部门、官员就成了他们物色进攻的重点，权钱交易成为他们最佳的交易方式。

我国在由计划经济向市场经济转型的过程中，只有通过分散所有权才能增加竞争和经济业绩，使得资源大规模地由公共部门流向私人部门，经济转型过程中一定程度的私有化不可避免，然而“自发私有化”又会带来不利后果。所谓“自发私有化”是在企业尚未私有化之前就对企业资产进行私有化的现象,是非法的私有化。这种情况下,国家或集体企业管理人员与政府官员勾结,通过种种方式使企业资产脱离国家或集体的控制转到私人手中,将亏损和债务留给国家或集体,并连累银行体系濒于破产。

2. 市场经济的负面效应因素

腐败思想容易生存的社会土壤——市场经济,为社会主义初级阶段生产力发展提供了强大动力,但我们也应认识到市场经济的负面效应不会因为同社会主义相联系而自动消失。市场经济的负面影响是权力主体变质的外部因素和腐败滋生的温床,市场经济并不必然导致腐败,但为腐败的产生提供了可能性。

市场经济的求利性增加了产生拜金主义的诱因。改革开放以来,经济利益的主体已由过去的以国家利益为主的单一主体,变成无数个具有相对独立性的国家、集体、私营和个体的多个利益主体。市场经济是以利益驱动为杠杆的经济,在市场经济的各环节还未实现法治化的情况下,追求利益的最大化不仅是激励生产的基准点,也成为各经济主体衡量成败得失的主要标准。利益原则越突出,其局限性就愈发明显。市场经济要求生产者以最小的劳动耗费获取最大的利益,一些人在自身利益的驱动下以各种手段腐蚀掌握实权的官员和管理部门,为其违纪违法提供便利;一些党员干部片面追求、强化局部利益和个人利益,滋生拜金主义、个人主义、享乐主义倾向,产生“一切向钱看”思想,甚至把赚钱谋利、发财致富作为人生的唯一目的来追求,自觉或不自觉地使国家和人民赋予的权力商品化。

市场经济的等价性容易侵蚀党和国家的政治生活。商品的等价交换原则是价值规律的核心内容,按等价交换原则来调节商品生产者、经营者在经济活动中的矛盾和关系,是市场经济的基本特征和要求。本来等价交换原则只适用于经济领域,但是一些党员干部将等价交换原则引入党和国家政治生活中，认为党内的同志关系、党群关系、上下级关系统统是等价交换关系，搞“有偿服务”，主张“有利则干、小利小干、大利大干”，结果是“不给好处不办事，给了好处乱办事”。近几年来社会普遍出现的所谓“乱收费、乱罚款、乱摊派”等腐败现象，无一不是被扭曲了的等价交换原则派生出来的产物。如北京市农林办公室农贸处原处长贾桂兰利用职务之便，在解决饲料指标、帮助申请周转金、发放饲养生猪风险基金的过程中，索贿受贿10万余元。她曾多次说：“我为他们办那么多的事，他们给我点钱、给我点东西是应该的。”

市场经济的竞争性引发违法违纪行为。我国现阶段所有制结构是以公有制为主体的多种所有制并存的形式，这种所有制形式使利益主体多元化、分配方式多元化、市场竞争激烈化。有竞争就会有优胜劣汰，竞争对于企业来说直接关系到它的生存和发展。企业生产出来的商品要实现其价值，完成从商品到货币的“惊险的跳跃”，必须要经过市场竞争。由于保障、规范市场经济运行的一系列法律、法规还在制定和完善中，还未完全配套，趁此机会，虚假广告、伪劣假冒、变相垄断、幕后交易等不平等竞争在一些地方仍然大行其道。不同的利益集团为了在竞争中获得有利条件实现各自的最大利益，千方百计地拉拢、腐蚀领导干部，一些意志薄弱者往往会在金钱面前动心，于是便采用非法手段，拿原则做交易，利用手中的权力作砝码去谋取私利。这些不正当竞争手段，催生了损公肥私、损人利己、不择手段、唯利是图的个人主义思想。种种不公平的竞争带来的是利益分配的不公正，助长了部分人不正当致富，给腐败的蔓延提供了条件，加重了腐败的程度。

市场经济的自主性为无政府主义、小团体主义的滋长提供了土壤。市场经济活动的特点之一是横向联系，具有较强的自发性、分散性。这种情况反映到政府部门就有可能导致少数党员干部淡化全局观念、组织观念，产生小团体主义和无政府主义思想，在生产经营中往往只顾局部利益和眼前利益而不顾全局利益和长远利益；在执行政策上往往借口情况特殊，而搞所谓“通权达变”，上有政策、下有对策，有令不行、有禁不止。

3. 利益分配不合理的诸因素

市场经济化过程中，我国在分配上往往忽视对个人利益特别是经济利益的分配。巨大的经济利益反差诱使领导者以权谋私，为腐败埋下了诱因。

在市场经济化过程中，个人对自身利益的追求，特别是对经济利益的追求越来越重要，所以我们在对待个人劳动成果时不应只看成是个人道德在行为上的反映，还要看成是个人追求自身经济利益在行为上的反映。而我国是一个有着浓厚人治意识的国家，片面地将公职人员看成道德人而忽视其对经济利益的要求，使得公职人员的权力与收入、付出与回报不相适应。在改革开放以前，尽管许多公职人员物质生活条件并不比现在好，但在当时普遍生活水平落后的条件下他们仍感到满足。然而在我国向社会主义市场经济过渡的过程中，随着越来越多的企事业单位转变为独立的经济实体，普通公民的经济收入得到显著改善，这使得依靠国家财政拨款的公职人员的工资与发展迅速的经济实体相比明显偏低。偏低的工资水平必然带来消费心理的受挫，不少人因无法克服需要与满足之间的矛盾而心理压力日益沉重。赋予公务员权力的同时只支付其较低的工资，还指望他们不利用手中的权力谋取个人利益，这种一厢情愿的做法实在是太不切实际了。在利益驱动、心理失衡等内在因素和腐败泛滥的社会条件影响下，公职人员利用手中的权力谋取工资外收入，也似乎成了一种当然的事情，而这种“理所当然”也正是腐败现象高发的重要因素之一。

（三）法制因素

邓小平在讲到反腐败时曾经提出：“还是要靠法制，搞法制靠得住些。”[1]改革开放以来，我国的法制建设有长足的发展，但总体来说仍呈滞后状态，立法与执法均有不足。从法律环境上来看，预防和惩治腐败的法制建设滞后，法律实施机制失灵，法治观念匮乏，均在一定程度上放纵了腐败。

1. 反腐立法机制不畅使腐败有机可乘

依法治国、建立社会主义法治国家是我国的治国方略，有法可依、有章可循更是依法治国、依法治腐的前提和基础。随着“文化大革命”后法院、检察院系统的恢复，立法的力度明显加大。据统计，1979 年至 20 世纪末，全国人大及常委会已经制定了 300 部法律，国务院制定了 700 多部行政法规，地方政权机关制定了 4000 多部地方法规，可以说立法比过去已经增加了许多。但是已有的这些反腐倡廉方面的法律、法规，尚未形成完备的廉政立法体系，存在零散和片面性等问题，而且过于原则和抽象，缺乏实用性和可操作性。

首先，反腐立法相对滞后。邓小平同志曾经说：“现在的问题是法律很不完备，很多法律还没有制定出来。”[2]我国的廉政法律、法规往往是针对四处泛滥的腐败行为被动制定的，无论在出台的时间还是内容上都明显滞后，因缺乏超前性而事先防范不足，偏重于事后追究，这便无法体现反腐法律、法规的防控功能。尤其是在市场经济条件下，许多行政行为、企业行为缺乏法律、法规的规范，使得权力集中的行业部门和有利可图的流通领域成为一部分人滥用权力谋私的“灰色空间”。[3]

其次，立法质量不高。政策性的原则规定多，而可操作性的法律规定少，禁止性规定多，明确法律后果的少，缺乏权威性和强制性，在实际操作中难以严格规范和约束党员干部特别是领导干

---

〔1〕《邓小平文选》(第 3 卷)，人民出版社 1993 年版，第 379 页。

〔2〕《邓小平文选》(第 2 卷)，人民出版社 1994 年版，第 146 页。

〔3〕文红梅：《经济体制转轨时期党内腐败现象的成因及对策》，西南师范大学 2002 年硕士学位论文。

部的行为,这使得反腐的成效大打折扣。由于立法时间仓促,头痛医头,脚痛医脚,缺乏整体配套性,已经出台的廉政法律、法规大都是应急性的、原则性的规定,缺乏可操作性,有不少还是“几要几不要”的纲领性条文,赋予执法者的自由裁量权过多过滥,这使得执法机关在处理中难免发生畸轻畸重的情况。此外有些法规的起草由于缺乏深入的调研论证,各条款之间衔接不够严谨,容易被人钻“上有政策,下有对策”的空子。

最后,缺乏反腐败的专门立法。反腐败的专门法律是建成惩治和防控腐败体系基本框架的重要标志,迄今为止我国还没有系统的、专门的反贪污贿赂法,不利于反腐工作的深入展开。尽管在每年召开的人大、政协会议上,代表、委员们的呼声强烈,提案不断,但我国至今尚无专门的《反腐败贿赂法》《监督法》《廉政法》《公务员行为法》《公务员个人财产申报法》等专门法律,而这些法律都是改革开放和市场经济条件下进行廉政建设和反腐败斗争不可缺少的。各种隐形腐败、法人腐败攫取无形财富、不经严格考试而取得文凭、利用权力的影响为亲属子女安排工作等,目前无法律依据进行处理,法律也没有做出相应的规范,使一些游走于腐败边缘的行为因缺乏必要的规制而愈演愈烈,最终滑向腐败的泥潭。

2. 法律实施机制失灵使腐败得以蔓延

随着立法工作的深入,“有法可依”逐渐成为可能,但是控制腐败的关键是“有法必依、执法必严、违法必究”。惩治是对已经发现的腐败行为进行的处罚,是制约滥用权力的最后一道防线,惩处虽然在反腐败的整个过程中是必要的,既有惩罚作用,也有警示作用,既有遏制作用,也有预防作用。古人云:“赏不行则贤者不可得而进也,罚不行则不肖者不可得而退也。”有腐必惩就能杀一儆百;若惩治不严、有腐不惩,会使更多的人加入腐败行列。应当说近年来我国对腐败案件的执法力度有所加强,但总体来说对腐败的查处，失之于宽，失之于软，致使腐败的收益远远大于成本，使腐败得以蔓延。

在实践中未能始终如一地坚持我们一贯倡导的“法律面前人人平等”的原则，在适用法律上往往实行双重标准，明显存在“适用法律不平等”，这种不平等不仅表现在“官”与“民”之间，而且也表现在“大官”与“小官”之间。首先表现在党纪政纪处理中存在着严重的腐败保护主义，存在着以罚代刑、大事化小、小事化了的情形，使党纪政纪的处分成为一些腐败分子的避风港。其次表现在刑事诉讼的各个环节：在立案侦查阶段，存在大量犯罪黑数。根据最高人民检察院工作报告中的统计数字，1993～1997年共立案侦查职务犯罪案件387,352件，仅起诉181,873人，与检察院收到的举报线索180万条相比较，则起诉数只占举报数的10.11%。近几年的情况大致相同。[1] 在审判阶段，对腐败分子有罪不判、重罪轻判、轻罪不判的倾向相当严重。根据最高人民检察院和最高人民法院工作报告，1993～1997年，对职务犯罪，法院判刑人数与检察院立案人数之比为41%，1998年为45%，1999年为41%，2000年为39.7%，2001年为42.6%。有一多半的人被立案调查后没有被判刑。[2] 在“有立功表现”的幌子下对罪犯的惩处越来越轻，缓刑的大量适用实际上使犯罪分子逃脱了惩罚。在判决的执行阶段，存在执行不严的问题。对于一些位居领导职位的犯罪分子在监狱中的待遇比一般犯人要好，对腐败分子办理减刑、假释、保外就医、监外执行的条件比一般犯人要轻，这种不正常现象的后果是严重削弱了法律的威慑力，使得刑罚不能从根本上打掉腐败分子的嚣张气焰，就使得一些腐败行为有可能滋生和蔓延。

---

〔1〕 周文升、孟凡麟：《社会转型期职务犯罪原因新论》，载《山东社会科学》2004年第6期。

〔2〕 同上。

3.法治观念匮乏使腐败得以长久生存

法制的完备、有法必依和法治观念的形成,可以看作实现法治的三个阶段。现在的中国正处于由第一阶段向第二阶段的过渡时期,与实现法治的目标还有一定的距离,这是腐败在改革后呈现出严重化趋势的一个重要原因。

法治观念是指以正义、自由、平等为目标的法律在一个国家中具有至高无上的地位,任何团体和个人都必须有依法行事的价值理念。法治的原则是体现正义的法律在国家始终处于至高无上的地位,任何团体和个人都不能凌驾于法律之上,都必须依法行事,这正是控制腐败的关键所在。

知和懂是守法执法的前提,人们对法律的认识程度直接关系到其行为的法治化程度。受几千年封建传统和长期实行的高度集中的计划经济体制的影响,凡事按领导人意志办事的习惯和作风根深蒂固,以致一些领导干部和相当多的群众法制观念普遍淡薄。对领导干部的腐败行为,极少有群众敢于拿起法律的武器维护自身的合法权益,或是"事不关己,高高挂起",或是敢怒不敢言、避而远之,法治观念的缺失实际上无形中助长了腐败分子的气焰。只有法治的价值理念在公职人员和广大群众中普遍建立起来,权大于法、文件大于法等不正常现象才能真正杜绝,只有如此才能从根本上将那些寄居在不受约束的权力身上的各种腐败现象彻底消灭掉。

(四)文化因素

文化环境是一个国家、民族或地区的精神追求的源泉。它对人的影响有三个层次:一是表现在对人们可观察的外在物品(Observable Artifacts)的影响上,如不同文化中人们的服饰、习俗、语言等各不相同;二是表现在对人们价值观(Values)的影响上,不同文化下人们的价值观有差异,这正是目前许多跨文化研究的理论基础;三是表现在对人们潜在假设(Underlying Assumptions)

的影响上，这种作用是无意识的，但它却是文化影响的最终层次，它决定着人们的知觉、思想过程、情感以及行为方式。人是社会动物，人的行为在一定程度上是社会的产物，从犯罪学的视角来看，文化因素实为腐败的重要原因。美国著名学者塞缪尔·P.亨廷顿（Samuel Phillips Huntington，1927—2008年）认为，一个国家的文化与它的腐败程度有着密切的联系，这在他的经典性著作和文章中都有论述。他引用了美国参议员丹尼尔·帕特里克（Daniel Patrickek）的话做了进一步的解释："是文化而不是政治决定着一个社会的成功"，但"政治能够改变文化并且拯救文化。"[1]腐败与政治文化尤为相关，而政治文化不过是文化中的一支，它不可能与主体文化相差很大：文化与政治具有适应性，因为文化的载体是人，而政治体制是人建立的，政治运作也要靠人来操作。这就是说，如果一个社会中主流的政治价值观、政治文化或价值观、文化是现代的，那么它的政治体制就不可能是传统的；如果一个社会中文化是西方式的，那么它的政治体制就不可能是东方式的。反之也是如此。[2] 在课题组的网络调查中，有7.77%（共计4523票）的投票者认为预防腐败最应该做的是净化社会风气。这里的社会风气，一定程度上就是文化熏染而成的社会成员之间的约定俗成之风。由于下文将从个体心理角度具体分析各种不良文化认同，此处只从宏观角度探讨文化因素对腐败产生、发展的影响。

1. 传统文化的束缚因素

文化存在是指当前环境下各种文化并存的状态。从文化对个人的影响方式来看，它可以通过文化传承的方式使个体接纳，还可能借助群体压力使个体服从。当前的文化环境和人们关注的焦点中，与腐败相关的不良文化主要包括历史文化因素——封

---

〔1〕［美］塞缪尔·P.亨廷顿：《变动社会的政治秩序》，张岱山、聂振雄等译，上海译文出版社1989年版，第64～72页。

〔2〕李路曲：《文化、政治与腐败》，载《东南亚研究》2005年第1期。

建思想残余和外来不良文化因素——资产阶级腐朽思想。

从历史因素来看,中国古代的经济基础是封闭性的,与之相应,传统政治文化也表现为封闭性的国家、宗族崇拜,主要是皇权主义、家族主义,其特征是专制功能大于民主功能,伦理功能大于法治功能。在这种文化的主导下,人的身份、人与人之间的关系网重于一切,各种潜规则世代相传,几乎牢不可破。如今的官本位、宗法、特权心理等都和传统文化有着深厚的渊源,如自古以来人们就以功利性为标准认为官是最理想的职业,官不仅是一种职务,更是政治身份和经济地位的标志,而做工、务农、经商、演戏等都是九流之业。在今天,由于种种原因,某些封建思想残余特别是官本位思想不仅没有被淡化,反而在人们的心目中急剧地膨胀起来,更加功利化。在这种文化环境下,官员很难会用手中的权力为人民服务,他们常常会迅速选择腐败之路,特别是在仕途到顶、升迁无望或临近离休时表现得更加疯狂。

从外来因素来看,腐败与资产阶级腐朽思想之间存在内在的联系。腐败是在剥削阶级利己主义思想支配下,谋取私利、侵犯国家和人民群众利益、腐蚀和破坏社会有机体的行为,而改革开放给资产阶级腐朽思想入侵提供了良好的机遇。改革开放后,我国的社会经济成分、组织形式、就业方式、利益关系和分配方式日益多样化,各种思想文化相互激荡,拜金主义、享乐主义、极端个人主义和一些腐朽生活方式涌入,人们的理想、信念和价值观受到强烈的冲击。人们一旦丧失正确的政治方向和崇高的理想,失去精神支柱,人生态度就会扭曲,最终堕落成为腐败行为者或腐败分子。

应当注意的是,多年来人们在分析腐败问题的文化因素时往往过于强调以上两个因素,似乎造成中国当前腐败泛滥的主要的、决定性的文化因素是历史的、外来的,而“现在的”人是被动的、毫无责任。从理论上来讲,这种倾向明显背离了历史唯物史观,或者说过于片面。毫无疑问,不良文化与腐败有着正相关的关系，但静止的文化存在与腐败的相关并不明显：从历史因素来看，中华人民共和国已经成立60多年，封建传统的作用应当是渐弱而非渐强，显然不能解释近十几年来日益严重的腐败现象；而外来因素也无法解释以下事实：为何这些外来因素在中国引起了比它们本土更为广泛、严重的后果？而且在同样的对外开放条件下，许多国家也并未出现中国这样的腐败犯罪状况。由此可见，历史因素和外来因素的作用固然存在，但并不能做简单归因。文化是一种宏大的综合体，的确包含许多不良成分，但更多的是正向的、积极的人类理性，否则人类社会根本无从发展。因此，文化具有自我评价功能，这就意味着相当大比例的不良意识自动消减。也就是说，在个人接触不良文化时，他基本可以同时或者很快就知道这是不良文化，会自觉加以排除或改正。那么，当今社会文化是怎样与腐败相联系的呢？究竟应当如何看待文化？人在文化中如何选择，为什么这么选择？对文化论述的目的不在于列举展示文化存在，而在于引发相关思考。本书认为，在对文化存在的评述中，应注意人的作用——人的主观能动性，注意人对文化的感受和选择。前文对于人类本能的探讨告诉我们，人有利己的本能冲动，这使得以利己主义为基础的不良文化更具鼓动性和感染力。在外环境方面，文化的变迁和冲突引起了文化秩序混乱，整个文化评价体系失去判断力和制约力，无法引导人们的选择，二者共同导致了不良文化泛滥。了解人的心理选择倾向有利于帮助我们理解人为什么会做出不利于群体发展的选择，这也是本章坚持的视角——从人本身谈起。

2. 现代文化的冲突因素

文化冲突引发的最恶劣影响就是文化评价体系的失范。文化评价的作用可以从两个视角来分析。首先是个体对自己的评价，也就是个体的内心确信，主要是通过个体对内的自我评价实现的。心理学家认为，个体都会尽量维护自尊，保证自我形象的完善,也就是“生的欲望”,[1]使人格各维度和谐平稳,从而减轻内在冲突引起的焦虑。文化评价的作用就是通过已有文化的教化使个体形成是非观,启动个体对事件的自我判定,以文化为标准对行为做出评价,进而起到激励或抑制作用。针对腐败的产生而言,主要问题是文化对腐败的负性评价模糊,以至于个体不认为腐败是违法犯罪的丑恶行为,因而缺乏内在约束,更不会启动心理上的自主更正。

其次是社会对个体的评价,也就是社会(文化)评价体系。[2]社会(文化)评价体系是人们对客观事物及其现象的性质、状态、效用的理解和判断,是人的思想观念、审美意识、价值取向等的综合反映,代表了一个时期或某个阶段一定范围内人们的普遍心理,具有公允性、普遍性、导向性和制约性,直接影响到人们对客观事物的判断与评价,直接影响到人们对待事物的态度和方法,直接影响到人们的心理和期望。[3]社会(文化)评价同样会对个体起到激励或抑制作用。如果一个社会能通过社会评价形成正向激励机制,将人们的价值追求和行为目标向积极的方向导引,使人们确立和采取一种为社会所需要和提倡的价值观念和行为方式,那么这种激励机制是良性的,相关社会评价是成功的。比如某一社会成员拒绝腐败的行为如果得到了社会的普遍赞扬和肯定,首先会使行为者坚信自己行为的正确性和合理性,从而使他重复或频繁发生此行为的可能性增加;同时,还有可能激发和引导周围的人效仿,进而形成一种普遍的社会风气。相反,如果一种不合理的错误行为得不到及时而有效的制止和克服,首先会使行为者本人得到鼓励,从而成为负向的“个体激励”,更会诱发

---

〔1〕 参见森田疗法的创始人(日)森田正马(1874~1938年)的理论。

〔2〕 本书认为,社会评价实际上就是当前的主流文化评价。

〔3〕 董子蓉:《信息社会评价体系下的心理失衡与归位》,载《龙岩师专学报》2004年第8期。

更多的人去效仿,进而形成一种普遍的社会现象。这种社会评价体系就是失败的,其影响的激励机制只能激发和引导人们追求消极的价值观念和行为方式。针对腐败,我国目前存在严重的负向"激励效应":腐败行为得不到及时的纠正和制止,而坚持纪律的行为又得不到及时的肯定和弘扬,文化评价的失范和扭曲使人们对社会公德产生怀疑,社会焦虑感普遍滋生,甚至逐渐对腐败的行为产生了一定程度的"宽容"和认可。如今,社会评价体系已从工业社会的关注产品质量变为信息时代的关注人本体验,这种转变带来的直接后果就是人生状态的变迁以及社会观念的更新。处于重构整合阶段的社会(文化)评价体系存在许多不足和缺憾,时常是非含混、黑白颠倒,这种暧昧的评判标准和复杂的价值取向使现存的社会评价既不能客观澄清是非、甄别善恶,也不能正确引导舆论、积极感染民众。

由此可见,文化冲突,也就是文明间的矛盾才是不良文化盛行的原因。打个比方来解释,文化是一个错综复杂的有机体,像是人体,具有一定的免疫力,虽然体内不乏有害病菌(类比传统文化中的不良因素),但不会出现功能紊乱。外来不良文化则类似于病菌侵袭,也不一定会使"文化"生病,只有当"文化"体内的免疫细胞(积极文化)无法吞噬(也就是文化同化)病菌,和它发生冲突,机体出现平衡失调,成为易感体质时,病菌才有致病力。当然,主要致病因素可能有所不同,可能是外来病菌,或者自身已有病菌,或者二者共同作用。因此,在文化问题上,我们要做的不是简单归因、推卸责任或者拒绝、仇视,而是发展文化的多元化,培养多种免疫细胞。事实上,不同文化都有各自的正负平衡机制,和谐的多元化文化反而有利于群体思想的稳定。当前,我们最重要的任务是调和冲突,平息混乱,然后发展出相应的正、负文化平衡,恢复文化的评价功能,使人们能形成较为统一的文化信仰,从个体的自我评价和社会(文化)评价两个方面约束腐败行为。

三、腐败形成的个体心理因素

我们知道,任何行为或犯罪都是个案,腐败也最终表现为个体行为,因此必有其特定的个人因素。在社会资源体制和权力制度难以转变的情况下,对腐败个体的心理及其进程进行追踪研究,有利于从最后一个环节——个人环节对腐败进行阻断,而且利用个案跟踪和通常人之心理分析方法去追寻腐败心理形成、变化的动态轨迹,或者描述腐败心理因素群的交互样态,不仅能为防控或纠正措施提供系统和动态的视角,还能够使其更具针对性,最大限度地发挥预防和控制效果。另外,心理分析的人性化思路也是建立理性有效的社会制度进而建立理性社会的有力保证。

结合目前社会文化氛围,下文对腐败的具体心理因素进行类群性分析,并以动态视角关注个体的心理进程。应当注意的是,腐败心理因素群是交互作用、混合存在的,不能机械划分,这里所提供的,是一种理想状态下的分类。当然,人的心理无法穷尽,难免挂一漏万。

(一)不良意识类群因素

本书所称不良意识限定为与腐败有关的不良的世界观,是潜在的行为倾向,主体尚未产生明确的腐败意图,可以称为"潜腐败心理"。从内因、外因交互作用的链条来看,个体不良意识的形成是外因与内因交互作用的最初结果,其向上链接社会文化等外在环境,向下发展为个体腐败心理并最终表现为行为。[1] 可以说,不良意识的形成是对腐败进行个体控制的起点,也是我们探讨的

---

〔1〕 此处的"腐败心理"定位为有腐败意图者和已经实施了腐败行为者的个性心理,是个狭义的概念,并非广义上"与腐败有关的心理"。

腐败心理过程的起点。所谓不良意识类群,是把与腐败相关的、普遍存在的不良意识进行概括总结,形成的有代表性的典型心理。具体而言,主要有以下几种。

1. 低层次需要的恶性膨胀

此处的"低层次"并非指道德上的不高尚,而是借用了马斯洛(Abraham Harold Maslow,1908 - 1970 年)的"需要层次论"中对人类需要的分级,根据其理论,生理需要是最低级、最基本的需要,必须首先得到满足。改革开放以来,外国流入的资产阶级腐朽思想极大地冲击着人们的心理防线,拜金主义、享乐主义、极端个人主义和腐朽的生活方式逐渐成为不良文化的一种,这种腐朽思想被内化为不良意识后改变人的需求结构,使生理需要无限膨胀。根据需要层次论,只有低层次需要得到满足后个体才会有更高层次的需要,在低层次需要未获满足的情况下,个体会铤而走险,牺牲高层次的安全需要来满足生理需要,而腐败则是手段之一。

此不良意识是人的"本能"被激化,并引起"自我"的迷失。迷失的自我失去了衡量生活满意程度的能力,这正解释了为什么在普通人看来已经非常富足的人还要腐败。可以说,资产阶级腐朽思想使人的"自我"向"本我"倾斜,逻辑简单却难以扭转。

2. 功利主义的权力欲望

功利主义权力观是与科学理性相悖的政治实用主义,是与我国几千年农业经济相联系的感性思维方式,源于对自己、对他人和对周围世界的直接经验观察,具有保守性。[1] 马克思主义哲学认为,经济基础决定上层建筑,意识形态是经济基础的反映。我国是种植农业经济模式,要求人们生活稳定,而稳定的生活使人们日趋保守,加上近代资本主义萌芽未能在中国生根开花,传

---

〔1〕 樊清:《贪污腐败原因的几点社会文化学思考》,载《行政论坛》2006 年第 2 期。

统的专制制度得以承继并在一定程度上压制着文化多元。在社会科学方面,中国的自然科学不发达,科学实证、演绎推理的近代自然科学方法缺失,这些原因使经验式的感性思维既无法在其内部孕育批判否定的力量,也难以借助外力完成对自身的超越而达到科学理性的近代思维高度。由于理性的缺乏,个体难以超越群体的局限性,追求真理的内在动力和外在支持明显不足,对庸俗的功利主义的权力观缺乏理性的价值判断。

另外,功利主义权力观还与中国社会长期贫困落后,个人占有社会财富一直相对不足有关。需求的压抑有两种结果,一是人的物质需求萎缩,以精神自励平衡物质自抑;二是反向激励,对物质产生强烈的占有欲。功利主义的本质就是以物质占用为最终目的的精神自励,在其实现过程中,权力是工具,而腐败是方式之一。

3. 腐败的泛化及其认同

美国拉斐特学院(Lafayette College)教授内尔·A. 英格尔哈特(Neil A. Englehart)认为,文化不是单质的,而是多质的复合体,在主流文化之中还包涵着各种亚文化,也就是潜规则。腐败者是社会中的一员,整体社会的价值观对他们形成自己的价值观有重要影响。"所有的文化都包含着多种传统。尽管有时某种文化会居于主导地位,然而如果条件适宜,次级分枝也有可能逐渐转变为主导文化。"[1]当腐败成为一种"文化"被广泛接受时,个体对腐败的免疫力将迅速下降。

以下两个调查数据值得重视。一个是黑龙江省某市区做的调查:"假如你发现有人在搞腐败,而他的行为又不会损害你的利益,你怎么做?"超过八成的人选择了沉默;另一个是广州市做的调查:在市民对政府最不满意的十件事情中,腐败排在了第一位,

〔1〕 Neil A. Englehart, rights and Culture in the Asian Values Argument: The Rise and Fall of Cofucian Ethics in Singapore, *Human Rights Quarterly*, issue. 22, 2000, p. 566.

而与此截然相反的是,在最不能容忍朋友的十大缺点中,腐败却排在了最后一位。[1] 深入思考,这两个调查提示着许多人在对待腐败问题上持精明而暧昧的实用主义:对妨害自己利益的腐败反对,对事不关己的腐败沉默,对与己有利的腐败利用。这种大众化的不良意识或从众心理使腐败成为"臭豆腐":闻着臭,吃着香,谴责事实层面的腐败分子容易,谴责意识层面的腐败认同感很难。有人认为,腐败认同是与腐败的同流合污,是腐败的"心理场",此"心理场"在外界环境和个体心理两个层面发挥感染和支持强化作用,将许多人推向腐败并越陷越深。[2]

4. 个人和家族利益至上

家族主义是中国文化最显著的特征之一,它是一种与公众利益主义相悖的保守思想。腐败表现为手中握有实权的各级行政官员以利己主义价值观念违背服务公众的原则处理公共事务,也就是没有从价值层面严格区分公共利益和私人利益,行为上置私人利益、家族利益于公共利益之上。[3]

从价值和实践层面区分公共利益和私人利益是一种近代观念。美国当代著名的国际政治理论家塞缪尔·亨廷顿(Samuel Huntington)说,在西方,个人私囊与公共开支的区别只是在近代开端时才慢慢演化出来。而在中国,公与私的概念要么是不自明的,要么是不理性的。在古代中国的社会关系和法律界限中,家国一体,"公"并非公众利益,而是皇帝的家族利益;中华人民共和国成立初期,在意识形态领域严格区分公私界限,极端强化了公共利

---

〔1〕 刘君:《最廉洁国家说:中国应这样根治腐败》,载 http://news.xinhuanet.com/comments/2004-12/13/content_2328055.htm,2015 年 8 月 20 日访问。

〔2〕 李凯林:《反腐败教育应关注"前腐败心理"》,载《理论与实践》2005 年第 5 期。

〔3〕 樊清:《贪污腐败原因的几点社会文化学思考》,载《行政论坛》2006 年第 2 期。

益的优先地位,这种做法过于忽视个人,个体被压抑的需求很可能形成心理上的反向激励;改革开放后社会控制日益宽松,价值取向也趋于多元化,传统的家族主义理念和从压抑中复苏的个人需求共同作用,个体成为不良意识易感体。正如马克斯·韦伯(Max Weber,1864—1920 年)所谓的"牟利、获取、赚钱、尽可能地赚钱,这种冲动地球上的一切国家的一切人都普遍的存在",而一群人的欲求肯定比一个人的欲求动力要大得多,在对家族忠诚的理念下,国家公众利益的抽象概念让位于家族利益这一偏窄却实在的社会情感,家族主义成为个体进行利益计算与索求时的选择,它带有取向性和约定俗成的意味,为了族人利益而腐败的现象普遍存在。

(二)腐败心理类群因素

所谓腐败心理类群,是把与腐败相连的、普遍存在的腐败心理进行概括总结,形成的有代表性的典型分类。具体而言,主要有以下几种。

1. 贪婪心理

贪婪是一切贪利性犯罪的共有心态,是贪污贿赂等职务犯罪的共同心理,是走向犯罪道路的主要思想基础。尽管中国历朝历代的政府都褒扬不贪小利的传统,所谓"君子喻于义,小人喻于利"等,但投机取巧、爱贪小便宜、斤斤计较一直是我们民族的劣根性之一,当整个社会环境都默认这种贪婪心理时,无论是社会还是个人,都没有严格的守法观念,没有明确的是非观念。从近来发生的一些腐败案件来看,腐败分子并非家庭生活困难、经济窘迫,而主要原因是私欲膨胀。本书认为,和其他腐败心理不同的是,一定程度的贪婪是人的潜在本能,是其他心理的基础,防控的理念不是扭转而是控制,防控手段是加强制度的严密度。

2. 不平衡心理

不平衡心理也称为失衡心理,是指腐败分子不能用社会公认的准则和常人的心态来看待周围环境,以至心理失衡而加入腐败行列。心理失衡有两种主要类型：一是攀比心理。典型的心理表现为“收入”反差、“场面”失落。人们习惯于通过与周围人的对比来寻求自己的价值定位，如果比周围大多数人好，就会有一种满足感，反之则会失落。改革开放以来，制度的活跃使人们的经济水平可能突然提高，有些生活清贫的、昔日以政治地位为满足感的人看到周围的人纷纷致富、过上奢华生活，心理失去平衡，从而产生经济上的自卑和官位上自傲混合的矛盾畸形心态，在这种心理的支配下，走上了一条快速赶超别人的道路或捷径——腐败。二是补偿心理。典型的心理表现为付出太多，回报太少。一些腐败分子认为，自己通过艰苦的劳动使管辖地政通人和，成绩突出却未能得到丰厚的回报，于是在有机会权钱交易时乘机大捞一把，作为“能力补偿”，以求心理平衡。另一些腐败分子看到其他干部被提拔产生妒忌心理，于是贪污腐败，把金钱作为“替代补偿”，或者认为自己身居某一层次，在政治上到了头、登了顶，转而一味追求经济利益而攫取金钱。此类心理失衡往往与激励制度的不合理有关，不能简单认为只是个人原因。

3. 从众心理

从众是在任何群体中都存在的社会心理现象，特别是崇尚集体主义文化的亚洲国家。法不责众，随大流安全，当腐败成为一种气氛时，从众腐败的心理是极有市场的。

社会心理学家发现，任何群体都有维持群体一致性的显著倾向和执行机制，因此，任何人对于群体的偏离都有很大的危险，会面临群体的强大压力乃至严厉制裁。〔1〕从众心理有顺从和接纳的区别。顺从是被迫依附型从众，心理基础在贪利之外更重要的是寻求心理上的依附关系，以群体来消除孤独感和不安全感，以

---

〔1〕 何开长：《腐败的心理分析与心理救治》，载《中国党政干部论坛》2004年第2期。

腐败为标志自动把自己“大众化”，也称为偏离群体的恐惧心理。腐败分子中的一部分本也不情愿涉足污浊，可是对周围特别是上级领导的压力无力承受与抵制，于是与其以卵击石，不如同流合污。接纳是自愿选择型从众，主要目的是贪利，人们参与这种腐败或准腐败行为是经过风险评估后认同了从众模式，是考虑到责罚的可能性小而并非为了消除被孤立的孤独，或者因受社会上不正之风的影响转而认为大家都在腐败，自己不腐败吃亏。虽然以上两种随大流心理都极易发展为窝案、串案，但从心理的差别来看，两种模式是不同的。让我们根据法律经济学中著名的“囚徒困境”理论来分析腐败者在群体中决定是否腐败时的决策博弈。假设甲、乙是两个同为拥有一定权力的国家工作人员，对其进行表3－1分析：

表3－1

		乙可能的决策	
		接受贿赂	不接受贿赂
甲可能的决策	接受贿赂	A(10、10)	B(14、9)
	不接受贿赂	C(8、13)	D(9、8)

由上文博弈分析可知，双双选择接受贿赂是他们的最优方案。都不接受贿赂时他们没有得到任何额外利益，即此时他们得到了他们的劳动收入；当其中一者接受贿赂而另一者不接受时，就会发现收益悬殊甚大，此时就会产生心理失衡；而当他们都选择接受贿赂时，他们达到了利益的“平均分配”的理想状态。甲的方案选择顺序是：由优到次 B＞A＞D＞C，乙的方案选择顺序是：由优到次 C＞A＞D＞B，呈现的规律是他们将会优先选择接受贿赂的方案。所以，在没有制度约束的情况下，权力拥有者往往选择从众腐败。

4. 侥幸冒险心理

从内在腐败心理到外在腐败行为是一个举足轻重的转变过

程。没有这个转变过程，就没有事实腐败，而在这个转变过程中，侥幸冒险心理的作用贯穿始末。

风险评估过程实际上就是侥幸心理和正统理性斗争的过程。大部分的腐败者都自信他们可以安然无事。有些腐败者善于投机取巧，“明修栈道，暗度陈仓”，自以为手段高明，况且未必偶尔干一次就被发现；一次两次尝到了甜头，虽心有余悸，却无人查究，党纪和法律观念逐渐淡薄。有些腐败者孤注一掷，被巨款重财所诱惑，抱着“查出来倒霉，吃苦一辈子；查不出来是‘运道’，享乐一辈子”的思想而铤而走险。有的则抱着“法不责众”的侥幸心理将腐败动机变成腐败行为。事实上，腐败行为被查处的概率很小，与其他犯罪不同，腐败者有权、有钱、有势、有伞，即使被查处，除极少数数额特别巨大的以外，也多是免予刑事处分或者适用缓刑。〔1〕另外，腐败者敢于腐败还因为有退路，一发现风吹草动，便携带巨款逃到国外。〔2〕中国几千年的历史没有法治的传统，处处都是人治的影子。法治社会按法律、按规矩办事，有共同的标准；人治社会讲关系、讲人情，法外开恩的事太多，有违法行为不必然导致有相应后果。此类“漏网”事件推动侥幸心理的产生，并使之不断强化。

---

〔1〕据广西检察机关的有关调查统计，2001 年至 2005 年，广西各级法院对职务犯罪案件做出生效判决为 3102 件 3630 人，其中，缓刑判决 1765 人，占总被告人的 48.6%；免刑判决 293 人，占总被告人的 8.1%。也就是说缓免刑 2058 人，占总被告人数的 56.7%。可以看出，一半以上职务犯罪分子被适用了缓刑或免刑。

〔2〕国家反贪总局的调研结果表明，截至 2005 年年底，全国检察机关立案侦查的案件中在逃职务犯罪嫌疑人共有 4000 多人，从地域上来看，涉及全国 30 个省、市，近 2 年逃跑的占在逃总数的近一半，犯罪嫌疑人携款潜逃呈高发态势。2005 年，全国各级检察机关抓获在逃职务犯罪嫌疑人 703 人。而 2004 年抓获 614 人，2003 年抓获 596 人。3 年共抓获在逃贪官 1913 人，在逃时间最长的达 10 年之久。

参见《中国掀起缉拿在逃贪官风暴》，载 http://www.china.com.cn/chinese/law/1165412.htm，2015 年 8 月 21 日访问。

5. 过时恐慌心理

所谓过时心理，实际上是权力实用主义，就是充分利用自己在位掌权大搞权钱交易，“有权不用，过期作废”。恐惧心理是指因权力将要“过时”而引起的安全感缺乏和恐惧，腐败是对安全感的补偿。过时、恐惧心理多与现行的社会制度有关。国家政治体制改革和机构改革在进行深化，政治制度越来越健全，选举制、竞争上岗制、公示制等制度在干部制度上得到越来越广泛的运用，有的人害怕自己的位置朝不保夕，便利用在位时的有利条件用“足”用“活”自己的权力，把安全感移情到金钱上。另外，政治体制改革的同时社会保障制度却没有得到相关完善，一些快要离退休的干部不得不面对清廉带来的“两袖清风”，为了退休后能过上体面的日子，也为了“造福”子孙后代，最终选择了腐败，这被称为“59 岁现象”。

6. 投机心理

我国在建立和完善市场经济体制的过程中还存在许多矛盾：一是改革过程中，新旧两种体制不可避免地产生摩擦和碰撞，有时会出现某种无序状态。二是在改革的不同层次的衔接上，不可能绝对吻合，从而也会导致某些脱节和失控。三是不同领域的改革难以完全同步，同时到位，这样在政策法规和社会管理方面就会造成滞后或漏洞。一部分人就是抱着投机侥幸心理，钻政策、制度、法律、管理的空子，一旦得逞便屡试不爽。

7. “甜柠檬”心理

在社会尚未完全为人们提供通过诚实劳动合法致富途径的情况下，在从事非法活动有利可图而且所冒风险较小的情况下，人们往往置道德与法律于不顾而一心追求自身利益。“辛苦我一个，幸福几代人”，这种冒险求利、先苦后甜的“甜柠檬”心理促使利欲熏心的人胆大妄为，藐视党纪国法，助长了腐败行为的蔓延和扩张。

8. “无奈”心理

中国几千年封建社会推崇“礼”和“仁”，重人治而轻法治，讲血缘、讲亲情是我们社会生活的传统，也是几千年政治生活的传统。领导干部作为社会的成员，不可避免地受到这些因素的影响，在政治活动中，常常“为情所困”，为了所谓的“仁义”而违法犯罪。从揭露的腐败案件来看，许多腐败的领导干部最初并不是有意识地进行腐败活动，许多人甚至对腐败行为十分抵触，但由于他们手中的“特权”，难免有一些人利用其婚丧嫁娶、逢年过节、生病住院之机“大献殷勤”，开始虽然严厉拒绝，但在亲情、友情、乡情的“糖衣炮弹”的一次次攻击下，这些领导干部认为熟人之间若泾渭分明则不近情理，怕得罪人，拉不下脸。随着时间的推移，他们收受的好处数额越来越大，在收受好处时也逐渐由“悔恨”变为“半推半就”“欲罢不能”，最终碍于情面只好铤而走险，滑向腐败深渊。这类腐败问题一旦败露，当事者往往“哑巴吃黄连”，悔之晚矣！

9. 交易心理

在现实生活中，有些人不以腐败为耻，反视腐败为能耐，他们思想麻木，对腐败现象视而不见、闻而不愤，认为自己为别人办了事，为集体做了贡献，理应得到回报。例如，原云南省麻栗坡县委书记赵仕永的“温和腐败”理论，以及中石化原老总陈同海的名言：“每月交际一二百万算什么，公司一年上缴税款二百多亿。不会花钱，就不会赚钱”，都是在交易心理的支配下对自己的腐败行为进行合理化。这些腐败分子并不认为自己是在进行腐败活动，而是认为自己的付出和收获是交易关系，是在进行正常的社会交往活动，最终变成了吞食国家财产的蛀虫。

10. 成瘾心理

在现实中，有的腐败分子敛财的同时又极度守财，他们并未用财富来享受，甚至都没有想过要使用财产，财物被视为一种具有独立意义的标志。我们称这种心理障碍性质的腐败为“敛财强迫症”，标示着行为人某种程度的人性异化。

人性异化是工业社会给人的存在带来的严重后果。德国精神病学家、精神分析学家弗罗姆（Erich Fromm，1900－1980年）说："异化是一种体验方式，在这种体验中，个人感到自己是陌生人。或者说，个人在这种体验中变得使自己疏远起来。他感觉不到自己就是他个人世界的中心，就是自己行动的创造者——他只是觉得自己的行动及其结果成了他的主人，他只是服从甚至崇拜他们。异化的个人与自身相脱离，就像他与其他人相脱离一样。"〔1〕现代社会是信息大爆炸的社会，人的社会地位从工业社会的"机器"成为信息社会的"录音机和扬声器"，交往的繁杂使人感觉不到自己是世界的主宰和中枢，强烈的失落使人们的某些消费并非为了进行深入的使用、创造，只是为了猎奇、复制以求得某种幻想式的满足。异化的结果是"人没有把自己看作是自身力量及其丰富性的积极承担者，而是觉得自己变成了依赖自身以外力量的无能之'物'，他把自己的生活意义投身到这个'物'之上"。〔2〕对于腐败分子，这个"物"就是金钱。异化使人们变得焦虑、自卑、理性退化、脱离实际，认为周围的人包括自己本身都是待价而沽的"信息商品"，是"金钱"这一终极意义的工具。在腐败分子初始进行腐败时，往往伴有成功的喜悦与害怕被发现的不安心理。随着屡屡得手不断尝到甜头，其贪婪之心得到强化，就会形成一种相对稳定的心理定式和习惯；遇到腐败的机会就不由自主地下手，只有下手才能缓解内心的压力和紧张，而不下手则会感到特别的痛苦与不安。在这种欲罢不能的成瘾心理促使下，他们欲壑难填，在腐败道路上越走越远。

（三）腐败心理形成、发展、变化的动态分析

腐败犯罪是典型的故意犯罪。故意犯罪的心理基础是"个人

〔1〕 王文波、文岗：《个性化生存》，民主与建设出版社2001年版，第244页。

〔2〕 同上书，第245页。

需求",心理特征之一是具有一定的进程性。需求的满足是个体生存过程中不可或缺的部分,如美国著名学者马斯洛所说,"人是永远有所需求的动物",不同的需求源自不同的需求结构,而需求结构则反映着人的世界观、人生观和道德观。不良世界观通过需求结构决定了个体的不良选择倾向,这些倾向经发展强化最终成为个性心理特征,而这个发展强化的过程正是上文所提及的腐败犯罪的心理特征——进程性,以下我们将对此过程做出动态分析。

1. 不良意识的形成

不良意识即不良世界观,它是个体心理视角下腐败链条的起点,其形成是主体把外部不良影响因素转化为自己心理结构的过程,实际上是主体的选择内化过程。所谓内化,是指主体将外界信息转化并纳入已有认知结构的过程,它主要依赖于人的社会认知能力。[1] 根据心理发展趋势,主体在最初阶段对不良社会环境持观望态度,随着此不良影响的持续作用,主体经过心理选择(由主体的内部条件决定)开始观察学习。学习使他们的心理成熟水平提高、主观能动性加强,开始对不良环境影响进行认知加工并逐渐赞同、认可,最终成为主体的自我要求——此自我要求即是世界观、人生观。不同的世界观导致不同的需求结构,而需求结构与腐败的风险可能性相关。当然,人的世界观不是一成不变的,个体在社会生活中受各种文化的熏染,可能不断产生新的世界观,它们与主体已有的心理发展水平和心理状态产生矛盾,并促使主体通过选择、变化来保持内部平衡。

2. 不良意识到腐败心理的转化

由上文可知,不良意识是个体的世界观,是潜在的行为倾向,并未上升到具有个性特征的腐败心理阶段,二者之间还存在一定

〔1〕 刘琪:《犯罪心理学》,中国人民公安大学出版社 2006 年版,第 47 ~ 70 页。

的心理发展进程。

(1)不良意识与腐败意图的产生

不良意识形成后,潜在地使主体的需求结构产生不正当及不合法的内容,与上文所列的不良意识类群相应,个体出现对权力的功利化使用、家族利益、个人欲望的需求。但一个人周围的资源容量有限,加上有些需求本来就是不合法的,于是需求和被满足的可能性产生冲突。腐败认同等不良意识为此冲突提供了出路,至少是思路,此时如果配以外在环境提供的机会刺激,如缺乏监督,主体就可能选择以腐败的方式解决冲突,明确的腐败意图就在需求的基础上产生。

(2)腐败意图与腐败心理的关系

腐败意图是腐败有关心理发展链条上的一个标志,产生腐败意图后,个体的心理才成为腐败心理,之前的可以称为“潜腐败心理”,属于不良意识的范畴。由此可见,腐败意图是腐败心理与不良意识的分界。

3. 腐败心理的稳定及强化

腐败心理是主体产生明确的腐败意图或腐败已经行为化后的个性心理表现,是不良意识深化并与个体环境机遇结合后的具体心理特征及其不断强化,是主体选择腐败的内动力。其主要有稳定和强化两个层次,但一般而言,两个层次是交互作用、难分彼此的。

(1)腐败心理的稳定

腐败心理形成后,推动主体实施腐败行为并通过操作达到稳定。从内在腐败心理到外在腐败行为的转变依托并且取决于外在行为发生的心理、情境过程,也就是说,腐败行为是腐败心理和机遇的复合。

机遇是指由时间、空间、对象等因素有机联系所构成的有利于腐败行为实施的各种条件,是独立于犯罪需要之外的环境诱因。

在腐败心理向腐败行为的外化过程中,机遇处于中介地位。腐败心理对腐败行为的激发作用除了表现为消解个体的自我约束外,还表现为发挥其各种内在功能——包括指向功能、启动功能、调节功能、强化功能,寻找、发现和选择犯罪机遇,通过此中介完成外化。具体而言,腐败心理的内在功能主要表现为风险决策过程中对腐败根据的心理加工,即使之“合理化”:其一,制度根据的合理化。产生腐败意图后,腐败分子往往开始关注相关法律、政策,一旦发现因制度边缘、制度空档或制度交叉引起了责任不明,便为自己的腐败找到了制度依据。其二,利益根据的合理化。在腐败分子看来,人与人的关系归根到底是权钱利益、互利互惠、等价交换的关系,利益及其分配既是关系网的组合根据又是保护伞的激励根据,更是涉入人员协同的维系根据。其三,处事根据的合理化。腐败分子往往会事先设定“办事方法”,通过诸如不在现场的避嫌根据、单一联系的暗箱根据、不留文字的无痕根据等降低风险,增强自己的侥幸机会。[1] 由此可见,腐败分子明知案发的严重后果却自我安慰、自我激励,这不只是利令智昏,更是一种心理进程。

(2)腐败心理的强化

腐败心理是不断发展、变化的动态过程,其发展的内在机制是增强刺激与有机体反应之间的联系,建立更多、更复杂的条件反射系统,对腐败心理和腐败行为起到正向或负向强化作用。

强化分为一级强化和二级强化两类。一级强化满足人和动物的基本生理需要,二级强化是指任何一个中性刺激如果与一级强化反复联合,它就能获得自身的强化性质,二级强化分为社会强化、信物和活动。[2] 腐败正是通过二级强化不断发展的,主体在

---

〔1〕 刘琪:《犯罪心理学》,中国人民公安大学出版社 2006 年版,第 50 ~ 90 页。

〔2〕 陈琦:《当代教育心理学》,北京师范大学出版社 2005 年版,第 70 页。

腐败心理的推动下实施腐败行为，行为结果带来的快感体验又作为一种强化因素促进腐败心理的进一步发展，进入成瘾性渐进和自强性内化的状态。强化的进程主要表现在以下层面：其一，腐败意识不断增强；其二，腐败动机转化为腐败行为的快捷性不断提高，遇到适当的情境，无须经过多次动机斗争便会产生习惯化和自动化的腐败行为；其三，腐败行为周密化，行为的多次重复在认知上是一种经验积累，多次腐败引发主体对其行为方式和保护方式的周密调整和改进，如确定交易的目标和对策，推敲交易的手段和脱逃举措；其四，腐败活动在深度、广度上不断发展，心理防线不断被突破。

可以说，腐败的不断重复对主体的意志是一种磨炼，开发其自主决断、自我调控、自抗障碍的素质和能力，使其形成相对稳定的心理定式和习惯，甚至对腐败产生心理依赖。当腐败心理结构趋于完善并自成体系，更加难以遏制。

四、腐败形成的机理

本章以上部分分别探讨了腐败形成的各种原因，如果说找出原因所在是控制腐败的基础，那么了解各种原因是如何交互作用更是举足轻重。按照马克思的辩证唯物主义的观点，世上存在的任何事物都是多种要素、各个系统等相互作用的结果，腐败作为一种社会现象同样也不例外，如果可以找出一个系统化的概念，则可以极大地帮助我们理解腐败的相关要素。此处我们引申出工程学上的“机理”一词，借以分析腐败的形成过程。

（一）机理的界定及组成

关于机理的概念我们先看看《现代汉语词典》的解释：所谓机理一般指机器的构造和工作原理。这是最普遍意义上对机理的理解。周洲、滕志强的《职务犯罪预防》一书中对该概念的理解为：指一个复杂的工作系统，是一个工作系统的组织部分或者部分之间的相互作用的过程和方式。[1] 本书认为，机理可以表述为：所谓机理指系统内各子系统、各要素之间相互联系、相互作用、相互制约的关系，以及它们之间协调运转，针对系统外界环境变化进行内部协调与自我律动的方式的原理。机理主要是由该项事物的关键影响要素组成，多项要素有机组合，形成具有自我律动性、重复使用性等符合事物客观规律的机制原理。

（二）腐败机理的形成

腐败生成机理的概念，也就是腐败生成的内在规律是什么的问题。陈正云等曾给职务犯罪的生成机理下过一个定义：就是指产生职务犯罪各内在要素之间相互影响、相互作用、相互制约，形成职务犯罪的客观规律。[2] 结合上文机理的概念，本书认为腐败形成机理可以表述为：所谓腐败生成机理指产生腐败的各要素、各子系统相互联系、相互作用、相互制约的关系，在此基础上形成腐败的某些客观规律。从概念中可以发现，形成机理从综合、动态角度揭发了腐败到底是如何形成的，包括腐败形成的要素以及主体在各要素都具备了的情况下逐渐完成腐败的心理过程。

1. 腐败的形成要素

腐败形成的要素也就是产生腐败所必须具备的因素、条件等，是把握腐败形成机理的基础和根本。本书认为，任何一种腐败行为都是主体基于一定的动机、为了一定的目标，在腐败机会下利用一定的手段实施的行为，因此腐败形成主要包括五大要素：腐败主体、腐败动因、腐败目标、腐败手段、腐败机会。

---

〔1〕 周洲、滕志强：《职务犯罪预防》，中国检察出版社2000年版，第69页。

〔2〕 陈正云、胡建泼：《职务犯罪的生成机理和治理层级目标——惩治和预防职务犯罪对策研究（上）》，载《检察日报》2007年3月6日第10版。

(1)主体要素

首先我们必须明确,实施腐败行为的人是具有特殊身份或者是基于这种特殊身份而具有特殊地位或状态的人,主要是国家工作人员。该类人群的共同特点就是他们拥有公共权力,可以说权力是腐败必要条件,无权力无腐败。

谈到权力我们必然想到权力的双方主体即行使权力的人和权力作用对象,他们的关系是支配与被支配的关系,这种关系以组织为媒介,组织中的人就成为潜在的腐败主体。查尔斯·赖特·米尔斯(Charles Wright Mills,1916—1962年)在《权力精英》一书中说:“权力是社会体制中职位的标志而不是某个人的标志。当人们在社会机构中占据权势地位和支配地位时,他们就有了权力。一旦他们占据这种地位,不但在他们有所作为时,会使人们感到权力的存在,而且即使他们无所作为,也同样会使人们感受到他的权力的存在,因为虽然他们自己无所作为,却对其他人的行为产生了很大影响。”[1]在他看来,只有拥有一定社会组织中的地位才能获得支配别人行为的权力。但是权力作为一种支配和管理的力量在客观上存在无限扩张的异化倾向,如果没有强而有力的规则如法律等加以约束,就有可能被权力行使者所滥用。权力一旦被滥用,就会充分地显示其扩张性和腐败性。[2] 英国历史学家阿克顿勋爵对权力与腐败的关系下的经典结论是:“权力导致腐败,绝对的权力导致绝对的腐败。”(另一种译法:“权力导致腐败,绝对的权力绝对导致的腐败。”)[3]

美国经济学家加尔布雷斯(John Kenneth Galbraith,1908—

[1] [美]查尔斯·赖特·米尔斯:《权力精英》,王昆、许荣译,南京大学出版社2005年版,第2页。

[2] 杨海:《论权力与腐败——反腐败的法理思考》,载《淮南师范学院学报》2002年第1期。

[3] [英]阿克顿:《自由与权力:阿克顿勋爵论说文集》,侯健、范亚峰译,商务印书馆2001年版,第427页。

2006年)曾将权力的资源分为独立的三类:人格、财产和组织。其中,人的身体、思维、言谈、道德信念等方面的状况都可以作为权力的人格资源,强壮的体力是最古老、最原始的权力来源。除人格以外,人们还可以用财产购买他人的服从,因而财产也可以称为一种权力资源,它克服了人格受时间(寿命)限制的弱点,同时又结合了财产力量的优点。[1] 可以看出,基于公共资源的稀缺性与人对资源的无限需求性,掌握着该部分资源的权力行使者拥有对他人的巨大影响力,可能基于该影响力进行权力的异化行为。所以,任何拥有权力者都是潜在的腐败主体。

(2)动因要素

犯罪综合动因论[2]认为,个体犯罪的原因是一个整体系统即母系统,其中包括主体因素、主体外因素两个子系统,子系统所含的各种因素相互影响、相互作用。犯罪综合动因论揭示了个体犯罪原因的整体性、层次性、结构性和动态性。所谓整体性,是指个体犯罪的原因是主体内外多种因素相互作用的整体;所谓层次性,是指个体犯罪原因的母系统是由纵向排列的不同等级、不同层次的原因系统以及水平方向上的各个子系统、各种因素之间相互作用而形成的,各种因素可区分为主要因素和次要因素,起决定性作用的因素和条件性的因素;所谓结构性,是指原因系统中各种不同因素的交互作用构成不同的犯罪原因系统,产生不同的犯罪类型;所谓动态性,是指个体犯罪心理形成的过程也是系统内各种因素相互作用的过程,同时,个体的犯罪心理和犯罪行为不是一成不变的,它们随着主体因素、主体外因素的变化而变化。[3]

---

〔1〕 陈正云、胡建波:《职务犯罪的生成机理和治理层级目标——惩治和预防职务犯罪对策研究(上)》,载《检察日报》2007年3月6日第10版。

〔2〕 犯罪综合动因论是中国犯罪心理学界运用系统论研究个体犯罪原因的一种理论。

〔3〕《犯罪综合动因论》,载 http://www.china1net.com/cinPsychology/XinLiBaiKe/detail.asp? ID=1219,2015年8月21日访问。

由于腐败原因已在上文中专节论述，具体内容此处不赘，综合来看，基于“理性经济人”[1]的假定，我们可以以经济分析法对腐败动因加以总结：腐败的成本低。首先，腐败的受惩成本低。受惩成本包括受法律惩罚的成本，受党纪、行政处罚及行政处分的成本，法律成本是最主要的受惩成本，这是由刑罚的严厉性决定的，但是我国目前面临的严重问题是腐败行为已经发生但是却无法被发现和制裁，即“腐败黑数”过大问题。拿单位1减去破案率就是“腐败黑数率”，主要归因于政治体制和法制体制的不健全，“腐败黑数率”的增长必将降低腐败的预期成本，继而腐败行为也必然上升。其次，腐败的社会成本低。腐败的社会成本包括道德、社会评价上的损失等。道德行为事实上也存在着成本与收益的问题，实施腐败行为承担着道德贬值的风险，这便是其道德成本；而做一个好的人民公仆将使他的道德升值、社会评价提高，这是他不实施腐败行为的收益。在决定实施腐败行为的同时，腐败者往往还要尽量选择使他的道德成本最小化的方案，而如果社会中腐败认同感泛滥，社会文化对腐败持麻木甚至包容态度，腐败的社会成本就会降低，腐败动因增大。最后，腐败的机会成本低。机会成本是与选择有密切关系的一个经济学概念，它的严格定义是：选择最优方案放弃的次优方案的价值。[2] 宽泛地理解，就是为选择某一特定方案而放弃的其他各种可行方案的可能收益之平均值。腐败的机会成本就是不腐败可能得到的各种收益，机会成本越高，选择越困难，因为我们从来不愿轻易放弃可能和想要得到的东西，也就是说，将腐败的机会成本增加到最大有利于降低腐败的动因。

---

〔1〕 人都是具有趋利性和理性的二维特征的经济人，一切行为都是为了追求自身利益最大化，也就是尽量选择收益高，代价、风险小的行为。

〔2〕 董志强：《选择与机会成本》，载 http://blog. sina. com. cn/u/3f84e9f90100004u，2015 年 8 月 22 日访问。

(3)目标要素

目标即指行为人实施某种行为在客观上想要获得的外在现实结果。腐败目标可以认为是腐败者实施腐败行为所希望获得的现实外在结果,具有客观性。我们说每一个理性的经济人所实施的行为都是有目标的,没有目标的"理性"行为是不存在的。

权力施加于外部的基础是什么?正是公共资源的使用和分配。公共资源有如下两个特征:一是资源的稀缺性,二是其使用上不受限制。由于使用上不受限制,没有人对新加入使用者造成的外部效应负责,使得公共资源的使用所带来的社会收益小于个人收益,进而造成公共资源的过度使用,这就是我们通常所说的公共资源问题,其产生的根源在于产权归属不够明确。使用上的种种问题正是基于公共资源的稀缺性,资源的有限和需求的无限造成了二者之间的矛盾,掌握权力且能够使用和调配这种稀缺资源的权力者则可能千方百计地运用权力来最大限度地满足自己对公共资源的需求。所以说腐败行为和其他犯罪行为的目标是不同的,具有特殊性甚至可以说是具有不可替代性。

(4)手段要素

腐败大都属于智能犯罪,犯罪手段狡猾,具有较大的隐蔽性和欺骗性。其一,犯罪分子大都具有一定的文化水准和特殊的身份地位、社会关系,被发现和查处的难度大。其二,适应市场经济的确立和发展,腐败犯罪的手段也出现了一些新的变化。一些犯罪分子善于利用先进的科学文化知识和先进的技术手段作为犯罪的工具,如利用电子计算机技术擅自非法转移单位银行储蓄账号、利用网络进行犯罪联络和洗钱等。其三,现代社会经济的迅猛发展,贪污贿赂等腐败犯罪已不仅仅是为了满足基本的生活需求和生存需要,犯罪的目的和手段从单向向双向、多向,从个体向综合性发展。

上述各种手段中,我们可以明显地感觉到,多种方式的外在表现及其内在手段都是基于权力的不正当行使即权力的异化。通过前述的分析我们可以知道权力是能够用以创租的,而公职人员之所以占有公共权力乃在于其占有公职,[1]不同的腐败手段实际上是不同的创租方式。

(5)机会要素

我们来给腐败机会下个定义:指使腐败得以实施的客观环境和条件,它是腐败得以发生的重要的条件性因素。[2]我们之前讨论过每一个权力掌握者都是潜在的腐败者,那么怎样才能使他们的内在腐败动机转化为现实行为呢?这就非常需要腐败机会的存在。在这里有必要提出“犯罪场”这一概念,犯罪场指“存在于潜在犯罪人体验中,促成犯罪原因实现为犯罪行为的特定背景,是特定的犯罪主体与特定的犯罪周边氛围或环境的结合”。[3]本书认为,这里的犯罪场就类似于我们所说的犯罪机会。需要注意的是犯罪场并不单单促成犯罪内心动机转化为现实,而是或是增强或是抑制。当犯罪机会非常适合犯罪时那么此时就容易促成犯罪,反之,则抑制犯罪的发生。

腐败中的机会要素我们可以从两方面来理解:首先,基于腐败主体的特殊性,该主体是权力的握有者,所以要想腐败必须有权在手,这是腐败机会产生的重要前提。其次,就是有能够使权力得到异化的空间、监督不力等条件因素的存在。一方面,腐败机会是人的内在道德观念、内在的控制力量的问题,如道德约束,与家人、工作单位的关系,他是不是很在意很注重这一点;另一方面,这个机会就是客观外界社会提供的机会。当腐败成为普遍现象,那就不

---

[1] 黄振辉:《权力腐败的机理探索》,载《重庆行政》2006年第1期。

[2] 陈正云、胡建波:《职务犯罪的生成机理和治理层级目标——惩治和预防职务犯罪对策研究(上)》,载《检察日报》2007年3月6日第10版。

[3] 储槐植:《刑事一体化与关系刑法论》,北京大学出版社1996年版,第99~101页。

能仅仅说是个人不正常，大家都在做，区别就在于是否被发现了，那么能不能说没抓住的就是好人，抓住的就是坏人呢？当然不能这样区分。所以有时候犯罪问题不仅仅是犯罪人本身的好与坏、道德观念好与坏那么简单，还有一个体制问题，我们说权力仅仅是腐败的前提条件，拥有权力但是受到合理、严密的制衡，也是不可能有腐败机会的，正是因为权力分配不合理，监督不到位、无力度等导致权力有足够的空间得以异化而产生腐败。腐败机会要素的两方面是相互联系、缺一不可的关系。

综上所述，腐败主体、腐败动因、腐败目标、腐败手段、腐败机会等五大要素是形成腐败犯罪基本和最必要的要素，腐败主体是腐败产生的前提、腐败动因是腐败产生的内在动力、腐败目标是腐败产生的对象条件、腐败手段是腐败完成的必备、腐败机会是腐败产生的外在动力。虽然腐败的产生存在其他的条件，但这些条件并非是必需的，而这五大要素则是腐败产生的必备条件。它们之间相互联系、相互制约、相互作用，最终形成腐败产生的内在机理。

2. 腐败心理进程的推动——成本收益评估

腐败形成的要素和腐败心理进程是腐败机理的两个构成方面，在各要素齐备的情况下，是什么推动了个体心理的不断变化？环境是怎样直接影响个体决策的？心理和行为之间是如何转换的？有没有一个一以贯之的推动力量？我们注意到，在腐败意图产生和腐败行为选择之间有一个风险决策过程，它是腐败从心理到行为的转折点，而成本收益理论可以帮我们清晰地展示腐败最终得以行为化的原因。

(1)成本与收益理论简析

成本与收益原本是经济学上的范畴，是与市场经济相对应的产物。成本是指为获得某种收益而必须为之付出的代价，而收益则指因为前者的投入而获得的利益。作为每一个理性的经济人都希望收益大于成本，这是人们各种行为的基本出发点，也是人类社会首要的理性原则。不想得到收益的投入是不存在的,或者说不想得到收益的投入也就无所谓投入,根本就不存在所谓成本问题,这就是通常的经济学理论分析方法。

首先运用经济学理论和实证分析方法对人类的非经济行为做出分析的是美国著名经济学家贝克尔。[1] 他指出,“从更一般的经济意义说,犯罪可以看作是一种重要活动或产业”。[2] 根据他的理论,犯罪者决意实施某种犯罪行为(主要是经济犯罪)通常是一种理性的选择结果,是犯罪者在充分考虑犯罪的成本和收益后的风险决策。犯罪成本 K 由三部分组成,$K1$:实施犯罪所直接投入的人、财、物等;$K2$:实施犯罪所承担的被处罚、社会名誉下降的风险等;$K3$:机会成本,即犯罪者选择犯罪而放弃的合法收益。如此,可以得出简单公式:$K = K1 + K2 + K3$。在这里,间接成本是犯罪者主要考虑的成本。犯罪收益就是犯罪行为所获得的预期想得到的东西,包括经济上的、政治上的等。

(2)腐败成本与收益之博弈

腐败行为同样存在成本与收益的问题。腐败行为之所以能运用经济学理论进行分析,原因如下:第一,腐败者一般有着较高社会地位和较严密的逻辑思维方式,是理性的经济人,在决策自己是否实施腐败行为时会充分的考虑自身的各种资源,包括权力资源、人际关系资源等以实现资源利用的最优化。第二,腐败者具有完全信息,对犯罪的价格即犯罪成本和犯罪收益有着充分的考虑和

---

〔1〕 贝克尔,1930年出生于美国宾夕法尼亚州的波茨维尔,1951年在普林斯大学获经济学学士学位,1953年在芝加哥大学获经济学硕士学位,1955年获芝加哥大学经济学博士学位。西方经济学者把贝克尔的时间经济学和新的消费论称为“贝克尔革命”,在经济学界享有盛名。

〔2〕 陈兴良:《刑法谦抑的价值蕴含》,载 http://www.fsou.com/html/text/art/3355712/335571268_6.html,2015年8月23日访问。

估算。[1] 第三,腐败者有着普遍的贪财心理,在实施腐败行为是跟普通的商人没有什么区别,完全符合经济学理论上所分析的对象条件。

从经济学的角度来看,腐败是政治权力与经济财富之间的交换,实质是法律控制之外(不合法)的权钱交易。这种交易的泛滥程度取决于腐败的成本收益与反腐败的成本收益之间的对比,同时腐败成本和收益与腐败发生率之间存在十分密切的关系。腐败的成本低、收益高,就必然导致腐败发生率的上升,这也是我国目前面临的主要问题(反腐败过程中同样要有成本的投入才能获得控制腐败的收益)。罗伯特·克利特加德(R. Klitgaard)提出了一个有关腐败问题的著名公式:腐败决策 = 贿赂(贪污) - 道德损失(社会评价) - (被发现和被制裁的机会 × 处罚) > 薪金 + 廉洁的道德满足感。[2] 从这个公式中可以发现,腐败收益与腐败成本之间的关系决定了行为人的决策。首先,从博弈双方的概念说起。

①腐败成本。前文对腐败的动因要素进行分析时,已经对腐败成本进行过简单介绍,它是指因为权力的不正当使用或者实施了腐败行为而给权力者带来的不利益,是腐败者对其腐败行为所要承担的不利后果,可能是政治上的、经济上的、社会评价上的,主要包括法律的制裁、被发现的概率、党政机关的制裁、社会评价的降低及精神、时间、心理压力等,分为社会成本、受惩成本、机会成本,分别对应 $K1$、$K2$、$K3$,是抑制腐败的博弈方,也是控制腐败的重要着手点。但是,由于某些成本如社会评价、心理压力等难以量化,我们仅计算各种成本中的经济成分,也就是抽象出腐败的经济成本概念,具体指腐败者因为腐败行为被发现而遭遇的经济上的

---

〔1〕 刘保瑞:《经济犯罪的成本收益理论分析》,载《贵州警官职业学院学报》2003 年第 5 期。

〔2〕 [南非]罗伯特·克利特加德:《控制贪污腐败》,杨光斌等译,中央编译出版社 1998 年版,第 50 ~ 100 页。

损失,包括工资、奖金及被惩罚带来的经济损失等。可以用公式表示为:$K=(H+P)*\int$,H 表示工资、奖金收入等,P 表示可能受到的经济惩罚,$\int$ 表示腐败行为被发现并受处罚的概率,当然 $\int$ 的范围应该介于 0 和 1 之间。

在这里有必要提一下"高薪养廉"的问题。"自 80 年代以来,以高薪养廉的思想为越来越多的国家所接受,许多国家通过优厚的物质待遇保证政府官员享有较优越的生活,使他们不至于为了某些蝇头小利而舍弃已享有的地位和待遇,在实践中,一批被誉为'廉洁之国'的,如瑞士、奥地利、新加坡、智利等国,都推行了以政府官员的高薪制度为特点的反腐败措施。"〔1〕提高工资待遇以增加权力拥有者的经济成本是控制腐败的一个途径,但是必须与其他相应措施相结合,否则得不到应有的效果,甚至会事与愿违。

②腐败收益。腐败收益是指权力的异化给权力者带来的非法利益,主要包括贪污受贿所得的物质性收益和非物质性收益,我们暂且用 G 来表示。根据上文中腐败成本公式,我们可以推出腐败的收益公式:$G=(H+W)*(1-\int)$,W 表示腐败所得到的好处,$1-\int$ 表示犯罪黑数率即不被查处的概率。权力作为交易标的可以换取利益的大小取决于社会上所存在的租金的多少。租金可以定义为"由于不同的体制、权利和组织设置而获得的额外收益"。〔2〕至于腐败者是主动寻租还是被动受租没有本质区别,结果都是社会上所存在的租金总和等于各个腐败者所能获得的收益即贿赂金的总和,这是由于社会的长期平衡机制造成的。那么社会上所存在的租金的多少与什么有关?如何减少租金以达到减少贿赂金也就是 G 的目的?

一个社会上的租金的总和与这个社会的制度建设及各种反腐

〔1〕 季正矩:《跨越腐败的陷阱》,中国经济出版社 1999 年版,第 237 页。

〔2〕 同上。

败制度是否能够优化组合形成控制机制有着密切的关系，尤其是经济制度的完善与否，而经济制度的完善程度又与国家在这方面投入的成本有关。当国家投入的制度成本很低的情况下，社会制度处于非完善状态，那么社会租金的总和就大，社会上产生的贿赂金总和也随之增加，腐败机会随之增加；反之，随着国家的制度成本增加，社会制度日趋完善，漏洞减少，社会租金减少，社会上产生的贿赂金总和也随之减少，腐败机会随之减少。从腐败收益公式 $G=(H+W)*(1-\int)$ 可以看出，在腐败者的收益达到一定量的时候，这个量是尽量接近腐败者的心理需求，增加腐败者的工资水平，对控制腐败有着良好的作用。但是这个作用的发挥需要良好的社会制度，对于我国来讲尚需国家投入更多的制度成本才能运用这一措施。

③腐败成本与收益的关系。成本与收益是一对矛盾的两个方面，谁为主要方面就决定了行为人的最终选择。作为理性人，只有 $G>K$ 时腐败者才有可能实施腐败行为，他们希望成本的最小化和收益的最大化，即 $(H+W)*(1-\int)>(H+P)*\int$ 或者 $(H+W)*(1-\int)/(H+P)*\int>1$，这个值越大腐败者进行腐败行为的内心驱动力越大。成本收益之间的关系因为 $\int$ 的变化而变化：

A. 当 $\int=0$ 时，即腐败者的腐败行为完全没有被发现，当然也就不存在被惩罚的可能性，此时“腐败黑数率”达到了 100%，那么对于腐败者来讲他没有任何成本可言，得到的是净收益，这种结果是每一个腐败者所希望的。

B. 当 $0<\int<1$ 时，腐败成本随着 $\int$ 的增大而增大，收益随着 $\int$ 的增大而减少，这也是最常规的一种现象，此时成本与收益的大小就要受到腐败者所谓的运气、腐败者对方案的选择、社会制度的健全与否等因素的制约，他们尽量避免制度的约束、选择风险最小的方案，以求得收益的最大化。

C. 当 $\int=1$ 时，此时腐败者的收益为零甚至是负收益，即被发

现且进行了惩处,所受到的罚金额远远大于其所获得的收益,这是腐败者最不愿意看到的结果。

基于以上三种关系,我们发现 f 越小腐败者所承担的风险就越小,预期成本就越小,导致安全系数上升,腐败的可能性就大;反之,预期成本就增大,安全系数减少,腐败的可能性就小。而 f 表示被发现的概率,这个值取决于国家的制度建设是否健全、反腐败人员的素质及工作效率、监督体制完善程度等诸多社会环境因素,这些涉及的是反腐败的成本问题。可以看出,腐败是以主体要素为中心,对原因、目标、手段、机会等要素有机组合的选择。

3. 成本收益理论的扩展——相关人的决策

上文以腐败主体为中心,具体分析了腐败的进程和推动力,得出结论:腐败的可能性与腐败者被发现的概率 f 直接相关,那么相关人特别是其"克星"执法者的决策又将对腐败者产生什么影响?除了社会即存的文化、体制、分权和腐败者的个体心理外,相关机构和人员的决策也是值得我们研究的。

在腐败原因问题上,法律控制不力是一个重要因素。上文已经具体分析了腐败的法制原因,那么如果把各种静态、独立的要素联系起来,把立法者、执法者视为相互独立的主体,与腐败者进行"三人博弈",以博弈对局的确立来分析法律的运行机理和效力机制,进而分析法律对腐败行为的影响途径和程度,将能从整个社会力量的互动上更全面的把握腐败产生的原因,具体内容分析详见第九章。

五、腐败的形成、变化轨迹图

综合本章而言,与以往类似研究相比最大的特点是以主体——人本身为视角,重视人的心理过程。社会环境影响了人,人也在选择环境，单向思维可能使腐败形成的最基本要素——人被环境隐形化，或者过于夸大人格差异，忽视了社会制度的构建。

总结整个腐败进程，本能欲望是腐败的根源性动力，社会环境因素间的交互作用是腐败的外动力，不良意识是腐败相关心理的起点，腐败的个性心理是腐败的内动力，风险决策即成本收益评估是进程推动，它们共同构成了腐败的最初背景和相关过程。图3－1以个体心理发展为主线，结合外在环境要素，尝试总结本章所表现的腐败相关要素和形成进程。

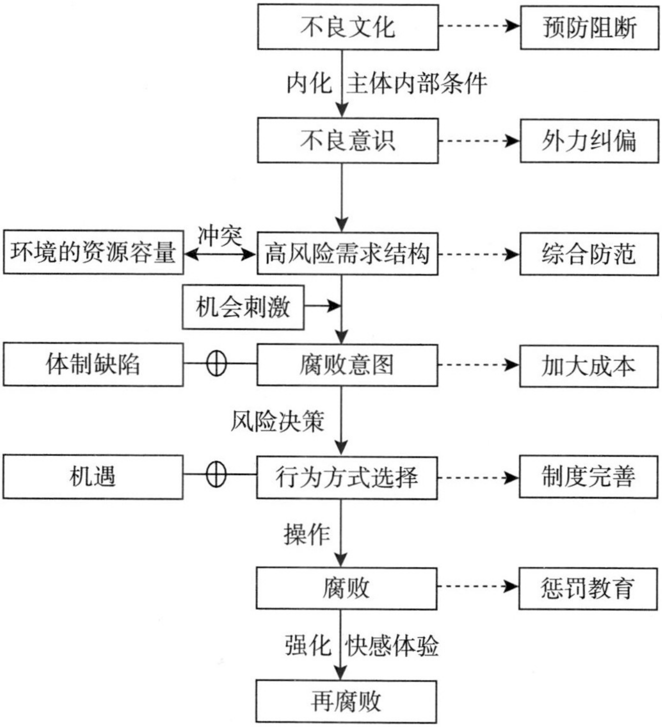

图3－1　腐败的形成、变化轨迹

第二编　控制腐败及其机制的打造

第四章 中外腐败现状及控制机制

研究中外腐败现状及其控制机制，对于打造我国更有效的控制腐败法律机制十分有益。一方面可以在专业理论和知识上进行系统梳理，集聚人类共同智慧来对付腐败问题；另一方面还可以为我国构建新的控制腐败机制提供一些成功经验和做法上的借鉴与参考，使新的机制更加有效。

一、国际腐败现状及控制

腐败是当今国际社会共同面临的最大难题之一，无论是贫国还是富国，发达国家还是发展中国家，中央集权制国家还是联邦制国家，多党制国家还是一党制国家，都不同程度地存在腐败。因此，可以说反腐败是全球性的。

（一）腐败现状

腐败是一个世界性历史通病，世界经济论坛一份有关 1997 年全球竞争的报告指出:“腐败将在未来的时间里成为全世界共同面临的最大挑战。”腐败不单是一个国内问题,如今已经发展为一个国际问题,国际上的腐败现象处处可见,危害也是巨大的。2001 年 5 月,联合国预防犯罪和刑事司法委员会第十届会议在奥地利维也纳召开,会议主题之一是“全球反腐败行动取得的进展”。在这次会议上,联合国发表了一份关于全球腐败问题的最新报告,该报告称:“政府的腐败每年都要使全世界损失大约 6000 亿美元的资金。这意味着每天当我们送走夕阳的时候,世界上的腐败官员又卷走了 16.43 亿美元。在全世界的 190 多个国家里,每个国家都有一些人在行使其权力的时候,收取贿赂或佣金。”〔1〕

21 世纪初,联合国难民署竟有些官员大发难民财。2001 年 2 月 20 日,联合国难民署发言人保罗斯特伦伯格(Paul Lenberger)承认,至少有 5 名来自内罗毕代表处的联合国人员被指控收受难民钱财,并因向难民定居西方国家提供便利而接受调查,据说其中一个受调查者是欧洲人。斯特伦伯格说,根据一些难民供述,这些联合国难民署人员向他们索取 2000 美元到 5000 美元不等的钱财以换取在北美、欧洲或澳大利亚定居的资格。仅在 2000 年,就有大约 9000 名内罗毕难民通过联合国难民署得到了定居他国的许可。很多难民说,他们相信如果他们向联合国难民署的官员付一笔费用,将增加他们得到西方国家政治庇护而定居西方的机会。

除此之外,随着世界各国经济向全球化发展,越来越多的跨国公司涉足新兴市场,跨国公司在各国的竞争异常激烈,许多跨国公司为了得到更多的生意,对所在投资国家有关官员进行贿赂,这种现象越来越普遍和严重。2001 年,世界银行对全球 3600

〔1〕 许连纯、徐洪波:《中国现代化进程中的腐败问题研究》,河南人民出版社 2005 年版,第 1 页。

家对外贸易公司的调查显示，有40%的公司在69个国家通过贿赂做生意，估计贿赂款项总额相当于全球生意的10%到20%，有的公司贿赂款项达10亿美元。世界银行估计每年发展中国家出口金额的5%，大约500亿美元到800亿美元都流向了当地的腐败官员。

腐败的危害是巨大的。据世界银行(World Bank)统计，在贫穷国家腐败金额高达1200亿美元。国际货币基金组织(International Monetary Fund)认为，在那些腐败问题尤为突出的国家，投资金额至少下降了5%。在1999年，世界银行行长詹姆斯·戴维·沃尔芬森(James David Wolfensohn)先生在国际货币基金组织(International Monetary Fund)和世界银行年会的开幕式上致辞时曾指出，贪污腐败已成为经济发展的最大障碍。同年10月中旬，第九次国际反贪污大会在南非举行，来自135个国家的官员和国家组织的代表就反腐败问题在一起商讨了6天。会议呼吁各国严惩贪污受贿行为，在反贪方面进行广泛的国际合作，让贪官污吏无处藏身。

(二)控制机制

腐败犯罪是一个历史性、全球性、现实性的问题。自20世纪90年代以来，面对跨国境、国际化腐败犯罪的增长趋势，国际组织包括一些区域性国际组织、非政府组织和国际金融、贸易组织从维护自身利益及促进社会良性发展出发，积极进行反腐败斗争。

1. 透明国际

透明国际是全球唯一一个专门以反腐败为目的的国际性非政府民间组织，于1993年5月在德国首都柏林注册成立。目前，透明国际柏林总部约有40名工作人员，并在83个国家设立了分会，在伦敦等地还设立了办事处。透明国际总部设理事会，理事会主席和副主席由理事会成员选举产生。理事会下设执行委员会负责透明国际的日常工作，现任执委会主任是新西兰人波普

(Popper),总部实行按洲和按业务项目两种管理方式。透明国际还设有国际顾问协会,聘请国际及各国知名人士和专业人士担任顾问,为透明国际提供反腐败的专业性意见。该组织的资金主要来源于各界捐款,其中国际组织捐款、各国政府捐款和个人投资者捐款各占1/3。据说,这样做是为了避免受某一国家或者组织的操纵,以确保该组织的独立性和公正性。[1] 透明国际的根本宗旨就是反腐败,工作任务围绕着开展国际合作,建立国际反腐败统一战线,建立清廉程度评估机制和反腐败奖励机制等展开。

2. 联合国内部监督事务厅

联合国预防犯罪和罪犯待遇大会每届会议都将贪污罪、贿赂罪、舞弊罪等列为重点议题之一。1995年,联合国成立了专门负责反贪的联合国内部监督事务厅(United Nations Office of Internal Oversight Services, OIOS),开始进行内部整肃。监督事务厅主要从事调查浪费、欺诈、滥用职权和管理不善等问题,目的在于改善联合国项目的实施与管理,提高联合国雇员的责任心和理财意识。监督事务厅下设审计和管理顾问处、中央评估处、中央监察处和调查处。调查处工作人员均为训练有素、富有经验的调查官,他们熟谙刑法、起诉程序和警察业务。监督事务厅的工作任务重点是监督雇员的行为,调查违章违纪案件,监测、评估联合国项目执行情况。对案件所涉及的个人,直接或通过负责人力资源的助理秘书长向秘书长或纪律委员会提出处罚意见。纪律处分事项有书面警告、降级、停止加薪、暂停职务、罚款、降职和开除等,触犯刑法者将移交有关司法部门予以起诉。监督事务厅自成立以来,已查处了上百件贪污舞弊案、诈骗案、挪用公款案。

---

〔1〕 侯志山:《外国行政监督制度与著名反腐机构》,北京大学出版社2004年版,第287页。

3. 世界银行的反腐委员会、监察委员会和审计委员会

世界银行(World Bank)成立于1944年,它在世界上举足轻重,可谓"联合国第二",每年向那些遇到困难的国家贷款近200亿美元。[1] 作为世界最大的发展援助机构之一,世界银行一直注重预防和打击商业领域中的腐败行为。1995年,詹姆斯·沃尔芬森(James Wolfensohn)出任行长后,把打击行贿受贿等反腐败问题作为当务之急。1998年8月,该行在总部设立了由常务副行长领导的反腐败委员会,下设秘书处,主管处理反腐败的日常事务。1998年10月19日,该行开设了一条专门举报世行贷款项目中的腐败与欺诈行为的热线电话。同时,反腐败委员会还从外部雇用了一些反贪专家和审计人员组成反贪小组,对可疑情况进行调查。除反腐败委员会外,世界银行还成立了独立的监察委员会,对世界银行贷款发放和资金使用的全过程进行监督。任何相关组织和个人都可请求监察委员会对那些违反世界银行政策的项目实施监察。此后,世界银行又成立了一个审批委员会,如果有足够证据证实某公司或个人从事腐败或欺诈活动,审批委员会将向行长建议这些公司或个人应该被宣布为没有资格取得世界银行的贷款。那些在世界银行贷款项目中被确定为有腐败或欺诈行为的承包商、制造商和咨询者将被列入世界银行的黑名单,从此在世界银行贷款项目中永远或一段时间内不能中标。

4. 欧洲理事会反腐败国家集团

欧洲理事会反腐败国家集团(Council Europe's Group of States Against Corruption, GRECO),于1999年5月由比利时、保加利亚、塞浦路斯、爱沙尼亚、芬兰、法国、德国、希腊、冰岛、爱尔兰、立陶宛、卢森堡、罗马尼亚、斯洛伐克、斯洛文尼亚、西班牙和瑞典等国

---

〔1〕 许连纯、徐洪波:《中国现代化进程中的腐败问题研究》,河南人民出版社2005年版,第292页。

部长委员会的代表提议设立，目的是通过监测各国遵守有关廉洁承诺的情况、遵守《打击贪污腐败20项指导原则》的情况和执行《腐败刑法公约》等国际法律的情况，提高其成员国打击腐败犯罪的能力。这一组织的成立标志着反腐败机构建设进入了一个新阶段，即由国内反腐败机构向国际反腐败机构发展。

5. 国际经济合作与发展组织

国际经济合作与发展组织简称经合组织（OECD），是一个供工业化国家研究并制定经济和社会各领域政策的非政治组织。经合组织早期的一项反腐败举措是1976年发表的《关于国际投资和跨国公司宣言》，这一宣言包括了经合组织对跨国公司实行的方针，规定任何企业“不得主动或被动地对任何公职人员或行政官员，直接或间接地进行贿赂或给予其他不正当利益”。此后，经合组织多次通过有关在国际商业交易中打击行贿的修正建议。1997年12月，经合组织部长级会议在巴黎签署了《关于在国际商业交易中打击对外国官员行政行贿的协定》（以下简称《打击行贿协定》）。这是经合组织在反腐败过程中具有历史意义的一个协定，被认为是消除国际行贿的一大举措。《打击行贿协定》规定，任何行贿外国行政官员的行为都属犯罪行为。《打击行贿协定》要求签约各国制定明确的刑事处罚和经济处罚法规，取消贿金不纳税的规定，同时完善会计和审计制度，规范公共采购制度等。

二、域外国家和地区腐败现状及控制

“域”当然是指地域或区域，但这里将涉及的是法域。所谓法域，又称法区或法律区域，系指享有相对独立的立法权、司法权和行政权，并拥有自己独立或独特法律制度体系的特定地域或区域。故所谓域外，即我国大陆法域以外，包括我国香港、澳门、台湾这些地区性法域。

无论是美洲、欧洲、非洲还是亚洲都有腐败问题很严重的国家，它们的教训值得我们去吸取；也有控制腐败很成功的国家，它们的廉政建设经验更值得我们借鉴。

（一）主要美洲国家

在美洲国家中，一方面，从北美的美国政界和南美的巴西我们就可以很明显地看到腐败现象的严重；另一方面，加拿大和美国在控制腐败上也给其他国家做出了榜样。

1. 腐败现状

美国是主要的北美洲国家，美国的腐败状况在资本主义国家中虽然并不十分严重，但是政界要人的贪污受贿行为比比皆是：在美国200年的司法史上，1989年第一次出现了被判受贿罪的联邦法官柯林斯（Collins），200年来美国众议院共有过48位议长，1989年出现了第一个因违法贪财而被迫辞职的众议院议长吉姆赖特（Jim Wright）。而1995年当上众议院议长的金里奇，因将林肯基金组织的大部分慈善资金用于共和党竞选活动和自己的政治活动，众议院以395票对28票表决通过了对他们进行申诉并罚款30万美元的决议。1991年4月，美国新闻界披露了白宫办公厅主任苏努努（Su Nunu）假公济私，乘坐政府军用飞机外出77次，耗费公款60万美元的事实，这些外出活动主要是个人私事、携妻儿游玩、回老家及非官方的党务政治活动，苏努努于1991年年底被迫宣布辞职。美国前国务卿贝克（James Baker）动用军用飞机私人旅行，花费公款37.1599万美元。美国政府审计部门对贝克的行为进行了审计，贝克只得按标准向政府偿还了全部费用。[1]

---

〔1〕 宋振国、刘长敏等：《各国廉政建设比较研究》，知识产权出版社2006年版，第48页。

在南美,巴西的腐败现象也是显而易见的。2001 年 9 月,巴西参议院议长雅德尔巴尔巴略(Jader Barbalho)因涉嫌贪污、谋私等多个罪名于 18 日正式辞职,从而成为巴西历史上第一位被迫下台的参议长。巴尔巴略是 2001 年 2 月当选参议长的。从 6 月开始,新闻界不断披露他在 20 世纪 80 年代担任帕拉州州长和土改部部长期间,挪用州立银行资金牟利、贪污土改债券、指使下属挪用亚马孙开发局资金为其妻子开办养蛙场等丑闻。

2. 反腐败策略

在北美,美国和加拿大在惩处腐败上可以说是其他国家的榜样,它们在控制腐败上形成了自己独特的体系。

(1)完善的立法体系

与我国采取的相对确定的法定刑不同的是,加拿大的刑法实行的是绝对确定的法定刑,只要构成相应的罪名,在刑罚的轻重上没有回旋的余地,这样的规定有利于更好地控制腐败。《联合国反腐败公约》(Anti-Corruption Convention)规定,缔约国有义务将系列腐败及与腐败有关的行为犯罪化,早在《联合国反腐败公约》创建之前,加拿大刑法就已经将该公约规定的所有行为犯罪化。在某些方面,加拿大法的适用范围比《联合国反腐败公约》更广。[1] 与加拿大有所不同的是,从第二次世界大战后至今,美国联邦政府建立起一套反腐败机制,它由关于政府道德的规章和法律,以及执行这些规章和法律的机构所组成。它主要包括三个部分:一是"道德标准"(Single Standard),由总统以总统令的形式颁布,它提出对政府官员和雇员的道德指南,表明政府对公众的道德承诺。二是"政府道德法"(Government Moral Law),这是由国会 1978 年通过的立法。这两者之间的区别是:前者还不是法律,

---

〔1〕［加］Gerry Ferguson:《加拿大惩治腐败的努力和决心》,王水明译,载《犯罪研究》2006 年第 6 期。

如果违反,可能受到有关部门的通告谴责,并可能被迫辞职,但不会受到法律的追究。而后者则属于法律范畴,如果一名政府官员或雇员被法庭判定违反了该法,他就要受到法律制裁。国会制定的《1978 年政府道德法》和《1989 年政府道德改革法》(Govemment Rdform Moral Law)成为对政府道德的法律制约。三是“联邦竞选法”(Federation Election Law),它对不同的竞选经费捐赠者可捐赠的金额和经费的使用作出了限制,目的是防止与竞选有关的腐败行为。[1] 通过长期的努力,美国目前已经形成了比较健全的预防职务犯罪法律体系:关于财产申报的规定,美国于 1965 年颁布了《政府官员及雇员道德操行准则》(Officer and Employee Morality Behavior Standard),对各类高级官员及其配偶、子女的财产申报做了规定;关于公职人员行为准则的规定;美国于 1883 年颁布了《文官制度法》(Civilian System Law),1978 年修订为《文官制度改革法》(Civilian System Reform Law);关于有效打击腐败犯罪的规定,《有组织的勒索、贿赂和贪污法》(Systematical Blackmail Bribe Corruption Law)是美国打击腐败犯罪的重要法律。[2] 综观美国和加拿大的廉政立法,可以发现大多是预防性规定,而不是惩罚性规定,是一个以事前防范为主的廉政立法体系。这反映出美国和加拿大社会对治理腐败的基本态度是避免腐败事件的发生,防患于未然。

(2)有效的反腐败机构体系

对于官员腐败行为,加拿大有多重的专门国家机构随时监控,包括审计长公署、议会行政监察专员、检察机关等。加拿大的审计长公署是对政府账目和支出进行审计监督的专门机构,独立于政府之外隶属于议会,直接对议会负责并报告工作,因而能够

---

〔1〕 周琪:《美国人怎样反腐败》,载《中国新闻周刊》2006 年第 17 期。

〔2〕 许道敏、胡健波:《美国预防职务犯罪立法》,载《检察日报》2001 年 11 月 18 日版。

独立行使审计职能,不受行政机关的干扰,具有较强的监督作用。联邦和省议会系统中设置的议会行政监察专员是监督行政机构及其工作人员是否依法公正履行职责的专门机构,其职责是受理由于行政管理不善给控告人、申诉人造成不公平待遇的案件,如果行政机构及其工作人员存在工作失误,有权提出建议、纠正的意见或批评,必要时,还可以向法院起诉或提请主管机关做出惩戒处分。加拿大的检察机关与法院对应设置,在联邦法院和省法院中都设有检察官。联邦最高法院内设有总检察长和副总检察长,省法院内设有检察长。总检察长和副总检察长都是内阁成员,因而检察机关性质上属于行政机关,一般总检察长兼任政府的司法部长,在行使职权时,全国检察机关接受总检察长的统一指挥。对于贪污贿赂案件,检察官负有侦查和起诉的职责。虽然加拿大不实行起诉垄断主义,有些属于自诉范围的刑事案件,可以由公民依法提起诉讼,而且办理公诉案件,不仅可以由检察官负责进行,也可以由检察官委托的律师进行,但贪污贿赂等官员犯罪的案件,则由检察官提起公诉。[1] 美国政府也建立了专门、高效、公正、廉洁的反腐败机构,来加强腐败立法的实施。1974年,国会设立了联邦选举委员会,目的是监督《联邦选举法案》的实施。为调查高级官员的违法犯罪行为,根据1978年国会通过的《从政道德法》设立了独立检察官一职,独立检察官的职责主要有组织人事权、调查权、传讯权、特别诉讼权等,[2] 这一职位的设立对防止官员滥用职权及其他腐败行为都起到了重要的惩治作用。另外,美国还设立了监察长制度,对规范政府权力行为,提高行政效率,减少腐败现象起到了积极作用。

---

〔1〕 许道敏:《加拿大:多方合力的肃贪效应》,载《中国监察》2004年第4期。

〔2〕 胡富国:《廉政建设大辞典》,山西人民出版社1995年版,第453页。

（二）主要欧洲国家

欧洲国家总体来说腐败现象没有其他国家那么严重，但是一些国家的腐败现象不容忽视。值得注意的是，芬兰、冰岛等国家的廉政建设一直遥遥领先，并取得了很好的效果。

1. 腐败现状

仅从20世纪八九十年代披露出来的一些政治要案中，就可以对欧洲国家的腐败现象程度窥见一斑。法国长期以来腐败现象也十分普遍，而且和政治斗争交织在一起。1984年12月，克里斯蒂昂努西（Christy）在担任国际合作部部长期间，仅在组织筹备布隆迪第12届法非首脑会议过程中，就贪污挪用公款700万法郎，这是法国有史以来最大的腐败案件。德国因经济问题而去职的政界要人已非个别，德国运输部部长京特·克劳泽（Laser）在媒体宣称他以权谋私后于1993年5月辞职。德国原不来梅市市长施尔夫（Henning Scherf）让电厂以半价的价格为其住宅供电几年，还让这些厂家花6万马克为他装修办公室等。在意大利，政坛一向以腐败著称，丑闻不断。1992年，在米兰发生了一件小贿赂案，在对案犯的审问中，竟然揭开了一桩耸人听闻的贪污要案，受贿金额达1500亿里拉。此外，曾经担任6届意大利内阁部长的曼尼诺（Manino）因涉嫌与毒品有牵连而被警方逮捕；前外交部部长贾尼德米凯利斯和前运输部部长洛贝尔尼尼因受贿罪受到法律的处罚。[1]

2. 反腐败策略

在近几年的清廉指数排行榜上，欧洲的芬兰、冰岛，以及大洋洲的新西兰并列第一，成为全球最廉洁的国家，德国也排在了前面。它们值得借鉴的经验包括以下几方面。

---

〔1〕 宋振国、刘长敏等：《各国廉政建设比较研究》，知识产权出版社2006年版，第48页。

(1)透明公开和民主决策制度

在芬兰,公共部门的一切都要公开,接受监督,政府档案馆以及公共部门的所有档案材料不仅对专家和研究人员开放,而且也对新闻界和公众开放。社会的透明程度也很高,任何人不能开匿名账户,税收当局有权了解全国所有账户的情况。每个公民和团体的收入及财产每年都要在纳税表上加以公布,任何人都可以到税务局询问和查实某人或某团体的收入及财产情况。〔1〕在德国,媒体大都是独资和合资的股份制企业,以营利为目的,为了吸引读者,很多媒体专门收集政府要员和公务员的政治丑闻和绯闻。政府官员和公务员一旦丑闻曝光,就要引咎辞职。与此同时,执政党与在野党之间的政党监督、社会公众监督、司法监督和上司对部下的监督等监督体系也是相当完备的,并形成了全社会多视角监督的网络。〔2〕

芬兰政府一直把民主决策作为工作的一个基本理念。集体决策自 17 世纪以来就在芬兰十分流行。政府各机构都设有审查官,虽然该职位不是很高,但行政首长在决策过程中,如果出现疑问或失误,审查官可以对该决策提出质疑,并进行独立调查。一位部长可以不顾审查官的异议而通过某项决策或制定某项规定,但没有审查官的签署,该决策或规定没有法律效力。因此有人说,芬兰政府为防止腐败上了两道锁,所有决策都要过两道关,一是行政首长,二是审查官。〔3〕

(2)严厉处罚腐败行为的法律机制

芬兰刑法对贿赂犯罪等腐败行为做了详细的规定,如行贿受

〔1〕 赵长春:《芬兰为什么是"世界上最廉洁的国家"》,载《中国社会导刊》2005 年第 17 期。

〔2〕 陈章联:《遏制腐败关键在于机制——德国廉政机制特点简介》,载《中国监察》2001 年第 11 期。

〔3〕 许道敏:《芬兰:监督机制有效运行》,载《中国监察》2004 年第 7 期。

贿,根据情节不同,受到的惩罚从一般性罚款到判处最高达4年的监禁不等。公务员接受金钱、珠宝、家用电器、低利息贷款、免费旅行等都可被视为接受贿赂,甚至接受荣誉头衔和有关部门的推荐也可能被视为受贿。公务员如果被指控受贿,罪名一旦成立,将被立即免职。政府和议会分别设立财政监察局和国家财物检察官,对政府和国家的各项开支实行经济监督,一旦发现有腐败问题,就通过相关的程序使其得到应有的并且是很严厉的惩罚。

德国惩治腐败体现了三个并重的原则:一是精神处罚和经济处罚并重。法律明确规定对贪污受贿和渎职的腐败者可以判处有期徒刑,并处以罚款或赔偿经济损失;对公务员违反纪律的处分,既给予行政警告或开除处分,又给予罚款和赔偿经济损失的处理。二是对受贿者处罚和行贿者处罚并重。不仅强调对受贿者严惩,对行贿者也给予严厉惩处。三是对违法企业的处罚和违法中介组织的处罚并重。只要违反了法律都要严肃处理,企业的行贿行为或者中介组织违法行为,除了追究法人代表的刑事责任外,还要将该企业或中介组织公布于众,通过行业协会,对违纪违规者给予限期停止业务活动和罚款等处理。〔1〕

(3)廉正文化风气的盛行

严格的廉政制度,形成了一种良好的文化环境,使诚实可靠的政治文明成为可能。在这种廉政文化的环境中送礼会被官员视为侮辱其人格。为此,芬兰年轻人从大学毕业进入公务员体系后,最重要的就是弄清"腐败"的界限,即接受礼品或受请吃饭的上限是什么。流传最广的一句话是:"公务员可以接受一杯热啤酒和一个冷三明治,但如果喝上葡萄酒那就危险了。"〔2〕芬兰每

〔1〕 陈章联:《遏制腐败关键在机制—德国廉政建设经验借鉴》,载《特区理论与实践》2002年第4期。

〔2〕 环球:《北欧三国有多清廉》,载《政府法制》2004年第4期(下)。

年犯受贿罪的人极少。据统计,1985 年至 1992 年,全芬兰只有 25 起贿赂罪。

(三)主要亚洲国家和地区

不管是在东南亚、南亚、东亚,还是西亚、中亚,每个地区我们都能发现很严重的腐败现象,这些腐败问题突出的国家,应该学习一下新加坡和中国香港的廉政建设经验。

1. 腐败现状

在东南亚,"腐败到处盛行,从官僚政权的最高级到最低级,腐败已成为所有当权人物的一种生活方式"。[1] "有钱才能搞政治,搞政治就会有钱"成为不少政客们的座右铭,政府首脑带头贪赃枉法,成为纲纪松弛、法制沦丧的元凶,中下级官员也不甘落后。菲律宾前总统马科斯(Ferdinand Emmanuel Edralín Marcos)夫妇以贪赃枉法、祸国殃民著称。马科斯 1965 年任菲律宾总统后,利用各种手段聚敛财富,他曾经将美国拨给菲律宾参加越南战争的专款 2200 万美元存入个人瑞士银行的账户内,将世界银行 1978 ~ 1982 年向菲律宾提供的贷款 137 亿美元的 31 亿美元化公为私,成为个人财产。[2] 在东亚,韩国 20 世纪 60 年代至 80 年代经济高速发展时政界风气长期不佳。"无官不贪""干一任部长可以吃三代"等早已成为大众的普通常识。韩国前总统全斗焕在执政的 7 年间,贪婪追逐权力带来的利益,授意韩国 5 个道、市为其建造 5 处豪华行宫,耗资 109 亿韩元,装饰总统府花费公款 76 亿韩元,动用公款 28 亿韩元在住宅处建造风景区,并禁止外人通行。在日本,自 1955 年自民党成立以来,历任总裁(首相)几乎无人不涉及贪污、受贿、逃税、桃色事件、与黑道挂钩等丑闻。从

---

〔1〕 [英]亚历克斯·乔西:《李光耀》,上海人民出版社 1976 年版,第 384 页。

〔2〕 宋振国、刘长敏等:《各国廉政建设比较研究》,知识产权出版社 2006 年版,第 50 ~ 51 页。

1960年到1993年自民党下台，金权丑闻一直困扰着日本自民党，重大丑闻和舞弊案件达几十件，丑闻接连不断。[1] 在西亚沙特、科威特、伊朗、伊拉克等国家，王室成员和政府高级官员的腐败行为俯拾即是，滚滚的石油收入的相当一部分被挥霍和流失。在南亚，2001年3月，一桩由恶作剧演变而来的受贿案导致2000年夏天上任执政的印度人民党主席拉克斯曼在13日夜里引退。在中亚，由于滥用职权贪污受贿，哈萨克斯坦前总理要坐10年牢。

2. 反腐败策略

通过近几年的清廉指数排行榜可以看出，亚洲整体来说腐败现象比较严重，但是新加坡和中国香港在清廉指数排行榜上一直名列前茅，2007年分别排在了第4位和第14位。在控制腐败上他们各有特色。

新加坡在多年的实践中成功摸索出一套切实可行的反腐倡廉之道，总结起来就是坚定不移的反贪意志、完善的监督与预防机制、严厉的法制与惩罚措施以及充满人情味的高薪养廉和公积金政策等，可谓软硬兼施，全面治理腐败。其中最有特色的当属高薪养廉和公积金制度。新加坡政府认为，用高薪养廉的方式使全国的公务员队伍人心稳定，从而产生不必贪，也不想贪的效果。低薪不足以养廉，与其让官员们通过不法途径获取其钱财，不如给他们优厚的待遇。1998年后，在世界公务员队伍中，新加坡公务员的工资已经跨入最高行列。新加坡政府还制定了一套较为完善的中央公积金制度（CPF），特别是为公务员提供丰厚的退休金。若任内一切顺利，没有出现贪污受贿或其他渎职违法行为，凭借这些公积金与退休金，就可以保证自己及家人过上衣食无忧的生活。公务员的门槛很难迈进，选拔公务员必须经过严格审

---

〔1〕 季正矩：《通往廉洁之路——中外反腐败的经验与教训研究》，中央编译出版社2006年版，第7页。

查,内容包括有无犯罪前科、家庭情况、品德修养、社会关系及日常交往人员情况等。国家对待公务员,尤其是高级公务员的错误惩罚也相当严厉,倘若出现违反国家法律和公务员准则的行为,必定会被开除公职或判刑,公积金和退休金也一笔勾销。因此,新加坡公务员一般都很珍惜自己的工作,勤政清廉,很少愿冒因贪污受贿而被开除或取消养老保证金的风险。新加坡政府在确定公务员薪水时,坚持从本国实际出发,充分考虑经济发展水平、社会各主要行业收入水平以及公务员的地位和贡献。这样既保证了公务员拿到较高较合理的薪水,抑制了贪污心理,也使得社会对公务员的收入基本认同。新加坡反贪成功的经验,归结到一点便是:消除腐败的动因。[1]

中国香港最大的特色就是有一个独立的肃贪倡廉机构。香港有句口号:"香港胜在有ICAC(简称廉政公署),"该口号言简意赅地道出了廉政公署在维护香港社会廉洁公平方面做出的贡献。廉政公署在港英时代的全称是"总督特派廉政专员公署",昭示着其超然于港府部门而直接隶属港府最高首长的独立地位。廉署成员与公务员体系剥离而自成独立系统,廉署经济开支独立,经费由政府每年的预算中拨出,且最终的审批权和决定权掌握在港府最高首长手中。廉署大多数职员享受与公务员薪俸不同的"廉署职系酬金",一切廉署职员皆受惠于廉政公署福利基金、廉政公署职员福利基金、廉政公署职员紧急救济基金的优遇,故能无后顾之忧效力本职。

"机构独立、成员独立、经济独立,将廉署与官场断结,将廉署雇用职员与官场公职人员脱钩,将廉署开支与官场经费分离,使廉署有效避免来自官场的权力、人事、经济干涉困扰,在法治范围

---

〔1〕 许道敏:《新加坡:严格立法严格执行》,载《中国监察》2002年第16期。

内充分自主地进行肃贪倡廉，且在社会中亦形成不受官场掣肘的独立权威。”〔1〕这些都是保证廉政公署强力肃贪的根本举措。

三、我国腐败现状及控制

腐败不仅是当今社会的一大顽疾，也是中国近现代社会的一个痼疾，是无处不在的社会丑恶。中国社会的政治史，同时又是一部为官者的贪污史，我国著名的历史学家吴晗先生曾经说过：“贪污这一现象，假如我们肯细心地翻阅过去每一朝代的历史，不禁使人很痛心的发现‘无代无之’，竟是与史同寿。可以说，一部二十四史充满了贪污的故事。”〔2〕针对日益突出的腐败问题，我们国家也采取了一系列强而有力的措施来治理腐败。

拿清朝来说，清初虽然比较注重吏治问题，但是腐败问题依然严重。早在康熙后期，就已经出现了相当严重的腐败问题，以致“库帑亏绌，目不暇给”。〔3〕乾隆以后，官吏贪污腐败的现象十分严重，尤其是一些高官的腐败更是严重，在乾隆一朝，仅督抚侵贪案件就达 29 件，其贪污数额之大，往往是几万乃至几十万两。乾隆还重用一些贪官，如乾隆朝最大的贪官和珅就是因为得到乾隆皇帝的信任而聚敛了大量的财富。清朝后期，封建专制的肌体已是病入膏肓，政治腐败，社会矛盾激化，吏治败坏，贪污腐败之风越来越严重，表明清王朝已行将尽头。

清朝腐败问题严重，近现代的腐败问题也是处处可见。由中

---

〔1〕陈永革：《论香港廉政公署制度的特色及其对内地廉政法治的影响》，载《清华法学》2003 年第 3 期。

〔2〕吴晗：《吴晗史学论著选集》（第 2 卷），人民出版社 1986 年版，第 482 页。

〔3〕宋振国、刘长敏等：《各国廉政建设比较研究》，知识产权出版社 2006 年版，第 370 页。

国社会科学院“社会形势分析与预测”课题组与新华社《半月谈》共同组织实施的对50位不同学科领域的专家进行的问卷抽查显示：腐败成为专家眼中最为严重的社会问题，认定这一问题为当今中国第一位问题的专家比例达到42%，远远超过其他问题。透明国际的清廉指数对我国的腐败状况的评价是“处于世界平均水平的中等偏下水平，属于黄灯国家，即被严重警告的国家”。〔1〕

（一）我国腐败现状

我国的腐败现状可以用“三高、一广、三严重”来概括：〔2〕

“三高”包括：一是查处案件的数量逐年攀高。全国纪检监察机关近3年立案查处的违纪案件平均每年以10,000件的数字在递增。检察机关立案查处的贪污贿赂、挪用公款等腐败类大案要案，平均每年增加近10个百分点。二是案件的涉案金额成倍翻高。犯罪分子权钱交易的数额、失职渎职一次造成的损失都在不断扩大。1997年前10,000元的案子就是大案，现在发展到几十万、几百万、几千万，甚至数百亿。厦门走私案，原来预计的涉案金额为350亿，由于赖昌星的出逃，证据销毁，最后落实的也有近200亿。三是犯罪主体的职务越来越高。20世纪80年代中期以前，因为贪污受贿等腐败问题被判刑的省部级以上干部一个也没有。一直到1987年，原江西省省长倪献策被判2年有期徒刑，以至2000年原全国人大常委会副委员长成克杰、原江西省副省长胡长清被执行死刑。据纪检监察机关统计，近几年每年处理省部级干部都在70人左右。有的前后不到10天处理4名省部级干部，近3年（2006～2008年）检察机关立案查处的省部级以上干部超过改革开放以来立案查处数的总和。腐败行为正在从低级

〔1〕 胡鞍钢：《影响决策的国情报告》，清华大学出版社2002年版，第282页。

〔2〕 王崇保：《腐败与反腐败现状、原因及对策分析》，载《邵阳师范高等专科学校学报》2002年第4期。

别干部向高级别干部蔓延,2008 年就有 10 多名省部级干部被追究刑事责任。

“一广”是指涉案的范围越来越广。有的案件涉及人数众多,一挖就是一窝,一抓就是一串,窝串案现象严重。现在腐败问题涉及各个领域各个行业,各个角落。原来的清水衙门现在也不清了,教育系统、学校也不同程度地存在腐败问题。就湖北省来讲,就查处了不少教育行政管理部门和学校的腐败案件。例如,原湖北美院副院长李泽霖利用招生受贿 56 万元,原武汉水利电子大学副校长杨国录等三人私设小金库,私分小金库现金 153 万余元的案件。2009 年 10 月,原武汉大学常务副校长陈昭方和常务副书记龙小乐被逮捕。2014 年,中国人民大学招生就业处处长蔡荣生、四川大学副校长安小予落马后,浙江大学副校长褚健也被批捕。法院被大家认为是非常神圣的地方,但现在司法腐败相当严重,2015 年 7 月,最高人民法院副院长、党组成员奚晓明涉嫌严重违纪违法,接受组织调查,这就是力证。

“三严重”是指腐败犯罪交叉感染的程度越来越严重、腐败问题造成的财产损失与社会危害和贪官外逃越来越严重。许多案件往往是一人数罪,行贿罪往往与走私贩私、制造和销售假冒伪劣、偷税抗税、骗取国家退税等各种犯罪联系在一起,而且社会上的腐败现象交叉感染,甚至相互影响和推波助澜。而受贿罪则往往与玩忽职守、徇私舞弊、渎职等罪行联系在一起。一个团伙进行多种犯罪,加剧了对社会的危害程度,不仅腐蚀我们党的干部,也给国家和人民的财产造成惨重损失。包括官员外逃和“裸官”[1]现象等也非常严重,据 2015 年年初出版的《大地》周刊(人民日报社主办)转引商务部的一份调查报告显示,近几年外逃贪

〔1〕 裸官是裸体官员的简称,是指配偶和子女非因工作需要均在国(境)外定居或加入外国国籍或取得国(境)外永久居留裸体官员权的公职人员。

官大约有4000人,携走资金约500亿美元,而据《南风窗》杂志最近披露,截至2008年年底,外逃贪官已增加到一万多人,携走的资金高达6500亿元人民币。[1] 这些问题应引起我们反腐败工作的高度重视,针对这些情况,建议我国应尽快建立世界性的、普遍的外逃人员引渡机制,以增强我国反腐败的力度、决心和效果。

(二)我国对腐败的控制措施

针对腐败问题,党和国家采取了一系列的措施来控制腐败,中国共产党是领导当代中国反腐败斗争的核心力量。根据中共中央纪律检查委员会监察部法规室副主任侯党非、中纪委监察部法规室官员韩龙总结的《我国反腐败工作的现状和进展》,当前我国对腐败的控制措施主要表现在以下几个方面:[2]

1. 监督方面。目前,我国已经建立了一个多层次、多角度的,包括党内监督、人大监督、行政监督、司法监督、政协的民主监督、社会监督在内的监督体系,各方面的监督合力进一步得到加强。鉴于党内监督在我国监督体系中的突出地位和重要作用,下面主要阐述党内监督的情况。党内监督是依据党的章程和其他党内法规,监察、督促、保障党组织行使职权、完成任务,党员履行义务、行使权利。而党的干部正确履行职责、行使人民赋予的权力,是党的自我约束和自我完善的表现。党中央高度重视党内监督问题,并不断在实践中探索监督的形式和有效途径。2003年12月31日,中共中央颁布了《中国共产党党内监督条例(试行)》。这是我们党历史上,同时也是国际共运史上的第一部关于党内监督方面的基本法规。这标志着我国执政党的党内监督工作进入了一个新的阶段,党内监督工作迈入了法制化、规范化的轨道。

---

[1] 何丹翩:《"裸官"缘何频出?》,载 http://www.zjsjw.gov.cn/fanfubai/detail.asp?id=2284,2015年8月23日访问。

[2] 侯党非、韩龙:《我国反腐败工作的现状与进展》,载《经济社会体制比较》2006年第2期。

党内监督的核心是对权力的监督,重点是对党的领导干部尤其是主要领导干部的监督。《中国共产党党内监督条例(试行)》确立了党内监督的十项具体制度,包括重要情况通报和报告、述职述廉、舆论监督、询问和质询等。这就从制度上进一步加大了党内监督的工作力度,进而将积极探索发展党内民主、加强党内监督的有效途径和方法,并且切实保证各项制度落实到位,开创党内监督工作的新局面。此外,中央纪委和中央组织部根据《关于中共中央纪委、中共中央组织部巡视工作的暂行规定》建立了专门巡视机构和专职巡视队伍,加强对地方和单位党政领导班子特别是主要负责人执行党的路线方针政策及廉洁从政情况的监督。中央纪委、监察部对派驻机构实行了统一管理,加强了对中央和国家机关各部门领导班子特别是主要负责人的监督。既要督促党员领导干部树立自觉接受监督的意识,主动接受党组织和广大人民群众的监督,又要拓宽公开、透明、便捷的信息渠道,便于党员干部和人民群众监督党员领导干部行使权力的行为。

2. 领导干部廉洁自律方面。改革开放以来,我们党和国家在党政领导干部廉洁从政方面先后制定了一系列规定,如《中国共产党党员领导干部廉洁从政若干准则(试行)》《国有企业领导人员廉洁从业若干规定(试行)》。这些规定着重对违反规定收送现金、有价证券和支付凭证,"跑官要官",放任、纵容配偶、子女及其配偶和身边工作人员利用领导干部职权和职务影响经商办企业或从事中介活动谋取非法利益等方面的突出问题进行查处,处理了一批违纪违法的领导干部,使这些问题有所遏制。许多地区和部门认真开好领导干部专题民主生活会,把推行述职述廉和党风廉政谈话等制度作为加强教育的重要途径。通过这些措施,可以有效发现领导干部中出现的一些苗头性问题,并提出批评和加以提醒,起到防微杜渐的作用。2010 年 1 月 12 日,胡锦涛同志在党的十七届中央纪委第五次全体会议上发表重要讲话,强调建设科学严密完备管用的反腐倡廉制度体系,不断取得党风廉政建设和反腐败斗争的新成效。经课题组研究,建议相关部门针对贪官外逃日益严重的现象,尤其是子女在国外读书或官员妻子、儿女已经移民国外等情况,制定严格控制相关领导干部因私出国的具体措施和规定,甚至适当限制对其快速提拔和重用。这样做既是对国家负责,客观上也是对这些干部个人负责,以避免更多贪官外逃和腐败案件的发生,加强对领导干部的廉洁自律和制约监督。

3. 查办违法违纪案件方面。查办违纪违法案件,是从严治党、惩治腐败的重要措施,是严肃党纪政纪的中心环节。中央纪委、监察部每年都严肃查处一批省部级干部严重违纪违法案件,地方各级纪检监察机关查处了一些在本地区有影响的案件,充分体现了党和政府惩治腐败的坚定决心。各地区、各部门以查办领导机关和领导干部以权谋私、权钱交易的违法违纪案件为重点,加大了对建设工程、土地批租、金融等领域腐败行为的查处力度,惩治了一批腐败分子,还依法查处了一批失职渎职、给人民群众生命财产安全造成重大损失的案件,以及违法行政、严重损害群众合法权益的案件。加大审计工作力度,认真纠正发现的问题,对相关责任人做出处理,严肃了政纪。另外,本书建议,纪检、监察部门应更大地发挥纪律检查和行政监督职能,而不是像目前这样把主要精力放在办理国家工作人员和领导干部贪污贿赂的犯罪案件上,这一侦查职能应全部还给或回归司法机关(主要是检察机关)来履行。因为任何机关的人力、物力、时间和精力都是有限的,包括纪检监察机关其主要职责是进行纪律检查和行政违纪监督,集中精力搞好这些工作,尤其是时刻提醒我们的相关干部注意自己的工作作风和言行,而不是平时你好我好他也好,等一旦事情严重达到犯罪边缘就悔之晚矣。甚至丢弃自己的职责而去干不属于自己工作职责(如办理犯罪案件),包括有的纪检、监察部门在纪检检查阶段就扣押相关人员的财产和“双规”相关人员长时间地不让其回家交代自己的问题，均不是一个妥当和长久的办法。违法犯罪者应当办理和纠正，但程序要合法。

4. 纠正损害群众利益的不正之风方面。反腐败不仅要查大案要案，而且要着重解决党风政风方面存在的突出问题，纠正损害群众切身利益的不正之风。目前，拖欠农民的征地补偿费已基本偿还，建筑领域拖欠的农民工工资绝大部分已经偿还，一批城镇房屋拆迁、企业重组改制和破产中损害群众合法权益的问题得到处理，教育乱收费得到一定程度治理，涉农负担恶性案件大幅度下降，维护了人民群众的合法权益，维护了社会的和谐稳定。2004 年，通过专项治理，各地共减轻学生负担 39 亿元；医务人员上交回扣、红包、开单提成涉及金额 4947 万元；治理党政部门报刊散滥、利用职权发行的工作成效明显，全国减少订阅费用 18 亿元。人民群众有序参与民主评议政风行风工作，2004 年参加人数达到 138 万人。本课题组调查发现，目前损害群众利益不正之风的主流是商业贿赂，而且商业贿赂不仅盛行于生产、经营中，甚至蔓延到党风、政风和社会风气，如生产经营当中的回扣蔓延到党风、政风中就是办事拿钱，蔓延到社会风气中就是人与人之间的关系只剩下铜钱臭气和人际交往之中的交易。更不要说逢年过节，普遍性地双方合作与协作单位互送红包和拜年，从上到下你拿我拿他也拿，不出事时不拿白不拿，出了事才知道悔之已晚。因此，在纠正损害群众利益的不正之风时，要特别关注和纠正这些方面。

5. 反腐败源头治理方面。源头治理主要体现为三个方面：第一，行政审批制度、财政管理体制、投资体制和干部人事制度“四项改革”进一步深化。例如，自 1998 年以来，全国 31 个省、区、市相继开展了行政审批制度改革。为保证这项工作顺利推进，2001 年 9 月，国务院决定成立行政审批制度改革工作领导小组，在监察部设立办公室。2003 年《行政许可法》颁布以后，国务院和地方各级政府为实施这部法律做了大量工作。国务院相关部门共取消和调整行政审批项目1806项,占总数的一半以上,各地取消和调整的审批项目也超过了50%,有力地促进了政府职能转变和依法行政。2010年7月10日,国务院再次取消和下放184项行政审批项目。第二,工程建设招标投标、经营性土地使用权出让、产权交易、政府采购“四项制度”进一步完善。第三,政务公开、厂务公开、村务公开工作进一步深化。2005年3月,中办和国办发布了《关于进一步推行政务公开的意见》,标志着我国政务公开工作进入了一个新的阶段。尤其是党的十八大以后,为落实《国务院机构改革和职能转变方案》,2013年4月24日召开的国务院常务会议决定,第一批先行取消和下放71项行政审批项目等事项。紧接着,2014年的两会上国务院总理李克强再次宣布要再取消和下放行政审批事项200项以上,2015年两会国务院印发《关于取消和调整一批行政审批项目等事项的决定》再次取消和下放90项行政审批项目。

2008年1月14日至16日,中国共产党第十七届中央纪律检查委员会第二次会议在北京举行,胡锦涛同志在会议上发表了关于反腐倡廉的重要讲话,要我们深刻认识到加强反腐倡廉建设的重要性和紧迫性。2008年5月13日,中央印发了《建立健全惩治和预防腐败体系2008-2012年工作规划》,是今后5年推进惩治和预防腐败体系建设的指导性文件,这表明了我国在建立健全惩治和预防腐败体系方面的决心。2012年12月4日,《十八届中央政治局关于改进工作作风密切联系群众的八项规定》公布。2013年12月,中共中央印发了《建立健全惩治和预防腐败体系2013-2017年工作规划》,并发出通知要求各地区各部门结合实际认真贯彻执行。

经过党和国家多年的努力,在反腐工作上取得了显著的成果,据不完全统计,1989年~2000年因贪污受贿等原因被处死刑

的主要有(资料来源:《中国问题报告》):

阎建宏,贵州省计委原副主任、国际信托公司原董事长 被判处死刑
张德元,湖南国际信托公司原董事长 被判处死刑
郭子文,中国煤炭销售公司原总经理 被判处死刑
林国悌,湖南省机械工业局原局长 被判处死刑
高森祥,中国信托投资银行深圳分行原行长 被判处死刑
谢鹤亭,广东省食品企业集团公司原总经理 被判处死刑
戴天敏,投资银行湖南省分行原行长 被判处死刑
刘宜清,工商银行湖南省分行原行长 被判处死刑
管志诚,首都钢铁公司原党委书记 被判处死刑
洪永林,广东惠林市公安局原局长 被判处死刑
孙炎彪,浙江省宁波市原副市长 被判处死刑
曹秀康,广东省湛江海关原关长 被判处死刑
胡建学,山东省泰安市原市委书记 被判处死刑
陈同庆,广东省湛江市原市委书记 被判处死刑
李乘龙,广西壮族自治区贵港市原副市长 被判处死刑
胡长清,江西省原副省长 被判处死刑
成克杰,全国人大常委会原副委员长 被判处死刑
金鉴培,湖北省人民政府驻港澳地区办事处主任(副厅级) 被判处死刑
李　真,河北省国税局原局长 被判处死刑
王怀忠,安徽省原副省长 被判处死刑
卢万里,贵州省交通厅原厅长 被判处死刑

近些年来,党和国家反腐力度更是空前,据不完全统计,自2000~2013年,因贪污受贿等腐败原因被处死刑(含死缓)的副

部级以上高官主要有：[1]

慕绥新，辽宁省沈阳市长	被判处死刑
李纪周，公安部副部长	被判处死刑
丛福奎，河北省常务副省长	被判处死刑
李嘉廷，云南省省长	被判处死刑
吕德彬，河南省副省长	被判处死刑
刘金宝，中国银行副董事长、中国银行(香港)有限公司总裁	被判处死刑
韩桂芝，黑龙江省政协主席	被判处死刑
徐国健，江苏省委常委、组织部长	被判处死刑
王守业，海军副司令员	被判处死刑
吴振汉，湖南省高级人民法院院长	被判处死刑
王昭耀，安徽省委副书记	被判处死刑
王有杰，河南省人大常委会副主任	被判处死刑
郑筱萸，国家食品药品监督管理局局长	被判处死刑
李宝金，天津市人民检察院检察长	被判处死刑
何闽旭，安徽省副省长	被判处死刑
王武龙，江苏省人大常委会副主任	被判处死刑
刘志华，北京市副市长	被判处死刑
陈同海，中国石油化工集团董事长	被判处死刑
孙善武，河南省政协副主席	被判处死刑
王益，国家开发银行副行长	被判处死刑
米凤君，吉林省人大常委会副主任	被判处死刑
陈绍基，广东省政协主席	被判处死刑

[1] 《2000年以来判处死刑的中共省部级贪官及其情妇》，载 http://blog.sina.com.cn/s/blog_b9eb710f0101fgwe.html，2015年8月24日访问。

皮黔生，天津市委常委、天津滨海新区管委会主任 被判处死刑

王华元，浙江省委常委、纪委书记 被判处死刑

黄瑶，贵州省政协主席 被判处死刑

宋勇，辽宁人大常委会副主任 被判处死刑

许宗衡，广东省深圳市市长 被判处死刑

张春江，中国移动集团副总经理 被判处死刑

郑少东，公安部部长助理 被判处死刑

宋晨光，江西省政协副主席 被判处死刑

刘志军，铁道部部长 被判处死刑

上述都是因贪污受贿最终被判死刑的一些人，十八大以来（2012年），党和国家在反腐败问题上没有丝毫的松懈，截至2015年8月18日，中央坚持“老虎”“苍蝇”一起打，已有78名省部级及以上官员被调查。[1] 特别是以薄熙来案为例，2013年22日，山东省济南市中级人民法院对中共中央政治局原委员、重庆市委原书记薄熙来受贿、贪污、滥用职权案做出一审判决，认定薄熙来犯受贿罪，判处无期徒刑，剥夺政治权利终身，并处没收个人全部财产；犯贪污罪，判处有期徒刑15年，并处没收个人财产人民币100万元；犯滥用职权罪，判处有期徒刑7年；数罪并罚，决定执行无期徒刑，剥夺政治权利终身，并处没收个人全部财产。[2] 在我们备受震撼的同时，也越来越强烈地感受到了党中央反腐败的决心和力度。从近几年来司法实践中贪污受贿最高刑基本上判死缓直至被判死刑，我们看到了法律的公正与威严，也看到了国家

---

〔1〕《大老虎陆续被打：十八大以来78名省部级及以上官员落马》，载http://district.ce.cn/newarea/sddy/201403/03/t20140303_2403198.shtml，2015年8月25日访问。

〔2〕《薄熙来一审被判处无期徒刑》，载http://fanfu.people.com.cn/n/2013/0922/c64371-22990604.html，2015年8月25日访问。

始终未减的反腐力度。

另外,附上1980年至2007年全国检察机关查处贪污贿赂等案件情况(见表格4－1),[1]以便于更清楚地了解我们国家这些年在反腐败上的力度,2008年之后的数据是根据历届人大会议补充。

表4－1 1980～2007年全国检察机关查处贪污贿赂等犯罪案件情况一览

年份	查处案件数(件)	大案要案数(件)	查处总人数(名)	县处级以上/地市级/省市级(名)	挽回损失数(亿元)
1980	7000	89(贪污)	—	—	—
1981	31,000	—	—	—	—
1982	32,605	2512	24,636	—	—
1983	—	—	—	—	—
1984	22,000	2100	15,000	—	0.90
1985	28,000	6200	19,000	—	2.68
1986	49,577	13,888	7219	700/缺/缺	8.00
1983～1987	155,000	30,651	—	1500/缺/缺	16.30
1988	21,000	2900	19,083	190/4/0	4.23
1989	58,926	13,507	19,406	875/70/2	4.82
1990	51,373	11,295	23,344	1188/缺/缺	8.10
1991	46,219	11,894	24,176	924/34/1	5.00
1992	36,700	9526	9809	1452/65/2	3.65

[1] 资料来源于http://www.spp.gov.cn/工作报告(图略),表中注明“—”的为原报告中缺乏有关数据。20世纪80年代初查办案件数据包括了各类经济犯罪,后来的统计趋于规范。1983年和1987年年度数据均缺乏,故只能引用1983～1987年5年间查处贪污贿赂类案件数据。1998年缺查处大案要案数据。贪污贿赂立案标准在20世纪90年代中期从2000元提高到5000元,贪污贿赂大案要案标准从1万元提高到5万元以上,挪用公款标准则提高到10万元以上。

2006年数据来源于http://www.fmprc.gov.cn/ce/ceuk/chn/xw/t305259.htm,2015年8月25日访问。

最后一行2003～2007年数据来源于http://news.xinhuanet.com/misc/2008－03/10/content_7759542.htm,2015年8月25日访问。

续表

年份	查处案件数(件)	大案要案数(件)	查处总人数(名)	县处级以上/地市级/省市级(名)	挽回损失数(亿元)
1993	56,491	27,914	19,357	1037/64/1	22.00
1994	60,312	28,626	39,802	1827/88/缺	34.00
1995	63,953	29,419	12,835	2266/137/2	49.00
1996	61,099	34,879	13,530	2699/143/5	67.80
1997	145,497	48,066	54,805	2903/265/7	56.30
1998	35,084	1733(50万元以上)	40,162	1714/103/3	43.80
1999	38,382	13,969	—	2200/136/3	40.90
2000	45,113	18,086	—	1680/184/7	47.00
2001	36,447	1319(百万元以上)	40,195	2670/缺/6	41.00
1998~2002	207,013	5541(百万元以上)	—	12,830/缺/缺	220.00
2003	39,562	123(千万元以上)	43,490	2728/167/4	43.00
2004	—	1275(百万元以上)	43,757	2960/198/11	45.60
2005	—	8490(贪贿十万元以上、挪用公款百万元以上)	41,447	2799/196/8	74.00
2006	33,668	623(百万元以上)	40,041	2736/202/6	—
2003~2007	179,696	35,255(贪贿十万元、挪用公款百万元以上)	209,487	13,929/930/35	244.80
2008	33,546	41,179	—	2687/181/4	—
2009	32,439	18,191	41,531	2670/204/8	—
2010	20,365	—	—	—	—
2011	32,567	18,464	44,506	2524/198/7	—
2012	165,787	—	218,639	13,173/950/20	—
2013	37,551	2581(百万元以上)	51,306	2871/253/8	—
2014	32,567	3664(百万元以上)	44,506	4040/589/28	—

根据人民网的消息，据统计，从2007年11月至2008年11月，各级纪检监察机关立案14.3万件，结案14.4万件，处分15.1万人，其中，县处级以上干部4960人(移送司法机关801人)，为国家挽回经济损失60.9亿元。[1]

〔1〕《中央：开除一批贪污蜕化分子　加强监督主要领导》，载 http://politics.people.com.cn/GB/1025/8598380.html，2015年8月26日访问。

通过对我国目前反腐败现状的总体情况的分析,本书认为,目前的党风廉政建设和反腐败工作不断取得新的成效,呈现出良好的发展态势。但腐败现象在一些地方和部门仍然突出,反腐倡廉的任务仍然艰巨,我们在反腐败方面还存在一些问题,这些问题要求我们必须建立我们的控制腐败法律机制和控制腐败法治系统工程,使反腐败的各项工作和举措不仅得到切实落实而且取得明显效果。

四、我国控制腐败机制的建立

我国是否存在控制腐败机制或者说是否具备了控制腐败机制的各个要素？机制的功效是将本来不成体系或是配合脱节的相关要素进行有序的优化整合及添加缺失因素,使要素总和大于其简单相加之和,以下将重点讨论这些内容。

(一)机制的分类

机制并非都是人为构建起来的,大部分的机制包括全部的自然机制不是人类所能够决定构建与否的,起码现在可以这么说。那么我们今天都共存些什么机制,对于它们我们该怎么归类？下面将按照不同的标准对机制进行分类。

1. 自发机制

自发机制是指不被人的意志所左右,按照事物本来规律所形成的机制。这种机制广泛地存在于自然界和人类社会中,对自然界和人类社会发展起着重要的作用,有的甚至是自然界和人类社会发展不可或缺的。

(1)自然自发机制

自然自发机制指不以人的意志为转移,按照自然界本身规律形成的机制。它们按照自己本身的规律和程序运转,同时对内部和外界产生影响。

例如，我们都知道的光合作用，它就是一个自然自发机制。其机制是这样运转的：

总反应：CO_2 + H_2O18 ⟶（CH_2O） + O_218

光合作用的过程：

①光反应阶段

光合作用第一个阶段中的化学反应，必须有光能才能进行，这个阶段叫作光反应阶段。光反应阶段的化学反应是在叶绿体内的类囊体上进行的。

②暗反应阶段

光合作用第二个阶段中的化学反应，没有光能也可以进行，这个阶段叫作暗反应阶段。暗反应阶段中的化学反应是在叶绿体内的基质中进行的。光反应阶段和暗反应阶段是一个整体，在光合作用的过程中，二者是紧密联系、缺一不可的。这就是光合作用机制的全套运转程序了。

当然，自然界中还存在很多的自然自发机制，如降雨、闪电、地震、山洪、海啸，总之，它们的共同之处是不以人的意志为转移而自然发生的机制。

（2）社会自发机制

自然自发机制并不仅仅存在于自然界，人类社会中同样存在。人类社会最重要的三方面内容——政治、经济、文化，这三方面大都是由人的实践活动来决定的，因为人是社会的主角和主体。但是我们无法排除许多社会现象是自发形成的，在人类的行为和目的产生冲突或不协调之处时，此时所产生的结果和人类之前预见的结果就会不同，这往往是出乎人的预料之外的。恩格斯指出："无数的个别愿望和个别行动的冲突，在历史领域中造成了一种同没有意识的自然界中占统治地位的状况完全相似的状况。行动的目的是预期的,但是实际产生的结果并不是预期的。"[1]所以对于一些有意的社会行为,我们有时无法掌控最终的结果。

比如经济活动中出现的"经济危机",该机制表现为:商品大量过剩、销售停滞、生产大幅度下降、企业开工不足甚至倒闭、失业工人剧增、企业资金周转不灵、利率上升、信用制度受到严重破坏、银行纷纷宣布破产等,主要是因为生产的过剩并不是生产的绝对过剩,而是一种相对的过剩,即相对于劳动群众有支付能力的需求而言表现为过剩。像这样的社会机制是一种自发的,在人们最初行为的所要产生结果之外的。这样的社会机制还有罢工、暴动等,都是人们所不想要的结果。

2. 人为机制

人为机制是指并非自然而然的形成,而是基于人的主观意愿而建立起来的机制。这种机制同自发机制并存,但都是人类可以控制的机制。主要的几种人为机制包括以下几种。

(1)社会机制

社会机制是在全社会范围内、为全社会某种利益而建立起来的机制。这种机制作用范围比较广,当然运行起来也比较复杂。如养老保险,是国家和社会根据一定的法律和法规,为解决劳动者在达到国家规定的解除劳动义务的劳动年龄界限,或因年老丧失劳动能力退出劳动岗位后的基本生活而建立的一种社会保险制度,目的是保障老年人的基本生活需求,为其提供稳定可靠的生活来源。还有像环境保护同样需要建立人为的保护机制,人们基于对环境污染的规律性认识,建立起多层次、多角度的防范污染的法律和各项保护制度,并且在执行中采取各种有效措施保证这些法律和制度得到有效的实施,从而构成了环境保护的机制。这种机

---

〔1〕［德］恩格斯:《路德维希·费尔巴哈和德国古典哲学的终结》,人民出版社1972年版,第38页。

制是人们基于一定的目的而人为建立起来的,在保障社会发展方面发挥了重要作用。

(2)家庭机制

家庭机制是指为了使社会的基本组成单位家庭能够实现生活上的幸福而建立起来的机制。各个家庭的幸福是整个社会安定的基础,所以必须营造一些使得家庭安定团结的有效措施与办法,且这些措施与办法多呈现出多层次、立体性的模式,它们的相互作用、相互制约最终形成家庭机制。幸福家庭机制(我们暂且这么称呼)作用的真正发挥需要家庭成员的共同参与,从多角度进行家庭幸福的建设。

(3)工作机制

工作机制是一种多项工作的组合,将多项工作的目的、做法和效果整合形成一个有机整体,为一个更大、更重要的目的服务的机制。它符合工作客观规律,但不是客观规律,规律是事物间一种内在的必然联系,人们只能认识它、运用它,但却无法制造它。但是工作机制却不是如此,它是在人们认识规律的基础上根据规律制造出来的,影响着工作的流程和效果。当然工作机制并不是一个单独的概念,一般都是讲某某工作机制,如计划生育工作机制、反腐倡廉工作机制,在单位里往往都有奖励工作机制,对于那些工作业绩突出、踏实勤奋的员工给予奖励,这种奖励需要从多方面、多角度进行考察,形成了奖励工作机制。工作机制与工作制度是有区别的,工作制度是一种死的东西,一经制定一般在一定时期内不会改变,更没有什么律动性、双向性等;而工作机制则灵活的运用已经建立起来的各项制度,使它们实现最优组合和协调,将较为低效率的制度转变为高效率的多层次、网状的系统工程。

(4)政策机制

政策机制是指国家、政党或其他社会团体为实现一定的任务而对做出决策行为的各相互联系的要素进行整体把握,从而为制定具体政策服务的律动系统,在系统内部各子系统以及各要素之间通过对系统外界环境变化做出反应以达到彼此之间相互联系、相互依存、相互制约、相互作用并协调运转。

(5)法律机制

法律机制是指法律的制定、运作、调节机制在实行法治的整个过程中各个环节间协调、一致地运作,并最有效地发挥其部分和整体功能的状况。在整个法律机制系统内部,又以立法机制为关键部分,它是有关立法、完善现有法律以及与司法、政策机制的相互配合运行的一种机制。

法律机制又属于社会机制的范畴,是为了全社会的利益服务,更需要全社会的力量来实施。法律机制的建立需要多方面、多视角的考虑,需要反复的论证与试点,因为在法治社会,法律的变动影响着社会生活的方方面面,所以对法律机制的建立必须慎之又慎。

(二)控制论及特征

控制论原理是建立控制腐败法律机制一项重要的理论前提。为了使控制论原理充分渗透到控制腐败法律机制建立的全过程之中,发挥其应有的指导作用,就必须对控制论原理的基本内涵和内在特征加以清晰地界定和提炼。

1. 控制论原理的界定

控制论是1948年美国数学家N. 维纳(N. Norbert Wiener)创立的,它是以整体研究如何在系统内控制对象的变化状态,即用最少的信息实现最优的调节,取得最好效果,达到最佳化的控制状态。控制论的基本概念是信息概念和反馈概念,由于这两种概念把本质极不相通的技术系统、生物系统、社会系统沟通起来,使这些系统中调节和控制的机能过程都可以用控制论的方法统一地加以处理,所以控制论又是一门方法论学科。这当然是对控制论的简单描述,事实上,控制论尤其是控制论原理可以被广泛应用于各种领域,可以说,没有密切的、通常以许多中间环节为中介的人的理论活动和实践活动的各种不同领域的联系,就难以理解控制论产生的必然性。[1] 相应地,控制论原理可以对各个学科进行渗透,在此基础上发展成为各种不同知识部门的一个完整体系,在该体系中可以包含三个分支学科,即社会控制论、生物控制论和技术控制论。[2] 这三个分支学科共同构筑了控制论原理的理论大厦,其中社会控制论主要应当属于社会科学的范畴,而生物控制论和技术控制论无疑主要应当属于自然科学的范畴。在此,我们尤其需要关注对社会控制论的研究,因为社会关系同样带有控制论的性质,都是动态系统与其子系统之间的关系,在这些关系中,有产生稳定性的调节机制,有信息变换与反馈系统,最简单、最常见的社会关系(或者称为人与人的关系)——如一个家庭与工作集体内部的关系——是如此,阶级之间、国家之间、民族之间的最复杂关系也是如此。因此,在社会科学领域里采用控制论的方法可以在可观的程度上有助于加深我们的认识。"社会生产力的迅猛发展向社会科学家,尤其是经济学家与哲学家提出了一项任务,即比过去更密切地与自然科学家、工程技术人员合作,以便不仅把控制论应用于物质生产领域,而且也应用于社会生活的其他领域。"[3]

法学也属于社会科学的范畴,那么控制论原理同样可以应用于法学学科的建构之中,尤其在刑事法领域,控制论原理正发挥着积极的作用,突出地体现在对犯罪的控制上。可以说,犯罪控制是为了适应犯罪的基本规律,把犯罪遏制在一定范围内或一定程度上的方法和手段。从犯罪控制的结构而言,是由犯罪系统和社会

---

〔1〕 [苏联]尼·伊·茹科夫:《控制论的哲学原理》,徐世京译,上海译文出版社1981年版,第6页。

〔2〕 同上书,第49页。

〔3〕 [民主德国]G.克劳斯:《从哲学看控制论》,梁志学译,中国社会科学出版社1981年版,第428页。

控制系统两个子系统构成。其中犯罪系统居于核心层,社会控制系统则呈结构状地包围着犯罪核心层。社会控制系统主要由道德控制、经济行政控制、一般民事法律控制和刑法控制四个从里到外递进的层面组成。这四个层面具有层面性(表现为控制系统的结构性)、程序性(表现为控制层面由里到外的顺序性)和综合性(表现为控制层面运用的整体性、相互制约性和实践上的同时性)的特点,缺少任何一个层面都不可能控制犯罪(包括腐败犯罪)的产生和发展。社会控制系统与犯罪系统互相平衡、协调、冲突,形成一个统一的结构体系。通过对犯罪控制的基本结构的了解,可以寻求对犯罪控制的有效途径,即无论什么样的犯罪,都是在一定的犯罪原因系统中得以生成和发展的,而犯罪原因系统又是由狭义的犯罪原因(社会原因和个体原因)子系统和犯罪场(犯罪行为实施的特定背景或领域)子系统构成的,只有当狭义的犯罪原因子系统和犯罪场子系统整合起来,才可能实现犯罪原因系统的整体功能,才能有复杂的犯罪现象存在。要对复杂的犯罪现象进行有效的控制,就必须进行犯罪原因系统的控制,而对犯罪原因系统的控制,从理论上讲,控制两个子系统都具有同等重要的价值。但从现实的角度看,目前人类的能力控制犯罪场子系统比控制狭义的犯罪原因子系统更容易见功效,控制犯罪场就是要控制犯罪发生的特定背景,这也是上述社会控制系统的特定要求,因此控制犯罪场是控制犯罪的简便可行的一条捷径,具体而言,犯罪场控制的基本手段应当体现为控制以下几个方面:时间因素控制、空间因素控制、犯罪侵害对象的控制、潜在犯罪人的控制以及社会控制疏漏因素的再控制等。〔1〕通过分析表明,将控制论原理充分应用于刑事法领域尤其是控制犯罪(包括腐败犯罪)方面,一定能够加强对各种

---

〔1〕 黎国智、马宝善:《犯罪行为控制论》,中国检察出版社2002年版,第155~179页。

违法犯罪行为的惩治力度，其中就必然包含了对腐败尤其是腐败犯罪的有效控制。所以说，通过对控制论原理的深入把握，一定有助于控制腐败法律机制的科学建立。

2. 控制论原理的特征

在对控制论原理的基本内涵进行初步界定的基础上，我们可以提炼出控制论原理的如下三方面特征，即精确化、定量化和模拟化。

(1)精确化。研究控制论原理的目的既然是为了用最少的信息实现最优的调节，取得最好效果，达到最佳化的控制状态，那么其研究方法应该是重点分析信息—调节过程和系统的行为、功能的性质。[1] 在这种研究方法中，首先肯定作为控制论原理的研究对象——系统的信息具有比较准确的数值，因此需要不断引入一些严格的数学方法进行数学分析，目的是寻找最优结构和最优控制。可以说，数值的准确性乃是精确化的本质要求，如果所参照或引用的数值欠缺准确性，就难免使控制结果出现偏差，最优的效果亦难达到。总而言之，在应用控制论原理过程中所要求的精确化就是引导控制对象在控制期间的控制条件下，以高效的效率、最短的时间耽搁，以最好的效益、最小的资源消耗实现控制目标，是以“精确、细致、深入、规范”为特点的全面化的控制模式。其实质是在规范化和标准化的基础上，对控制流程进行科学细化和合理优化的过程。具体而言，精确化控制具有六个要素：一是精确的控制制度，这是精细化控制的前提和保障；二是精确的操作标准，任何环节、任何控制阶段都有严格的控制水平；三是精确的运行流程，从开始到结束，一系列步骤和细节都局部有序推进，要求每个环节达到预期的实际效果；四是精确的细节衔接，一项完整的控制过程

[1] [苏联]尼·伊·茹科夫：《控制论的哲学原理》，徐世京译，上海译文出版社1981年版，第31页。

由许多环节相互衔接而成，只有环环紧扣，在衔接上严丝合缝，才能达到最佳效果；五是精确的绩效考核，将控制数字化、精确化作为实现控制目标的手段，用量化指标来衡量控制工作的质量、进度和效率；六是精确的回馈修正，根据信息反馈，及时修正完善相应措施，不断优化精确化控制论体系，以推动精确化控制更上新水平。

(2)定量化。如上所述，控制论原理中很重要的研究方法就是引入严格数学的方法进行数学分析，那么定量化在控制论原理中就是不可或缺的，因为定量化是数学分析的核心要素所在。诚如马克思所言："一门科学，只有当它成功地运用数学，才可达到真正完善的地步。任何一种科学，只有当它真正地和数学联系起来，它才算是真正发展起来。"[1]控制论原理中的定量化要求具体包含什么内容呢？本书认为可概括如下：由于控制论原理的研究对象是系统的信息，因此系统存在的数量、规模和发展程度等都是一种可以用数量来表示的规定性，或者说系统的每一种属性都具有本身的数量特征，即凡是反映控制系统数量关系、数量特征、数量变化、特性参数、联系强度、作用大小等数值信息的控制因素都应当纳入定量分析的范畴，并贯穿渗透于控制流程的每一项步骤、环节乃至细节之中，使所获取的数值信息在经过一系列详尽地定量化分析后能尽可能达到精确而不出现偏差，从而使控制结果具有较强的说服力和证明力。因此，控制论原理的定量化特征的确是十分重要的，同时也是和上述的精确化特征相辅相成、密切关联的。

(3)模拟化。模拟是控制论的一个非常重要的概念和方法，可以表达任何性质和复杂的控制论系统的过程和内部状态。在控制论原理的范畴中，模型是相当重要的概念术语，它是与原型相对应

[1] [法]保尔·拉法格等：《回忆马克思》，人民出版社1954年版，第8页。

而存在的，尤其是作为控制系统信息状态的模型，往往是指人为了实践目的或者为了更深入研究原型而制造的物质对象。在后一种情况下，指的是作为认识方法之一的模拟方法。在这个意义上，所谓模型是指（通常是人造的）物质系统，这种系统在类比的基础上能够在某方面代替被研究的原型，以便获得关于原型的新的补充信息。[1] 基于此，我们可以推论出模型与原型具有如下关系：一是模型与原型之间具有相似的关系，即类比性；二是模型在具体的研究过程中能代替原型，即代表性；三是通过对模型的研究，能够得到原型的信息，即外推性。这三个条件正反映了模型方法的三个特点，即相似性、代表性和外推性，这就把模型方法同其他的科学方法区别开来了。模拟方法就是在模型方法的基础上发展起来的更高一级的研究方法。模拟方法自诞生以来，应用的范围和领域越来越广泛，对生命、思维领域、社会领域、科学研究活动等都发挥了重大作用。可以说，模拟化正是现代控制论原理发展的一项普遍趋势。例如，在决策过程中，特别是对那些难度大、风险大、责任大的决策，运用模拟方法来分析评价、决策选优、试验检验等，都是非常行之有效的。那么根据以上分析，显而易见，在通过科学应用控制论原理构建法学学科和法律制度的过程中，尤其是建立控制腐败法律机制的过程中，模拟方法也将被证明是十分重要而有效的方法。

（三）控制腐败机制及其原理

1. 控制腐败机制：概念及其特性

（1）控制腐败机制概念

如上所述，机制是指系统内部各要素间相互作用、相互联系、相互制约的有机体系，由于其内部结构和外部条件的作用，使该体

〔1〕［苏联］尼·伊·茹科夫：《控制论的哲学原理》，徐世京译，上海译文出版社1981年版，第163页。

系在其事物内部形成的一种具有一定向度(导向)和律动(自律)作用,以及自动纠偏和稳定效应的工作(运作)方式。

而控制腐败机制是指利用机制优势和控制论的方法来把握腐败的泛滥度,包括动用社会上一切与腐败相关的各要素及其相互作用、联系和制约的协调系统。使该动态体系或系统能够通过自身内部结构和外部条件(社会环境)的作用,在控制腐败的运行中具有一定的价值目标追求、律动作用影响、自动纠偏功能和稳定的反腐效应的工作运行方式。

(2)控制腐败机制的特性

控制腐败机制既然与制度无论是概念还是效果上都存在如此不同之处,那么必然有其固有内在特性。

①律动性

律动性原本是在劳动号子音乐中的典型节奏形态,也是劳动号子音乐的主要特点之一,劳动动作的不断重复及节奏感,赋予劳动号子节奏的律动性。其中的律动单位不仅时值大致相同,而且常常有相对统一的旋律材料安排。在这里,我们想给控制腐败机制的律动性赋予新的内容,这里的律动性可以理解为:在控制腐败过程中先前建立的机制在以后的工作中重复使用,而且在实践中随着情况的变化能够进行自我调整,以符合控制腐败的本身规律。

我们建立控制腐败机制并不是建立起来就“一劳永逸”了,必须在实践中检验建立的机制是否能够真正地控制住腐败、能在多大程度上控制住腐败及控制腐败的成本与收益的关系是怎样的等,诸如此类都是在机制建立以后所要评价的。而控制腐败机制建立的本身就要求控制腐败内部子系统、各要素不但相互之间发生作用,而且在这个过程中要随着外界环境的变化进行着自身的调整。由此可见,该机制本身是有律动性的,律动性的存在使得控制腐败机制不再是死板的东西,而是能够及时地做出调整以适应外界情况的变化。

②整体性

唯物辩证法认为，整体和部分既相互区别，又相互联系，二者不可分割，并相互影响。一方面整体影响部分；另一方面部分也制约着整体。甚至在一定条件下，关键部分会对整体起着重大的影响作用。我们说控制腐败机制是一个有机整体，主要表现在：

首先，在控制腐败机制总体目标实现上，各个子系统、各个要素都是为了这个总体目标服务，它们之间协调、配合以便能达到这个目标。比如对腐败分子既要打击，又要教育、预防，诸类行为的最终目的是实现能够控制住腐败这一总体目标。总体目标的圆满实现，才是机制建立的总体终极目标。

其次，整体性还表现在整体大于部分之和。这是亚里士多德（Aristotle）的一句名言，也是一个经典的系统论观点。虽然控制腐败机制是一个整体但是并非是各个子系统的简单整合，而是一个有机体，是一个多角度、多层次、立体的符合客观规律的整体。只有这样才能实现不是"1 + 1 = 2"而是"1 + 1 > 2"的效果，若只是简单的、凌乱的拼凑，从外面看来是一个整体，但其内部无法协调与配合那么往往得到的是"1 + 1 < 2"的结果，当然这是我们建立一个机制所不想看到的结果。

③层次性

控制腐败机制这个系统是多层次的，由若干个相互联系和作用的子系统构成。我们可以从纵向和横向两个方面来说明控制腐败机制的多态性，从横向看，控制腐败机制作为一个整体（母系统），它是由若干相互并列的子系统构成的；从纵向看，控制腐败机制的每一个子系统下面又包含着若干层次不同的小系统。[1] 要建立控制腐败机制，第一层次是控制腐败机制的内部机制和控制

---

〔1〕 李晓明：《经济犯罪学》，中国人民公安大学出版社2001年版，第143页。

腐败机制的外部环境两个因素;第二层次是控制腐败机制的内部机制的两个主要子机制,即政策机制、法律机制(包括立法机制和惩处机制);第三层次是各个子系统各自下属的具体工作机制。

④双向性

唯物辩证法认为,任何事物都具有两面性,控制腐败机制同样也不例外。本书认为符合客观规律的机制带来的效果大多是正确的、正向的,这里的控制腐败机制同样也主要是指正向的机制。但是应该看到机制同样具有双重性和反向性,正确的、符合客观规律的机制能够产生良好的效果,反之则产生不良的效果。所以,基于此我们树立科学的世界观、价值观,不断提高自身的素质,防止建立违反客观规律的方向机制。即使如此,也要在建立符合客观规律的机制后,注意执行该种机制的人之具体行为同样也要符合客观规律,否则得到的结果同样是反向的。[1]

⑤开放性

控制腐败机制的系统是一个开放的系统,在实施的过程中会实现内部和外部信息的双向交流,且具有极高的社会透明度。控制腐败的过程需要全体社会成员的共同努力而不仅仅是靠司法机关的打击,人人参与打击腐败,形成全社会与各种腐败行为做斗争的氛围,形成全社会打击腐败的合力,最终真正地实现预防腐败和控制腐败。所以,控制腐败机制的建立本身就需要外界的参与、协助,才能最终实现控制腐败的目标。

2. 控制腐败机制原理:控制论在反腐败机制中的应用

如上所述,控制腐败法律机制是以控制论原理为重要前提的,或者说控制腐败机制原理就是控制论在反腐败机制中的具体应用。然而,建立机制的关键是如何有效地解决体制、制度等工

---

〔1〕 周路:《中国社会治安综合治理机制论》,群众出版社1999年版,第45~46页。

作规范在运行过程中出现的矛盾和问题，也就是如何形成机制中无形和动态的部分，怎样使一定的领导艺术、适当的工作程序、正确的工作方式和有力的工作手段等因素聚合在一起，通过互相联系和相互作用形成一个综合作用场，这才是机制的核心和灵魂。[1]

具体讲，控制腐败机制中的控制是指按照计划标准适时衡量计划的实施情况，及时纠正计划执行中的偏差，并适当地修改计划以完成计划目标的过程，是施控者通过一定的信息传递给受控者的行为。所以控制是一种行为，其存在于施控者和受控者及其相互作用的两个方面。控制论是研究系统中通讯和控制的共同规律的理论，作为一门综合性的现代学科，它以 1949 年美国的诺伯特·维纳(Norbert Wiener)教授所写的《控制论》(*Control Theory*)一书为其诞生的标志。[2] 用控制的方法解决腐败的问题要充分考虑当前的社会大背景和各子系统所面临的相关小背景，总机制要符合当前社会总的运转模式，其中的各子机制在符合总机制的前提下，根据该子机制所隶属的规律体系建立符合该规律的运转模式。用控制论的分析方法分析控制腐败机制可从以下几个方面进行。

(1)控制腐败机制是一个多层级的控制系统

控制腐败机制是一个多角度、立体模式的控制机制，其不是一个简单的施控者与受控制者(腐败者)的对应关系，而是一个多层次、多量级的层层制约、层层递进的控制系统。众所周知，控制腐败不能仅仅靠打击、靠处罚的事后动作，还要靠重预防、重阻止防止腐败不发生或少发生的事前和事中动作。所以，控制腐败机制具有主动性和多层次的特点。如图 4-1 所示：

---

〔1〕 周路：《中国社会治安综合治理机制论》，群众出版社 1999 年版，第 32 页。

〔2〕 同上书，第 63 页。

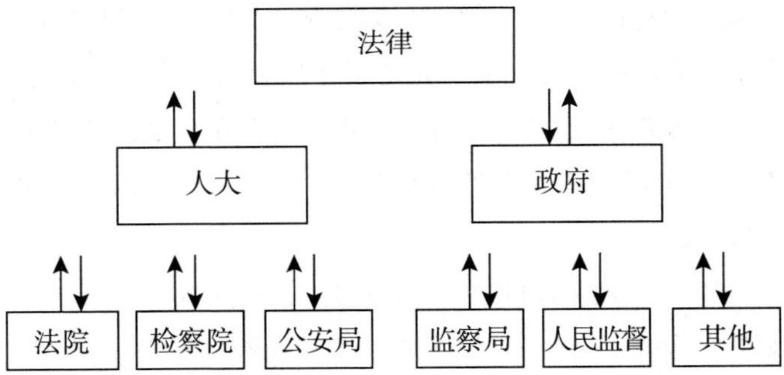

图 4-1　控制腐败机制示意图[1]

从图中可以看出：

首先，处于控制腐败机制的最高层级当然是法律。任何部门的一切预防或是打击、处罚腐败都必须以法律为基础，不得违反法律的相关规定。无论是行政部门还是权力部门，在同腐败斗争中所采取的一切行为或活动都必须在法律允许的范围内进行，不得有“为达目的不择手段”情况的存在，更不能将一些在打击腐败中开始采用并且较为有效但违法的行为习惯化，这样做仅仅只顾眼前利益而没有注意到控制腐败是一个长期的、循序渐进的、需要几代人才能完成的事业，万万不可急于求成。

其次，处于控制腐败机制第二层级的是人大和政府。注意这里的人大和政府的关系，虽然同级的政府是由本级人民代表大会产生，但是两者在控制腐败或同腐败做斗争这一目标层次上是平级的。一个代表权力机关，一个代表行政机关，所以该图标与它们的产生等级并不冲突。这两个部门领导着具体的同腐败做斗争的工作部门或是单位，它们协调下面部门或单位之间的工作关系，为下面的部门或单位制定控制腐败的标准和原则，以免后者在打击腐败中为了纯粹的“打击”目的而逃避法律的相关规定，导致控制

〔1〕 周路：《中国社会治安综合治理机制论》，群众出版社 1999 年版，第 64 页。

腐败这个整体大厦轰然倒塌。

最后,处于控制腐败机制第三等级的是最直接和腐败分子接触和斗争的具体的工作单位或部门。它们在控制腐败机制这个系统中起着相当重要的作用,是机制的主要实施者。机制实施的好与坏直接影响到控制腐败机制的整体目标的实现,关系到能否控制住腐败,以及能在多大程度上控制住腐败等。所以,在控制腐败机制的建立中,必须以第三等级的工作机制为基础进而建立整个控制腐败机制。在符合整个社会大背景的前提下,建立符合第三等级工作机制规律的子系统机制。

用这种方法来模拟出控制腐败机制中施控和受控的关系的方法叫"功能模拟法",能够较为明显地摆出施控与受控的关系,是机制研究中较为简洁的方法。

(2)控制腐败机制中的关键环节——信息反馈

什么叫反馈?将一个系统的输出信号的一部分或全部,以一定的方式和路径送回到系统的输入端作为输入信号的一部分,这个作用过程叫反馈。那么信息反馈怎么理解呢?信息反馈是指系统通过一定的途径将信息输送出去,再经过一定的途径将该信息的作用效果返送回来,然后与预订目标进行比较,以便于做出相应的调整。在控制腐败机制中,对这种信息反馈及时地做出反应,将原来的信息同这种反馈的信息进行合理整合,再次输出……如此反复、循环,使控制腐败机制始终处于运动和自我完善的状态下,从而实现控制住腐败的最终目标。

任何机制的建立和运行,包括控制腐败机制,都必须有信息反馈途径来及时地了解该机制在实践中的动态信息,是正向的还是反向的、是有利的还是有害的等。没有反馈,情况不明,控制腐败机制就会出现"失控"的局面,犹如脱缰之马。所以,从一定意义上信息网络是控制腐败机制的神经系统,而反馈则是控制腐败机制的中枢神经。[1] 如图4-2所示：

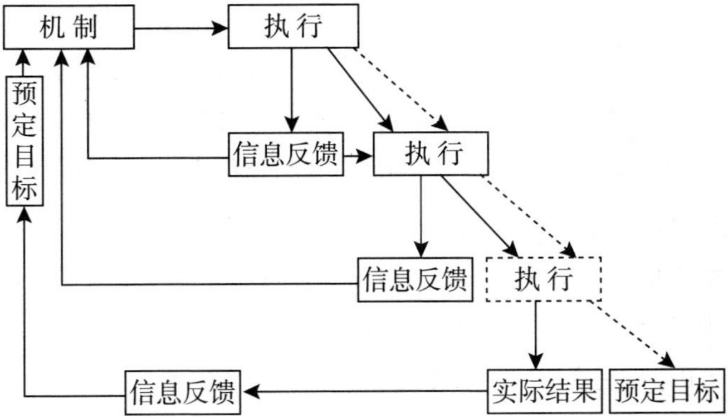

图4-2　控制腐败机制信息反馈示意[2]

从图中可以明显地看出，信息反馈贯穿于整个机制的运转过程中。从机制的建立到具体执行，每一步的执行都伴随着信息的及时反馈，总机制再根据反馈的信息及时地做出相应的调整。这样每一步的执行都能将执行中所遇到的问题及执行结果反馈回来，经过数次的调整与信息再释放，最终实现机制的预定目标。

当然，在这一体系中应该注意两点：

一是对反馈信息的筛选和分类。

反馈信息不可能都是正确的，可能因为人为的或是其他外界因素使得反馈的信息发生虚假或是错误，在这种情况下就应当对所反馈的信息进行筛选。对正确的信息要及时地结合机制本身或是执行的方式进行总结、整理、调整，真正地发挥信息反馈系统中信息这一重要“中枢神经”的作用，最终实现机制的总目标。对于那些错误的反馈信息，虽然不能以其为依据对机制进行调整，但是

[1] 周路：《中国社会治安综合治理机制论》，群众出版社1999年版，第65页。

[2] 同上书，第66页。

也不能不理不管，应当及时地追索出现这种错误信息的原因，以避免以后出现类似的问题，浪费稀缺的国家反腐资源。

分类方面，正确的反馈信息可能是肯定机制信息也可能是否定机制的信息，前者我们称为肯定的反馈信息，后者我们称为否定的反馈信息。无论是肯定的反馈信息还是否定的反馈信息，都要求其切实、可靠，这是对一切信息做出反应的前提。肯定的反馈信息证明了机制是符合某些客观规律的、符合某些工作机制的发展要求的，即是对机制做出肯定评价的信息。对于肯定的反馈信息应当总结经验，为以后的工作打下较为坚实的基础，保证整个机制实施的顺利进行。对于否定的反馈信息则从一定方面反映出了机制的某些弊端的存在，要么是机制本身的问题，要么是执行的问题，总之是该机制的系统出现了问题且急需调整。对于否定的反馈信息应当引起足够的重视，理顺机制的运转流程，寻找是哪个环节出现了问题。根源一旦找到，应该及时、理智地对机制做出修正，使得整个控制腐败机制的系统趋于稳定，实现控制腐败机制的良性渐进发展。

二是实际结果和预定目标出现了偏差的理性分析。

在具体实施控制腐败机制所得到的结果与当初的预定目标出现或大或小的悬殊时，不能将所有责任要么都推在控制腐败机制本身上，要么全推在机制的执行上，这将会严重耽误问题的解决。我们应该对造成目标悬殊的原因做出具体的分析，若是前一种原因造成的也就是预定目标本身原因造成的，应该重新审视和制定目标，不能不切实际地一通乱制定也不可不切实际地制定过低的目标要求，这样都不利于机制本身真正作用的发挥；若是后者即机制本身的目标是正确的，但是执行中出现了问题造成实际结果无法达到预定目标，在此情况下就应当坚定机制预定目标方向，对执行的方式、方法及执行人员对机制贯彻执行的意识进行调整，确保机制能够正确地实施。

（四）我国控制腐败机制的类型

如上所述，控制腐败机制是指利用机制优势和控制论的方法来把握腐败的泛滥度，包括动用社会上一切与腐败相关的各要素及其相互作用、联系和制约的协调系统。使该动态体系或系统能够通过自身内部结构和外部条件（社会环境）的作用，在控制腐败的运行中具有一定的价值目标追求、律动作用影响、自动纠偏功能和稳定的反腐效应的工作运行方式。该机制是为了控制住腐败而人为地建立起多层次、多角度、立体的一种工作机制，旨在控制日益严重的腐败现象。它是集教育、预防、打击和惩处于一体的综合有机整体，是一个多层次、立体的网状系统。

控制腐败机制主要包括两大机制：控制腐败的政策机制和控制腐败的法律机制，法律机制中又包括立法机制和惩处机制。

控制腐败的政策机制实质上是指国家、政党或其他社会团体为实现控制住腐败而对做出决策行为的相互联系的各要素进行整体把握，从而为制定具体政策服务的律动系统，在系统内部各子系统以及各要素之间通过对系统外界环境变化做出反应以达到彼此之间相互联系、相互依存、相互制约、相互作用并协调运转。控制腐败政策机制在控制腐败方面发挥着重要的作用。关于这部分将在本书的第六章详细阐述。

控制腐败法律机制实质上是指法律的制定、运作、调节机制在实行法治的整个过程中各个环节间协调、一致地运作，并最有效地发挥其部分和整体功能的状况。在整个法律机制系统内部，又以控制腐败立法机制为关键部分，它是有关控制腐败的立法、完善现有法律以及与司法、政策机制的相互配合运行的一种机制。本书认为控制腐败立法机制在整个控制腐败法律机制中起基础性的作用，只有建立了完善的立法机制，才具备了治理控制腐败的依据，才能指导司法和执法。所以，我国要广布控制腐败的一切法网，真正形成强有力的惩治和控制腐败的有效法律机制和严密的法律网络。在建立了完善的立法机制后，面临的就是如何正确实施该种机制，即正确、及时地运用立法机制来惩处违反法律的腐败行为，即控制腐败的惩处机制。

第五章　我国控制腐败法律机制的建立

控制腐败法律机制要得以建立，就必须预设其理论前提。通过控制腐败法律机制建立前提的预设，就能对控制腐败法律机制的具体内容进行细致周密的设计，从而能够正确指导控制腐败法律机制的操作运行。因此，控制腐败法律机制的建立前提、具体设计与操作运行是相辅相成、密不可分的。本章将围绕这三方面的内容展开论述。

一、控制腐败法律机制建立的前提

实际上，建立控制腐败的法律机制是一项庞大、复杂的系统工程，相应地，其理论前提也是内容丰富的。具体而言，控制腐败法律机制属于法律机制的组成部分，可以说是法律机制的子项目。因此，要建立比较完善的控制腐败法律机制，首先必须对法律机制的特性予以清晰的理解和把握,并在控制腐败法律机制的建立过程中尽力体现这些特性。此外,控制腐败法律机制的建立正是一个充分运用控制论原理的过程。可以说,控制论原理乃是建立控制腐败法律机制重要的理论前提,理应贯穿其始终,从而保证控制腐败法律机制建立后能得以合理有效地运行。最为重要的是,真正完善的控制腐败法律机制要得以建立,还必须对其本身进行可行性和有效性的分析。

(一)建立控制腐败法律机制的可行性分析

以上分析都表明了有效的法律机制是控制腐败法律机制能够得以形成的理论前提,又能确保控制腐败法律机制得到良好运作。目前在我国,腐败已经成为不容忽视的问题,尤其是大量腐败犯罪层出不穷,严重危害到国家的安定和发展,可以说,“腐败不除,国无宁日”。因此,建立起完善的控制腐败法律机制在当下中国具有迫切性,同时也极具可行性。以下,我们试对控制腐败法律机制建立的可行性略作探讨。

1. 有效制度对经济发展的规范程度较低导致腐败发生,因此加强制度体制建设、有效监督和制约权力是十分必要的。从制度的角度看,腐败是一个社会在经济发展过程中,出现了有利于以权谋私的客观条件与机会,而有效的制度又一时来不及跟进或形成。我们称这样的情况为有效制度对经济发展的规范程度低。在一个社会中,社会资源是其生存和发展的基础或前提,社会资源的利用方式是无限的,而社会资源是有限的,一国内的社会资源更是有限的。无限的利用方式与有限的社会资源的结合,使得掌握资源的权力者总力图创造或寻找一种能实现行为价值最大化(耗费资源最少,从中收益最多)的方式去分配和利用有限的资源。[1] 因此,在制度供给不足及社会资源有限的情况下,如果掌

〔1〕 林喆:《权力腐败与权力制约》,法律出版社1997年版,第26页。

握权力者千方百计地想获取或占有较多的社会资源,往往就必须通过以权谋私的手段,而制度又不足以防止他们这样做,那么客观上就出现了腐败的机会。可以说,是经济的快速发展与制度建设的迟缓所形成的空档创造了腐败的机会。原先,我国实行的是高度集中的计划经济体制,在这种经济体制模式下,政企职责不分,行政权力过于膨胀,企业实际上成为行政权力的附属品,只能服从和接受计划和行政指令的安排,没有任何自主性可言,这样必然导致的后果是:一方面,由于权力行使和责任分离,换句话说,权力的行使脱离了责任的制约,并且由于对权力行使的制约机制的欠缺,对权力行使的监督机制或者没有,或者软弱无力,等同于没有,这样就为行政权力的滥用提供了可能,而行政权力的滥用则是形成腐败的不可或缺的因素。另一方面,由于政企职责不分,使拥有强大行政权力的行政部门在对企业的指挥上有利可图,各部门往往争相攫取自身利益,争办、争控企业,造成了经济生活的混乱,同时也使得腐败有了可乘之机。为此,对旧有的计划经济体制的改革势所必然。然而,在计划经济体制向市场经济体制的逐渐过渡过程中,旧体制的影响尚未消除,新体制尚未完善阶段,往往也是法律和政策漏洞较多,对腐败的控制较为薄弱的阶段。由于人们长期以来习惯于行政命令的权威大于法律的影响,因而习惯用行政手段取代法律手段管理经济。而且由于行政手段的快速有效,而法律制度的影响又较为缓慢、平稳和长期,加上立法较之行政手段又常有程序上的复杂性和其他困难,对改革过程中可能出现的新情况也难以有准确的预见,这就很可能造成法律制度的滞后性。此外,由于社会主义市场经济体制的运行机制是市场机制,而市场机制的运转动力乃是不同利益主体对利益的追求,因此,调动市场主体的积极性、主动性和竞争意识的主要手段是利益而不是其他,这样就导致了各利益主体对各自利益的追逐很容易培养出唯利是图的思想,同时无情的竞争也将驱使各市场主体采取一切手段来保存和发展自己,并击败对方。这两点和其他因素相结合,乃是经济体制转轨和社会转型时期滋生腐败的主要根源。[1] 针对上述状况,尤其是制度滞后性的现状,如何应对在社会转型期或经济快速发展期间有效制度对经济的规范程度过低所导致的比较严重的腐败现象,可以有以下两种方式:第一,减轻经济发展对行政权力的要求和压力。主要通过规范、制约和监督过于膨胀的行政权力,减少经济发展过程中过多的行政干预、审批,减少"设租"的可能性和机会,以达到减轻目前经济发展对行政权力过高依存关系的效果。第二,加快制度的发展,建立有效的制度建设体系。通过加强制度本身的途径来提高有效制度对经济发展的规范程度。虽然制度有着不可避免的滞后性,且有效制度对于经济发展的规范程度最终会有一个极限,但由于现行制度对经济发展的规范程度还比较低,所以,今后通过以上两种方式的解决方案是对于控制腐败问题的重要解决途径。通过以上分析,本书认为,建立起完备的控制腐败法律机制正是克服目前在应对腐败方面存在的制度性障碍的最好举措,而且也正是配合以上两种方式的解决方案得以贯彻施行的制度保障。

2. 金钱观和权力观的扭曲助长了腐败发生,因此需要在保持经济的持续、快速发展的同时,增强控制腐败法律机制的教育和惩戒作用,提升人们的价值观念。从腐败产生的根源来看,在人们价值观念中产生扭曲的金钱观和权力观成为其中的重要因素。首先,随着社会经济发展水平的提高,金钱在人们的社会生活中越来越具有重要的意义。于是似乎有人认为,在一个社会中,衡量一个人在事业上的成就的标准就是其获得以金钱为代表的财富或占有该种财富的多少。一个人拥有财富越多,在别人看来他对社会的付出或贡献也就越多,说明他个人的发展也就越成功。

---

〔1〕 陈卫东:《腐败控制论》,中国方正出版社2000年版,第36~39页。

因此,许多人可能错误地以为拥有的金钱越多就越能实现自己的人生价值,所以在人生的道路上拼命追求金钱。尤其是在高度发达的商品社会,好像所有的东西,甚至包括地位、荣誉、爱情、友谊等都可以用金钱买到,似乎金钱成了社会财富的一般代表,在这样一种价值观的指引下,为了金钱,人们可以不惜践踏法律,而有了金钱,他们即使是犯罪也可以逍遥法外。唯利是图,也驱使人们为了获取金钱而随时准备去冒险。[1] 这种扭曲的金钱观实质上是非常可怕的,因为金钱观的高低代表了一个人面对同样机会时进行腐败行为的可能性大小,过分地追求金钱往往使人发生思想的蜕变、道德的堕落和价值观的扭曲,从而逐渐滋生"一切向钱看""只讲目的,不择手段""个人利益至上"等利己主义的道德观念,而这种道德的堕落与虚无导致价值取向的实惠化、本位化,一切围绕自身的实利做取舍,漠视道德规范的限制,放任自流,滥用职权,最后陷于腐败。[2] 换言之,一方面,如果面对获取财富的机会,无法通过正当途径去取得的话,在强烈的金钱观的驱使下,往往有人会千方百计地寻求腐败的机会去实现获取财富的目的而不顾其他,这样显然就导致了腐败行为的愈演愈烈;另一方面,权力失控也是造成腐败的重要因素,如前所述,行政权力的滥用是形成腐败的重要原因。因此,许多认识到这一点的掌握权力者就有了扭曲的权力观。他们并没有想到要用自身所拥有的行政权力去为广大人民群众谋福祉或者为国家的发展做贡献,相反认为行政权力可以给他们自身带来极大的好处,是可以用来为自身谋取金钱及其他大量不法利益的法宝,所以许多掌握权力者往往凭借强大的行政权力满足一己私欲,竭力争夺不法利益,消耗有限的社会资源,这样就势必容易滋生腐败,为害甚剧。英国政治

---

〔1〕 陈卫东:《腐败控制论》,中国方正出版社2000年版,第31页。

〔2〕 李文生:《腐败防治论》,中国检察出版社2004年版,第19页。

学家塞缪尔·亨廷顿在其论述政治发展的一部经典著作中,就容易导致行政管理腐败的条件指出:一个国家的政治机会(获取政治权力)与经济机会(获取物质利益)的大小比例影响到腐败的性质。如果政治权力机会多于经济机会,那么人们就会为了赚钱而从政,即所谓"当官发财",而这样将导致更大程度的腐败。[1]因此,在一国内大力促进经济快速发展的同时,建立起有效的控制腐败的法律机制实有必要,因为控制腐败法律机制可以通过强化制度惩戒措施,以国家强制力来严惩腐败犯罪分子并对特定的社会群体产生震慑、警戒、教育和预防的作用,减少其发生腐败的机会。更重要的是,控制腐败法律机制还可通过加强思想道德教育和法制教育,使掌握行政权力的国家公职人员树立正确的世界观、人生观和价值观,增强自身抵制腐败的能力,构筑其拒腐防变坚固的思想道德堤坝,避免受到不正确的金钱观和权力观的影响,这也是预防和抵制腐败的有力武器。

(二)建立控制腐败法律机制的有效性分析

既然已经充分肯定了建立控制腐败法律机制的可行性,那么还应当考虑这一机制建立之后对控制腐败所产生的真正实效。如果无法产生预期的实效或者产生的实效并不理想,则说明控制腐败法律机制仍存在瑕疵而有待完善。因此,必须加强对建立控制腐败法律机制之后的有效性分析。本书认为,此种有效性分析应当侧重于确立起比较科学的测量标准,以检验控制腐败的实效。具体而言,应当包括如下方面内容。

1. 有利于减少寻求腐败的机会

通过强化制度约束机制来控制腐败是最佳选择,其中最重要的是要通过制度确立行为规范,降低交易成本,减少寻求腐败的

---

〔1〕［南非］罗伯特·克利特加德:《控制腐败》,杨光斌等译,中央编译出版社1998年版,第74页。

机会。在此,西方国家的"经济人"理论颇具启示意义,这一理论认为,人类存在尽可能增加自身利益的意愿。"经济人"就是指个人以追求个人利益的最大化或以极大化的个人的效用作为做事最基本动机的人。正如亚当·斯密所说:"每个人都在力图应用他的资本,来使其生产品得到最大的价值。一般来说,他并不企图增进公共福利,也不知道他所增进的公共福利是多少。他所追求的仅仅是个人的安乐,仅仅是他个人的利益。在这样做时,有一只看不见的手引导他去促进一种目标,而这种目标决不是他所追求的东西。"因此,"经济人"理论主要包含了以下几个方面的内涵:一是人的自利性,即每个人都要为自己打算,总是在追求自己认为有价值的东西。这种价值物,只要是个人觉得值得追求的,既可以是物质利益,也可以是非物质利益。二是利益最大化原则,即人们总是寻求最大限度地满足自身利益。"经济人"能够通过成本—收益分析,权衡比较每种方案的利弊得失,采取最有利的行动,从而实现自身利益的最大化。三是人的理性假定,即人具有理性的知识和计算能力,能够收集必要的信息,对备选方案进行比较,会做出能更好地满足自身偏好的选择。如果把"经济人"假设应用于政治领域,就可认为个人在政治活动和集体选择过程中,同样追求的是利益和效用的最大化。基于此,我们不妨假设掌握权力者也是"经济人",当公共利益与掌握权力者自身利益发生冲突时,就会出现腐败机会或诱因,即掌握权力者有可能滥用手中权力为其自身谋取利益。在此过程中,掌握权力者会想方设法寻找腐败的机会,而且尽可能地寻求制度的漏洞,权力"寻租"也是其最好途径。如果制度的漏洞较多,权力"寻租"的机会也多,那么相应地腐败发生的可能性也大。制度短缺或者制度缺乏效率,具有潜在的机会主义动机的"经济人"就会争先恐后地以损公肥私、损人利己等方式来实现个人收益的最大化,社会分工合作的基础就会荡然无存,整个社会就会陷入一片混乱,甚至可能倒退到弱肉强食的丛林状态。为此,如果加强制度建设,确立行为规范,就可以抑制“经济人”的机会主义倾向,使复杂的人际交往过程变得更易于理解和把握,借助于制度规范,人们可以在互动性的活动中对他人的行为做出合理的预测,增强相互间的信任,防止和化解冲突,从而减少交易过程的不确定因素,降低交易成本。〔1〕 这也诚如美国著名经济学家詹姆斯·M.布坎南所说:“没有合适的法律和制度,市场就不会产生体现任何价值最大化意义上的效率……霍布斯学派无政府状态的自发秩序不能使个人价值最大化,可能会趋向价值最小化……在任何交易或交换中,个人参加者有一种伪诈、欺诈、骗取和违约的自私自利的动机。法律、制度、传统道德教育这些都是设计出来或演化形成以限制或控制这些短期私利的做法。只有这些制度限制成功地运用,从市场过程形成的自发秩序才能使个别想象的个人价值最大化。”〔2〕的确,如果制度短缺或者出现漏洞,就不能排除作为“经济人”的个体基于自身的自利性动机积极寻求腐败以实现利益和效用的最大化,这样也为权力寻租大开了方便之门。因此,有效的制度约束对于减少“经济人”寻求腐败的机会也是必不可少的。

2. 有利于形成良好的激励结构

制度借助其奖惩机制可以对人们的行为产生直接的影响,它提供了一整套什么行为受鼓励,什么行为受惩罚的信息,理性的“经济人”会根据这种信息来调整自己的行为,借以实现其收益最大化的目标。有效的制度可以促使个人通过增进公共利益的方式来谋求自身利益的最大化,形成正和博弈;相反,无效的制度会“激励”人们以损人利己、损公肥私的方式来实现自身的利益,导

〔1〕 何显明:《制度防范:反腐败的治本之道》,载《中共浙江省委党校学报》2001年第6期。

〔2〕 [美]詹姆斯·M.布坎南:《自由、市场和国家》,吴良健等译,北京经济学院出版社1988年版,第38~39页。

致个人理性与集体理性相悖的零和博弈,甚至陷入损人不利己的负和博弈困境。出于"经济人"固有的机会主义动机,如果没有有效率的制度约束,"经济人"就会倾向于尽可能多地让别人或社会来承担自己行为的成本。腐败行为在给个人带来收益的同时给公共利益带来了巨大的损害,是一种具有极大的负外部性的行为,有效的制度安排就是要防止出现这种情况。〔1〕目前,我国现有的制度结构和制度安排在激励机制上是存在问题的,主要表现在公职人员工资收入水平偏低以及收入分配中的平均主义等不利于调动他们的工作积极性;长期以来形成的单位体制导致众多单位利用自身的权力和资源逐利行为的猖獗;寻租行为比诚实劳动和直接的生产经营活动更容易发财致富以及非国有部门、非公职人员、地方政府等所面临的激励机制也存在扭曲,导致寻租、行贿等非法手段的大量产生。〔2〕而建立控制腐败法律机制,其目的正是完善相应的制度安排,避免上述问题的产生,通过有效的制度形成良好的激励结构,从而减少腐败的发生。总而言之,有效的制度可以促使个人通过增进公共利益的方式来谋求自身利益的最大化。可以说,在有效制度的规范下,个人利益同公共利益应当是一致的,这也是构筑良好激励结构之内在要求。

3. 有利于堵住腐败现象滋生的源头

腐败现象的存在有着复杂的根源。从我国腐败现象产生的具体情况来看,主要有以下几个原因:一是思想根源,即封建特权思想、资产阶级腐朽思想等剥削阶级思想的侵蚀。二是经济根源。我国在从计划经济体制向市场经济体制转轨的过程中,在发展市场经济的条件下,难免会有人经不起权力、金钱等的诱惑,充

〔1〕何显明:《制度防范:反腐败的治本之道》,载《中共浙江省委党校学报》2001年第6期。

〔2〕孙载夫:《防治腐败体系研究》,中国方正出版社2004年版,第124~125页。

当权力、金钱的“俘虏”。三是历史根源。我国是一个封建主义历史延续极长的国家,封建特权思想的影响极为深远。四是国际根源。我国实行对外开放的方针,在吸收和借鉴资本主义积极因素的同时,资产阶级的腐朽思想、生活方式也会乘虚而入,腐蚀一些意志薄弱者。五是文化根源。须知先进的文化传播有助于净化社会风气和政治空间,使腐败现象不易滋生,而不良的文化传播无疑会对腐败现象的形成起到推波助澜的作用,例如家长制政治文化、人情本位关系文化、官本位政治文化以及利本位经济文化等。六是体制根源。这是诱发腐败现象产生的最重要原因,因为在体制转轨过程中,由于传统的行政审批、财务收支、干部人事等诸多环节都不同程度地存在漏洞,导致公共权力缺乏制约和规范,而在这些方面的制度建设又远远落后于社会经济发展的实际,所以无形中给国家公职人员提供了一定的活动空间,使他们能够时常“得心应手”地大行腐败。因此,要有效遏制腐败,就必须努力消除上述消极根源的不利影响,着力于铲除腐败现象滋生的土壤和条件,而要达到这一目的,必须采取配套的治理措施,其中思想教育和制度约束是不可或缺的。在思想教育方面,要不遗余力地开展反腐倡廉教育。具体而言,反腐倡廉教育就要求在充分认清产生腐败的上述六种根源的基础上,有针对性地进行理想信念教育、权力观教育、党纪政纪和国家法律法规教育、从政职业道德教育以及典型教育等,力求取得实效。[1] 而在制度约束方面,就是要依靠制度建设从源头上预防和治理腐败,使制度创新成为控制腐败的治本之策,而且在不断深化经济和政治体制改革、构建控制腐败的宏观制度结构和不断推进控制腐败的微观、中观层次的具体制度创新上做出艰辛努力,力争有所作为。

---

〔1〕 孙载夫:《防治腐败体系研究》,中国方正出版社2004年版,第94～98页。

4. 有利于遏制腐败现象的蔓延

长期以来,我国多次开展反腐败斗争,尽管也收到一定的阶段性成果,但总的来说,腐败现象的势头没有从根本上得到遏制,在某些地方和单位甚至呈现蔓延扩展的趋势。究其原因,主要就是制度不健全,监督和执法不到位、不得力等。例如,官僚主义、滥用权力等腐败现象的泛滥,就是因为民主集中制不健全,领导干部的权力得不到有效的制约等。因此,建立起完善的控制腐败法律机制,就可以通过完整的制度体系和严密的监督、执法网络,使所有的人都处在制度的约束之下,谁搞腐败谁就会被查处,就能有效地打消那些想搞腐败的人的侥幸心理,控制腐败现象的蔓延。对此,邓小平同志就明确指出:"解放以后,我们也没有自觉地、系统地建立保障人民民主权利的各项制度,法制很不完备,也很不受重视,特权现象有时受到限制、批评和打击,有时又重新滋长。克服特权现象,要解决思想问题,也要解决制度问题。"〔1〕很显然,如果没有有效的制度作为保障,就很难遏制各种腐败现象的蔓延。

5. 有利于从根本上控制腐败

要从根本上控制腐败,就必须从建立和健全有利于反腐倡廉的各项制度着手。邓小平同志曾说过:"制度好可以使坏人无法任意横行,制度不好可以使好人无法充分做好事,甚至会走向反面。"〔2〕可以说,有了健全而严格的制度,才有可能严格依法办事,不被人为的因素所干扰,也不因领导人的变动而改变,从而真正使控制腐败斗争走上制度化、法制化、规范化的轨道。也只有健全了控制腐败的制度,并使各项制度真正落到实处,才能防止不同形式的腐败问题重演和回潮。总之,要从根本上解决控制腐败的问题,最关键的就是要建立和健全有利于反腐倡廉的各项制

〔1〕《邓小平文选》(第3卷),人民出版社1994年版,第332页。

〔2〕同上书,第333页。

度。而建立控制腐败法律机制也正是当前建立和健全有利于反腐倡廉的各项制度的应有之义和重中之重。具体而言，本书认为，从有利于反腐倡廉的角度出发，完善的控制腐败法律机制可包括如下各项具体制度：权力配置制度、权力运行约束制度、干部选拔任用制度、行政管理制度、财政制度、市场经济管理制度、公职人员廉洁从政的保障激励制度以及党风廉政建设和反腐败的专门法规制度等。[1] 最为重要的是，应当在完善以上各项制度的同时，尽可能确保这些制度能相互衔接、相互配套，处于一体化的运行之中，以共同对控制腐败发挥积极有效的作用，如果其中任何一项制度出现偏差或疏漏，恐怕就很难取得从根本上、整体上控制腐败之实效。

二、控制腐败法律机制的具体设计

在建立控制腐败法律机制之后，对其进行细致周密的制度设计也是相当重要的。本书认为，首先必须夯实形成控制腐败法律机制的理论基础，然后揭示控制腐败法律机制所发挥的具体作用，同时还要明确控制腐败法律机制所包含的具体内容。只有通过这几方面的制度设计，才能保证控制腐败法律机制得以顺畅便利地操作运行。

（一）控制腐败法律机制的理论基础

1. 法的动态运行的相互衔接理论

前面在论及法律机制的特性时已经表明了动态性和整体协调性是其两大重要特性，在控制腐败的法律机制中，动态性和整

〔1〕 孙载夫：《防治腐败体系研究》，中国方正出版社2004年版，第131～157页。

体协调性同样不可或缺。那么,作为构成控制腐败法律机制的理论基础,动态性和整体协调性又是如何在控制腐败的法律机制中得以体现呢？本书认为,主要体现于如下方面：

首先,在应对腐败尤其是腐败犯罪方面,法律机制呈现的是一种动态的运行过程。由于腐败现象及腐败犯罪的生成乃是根源于社会的,而社会结构是复杂的,尤其是各种社会关系错综复杂地交织在一起,因此造成腐败的因素也是多方面的。这显然就要求法律机制内部的各项法律制度积极渗透到社会生活的领域,在社会有机体中进行活动,促使人们进行某种社会行动,制止人们进行另一种社会行动,有时则导引社会生活趋向于某种社会目标。可以说,法律机制动态地调整着社会关系主体之间的关系,使其在社会中的行为得以规范化。而腐败行为正是社会主体行为失范化的典型表现,那么当腐败行为发生时,就必须依靠法律机制通过一定的强制力加以纠正。在纠正过程中,法律机制的各项配套制度就不应该是滞后和脱节的,而是需要不断随着时代的进步和发展而及时进行调整、充实和完善。须知,社会生活不断处在变化之中,相应地,腐败现象也日趋复杂化和翻新化,那么制度变化就需要及时跟进。当现有的法律规范不够严谨或不够完善,无法及时应对腐败现象出现的新问题和新特点,就需要对现有法律规范进行清理、补充、修改和完善,并及时使之运用于控制腐败的整体过程中。此外,还需要对腐败生成的社会背景予以深入考察,密切关注经济体制、政治体制、文化体制改革的进程,关注出台的每一项重大举措可能带来的风险以及由此可能引发的新形式的腐败,尤其是对一些最易滋生腐败的重要领域和新兴行业,要适时研究制定相关制度,超前防范,防止滞后和脱节。如上种种都可以说是确保法律机制得以动态运行的内在要求。

其次,组成法律机制的内部各项法律制度的相互衔接也是十分重要的,这也是法律机制整体协调性的突出体现。正如分析所知，法律机制是由各个部门法规范、原则、政策等以及各种法律现象之间有机运行所构成的完备的法律体系。其既包含了立法、司法、执法、守法以及法律监督等各个层次，也包含了刑法、民法、行政法、经济法和程序法等各个方面。因此，一方面，法律机制的相互衔接就表现为法律机制的主体将法律规范实施于社会生活中。其中，立法、司法、法律监督、法律服务、法律教育和法律研究活动等相互配合，环环紧扣，形成法律机制内各项法律制度的构成要素及其多层次的子系统之间的相互连结并发挥多种社会功能的过程。另一方面，法律机制在实施于社会生活中尤其是应对腐败现象时，应当充分考虑采用多种法律手段，积极发挥各个部门法规范的优势作用，着力开展腐败的宪法预防、民商法律预防和经济法律预防、行政法律预防、刑法预防、程序预防以及专门的法律预防等。[1] 保证各个部门法并非孤立运行，而是相互结合，融为一体，从而构成控制腐败的强大的法律体系。

2. 系统工程与法治系统工程理论

既然充分肯定了控制腐败法律机制必须是一个比较完备的法律体系，那么显而易见，构筑如此一项法律体系就应当具有其相应的理论基础。在此，系统工程理论颇值得关注。所谓系统，就是人类在实践活动中的对象，系统中的要素根据实践的目的组合在一起，形成一个整体，并成为思维的对象。其中所谓人的实践活动包括经济生产活动、社会活动、组织管理活动、科学研究活动、艺术创造活动等一切实践活动。[2] 在认识到系统定义的基础上，我们又可揭示出系统工程的概念，即系统工程是以系统为对象的工程。更具体地说，它是对系统进行开发、设计、规划、研究、试验、制造、使用和管理的精确化的科学方法。系统工程可以

〔1〕 陈卫东：《腐败控制论》，中国方正出版社2000年版，第99～128页。

〔2〕 袁旭梅等：《系统工程学导论》，机械工业出版社2006年版，第27页。

根据处理体系的性质不同，充分应用于各类不同的工程实践之中，各类工程的共同特点是：把定量化的系统思想方法应用于组织管理的工程实践，寻求实践效果最优化的方法和技术。[1] 将系统工程理论应用于法学领域，就形成了法治系统工程。法治系统工程可以说是将系统工程理论与法学理论相结合、相交叉的产物，要求将法治的基础理论科学、技术科学、工程技术与法治实践联系为整体的纽带，同时还要将各种法治技术、技术科学和基础理论联结为特定整体的纽带，最后形成一个多系统、多层次，既互有区别而又密切联系、相互渗透贯通、相互配合的完备的法律体系。该法律体系要如实反映客观的社会关系，并以实现对国家和社会的最佳有效治理为目的，从而推动法律、法治的各种措施科学化、现代化起来，迅速而有效地运转。[2] 以法治系统工程理论为指导，对于建立控制腐败法律机制也是极具启示意义的，因为建立控制腐败法律机制也是一项系统化的工程，控制腐败法律机制中宏观的各种制度设计、体制架构与微观的法规、政策构成了它的结构模式，该种结构模式是社会环境的一个子系统，它本质上是与社会结构模式同构的。因此，控制腐败法律机制的结构模式和过程模式应该是社会工程的研究对象和内容，控制腐败法律机制的建立也属于社会工程的范畴，并且独立构成控制腐败的系统工程，[3] 甚至构成独立的控制腐败法治系统工程。所以，只有夯实控制腐败法律机制的理论基础，充分运用系统工程的方法和理论并遵循法治系统工程的思路来科学组建一个控制腐败的大系统，才能真正、充分地发挥控制腐败法律机制在应对腐败尤其是腐败犯罪方面的职能作用。

---

〔1〕 吴世宦：《法治系统工程学》，湖南人民出版社 1988 年版，第 31 页。

〔2〕 同上书，第 45 ~ 49 页。

〔3〕 李成言：《廉政工程：制度、政策与技术》，北京大学出版社 2006 年版，第 320 页。

（二）控制腐败法律机制的具体作用

1. 惩罚作用

对于腐败犯罪分子（尤其是严重腐败犯罪分子）而言，通过建立控制腐败法律机制可以发挥对其的惩罚作用。具体而言，控制腐败法律机制针对腐败犯罪分子犯罪程度的轻重、社会危害性及人身危险性的大小等分别设置不同种类、不同严厉性程度的刑罚措施，以收惩罚之效。可以说，刑罚的惩罚作用是其他作用得以发挥的重要前提，离开了刑罚的惩罚作用，那么刑罚的其他作用就无从谈起。惩罚是对犯罪人权益的剥夺，而剥夺犯罪人的权益，必然造成其生理和心理的痛苦，这种痛苦效应的产生，是通过适用和执行刑罚的过程表现出来的。如果刑罚不能给犯罪人造成生理和心理的痛苦，或者刑罚所造成的痛苦小于因犯罪带来的好处，那么刑罚就不能有效遏制犯罪，只有使犯罪人亲身体会刑罚的痛苦，才能使他们畏惧刑罚，从而不敢以身试法去进行犯罪。换言之，对腐败犯罪分子适用刑罚，使其进行腐败犯罪的成本远高于其从中所获，从而就抑制了腐败的发生。

2. 教育和改造作用

对犯罪人实施惩罚固然重要，但惩罚并非唯一目的。本书认为，特别是对腐败犯罪分子而言，教育和改造是更为可取的方法，这就意味着对腐败犯罪分子施以刑罚的时候，一定要注重教育和改造作用的发挥。实践表明，根据腐败犯罪的特点，教育和改造的作用往往比一味地惩罚更加有效。首先，就教育作用而言，包含两个方面：一是对犯罪人的教育，二是对其他社会成员的教育。对犯罪人的教育还是通过对犯罪人适用刑罚来实现，让他们在感受刑罚痛苦的过程中深刻反省自身的犯罪行为，并从中吸取教训，自我谴责，并产生不再犯罪的想法。对其他社会成员的教育主要是通过国家制定刑法及其他相关法律规范，以法律内容来评价和指引人们的行为，使人们明确合法行为与非法行为的界限，从而自觉遵守法律。同时，还可通过对犯罪人适用刑罚来教育广大公民，使其确信犯罪与刑罚之间的必然联系，从而不致选择犯罪。其次，就改造作用而言，就是指刑罚具有改变犯罪人价值观念和行为方式，使其成为对社会有用的新人的作用。可以说，改造作用与教育作用是相辅相成的，甚至教育的目的也是最终实现对犯罪人的改造。

3. 威慑作用

就对腐败的控制来说，通过刑罚来进行威慑也起着相当大的作用。与教育作用相似，威慑也可以分为对犯罪人的威慑和对其他社会成员的威慑，前者称为个别威慑，后者称为一般威慑。个别威慑通过对犯罪人适用刑罚，使其感受施加于身的刑罚的严厉与痛苦，并对刑罚产生畏惧心理，从而悔罪自新。同时，刑罚的这种威慑效果应当是持久的，即应当使犯罪人在刑罚执行完毕后能够消除犯罪动机，排除犯罪意念，使再犯心理不外化为再犯行为。一般威慑又有立法威慑和司法威慑之分，前者是通过国家立法在刑法中规定对犯罪的各种惩罚而使潜在的犯罪人望而生畏，不敢犯罪。后者是通过司法机关对犯罪人适用和执行刑罚而警戒潜在的犯罪人。通过比较分析可知，威慑作用与教育作用实有异曲同工之妙。

4. 激励作用

前文已经肯定了在建立控制腐败法律机制过程中如果形成良好的激励结构，将有利于遏制腐败。因为良好的激励结构将促使人们自觉守法，合法规范自身行为。刑罚虽然只对犯罪人适用，但其影响却涉及整个社会，对社会全体成员都会发生作用。如果说刑罚之于犯罪人主要表现为惩罚，之于潜在犯罪人表现为威慑，这都是一种否定的作用，那么刑罚之于守法公民则是一种激励，这是一种肯定的作用，其结果在于强化公民的守法意识，并在可能的情况下还会激励广大公民同犯罪活动进行斗争。

5. 补偿作用

犯罪作为一种危害社会的行为,必然会对国家、集体和个人的利益造成侵害。腐败犯罪亦不例外,它往往对公共财产、公民利益等带来巨大的损失。因此,除了对犯罪人依法给予刑事处罚外,还要尽可能地设法弥补因犯罪给国家、集体和个人所造成的物质损失和精神损失,以实现控制腐败法律机制所具有的补偿作用。

(三)控制腐败法律机制的具体内容

1. 国内立法机制

在立法上对种种腐败行为予以详加规定,严格地设计权力运作的程序与轨道,并合理地规定制裁的措施,为控制腐败提供立法上的依据和保障,这是建立控制腐败法律机制的前提和基础。[1] 因此,针对腐败现象的发生规律和共性,应当加强控制腐败的相关立法,形成专门的预防和治理腐败的法律规范体系。这套规范体系可以调动社会的各种反腐败资源,专门针对腐败设计预防和治理措施,以集中各方面的力量来加强对腐败的控制。近年来,我国的立法部门在这方面有所作为:首先,在我国刑法中将贪污贿赂和渎职犯罪列为专章,并根据这两类犯罪的贪利性和渎职性特点等,在犯罪主体和法定刑等方面予以了明确规定;其次,除了刑法规定外,刑事诉讼法也从程序上加强了对腐败犯罪的追诉力度,还有大量配套性、基础性的立法也正不断制定出台或者逐步酝酿产生。例如,选举法、行政程序法、国家赔偿法、反洗钱法、公务员法、审计法,不一而足。应当说,目前我国国内在控制腐败的法律规范体系方面还是初具规模的,有利于今后深入惩治腐败,建设廉政制度。但我们同时认为,最重要的还是应当在我

---

〔1〕 陈卫东:《腐败控制论》,中国方正出版社2000年版,第97页。

国尽快制定一部专门的反腐败法。制定专门的反腐败法是当今世界的一个发展趋势,我国的刑法和其他单行法规虽有关于惩治腐败的条款,但至今尚无专门的立法,说明惩治腐败的立法还不系统,缺乏协调,现行立法在立法技术上也有粗疏、需要改进的地方。因此,制定专门的反腐败法是当务之急。这也有利于发现、侦破、查处、预防和打击贪污贿赂等腐败犯罪。制定专门的反腐败法应体现打防并举、综合治理、从严惩处、慎重准确、特殊犯罪特殊处理的原则,增加可操作性。

2. 国内司法机制

控制腐败的司法机制主要就是体现在如下三个方面:

第一,完善制度保障,确保司法权力依法独立、公正行使。主要有两层含义:一是司法机关行使司法权的独立,在我国,司法机关主要是指法院是司法权的行使主体,在依法独立行使司法权的方面,不受任何行政机关、社会团体和个人以及上级司法机关的干涉。“法院独立是司法权独立的具体化,司法权的行使机关是人民法院,承认司法权的独立当然就应该承认法院的独立。”〔1〕其必要性就在于它为司法权的独立行使提供了组织和场所的保障。也为法官独立行使职权排除干扰和提供职务上的保障。二是法官的独立,法官作为具体的裁判者,是司法权之核心的审判权的行使者,司法权力依法独立行使最终落脚于法官独立。〔2〕具体而言,一方面,法官独立是法官通过独任或合议制形式审理案件,只服从法律,而不应受到法院内部的其他法官的不正当干预;另一方面,下级的法官应独立于上级的法官,行使审判权不应受到上级法官不正当的干涉。进一步来说,法官独立意味着:

〔1〕 韩玲:《司法独立的理性思考》,载《长春工程学院学报》(社会科学版)2005 年第 5 期。

〔2〕 章武生、吴泽勇:《司法独立与法院机构的调整(上)》,载《中国法学》2000 年第 2 期。

(1)法官是独立的审判责任主体。权责一体,是权力行使的基本原则。法官独立行使审判权意味着他要对自己的权力行为独立承担责任。(2)法官独立性受到法律保障。完善法官职务保障、身份保障等制度,法官不得被随意免职、调动,也应当具有良好的收入,从而真正使法官在从事司法审判活动时依法独立公正行使权力。

第二,健全监督机制,防止司法腐败。可以说,建立健全司法监督机制的目的就在于确保控制腐败的各项立法能贯彻落实,避免在司法实践中发生偏差。司法腐败可以说是性质最为严重、影响最为恶劣的腐败行为,因为司法是社会公正的最后一道防线,是体现一个国家文明程度,特别是法治文明的窗口。纵观世界各国,都不约而同地把司法权看作是为社会排难解纷、掌握对公民生杀予夺大权的国家权力。正因如此,司法部门一旦发生腐败,必将直接破坏国家的法制,纵容违法犯罪,损害国家威严,并使国家、社会和公共利益遭受损失。因此,建立健全司法监督机制是当务之急。具体而言,就应当从两方面着手:一是充分加强对司法机关及其工作人员的社会监督力度,而社会监督是内容广泛的,可以包含党纪监督、人大监督、人民群众监督、新闻舆论监督以及社会道德监督等诸多方面;二是完善法律监督制度,对监督主体的地位和权限、监督的范围和程序以及监督的方法和手段等均做出明确规定,进一步充实监督力量,确保监督的法制化。我们相信,只有通过强化司法监督机制的作用,才能真正做到有效遏制司法腐败,实现司法公正。

第三,改善管理体制,建立制衡机制。具体而言,首先,就是现行法院内部的行政管理模式要向审判管理模式转变。法院是审判机关而非行政机关,法院的中心工作是审判工作而非行政工作,这就决定审判工作的管理必须摒弃以往的行政管理模式。其次,从制度上合理配置司法权,主要做法可归纳如下:一是在法院内部实行人员分类管理制度，二是规范法官选拔任用制度，三是合理确定法官的职级待遇，四是强化审判组织的职责。最后，还必须进一步深化法院监督机制的改革。法院、法官的权力大了，责任重了，只有建立起严格的监督制约机制，实行有效的监督，才能保证司法公正，才能遏制司法腐败。因此，改革和完善法院监督制度，建立和健全权力制衡机制，既是我国司法民主的要求，也是我国法院改革的主要内容。其中，不仅要完善部门之间横向的内部制约机制，而且要健全自上而下、自下而上形成有机统一、科学有效的权力制衡机制，从而形成法院监督的制度化和规范化。

3. 控制腐败国际合作机制

国际社会也高度关注控制腐败的问题，2003 年 10 月 31 日，第 58 届联合国大会审议通过了《联合国反腐败公约》，这是国际社会在控制腐败方面的第一个全球性和全面性的国际公约，也是联合国历史上第一部全面指导国际反腐败工作的法律文件。该公约进一步加强了控制腐败的国际法律合作，形成了控制腐败尤其是腐败犯罪的比较完整和全面的国际法律合作的原则、措施和制度。具体而言，该公约所确立的控制腐败的国际法律合作机制对国际法治有如下几方面突出影响：一是控制腐败犯罪是维护法治的基本要求和重要手段，二是控制腐败犯罪使国际法治更为健全，三是控制腐败犯罪有助于控制其他相关犯罪。[1]

我国于 2005 年加入了《联合国反腐败公约》，这不仅对我国的刑事法治发展进程产生了重要影响，同时也充分表明了我国政府加强同国际社会开展控制腐败合作，加强本国控制腐败的决心和力度，甚至忠实履行了我国在控制腐败问题上的国际义务。具体而言，建立控制腐败国际合作机制，应以《联合国反腐败公约》

---

〔1〕 邵沙平：《国际刑法学——经济全球化与国际犯罪的法律控制》，武汉大学出版社 2005 年版，第 576～578 页。

的有关规定为基本框架,在此基础上构筑国际合作平台。《联合国反腐败公约》规定了定罪机制、引渡、专职机构、诉讼移交、被判刑人的移管、执法合作、联合侦查、特殊侦查手段以及腐败资产追回机制等多种制度。这些制度科学周密,构成了系统的国际司法协助体系。我国作为缔约国,应当积极创造条件,加快完善国内有关控制腐败的实体和程序立法,使之尽可能地与《联合国反腐败公约》相衔接,确保《联合国反腐败公约》所确立的国际司法协助体系能在我国顺畅运转。因为《联合国反腐败公约》文本虽然首先提示其功能在于全球反腐的促进和加强,继而倡导国际合作,但最终落脚点却在国内的反腐制度建设上。[1] 可以说,加入《联合国反腐败公约》并积极构建控制腐败的国际合作机制,是我国完善本国反腐败法制建设的一大良好契机,也是我国政府积极履行控制腐败之国际法义务的集中体现。比如针对我国目前贪官外逃较为严重的情况,一方面积极利用《联合国反腐败公约》提供的契机广泛建立控制贪官外逃的国际司法协助机制;另一方面在尚未建立司法协助的国家也可建立相互间的案情通报机制,以引起相关国家的注意和重视,寻找包括国际洗钱等解决途径,最终从机制上有效遏制贪官外逃。

三、控制腐败法律机制的操作运行

在明确了控制腐败法律机制的建立前提和制度设计之后,最重要的是要让该机制得以操作运行,切实发挥其在控制腐败方面的积极作用。本书认为,在立法机制方面,就是要对控制腐败的

---

〔1〕 甄贞等:《〈联合国反腐败公约〉与国内法协调机制研究》,法律出版社2007年版,第23页。

相关立法予以科学规范,确保其能够成为控制腐败方面的法定依据;在司法机制方面,最重要的就是对司法权加以规范,确保司法独立,防止因司法权异化而产生腐败。当然,控制腐败的立法机制和司法机制的运行并非是“各自为政”、互不相干的,而是衔接一致、密切关联,共同发挥控制腐败的作用。严格地讲,控制腐败法律机制正是处在这种立法机制和司法机制相互衔接的一体化运行的法律体系之中才能达到控制腐败的最佳效果。

(一)立法机制的操作运行

控制腐败的立法机制得以建立后,如何确保其得以顺利运行,使所立之法具有可操作性,是值得思考的问题。本书认为,在应对腐败这样的复杂现象时,立法更应该具有针对性和可操作性。首先,控制腐败的立法一定要注重质量。法贵简约,条款不在多少,关键要精致、实用,要将质量要求落实到法律法规制定的立项、起草、论证、修改、审议和立法后评估等各个环节中去,并尽可能对规范的事项进行细化和量化。尤其是要针对腐败现象本身的特点而进行立法,避免对社会生活干预过度,否则盲目追求“大而全”的立法,所立之法不能切中要害,不能有效规制腐败,那么这样的立法往往成为一纸空文,毫无质量可言。其次,要提升立法技术水平。在现代社会,立法部门应当以高超的技巧、先进的理念和丰富的法律事务实践为基础来展开立法活动。立法活动中很重要的就是建立立法项目可行性论证制度、评价制度和成本效益分析制度、立法质量评估制度、公众参与制度等一系列确保立法质量和可行性的配套制度。不仅对立法项目的必要性、可行性应进行充分的论证,还应对调整某一事项、规范某一行为、解决某一问题所设立的具体条款进行实用性、可操作性评估。由于腐败的发生是由复杂的社会原因造成的,在其背后必然包含多元化的社会利益诉求,因此对控制腐败进行立法必然应当对这种多元化的社会利益诉求加以关注。应当使社会上存在的特殊利益、部门利益可以凭借合法渠道对立法施加影响,普通民众也理应有合法而有序的途径对立法过程、立法结果产生足够强大的作用,使各种利益主体的诉求在立法活动中都得到相应反映,并通过立法部门的制度性协调达成各种利益的和谐共生共存。作为一种利益调整机制,立法理当严谨规范,更应当是全社会的公共事务。由于在制度上可能还存有不足,一些充斥着部门利益和特殊利益的法律法规,已成为我国推进法治建设的一大阻碍,而且增加了社会公平、正义实现的成本,更可能是腐败产生的源泉,因此必须及时加以清理,以塑造一个高效、先进的立法机制。

(二)司法机制的操作运行

控制腐败的司法机制要得以顺畅运行,就必须用相关制度规范司法机制的核心——司法权。对此本书认为,为了防止司法权的异化以及由此产生的腐败,就应当从以下方面着手:

首先,要使司法权能够相对独立于立法权和行政权。毕竟,司法权在国家权力体系中处于易受侵犯的弱势地位,因而必须采取措施改善司法权的处境。司法权借以自保的手段便是通过权力的分立与制衡来实现依法独立行使。具体而言,国家司法权应交由法院、检察院行使,立法机关、行政机关不得行使司法权。法官、检察官独立行使司法权,法官、检察官只服从法律,不受其他机关、团体和个人的干涉、影响和控制。所以要使司法权真正独立于立法权和行政权,就必须从制度上保障司法权力的独立行使,即从组织上、经费上、用人制度和职位保障等方面改革现有的司法体制,消除司法的地方化和行政化,切实保障司法机关和司法人员的独立。

其次,要切实加强对司法权运行的监督。前面已经充分肯定了建立健全司法监督机制的重要性,因为它是防止腐败、实现司法公正的必然举措。司法权独立固然重要,但如果司法权失去监督和制约,势必导致司法专断,其结果是非常可怕的。因此,本书认为加强对司法权运行的监督可从如下方面着手:(1)坚持党纪监督。具体而言,党的组织要监督司法机关严格依法办案,不得有违党纪国法。同时要坚决排除任何党员特别是居于领导岗位的党员干部利用自己的权利和地位,对司法活动进行非法干涉。而对于腐败犯罪分子,要促使他们受到法律的严厉制裁。(2)强化人大监督。人民代表大会是我国的权力机关,人大监督司法机关正确行使司法权是宪法赋予的神圣使命和重要职责。人大对司法的监督主要是通过个案监督实现的,个案监督可以分为三个层次:一是对法院在审判活动中是否遵循法定的程序进行监督,二是对涉及违法犯罪行为的案件进行监督,三是对裁判结果进行监督,包括对正在审理的案件提出裁判的建议和意见,以及对已经处理的案件提出改正的建议。[1] (3)突出新闻舆论监督。在现今司法腐败犯罪屡禁不止的情况下,利用新闻舆论监督,更接近法律所设定的目标和社会正义。(4)完善社会监督。须知,由司法权异化所导致的司法腐败犯罪行为的出现,其根源在于行为人追逐私利与转型期体制运作、社会环境状态合力作用的结果,这一特点决定了消除司法腐败犯罪行为不是司法部门自身单独能解决的,必须通过提高公民法律意识,发动社会各界广泛参与,才能真正从根源上铲除之。[2] (5)搞好司法机关内部的自身监督。主要就是如上面所说的改革司法机关内部的行政管理体制,建立健全自上而下、自下而上的权力制衡机制,确保司法机关内部的制度化和规范化监督。

(三)立法机制与司法机制的衔接

在明确了控制腐败的立法机制和司法机制后,关键是要让两

---

〔1〕 王利明:《论人大对法院独立行使审判权的监督》,载蔡定剑等主编:《人民代表大会二十年发展与改革》,中国检察出版社2001年版,第366~367页。

〔2〕 林喆等:《腐败犯罪学研究》,北京大学出版社2002年版,第416~417页。

者衔接起来，目的是建构起一体化运行的控制腐败的法律体系，使对腐败的法律控制达到最佳的效果。

那么立法机制和司法机制的操作运行究竟应该如何衔接？本书认为，必须正确认识立法和司法的相互关系。一方面，司法应当受到立法的制约，司法不能离开立法而自行裁判。如果司法可以不依已制定法律的规定去裁判案件，将会导致司法权的异化，导致严重的司法腐败，这一点不言自明。在现代法治意义上，可以说没有立法就没有司法，没有良善的立法就没有良善的司法。在国家权力体系中，立法机关通过行使立法权来实现对司法的制约。另一方面，"徒法不足以自行"，仅有规范、完整的立法是不够的，立法还需要借助司法的运行才能得以体现。这就意味着司法并非完全被动、机械地受制于立法，完全按照立法规定机械地进行裁判，司法反过来也影响立法，起着补白立法、促进立法、改进立法的作用。在正确认识两者关系后，如果需要立法机制和司法机制共同发挥控制腐败的良好作用，就必须着重考虑如下两点：(1)司法可以发现立法中的"空白"并且通过一些司法手段来补充"空白"。由于社会生活是纷繁复杂、不断变化的，相应地腐败现象也可能出现各种各样的新情况，立法不可能对所有腐败问题都面面俱到，也不可能完全预见到未来腐败发展的新情况，因此，需要司法在运作过程中对这些法律空白进行补救。如引用相关的类似条款，根据立法的基本原则和基本精神进行裁判，创制判例，以填补法律空白，并可以向立法机关提出立法建议，修改立法。我国虽然不像普通法系国家的司法具有"造法"功能，承认判例属于法律渊源，但很多典型裁判对下级法院案件的裁判有着很强的参考价值。尤其在我国司法实践中，有的下级法院更愿意参考上级法院的判例而不愿去依照法律，或者说上级法院的判例比法律具有更高的约束力，这是值得注意的。(2)立法的稳定性也导致了它具有滞后性。立法的稳定性是其本身固有的特点，唯此才能保障社会秩序的稳定。但是这种稳定性也直接导致了对于社会生活发展变化来讲它所具有的滞后性。随着社会的发展,很多合理公正的立法随之变得不合理、不公正,如果此时法院仍按照原有法律规定进行裁判,必然会导致不合理、不公正,便失去了立法本来的价值追求,因为法律应该是追求公平正义的。这时需要法院根据立法精神和立法原则合理裁判,以实现社会公正、公平,并且通过这种裁判活动来促进立法、改进立法,使其不断适应社会的发展。这一点在控制腐败的相关立法过程中也应当得到明显体现。

第六章　博弈论在控制腐败法律机制中的应用

怎样控制腐败,如今已经成为困扰人们的一个突出问题。长期以来,人们早就认识到腐败对党、对国家、对社会和对民族的巨大危害性,并与之做了艰苦的“斗争”。然而实事求是地讲,多年来反腐败的收效却甚微,甚至腐败现象呈愈演愈烈之势。对此,我们想跳出过去的传统观念与框框,用新的思维和方法来研究控制腐败这一“老话题”。尤其是随着博弈论的日益普及与深入,为我们用其研究腐败问题提供了可能。故本书试图在理性主体人假设的基础上,用博弈论来重新认识腐败行为的一些个性特点,并探索寻找产生腐败的根源,用博弈论审视传统思维下控制腐败工作中存在的诸多问题,提出新的构想。

众所周知,博弈论(game theory)就是研究利益关联(包括利益冲突)的主体人的对局理论,是分析人们在博弈行为中的理性行为的理论，是讨论人们在博弈的交互作用中如何决策的理论。[1]因为其是关于对策的学问，故博弈论又叫对策论。[2]一般认为，1944年冯·诺伊曼（Von Neumann）和摩根斯坦恩（Morgenstern）合作发表的《博弈论与经济行为》（Theory of Games and Economic Behavior）一书中提出了合作博弈（cooperative game）的基本模型，标志着现代博弈论的开始。20世纪50年代，博弈论巨匠辈出，纳什（Nash）提出了非合作博弈论（non-cooperative game），塔科尔（Tucker）定义了"囚徒困境"（Prisoner's Dilemma），从而奠定了现代非合作博弈[3]的理论基石。20世纪60后代，泽尔腾（Selten）将纳什均衡引入动态分析，创立了"精炼纳什均衡"的概念；海萨尼（Harsanyi）则把不完全信息引入博弈论研究，随后出现了不完全信息博弈论。至此，博弈论的理论构架基本完成。[4]

迄今为止，已经有多名诺贝尔经济学奖获得者的学术贡献直接或间接地与博弈论相关。这包括1994年的诺贝尔经济学奖获得者约翰·纳什（John F. Nash Jr.）、约翰·海萨尼（John C. Harsanyi）以及雷因哈德·泽尔腾（Reinhard Selten）三位经济学家；1996年的詹姆斯·米尔利斯（James A. Mirrlees）和威廉·维克瑞（William Vickrey）两位经济学家；2001年的乔治·阿克洛夫（George A. Akerlof）、迈克尔·斯宾塞（A. Michael Spence）和约瑟

---

〔1〕王则柯：《人人博弈论》，中信出版社2007年版，第8页。

〔2〕同上书，第19页。

〔3〕现实中的博弈多指非合作博弈，本书若无特别说明，"博弈"亦指非合作博弈。合作博弈和非合作博弈的区别主要在于：参与人能否在行为时达成有约束力的协议，达成则是合作博弈；反之，不能强制他方遵守协议，各参与人只能选择自己的最优战略，则是非合作博弈。合作博弈强调团体理性、效率、公平和公正；非合作博弈则强调个人理性、个人最优决策。门洪华：《博弈论与国际机制理论：方法论上的启示》，载《国际观察》2000年第3期。

〔4〕门洪华：《博弈论与国际机制理论：方法论上的启示》，载《国际观察》2000年第3期。

夫·斯蒂格利茨(Joseph E. Stiglitz)三位经济学家;2004年的芬恩·基德兰德(Finn E. Kydland)和爱德华·普雷斯科特(Edward C. Prescott)两位经济学家;在2005年10月11日,瑞典皇家科学院宣布将本年度的诺贝尔经济学奖授予以色列希伯来大学的罗伯特·奥曼(Robert J. Aumann)和美国马里兰大学的托马斯·谢林(Thomas C. Schelling),以表彰他们通过博弈论分析对理解冲突与合作所做出的贡献。[1] 在博弈论这一领域能够产生如此多的诺贝尔经济学奖获得者,在历史上都是不多见的。不仅在经济学上博弈论有广阔的发展、应用空间,博弈论亦广泛地运用于社会学、政治学等领域。随着现代博弈论的日益完善和发展,也为研究一些熟悉的问题提供了新视角。法学界业已开始关注和重视用博弈论来研究法学理论以及法律实践中的问题,但过去主要集中在民事经济法领域,而在刑事法领域较少涉及。在我们看来,用博弈论研究腐败问题同样是可行的,特别是在长时间进行腐败控制却收效甚微的情况下,故我们也有必要从博弈论的视角来重新审视腐败现象,并寻找控制腐败的良性有效机制。

一、用博弈论研究腐败行为的可行性

(一)理论上的可行性

博弈论看似神秘,其实只要满足这样四个基本特征的事件都是博弈论的涉足领域和对象:(1)群体性(group),只要不是鲁滨

---

[1] 郭其友、李宝良:《冲突与合作:博弈理论的扩展与应用—2005年度诺贝尔经济学奖获得者奥曼和谢林的经济理论贡献述评》,载《外国经济与管理》2005年第11期。

逊的世界;[1](2)互动性(interaction),任何事物的最终结果都取决于所有人的行动;(3)策略性(strategic),每个人都应认识并考虑到这种相互依赖性;(4)理性(rationality),每个人选择行动时均要针对对手的可能行动而选择最优对策。我们知道社会科学领域包括法律问题均能满足这些条件,这在一定程度上就决定了博弈论应用的广泛性。[2] 在研究腐败问题上,同样符合上述用博弈论研究的基本条件与特征。甚至在某种意义上说,与通常的社会科学问题相比,结合博弈论研究腐败问题有着更高的契合度。主要表现在:

第一,腐败本身是对特定行为外在表现的概括,故必然有其所侵害的法益。无论是人们观念中对腐败的认识,还是理论上对腐败的定义,其必然是对腐败行为的外在表现的理解,不可能是在与世隔绝的鲁滨逊世界里发生的行为。现代的罪刑法定原则也决定了仅仅有腐败的内在想法不构成犯罪,私人(individual)脑海里的"腐败"也不是法律评价上的腐败。因此,基于法律评价上的腐败构成违法抑或是犯罪,包括腐败这一名词内在的应有之意必然是在非一人世界中发生的行为。否则,在一人世界里,在没有他人利益权衡的情形下,便无法可违,无罪可犯,更何谈上腐败?事实上,控制腐败问题至少是涉及违法者、受害者及执法者(司法者)三方的利益博弈问题。在控制腐败问题上,群体性博弈是其最基本也是最主要的前提,这里不做更多论述。

---

〔1〕 所谓鲁滨逊世界,简单说就是一人世界,即与群体社会相对的世界。博弈论研究的是人们的交互行为的策略选择,而不是个人的独自决定。就如弗里德曼所说,如果这个世界只有一个人,他会面临很多问题,但其中没有一个是法律问题。从这一角度讲,博弈论对法律问题研究是再适合不过。参见[美]弗里德曼:《经济学语境下的法律规则》,杨欣欣译,法律出版社 2004 年版,第 1 页。

〔2〕 丁利:《作为博弈规则的法律与关于法律的博弈》,载[美]拜尔、格特鲁、皮克:《法律的博弈分析》,严旭阳译,法律出版社 2004 年版,第 1~11 页。

第二,腐败既然构成违法或犯罪,必然是侵犯他人利益并达到一定程度,才符合法律所规定的成立腐败的要件与标准。腐败行为的发生一方面侵犯了他人利益,另一方面理性主体人(rational agent)[1]必然要考量法律、社会评价等因素对自身利益的损害。因此,腐败行为的发生取决于多方因素交互作用的结果。自身的觉悟、他人的警觉度、法律的有无、法律作用力的大小抑或社会习俗风气等交互作用共同决定了理性人是否选择腐败。

第三,作为理性人是否选择腐败须经历利益权衡的过程,并不是凡是具备发生腐败条件的理性主体都会走上腐败道路,故腐败的发生又是一个策略选择的过程。作为腐败现象发生所涉及的三方利益主体:违法者是在腐败与不腐败的策略中选择;受害者在维权与不维权的策略中抉择;执法者同样是在执法与不执法及怎样执法中权衡。而三方的策略选择本身又不是孤立的,彼此之间相互联系、相互影响,三方各自策略的选择在一定程度上依赖于对方所做出的策略将在下文中继续论述,此处不展开。可以说,在腐败现象之中不仅有相互依赖的策略选择,而且这种策略选择还是很复杂的,我们有必要用博弈论来理清各方间的利益关系。

---

〔1〕　对社会问题的研究首先应当要对“人”这一基本元素进行界定,无论是关于“经济人”“政治人”“社会人”抑或是“法律人”和“犯罪人”的界定,都是进行相应研究的前提条件。而本书用博弈论来研究控制腐败问题,为了符合用博弈论研究的需要,在此将“人”界定为“理性人”。正如罗伯特·奥曼所言:博弈论和经济理论关注的是理性人之间的互动行为。理性人总是有目的、有逻辑地进行行动,他有明确定义的目标函数,尽可能达到其目标是他唯一的冲动,同时他还具备达到目标所必需的计算能力……我们不能指望博弈论和经济理论能有像物理和天文学那样精准的描述性。理性仅仅是影响人们行为的众多要素中的一个,没有什么理论可以仅仅基于这一要素而得到可靠的预测结果……假如我们的理论不管用,我们也不会为此失眠。“理性人假设只是相关因素中的一个”,我们可以不慌不忙地解释:“还有其他因素在起作用。”参见[美]罗伯特·J. 奥曼:《博弈论的目标》,载《经济社会体制比较》2006 年第 4 期。

第四,作为理性人走上腐败之路,“权力寻租”抑或“权力出租”等,不可避免地是进行利益权衡的结果。这种利益权衡与其他博弈方有着密切的联系,是针对其他博弈方的可能策略选择出的理性考量和结果。而各方利益权衡下的策略选择本身也是一个理性抉择的过程:作为腐败分子要理性、慎重地比较自己贪污贿赂所得“利益”与可能受到的惩罚所失“利益”之得失;作为腐败行为的受害者同样会在维权的损失与不维权的私利损失之间进行利益的权衡,[1]而执法者同样要进行积极执法的成本损失与消极执法可能受到惩罚的损失之间进行衡量。而各方理性的利益权衡,又为对方进行策略选择提供了参考。也可以说,正是腐败犯罪的博弈方“太理性”,从而大大增加了控制腐败的难度。

通过上述简单分析,不难发现研究腐败问题是符合用博弈论研究社会问题的基本特征的。与寻常社会问题中的博弈相比,腐败现象中的博弈更加复杂,更加纠缠。基于腐败现象中权力与利益、利益与利益、权力与权力的纠缠不清,从某种意义上说复杂的腐败现象天然地需要用博弈论来梳理清楚,以便较科学地了解在现行制度规制下腐败现象是如何发生的。

(二)实践上的可行性

博弈论的分析工具是纳什均衡(Nash equilibrium)。其通俗定义是:纳什均衡是一种策略组合,在这个策略组合中,每个参与

---

[1] 也许有人会问:作为理性的受害者还有必要在维权与不维护之间进行抉择吗?首先,腐败行为所侵害的是以“国家”为代表的公共利益,而维护这种公共利益往往会损失私人利益抑或是部门的局部利益。理性的个人或者部门必然会进行利益得失的权衡:不维权损害的是公共的“看不见”的与己无关的利益,而维权反而需要成本;其次,在腐败发生的博弈中,受害方的权利维护者与执法者往往基于角色的重合而集维权的成本与执法的成本于一身,自然在很大程度上会选择不维权、不积极执法;最后,举一个极端的例子:在强奸案中,不是也有很多受害者不积极维权吗?

人的策略相对于其他参与人都是最优的。[1] 寻找纳什均衡包括两个步骤：首先，我们确定每个博弈者策略选择时的最佳策略；其次，一个纳什均衡就是所有的博弈者同时选择他们最佳策略的状态。[2] 纳什定理揭示："每一个有限博弈（有限的博弈者和每一个博弈者有有限的策略）都至少有一个纳什均衡。"[3] 在简单阐述利用博弈论解读腐败现象的理论可行性分析时，不难理解在腐败犯罪的博弈中各方策略的抉择，其也正是基于博弈各方的理性考虑后的最佳策略选择。而这里我们将思考利用博弈论从实践上来分析传统思路下究竟是如何控制腐败行为的？为方便表述，笔者尝试把控制腐败中的三方博弈（违法者、受害者以及执法者的混合博弈）拆分为三个双方博弈；违法者（腐败分子）与受害者之间的博弈、受害者与执法者之间的博弈，以及违法者与司法者（进入审判程序后的"执法者"角色）[4] 之间的博弈。之所以这样做，一方面是为了把控制腐败制度设计中混为一团的权力与利益关系理清楚，化繁为简；另一方面也是为了理解的需要；而且这种拆分并不违背控制腐败法律机制下三方博弈的本意。

在以现行法律为基础，控制腐败法律机制的基本思路是：腐败→维权→惩治→不腐败。这种思路是以预设腐败行为存在为

---

〔1〕［英］肯·宾默尔：《博弈论与社会契约——公平博弈》，王小卫、钱勇译，上海财经大学出版社2003年版，第122页。

〔2〕［美］格若赫姆·罗珀：《博弈论导引及其应用》，柯庆华译，中国政法大学出版社2005年版，第16页。

〔3〕同上书，第7页。

〔4〕"司法者"可以看作是广义上的"执法者"，是进入审判程序后的角色转换，公共权利的维护者由"执法者"变为"司法者"。因为逻辑上应该是腐败者实施腐败行为，受害者维权，要求执法者严格执法，最后导致的是腐败者与执法者的直接对立。但在系列博弈的最后阶段是由司法者行使审判权，而不是上一阶段的执法者行使审判权。故在此予以说明，避免出现逻辑上的误解。

前提的,进行动态博弈(dynamic game)[1]的理想结局是制度设计所期望的应然状态。现行控制腐败法律机制的动态博弈图,可以用如下的博弈树型图来表示,如图 6-1、图 6-2、图 6-3 所示:[2]

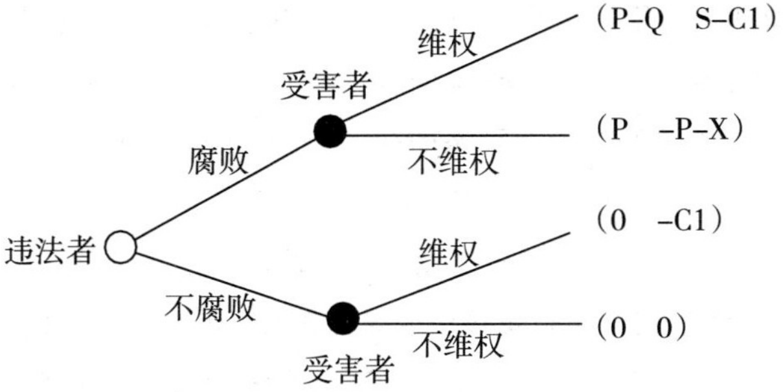

图 6-1 违法者与受害者的博弈

在图 6-1 中,违法者包括预腐败分子与腐败分子,受害者为腐败行为所侵害的国家社会公共利益的代表者(广义上为国家)。[3] 此图中 S 为受害者积极维权维护的社会利益所形成的收益;C1 为受害者积极维权的成本,记为收益 -C1;P 为违法者实施腐败行为所得;Q 为受害者积极维权时腐败分子所遭受的损

[1] 从参与人出场的先后顺序来看,博弈分为静态博弈(static game)和动态博弈(dynamic game)。静态博弈指博弈参与人同时选择行动或非同时行动但对前者行动一无所知;动态博弈指参与人行动有先后顺序,且后行动者能够观察到先行动者的选择。详见门洪华:《博弈论与国际机制理论:方法论上的启示》,载《国际观察》2000 年第 3 期。

[2] 在本章节系列博弈图中,若无特殊说明,字母本身所代表的数值均是大于或者等于 0 的,加上"-"号则代表小于或者等于 0。如 C1 本身 ≥0,则 -C1≤0。

[3] 在笔者看来,受害者可分为两类:一类为腐败行为侵害公共利益直接指向的部门、团体、机构所产生的受害者,这些受害者若积极维权,为直接的受害者;另一类主要为没有明显的直接受害者或者直接受害者不愿积极维权的情形下,而丧失了实质意义上的受害者身份,此时则依靠检察机关等其他部门代替受害者(广义上为国家)维权而成为实质上的受害者,此类受害者为间接受害者。

失,记为 - Q;[1]若受害者不积极维权,不仅腐败分子的收益 P 不能追回,甚至由于受到腐败行为的不良影响而产生额外的损失 X,此时不维权损失记为(- P - X),则均衡(腐败　维权)的收益为(P - Q　S - C1)。

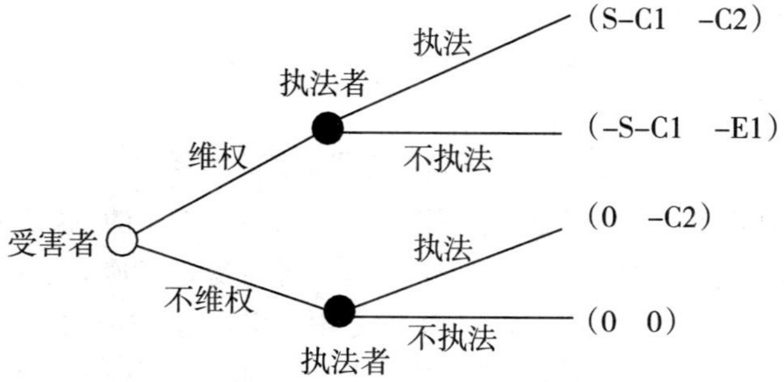

图 6 - 2　受害者与执法者的博弈

在图 6 - 2 中,受害者依然为图 6 - 1 中的受害者,执法者是以公安机关、检察机关为代表的执法者。在该图中,执法者执法的成本为 C2(主要为调查取证的成本),记为 - C2;受害者积极维权,维护的社会公共利益为 S,维权成本为 C1,记为 - C1;若受害者维权,执法者不积极执法,则执法者需要受到消极执法的惩罚,损失为 E1,记为 - E1;受害者积极维权,执法者却消极执法的情形下,不仅有维权的成本,社会公共利益亦无法维护,因此记为(- S - C1),则均衡(维权—执法)的收益为(S - C1 - C)。

[1] 理论上 Q 是大于 P 的,而现实中 Q 可能大于 P 也可能小于等于 P。因为一方面腐败所得收益 P 由于腐败分子利益转移以及生活腐化等致使不一定能被全部追回;另一方面即使受害人积极维权,执法者严格执法,腐败分子遭受应有惩罚乃至刑罚惩罚,但实际上,这种主要由惩罚形成的损失依靠违法者自身心理权衡,而不是立法者执法者的利益权衡。再者,受害者不能行使执法者权力,维权要求的实现还必须经过图 6 - 3 的博弈过程,维权要求的实现需要经"他人之手"实现。某种意义上说,Q < P,是在严厉的刑罚惩罚下,腐败现象依然大量存在的根源所在。

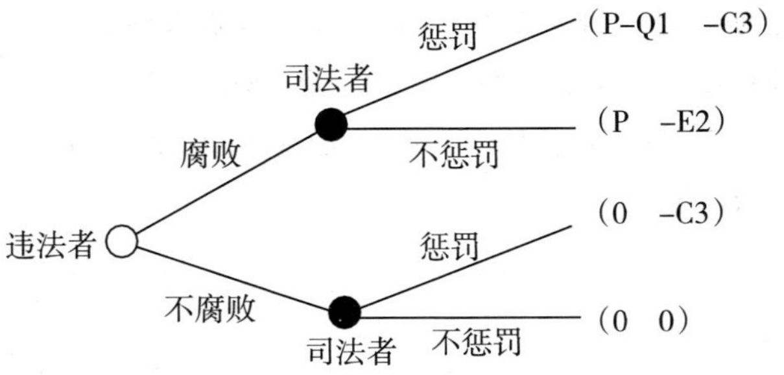

图 6 – 3 违法者与司法者的博弈

在图 6 – 3 中:违法者与司法者(进入审判程序的"执法者")之间形成的博弈,是在图 6 – 1 中违法者与受害者博弈选择(腐败 维权)的策略,并且经过图 6 – 2 中受害者与执法者进行博弈后选择(维权 执法)策略的基础上促成的违法者和司法者之间的直接博弈。违法者依然是图 6 – 1 中的违法者,该处的司法者的活动主要是司法机关进行审判活动。在该图中,司法者对腐败分子进行惩罚所形成的社会成本为 C3(主要为审判成本),记为 – C3;由于是在受害者维权的基础上进行的违法者与司法者之间的博弈,因此,若司法者选择对腐败分子不惩罚策略,则要受到惩罚等负面评价形成损失 E2,记为 – E2;腐败分子在受到惩罚时,会在法律惩罚的基础上形成受损失 Q1(包括工资、奖金、腐败的记得利益,以及基于法律制裁形成的损失),记为 – Q1,则均衡(腐败 惩罚)的收益为(P – Q1 – C3)。[1]

---

〔1〕 对比图 6 – 3 中均衡(腐败 惩罚)所形成的收益(P – Q1 – C3)与图 6 – 1 中均衡(P – Q S – C1):首先,Q1 不同于 Q。因为在博弈图 6 – 1 中是整个环节中的第一阶段,只有到达博弈图 6 – 3 的阶段,对腐败分子的追究才能完全实现。若无法到达第 6 – 3 阶段,则图 6 – 1 中的 Q 仅限于对腐败分子名誉、地位上的造成的损失,不包括法律惩罚的损失。而 Q1 则主要是对腐败分子进行法律惩罚形成的损失,因此 Q1 并不必然与 Q 相同,故予以区分。当达到图 6 – 3 阶段时,Q 才与 Q1 近似相同;其次,博弈图 6 – 3 中司法者惩罚腐败分子只有成本 – C3,没有图 6 – 1 中的收益 S 理由在于:腐败所损害的公共利益只有一个整体,只能实现一次,司法者对腐败分子的惩罚所维护的社会公共利益在受害者身上予以体现(受害者维权的主张),而不是在司法者身上予以实现。这也是与司法者作为国家公权力机关的特殊地位决定的:司法者理应无条件维护受害者利益。因此,在博弈图 6 – 3 中,司法者只有成本付出,故记为 – C3,无其他。

如博弈图6－1、图6－2、图6－3所示，我们不难发现三组博弈并不是彼此孤立的：博弈图6－1为研究现行控制腐败法律机制的起点，即出现“腐败”；博弈图6－2为研究制度设计的中介，即为“维权”，通过受害者维权，使违法者与司法者直接对立，进行博弈；博弈图6－3为控制腐败法律机制的理想博弈阶段，即实现对违法者的“惩罚”的阶段；最终通过“惩罚”以希望达到“不腐败”的目的。而要实现“腐败→维权→惩治→不腐败”的制度设计理念，任何一个环节都不得出现纰漏。现行控制腐败法律机制若要有效发生作用，正如有学者说的那样：立法是博弈的规则，当它有效时，也是博弈的结果。只有当立法达到纳什均衡，立法才是有效的自我实施。[1] 当然在控制腐败法律机制的系列博弈中，是有一些前提的：首先，既然是控制腐败的机制，实际研究是以存在腐败的假设为前提的，若假设不存在腐败也无研究的必要。而针对腐败这一负面现象，现行控制腐败法律机制正是意欲通过增大腐败行为的成本使得腐败没收益，最佳结局为负收益，而不是使腐败还有利可图，从而预防腐败现象的发生。因此在该系列博弈中，由于加入了腐败这一负面评价对象，也就与一般的纳什均衡有所区别：纳什均衡中每个参与人的策略相对于其他参与人都是最优的。而针对腐败这一负面现象，制度设计的理念是使得腐败的收益越少，甚至为负，则越好。[2] 因此基于以上理解，现行

---

〔1〕 柯庆华：《法律经济学思维方式》，载《制度经济学研究》2005年第9期。

〔2〕 需要注意的是：针对腐败的制度设计是使腐败的成本增加，使腐败收益减少，甚至没收益，或者是负收益。此处与纳什均衡所讲究的追求最优策略看似有出入，控制腐败法律机制设计的理念是使得腐败的收益变少而不是增多，甚至为负。若非要形式性地符合纳什均衡的要求，那么针对腐败这些负面评价现象，笔者斗胆用数学上的一个方法来理解制度设计上使腐败行为收益为负这一现象：负负为正。另外需要注意的是：此处的收益越少越好，甚至是负收益，并不代表着对腐败的惩罚越重越好，这在下文将会继续予以说明。我们需要区分立法者针对腐败者所做的主观利益权衡与腐败者自身的客观利益权衡上的出入，严厉的刑罚并不必然导致腐败分子心理上产生更多的负收益。

控制腐败法律机制在三系列博弈中所追求的均衡便分别为：博弈图 6－1 中，以预设腐败存在为前提的动态博弈，追求的均衡为腐败—维权，即要求出现腐败时，受害者要积极维权；在博弈图 6－2 中，以受害者积极维权的假设为前提，追求的均衡为维权—执法，即受害者积极维权时，执法者要严格执法；而在博弈图 6－3 中，控制腐败法律机制所追求的是均衡（腐败—惩罚），即司法者要针对腐败现状做出公正的裁判，对违法者进行有效惩处。

而要实现现行控制腐败法律机制的意图，则需要分别满足以下三个基本条件：在博弈图 6－1 中要满足 $(S-C1)>(-P-X)$ 以及 $(P-Q)<P$，即维权的收益要大于不维权的收益，腐败的收益要小于不腐败的收益，简单说就是存在腐败假设的前提下，维权要有利益；在博弈图 6－2 中要满足 $-C2>-E1$ 以及 $(S-C1)>(-S-C1)$，要求在受害人维权的收益大于不维权的收益的前提下，受害人积极维权，不严格执法应受到惩罚所形成的损失要大于严格执法的付出成本的损失，在数学上表示为 $-C2>-E1$；在博弈图 6－3 中要满足 $-C3>-E2$ 以及 $(P-Q1)<P$，要求司法者不公正司法，对腐败分子不依法公正做出裁判应受惩罚形成的损失要大于司法者进行司法判决付出成本所形成的损失，在数学上表示为 $-C3>-E2$，腐败受惩罚后的收益要小于未被惩罚的收益。要促使控制腐败法律机制有效运行，我们有必要反思，上述的基本条件我们是否达到？而要想通过法律有效控制腐败，仅仅有这些条件还是不够的，其中涉及的问题将会在下文中继续论述。

二、博弈论视角下对腐败行为特点的再认识

关于权力的滥用问题，19 世纪英国著名历史学家洛德·阿克顿（Lord Acton）勋爵在总结历史经验基础上得出著名的“阿克顿

定律：权力导致腐败，绝对的权力导致绝对的腐败。该理论长期以来被奉为关于权力滥用的经典论断。控制腐败的传统思维也围绕着如何对权力进行有效监督来控制腐败。在此，我们斗胆跳出“阿克顿定律”的限制，在理性人假设的基础上，用博弈论来重新认识腐败行为是如何产生的以及在此基础上诱发何种外在表现。

（一）理性人的逐利本性：诱发权力与利益间的勾结性

在理性人假设的基础上用博弈论来看待腐败行为的发生：实则是基于理性人的逐利本性进行“权力”与“利益”（不仅包括得利，还包括利益损失）博弈而产生的结果。逐利本身是一种欲望，而欲望本身并不全是恶的。在经济学意义上，“自私自利”的理性人并不是一个应当受到道德谴责的角色。“自私自利”是理性人的应有之意，“逐利”（追逐的是私人利益）是理性人的本性。亚当·斯密虽未明确提出理性经济人假说，但却对理性经济人假说的内涵做了如下经典的表述：每个人都力求运用他的资本，生产出最大的价值。一般而言，他既不打算促进公共利益，也不知道促进多少。他只考虑自己的安全、自己的所得。正是这样，他被“一只看不见的手”引导，实现着他自己并不打算实现的目标。通过追求他自己的利益，他常常能够，与有意去促进相比，更加有效地促进社会的公益。[1] 我们不宜一味地谴责“自私自利”行为，毕竟现实中更多的是追逐自身利益的理性主体。而且追逐自身私利本身上也不全是坏处的：公共利益的更有效的实现需要“一只看不见的手”引导，在追求个人私利的过程中“无意间”实现公共利益，而这种无意中的实现比有意促进更加有效。具体到控制腐败法律机制的研究中，我们要思索的是：如何建立有效的机制，

---

〔1〕［英］亚当·斯密：《国民财富的性质和原因的研究》（下卷），郭大力、王亚南译，商务印书馆1983年版，第27页。

使得受害者乐于积极维权，如何增加执法者严格执法的收益，使得其乐于及时严格执法，如何增加激励促使司法者及时公正司法。这样博弈格局中的理性人即使是基于私人利益的维护也会自觉选择设计好的有“私利”考量的均衡策略（而不是一味不计个人利益的维护公共利益），公共利益在“无意”间也就实现了（制度的预设在追逐个人私利的过程中实现），而不是“有意”下的被动实现。

正是由于缺乏对保障实现私人利益问题的考量，缺乏对腐败现象中的博弈者作为一个理性主体逐利本性的认识，导致对如何有效控制腐败的认识也容易走入误区。在腐败犯罪中，虽然博弈三方一定意义上都是公权力的代表者，但作为理性的主体，依然有逐利的本性。当在维护公共利益“无私利可图”时，理性人便会丧失积极维护公共利益的积极性。以博弈图 6－1 为例，某种意义上说受害者是否积极维权，不是基于维权的总收益（P－C1）与不维权的收益（－P－X）的比较，而在于维权的损失（－C1）与不维权的损失（－X）（X 为腐败行为带来的不良影响的损失）的比较，甚至维权损失 X 可拆分为两部分：一部分是与受害者自身私利有关的损失，记为 X1；另一部分为与受害者自身利益无关的损失，记为 X2，X＝X1＋X2。此时，受害者是否积极维权实际上取决于－C1 与－X1 的比较。因为无论是公共利益 P，还是由于腐败带来的与自身无关的损失 X2，都与理性主体的个人私利是无关的，理性人往往更多地考虑的是个人的私利。在对积极维权没有“私利”奖励的情形下，若腐败行为带给自身的损失 X1 小于维权带来的自身成本的损失 C1，则受害者更加没有维权的积极性。在受害者基于自身利益的考量不积极维权的情形下，减少了图 6－2所示博弈的发生概率，图 6－3 中违法者与司法者的博弈也很大程度上不会发生，对腐败分子的惩罚便不能有效及时地实现。此时，现行控制腐败法律机制只停留在“腐败”这一开始阶段,无法通过“维权”过渡到“惩罚”,在一定意义上放纵了腐败行为,刺激了腐败的发生,权力与利益更加容易勾结。在其他博弈图中也同样缺少对保障个人私利的考量。在此不一一讨论。

总之,在理性人假设的基础上,理性人往往为自身利益着想:在腐败能够实现自身私利,而维权和执法没有“私利”激励的情形下,腐败实现了自身不正当“私利”却没有有效的惩罚,权力与利益就更加易于勾结。在控制腐败法律机制中有必要对权力所有者作为理性主体的所具有的“逐利”本性进行考虑,增加“人性”的因素。正如卢梭、康德等西方思想家已经指出的那样:人是社会的目的,而不是某种道德理想的手段和工具,人的最大义务是对自己的义务。“人性的首要法则,就是要维护自身的生存,人性的首要关怀,是对于自身所应有的关怀。”〔1〕

(二)犯罪人的避害心理:导致手段及方式上的复杂化

控制腐败的法律机制,其本质上说是一种应然的状态,是在预设存在腐败的前提下,受害者、执法者和司法者应当如何的制度设计。即使该制度设计的再优良,也需要有一个从应然到实然的过程,而该过程往往就是应然结果不能实现的过程。腐败控制就是这样:从博弈图 6 - 1、图 6 - 2、图 6 - 3 中我们不难发现,制度设计的思路是良好的,而现实中一旦发生腐败,并不必然会按照“腐败→维权→惩治→不腐败”的预设发展。现实中的腐败行为的发生,实际上是再次经历过动态博弈后的结果。

“趋利”是理性人的本性,“避害”同样是理性人在“趋利”过程中要考虑的因素。基于理性人假设的“犯罪人”,其“避害”行为则主要表现为规避刑罚。所有的动态博弈的一个基本特征是部分博弈者能够基于其他博弈者过去的策略选择来确定他们的

〔1〕［法］卢梭:《社会契约论》,何兆武译,商务印书馆 1982 年版,第 9 页。

最佳策略，这大大增强了这些博弈者的可选策略集，此时策略集不再与行动集相等。[1] 在博弈图 6－1 中是以假设腐败预先存在为前提，而设计出的期望受害者积极维权的制度。而实际情况却不完全是这样：在腐败犯罪中，受害者若不积极维权，同样会给其他预腐败者提供策略选择上的参考。当有利可图时，理性人逐利本性自觉不自觉地在发挥作用，而在受害人不积极维权的情形下，经过弊害的考量，当理性人认为权力与利益的勾结没有风险或者风险较小还不足以正视时，腐败便会在很大程度上发生。此时的"避害"是基于他人的"不作为"而规避刑罚。更多情形下，却是腐败分子通过自身积极"作为"来规避刑罚，在"趋利"的同时做到"有效""避害"。

无论是基于受害者"不作为"来变相规避刑罚，还是基于犯罪分子积极"作为"规避刑罚，其本身都是理性人"避害"心理在作祟。而正是基于这种"避害"心理导致的犯罪人对刑罚的规避，促使犯罪的手段及方式复杂化。在贪污型腐败犯罪中，新犯罪手段与方式层出不穷，如账外账、小金库作案、私设企业、偷梁换柱、化公为私。甚至高科技的广泛应用也被腐败分子所利用，寻机进行犯罪行为，如对计算机程序修改进行贪污、编制假程序进行贪污；而在贿赂型腐败中，手段更加多样化，如借逢年过节或者领导干部生病住院期间、子女上学、婚丧嫁娶之机送出超出正常额度的礼金或其他有价证券，而领导干部在接受礼金之后，往往会借"请客还礼"的宴席来掩盖贿赂的实质；有的巧立名目，如以咨询费、顾问费等名义送上大额现金；有的故意借打牌之机，输给对方；有的安排旅游并支付花销；有的以共同经营，合作"分红"或送"干股"的方式行贿；有的从即时收益到转调岗位、退职退休时再行受

〔1〕［美］格若赫姆·罗珀：《博弈论导引及其应用》，柯庆华译，中国政法大学出版社 2005 年版，第 26 页。

益；还有利用自己的配偶、子女等接受行贿，造成自己完全不知情的假象。

对腐败行为手段与方式多样化在很多预防腐败的研究中都有深刻的认识。然而，绝大部分研究往往只停留在现象阶段，而没有认识到诱发这种现象的背后本质。站在理性人假设的基础上，从博弈论的角度来看待腐败犯罪手段与方式上的多样化，正是理性人“趋利”同时的“避害”表现。也正是由于这种“避害”心理使得犯罪手段与方式更加多样、隐蔽，产生较强的反侦查能力，增加了受害人维权的成本。促使在博弈图 6－1 受害人由维权的策略选择更加趋向选择不维权的策略，从而使得偏离制度设计意欲实现的均衡，产生反作用。这时违法者与受害者的策略选择，有更大可能为腐败—不维权。而选择此策略的危害性是显而易见的。犯罪人的“避害”心理诱发的规避刑罚的行为，其追求的是刑罚的低概率性，若受害人基于维权成本的增加而不积极维权正是犯罪人期望所在。

（三）利益人追逐收益：致犯罪数量与数额的攀升性

站在腐败分子的立场来看，当其基于理性的抉择而选择法律评价为违法抑或犯罪的腐败行为时，腐败分子更多考虑的是其行为会有如何的收益以及如何使自身的利益最大化，而不是对其行为性质的认识。就腐败分子本身而言，其不会以“犯罪人”自居，更大程度上是以追逐利益的“利益人”自居。“犯罪人”只是有法律意识的局外人对腐败分子的评价，不是腐败分子对自身的评价。

此时的“利益人”在规避刑罚的同时，必然追求的是如何使自身的利益最大化。而实现利益的最大化有两条路径：一方面增加腐败行为的数额，另一方面增加腐败行为的数量。结合我国 1979 年《刑法》第 383 条对贪污罪的刑罚规定：对犯贪污罪的，根据情节轻重，分别依照下列规定处罚：（一）个人贪污数额在十万元以上的，处十年以上有期徒刑或者无期徒刑，可以并处没收财产；情节特别严重的，处死刑，并处没收财产。(二)个人贪污数额在五万元以上不满十万元的，处五年以上有期徒刑，可以并处没收财产；情节特别严重的，处无期徒刑，并处没收财产。(三)个人贪污数额在五千元以上不满五万元的，处一年以上七年以下有期徒刑；情节严重的，处七年以上十年以下有期徒刑。个人贪污数额在五千元以上不满一万元，犯罪后有悔改表现、积极退赃的，可以减轻处罚或者免予刑事处罚，由其所在单位或者上级主管机关给予行政处分。(四)个人贪污数额不满五千元，情节较重的，处二年以下有期徒刑或者拘役；情节较轻的，由其所在单位或者上级主管机关酌情给予行政处分。对多次贪污未经处理的，按照累计贪污数额处罚。《刑法》第386条的规定：对于犯受贿罪的，根据受贿所得数额及情节，依照本法第383条的规定处罚。索贿的从重处罚。

根据上述我国刑法的相关规定，腐败犯罪刑罚幅度的确定需要进行犯罪情节的考量。犯罪情节的衡量是根据犯罪数额、采用的手段、行贿的次数、人数、造成的后果以及犯罪后的表现等方面进行综合分析。理论上说，当腐败犯罪的数额增大到一定幅度时，刑罚相应也会调整到一定的幅度。即在博弈图6－3中腐败的收益P增加，相应的刑罚惩罚也应当增加，即Q1数值变大，从而保持P－Q1的数值为负，使得腐败没有收益，以期预防腐败。但考虑到我国刑法规定的刑罚有一定的幅度，不可能每一个犯罪数额都规定一个具体的刑罚。一方面法律的成本大大增加，另一面也不利于基于公平正义进行自由裁量，现阶段技术要求上也是欠缺的。根据贪污贿赂罪刑罚的规定，其中一个刑罚幅度是：个人犯罪数额在十万元以上的，处十年以上有期徒刑或者无期徒刑，可以并处没收财产；情节特别严重的，处死刑，并处没收财产。在该规定下，腐败分子可能就会产生逆反的心理，刑罚越严厉，刑罚的起点越高，当刑罚再次增加时，刑罚的威慑作用将被削弱。当严厉的刑罚惩罚超越了腐败分子的心理承受值时，20 年有期徒刑、无期徒刑，甚至死刑所产生的威慑作用与心理承受值仅为 10 年有期徒刑所产生的心理压迫作用便没什么区别，甚至会产生反作用。犯罪的数额增加了，但相应刑罚的增加却早已超过了腐败分子的心理预期，此时腐败分子权衡后的 Q1 数值往往比制度制定者考量的 Q1 数值要小，此时 P－Q1 不一定小于 0。特别是在 P 已经大大增加的情形下，P－Q1 很大程度上依然为正收益，甚至收益还很客观。即腐败依然有利可图，利益人追逐利益，腐败行为自然就容易发生。在腐败犯罪中，犯罪数额的一次性增加，是腐败分子在考虑到对刑罚规避的有效度比较可观的情形下，尽量增大犯罪的数额，相对增大腐败收益 P。在受到刑罚惩罚的概率因犯罪人规避刑罚而大大降低时，发生腐败行为的心理倾向更加明显。如广西壮族自治区原政府主席成克杰仅一次收受贿赂就 4000 多万元，四川省犍为县原县委书记田玉飞一次受贿 1500 万元。

在腐败犯罪中犯罪的数额累积计算，腐败分子又何尝不是通过多次腐败而增加作为“利益人”眼中的利益。此时的多次腐败的获利总和记为 P1（不同于博弈图 6－1、图 6－3 中的 P）。腐败分子通过腐败行为次数的增加，一方面可以通过累加达到利益上的增加；另一方面由于犯罪数额是基于多次累加而来，可以相对减少受刑损失，增加腐败收益。因为在腐败犯罪的刑罚实现过程中涉及取证等问题，在腐败分子有意积极规避刑罚，致使犯罪手段日益隐蔽、方式日益多样的情形下，即使腐败分子被揭发，也极有可能无法追究其全部的腐败罪行，追回全部的腐败所得。“巨额财产来源不明罪”某种意义上就是对腐败犯罪数额存在“黑洞”的佐证。在这种情形下，“利益人”积极逐利所得收益 P1 变大，即使最终被法律所制裁，被发现的腐败所得 P 也未必与腐败分子谋取的真实利益相当，即 $P < P1$。惩罚对腐败分子造成的损失 Q1 的大小依赖于 P 而不是 P1 来决定，再加之刑罚的实现有一定的概率性，Q1 也未必能够完全实现，此时 $P1 - Q1$ 很容易便会出现大于 0 的结果。理性人经过利益权衡自然容易选择腐败，而且往往不是一次性腐败。

我们需要注意的是，在腐败犯罪中，犯罪数量的攀升是为了增加“利益人”眼中的利益，从理论上说该利益即为犯罪数额，但实际中如上所述尚有出入。我们还需注意的一个问题是：腐败犯罪数量的攀升，用来增加“利益人”收益的行为，不仅仅局限于纯粹的贪污行为、纯粹的贿赂犯罪行为等单一犯罪行为。现实中的大案要案多表明个人的腐败行为中贪污犯罪与贿赂犯罪往往是交叉的存在。贪污与贿赂紧密的交织在一起，也给控制腐败的工作也增加了难度。而无论犯罪形式上如何复杂，犯罪的数量以及犯罪的数额如何巨大，犯罪的种类如何交杂，犯罪分子追求的是其作为“利益人”角色的利益最大化。

综上所述，从博弈论的角度来看待腐败行为的种种外在表现，可归结为腐败分子作为理性主体所具有的“理性”所致：第一，基于理性人逐利本性，权力与利益、权力与权力、利益与利益易于勾结，这是腐败产生的根本原因。第二，作为理性的犯罪人，“趋利”的同时积极“避害”也是犯罪人的理性考量，从而犯罪人积极规避刑罚，导致犯罪手段或方式上的多样性、复杂化。第三，站在腐败分子的立场来看待，作为“利益人”其追求的必然是利益的最大化，在积极规避刑罚的同时，追逐更多利益，从而诱发犯罪数量与数额上的变化。作为“利益人”追逐利益最大化，其本质上也是理性人“逐利”本性的表现。因此，在“逐利→避害→逐利”的恶性循环中诱发出一系列腐败行为的新特性。总之，在腐败犯罪中种种复杂的表象都可以从理性人“趋利避害”的本性中找到答案。

三、博弈论视角下对控制腐败法律机制的再分析

从博弈论的角度来看到腐败犯罪问题，不仅可以将腐败犯罪种种复杂的行为追根溯源至理性人"趋利避害"的本性上。同时用博弈论来再次分析控制腐败法律机制时，我们也不难发现一些症结所在。

（一）"激励悖论"的重罚化

我国现行控制腐败法律机制中呈现出一个突出特点——重罚化。无论是贪污贿赂犯罪刑罚中关于死刑的规定，还是与日本等国家相比我国刑法关于贿赂犯罪中无期徒刑和有期徒刑刑期的规定，都显示出我国当前对腐败行为惩罚的严厉程度。从规则制定者的角度考量，设置严厉的刑罚惩罚，足以保证博弈图6－3中的Q1的数值大于P，使得 $P1 - Q1 < 0$，在受害人积极维权，执法者严格执法的情形下，促使腐败的收益为负，从而实现制度设计的目的。然而腐败现象现阶段在我国依然大量存在，并有愈演愈烈之势。我们需要反思究竟重罚化的实效如何？究其原因，博弈论中"激励悖论"理论也许对解释该现象有所裨益。

1. 解释"激励悖论"

解释"激励悖论"的经典案例便为小偷与守卫的博弈：一小偷（甲）欲偷窃有一守卫（乙）看守的仓库，如果小偷偷窃时看守在睡觉，则小偷就能得手，偷得价值为V的赃物；如果小偷偷窃时守卫没有睡觉，则小偷就会被抓，小偷由于被惩罚形成的损失为R，记为－R。守卫睡觉而未遭偷窃有T的正效用；因睡觉被窃要被解雇，其损失为D，记为－D。而如果小偷不偷，则它们既无得也无失，守卫不睡意味着出一分力挣一分钱，他也没有得失，收益均

记为0。如图6－4所示：

		守卫	
		睡觉	不睡觉
小偷	偷	$-D$ V	0 $-R$
	不偷	T 0	0 0

图6－4　小偷与守卫的博弈

在图6－4的博弈矩阵中没有纯策略的纳什均衡（Nash equiliburium of pure strategies），只有混合策略的纳什均衡（Nash equiliburium of mixed strategies）。小偷既有选择偷与不偷的两种纯策略（pure strategy），也有选择以一定的概率 $L1$ 偷窃和以 $(1-L1)$ 的概率不偷窃的混合策略（mixed strategy）；守卫既有睡觉与不睡觉的两种纯策略，也有选择以 $L2$ 的概率睡觉和以 $(1-L2)$ 的概率不睡觉的混合策略。且小偷和守卫都要尽力保证无论自己如何选择，双方都不知道对方的策略选择，对方均无法采取针对性的策略而占上风。则小偷偷，守卫睡觉的概率为 $L1 \times L2$；小偷偷，守卫不睡觉的概率为 $L1 \times (1-L2)$。小偷不偷，守卫睡觉的概率为 $(1-L1) \times L2$；小偷不偷，守卫也不睡觉的概率为 $(1-L1) \times (1-L2)$。

则：

小偷偷的期望收益设为 $U1$，$U1 = L1 \times L2 \times V + L1 \times (1-L2) \times (-R) = L1 \times [(V+R) \times L2 - R]$

小偷不偷的期望收益设为 $U2$，$U2 = (1-L1) \times L2 \times 0 + (1-L1) \times (1-L2) \times 0 = 0$

同理：

守卫的睡觉的期望收益设为 $U3$，$U3 = L1 \times L2 \times (-D) +$

$(1-L1)\times L2\times T=L2\times[T-L1\times(D+T)]$

守卫不睡觉的期望收益设为 $U4$, $U4=L1\times(1-L2)\times 0+(1-L1)\times(1-L2)\times 0=0$

则对于守卫来说,其选择的策略应当使小偷偷的收益小于或等于不偷的收益,使得小偷没有偷窃的激励。而其最佳的策略选择则在于:小偷偷与不偷的收益相等,因为此时小偷没有偷的激励,同时守卫可以最大的概率来选择睡觉。在小偷没有偷的激励的前提下,实现守卫的利益最大化,符合帕累托效率(Pareto efficiency)标准。[1] 即 $U1=U2$,也即 $L1\times[(V+R)\times L2-R]=0$,此时 $L2=R/(V+R)$(因为从守卫的角度来说,其不知道小偷的策略选择,因此不宜考量 $L1=0$ 的情形)。同理:对于小偷来说,其最佳的策略选择是使守卫睡觉与不睡觉的收益相等,即 $U3=U4$,此时 $L1=T/(D+T)$。也就是说在该混合策略中有两个纳什均衡:小偷偷与不偷的收益相同时,小偷没有偷的激励,小偷一般选择不偷,守卫以 $L2=R/(V+R)$ 的概率睡觉;守卫睡觉与不睡觉的收益相同时,守卫没有不睡觉的激励,守卫一般会选择睡觉,小偷以 $L1=T/(D+T)$ 的概率偷窃。我们可以用图形来表示小偷与守卫的混合策略选择,如图 6-5 所示。小偷选取偷窃策略的概率 $L1$ 为 T 与 $-D$ 的连线与横轴交点的横坐标,同样守卫选取睡觉策略的概率 $L2$ 为 V 与 $-R$ 的连线与横轴交点的横坐标。

[1] 所谓帕累托效率标准:经济的效率体现于配置社会资源以改善人们的境况,主要看资源是否已经被充分利用。如果还可以在不损害别人的情况下改善任何人,就认为经济资源尚未充分利用,就不能说经济已经达到了帕累托效率。这是就是经济处于帕累托非效率的状态。参见王则柯:《人人博弈论》,中信出版社 2007 年版,第 109 页。在小偷与守卫的博弈中,守卫期望小偷偷与不偷的收益相同,此时小偷便没必要进行偷窃,守卫也可以以最大的概率睡觉,在没有偷窃的前提下,实现睡觉概率的最大化。

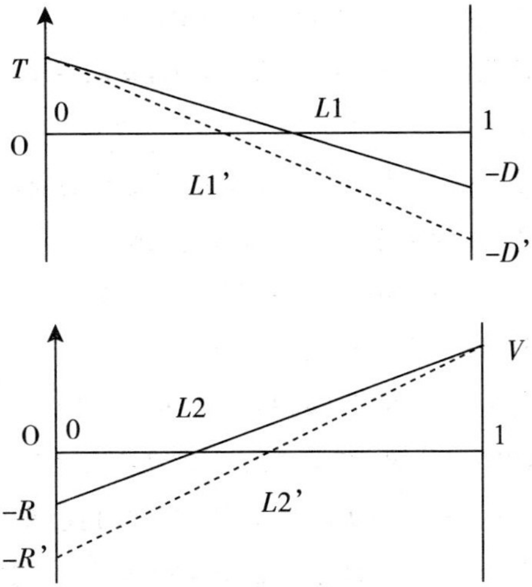

图 6-5　小偷与守卫的混合策略选择

我们需要思考的有两个问题：一是如何降低小偷偷窃的概率，二是如何降低守卫睡觉的概率。按照一般人的思维是：加大对小偷的处罚力度，即增大 R，小偷自然就不会偷了，这是作为减少偷窃的路径之一。但需要注意的是，由于 $L1$ 的值与 R 无关，因此加大对小偷的处罚力度，不能降低小偷的偷窃概率。相反加大对小偷的处罚力度，即 R 的数值变大，这时 $L2$ 的数值反而会增大，即守卫的睡觉的概率会提高，因为 $L2 = R/(V+R)$，R 增大，$L2$ 的值会变大。如图 6-5 所示，$L2' > L2$，即守卫睡觉的概率变大。从逻辑上说就是加重对小偷的处罚时，短期的效果是减少盗窃发生率，而长期的效果是使守卫变得更加懒惰。因为从短期来看，守卫睡觉的概率没有变化，而对盗窃的处罚力度变大，小偷会减弱偷窃的心理期望。短时间内，偷窃行为减少了，而长期来看，由于对守卫睡觉的惩罚力度不变，而在盗窃减少的情形下，守卫有用更多的时间用来睡觉的心理期望，这时守卫睡觉的概率变大。而由于守卫睡觉的概率变大，小偷也就重新有激励去偷窃了。而另一条预防偷窃的路径在于增大 D，增加守卫员睡觉的惩罚。短期的效果是由于增大了对守卫睡觉导致失窃的惩罚，守卫不轻易睡觉，更加尽职；长期效果则是导致偷盗的发生率变低。因为 $L1 = T/(D + T)$，当 D 增大时，$L1$ 自然就变小。如图 6－5 所示，$L1' < L1$，偷窃率自然就下降了。因此，如果正视执法者（司法者）的独立地位和独立的利益追求，就会发现对执法者（司法者）的严格要求才是控制腐败的根本所在。这种现象常被称为"激励悖论"。

2. 扩展"激励悖论"

把激励悖论推广到研究控制腐败领域同样适用：腐败者、受害者、执法者（包括司法者）之间的相互关系，我们可以通过以下分析清晰地看出法律对腐败行为的影响：

（1）假定现在对于腐败的最高刑罚为 D，腐败者被抓捕的概率为 $Z1$。腐败者因实施此种腐败行为可能得到的收益为 P，得到收益的概率为 $(1 - Z1)$。此时，会达到一种平衡，有 $A\%$ 的行为人选择腐败行为，因为对他们来说 $P \times (1 - Z1) > D \times Z1$。

（2）将刑罚力度提升为 D' 后，使得 $P \times (1 - Z1) \leqslant D' \times Z1$，[1] 则会有少于 A% 的行为人选择腐败行为。很多人在分析法律惩罚力度对腐败行为的影响时，只分析到此处就得出结论：如果采用重刑，人们对惩罚畏惧性的提升可以抑制腐败。这种说法有一定的合理性，但有一个前提，即 $Z1$ 是确定不变的。根据激励悖论可知，$Z1$ 实际上是不稳定的，腐败行为与法律的博弈互动并没有结束。

（3）由于执法资源有限，加上对腐败的惩处力度很大程度与社会舆论的压力正相关，当腐败情况有所好转的时候，执法者（司法者）会放松对其的防治，[2] 使得腐败者被抓捕的概率降低到

---

〔1〕 取"＝"号是考虑到理性人的合理规避风险行为。腐败与不腐败期望收益相等时，理性人会做出规避风险行为，选取不腐败策略。

〔2〕 原因即被害人不明显，缺乏一般犯罪所引起的激烈对抗和紧张关系。

$Z2$。此时,行为人会重新考虑其行为决策。虽然可能受到的刑罚程度加重,但受到惩罚的概率却减少了,在侥幸心理的支配下,人们会陆续选择腐败行为。对执法者而言,当他们发现腐败现象又增加了的时候,就会再次加强对腐败行为的监控,从而与腐败者形成动态博弈,最后会达到另一个平衡。而这个新的平衡的实质是,新的刑罚力度与新的抓捕率所产生的总体效果等于以前的刑罚力度及抓捕率的总体效果,即 $D' \times Z2 = D \times Z1$。

那么从社会角度讲,为达到抑制腐败的目的,在积极维权的前提下,作为在博弈中占有优势地位的权利人,国家到底应该侧重于加强对腐败行为的查处力度 $Y1$ 还是处罚力度 $Y2$? 有学者认为,这并无定论,应根据环境、形势而定。从社会现实角度来看,这里决定 $Y1$、$Y2$ 的环境和形势,主要是指总的实现成本,即应该选择最经济最有效的方式抑制社会腐败行为。一般认为,增大发现的概率明显会占用更多的社会、经济资源,这表现为需要更多的法官、陪审团、警察乃至其他经济警察(如会计师),而增大对腐败者的处罚却几乎无须太多额外的成本,甚至仅靠法官个人自由裁量权的行使就可以实现。因而,增大对腐败行为的处罚,伴之以适当减小发现的概率,可以显著地减少社会对付腐败的总支出。这也解释了为什么许多发展中国家对判定腐败者施以严厉的处罚,同时发现且惩罚(抓捕)的可能性取值却很低。

但这并不意味着发现概率应尽可能低,同时惩罚力度应尽可能大。原因在于,根据对人类行为的研究分析发现,惩罚的可能性比严厉性更有威慑力。[1] 从表面看,$Y1$ 的减少被 $Y2$ 的同比例增加所抵消,这种变化不会改变腐败行为的预期收益,但是由于人们对风险持规避态度,它改变了腐败行为的预期效用(在人们

[1] 这方面的法律名言很多,孟德斯鸠、贝卡利亚、边沁、菲利、列宁等都有相关论述。参见梁根林:《刑事制裁:方式与选择》,法律出版社2006年版,第88~90页。

对风险的态度非中性的情况下，预期效用并不等于预期收益），使 $Y1$ 的减少导致的预期效用增加超过了 $Y2$ 的同等比例的增加所导致的预期效用减少，从而使总的预期效用增加。[1] 反之亦然。根据这个分析，在保持适量法律惩罚的同时，应增大发现且惩罚的可能性以加强法律的威慑力，从而有效地抑制腐败行为。

综观世界各国的反贪污贿赂法，有一个明显的特征就是刑罚的规定趋向于轻刑化。有一些国家，对于贪污贿赂犯罪实行"轻刑必罚"策略，最高刑一般不超过 10 年有期徒刑，以避免因刑法太重削弱刑罚的效果。而我国出现了刑罚"重而不严"，对内"下不了手""法不责众"的现象；对外影响形象，招致死刑或人权方面的批评。大量犯罪调查显示，对于贪污贿赂犯罪分子来说，要害不在于判多少年或者是否判处死刑，而在于送上法庭的可能性有多大，他们对判刑的关注远远超过了对判刑轻重的关注；对于国家来说，反贪污贿赂斗争的关键指标不在于每年对贪污贿赂犯罪分子判处了死刑或者多重的刑罚，而在于发现并审判了多少贪污贿赂犯罪分子，还有多少隐案或者黑数没有揭露出来。[2] 因此，从博弈论的角度分析来看，我们在追求重罚化时，不妨把更多的目光放在切实实现"执法必严，违法必究"上。正如切撒雷·贝卡里亚所说："对于犯罪最强有力的约束力量不是刑罚的严酷性，而是刑罚的必定性，这种必定性要求司法官员谨守职责，法官贴面无私、严肃认真，而这一切只有在宽和法制的条件下才能成为有益的美德。""严峻的刑罚造成这样一种局面：罪犯所面临的恶果越大，也就越敢于规避刑罚。为了摆脱一次的罪行的刑罚，人

---

〔1〕 王建明：《法律和信用的博弈分析》，载《西安财经学院学报》2003 年第 4 期。

〔2〕 梁国庆：《国际反贪污贿赂理论与司法实践》，人民法院出版社 2000 年版，第 10～11 页。

们会犯下更多的罪行。”〔1〕

（二）刑罚轻重的失衡性

我国刑法对腐败犯罪刑罚设置呈现一定的失衡性，从博弈论的角度来看，刑罚轻重的失衡是不利于控制预防腐败的，该种失衡易诱发负面的激励。

腐败犯罪刑罚设置的失衡性主要表现在：控制贿赂型腐败法律机制在刑罚预设上的不对称性。我国现行刑法将贿赂犯罪分为受贿罪、单位受贿罪、利用影响力受贿罪、行贿罪、对单位行贿罪、单位行贿罪以及介绍行贿罪。〔2〕根据我国刑法规定，国家工作人员利用职务上的便利，索取他人财物的，或者非法收受他人财物，为他人谋取利益的，是受贿罪。对犯受贿罪的，根据受贿所得数额及情节，依照《刑法》第383条的规定处罚，索贿的从重处罚。单位受贿罪的，对单位判处罚金，并对其直接负责的主管人员和其他直接责任人员，处五年以下有期徒刑或者拘役。第389条规定，为谋取不正当利益，给予国家工作人员以财物的，是行贿罪。对犯行贿罪的，处五年以下有期徒刑或者拘役；因行贿谋取不正当利益，情节严重的，或者使国家利益遭受重大损失的，处五年以上十年以下有期徒刑；情节特别严重的，处十年以上有期徒刑或者无期徒刑，可以并处没收财产。行贿人在被追诉前主动交代行贿行为的，可以减轻处罚或者免除处罚。《刑法》第391条规定，行为构成对单位行贿罪的处三年以下有期徒刑或者拘役。构成单位行贿罪，对单位判处罚金，并对其直接负责的主管人员和其他直接责任人员，依照对单位行贿罪的规定处罚。《刑法》第392条规定，向国家工作人员介绍

〔1〕［意］切撒雷·贝卡里亚：《论犯罪与刑罚》，黄风译，北京大学出版社2008年版，第62页。

〔2〕张明楷：《刑法学》（第3版），法律出版社2007年版，第869～891页。

贿赂,情节严重的,处三年以下有期徒刑或者拘役。介绍贿赂人在被追诉前主动交代介绍贿赂行为的,可以减轻处罚或者免除处罚。

通过上述我国刑法中的相关规定,不难看出行贿行为与受贿行为在构成犯罪的情形下,刑罚轻重的失衡:

第一,行贿罪在构成要件上更为严格,必须是为谋取不正当利益而行贿的才能构成行贿罪,而受贿罪只有为他人谋取利益的规定。第二,行贿受贿的数额相同,受贿罪的刑罚比行贿罪的刑罚要严厉,如根据刑法规定个人行贿数额在十万元以上的,处十年以上有期徒刑或者无期徒刑,可以并处没收财产;情节特别严重的,处死刑,并处没收财产。行贿罪情节特别严重的,处十年以上有期徒刑或者无期徒刑,可以并处没收财产。即使行贿受贿的数额相同都构成情节特别严重,受贿罪最高可处死刑,并处没收财产。而行贿罪最高判无期徒刑,可以并处没收财产。第三,关于行贿罪,刑法中规定了行贿人在被追诉前主动交代行贿行为的,可以减轻处罚或者免除处罚。而在受贿罪中却没有关于此的规定。第四,单位受贿罪的直接负责的主管人员和其他直接责任人员,处五年以下有期徒刑或者拘役。对单位行贿罪和单位行贿罪的刑罚为三年以下有期徒刑或者拘役。第五,介绍贿赂,情节严重的,构成介绍行贿罪,处三年以下有期徒刑或者拘役。特别是在如今贿赂犯罪的发生,“中介”的作用越来越明显的时候,对介绍行贿的纵容是不合理的。

制度预设上对贿赂犯罪刑罚的失衡性规定,带有明显的古代“重典治吏”痕迹,而这种刑罚的制度构建是否有利于贿赂犯罪的预防,通过简单博弈论矩形方阵分析得出:重罚受贿行为,轻罚行贿行为的控制腐败的法律制度设计,未必合理。如图 6 – 6 所示:

		甲	
		行贿	不行贿
乙	受贿	9 9	3 -6
	不受贿	-2 3	3 3

图6－6　具体情形下的行贿与受贿博弈

在图6－6中，甲行贿的收益为9，在应然状态下，同时要承担刑罚的惩罚－2；不行贿的收益为3；乙受贿的收益9，在应然状态下，要受到刑罚的惩罚，损失为－6.不受贿则收益为3。（行贿—受贿）的收益记为9－9，（不行贿—不受贿）的收益记为3－3。由于受贿罪刑罚的规定对行贿行为与受贿行为的刑罚规定不对称，在我国则为行贿行为构成犯罪时的刑罚低于受贿罪的刑罚惩罚。因此，在现实中很容易出现如图6－6所示的甲乙双方行贿的收益或者受贿的收益相差不大的情形，甲不行贿和乙不受贿的收益也相差不大的情形，但是由于刑罚规定的不均衡性，会出现刑罚惩罚不同的情形。图6－6所表现的类似情况在我国的刑罚框架下具有一定的普遍性。在图6－6中，乙受贿的期望赢利为(9－6)÷2＝1.5，乙不受贿的期望赢利是为(3＋3)÷2＝3，在此种情况下，乙不受贿的激励要大于受贿的激励。而甲行贿的期望赢利为(9－2)÷2＝3.5，甲不行贿的期望赢利为(3＋3)÷2＝3，因此甲有行贿的激励。而且此时，甲偏离（行贿—受贿）的损失为9－3＝6，甲偏离（不行贿—不受贿）的损失为3－(－2)＝5。就甲而言，甲偏离（行贿—受贿）比偏离（不行贿—不受贿）有风险优势

(risk advantage)。[1] 因此理性人甲不会偏离(行贿—受贿)的策略选择,贿赂犯罪自然就易于发生了。即使乙受贿的期望收益要小于不受贿的期望收益,但是甲依然会选择行贿,因为在现行的刑罚条件下,某些贿赂犯罪中,行贿的好处要大于不行贿的好处。即便在特定的国家机关工作人员不接受贿赂时,由于缺乏检举揭发行贿行为的激励,行贿不被接受也不会有什么损失,行贿当然比不行贿要好。

在应然的状态下的某些情形之中行贿行为尚有经济激励,更何况是在刑罚的实现还有一定的概率的实然状态中。在实然的动态博弈中,行贿行为构成犯罪的刑罚实现概率降低到一定的程度时,行贿行为也便具有了经济激励。行贿人当然会认为行贿的收益大而刑罚低,受贿人的刑罚要高很多,激励受贿人想方设法掩饰罪行。在此种心理下,行贿行为很容易就发生了。即使权力所有者原本未产生受贿的动机,但在不停的"糖衣炮弹"的攻击下,滴水穿石,不受贿的心理防线也容易被击破。外因虽然通过内因起作用,外因同样会削弱内部的心理防线。特别是在看到他人受贿依然逍遥法外的情形下,这种由行贿产生的受贿激励更加的明显。

再者,我国刑法规定,索贿的从重处罚。在索贿在先的动态博弈中,索贿的不仅构成受贿罪,而且从重处罚。而在行贿在先的贿赂犯罪中:首先,根据我国刑法的规定,该行贿行为首先必须是为了谋取不正当利益才构成犯罪,在该犯罪构成条件下,不正当利益与正当利益之间本身就具有模糊性,一定程度上已经激励

---

〔1〕 风险优势是说在偏离一个均衡的损失要大于偏离另一均衡的损失,偏离损失较大的均衡有风险优势,理性人基于风险厌恶(risk averse)心理会选择偏离损失较大的均衡。注意,风险优势不是表示风险大,反而说风险比较小,优势在于风险小。参见王则柯:《人人博弈论》,中信出版社2007年版,第124、132~135页。

了行贿行为的发生。其次,索贿的从重处罚,行贿行为不应当从重处罚,也不应具有处罚相对较轻的理由。在行贿在先的动态博弈中,由于受贿方较先观察到了行贿方的策略选择(即行贿的策略),受贿一方基于行贿方选择行贿策略,理性地认为只要能够满足行贿方的利益需求,行贿者不会产生检举揭发受贿行为的动力。在利益的驱动下,加之较易规避刑罚,受贿行为自然容易发生了。权力"出租",权力人为自己也为行贿方谋取了利益,形成一方权力谋取双方利益的皆大欢喜格局。而在行贿在先的贿赂犯罪屡次发生,导致社会风气不良的情形下,也极大可能诱发索贿在先的贿赂犯罪的发生。索贿行为其实与受贿行为在一定程度上是互相影响、互相作用的,行贿的多了容易导致主动索贿的产生,而索贿多了也容易导致主动行贿的产生。在一定意义上说,行贿行为有不弱于受贿行为的危害性,甚至更甚。从逻辑上看,行贿行为是受贿行为产生的诱发行为。在刑罚对行贿构成犯罪已经规定了苛刻的构成条件下,对行贿罪的刑罚处罚与受贿罪的刑罚处罚也不能保证相对均衡,在一定意义上说,该种制度设计在一定程度上激励了行贿行为的发生。在贿赂犯罪的动态博弈中,始发点往往是行贿行为,行贿行为的这种不法勾引性应当在刑罚规定中予以体现,行贿罪的刑罚惩罚与贿赂罪的刑罚惩罚维持基本对称,一方面为了预防犯罪,另一方面为了维持公平正义。如同《意大利刑法典》第 321 条对行贿人的处罚专门规定一样:"对给予或者答应给予公务员或者从事公务人员金钱或者其他利益的,按照受贿人所构成的犯罪处罚。"

以上所述只是用博弈论对贿赂型腐败所做的分析,然而绝不仅仅是在贿赂型腐败中存在刑罚设置失衡问题。在其他腐败犯罪中,也同样存在。最明显的例子莫过于"巨额财产来源不明罪"。我国 1997 年修订刑法时,增加了"巨额财产来源不明罪"。在 1997 年《刑法》第 395 条第 1 款规定,国家工作人员的财产或者支出明显超过合法收入,差额巨大的,可以责令说明来源。本人不能说明其来源是合法的,差额部分以非法所得论,处五年以下有期徒刑或者拘役,财产的差额部分予以追缴。与贪污贿赂犯罪相比,巨额财产来源不明罪的法定刑相当宽松。巨额财产来源不明罪的法定刑与贪污贿赂犯罪的法定刑呈现出明显的不对称性,一定程度上放纵了腐败行为,也激励了腐败分子以更加隐蔽的手段实施腐败行为。因此,在2009年十一届全国人大常委会第七次会议表决通过的刑法修正案(七)中,将《刑法》第395条第1款修改为:"国家工作人员的财产、支出明显超过合法收入,差额巨大的,可以责令该国家工作人员说明来源,不能说明其来源的,差额部分以非法所得论,处五年以下有期徒刑或者拘役;差额特别巨大的,处五年以上十年以下有期徒刑。财产的差额部分予以追缴。"在某种意义上说,这是立法者对巨额财产来源不明罪法定刑设置不均衡的理性思考结果,姑且先不论该种修改会产生怎样的实际社会效应,这种对刑罚设置均衡性的考虑本身就是有益的探索,值得肯定。我们有必要在此基础上全面地对贿赂犯罪以及其他腐败犯罪的刑罚设置的失衡性予以考量,避免产生负面的激励效应。

(三)自首机制的无效性

司法实践中,控制腐败法律机制中自首的制度设计基本无效,腐败犯罪中自首的概率低之又低。从博弈论的角度看,自首机制的无效性也是由于缺乏自首激励所致。而在控制腐败的法律机制中,腐败分子的罪后自首具有重要的意义:第一,腐败犯罪的罪后自首能够大大节约司法成本;第二,腐败犯罪的罪后自首,可以避免重复腐败行为的发生,特别是在贿赂型腐败中,可以预防对方重复的受贿行为或者是行贿行为;第三,特别是在如今腐败盛行,贪污与受贿纠缠,权力与利益纠结,大量存在"利益均沾"的腐败犯罪的情形下,腐败犯罪的罪后自首对于改变腐败泛滥的现象有着重要的意义。然而,由于我国现行法律机制对腐败犯罪罪后自首缺乏利益上的激励,腐败犯罪的自首概率一直维持在一个较低的幅度。从我国刑法关于腐败犯罪自首的相关规定中,我们不难看出自首中“私利”激励的缺失。

我国对腐败犯罪罪后自首制度的规定,在《刑法》第 390 条第 2 款规定“行贿人在被追诉前主动交待行贿行为的,可以减轻处罚或者免除处罚”。第 392 条第 2 款规定“介绍贿赂人在被追诉前主动交待介绍贿赂行为的,可以减轻处罚或者免除处罚”。其他的腐败犯罪在刑法分则中没有规定,适用《刑法》第 67、68 条的相关规定。第 67 条规定:“犯罪以后自动投案,如实供述自己的罪行的,是自首。对于自首的犯罪分子,可以从轻或者减轻处罚。其中,犯罪较轻的,可以免除处罚。被采取强制措施的犯罪嫌疑人、被告人和正在服刑的罪犯,如实供述司法机关还未掌握的本人其他罪行的,以自首论。”《刑法》第 68 条规定:“犯罪分子有揭发他人犯罪行为,查证属实的,或者提供重要线索,从而得以侦破其他案件等立功表现的,可以从轻或者减轻处罚;有重大立功表现的,可以减轻或者免除处罚。犯罪后自首又有重大立功表现的,应当减轻或者免除处罚。”从我国刑法对贿赂犯罪中的规定,我们不难发现:

第一,仅就刑法分则关于腐败犯罪的自首规定而言,刑法分则中仅对行贿罪和介绍行贿罪的自首做出了特别的规定,规定为“可以减轻或者免除处罚”。在行贿罪和介绍行贿罪的自首规定为“可以”减轻或者免除处罚,减轻与否需要法官的自由裁量,增加了贿赂犯罪分子自首的疑虑。自首在减轻处罚上没有明确的法律保障,自首的刑罚收益(相对减轻刑罚)本身就不是确定的,导致预自首人对自首收益的心理期望减少。激励不明显,削弱了腐败分子自首的动力。

第二,在贿赂型腐败中,行贿方的自首同时要揭发受贿方的受贿行为。理论上对贿赂型腐败犯罪的自首存在争议。有学者认为,贿赂犯罪一方的自首只是一个行为,对另一方的检举揭发包含在自首的行为中,不应当为自首与立功的并和,而是自首与立功的竞合,自首与立功的竞合应当择一有利于犯罪分子的规定来适用。[1] 这样择一适用,要么是构成自首,要么是构成立功,根据刑法的规定,依然应当适用"可以"的规定,而不是"应当",因为不构成自首且有重大立功表现,不能适用"应当"的规定。姑且不论将贿赂型腐败的自首认定为"自首和立功的竞合"是否合理,认为这种情形下适用类似于"想象竞合犯择一重罪处原则"的方法来解释贿赂犯罪中"自首与立功竞合"的情形,没有考虑到贿赂型腐败犯罪中权力与利益的易于勾结性,以及利益与利益之间的关联性:贿赂型腐败行为的自首不仅仅涉及个人利益,还涉及受贿方抑或是行贿方的利益,贿赂犯罪的自首往往还要承担打击报复的风险,加之在很多情形下,不自首不仅可以维护既得不正当利益,还有一定的概率不会受到刑罚的惩罚。在对自首的激励本身就比较小的情形下,贿赂犯罪行为的自首制度上赋予的可能激励也会减弱甚至是丧失。

第三,由于权力与权力、权力与利益、利益与利益的勾结,贪污与贿赂大量交织,"利益均沾"集团大量出现。不仅贿赂型腐败自首易受他人威胁,贪污型等其他类型腐败分子的自首也同样易于受他人所制,使得贿赂犯罪以外的腐败犯罪分子自首的成本也相应大。如果在存在如此不利的情形下,对腐败行为自首所具有的收益在法律上尚不予以明确保障,给腐败分子予以自首激励,理性人经过简单的博弈分析、利益权衡会发现:自首的成本较高,不自首可能比自首要好。

第四,认为腐败犯罪的自首不适用"必减主义"者,一般认为,自首的动机不一而足,有的是出自内心的悔悟,有的是被形势所

---

〔1〕 刘建国:《行贿人揭发对合受贿犯罪应为自首与立功竞合》,载 http://www.maxlaw.cn/l/20150603/819992086076.shtml,2015 年 8 月 26 日访问。

压迫，有的是预计贿赂犯罪行为将要被发现而投机减刑者，也不排除蓄意陷害对方，然后自首者。然而无论何种情形，腐败分子的自首都是在承担一定风险下对自身或者他人腐败行为的揭发，腐败分子自首给社会带来的收益要比维权执法的收益大得多。即使腐败分子自首的动机不纯，投机减刑，在自首必减后依然不知悔改。在再次触犯刑法时，依然要受到刑罚的惩罚，如符合累犯的规定，相对加重处罚，“天网恢恢，疏而不漏”。只要自首后不再实施违法犯罪行为，自首制度设计的目的便达到，达到刑法预防犯罪的目的，而不论其内在的自首动机是否纯正。更何况自首的动机作为自首者的内在心理活动，不能轻易地从外部行为观察出来，如果以动机不纯为由剥夺犯罪人自首的权利，显然不符合刑法保障人权的精神。

第五，对于腐败犯罪的自首，仅仅对行贿罪和介绍行贿罪的自首情形在刑法分则中予以规定，没有对其他的腐败犯罪的情形做出特别的规定，也从侧面表现了控制腐败法律机制中刑罚设置的失衡问题。

总之，无论是贿赂型腐败分子还是其他类型的腐败分子，其自首行为已经不再是单纯个人利益的得失。虽因自首行为谋得一定利益，但终归还会遭受刑罚的惩罚，以及名誉、信誉、身份、地位上的损害，更重要的会受到其他利益关联体的威胁，加之在现今对腐败犯罪“严惩不贷”的社会号召，自首行为无甚激励，自首制度形同虚设。自首的制度设计期望腐败分子积极自首，但该制度设计却对腐败分子作为理性人的“逐利”本性欠缺考量。在腐败行为的自首缺乏明显有效利益激励下，自首的低概率性就成了理所当然的现象，自首机制在控制腐败中无法发挥实效。

（四）制度设计的冲突性

1. 宏观整体设计存在的冲突

从博弈论的角度看，控制腐败法律机制宏观设计中存在的冲突主要表现在：基于角色重复产生叠加的“私利”损失，导致制度设计的追求无法实现。从博弈图 6－1、图 6－2、图 6－3 中，我们不难发现在预设腐败行为存在的情形下，要完全实现从“腐败→维权→惩治→不腐败”这一控制预防腐败的基本理念。首先，在博弈图 6－1 中要求在以腐败现象业已存在为假设的前提下，受害者要积极维权，即博弈双方选择（腐败—维权）的策略，维权需要付出成本 C1；其次，在博弈图 6－2 中，制度设计所期望的策略选择为（维权—执法），执法需要付出成本 C2；最后，在博弈图 6－3 中，制度设计所期望的策略选择为（腐败—惩罚），司法者行使惩罚权，需要付出成本 C3。只有在经历着三种策略选择，依次付出成本 C1、C2、C3，才能对一个腐败现象进行有效的惩处，最终达到预防腐败的目的。

从博弈论的角度来看，要想有效地通过法律对腐败行为予以惩治来预防腐败现象的发生，有着较为严格的要求：要实现有效的预防腐败，必须要三组博弈依次进行，任一个环节不得出现纰漏，否则都无法达到制度的预设目的。要保证三组博弈依次进行，作为理性主体的博弈方按照立法者的思路进行策略的选择，根本上还是要回复到“利益”得失的权衡上。最基本的则在于要保证维权的成本 C1、执法的成本 C2 以及行使处罚权的成本 C3 不能过高，更不能重叠。若由一方或者两方来承担所有的成本支出（C1 + C2 + C3），在维权、执法和行使惩罚权本身就缺乏激励的情形下，理性人便没有积极维权、严格执法和公正严格行使惩罚权的动力。无须全局出错，只要任一个环节出现纰漏，都极有可能导致最终对腐败行为缺乏有效的惩处，助长腐败的气焰。

因此，在博弈图 6－1、图 6－2、图 6－3 中，一方面，图 6－1 中的受害者、图 6－2 中的执法者以及图 6－3 中的司法者的角色应是相分离，严格区分的。使成本的支出 C1、C2、C3 分别负担，减少每个角色的利益损失；另一方面，需要图 6－1 中的受害者、图

6－2 中的执法者以及图 6－3 中的司法者与腐败者处于“利益”对立的地位上，不能相互勾结，方能有效地追究腐败者的责任。对此，我们有必要反思：这种角色的分离、成本的分担在现实中是否真正做到？答案是否定的。

首先，由于腐败行为往往侵犯的是国家以及社会的公共利益，私人或者机构若无利益上的需要，不会有维权的动力。而国家也恰恰寄希望于纪检部门、公安检察机关来维护受害者（广义上的国家）的权力，扮演博弈图 6－1 中受害者的角色，而他们本身又是博弈图 6－2 中执法者的角色。这样便集 C1 与 C2 的成本于一身，在缺乏激励的情形下，自然就缺乏维权、执法的动力。

其次，在如今“司法腐败”现象肆意蔓延，“官商勾结”，行政权、检察权以及司法权的关系错综复杂。各种权力基于利益勾结在一起，甚至会出现博弈图 6－1 中的受害者、图 6－2 中的执法者以及图 6－3 中的司法者与腐败者“利益均沾”的局面。这种权力与权力的勾结、权力与利益的勾结、利益与利益的勾结使得控制腐败法律机制发挥实效成为一纸空谈。

2. 微观具体设计存在的冲突

从整体上看，在用博弈论理清控制腐败法律机制发生作用的路径和脉络，在复杂的权力与利益交织的背后找到掩盖住的制度设计的本源追求，我们不难发现理论与实践还有着巨大的冲突。不仅宏观上存在冲突，在博弈论的视角下，研究微观的具体制度设计，同样会发现冲突之处：以受贿罪中“为他人谋取利益”的分析为例。

根据我国《刑法》规定，国家工作人员利用职务上的便利，索取他人财物的，或者非法收受他人财物，为他人谋取利益的，是受贿罪。理论界对“为他人谋取利益的”颇有争议。而争议的焦点主要集中在：争议一，“为他人谋取利益”是否作为贿赂犯罪的构成要件？是为他人谋取利益才构成受贿罪，还是无论是否为他人谋取利益均构成受贿罪？争议二，“为他人谋取利益”构成其他犯罪的是作为受贿罪的加重处罚情节，还是与受贿罪数罪并罚？笔者试图从行贿与受贿的动态博弈来分析该问题。

首先，如图6－7，该种情形为“为他人谋取利益”作为受贿罪的构成要件的情形，在该种情形下，乙收受贿赂后为甲谋取利益才构成受贿罪，不为甲谋取利益则不构成受贿罪。

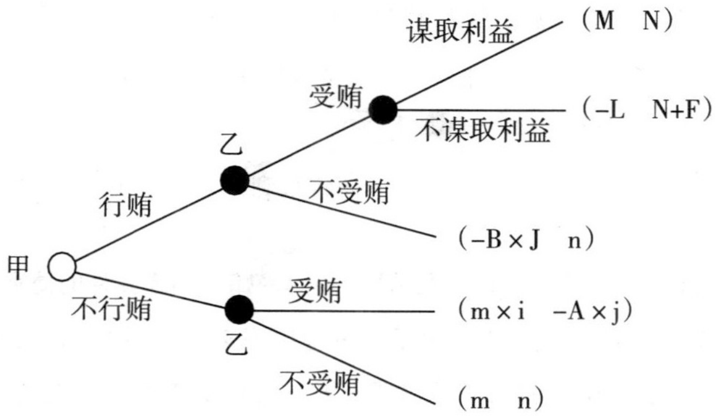

图6－7　“为他人谋取利益”作为受贿罪构成要件的博弈

如图6－7所示，当甲行贿，乙收受贿赂的情形下：为他人谋取利益，构成受贿罪，在考虑到犯罪的成本的情形下，获得的收益是N，甲在乙为其谋取了利益的情形下，获得的收益是M；不为他人谋取利益，则不构成贿赂犯罪，则乙获得的收益除N外，由于没有犯罪的成本，因此最终的收益为$N-(-F)=(N+F)$，F为犯罪的成本，记为－F。[1] 而此时由于乙收受了甲的贿赂，却没有给甲谋取利益，因此甲不但没有利益的收入，而且有利益损失－L（因为行贿的财物无法挽回）。因此在“为他人谋取利益”才构成受贿

〔1〕　图6－7中，由于本部分是用博弈论来分析收受行贿人贿赂后是否“为他人谋取利益”的问题，故其他字母的含义谨在此予以说明，不在正文中表述，供大家参考：m为甲诚实劳作的收入，n为乙克己奉公的工资收入，A为受贿罪受刑罚惩罚形成的损失，记为－A，j为受贿罪刑罚的实现概率，B为行贿罪受刑罚惩罚形成的损失，记为－B，J为行贿罪刑罚的实现概率。

罪,不为他人谋取利益不构成受贿罪的情形下,理性人乙会选择收受贿赂,但不为他人谋取利益,此时甲行贿的目的自然就无法达到,还会产生负面收益 - L,理性人甲自然就不会选择行贿的策略了。所以最终的博弈结果便为:一方不行贿,另一方也不受贿。

其次,我们来分析,“为他人谋取利益”不作为贿赂犯罪的构成要件的情形,如简化图 6 - 8,在该种情形下,只要受贿方收受贿赂,无论是否为行贿方谋取利益都构成受贿罪。

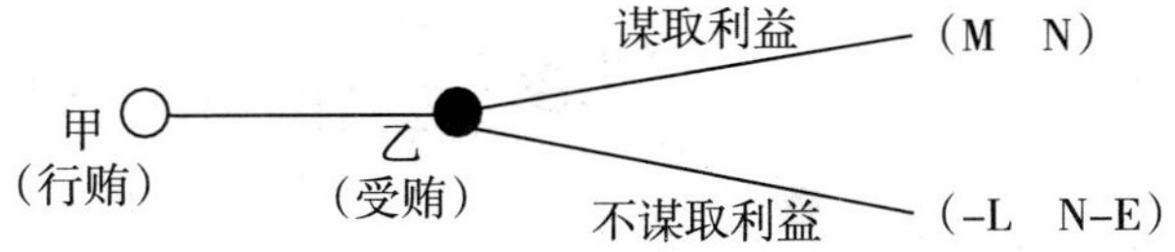

图 6 - 8 “为他人谋取利益”不作为受贿罪构成要件的博弈

如图 6 - 8 所示,当无论是否为他人谋取利益的情形下,甲行贿,乙收受了贿赂即构成受贿罪。在该种情形下,甲行贿,乙受贿的收益不变,依然为 M、N,而如果甲行贿,乙收受贿赂,但乙不给甲谋取利益的情形下,甲行贿却没有益,损失依然为 - L。而乙则要承担一定的损失 N - E。一方面因为乙在受贿的情形下,已经构成犯罪,存在犯罪成本损失;另一方面乙若收受了贿赂,而不为甲谋取利益,由于受贿后未能实现行贿人行贿所追求的利益,在此种情况下,行贿人基于心理失衡,检举的激励变大,一旦被揭发便成立受贿罪,因为即使不为行贿人谋取利益也已经成立受贿罪,受到刑罚惩罚的概率相应的也变大。因此便存在犯罪成本损失,刑罚的实现概率变大导致的损失以及受贿人“名誉”受损导致的损失。额外损失之合设为 E,计为 - E。因此,在不为他人谋取利益的情形下,乙的收益为(N - E)。当 E > N 时,譬如被行贿人揭发,不仅既得的用权力谋取的不正当利益丧失,同时自身原本存在的利益也会丧失。如本不必受到刑罚惩罚而受到刑罚惩罚,利益无法实现,谋取利益的权力被剥夺,此种情形下 E > N,收益值变为负。因此,在该种情形下,犯罪谋取不谋取利益都构成受贿罪,理性人乙的最佳选择为自己谋取了利益,让甲也获得收益,所谓“拿人钱财,与人消灾”,此时,结合前面的分析,此时的博弈结果为:一方行贿,另一方收受贿赂。因此,从博弈论的角度来看,“为他人谋取利益”不作为受贿罪的构成要件,不仅不利于预防贿赂犯罪,甚至会产生诱发行贿受贿的激励。

对比图 6－7、图 6－8 的分析,我们不难看出:从理论上看,从图6－7的制度设计与图 6－8 相比能够更加有效地预防贿赂犯罪的发生,但实践中却会出现放纵了受贿行为的情形,不利于惩治,预防腐败。根据我国有的学者的观点,受贿罪侵犯的法益是职务行为的不可收买性。〔1〕既然收受了贿赂,职务行为的不可收买性已经被侵犯,如果不为他人谋取利益的受贿行为不构成犯罪,那么此时受贿而不为他人谋取利益所侵犯的职务行为的不可收买性又怎样保护?刑法的目的在于预防减少犯罪,而不在于打击犯罪,同时我们不应当一味地追求犯罪的预防而放纵犯罪的打击。对犯罪行为的打击不力,放纵犯罪行为的作为反过来也不利于预防犯罪。

既然认为图 6－7 的制度设计放纵了受贿行为,不利于惩治腐败。那么我们不妨规定,国家工作人员利用职务上的便利,收受他人财物的,构成受贿罪。为他人谋取利益不构成犯罪的加重处罚,为他人谋取利益构成犯罪的,数罪并罚。

在此,不是说“为他人谋取利益”不作为受贿罪的构成要件,从而来回避对“为他人谋取利益”行为的重复评价问题。如同张明楷教授说的那样:把“为他人谋取利益”依然作为贿赂犯罪的构成要件,只是此时的“为他人谋取利益”理解为一种许诺行为,只要国家工作人员有为他人谋取利益的许诺即可,而不是客观上有

〔1〕 张明楷:《刑法学》(第 3 版),法律出版社 2007 年版,第 869～875 页。

为他人谋取利益的实际行为与结果。这种许诺行为可以是明示的,也可以是暗示的;可以是真实的,也可以是虚假的,而且作为受贿罪成立的最低标准。譬如说,在事后受财的情形下,国家工作人员主动地谋取利益,并没有任何的许诺行为,这种行为已经超出了许诺的最低标准,当然成立受贿罪。[1] 这样,"为他人谋取利益"作为受贿罪的成立要件时,为许诺行为,且作为受贿罪的最低成立标准。"为他人谋取利益"构成其他犯罪的,此时"为他人谋取利益"为实行行为,实施谋利的行为或者行为的结果成立犯罪的,独立定罪量刑。这样,在受贿罪或者它罪中,"为他人谋取利益"的内涵不同,作为许诺行为与实行行为独立评价,避免了对"为他人谋取利益"行为的重复评价问题,符合刑法的精神。

从博弈论的角度设计出的该种制度,一方面没有放纵犯罪,只要为他人谋取利益便有一个不同于单纯受贿刑罚的加重情节或者数罪并罚,避免产生图 6 – 8 中产生行贿受贿的激励因素。另一方面之所以不笼统规定为"为他人谋取利益"作为受贿罪的加重情节:首先,为他人谋取利益有可能构成犯罪,也有可能不构成犯罪,应当予以区分。其次,在法律具有滞后性的情形下,如果把为他人谋取利益构成犯罪作为受贿罪的加重情节,可能随着立法的完善,导致法律适用上的矛盾。试想甲向乙提供的是性贿赂,不属于财物的范畴,因此,在现行法律下乙接受甲的性贿赂不成立受贿罪。而乙由于接受甲的性贿赂,为甲谋取利益构成了犯罪,此时如作为受贿罪的加重情节,受贿罪本身就不成立,如何作为加重情节,此时还是得作为独立的罪名定罪处罚。若把接受贿赂为他人谋取利益的构成犯罪的作为贿赂犯罪的加重情节,而一旦当性贿赂行为犯罪化,为他人谋取利益构成犯罪的,却又成为

---

〔1〕 张明楷:《论受贿罪中"为他人谋取利益"》,载《政法论坛》(中国政法大学学报)2007 年第 5 期。

了加重的情节,前法与后法对同一个问题的规定便会产生很大的不同,相同的行为却有不同的后果。另外,在《关于惩治贪污贿赂犯罪的补充规定》第 5 条第 2 款明文规定,因受贿而进行违法活动,构成其他罪的,依照数罪并罚的规定处罚,而不是作为受贿罪的加重情节。因此,不妨在受贿罪中把为他人谋取利益构成犯罪适用独立的罪名,尽量避免因新法旧法规定不一致而产生的矛盾。受贿且为他人谋取利益构成犯罪的适用数罪并罚的规定;受贿且为他人谋取利益不构成犯罪的,作为受贿罪的加重情节。当然在此并不排除法律上的特别规定。

用博弈论来看待现行控制腐败法律机制,不仅存在上述宏观整体上和微观细枝末节上的制度设计与实践的冲突,还有更多“理想”与“现实”的冲突需要我们用科学的方法来进行研究。

四、博弈论视角下对控制腐败法律机制的再打造

在前面的分析中,我们把腐败行为的发生归结到理性人的逐利本性上,而腐败行为呈现的种种复杂的外部表现形式也是理性人“趋利避害”的结局:腐败分子一方面谋取最大利益,另一方面也注重用新的手段、方式规避刑罚。现阶段腐败现象的泛滥固然与腐败分子的道德缺失有关,然而法律作为最低限度的道德,腐败分子道德的缺失不宜作为控制腐败不利的借口,我们更应当反省制度设计上以及制度实现上存在的问题。最后,本章试图以博弈论为视角对控制腐败法律机制进行再打造,该种打造是在理性人假设的基础上,对“利益”和“权力”更有针对性的锤锻。

(一)以利益激励机制为核心

1. 建立奖惩分明的当事人利益激励机制

“利益”是理性人实行行为时考虑的首要因素,建立利益激励

机制是在尽量消除维权、执法、司法过程中的私利损失的同时，给予理性人积极维权、及时公正执法、司法以“私利”上的激励，是针对控制腐败法律机制中“利益”激励缺失所做的应对之策。而利益激励机制要最大限度地发挥作用，不仅要注重利益上的“奖”，还要注重对特定主体的特定行为进行适当的“惩”。

在控制腐败的法律机制中，腐败现象的有效控制需要经过博弈图6-1、图6-2、图6-3三个阶段。从博弈论的角度来看，现行控制腐败的法律设置之所以在抑制腐败行为上收效甚微，其根本原因则在于制度设计的均衡不能自动实现，不能自动实现的均衡不是纳什均衡。纳什均衡作为一种策略组合，在这个策略组合中，每个参与人的策略相对于其他参与人都是最优的。如果每个人的策略相对于其他人都是最优的，理性人基于利益的追求自动会实现作为纳什均衡的策略组合。而在博弈图6-1、图6-2、图6-3中，实际上“腐败”是一种负面评价的因素，控制腐败法律机制本身就是为了让腐败的收益为负，以便让腐败分子无利可图，自然没有发生腐败的动力。因此在该系列博弈中追求的是腐败的收益越小越好，腐败者与受害者、执法者以及司法者的利益在理论上是对立的，因此此处制度设计所追求的均衡（腐败—维权）、（维权—执法）以及（腐败—惩罚）不是常态意义上的纳什均衡。由于是以控制腐败为目的，腐败分子本身不可能积极主动地接受损失，若要实现设计好的均衡，必须要求受害方积极维权，执法者严格执法，司法者公正司法。

在本章第一部分论述了实现“腐败→维权→惩治→不腐败”的基本意图的三个条件：在博弈图6-1中要满足，$(S-C1)>(-P-X)$以及$(P-Q)<P$；在博弈图6-2中要满足，$-C2>-E1$以及$(S-C1)>(-S-C1)$；在博弈图6-3中要满足，$-C3>-E2$以及$(P-Q1)<P$。实际上要实现这看似简单的三个基本条件，其实是有一定难度的。

在博弈图 6-1 中，首先，关于(S-C1)与(-P-X)的比较：理论上是要求(S-C1)>(-P-X)，但从理性人角度考虑，更多应当注重的是私利的得与失，即 -C1 与 -X1[1] 的比较。只有当 -C1 > -X1 时，即维权的成本小于不维权给自身带来的损失时，受害者才勉强有维权的动力。其次，关于(P-Q)与 P 的比较：同样理论上认为只要(P-Q)<P 即可，因为制度追求的是使受害者维权时腐败者的收益要小于不维权时的收益，在受害者积极维权的情形下，腐败者(预腐败者)没有贪污受贿的动力。在制度设计者看来受害者积极维权给腐败者带来的损失 Q 包括能够追回腐败的收益 P，以及腐败者因为腐败被发现而产生的其他损失，因此 P-Q 理应是小于 0 的，但现实中 P-Q 未必小于 0，此点在前文中已经有较多论述，在此不再赘述。因此，即使在受害者积极维权的情形下，腐败依然有收益。因此，基于理性人的逐利本性，腐败依然大量存在。在 P-Q 可能小于 0 的情形下，更加要注重对积极维权的激烈，而这一点在恰恰是有所欠缺的。在制度设计者看来，受害者在公共利益受到损失时就理所当然地要维护公共利益，这是纯道德角度上的考量，考虑的是比较高的道德，而不是最低限度的道德，而受害人作为理性主体其本性恰恰是逐利的，而且是自私的。

在博弈图 6-2 中，首先，关于 -C2 与 -E1 的比较，即受害人积极维权下，执法者严格执法的成本与不执法所受惩罚形成损失的比较。正如激励的悖论说的那样，与其注重对腐败分子的重罚，不如更加注重对消极执法、消极司法的惩罚。但是仅仅只注重对不严格执法的惩罚，即增大 E1 的值，而缺少及时严格执法、及时公正司法的激励还是不够的。在增大 E1 的情形下，促使执

---

〔1〕 在前文中论述过，腐败带来的损失 X 可拆分为两部分：一部分是与受害者自身私利有关的损失，记为 X1；另一部分为与受害者自身利益无关的损失，记为 X2，X = X1 + X2。

法者选择损失较少的策略，即图 6－2 中的执法策略。而该执法策略本身还是存在损失的策略，而不是有利可图的策略，最终只会挫伤作为理性的执法者严格执法的积极性，甚至是走上社会的对立面。其次，关于 S－C1 与（－S－C1）的比较：在博弈图 6－2 中受害人确定要维权，而表面上看来，执法者严格执法将会给维权者带来受益 S，维权的成本记为－C1；若受害者维权，执法者不严格执法，则受害者本应可以维护的社会公共利益 S 便无法实现，记为－S，同时由于受害者积极维权，维权的成本依然为 C1。此时，（S－C1）表面上看明显大于（－S－C1），受害者有督促执法者严格执法的积极性，但实际上与受害者私人利益相关只为－C1，只有维权成本的支出，缺乏利益的激励，因此受害者督促执法者严格执法的积极性也不如想象中的那么明显。

在博弈图 6－3 中，首先，关于－C3 与－E2 的比较：司法者行使针对腐败分子的惩罚权的成本支出为－C3；纵容腐败分子，不严格行使惩罚权要受到相应惩罚的损失为－E2，在此如上所述即使－C3 ＞ －E2，其本身也是－C3 的数值也是小于 0 的，即缺乏私利上的激励，进而挫伤司法者公正司法的积极性，长远来看是很不利于控制腐败的。其次，关于（P－Q1）与 P 的比较：P 为腐败所得利益，Q1 为行使刑罚权给腐败分子带来的损失。正如在前文中论述过的一样由于腐败犯罪数额上存在“黑数”，用于量刑的犯罪数额并不必然等同于实际腐败分子的实际所得利益。最后，对腐败分子的刑罚惩罚主要为自由刑，自由刑给腐败分子带来的损失主要由腐败分子自己衡量。加之 Q1 实现的概率性导致 Q1 的数值大打折扣。在此种因素共同作用下，（P－Q1）中的 P 实际上应为 P1（P1 为腐败的真实获利），此时 P1－Q1 未必小于 0，意味着即使腐败行为被惩罚，也可能有利可图，依然有腐败的激励。甚至在犯罪数额“黑数”足够大的情形下，出现 P1－Q1 ＞P 也不足为奇。在理性人存在“避害”本性的前提下，腐败分子必然是积极地规避刑罚。这时更需要严格有效的执法司法,对腐败行为进行及时有效的惩罚,来控制腐败。而在现行制度的设计中,恰恰是缺少严格有效执法司法的激励。

如上分析,科学的控制腐败法律机制设计应当考虑理性人"逐利"本性,将受害者、执法者以及司法者以一般人的标准来衡量,而不应当认为其有较高的道德标准。[1] 首先,应当对积极维权者予以"私利"上的激励,用来中和掉维权的成本 C1,还应有所结余,才符合理性人的本性;其次,对于及时严格执法的执法者以及及时公正司法的司法者同样要给予"私利"上的激励,在中和执法成本 C2、司法成本 C3 的同时,依然"有利可图",方有及时公正执法司法的动力;再次,在注重对积极维权,及时公正执法司法奖励的同时,也应当适当加大不积极维权与不及时执法司法的惩罚,突出"私利"上的激励,增加积极维权,及时公正执法司法的心理倾向;最后,同时不能忽视对"克己奉公""诚实劳作"者的奖励。当然此种激励可以是经济物质上的直接激励,也可以是某种精神或者资格赋予上的间接激励;可以是短期的激励,也可以形成有持续收益的长期激励。

除了注重上述作为与腐败分子对抗方(利益冲突方)的激励,科学的控制腐败法律机制也应当注重对腐败分子内部的瓦解。而这种瓦解依然基于"利益"的激励:一方面,注重对腐败分子自首立功的激励,使自首制度在控制腐败的法律机制中发挥实效。另一方面,也要加大"知情者"检举揭发的激励,对基于特殊身份(一般为国家机关工作人员或国有企事业单位工作人员)的知情者"知而不报",应当给予适当的惩罚,譬如否定性评价、晋升资格

---

〔1〕 在此不是说受害者、执法者、司法者的道德水平都低,而是从控制腐败的角度来分析。道德水平高者固然会努力维护好公共利益而不计私利,但更多的却是"道德水平较低"的理性人。法律作为维护社会秩序的后盾,应当是最低限度的道德,而不宜以较高道德水平为标准。

的剥夺。增大知情者检举揭发的动力,以促使对腐败行为进行及时迅速的控制。简言之,该种制度设计的出发点为以私利的激励,阻却权力与权力、权力与利益、利益与利益的勾结。

2. 建立廉政金制度的官员利益激励机制

在构建有利益激励的控制腐败法律机制时,新加坡的廉政公积金制度值得我们参考。新加坡作为亚洲最清廉的国家,新加坡1955年7月通过立法建立中央公积金制度,其职能现今包括退休保障、医疗保障、购买住房、家庭保障、增加资产等职能。中央公积金制度规定所有参加社会工作的人员,包括公务员、企业职员、一般工人都必须参加公积金制度。其规定,公务员以月工资的18%,单位再加22%,共40%存入公积金。发生经济危机时比例适当调整。这份公积金属个人所有,但不能随意提取。一般公务员工作时间越久,所得积蓄就越多。据统计,高级公务员(司局级)到55岁退休时,公积金大约有80万~90万新加坡元,相当于人民币400万~500万元。新加坡法律规定,凡是贪污受贿等违法行为者,就要给予严厉的惩罚,包括开除、坐监、全部撤销个人所得公积金。[1] 在新加坡由于立法明确,执法严明,使得贪污行为很容易被查出,而且还要为此付出相当大的代价,腐败的成本远大于收益。正如李光耀所说:“受贿的公务员冒着失去工作和养老金的危险。”[2]但对于新加坡的廉政公积金制度,我们亦不能盲目地借鉴。我们应当看到:新加坡的中央公积金制度作为新加坡独特的制度设计,与新加坡的社会发展的实际情况相适应,在新加坡的廉政建设中,发挥着巨大的作用。我国苏州、上海等地也借鉴新加坡中央公积金制度尝试建立“廉政公积金”制度,廉政公积金制度一方面增加了公务员的腐败机会成本;另一方面从

---

〔1〕 唐海歌:《新加坡廉政建设及其启示》,载《河北青年管理干部学院学报》2009年第3期。

〔2〕 刘国雄:《新加坡的廉政建设》,人民出版社1994年版,第58页。

纪律和法律处罚的“马后炮”式事后惩戒走向事前的激励与约束，解决公务员管理制度中经济激励的缺失问题，因为客观上增加了一些看得见、摸得着，甚至能够感受到切肤之痛的腐败机会成本，公务员有了抵制腐败的经济激励，进而产生克服机会主义的倾向，具有积极的进步意义。[1] 在我们借鉴新加坡的中央公积金制度时，不妨先思考其制度设计的特殊之处：

首先，新加坡中央基金制度的账户资金来源为相关人员的预期正当收益；其次，该制度公务员、企业职员、一般工人都必须参加，有很强的强制性，该强制性有法律予保障；再次，该制度设计有较长的作用期限，从公务员从事国家工作之日一直持续到退休，甚至退休之后依然发挥作用；又次，关于缴纳公积金的比例问题：公务员以月工资的18%，单位再加22%，总共40%，占公务员工资的较大的比例，同时大部分由国家财政补贴，在实行该制度的同时，保证公务员的生活水平；进而，公积金的累积数额，有较为客观的累积收益，高级公务员到55岁退休时，公积金大约有人民币400万~500万元；最后，新加坡的地域面积较小也是能够实施公积金制度的一个有利条件。从上述特征中，我们不难发现，新加坡中央公积金制度能够有效发挥作用的一个基本要求为：较高的经济发展水平，国家较为富裕。国家公积金的累积收益能够大于腐败的收益，或者能形成较为明显的风险优势（在不能保证公积金收益一直大于腐败的收益的情形下，公积金的数额依然较为可观，同时对腐败行为能够有效地予以打击，腐败后逃脱法律惩罚的概率较小，腐败的机会成本增大，权力自然不愿“寻租”，公积金制度设计时的风险优势能够有效地予以体现），促使社会成员形成诚实守信、克己奉公的心理期望。

---

〔1〕 陈国营：《廉政公积金制度的经济学批判》，载 http://news.hexun.com/2007-07-27/100089019.html 2015年8月27日访问。

我国不同于新加坡,无论是国土面积、地域差异,还是文化传统等都给我们的反腐建设增加了难度,我们在借鉴新加坡的国家公积金制度时必然要先考虑自身的状况。首先,在实行国家公积金制度时,必须保证公务员的生活水平不能明显下降,需要强大的国家财政支出为支撑,而我国经济发展水平还不足以支撑庞大的中央公积金支出,特别是在社会贫困还大量存在的情形下,国家更要注重财政支出的分配;其次,覆盖主体须广阔,避免产生激励不均衡现象,“不患贫而患不均”,而我国为人口第一大国,想要全面覆盖难度可想而知;最后,新加坡的中央公积金制度有效发挥抑制腐败的作用是以庞大的正当预期利益为长期激励,然而在我国腐败的眼前收益往往大于预期的正当收益,加之预期收益期限较长,激励更加不明显。现实中,我国也只是在苏州、上海等经济较为发达的地区推行过较短期限的“廉政公积金”制度,抑制腐败的效果并不明显。毫无疑问,较高的经济发展水平是推行廉政公积金制度的基础,具体到我国,推行廉政公积金制度之前其实还应当具备另外一个条件:确保腐败分子能够及时有效地受到应有惩罚。如果不能保证对腐败犯罪有效追究责任,即使有廉政公积金制度设计,也会由于廉政公积金制度的“私利”激励不明显,而不能有效约束理性人,其最终会变质为滋生腐败的温床。因此,在我国目前情形下,新加坡等国家的廉政金制度值得我们学习,但我们不能乐观认为中国只要实行廉政金制度就能有效减少腐败的发生,若忽视了刑罚的必定性,廉政金制度对官员的利益激励也少有积极作用,甚至会产生消极作用。在某种意义上讲,现阶段若要实行廉政公积金制度,保证腐败犯罪中刑罚的必定性是先于较高经济发展水平的先决条件。吸收他人制度设计的长处固然有好处,但不宜盲目借鉴而脱离本国实际。

总之,在控制腐败法律机制中,利益激励机制应当居于核心地位,起关键作用。长期以来,正是一味注重对腐败的惩罚,而忽视了对控制腐败法律机制中博弈各方的利益激励的，而使得良好的制度预设无法实现。

（二）以刑罚均衡机制为依托

1. 刑罚设置的内部完善

腐败犯罪刑罚设置的不均衡首先体现为腐败犯罪内部刑罚设置的不均衡。主要表现为受“重典治吏”的影响，注重对官员的处罚。而这种刑罚设置的不均衡在某种意义上说也是一种“激励”，只不过为刺激腐败发生的激励。特别是在贿赂型犯罪中，由于行贿罪与受贿罪刑罚设置的不均衡，加之注重惩罚官吏的传统，往往使人易于产生行贿的动机，因为行贿者往往会认为受贿者基于较重的刑罚惩罚定会竭力维护好行贿者的利益，即使贿赂犯罪被发现，行贿罪的惩罚也相对较轻。行贿虽然并不必然诱发受贿，但是行贿行为的不法勾引性是诱发受贿行为的重要原因。在前文中用博弈论分析过行贿受贿不均衡的刑罚设置的危害所在。在贿赂型腐败中健全完善较均衡的惩处机制具有重要意义，注重行贿行为刑罚与受贿行为刑罚设置的均衡，是避免制度上产生行贿激励的应有之意。此外，在对巨额财产来源不明罪法定刑的提高亦证明控制腐败的法律机制中设置均衡的惩处机制的必要性。

2. 刑罚设置的整体完善

不仅在腐败犯罪内部存在刑罚设置不均衡的现象，从外部来看，腐败犯罪整体上呈现出刑罚设置的不均衡性。随着社会的进步，人们觉悟的提高，人们越来越认识到国家权力来源于人民的让渡，以便于保护人们的既得利益，实现人们更多的利益。而对于腐败这种滥用人民让渡而来的公共权力谋取个人私利的行为，社会舆论义正词严地要求严惩。重罚化成为惩罚腐败的一个社会舆论趋势。与其他类型的犯罪相比，对腐败犯罪的刑罚惩罚顺应社会的呼声，呈现出偏重的情形。此种对腐败犯罪要求的严惩的趋势，不仅诱使腐败分子最大限度地规避刑罚，甚至为了摆脱一次罪行的刑罚，会滋生更多的罪行。更主要的是对腐败分子重罚的呼声掩盖了严格执法公正司法来实现刑罚的必定性在控制腐败中的最强约束作用。从长远来看，片面追求对腐败犯罪的重罚，而忽视刑罚的必定性，激励的悖论将在控制腐败中再次应验。

腐败犯罪刑罚设置的不均衡性，不论是整体的不均衡还是内部的不均衡，不仅不利于预防犯罪，同时也不符合保障人权的精神。贝卡里亚在其《犯罪与刑罚》一书中说道："如果说人们的侵害行为可能触犯上帝的无上权威的话，那么人们的惩罚活动同样可能触犯这一权威。"伟大的孟德斯鸠说："任何超越绝对必要刑罚都是暴虐的"；"即使严酷的刑罚的确不是在直接与公共福利及预防犯罪的宗旨对抗，而只是徒劳无功而已，在这种情况下，它也不但违背了开明理性所萌发的善良美德——这种理性往往支配着幸福的人们，而不是一群陷入怯懦的残忍循环之中的奴隶——同时，严酷的刑罚也违背了公正和社会契约的本质。"〔1〕健全完善刑罚设置较均衡的惩处机制同样是保障公平、维护人权的需要。

总而言之，设置刑罚均衡机制是良好的控制腐败法律机制应当考虑的重要依托，是注重公平、保障人权的需要。同时从博弈论的角度来看，设置较为均衡的刑罚有利于避免由于惩处失衡而产生"利益"上的激励，刺激腐败的发生；也是确保刑罚的必定性，避免在控制腐败法律机制中产生"激励悖论"的关键因素。

（三）以刑种配套机制为辅设

本章中的很多分析一再表明：腐败犯罪的发生在于权力与利益勾结，这也是腐败犯罪不同于其他类型犯罪的主要不同之处。

---

〔1〕［意］切撒雷·贝卡里亚：《论犯罪与刑罚》，黄风译，北京大学出版社2008年版，第8、11、21页。

要想控制腐败法律机制有效发挥作用,刑种配套机制应当是有益的铺设。对腐败犯罪的刑罚设置,不应当仅仅注重自由刑,甚至是生命刑。在针对腐败中的"权力",在控制腐败的法律机制中有必要设置资格刑予以规制;在针对腐败分子过分追逐个人"私利",也有必要做出针对性的策略,充分发挥财产刑在控制腐败法律机制中的应有作用。

1. 完善资格刑的配套制度

对腐败犯罪分子适用合理的资格刑,正如有学者所言:不仅具有惩罚的意蕴,而且还具有防止犯罪人再犯的防卫功能和警戒具有同样资格的人倍加珍惜自己享有的资格而不去以身试法的功能。[1] 腐败犯罪中资格刑的适用,也是针对腐败犯罪中腐败分子以某种资格为犯罪条件的应对之策。然而现行刑法在腐败犯罪中资格刑的设置和适用还很不完善。

首先,我国关于资格刑的适用情形,主要规定于《刑法》第56、57、58条。第56条第1款规定:"对于危害国家安全的犯罪分子应当附加剥夺政治权利;对于故意杀人、强奸、放火、爆炸、投毒、抢劫等严重破坏社会秩序的犯罪分子,可以附加剥夺政治权利。"第2款规定:"独立适用剥夺政治权利的,依照本法分则的规定。"第57条第1款中规定:"对于被判处死刑、无期徒刑的犯罪分子,应当剥夺政治权利终身。"第58条规定:"……剥夺政治权利的效力当然施用于主刑执行期间。"从中不难发现《刑法》第56条第1款中并不包括基于资格或职务等特殊身份实施的犯罪,腐败犯罪的资格刑的适用只能基于该条第2款的规定——在刑法分则中予以寻找。而我国刑法分则中对于腐败犯罪资格刑的适用恰恰没有特别的规定。因此根据刑法的规定在腐败犯罪中对

〔1〕 钱叶六、魏昌东:《商业贿赂犯罪刑罚立法之检讨与完善》,载《南京财经大学学报》2008年第3期。

腐败分子的资格刑只有基于第57、58条的规定而适用的:对被判处死刑、无期徒刑的犯罪分子,应当剥夺政治权利终身;在对腐败分子执行其他主刑期间当然适用剥夺政治权利的规定。也就是说针对故意杀人、强奸、放火、爆炸、投毒、抢劫等严重破坏社会秩序这类不以存在某种特定资格为前提的犯罪分子,可以附加剥夺政治权利,而在以某种资格的存在为前提的腐败犯罪中却没有适用资格刑的明确规定,这是不公平、不科学的。

其次,我国刑法关于资格刑的适用主要是关于适用政治权利的规定,第54条规定:"剥夺政治权利是剥夺下列权利:(一)选举权和被选举权;(二)言论、出版、集会、结社、游行、示威自由的权利;(三)担任国家机关职务的权利;(四)担任国有公司、企业、事业单位和人民团体领导职务的权利。"而资格刑不仅包括剥夺公职权,还包括剥夺职业权、经营权等权利。从世界范围看,目前资格刑的种类有剥夺一定的权利、禁止担任一定的职务、禁止从事一定的职业、禁止驾驶、剥夺荣誉称号、剥夺亲权及其他民事权利、剥夺国籍和驱逐出境七种,其中禁止从事一定职业适用于主要经济领域的犯罪。[1] 特别是在如今我国的腐败犯罪逐步渗透到经济领域的时候,仅仅注重对公职权的剥夺,已经不能满足控制腐败的需要。如在当前我国的贿赂型腐败中,呈现出很强的行业特征:建设工程、土地征用、医疗卫生是行贿的重灾区。若要有效预防防治腐败行为的发生或者再次发生,完善针对性的资格刑的设置:权力出租、权力寻租的剥夺行使权力的资格;意图通过行贿获得某种执业权的,剥夺其执业、经营的权力等。资格的获取是不易的,资格的剥夺给腐败分子带来的利益损失在一定程度上比自由刑乃至生命刑威慑促成的心理上的利益损失还要明显,

〔1〕 刘守芬、许道敏:《制度反腐败论》,载《北京大学学报》(哲学社会科学版)2000年第1期。

“杀鸡取卵”的策略,理性人不会选择。

因此,针对以某种资格存在为前提的腐败犯罪,科学地控制腐败法律机制,不仅要在法律中明确规定对腐败犯罪适用资格刑,还应当考虑资格刑刑种的设置。完善资格刑的配套设置是针对腐败“权力”的应对之举。

2. 完善财产刑的配套制度

针对腐败行为发生的另一个前提:利益,亦即“有利可图”,完善的财产刑的配套制度是很有必要的。财产刑与自由刑相比,财产刑不仅具有灵活性,易于纠正性,而且具有经济性。财产刑的适用本身上有其优势所在,在针对利益驱动的腐败犯罪,完善的财产刑设置具有重要的意义。特别是在犯罪人积极规避刑罚,一方面导致腐败犯罪的犯罪数额上存在大量“黑数”,另一方面导致自由刑的威慑作用大打折扣的情形下,这种经过简单比较便可以得出利益得失的财产刑设置对于腐败分子更有“切肤之痛”。以看得见的“利益”损失对抗可能获得的“利益”,更有利于预防理性主体走上腐败之路。正如有学者所言:[1]“古代社会有官吏若贪赃枉法,一旦事发,不但毁了自己的前程,还要株连后代。当今社会,株连责任虽已废弃,但也不能‘牺牲一个人,富及三代人’,要让行贿和受贿者在经济上得不偿失,必须适当提高腐败经济成本,犯罪人应付出与其腐败对等的代价,使其钱权两空,品尝一失足成千古恨的苦果。新加坡对反腐败问题提出了两个斩钉截铁、掷地有声的口号,‘让腐败者在政治上身败名裂,让腐败者在经济上倾家荡产!’”在增大腐败成本上,财产刑给腐败分子带来的直接的利益损失比自由刑甚至生命刑带来的经权衡后的间接利益损失要更加明显。因此,完善财产刑的配套设置也是健全、完善

---

〔1〕 孙国祥:《惩治商业贿赂犯罪的现状与思考》,载赵秉志主编:《和谐社会的刑事法治》,中国人民公安大学出版社2006年版,第1097页。

控制腐败法律机制不能回避的问题之一。

（四）以利益隔绝机制为原则

从博弈论的角度来看，制度设计所追求的应然结果在变成实然状态时需要再次经历动态的博弈过程。由于在动态的博弈过程博弈方可以较先观测到对弈者的策略选择，非合作的完全博弈便不能发生，设计好的供博弈方选择的策略也就未必会被认可。这也是很多情形下虽有优良的制度设计，但在实践中却收效甚微的原因。在控制腐败法律机制中同样如此，在博弈图6－1、图6－2、图6－3有三个制度预设好的均衡：（腐败－维权）、（维权－执法）、（腐败－惩罚）。而要促使该设计好的三个均衡被博弈方选择，实现制度设计预设的效果，则需要确保利益人（利益关联人）之间的隔绝。若要实现"应然"的制度预设向"实然"的完全转换，实现控制腐败法律机制追求的目的，就必须以利益隔绝机制为原则，在博弈图6－1、图6－2、图6－3中切实地做到博弈方的利益隔绝。

首先，在博弈图6－1阶段要保证腐败者与受害者之间的利益隔绝。在腐败案件中，腐败行为所侵害的往往是社会公共利益，但公共利益的维护却需要现实存在的个体来充当事实上的受害者的角色。而该个体往往与腐败分子有着密切的联系（同处一个单位或其他情形），要确保受害者积极地维权，必须确保事实上的受害者与腐败者之间利益的隔绝。受害者不应被腐败者所收买，也不应被腐败者所威胁，才能公正及时地提出维权要求。在博弈图6－1中需有明确独立的受害者进行维权。

其次，在博弈图6－2中，受害者积极维权的前提下，要确保受害者与执法者之间利益的隔绝。杜绝受害者（国家）与执法者（国家机关）之间角色的重复扮演，保证维权的成本与执法的成本相分离。避免由于角色的重合导致的集维权的成本与执法的成本于一身，增加个人"私利"的损失，从而损害维权与执法的积极性。

最后,进入博弈图 6 - 3 阶段要确保腐败者与司法者之间的利益隔绝,营造出只有当腐败者与司法者“当庭对峙”时,才知道受何人审判的局面。而在此之间要保证审判者信息的不公开,对透露审判者信息者予以惩罚。此举也是实现《宪法》第 126 条规定(“人民法院依照法律规定独立行使审判权,不受行政机关、社会团体和个人的干涉”)的需要。同时需要注意的是在审判机关内部也要保证利益人之间的隔绝。在审判活动中即使可以保证腐败者对审判者一无所知,但腐败者对即将进行审判的法院的院长、庭长等可以通过各种渠道进行了解,因而院长、庭长等成为潜在的利益关联者。要保证利益人的隔绝,就要保证审判者经过科学的程序(如抽签、轮流,而不是上级指定)一旦确定,审判者只基于事实与法律进行公正审判,而不受上级权威的任何影响。

保证利益关联人之间的隔绝,事实上是为了杜绝腐败分子提前了解即将与之博弈的审判者进行策略选择的倾向,也为了有效避免腐败者与审判者之间的勾结,从而促使在腐败犯罪发生后能够及时地经过博弈图 6 - 1、图 6 - 2 阶段,进入博弈图 6 - 3 阶段。并且基于腐败者对司法者的“一无所知”来确保腐败者与司法者之间发生非合作的完全博弈,从而实现控制腐败法律机制的预设追求。

(五)以信誉评价机制为补充

建立科学合理的信誉评价机制是控制腐败法律机制发挥实效的有力补充,也是实现各种“利益”激励的有利保障机制。其补充性作用主要表现在:首先,对积极维权、及时严格执法、有效公正司法的非物质激励可以作为信誉评价的积极因子,增大积极维权、及时公正执法司法的激励,进一步满足理性人的“私利”。其次,对消极维权、消极执法、消极司法行为除了受到应有的惩罚之外,同样可以在信誉评价体系中以消极因子体现,增大消极维权、消极执法司法的利益损失。再次,对积极检举揭发腐败行为的可以在信誉评价上予以正面反映,对基于特殊的身份本应检举揭发而不检举揭发的可以在信誉上予以负面评价。进而,科学的信誉评价体系可以作为晋升资格的评价标准。当个人信誉积累到一定阶段时,自然获得提升的资格。博弈图6-2、图6-3中的执法者、司法者完全依靠自身"功绩"来决定是否晋升,实现能者居之,避免在执法司法活动中受到其他权威的干涉,影响最终的策略选择。又次,信誉的缺失亦可作为负面评价的标准,当个人信誉损耗到一定程度时,将会丧失某种资格。在保证机会平等的前提下,实现"优胜劣汰",对于保证执法司法的公正及效率是有好处的,进而督促对腐败犯罪追究的及时有效实现,真正实现"腐败→维权→惩治→不腐败"的制度预设。最后,信誉的多少同样可以作为其他资格能否获取的标准、如执业的资格、经营的资格,促使社会诚信风尚的形成,良好的社会环境同样对抑制腐败有着重要的作用。当然建立科学信誉机制的有益之处绝不仅仅如此,本章只是从有利于控制腐败的角度予以简单的分析。

(六)以严格执行机制为基础

徒法不足以自行,良好的法律以及科学的机制发挥实效有赖于严格的执行机制。博弈论视角下的控制腐败法律机制更加注重理性人的策略选择,而该策略的选择是理性人对自己行为的收益或损失精确"计算"得出的结论,"失之毫厘、谬以千里"。严格的执行机制是确保理性人在做出决策时有确定的、可预见的收益或者损失,减少理性人利益衡量上的不确定因素,尽力杜绝侥幸心理,促使良法及科学机制必定性的实现。建立严格的执行机制来确保制度设计实现的必定性是博弈论视角下控制腐败法律机制有效运行的前提。严格执行机制构成控制腐败法律机制的基础,科学性是严格执行机制的内在之意,只有科学的执行机制才能真正做到严格的执行。严格执行机制的内在科学性决定其必然要注重利益激励机制、惩处均衡机制、利益隔绝机制以及信誉评价机制的积极作用。严格执行机制在构成其他机制运行基础的同时,其本身亦不是孤立的。

综上所述,在博弈论的视角下再次打造控制腐败法律机制时,我们不难发现:科学的控制腐败法律机制必须以利益激励机制为核心,以刑罚均衡机制为依托,以刑种配套机制为辅设,以利益隔绝机制为原则,以信誉评价机制为补充,以严格执行机制为基础,同时该五种机制需要互为依托,共同发挥作用,才能促进控制腐败法律机制发挥实效,实现“腐败→维权→惩治→不腐败”的制度构想。

第三编　不想腐败及其政策机制

第七章　不想腐败及其机制的建立

2014年9月5日,在庆祝全国人民代表大会成立60周年大会上,习近平总书记发表重要讲话。他强调指出,要坚持用制度管权管事管人,抓紧形成不想腐、不能腐、不敢腐的有效机制,让人民监督权力,让权力在阳光下运行,把权力关进制度的笼子里。要坚持"老虎""苍蝇"一起打,坚持有腐必反、有贪必肃,下最大气力解决腐败问题,努力营造风清气正的党风政风和社会风气,不断以反腐倡廉的新成效取信于民。由此可见,形成不想腐败机制的紧迫性。

一、"三不机制"之一:"不想腐"的提出

所谓"三不机制",就是指不想腐、不能

腐和不敢腐。[1] 如习近平总书记所说,“要坚持用制度管权管事管人,抓紧形成不想腐、不能腐、不敢腐的有效机制,让人民监督权力,让权力在阳光下运行,把权力关进制度的笼子里”。[2] 当然,也有人提出“四不机制”,包括不想犯、不必犯、不敢犯、不能犯(不想腐、不必腐、不敢腐和不能腐)。[3] 还有人表述为不想腐、不易腐、不能腐和不敢腐。更有人提出“不愿为、不能为、不敢为、不必为”(不愿腐、不能腐、不敢腐、不必腐)。有人指出,教育是防治腐败的基础,要加强反腐倡廉教育,着力构建“不愿为”的自律机制;要加强制度建设和监督制约,努力构建“不能为”的防范机制;要加大惩治腐败的力度,进一步强化“不敢为”的惩治机制;要坚持从严治院与法官待遇从优相结合,积极探索“不必为”的保障机制。[4] 甚至还有人提出“五不机制”,包括不想腐、不易腐、不能腐、不敢腐和不必腐。

其实,早在2000年左右的深圳地铁建设过程中,“制度反腐”就是一个使用频率很高的词汇。该项目总共投资115亿元人民币左右,是国家跨世纪的一项重点工程,到目前为止未发现一起贪污腐败案件发生。2000年5月,深圳市纪委新一届班子第一次

---

〔1〕 当然,也有“三不机制”的另一些版本,即不敢腐、不能腐、不易腐。如有人指出,“反腐败是涵盖权力运行全过程的系统性工程,要形成不敢腐、不能腐、不易腐的机制,关键还在于通过制度来制约和监督权力。”参见纪玉:《形成不敢腐、不能腐、不易腐的机制》,载《新民晚报》2013年2月6日版。如习近平总书记曾经指出:“要加强对权力运行的制约和监督,把权力关进制度的笼子里,形成不敢腐的惩戒机制、不能腐的防范机制、不易腐的保障机制。”习近平:《依纪依法严惩腐败,着力解决群众反映强烈的突出问题》,载《十八大以来重要文献选编》,中央文献出版社2014年版,第135~136页。

〔2〕 习近平:《在庆祝全国人民代表大会成立六十周年大会上的讲话》,载《人民日报》2014年9月6日版。

〔3〕 李晓明等:《控制腐败法律机制研究》,法律出版社2010年版,第299页。

〔4〕 郑小洁:《最高法围绕“不愿为”“不能为”“不敢为”“不必为”反腐》,载《人民法院报》2008年1月30日版。

提出“建立反腐保廉预防体系”的构想，当时组成了来自各个方面共20多人参加的课题组，他们在国内外进行广泛深入的调查，并反复研究论证。最终在中纪委的支持与指导下，于2001年10月在北京召开了《深圳市反腐保廉预防体系方案》论证会，同年将此作为重大课题列入了深圳“十五”计划。该“预防体系”总共包括七个机制：(1)合理配置权力；(2)健全公共财政；(3)完善用人机制；(4)完善廉政法规；(5)健全监督机制；(6)加强教育防范；(7)强化组织保障。也有人形象地称为“七大关卡防腐败”，这其中既有管好“权、钱、人”的基础“预防”主线，也有提高觉悟使人“不想腐”、制约权力使人“不能腐”和有效监督使人“不敢腐”主体机制。

不仅深圳，在广州2005年11月11日上午市社科联、市监察学会等联合举办“坚持教育制度监督并重，建立健全惩防腐败体系”专项座谈会上，来自中山大学、华南理工大学、华南师范大学、广州大学等高校的专家学者，以及广州市纪委、市社科联的领导约20多人围绕“预防腐败”主题，尤其是结合广州当地的特色与特点，对教育、制度、监督并重的“预防腐败机制”展开专题研究。有学者认为，建立健全惩防腐败教育体系，教育是基础、制度是保证、监督是关键。如广州医学院的董玉整教授认为，一是学校教育，极早播下惩防腐败的种子，把廉洁教育作为青少年思想道德教育的重要内容，包括在医药界加强医学伦理学教育；二是社会教育，注意培植惩防腐败的社会土壤，也就是说反腐倡廉教育要面向全社会，把思想教育、纪律教育与社会公德、职业道德、家庭美德教育和法制教育结合起来，让廉政教育进社区、家庭、学校、企业、农村；三是干部教育，可以说反腐倡廉教育的重点是干部，尤其是领导干部，通过教育使干部工作、“生活在阳光下”，在群众的监督视野下自觉接受社会监督，正确有效行使自己手中的权力。[1] 董玉整教授还进一步阐述了"不想腐"的基础、根源和具体措施。由此可见,越是经济发达区越是率先进行反腐败的法律机制和制度建设。

在2006年司法部重点项目《控制腐败法律机制研究》中,课题组提出了"四不原则"。[2] 主要阐述和谈论的是,不想腐、不必腐、不敢腐和不能腐。如上所述,包括在习近平总书记的讲话中,有时表述的是不敢腐、不能腐、不易腐。[3] 而有时就表述的是不想腐、不能腐、不敢腐。[4] 当然我们注意到,从时间顺序上来讲,"不想腐、不能腐、不敢腐"的提法不仅在后,而且讲的次数大大多于"不敢腐、不能腐、不易腐"的提法,甚至基本达成重要共识,得到了社会和学界的普遍认可,最终也写进了十八届四中全会《中共中央关于全面推进依法治国若干重大问题的决定》(以下简称《依法治国的决定》)之中。《依法治国的决定》指出,加快推进反腐败国家立法,完善惩治和预防腐败体系,形成不敢腐、不能腐、不想腐的有效机制,坚决遏制和预防腐败现象。完善惩治贪污贿赂犯罪法律制度,把贿赂犯罪对象由财物扩大为财物和其他财产性利益。因此可以说,"不想腐、不能腐、不敢腐"不仅是社会和学界的主流观点,也在党和国家的决策之中形成结论,更是本书的主要论证基础和理论体系的重要支撑。

---

〔1〕 王文琦等:《让人不能腐败、不敢腐败、不想腐败》,载《广州日报》2005年11月15日版。

〔2〕 李晓明等:《控制腐败法律机制研究》,法律出版社2010年版,第299页。

〔3〕 习近平:《依纪依法严惩腐败,着力解决群众反映强烈的突出问题》,载《十八大以来重要文献选编》,中央文献出版社2014年版,第135~136页。

〔4〕 习近平:《在庆祝全国人民代表大会成立六十周年大会上的讲话》,载《人民日报》2014年9月6日版。

二、"自律"与"自制"："不想腐"的性质定位

所谓"不想腐"也即"不想腐败"，主要是指通过一定的政策制定与调整，党和国家立法与执法的具体导向，包括廉政制度的宣传教育、党纪政纪和法律的约束，以及公务员工资福利待遇的不断改善和提高，包括退休养老制度保障和"高薪养廉"措施的推动与实施，使手中握有权力的人，经过认真思考和权衡，最终从思想观念与主观意识上根本不想去涉入腐败或主动自觉地去抑制腐败的一种状态。显然，这样的一种状态完全是行为人主体的一种"自律"和"自制"。

所谓"自律"当然是指自己修炼、修养和约束自己。正像周恩来同志在世时经常对自己和身边人告诫的"严于律己，宽以待人"。"自律"是一种很高的思想境界，既体现了一种人生修养与价值追求，也体现了一种修炼自己的规则意识。

所谓"自制"是指自我控制和制约自己的心理欲望与行为的一种状态。当然，"不想腐"主要应当是对"心理欲望"的约束，进一步讲就是对"自己贪欲"的约束。在"不想腐"的"自制"中，主要是对"自己贪欲"的控制和制约。

上述两个方面是对"不想腐"的性质定位，也就是说，不想腐败其实是一种"自律"和"自制"的内心世界状态。北京大学公法研究中心主任姜明安教授提出，要遏制腐败、消除腐败，需要使官员做到"三不"：不想腐败、不敢腐败和不能腐败。"不想腐败"主要通过廉政教育和公务员工资福利保障制度实现；[1]"不想腐

---

〔1〕 21世纪经济报道：《制度阻断腐败　廉政立法在即》，载 http://www.people.com.cn/GB/news/37454/37462/3193113.html，2015年8月27日访问。

败”主要通过廉政教育和公务员工资福利保障制度实现。这种观点有一定的道理,但也并不全面。因为“懒政教育”只是大道理,而且这样的大道理谁都知道,每个共产党员在其入党的第一天就知道他把自己的一生交给了党、交给了人民,不能贪图享受,更不能贪图人民的钱财。但是接下来接受党那么多年的进一步教育,包括无数次的廉政教育,最终还是有一部分党员干部没经得起诱惑,不禁想贪腐而且大贪腐。为什么?不是因为他不懂得这个道理,而是因为他没有想清楚究竟贪腐好还是贪腐不好,或者自己是贪腐呢还是不贪腐呢?尤其是没能经过真正充分的思想斗争,最终决定下来或想清楚关键时候“贪”还是“不贪”?因此,一旦条件适宜了,一旦有人腐蚀自己了,就经不住诱惑了,就站不稳立场和脚跟了,所以就贪腐了,就被拉下水了。从根本上来讲,他一开始就想贪或许一开始并不想贪,但当贪腐来到面前时他就犹豫了,就开始“想贪了”,就抵挡不住诱惑了。实质上,这种情况下的主观意识还是没能从根本上真正解决“不想贪”的问题,或者说还不是真正意义上的“不想贪”,只是在“廉政教育”下认识到贪腐不好、不应当,没有从根本上想清楚究竟为什么“不贪”或“不能去贪”或“不想贪”。也就是说,要想从根本上解决“不想贪”的问题,必须真正通过激烈的思想斗争,彻底想清楚自己要不要贪,贪了究竟好不好?当贪腐机会来临时究竟能否坚决彻底地抵挡住诱惑,最终做到坚决不贪。由此可见,想清楚、想不清楚完全不一样,能不能想清楚更加不一样。说穿了,按照正统和常规来讲,你想当官吗?对不起,想当官就不能贪腐,只能图名而不能图利。因此,这里就涉及职业或人生的选择,你喜欢金钱尤其是想挣更多的金钱,那你就不适合当官,你就去经商。当官基本上是与挣钱无缘的,它是一种人生价值的实现和职业奉献,不是捞钱的条件和手段。这是决定想清楚、想不清楚的前提条件,不明白这一点,尤其是妄想利用自己手中的权力去换钱,这是最危险的,是根本要不得的。

“不想贪”的决心、定力也是需要政策导向，并以公务员的工资、福利待遇为前提的。公务员的工资较高，福利待遇较好，尤其是能够有一个优裕的基本生活条件，他们就不会轻易去贪，或者没有必要冒风险去贪。否则，工资待遇很差，吃不饱、穿不暖，尤其是连家都养不起，如此就不可能不利用自己手中的权力去解决这些温饱，去满足家庭的这些基本生活条件需要。此外，如果再加上更加有效的政策导向，如制定“高薪养廉”政策，使其确实地感到不值得为一些蝇头小利去丢掉优厚的工资待遇和官位。甚至像新加坡那样，实行“廉政保证金”或“廉政奖金”制度，就会使得官员们认识到贪腐的严重后果和得不偿失，从而真正完成“不想腐”的利益权衡和心理决心。恐怕这些都是“不想腐”主观心理建构和稳固的重要支撑，也是最终打造出真正的所谓“不想腐”的重要前提和制度与物质保证。

三、政策性导向：“不想腐”的功能定位

如上所述，要想真正做到“不想腐”，其实最重要的是国家对待公务人员政治管理尤其是物质待遇上的导向，也即最终的“不想腐”的功能定位。这些功能定位的核心包含以下两个方面。

一方面作为公务员，如果自身的待遇已经很高，也就不会去因为生活或生存去贪图别人的小便宜，或者去主动索贿受贿。除非极其个别的贪得无厌之人，虽然工资待遇已经很高，但还是贪欲无尽，想到处搞钱。要达到高标准的工资和较好的社保等福利待遇，一是需要裁减公务员队伍，变大政府与小社会为小政府与大社会。削减管理环节和公务员数量，以精取胜、以质取胜，不搞人浮于事，不为了追求就业而多设公务员队伍编制。而是要通过

减员，把节省下来的钱用于提高公务员待遇，解决公务员长期以来工资低的问题。二是搞好社保、医保等的基本社会保障制度，使公务员没有后顾之忧，也就不会去贪图别人的钱财，总之使其为保持这种优厚待遇或无后顾之忧的待遇，而尽可能地不去贪腐。三是设置"廉政基金"，使公务员不值得去贪图别人一点钱财，而丢掉自己优厚的退休金及一大笔"廉政奖金"。只有如此，人们才不会轻易腐败。

另一方面要具有政策导向，如加强教育和倡导公正廉洁。比如党的十八大以来的"四风建设""八项规定""三严三实"等，使得每一位公务员及整个社会明确知道，自己该做什么不该做什么，而且严格要求、严格执法和执纪。为此，中央相继出台党政机关厉行节约反对浪费、国内公务接待管理、公务用车改革等一系列制度。这就是一种政策倡导与引领，各级党政机关根据中央八项规定精神，在联系服务群众、规范权力运行等方面做了全面部署，使整个社会风气有了好转，包括公务员自己及其家属都说，中央的这一引领使整个社会和各级领导干部应酬少了，身体健康了，业余生活健康了，有时间读读书、看看报，修身养性和修炼自己的内心世界了。不少领导干部说，过去习以为常、司空见惯的"四风"问题现在不敢不重视了，过去一人说了算、一拍脑袋就定、一拍胸脯就办的工作习惯不大行得通了，甚至什么饭都敢吃、什么人都敢交、什么事都敢做、什么钱都敢拿等受到了环境、舆论和思想上的节制，头脑中在这些方面的"紧箍咒"不知不觉就勒紧了。

四、关键在"治心"："不想腐"的内容构建

党的十八大以来，从中央到地方坚持对待腐败的零容忍态

度,铁腕肃贪,坚持政纪,以摧枯拉朽之势强力推进党风廉政建设,在整个社会上取得了十分明显的效果。被惩处的腐败官员人数之多、级别之高、领域之广可谓前所未有,不仅使党心民心为之振奋,也让党风、政风、民风呈现出清新气息。正如习近平总书记在2015年新年贺词中这样评价道:“这一年,我们着力正风肃纪,重点反对形式主义、官僚主义、享乐主义和奢靡之风,情况有了很大改观。”甚至在整个反腐机制打造中,逐渐出现从开始的基于威慑“不敢腐”逐步向“不想腐”转变,进而随着制度的不断完善,也逐步出现“不能腐”的趋势。正如习近平总书记多次强调的,“虽然腐败官员倒掉了一批,但树倒根存,有些是在高压态势下取得的,仅仅停留在‘不敢’上,‘不想’的自觉尚未完全形成,”这意味“不想腐”的心态需要进一步扭转。因此,根治腐败需要“治心”,需要从心底或根源上控制住“不健康”的欲望,随之才能在行动上控制得住,最终根治腐败。也就是说,要实现他律与自律、制行必须“治心”。尤其在思想教育和心灵控制上拧紧“不想腐”的阀门,才能经得起诱惑、耐得住清廉。具体内容包括:[1]

一是突出理想信念教育。习近平总书记曾指出,“对党员、干部来说,思想上的滑坡是最严重的病变,‘总开关’没拧紧,不能正确处理公私关系,缺乏正确的是非观、义利观、权力观、事业观,各种出轨越界、跑冒滴漏就在所难免。”他还指出,“衡量一名共产党员、一名领导干部是否具有共产主义远大理想,是有客观标准的,那就是看他能否坚持全心全意为人民服务的根本宗旨,能否吃苦在前、享受在后,能否勤奋工作、廉洁奉公,能否为理想而奋不顾身去拼搏、去奋斗、去献出自己的全部精力乃至生命。”从原理上讲,理想信念就是共产党人精神与体能上的“钙”,没有理想信念

---

〔1〕 参见黄红平:《营造“不想腐”氛围关键要“治心”》,载《中国社会科学报》2015年1月23日版。

或理想信念不坚定,从精神与体能上就容易“缺钙”,也就当然会得“软骨病”,最终导致机体的不健康。事实也证明,理想信念动摇是最危险的动摇,理想信念滑坡是最危险的滑坡。一旦失去理想信念,就有可能导致政治上的变质、经济上的贪婪、道德上的滑坡、生活上的堕落、思想上的腐化。因此,共产党人要提升自我境界,必须从理想信念做起,保持高尚的共产主义道德情操,尤其是面对纷繁的物质利益不要伸手,要从心灵上自觉抵制腐败侵蚀,永葆共产党人出淤泥而不染的政治本色。只有如此,我们的党员干部也“就有了立身之本,站得就高了,眼界也就宽了,心胸就开阔了”,最终才能够抵挡得住诱惑,从而真正做到“不想腐”。

二是加强风险意识灌输。新一届中央领导集体曾经誓言:“下大气力解决腐败和不正之风。”而且以上率下,加之“四风建设”和反腐败风暴的持续升温,证实了党中央最初的决心。事实表明,党中央正以猛药去疴、重典治乱的决心,以刮骨疗毒、壮士断腕的勇气,坚决把党风廉政建设和反腐败斗争进行到底。习近平总书记屡次重申,“反腐败高压态势必须继续保持,坚持以零容忍态度惩治腐败,要让每一个干部牢记‘手莫伸,伸手必被捉’的道理。”用王岐山同志的话说,就是“谁在这样的形势下还敢顶风违纪,谁就要为之付出代价”。习近平总书记在2015年新年贺词中进一步指出,新的一年要继续全面推进从严治党,毫不动摇转变作风,高举反腐的利剑,扎牢制度的笼子,在中国共产党领导的社会主义国家里,腐败分子发现一个就要查处一个,有腐必惩,有贪必肃。加强风险意识灌输就是要让党员干部有如履薄冰、如临深渊的自觉,敬畏党纪国法,不可心存侥幸。

三是重视廉政文化建设。众所周知,文化具有极强的“渗透性”,而且文化的最大功能是“化人”。先进文化不仅是党员干部抵制腐朽文化影响的武器,更重要的是能够使党员干部从中受到“细雨润无声般”的教化,在思想意识和内心世界充盈正气和正能量。这其中,“廉政文化”是健康社会良性运行和发展的先进文化代表,更是社会主义和反腐败的重要内容。曾有人这样形象地指出:“廉政文化就像一只无形的手,一张构建在心中的道德之网,法律制度之网能网住的是几条大鱼,道德之网所能阻挡的是所有的鱼。”[1]也就是说,“廉政文化”可以影响广大党员干部的心理世界,从而支配人们的行为选择。习近平总书记在中国共产党第十八届中央委员会第三次全会上曾经指出,“作为党的干部,就是要讲大公无私、公私分明、先公后私、公而忘私,只有一心为公、事事出于公心,才能坦荡做人、谨慎用权,才能光明正大、堂堂正正。作风问题都与公私问题有联系,都与公款、公权有关系。公款姓公,一分一厘都不能乱花;公权为民,一丝一毫都不能私用。领导干部必须时刻清楚这一点,做到公私分明、克己奉公、严格自律。”这就在极大程度上明确提出了党的“廉政文化”建设的总要求,同时也彰显了社会主义公私观与共产党员的品行观。在此基础上,进一步创造有利于弘扬以社会主义“公私分明”为核心的廉洁价值理念以及“光明正大”品行的廉政氛围,有利于从根本上遏制以“自私自利”为核心的腐败亚文化的滋生蔓延。

综上所述,“不想腐”的根本在“治心”,只有心理健康了、心正了,言行才能正,也才能够实现“不想腐”的最高境界,最终从行为人主体行为上遏制腐败。

---

〔1〕 姚增科:《把文化的力量融入反腐倡廉建设——关于加强廉政文化建设若干问题的思考》,载《中国党政干部论坛》2012年第3期。

第八章　不想腐败以建立高薪社保机制为基础

自从官僚制度建立以来,腐败便成了一个历久弥新的话题,到如今日新月异、各行各业蓬勃发展的现代社会,腐败几乎可以渗透到每个领域,稍有权力、地位的人就可以利用职务便利为自己创造额外收入,腐败的手段也日益多样化。因此,许多学者、政治家们都在研究遏制腐败滋生的方法,这已经成为一个全球性的问题,各国的反腐败措施都在不断改进,各国之间也在不断地交流借鉴经验,不断促进反腐事业的发展。

综观各国的各项措施,其中高薪养廉的政策无疑是反腐新时代备受瞩目一项革新举措。高薪养廉的含义是给予政府公职人员十分优厚的工薪待遇,使这些公职人员不仅能维持日常的生活需要,还能够保证较高的消费水平,而不会因为消费能力不足而产生以权谋私的念头,尽心尽力为人民服务,不贪污、不受贿、秉公办事、保持廉洁。高薪养廉一般是针对政府职能人员提出的一项制度，是利用很高的薪酬来防止国家公职人员利用职务之便用人民赋予的权力为自己谋求利益，同时辅以严厉的惩罚机制杜绝贪污腐败行为的一种行政机制。

其实，我国政府早已意识到公职人员工薪与其他行业高管之间的差距，自 1989 年以来，政府曾五次提高政府公务员工资，就是要减少贪污腐败，达到高薪养廉的目的。虽然高薪养廉的政策在新加坡实施良好且成效显著，但我国的学界及政界对该项政策仍有许多疑虑，高薪可否养廉也成为一个争论的热点话题。因此本章将针对这一政策展开探讨。

一、我国历史上的高薪养廉制度及其效果

研究控制腐败的政策机制，首先必须明确政策机制的基本含义，这样才能更加灵活地制定各项控制和预防腐败的具体政策。

在中国古代，多位统治者就意识到了官员的工资问题是影响官僚体系清廉与否的一大因素，单纯的律法处罚根本无法遏制腐败滋生，人性的贪婪是无法改变的。因此在合理的范围内，统治者会酌情增加各级官吏的月俸，奖惩并重，恩威并施，使官吏们在衣食无忧的生活中不再轻易产生以身犯险、收受贿赂的冲动，此谓古语所言之“禄以养廉”。到了清朝，则干脆在额定的俸禄之外另行增加了远远高于俸禄数额的钱财，直截了当地称之为“养廉银”。

通观中国古代官吏的俸禄制度史，我们可以发现，古代官吏

的俸禄一般比较菲薄,[1]官俸应当厚俸还是应当薄俸的争论古来有之、不曾间断,而作为实际实施高薪和低薪的朝代,在中国历史上也有一些典型。对这些典型进行比较分析,对于论证高薪养廉制度,应当是有启迪意义的。

(一)王莽改制"高薪养廉"的启示

说到高薪养廉,不可不提西汉时期的王莽。在西汉和东汉之间,曾有一个仅维持了15年的王朝,即新朝。其统治者王莽曾大胆革新,开展了一场社会改革运动,史称"王莽改制"。西汉时期,官员俸禄微薄,官吏生活难以自持,导致贪污腐败之风盛行。于是到了新朝年间,王莽开始重视俸禄制度的改革,高薪养廉的制度也是在此时被首次提出,虽然改革的结果不甚乐观,但是这一思想深刻地影响了此后的俸禄制度。

王莽在其俸禄制度改革中规定:"四辅公、卿、大夫、士,下至舆僚,凡十五等。僚禄一岁六十六斛,稍以差增,上至四斛而为万斛云。"[2]该规定旨在大幅提高官员薪俸,可惜想法虽好,却没有实施的条件,只能是纸上谈兵,因此"吏终不得禄,各因官职为奸,受取赇赂以自共给"。[3] 王莽此番改革虽初衷甚好,竟然适得其反,可见在高薪养廉政策实施前,必须审慎各项规定的制定,因地制宜,不可盲目忽视社会及政治现状。现实中没有乌托邦,切不可理想主义。

(二)宋朝的伪"高薪制度"

而与明朝相反的是,宋代官俸丰厚。赵翼记载"宋制禄之厚","恩逮于百官惟恐其不足",可见宋朝官吏待遇之厚。但是在史料记载中,宋代人并不认同,实际情况恐不是如此。王安石

---

〔1〕 参见黄惠贤、陈锋主编:《中国俸禄制度史》,武汉大学出版社1996年版,第290~293页。

〔2〕 (汉)班固:《汉书·王莽传》,中华书局1962年版,第4142页。

〔3〕 同上书,第4143页。

曾言："方今制禄，太抵皆薄。"李清臣指出，宋朝官员"身虽挂仕版，名虽荣盛世，而无资以继其生"，这就值得细细思索了。

古代均为家族制度，更何况官员家庭，三妻四妾以及配备的家仆使一家人口更为庞大，而男尊女卑的时代女子又无经济来源，可想而知，家庭的开支全部来自一家之主。那么即使所得俸禄不薄，分摊到数十口人身上也只能是杯水车薪了。除此之外，宋朝的物价也是使官员俸禄不济的原因之一。在宋朝最初的六十几年里，物价保持在较低水平。可到了仁宗、英宗时代，与西夏之间战争爆发，战争年代资源的重要不言而喻，通货膨胀导致了物价不断上涨，历史资料显示仁宗时河南地区的陈州比太宗时麦价高出五六倍。而后神宗在位时，一力下调物价，可是随后的宋金之战以及水旱之灾使得物价急速上涨，无法遏制。据悉，北宋咸平年间任知制诰之职的杨亿直言俸禄太低，不足以在当时的物价下养活家族三十几口人，并引用汉宣帝之言："吏能勤事而俸禄薄，欲其无侵渔百姓，难矣！"无奈下，他只得请旨外调，在物价相对较低的地区担任官职。〔1〕看来高薪与否也要据当时当地的物价情形考量。

范仲淹于《答手诏条陈十事》中提出官吏因"俸禄不继"而"不得不贪"；王安石则言："人主于士大夫能饶之以材，然后可责之以廉耻。方今士大夫所以鲜廉寡耻，其原亦多出于禄赐之不足。"在这些名臣之谏下，宋朝统治者对于官员薪俸也颇为上心，多次上调月俸，到南宋后期，官俸已"七八倍"于宋初，足见其决心。〔2〕饶是如此，俸禄增长也远不及物价上涨之势，虽然官俸与前之较甚丰，但就当时的物价而言却是算不上"高薪"。

---

〔1〕何忠礼：《宋代官吏的俸禄》，载《历史研究》1994 年第 3 期。

〔2〕参见黄惠贤、陈锋主编：《中国俸禄制度史》，武汉大学出版社 1996 年版，第 293 ~ 300 页。

（三）“朱明王朝”低薪的教训

历史上，贪污腐败现象最为严重的可谓是“朱明王朝”，[1]官吏贪污随处可见，贪污的手段高明、贪污财务数额巨大，绝对叹为观止。但是《大明律》对于贪官污吏的惩治是十分严厉的，量刑更是史无前例的严苛。赵翼《廿二史札记》中曾言：“明祖严于吏治，凡守令贪酷者，许民赴京陈诉，赃至六十两以上者，枭首示众，仍剥皮草。”[2]仅仅60两，明太祖就下令斩首，其吏治之严可见一斑。在如此严刑峻法下，是什么仍在驱使大明官吏贪赃枉法、不知进退呢？欲望二字，可为解答。

据史载，明朝官吏俸禄十分微薄，甚至影响了其正常的生活。明正统年间，副都御使轩輗，一生正直、不曾越矩，而其卸职回乡后，竟然没有积蓄维持生活，可见大明俸禄之微薄。[3] 在那样的封建社会中，以官为尊，但若官员因为两袖清风，仅凭俸禄为生导致生活落魄，这样的结局显然不是他们走上仕途后所盼望的。那么以权谋私、压榨百姓，为一己之欲破坏朝纲的事件自然就多了，而且禁无可禁。这可能也是导致很多世子不愿进入仕途，转而从商的原因，即便当时商人社会地位低微，但最起码可保衣食无忧，徽商、晋商从而闻名。

由此可见，单纯的严刑峻法不仅不能抑制贪污腐败，在微薄俸禄的刺激下，更可能适得其反，诱使更多有投机侥幸心理的人以身试法。

---

〔1〕 元朝末年，天下大乱，群雄蜂起，可谓是乱世造英雄。农民出身的安徽汉子朱元璋揭竿而起，逐鹿中原，终一统天下，建立大明300年江山。作为中国历史上唯一一位彻头彻尾的农民无产阶级出身的皇帝，明太祖朱元璋有他神话般的独特身世和经历，更有传奇式的治国谋略和帝王生涯，史称“朱明王朝”。

〔2〕 （清）赵翼：《中华经典史评：廿二史札记》（卷33），北京中华书局1984年版，第760页。

〔3〕 （明）李贽：《续藏书》，北京中华书局1974年版，第391页。

(四)雍正“养廉银”制度的实质

清朝初期,康熙在位时,延续了明朝的低薪制度,并且因为战事频繁,官员还需捐俸弥补军事开支,从而导致贪官污吏的泛滥相较于明朝有过之而无不及,并且国库亏空,朝廷财政匮乏。面对如此严峻的财政现状,雍正为治理糜烂的吏治、挽回国库崩溃之势,一方面严厉打击腐败,另一方面开始实行“养廉银”制度。

既然朝廷财政如此困难,那么“养廉银”如何而来呢?其实在清初俸禄低微时,官员为了满足正常以及奢侈的生活需求,通过各种渠道赚取“外快”,除了侵吞朝廷拨银、接受贿赂外,还有一种国家没有正式规定但被清廷默认的耗羡归公措施。耗羡归公是指将税收盈余及正税以外对合理损耗的补贴等收支经官员之手改头换面纳入中央预算管理中,在现代则可以理解为费改税。这笔被默认的收入一般都要加到一钱(10%)以上,某些地区会达到四五钱,[1]甚至达到正额的数倍。[2] 而雍正的具体办法则是在这些耗羡银两提解至布政使司库后,分别用于三处,一则成为“养廉银”分发于各级官员,二则用于弥补地方财政的亏空,三则留作地方公用。雍正宣称:“与其州县存火耗以养上司,何如上司提火耗以养州县。”[3]所谓“养廉银”,即为给予官员的补助,按级别提取,维系他们较为体面的生活或者作为行政开支的费用,以此减少官吏贪污腐败的欲望。这一转换既没有增加国库开支,也不必苛捐杂税,将耗羡分作不同用途,满足了各方利益,并使雍正期间的吏治整治旗开得胜。

但是不能被表面的繁荣所蒙蔽,“养廉银”的来源毕竟不属于

---

〔1〕 参见(清)蒋良骐:《东华录》(卷24),齐鲁书社2005年版,第399页。

〔2〕 参见黄惠贤、陈锋主编:《中国俸禄制度史》,武汉大学出版社1996年版,第546页。

〔3〕 同上书,第548页。

国家正规的收入,利用耗羡银两来填补官员的生活办公费用,其实是对官吏贪污、压榨百姓行为的一种妥协。“养廉银”其实来源已经不廉。并且到了晚清时期,由于朝廷财政困难,俸银、“养廉银”常常无法兑现,官员们便“借口于养廉不足,肆行侵渔”,〔1〕腐败之势再起。可想而知,清代的“养廉银”制度好景不长,虽初时颇有成效,但不可能彻底遏制住贪污腐败的洪流,到了后来甚至反倒成了官吏侵贪的借口,走向了失败。由此可见,高薪养廉制度需要其他制度的支撑,无法单独成行,惩治污吏以及提高官员思想境界等措施都是辅助高薪养廉政策的重要措施。

二、新加坡在高薪养廉方面的成功经验

马英九先生在2008年3月22日当选我国台湾地区第十二届“总统”的记者会上,面对各界关切的内阁人事问题时指出,他用人要才德兼备,而且当前恐怕德比才重要,因为拼经济的同时也要扫除弊病,以新加坡为例,他们没有一秒忘记清廉的重要性,这一点十分值得学习。

才德兼备何其重要?宋朝司马光在《资治通鉴》中论述鞭辟入里、值得参考:“臣光言,才德全尽谓之圣人,才德兼亡谓之愚人;德胜才谓之君子,才胜德谓之小人。凡取人之术,苟不得圣人、君子而与之,与其得小人,不若得愚人。何则?君子挟才以为善,善无不至矣;挟才以为恶,无恶不至矣。……自古昔以来,国之乱臣,家之败子,才有余而德不足,以至颠覆者多矣。”

新加坡前总理李光耀先生在位30年中,对于惩治腐败一直

〔1〕 参见王春喻主编:《中国反贪史》(上、下卷),四川人民出版社2000年版,第1199页。

颇为重视，始终立志于建立廉洁政府。他执政期间创设了许多廉政措施，使新加坡廉政建设取得辉煌成就，举世瞩目，其中一项政策便是高薪养廉。

李光耀先生自身便是廉洁的典范，平日生活开销均是自己承担，从不贪国家和人民一分钱。其生活作风也十分简朴，经常一身白衣白裤，简洁干净，甚至为规定内阁成员穿白色短袖衣作为工作服，以示廉洁清白。他平生最憎恶贪污腐败之人，曾言："贪污腐化曾是殖民当局的宿疾，如果我们失职，或者变得贪污腐化，就同样会被人民唾弃，"不仅如此，"新加坡的生存，全靠部长和高级官员廉洁和效率"。

李光耀先生在其《李光耀回忆录 1965 ~ 2000》曾经提及，关于人才待遇问题，他认为担负国家治理重任的部长不应该只领取低薪，低薪不可能吸引能干和有杰出成就的人才。他曾多次在国会演讲中指出，部长、法官和公务员的薪水要与私人企业界的薪金挂钩，才是保政府及制度继续保持廉洁与诚实之道，确保那些有能干、具有献身精神的人，可以留任数届，累积经验，加强判断力；使他们不必为家人的生活困扰担忧。如果不把部长的薪资与市场挂钩，政府引进的将是庸才。

因此，新加坡有目的导向地采用薪资管理理论与实务中著名的比较原则，规划设计了一套足以延揽才德兼备政务人员的待遇制度，并以知名的 1994 年《以具竞争性薪金建立贤能廉洁政府——部长与高级公务员薪金标准》白皮书，著称于世。该白皮书足资为针砭我国政务人员延揽宿疾之良剂。该白皮书开宗明义指出："能干的政治领袖对一个好政府是非常重要的。新加坡必须从它最杰出和肯献身的公民中物色部长人才。它必须不断寻找能干和可信的男女来治理国家、动员人民、为国家的未来制定方向。如果没有这样的部长，政府的能力和廉洁就会受损。新加坡也就无法像以前一样，继续克服困难、为应付挑战做好准备,以及开创机会。它将会因此而丧失与其他国家相比之下的重要竞争优势,而这些竞争优势将使新加坡繁荣发展,并弥补小国寡民、缺乏资源和易受侵害的弱点。"[1]

该白皮书所提延揽一流政务人员之制度,见诸《联合早报》1994年10月22日在报道部长与高级公务员薪金白皮书时,所订之标题为《高薪养贤,厚禄养廉》,意即"用高薪水来留住好的人才,用优厚的待遇来维持廉政"。[2]

新加坡聘用和培养公务员时其实重在激励人才,给予公务员超高的薪水,使这些关乎国家大计的人才的工资10倍于社会平均水平,高级公务员的薪金甚至堪比企业精英的收入。与此同时,新加坡更是要求相同的付出应有相同的回报,公务人员必须具备奉献精神,李光耀多次倡导公务员要学会牺牲,在"简朴的生活环境中为千秋大业做出伟大的贡献"。

在新加坡有个普遍的共识,即打击贪污的最佳策略就是取缔贪污的市场,即以廉洁、公开、防腐、可操作的体制取代虚伪,与其让官员们通过不法途径获取钱财,不如给他们优厚的待遇。[3]新加坡前总理李光耀的政治思想就是以俸养廉,他曾经说过:"我认为,我们应该根据市场做法,建立一个诚实、公开、可以辩护和行得通的制度,如果放掉这个做法,就会变成贪污或是虚伪。"[4]公务员的薪酬必须和他们的职务相称,公务员既然为国家事业做出贡献,就应该获得应有的报酬。强调用"接近市场价格"的办法适时调整公职人员的工资,以使他们无须借助腐败而能过上一种

---

〔1〕 林文灿:《新加坡何以能延揽"才德兼备的一流政务人员"——"高薪养贤,厚禄养廉"待遇制度启示》,载《台湾公共行政学报》2008年第27期。

〔2〕 同上。

〔3〕 杨书文、陈正云:《中外职务经济罪案实录》,法律出版社1997年版。

〔4〕 季正矩:《跨越腐败的陷阱——国外反腐败的经验与教训》,中国经济出版社1995年版,第241页。

与其社会地位相称的比较体面的生活。[1]

新加坡自1995年起调薪,2007年4月为第三度调薪,调整后总统、总理、国务资政及内阁资证之年薪分别为3,187,100新元、3,091,200新元、3,043,300新元、3,043,300新元,[2]可以说达到了世界最高数。这里值得一提的是,新加坡政府只说以俸养廉,很少提高薪养廉。因为低薪未必腐败,高薪也未必廉洁,所谓"人欲无边蛇吞象",一个人尤其是那些已经得到了实惠,对金钱的力量有过体验的官员,其对金钱的占有欲是无穷无尽的。古今中外无数贪官的例子就充分说明了这一点。因此,官员薪水的高低和待遇的好坏是相对而言的,关键是建立一种明晰的个人努力和报酬之间的因果关系,不能过分扭曲。[3]

三、对我国实行高薪养廉及社保养廉的建议

如今,我国学界对于高薪养廉这一制度仍存疑虑,但从新加坡的成功实践中还是可以看出这一政策对于反贪腐大有裨益。

有学者提出:"每一个管理决策或每一项管理措施的背后,都必须有某些关于人性本质及人性行为的假设为后盾。"[4]从人性本质来讲,人总是自私的,总是下意识追求着自身利益的最大化。而古语云:"仓廪实而知礼节,衣食足而知荣辱。"人也具有理性

〔1〕宋震国、刘长敏等:《各国廉政建设比较研究》,知识产权出版社2006年版,第282页。

〔2〕林文灿:《新加坡何以能延揽"才德兼备的一流政务人员"——"高薪养贤,厚禄养廉"待遇制度启示》,载《台湾公共行政学报》2008年第27期。

〔3〕宋震国、刘长敏等:《各国廉政建设比较研究》,知识产权出版社2006年版,第282页。

〔4〕[美]D.麦格雷戈:《现代决策理论的基石》,北京经济学院出版社1991年版,第85页。

的,明了为了追求收益必须付出代价,那么在权衡成本与收益的同时,也会考虑实现目的的最优化途径。若公务员在正常薪金与福利即能满足自身生活发展需要的情况下,对金钱的欲望则不会那么强烈,在平稳与风险中,大部分人会规避风险,抵御非法收入的诱惑。而且在生活无虑、薪金充足时,没有经济的压力也没有贪赃枉法后的心悸,人们就就能更加愉快地生活、投入地工作,思想境界也会有所提高,因而高薪最起码能够降低很大一部分公务员的贪污腐败冲动。

新加坡的高薪政策不仅是为了反贪腐,更重要的是能够为政府招揽并且留住精英人才,这也是绝大多数高端企业的治理原则,人才是一个政府、一个企业发展、延续的重要生命力。当具有高工资的公务员职位成为大众仰慕的职位后,就会有大量具有高学历和高才能的人员渴望成为公务员,他们会参加到竞争公务员职位的队伍中去。政府部门可以优中选优,找到合适的人才。而竞争势必会促进人才素质的提高,如此良性循环,国家精英人才越来越多,并能为体制所吸纳,为国家、人民勤勤恳恳工作,这对于政权稳固、国家安定是大有裨益的。因此,以适当的薪水来保持一支稳定优秀的公务员队伍是关乎国家安全、社会清廉的战略问题,推行高薪养廉制度,是理性社会的必然选择。

但高薪养廉也存在一些弊害之处,如企业、单位或财政的支出,从而会加重国家、企业或单位的经济负担;拉大高薪与低薪的差距,从而有可能引发新的社会矛盾;可能会引发相互攀比,有可能滋生腐败、养育腐败分子。因此,仅靠高薪并不能确保养廉留贤,还需要其他政策辅助。

以下是对于我国高薪养廉政策实行的一点建议。

(一)社会观念的转变及清廉文化的发展

我国贫富差距过大,而社会中相当一部分人还具有狭隘的仇富心理,那么提升公务员薪金势必会招来不满,如何将高薪养廉思想渗透到广大群众,是一项值得思考的问题。这就需要转变整个社会或人们的思想观念,把人们的思想与观念引导到开明务实和科学管理的通道,增强大家的认识与辨析能力,正确对待"高薪养廉"制度。

新加坡实行高薪养廉制度和政策的成功,首要也是基础要件就是全民思想的改革,使公务员获得高薪成为必须且正当的事。新加坡在推行精英主义的分配政策和给官员加薪的过程中,先是进行了理论上的阐述,举行了全国性的讨论,媒体也进行了广泛的宣传。1980~1990年,新加坡人民行动党政府多次邀请美国和我国台湾地区的华裔新儒家学者到新加坡阐述新儒家思想,[1]在教科书和社会运动中推广重新解释的儒家理念,在此基础上李光耀总理也发表了一系列的论述来阐述精英主义和在新加坡实行高薪养廉的必要性。[2] 时代变迁,平均主义还不适用于我国国情,高能力高收入才是硬道理。而对于支撑祖国大业的股肱之臣,给予其高水平的薪水无可厚非。因此,在给公务员加薪之前,应向广大群众广泛宣传这一思想。

目前,我国的廉政文化建设还处于落后水平,反而人情文化不断被发扬光大,潜规则反而比国家法律规范更加深入人心、具有影响力,这可是贪污腐败滋长的肥沃土壤。因此,对公民进行道德价值教育,塑造健康的廉政文化氛围是非常必要的。通过坚持不懈的宣传教育,努力使全社会普遍对腐败的各种危害有一个基本认知,使公民普遍觉醒起来,在行动上抵制、检举、揭露腐败,形成廉荣贪耻、一心向廉的价值取向。

此外,提高公务员自身思想境界,清廉文化教育势在必行。

---

〔1〕 杜维明:《新加坡的挑战:新儒家伦理与企业精神》,生活·读书·新知三联书店1989年版,第10页。

〔2〕 [新]李光耀:《给人才以公平待遇》,载联合早报编:《李光耀40年政论选》,北京现代出版社1994年版,第480~487页。

经济伦理学将社会人具有的人性分为三种,即经济人性、制度人性和道德人性,其中经济人性是第一位的。马斯洛认为,只有满足到维持生存所必需的程度后,其他的需要才能成为新的激励因素。人的经济人性代表着经济需求,仅这一方面获得满足还不足够,另一方面还需通过制度和道德加以约束。高薪保证了公务员的经济生活需求,为其更高层次的人性追求和层次提升创造必要物质条件,这是养廉的必要前提,但若要从根本上改变贪腐问题,还需以制度改革为辅助,道德教育为根本,思想品质的提升才是真正的清廉之本。

(二)简政减员真正实现公务员高薪

我国政府机构庞大、人员冗杂,若全面提高薪金,这对国家财力是一个庞大的压力,可以说是高薪养廉不可实现的最大现实阻碍。人才不在于多,而在于精,真正的高效政府不是靠人力累积而成的,而是依靠少部分真正干实务、有效率的人才。不可否认,我国现阶段的公务员体系中,有很多吃皇粮但毫无创造力、行动力的"人才",给予这些人高薪是不符合公平正义的,完全是在浪费国家财政,践踏公民缴纳的税款。因此,精简政府机构、解聘多余人员,是使高薪获得最高回报的必要举措。

除此之外,还应对公务员工资制度进行创新改革,重新划分公务员工资构成,使工资的劳动价值和市场价值相结合,突出激励作用,即实行一部分工资基本化、一部分工资市场化、一部分工资激励化的三部分工资构成制度,即公务员工资 = 基本工资 + 市场化工资 + 绩效奖金。基本工资可以按照全社会基本工资水平制定,保证公务员的基本生活,全省或全国统一制定。从公共经济角度来看,公务员是纳税人聘请进行公共产品和服务提供的人员,当地纳税人的纳税金额在一定程度上体现了当地的经济发展水平。那么将公务员工资与当地税收收入相结合,在税收收入中抽取一定比例的资金作为当地公务员的工资,即市场化工资。市场化工资与当地税收收入相连接,既反映出不同地区经济的发展差异,又使公务员工资与市场经济变化相结合,体现了公平与效率原则。绩效奖金则是采取多种绩效评价方式,细化打分工作,把绩效以奖金的形式发放给表现突出的公务员,达到引导和激励养廉的作用。

(三)严格立法、执法与监督的配套制度

实践证明,新加坡的廉洁政治得益于其系统完备的法规及违法必究、执法必严的法治传统。在新加坡,完备的廉政法规犹如给公共权力运行系统编织了一张覆盖全面、细密有致、可操作性强的法治之网。我国台湾地区为惩治贪腐,也专门制定了一部"贪污治罪条例",详细规范各类贪污腐败事件的惩处。

大陆虽然也有一些惩治腐败的法规条款,但直接应用于防止和惩治公职人员权力腐败行为的特殊法律体系基本上还是空白。我国一向以依法治国为准则,那么为使廉政建设各项措施落到实处,必须将其纳入法律体系,创制专门的法律规范,从而有法可依,执法必严。

政治学上有句名言:不受监督的权力必然会导致腐败。如果说权力不受制约和监督,即便是获得高薪的公务员也会利用手中的权力去寻求更高获利。高薪养廉是一项示好政策,但若无强硬的惩治规范作支撑,反而会使某些贪得无厌的官员更加肆无忌惮。人的欲望是无止境的,投机取巧、怀抱侥幸心理的人更是比比皆是。只有在严酷刑罚的威慑下,提高贪污腐败的成本,那些有不法之心的官员才会仔细权衡利弊,高薪养廉的目的才能得以实现。

我国香港地区和新加坡关于惩治腐败方面的法律是相当完备的,惩处措施也严厉的让人心惊。在新加坡,凡是指控调查属实,不论其职位高低,都会受到应有的惩处。一旦被发现有不法收入,不但很难被社会再次接受,找到新工作,社会福利也会被取消,公积金、退休保障金统统无法兑现,可谓是一步错,终身毁。目前,我国的经济法制还不完善,很多法律都不是很完备,与此相适应的监督体制也长期处于之后的状态,并且惩处措施相较于新加坡等地区仍是比较“温柔”。

此外,健全监督机制也是一项重要任务。在完备各项法律的基础上,还要构建多重的覆盖面广的立体监督体系。仅仅有专门的官方监督机构是不够的,官官相护的例子举不胜举,应当设立专门的和公众对话的机构,扩大社会公众监督的范围,增强社会舆论的监督作用,形成全民监督的态势。

四、高薪养廉的功能扩展:既养贤又留贤

《诗经·小雅·鹤鸣》中有言:“他山之石,可以攻玉。”在吸收其他国家那些已经被实践证明是行之有效的成功经验的同时,我们更加应该着重于我国实情。为更好地实现高薪养廉,发展国民经济,提高全民生活水平也是势在必行的。

我国历史上的高薪养廉制度也有许多,功过均有。以史为鉴,老祖宗的智慧和教训是我们不断进步、警醒自身的重要法宝。回顾历史,我们可以发现懂得将高薪养廉与其他反腐败措施相结合的,一般都颇具成效,这些其他反腐败措施主要是指重典治贪的法律制度,加强道德教育,加强群众监督等。高薪养廉制度在某些朝代取得了较好的效果,正是在于它符合了人性的需求,解决了人的基本需求,这种基本需求不仅包括生存问题,还包括了与人的社会地位相称的经济收入和开支问题。如果说高薪养廉制度有其合理性,那还在于它符合了人的正常心理,对公职人员来说,在已经获得的高收益面前,他们会选择守法还是枉法,会铤而走险还是安于现状,享受自身地位、经济优势带来的无虞人生,

答案不言自明;对群众来说,腐败源头减少了,官员压榨、勒索的现象也不多了,自身生活当然会有所改善,而当贪官污吏仅剩少部分时,大家也更有信心举报、监督其行为。因此我们看到无论是宋朝的“重禄重法”,还是清朝雍正年间的“养廉银”制度,都在一定的程度上起到了养廉抑贪的作用,这些作用是客观存在、有史为证的,不能轻易否认。

正如李光耀所说,高薪不仅是为了养廉,也是为了养贤、留贤。在我国,官员腐败现象层出不穷,政府形象不堪一击,实行高薪养廉措施,将公务员收入公开化是必然趋势,也是建立廉洁政府的必然之举。高薪养廉并非只是一个经济问题,也是政治问题、社会问题,涉及方方面面,本章仅仅提出政策性的建议,问题的真正解决还需要多方面的合力。

第九章　不想腐败以政策机制为导向

本章在研究政策机制及其有关概念的基础上，针对腐败行为采取在总的政策机制的统领下制定基本的反腐败举措，形成合理的反腐败基本政策机制，最后把基本政策贯彻落实到位，制定包括教育、规制、监督、惩治以及国际合作等在内的各项具体政策，形成合理的控制腐败政策机制。

廉洁政治是构建社会主义和谐社会的前提条件，和谐社会首先依赖于国家和社会之间关系的和谐融洽，这种融洽程度取决于国家能真正成为社会公共利益的代表者，公共权力的执掌者能够运用该权力来促进社会公共利益。就其本意来说，廉洁政治是指执掌公共权力的阶层或集团运用公共权力制定和实施公共政策，以维护和增进社会公共利益的一种执政状态。而腐败政治是公共权力的一种异化，执掌公共权力的阶层或集团攫取和运用公共权力谋取个人或小集团利益而置公共利益于不顾,公共权力由天下"公器"变成了当权者集团或阶层的私有财产,可以私相授受,可以当作商品进行买卖。政治腐败的盛行可能导致三种情况出现:第一种情况是世界银行专家考夫曼(Kaufman,1848~1916年)等人所称的"国家捕获"(State Capture),即各级政权组织为私人大财团所俘获,专门为后者服务而置其他社会阶层或集团的利益于不顾,苏联和东欧一些国家在某种意义上出现了这种趋势……国家捕获是社会贫富两极分化的结果,同时又会进一步加剧社会的贫富两极分化和对立。第二种情况是政治腐败的盛行可能导致像一些学者概括的"掠夺型国家"的出现,即公共权力的执掌者依靠苛捐杂税、收费罚款等手段强行掠夺社会公众的财富来增进自身福利的行为。第三种情况是政治腐败的盛行还可能导致"自我服务型国家"的出现,它是指公共权力执掌者直接运用公共权力和公共资源为增进自身利益服务,如不顾社会公众的反对而自我加薪、自行提高公共服务的价格、部门利益和行政性垄断法制化。因此,怎样从根本上杜绝政治腐败以建立高效廉洁的政府,是各国政府所追求的目标。正是因为"廉洁政府是构建社会主义和谐社会的重要保证,保证社会自由通畅的社会流动机制、公正合理的利益协调机制、安全全面的社会保障机制、灵敏有效的社会控制机制和动态开放的社会稳定机制"。[1] 所以在法治进程的当代中国,更应该积极构建廉洁政府。

〔1〕 何增科:《廉洁政治与构建社会主义和谐社会》,载李惠斌、薛晓源主编:《中国现实问题研究前沿报告(2005-2006)》,华东师范大学出版社2006年版,第366~371页。

一、政策机制的基本范畴

研究控制腐败的政策机制，首先必须明确政策机制的基本含义，这样才能更加灵活地制定各项控制和预防腐败的各项具体政策。

（一）政策

政策是人类社会发展到一定历史阶段的产物。传统观点认为，在我国政策是国家、政党为实现一定历史时期的任务和目标而规定的行为准则和行动方向，这似乎带有一定的政治色彩。《中华法学大辞典》和《邓小平著作学习大辞典》都认为，政策是指政党或国家为实现一定历史时期的任务而制定的行动纲领、方针和准则。而《简明文化人类学词典》则认为，除了国家和政党外，还有其他的社会团体也是政策的制定主体。此外，有学者认为政策是党和政府以规范、引导有关部门、机构团体和个人行为的准则和指南，其表现形式有法律、规章、行政命令、政府首脑的书面、口头声明和指示以及行为计划与策略等。政策的内涵可以通过以下几个方面来加以理解：第一，政策是一种政治行为，是政府意志的表现；第二，政策是一个过程概念，这种过程性表现在政府是为达到某一既定目标而采取的一系列可操作性的活动，因而它是动态的；第三，政策是一种权威性的价值体现，也是一种利益分配方案，就具体政策而言，这种价值分配在与政策直接相关的群体和个人范围内进行；第四，政策具有规定性，它要求政策制定者与执行者双方都应具有行为一致性和执行重复性；第五，政策还是鼓励良性期望行为的刺激源，是推动社会变革和社会进步的总杠杆，是振兴国力、民族自强的催化剂；第六，政策还是有关集体成员之间的一种默契，它要求所有成员在给定的环境下都能把握其他成员的行为准则。[1] 但也有学者认为,政策是指国家机关、政党及其他政治团体在特定时期,为实现或服务于一定社会政治、经济、文化目标所采取的政治行为或规定的行为准则,它是一系列谋略、法令、措施、方法、办法、条例等的总称。其内涵包括以下四个方面:第一,政策主体是国家权威机构、政党及其政治集团、团体,政策体现了主体的意志从而具有法定权威性;第二,政策目标取向,一定的政策总是要实现一定的目标,具有明确的方向性,同时政策又在特定的历史时期内起作用,具有时效性;第三,政策主体服务于特定目标而采取的一系列活动是与谋略、措施、办法、规定密切相关的一系列政策行为;第四,政策是一种行为准则或行为规范,它规定对象应做什么,不应做什么;规定哪些行为应该受到鼓励,哪些行为应该被禁止。[2] 相对来说,西方学者对政策的定义差异较大,公共政策的首创者之一、美国政策学家伍德罗·威尔逊(Woodrow Wilson,1856－1924)认为,政策是由政治家即具有立法权者制定的而由行政人员执行的法律法规。他把政策认为是法律法规的一种形式,这在我国学者的观点中是极为罕见的。

综上所述,学者对政策的理解上主要分歧在于政策的制定主体上。本书认为,对政策的制定主体不能太窄,在当代中国,除了国家和政党作为政策的制定主体外,还应包含其他的社会团体,此类社会团体制定的各项规章、办法等同样起着对本团体成员行为的规范约束作用。因此,所谓政策是指国家、政党或其他社会团体在特定时期为实现一定的任务而制定的行为准则、方针或行动纲领。从定义可以看出,政策具有制定主体的法定性、适用的

---

〔1〕 张金马主编:《政策科学导论》,中国人民大学出版社 1992 年版,第 9～10 页。

〔2〕 陈振明主编:《政策科学》,中国人民大学出版社 1998 年版,第 59～60 页。

历史性、目的的预先把握性和随时间变化而变化的动态性的特点。

(二)政策机制

如前所述,机制表面上是指机器内部的构造及工作原理,但根据系统论的观点,机制是指系统内部各要素间相互作用、相互联系、相互制约的有机体系,由于其内部结构和外部条件的作用,使得该体系在其事物内部形成的一种具有一定向度(导向)和律动(自律)作用,以及自动纠偏和稳定效应的工作(运作)方式。通过我们对政策和机制的理解,这里我们把政策机制表述为:它是指国家、政党或其他社会团体为实现一定的任务而对做出决策行为的各相互联系的要素进行整体把握,从而为制定具体政策服务的律动系统,在系统内部各子系统以及各要素之间通过对系统外界环境变化而做出反应以达到彼此之间相互联系、相互依存、相互制约、相互作用并协调运转。其具有以下几个方面的特征:

1. 整个政策的系统性。政策机制包括两大系统,即由各个要素所组成的子系统和作为整体而存在的母系统。前者是彼此分散的,各自孤立存在,一个要素和另一个要素之间无任何取得联系;而在后者之中,组成整体各要素之间是相互制约、相互联系的统一体,它们在这个统一体中都发挥了最大的功效,这也取得了比原先每个要素简单的相加所得到的更强有力的制约机制,这也是政策制定者所追求的目标。

2. 整个政策的律动性。这个由不同要素所组成的系统是动态的,它会随着社会形势的变化而做出及时准确的反应,而这种反映同时也是有规律的,它总是遵循一定的模式,在既有模式不变的框架下对时势做出合乎规律的反应。在这种模式之下,无论社会哪些人、在哪些领域一出现政策中所标定的腐败时,政策机制就会做出及时的反应并通知负责人员,它对外界的变化反应灵敏,显示出动态的规律性。

3. 整个政策的自动纠偏性。正是由于政策机制对外界变化具有某种规律性，就像冬眠的蜗牛一样，外壳显得毫无生机但内部却生机盎然，政策机制发挥作用的原理亦是如此，表面上好像并没有起到多大的作用，但一遇到激活它的条件即出现腐败时，其活力就会显现出来。总之，政策机制的框架是不变的，但是内部各子系统以及各要素之间相互联系的方式时刻在发生着变化，这种变化是适应外界环境的结果。一旦出现不符合外界环境变化的因素就会产生一种内在的制约力量对这种因素进行纠正，使其恢复到原来的状态或达到与原来的状态效果等同的程度，这一特点对遏制腐败的蔓延具有十分重大的意义。

4. 整个政策的导向性。政策机制建立的主要目的是为国家、政党或其他社会团体正确制定包括刑事政策在内的各项政策提供原则性指导，使制定出来的政策符合社会形势和社会发展的规律，从而维护社会的稳定、经济的持续健康发展和人民之间的和谐，保障社会主义事业健康稳定的发展，这也是发展中国特色社会主义的本质要求。

基本范畴是研究的基础，在此基础上我们才能更加深入地分析问题并最终解决问题。研究政策机制的基本范畴无疑为我们研究反腐败的具体政策机制提供了一个重要的平台，具有举足轻重的意义。

二、研究政策机制的意义及分类

在建设法治社会的大背景下控制腐败必须依靠法制的现代化，以适应越来越多样化的腐败行为，法制永远是第一位的。当然，结合我国国情在打击腐败的进程中也离不开政策的指导作用，政策也起着重要作用，研究其也具有重要的现实意义。

(一)研究政策机制的意义

政策机制在控制腐败行为中具有以下重要意义:

1. 指导国家制定预防与惩治腐败行为的决策。任何一项政策都有其产生的背景和追求的目标,政策制定者就是通过制定政策来达到维护秩序、保障人民权利并最终促进社会和谐。研究控制腐败的政策机制同样也是如此,预防和惩治腐败的制定者正是通过这样一种机制的指导作用来更好地制定反腐败的政策,使做出的决策更加科学、合理。换句话说,政策制定者对控制腐败政策机制的研究、理解的深度就决定了制定出的政策之科学程度,研究得越深入则制定出的控制腐败的政策越科学,社会效果越好,也就越能达到政策制定者预期的目标,实现政策功能的最大化。

2. 维护社会安定团结与促进社会更加和谐。首先,研究控制腐败的政策机制可以弥补被腐败破坏了的政治体系,因为“腐败会破坏政治体系赖以运行的合法性基础”。[1] 公职人员的权力是人民赋予的,其正常地行使权力要依靠公众的支持,而公众只会支持那些为人民服务、为人民谋福利的政府。若政府腐败盛行,这将激起人们的不满,加剧人们的反对情绪,并损害政府在国际上的形象,同时会造成政局的不稳,腐败发展到一定程度,公众认为公共权力已经成为政客们发财致富的工具和手段,政府的目标已经不是为了公共利益,而是为了促进私利的实现,那么政治体系赖以运行的合法性就会面临危机,政府就会失去人民的支持,严重的时候可能会导致动乱。其次,防止制定出来的政策偏离公共利益的方向,实现社会和谐。在腐败盛行的国家,公共政策的制定往往缺乏严格的制定程序和科学合理的专家论证,个别

---

[1] 宋振国、刘长梅等:《各国廉政建设比较研究》,知识产权出版社2006年版,第38页。

领导人的意志就能决定公共政策的取向。这种运行机制为腐败的产生提供了便利。在这个行为过程中，一些经济主体或者利益集团就可能通过不正当的途径干预公共政策的制定，如向公职人员行贿以顺利促使公职人员制定偏离公共利益的政策，满足他们个人或小集团的利益，这严重违背了社会的公平正义，造成了社会的两极分化，导致贫富差距进一步拉大，社会不稳，矛盾横生。

3. 预警社会潜在腐败与行为规制。众所周知，腐败行为的产生是社会环境和个人因素相结合的产物。研究控制腐败的政策机制能够对整个社会的大环境起到良好的净化作用，使社会风气廉洁化，政府成为廉洁的政府，使反腐倡廉真正深入人心。同时，研究这一问题也能够对公职人员产生威慑力，这使得公职人员在行使权力时会首先衡量若滥用权力的话是否会受到该机制的制裁。我们知道，控制腐败的政策机制使得滥用权力之成本巨大，稍有违犯则该机制就会做出恰当的反应，使滥用权力者立马遁形。有了这一律动系统，就使那些想滥用权力的公职人员滥用权力的成本明显大于其因滥用权力而获得的收益，从而间接遏制了腐败现象的出现。有了这一外部约束，能促进公职人员在行使自己的权力时更加廉洁自律，从某种意义上说，控制腐败的政策机制不仅净化了社会空气，还净化了人们的心灵。

对政策机制的意义研究有助于我们更好的理解掌握其分类，下面详述之。

（二）政策机制的分类

《毛泽东选集大辞典》认为，政策是指国家、政党为实现一定历史时期的路线和任务而规定的行动准则，从范围上来划分，有总体政策和具体政策之分。由此而推论出政策机制的分类也有两类：总体政策机制和具体政策机制。邓小平同志认为，从政策的纵向结构来看，我们的政策是由总体政策—基本政策—具体政策三大层次构成的。作为第一层次的总体政策，是指在政策体系中处于统领、统摄地位，对其他各项政策起指导和规范作用的政策。[1] 政策，我国学者一般倾向于称为公共政策，认为公共政策体系在纵向上是由总体政策、基本政策和具体政策构成的；横向上是由经济政策、政治政策、文化政策等构成的。[2] 本书认为，在政策的分类上不宜太粗，在总体政策之下应该再划分一个层次，即基本政策，然后下一个层次才是具体政策。所谓总体政策是指国家在一个较长历史阶段上所确定的战略目标和根本任务。总体政策也称为总路线、总方针、总任务，它是指示一定历史阶段的大方向，在政策体系中，总体政策是带有根本指导性和原则性的政策，居于最高层次的统帅地位。[3] 对基本政策的表述，以前学者经常把它和总体政策等同起来。本书认为，基本政策和总体政策不是同一的，它是指国家、政党或其他社会团体对关系国家整体利益的某一领域、某一方面所规定的主要目标和任务，它通常是国家管理工作中的各个部门的政策，在国家政策体系之中处于仅次于总体政策的层次上，如果说总体政策着眼于国家整体的利益考虑，那么基本政策则是着眼于国家整体利益下的具体领域利益考虑。具体政策与基本政策相比更具体明确，是指国家、政党或其他社会团体在总体政策和基本政策的指导下为解决某一类具体问题或完成某一项工作所做出的具体行动准则、方针或纲领。与政策分类相对应的是，政策机制也分成三类：总体政策机制、基本政策机制和具体政策机制，下面分别详述之。

1. 总体政策机制。总体政策机制就是国家、政党或其他社会

---

〔1〕 参见刘雪明、魏星河：《邓小平政策思想的科学体系》，载《广州大学学报》（社会科学版）2005 年第 8 期。

〔2〕 参见王春福：《构建和谐社会与公平和效率的统一》，载《马克思主义研究》2006 年第 9 期；严荣：《公共政策创新与政策生态》，载《上海行政学院学报》2006 年第 2 期。

〔3〕 兰秉洁、刁田丁主编：《政策学》，中国统计出版社 1994 年版，第 61 页。

团体为实现一定的任务而对做出总决策行为的各相互联系的要素进行整体把握,从而为制定基本政策服务的律动系统,在系统内部各子系统以及各要素之间通过对系统外界环境变化而做出反应以达到彼此之间相互联系、相互依存、相互制约并协调运转的一种状态。它是国家、政党或其他社会团体在一定历史阶段针对社会形势所做出的总战略机制,其适用范围广泛,对其他各项工作具有很强的指导性,是更原则性、更根本性的机制。同时,它也是制定基本政策机制的出发点和归宿,基本政策机制的制定和实施必须以总体政策机制为依据,必须服从和服务于总体政策机制。总体政策机制一旦形成就具有相对的稳定性,它贯穿特定历史时期的始终,在这个历史阶段结束之前一般是不会改变的。

2. 基本政策机制。在对前述基本政策概念了解的基础上,我们可以得出基本政策机制的大体概括,即国家、政党或其他社会团体在总体政策机制的指引下,对关系国家整体利益的某一领域、某一方面进行深入思考形成本领域、本方面的律动系统,在系统内部各子系统以及各要素之间通过对系统外界环境变化而做出反应以达到彼此之间相互联系、相互依存、相互制约并协调运转的一种状态。从定义上可以看出,控制腐败的基本政策机制是建立在总体政策机制基础之上的,受总体政策机制的影响和制约。同时,它又是对总体政策机制的深入和细化,突破了总体政策机制范围广、原则性强以及执行性弱的抽象性,实现了具体性,而且可执行性更强,对具体政策机制的指导性也更直接。

3. 具体政策机制。相对于总体政策机制和基本政策机制来说,具体政策机制是适用范围更狭窄但针对性更强的一项律动系统。通过对以上具体政策的把握,我们可以这样给控制腐败具体政策机制进行概括,即国家、政党或其他社会团体在遵循总体政策机制和基本政策机制的前提下针对社会某一具体领域、某一具体方面的腐败现象进行归纳研究的基础上形成针对本具体领域规制腐败的律动系统，在本系统内部，各子系统以及各要素之间通过对系统外界环境变化而做出反应以达到彼此之间相互联系、相互依存、相互制约并协调运转的一种状态。

在完成政策机制分类后，我们再具体看每一种分类及其内容。

三、控制腐败的总体政策机制

自党的十六大以来，党中央在认真总结经验、科学判断形势、深化对共产党执政规律和反腐倡廉工作规律认识的基础上确立了反腐倡廉战略方针。坚持这个方针，既适应了反腐倡廉工作长期性的特点，又对实现阶段性目标提出了原则要求。首先，在工作思路上坚持惩防并举、注重预防，既要求坚决惩治腐败，对任何腐败分子都必须依法严惩，绝不姑息，又要求深化改革、创新体制机制，进一步加大预防腐败的力度，从源头上解决腐败问题。其次，在方法上要综合运用多种手段，实行党政齐抓共管，教育、规制、监督、改革、惩处等各项工作整体推进，协调发展，发挥综合治理的效能。再次，在工作部署上要进行战略思维，运筹帷幄，既立足于反腐倡廉建设的具体部署，又着眼于深入推进党风廉政建设和反腐败斗争的总体谋划，做到近期目标与长远规划相统一。胡锦涛同志在党的十七大报告中指出，“反腐败，我们党一以贯之对腐败问题，我们党从来就没有姑息迁就过。进入改革开放新时期以来，全党同志对反腐败斗争的长期性、复杂性、艰巨性有了更加清醒的认识。党风廉政建设和反腐败斗争成效明显，”在十七大报告这句话的背后是我们党同各种腐败现象的不懈斗争，2003 年 1 月至 2006 年 8 月，检察机关共查处贪污贿赂犯罪 67, 505 人，平均每月有近 1600 名官员因腐败受到刑罚的惩处。反腐败，我们党一以贯之，有清醒的认识，有坚决的态度，有切实的部署，有工作的力度，我们就一定能够有效遏制各种腐败。近年来，从国家预防腐败局成立，到中纪委出台“八项禁令”，表明中央对腐败问题清醒的认识和在反腐工作上更讲究科学性，在坚决惩治腐败的同时，更注重治本和预防，也更注重制度的建设，国家预防腐败局的成立将使反腐工作更加理性，从此，我们的反腐工作进入到了理性反腐阶段。十七大报告指出，“坚决惩治和有效预防腐败，关系人心向背和党的生死存亡，是党必须始终抓好的重大政治任务。”在2008年国务院政府工作报告中，温家宝同志特别提出了要加强廉政建设，要把反腐倡廉建设放在更加突出的位置，旗帜鲜明地反对腐败；坚持标本兼治、综合治理、惩防并举、注重预防的方针，扎实推进惩治和预防腐败体系建设；特别要解决权力过分集中和缺乏制约的问题；从根本上加强制度建设，规范财政转移支付、土地和矿产资源开发、政府采购、国有资产转让等公共资源管理；大力提倡艰苦奋斗，坚决制止奢侈浪费；严肃查处各类违法违纪案件，深入开展治理商业贿赂，依法惩治腐败分子绝不姑息。为全面贯彻党的十七大精神，进一步落实建立健全惩治和预防腐败体系实施纲要，扎实推进惩治和预防腐败体系建设，党中央于2008年6月制定了关于《建立健全惩治和预防腐败体系2008－2012年工作规划》，指出坚决惩治和有效预防腐败，关系人心向背和党的生死存亡，是党必须始终抓好的重大政治任务。建立健全惩治和预防腐败体系实施纲要颁布以来，各级党委、政府按照中央的部署和要求，认真抓好惩治和预防腐败体系建设任务的落实，取得了明显成效。我国已进入改革发展关键阶段，党风廉政建设和反腐败斗争面临许多新情况、新问题，形势仍然严峻，任务仍然艰巨。全党必须充分认识反腐败斗争的长期性、复杂性、艰巨性，以完善惩治和预防腐败体系为重点，坚定不移地推进反腐倡廉建设。针对腐败我们必须坚持以下基本方针作为我们同腐败做斗争的武器，不断推进反腐败更加深入。

（一）坚持从严治党、从严治政的方针

当前，反腐倡廉总的形势是好的，各项工作都取得了新的进展，一些方面的不正之风有所遏制，一些领域的腐败案件呈下降趋势，人民群众对党风廉政建设的满意程度有所提高。但也必须清醒看到，在一些地方和部门，损害群众利益的问题仍然比较突出，严重腐败案件时有发生，特别是发生在一些领导干部尤其是高级领导干部身上的严重违法犯罪案件，严重损害了党和政府的形象。这是对当前形势总的判断和估计，完全符合当前党风廉政建设和反腐败斗争的实际。社会大环境是好的，但是对于那些顶风而上、甘冒天下之大不韪的个别腐败的公职人员要依法从严处置，其中最主要的就是在党内坚持从严治党，国家坚持从严治政。中国共产党是执政党，从严治党与从严治政相辅相成，密不可分，是有机联系、辩证统一的关系。“治国必先治党，治党务必从严”这是江泽民同志向全党提出的要求，也是新时期反腐败工作应坚持的方针。江泽民同志说：“从严治党、关键在于建立起一套便利、管用、有约束力的机制，使党的各级组织对党员干部实行有效的管理和监督。”“用什么人，不用什么人，对党的作风建设具有重要的导向作用。”在党的十六届四中全会上也明确指出，“提高党的执政能力，关键在于搞好党的建设，不断增强党的创造力、凝聚力、战斗力。必须坚持党要管党、从严治党的方针，紧密联系治国理政的实践，全面加强和改进党的思想、组织、作风和制度建设。”胡锦涛同志在“十七大”报告中也指出，“我们党要带领人民夺取全面建设小康社会新胜利，开创中国特色社会主义事业新局面，关键是要抓好党的自身建设。必须坚持党要管党、从严治党，继续推进党的建设新的伟大工程。”习近平总书记在上任伊始也表示，“打铁还需自身硬。我们的责任，就是同全党同志一道，坚持党要管党、从严治党，切实解决自身存在的突出问题。”中国共产党是执政党，当今中国的事情办得怎样，关键取决于我们党，取决于党的思想、作风、组织、纪律状况和战斗能力，在改革开放力度全面加大、市场经济向纵深发展的当前形势下，必须坚持从严治党，采取行之有效的措施，加强党风廉政建设和反腐败斗争。从严治政的目标要求是建设一个行政规范、运转协调、公正透明、廉洁高效的政府；从严治政的基本准则是依法行政，行政权力的范围、程序、手段和结果都要纳入法律规范之内，依照法律的授权范围、按照法律规定的程序、手段行使权力，并将行政行为的结果纳入制约和监督的轨道；从严治党、从严治政，加强政府能力建设，对我们这样一个有着近800万名党政管理人员队伍的大国来说，是一项刻不容缓的重大战略任务，它关系到国家的前途命运，关系到全面建设小康社会目标的实现，关系到社会主义事业的兴衰成败。

（二）坚持标本兼治、综合治理的方针

腐败是多种因素综合作用的产物，其中有环境因素，也有个人素质方面的因素。内因起主导作用，外因通过内因起作用，控制腐败要坚持标本兼治，要消除产生腐败的各种因素必须坚持多管齐下、综合治理的方针。1991年春，党中央、国务院和全国人大常委会做出《关于加强社会治安综合治理的决定》，确定了社会治安综合治理的工作方针，这是社会治安综合治理工作发展进程中的一个里程碑。社会治安综合治理就是指在各级党委和政府的统一领导下，充分发挥我国特有的政治优势，从国情出发，动员和组织社会各方面的力量，实行公安司法机关的专门工作和群众工作相结合，综合运用政治、法律、行政、经济、文化、教育等多种手段，各级各部门共同配合，在打击、防范、教育、管理、建设、改造等多方面齐抓共管，全面预防和惩治违法犯罪，教育改造违法犯罪的人，整治社会治安秩序，排查调处矛盾纠纷，切实消除产生违法犯罪的原因和条件，建立良好的社会治安秩序，确保社会政治稳定、人民安居乐业、国家长治久安，以实现全面建设小康社会、和谐社会的奋斗目标。[1] 反腐倡廉,既要治标,更要治本。在反腐倡廉工作中,坚持标本兼治,综合治理,是党的十六大报告确定的方针。胡锦涛同志在十七大报告中把坚决惩治和有效预防腐败,定位为"党必须始终抓好的重大政治任务",进一步明确要"坚持标本兼治、综合治理、惩防并举、注重预防的方针,建立健全教育、规制、监督并重的惩治和预防腐败体系,在坚决惩治腐败的同时,更加注重治本,更加注重预防,更加注重制度建设,加强领导干部廉洁自律工作,坚决查办违纪违法案件"。并且特别是提出了加强反腐倡廉建设的原则、途径和目标,标志着我们党对反腐倡廉建设的规律有了更加深刻的认识。由此可见,在反腐败的斗争中,只有自觉遵循这一方针,把治标和治本有机结合起来,才会取得明显的效果。标本兼治、综合治理,要结合"严打"整治斗争、整顿和规范市场经济秩序,建立和完善与市场经济体制相适应的管理体制和监督制约机制。要把工作的着力点放在权力制约、资金监控、行为规范和严格管理等关键环节上。要通过深化改革和体制创新,不断提高政务的透明度,不断完善人、财、物方面的管理和监督,完善反腐倡廉的工作机制,及时发现、有效防范和严惩经济犯罪和腐败,充分发挥人民群众和舆论的监督作用,特别是要加强对领导干部的监督,确保他们正确运用手中的权力,绝不允许以权谋私、贪赃枉法,具体内容在下面详细论述。值得注意的是,"标本兼治"是有侧重点的,即治"本"为主,治"标"为辅,重点做好反腐败法制的建设,把好的举措通过法律的形式固定下来做到行动有法可依,这才是根本。

(三)坚持惩防并举、注重预防的方针

胡锦涛同志在党的十七大报告中明确指出,"中国共产党的

---

〔1〕 庭谦:《浅析社会治安综合治理的主要特点》,载 http://htq0315.blog.hexun.com/7269767_d.html,2015 年 8 月 27 日访问。

性质和宗旨，决定了党同各种消极腐败现象是水火不相容的……坚持标本兼治、综合治理、惩防并举、注重预防的方针，扎实推进惩治和预防腐败体系建设，在坚决惩治腐败的同时，更加注重治本，更加注重预防，更加注重制度建设，拓展从源头上防治腐败工作领域”。这些论述为拓展反腐败源头治理领域再一次提出了明确要求，即努力坚持惩防并举、注重预防的方针。建立健全惩治和预防腐败的体系是新形势下做出的针对反腐倡廉工作的重大战略决策。对腐败分子进行严厉惩处，是完全必要的，非如此不足以威慑腐败分子。通过打击，让腐败分子闻风丧胆、无处藏身，为从源头上预防和治理腐败创造前提条件；不断加大治本的力度，才能巩固和发展反腐败已经取得的成果，使腐败行为得到遏制，最终从根本上解决腐败问题。但是惩处不是目的，开展反腐败斗争最终是为了消除已经产生的腐败和避免产生新的腐败，以保持党员干部队伍的纯洁性。在坚决惩治腐败的同时，更加注重治本，更加注重预防，更加注重制度建设，拓展从源头上防治腐败工作领域。因此，在坚决惩治腐败、对腐败现象和腐败分子保持高压态势的同时，必须注重预防，注重治本，这是当前反腐败之要策。我们必须正确认识，深刻领会，坚决贯彻执行。注重预防，首先要立足教育，重点加强对公职人员的廉政文化建设，要抓住树立正确权力观这个关键，增强教育的针对性和有效性。其次要健全制度。形成用制度规范从政行为、按制度办事、靠制度管人的机制，从制度上保证领导干部的廉洁从政。最后要强化监督。没有监督的权力，终究会导致权力失控、决策失误和行为失范导致腐败，这已是不争的事实。

（四）坚持法治原则、依法反腐的方针

邓小平同志明确指出，廉政建设“还是要靠法制，搞法制靠得住些”。[1]“历史经验告诉我们，反腐倡廉的根本问题主要是个

---

〔1〕《邓小平文选》（第3卷），人民出版社1993年版，第379页。

法制问题。这是因为腐败行为是国家公职人员滥用权力谋取私利的一种违法行为。这种行为的基本特征：一是权力蜕变，把公共权力蜕变为私有权力，以权谋私，假公济私；二是产权蜕变，把国家或集体所有的财产蜕变为部门或个人私有的财产，贪污受贿，徇私舞弊，贪赃枉法；三是本位蜕变，国家公职人员从政府公仆蜕变为极端个人主义或小集团利益的代言人，从而使党和国家的形象和正常运作受到极大的损害。对权力缺乏有效的制约和监督是蜕变的主要原因。无制约的权力必然导致腐败，这是一条历史规律。"[1]在实施依法治国方略以来，我国在法制建设上取得了很大的成就，在法治道路上迈出了很大的步伐，但是不可否认的是在现实中仍有一些有法不依、执法不严、违法不究等现象，人治的影子还经常困扰着人们，这种情况的存在，严重影响我国反腐斗争的正常开展。我们要严格按照温家宝同志在2008年政府工作报告中指出的那样，"严格依法行事，制定与群众利益密切相关的行政法规、规章，原则上都要公布草案，向社会公开征求意见；合理界定和调整行政法规执法权限，强化行政执法监督，全面落实行政执法责任制；健全市县政府依法行政制度；加强对行政收费的规范管理，改革和完善司法、执法的财政保障机制；加强法规、规章和规范性文件的备案审查工作；健全行政复议体制，完善行政补偿和行政赔偿制度"。在2009年政府工作报告中温家宝同志也强调"加强廉政建设和反腐败工作。以规范制度和制约权力为核心，针对腐败现象易发多发的领域和环节，从源头上防治腐败。坚决查处腐败案件，依法惩处腐败分子。我们一定要勤勉尽责，以实际行动和工作业绩，建设为民、务实、廉洁、高效的政府，让人民放心，让人民满意"。唯有如此，才能整肃我们的法治环境，以法制权，把人治转变为法治，建立完善的预防和制约机

---

[1] 冯永宁：《建立具有中国特色的廉政机制》，载《探索》1995年第3期。

制,以强有力的法律手段遏制腐败的滋生和泛滥,这才是根治腐败的有效措施。

四、控制腐败的基本政策机制

明确了控制腐败的总体政策机制,在此机制指引下通过法制确立控制腐败的基本政策机制,使反腐败有条不紊地进行。本书认为基本政策机制至少包括以下两点。

(一)教育与管理相结合

1999 年的《中共中央关于加强和改进思想政治工作的若干意见》中指出:“必须坚持教育与管理相结合。”对腐败的控制要坚持教育和管理相结合的基本政策,然后在此基础上制定基本的政策机制来控制腐败的蔓延。实践证明,教育和管理具有手段上的凝聚性,把二者相结合不仅是必要的,在实践中也是可能的。就必要性而言,只有把教育与管理结合起来,才能使党政配合得更好,才能适应多样化的现实社会,才能达到虚实相济、提高效果。就可能性而言,具有共同的实践基础,在现实中教育与管理是统一于同一实践过程的两个方面,有实践就必有其教育和管理;具有内容的一致性,思想政治教育与社会管理都是为实践服务的,这就决定了思想政治教育与社会管理在内容上是一致的;具有目标的一致性,在共同的实践基础上,思想政治教育与社会管理都是为了一个共同的目标而进行。〔1〕 控制腐败,坚持教育与管理相结合,如何进行?关键是要把思想政治工作与精神文明建设、法制教育和道德教育结合起来,把社会公德、职业道德、家庭美德

---

〔1〕 参见陈宣明:《论思想政治教育与管理相结合》,载《福建理论学习》2000 年第 8 期。

教育渗透到依法行政、依法管理的各项工作和建设中去，形成扶正祛邪、扬善惩恶的良好社会环境，最后逐渐形成一个多管齐下的思想政治工作律动系统，这样才能在最大限度上有效控制腐败的发生。实践证明，必须把教育和管理结合起来才能发挥二者最大的社会效应，任何脱离管理的教育和脱离教育的管理都无法适应已变化了的新形势、新情况。“当前，在经济生活中出现了经济成分和经济利益多样化、社会生活方式多样化、社会组织形式多样化、就业岗位和就业方式多样化，这必然引起许多新的思想问题，面临复杂的社会形势和人们复杂的心态，靠纯粹的管理和纯粹的思想政治工作都不可能解决。”[1]对腐败的控制，既要坚持教育，又要加强管理，这才符合基本政策机制的要求。

（二）教育与惩办相结合

中华人民共和国成立后，毛泽东同志相继提出了一系列有关反腐倡廉的措施和要求，其中就包括实行教育与惩治相结合，其中为惩治干部队伍中的腐败，党和政府发动了一次又一次的运动，包括以教育为主要手段的整风运动，以教育与惩治相结合的“三反”斗争、“四清”运动。在我国的历史上中央制定了一系列的基本政策，从毛泽东同志时期的镇压与宽大相结合的刑事政策，到后来的惩办与宽大相结合的刑事政策，再到现阶段的宽严相济的刑事政策，三者是一脉相承的。本书认为控制腐败的基本政策机制一方面要体现党和国家的教育政策，另一方面又要对腐败进行严厉惩治，必须坚持教育与惩办相结合的基本方针。

在了解总体政策机制和基本政策机制后，我们在控制腐败的实践中更多地还是要依靠具体政策机制，其细化了前两者的内容，更具有可操作性，下面看具体政策机制及其内容。

---

〔1〕 董杰：《论思想政治工作实效方法》，载《西南民族大学学报》（哲学社会科学版）2001年第8期。

五、控制腐败的具体政策机制

2005 年 1 月，中共中央制定并下发了《建立健全教育、制度、监督并重的惩治和预防腐败体系实施纲要》（以下简称《预防腐败纲要》），《预防腐败纲要》中指出，要建立健全与社会主义市场经济体制相适应的教育、制度、监督并重的惩治和预防腐败体系，深入开展党风廉政建设和反腐败工作。在反腐败的长期斗争中，教育是基础，制度是保证，监督是关键。三者统一于惩治和预防腐败体系之中，相互促进，共同发挥作用。此外，任何时期的反腐败工作都离不开惩治，因为只有惩治有力，才能增强教育的说服力、制度的约束力和监督的威慑力。

（一）教育

控制腐败，教育是基础，腐败行为发生与否，主要取决于行为人的思想动因，而净化人的思想，靠的就是长期的思想教育。因此，我们要突出教育在反腐败工作中的重要位置，坚持不懈地加强理想信念、职业操守、社会公德、廉洁自律、法治理念等方面的思想教育，使党员干部牢固树立正确的世界观、人生观、价值观和权力观。

1. 思想政治教育

开展思想政治教育是预防腐败的一项重要措施，在党的历史上也一直把思想建设放在党建设的首位，注重党员干部思想素质的提高，使其更有战斗力，保持一种旺盛的生命力，这也是党始终保持工人阶级先锋队性质、坚持拒腐防变的一项根本措施。我国的历代领导人都很注重思想政治教育在克服官僚主义和预防腐败现象上的重要作用。毛泽东同志坚信，思想道德教育和党员干部廉洁自律是防止和消除官僚主义和腐败现象的根本之法。邓小平同志曾指出,要通过思想政治工作,加强全党的组织性和纪律性,要教育全党同志发扬大公无私、服务大局、艰苦奋斗、廉洁奉公的精神,坚持共产主义思想和共产主义道德。江泽民同志则更加深刻地认识到思想政治教育对预防腐败的重要意义,他明确指出,加强党的思想政治建设,是从源头上预防和治理腐败现象的全过程。[1] 在2004年中央纪委第五次全会上,胡锦涛同志也指出,加强思想道德教育是反腐倡廉的基础性工作,是领导干部拒腐防变的思想保证。从目前各地各条战线查处的违纪违法案件来看,党员干部之所以犯错误甚至违法犯罪,究其根源在于世界观上出了问题,是思想道德堤防溃败而起。[2] 曾任武汉市中级人民法院院长的周文轩在法庭的最后陈述中就讲到:我从一个领导干部堕落成为罪犯,首先是放松了世界观的改造,人一旦守不住清贫,金钱欲、权力欲就会潜移默化地膨胀,世界观、人生观就会扭曲,贪欲横生,是私欲这个填不满的无底洞让我跌进万丈深渊。为深入贯彻落实党的十八大和十八届三中全会精神,加强惩治和预防腐败体系建设,推进党风廉政建设和反腐败斗争,2013年12月,中共中央印发了《建立健全惩治和预防腐败体系2013－2017年工作规划》,(以下简称《工作规划》)也强调了加强思想政治教育的重要性。《工作规划》指出,深入开展中国特色社会主义和中国梦教育、理想信念和宗旨教育、社会主义核心价值体系教育。加强党纪国法、廉政法规和从政道德教育,将其纳入学习型党组织建设,党委(党组)中心组每年安排廉洁从政专题学习,各级党校、行政学院和其他干部教育培训机构要把廉洁从政教育作为必修内容。学习廉洁榜样,强化示范教育。剖析违纪违法案件,加强警示教育。对存在苗头性问题的领导

[1] 江泽民:《论"三个代表"》,中央文献出版社2001年版,第66页。

[2] 李文生:《腐败防治论》,中国检察出版社2004年版,第407页。

干部进行教育提醒。

2. 职业道德教育

加强职业道德教育,增强公职人员的从政道德意识,对预防腐败犯罪具有重要意义。所谓公务职业道德,是指涉及社会公共或公益事务的特殊职业的义务、责任和行为上的道德准则,是社会主义道德原则和规范的职业化与从业人员道德品质的成熟化,[1]如司法道德所体现出来的公平正义、医务道德所体现出来的救死扶伤。中华人民共和国成立,提倡"为人民服务"的从政道德,继承了民族传统道德的精华。可是自从市场经济建立以来,人们的思想意识、价值观念发生了深刻的变化。一些国家公职人员将为人民服务的宗旨淡化甚至遗忘,开口必言利,办事必谈钱。如果一个国家公职人员职业道德品质上有瑕疵,他必然会寻找一切机会包括现行制度上的漏洞去进行各种腐败犯罪活动。因此,必须端正公职人员的职业道德思想,提倡从政道德,提高他们的整体素质。一要努力提高公职人员的职业道德意识,因为职业道德意识是形成职业道德品质的基础和前提。只有具备深刻的职业道德意识,才能产生良好的职业道德行为,增强他们履行职业道德义务的自觉性。二要教育公职人员把谋取个人利益与承担社会责任统一起来,使他们切记自己手中的权力是人民群众赋予的,是代表人民行使权力职能,为社会公众谋福利,而不要将其视为个人谋私利的工具。

3. 廉政文化教育

近年来,我国反腐败力度虽不断加大,但腐败却有逐年蔓延的趋势。原因是多方面的,但是这与腐败文化的影响以及廉政文化教育的缺失并非无关。所谓廉政文化就是关于廉政的文化体系,包括廉政的知识、观念、信仰、价值、规范、制度,以及相应的生

[1] 文盛堂:《反职务犯罪论略》,北京大学出版社2005年版,第557页。

活方式和社会评价等。[1] 作为与“腐败文化”相对立的一种文化,它们在社会的发展历程中始终在相互对抗的过程中共存,二者彼消此长,共同争夺人们的精神空间。受我国长期以来“官本位”影响,在公职人员中逐渐形成了世俗化的“官僚文化”“贪渎文化”,这些“腐败文化”影响着人们对传统文化中廉洁的尊重,破坏了社会道德风尚,腐蚀着人们的意志,极易使人产生“金钱至上,唯利是图”等错误认识。以至于出现了如今社会的不以腐败为耻、反以腐败为荣的不良现象,如一些清正廉洁的公职人员会被人笑话是“穷鬼”;一些没有“门路”而没有得到升迁的公职人员会被人认为是“没能力”;一些靠“有门路”而升了职的会被人羡慕不已。这种几乎已经在社会上被默认了的腐败文化对我国当前控制腐败极其不利。因此,必须加强对公职人员的廉政文化教育,促使他们树立正确的权力观、地位观和利益观,做到清正廉洁、淡泊名利,提高他们的廉政修养和抵制腐败犯罪的免疫力。2013 年的《工作规划》要求:加强廉政文化建设。积极借鉴我国历史上优秀廉政文化,把培育廉洁价值理念融入国民教育、精神文明建设和法制教育之中。发挥文化馆、纪念馆和廉政教育基地等的作用,加强廉政文化精品工程建设,开展廉政文化创建活动,扬真抑假、扬善抑恶、扬美抑丑,培育良好的民风社风。

4. 法制教育

加强法制教育,提高公职人员的法律意识,也是预防腐败犯罪的极其重要一环。邓小平同志早在 1980 年就指出:“要讲法制,真正使人人懂得法律,使越来越多的人不仅不犯法,而且能积极地维护法律。”[2] 在查处的公职人员腐败犯罪案件中,虽然大部分属于明知是违法而为达到自己的种种私利却置法于不顾铤

[1] 柳唏春:《预防职务犯罪的基础理论与实务导引》,中国检察出版社 2006 年版,第 241 页。

[2] 邓小平:《邓小平文选》(第 2 卷),人民出版社 1994 年版,第 425 页。

而走险,但也有相当一部分腐败案件的发生完全是由于公职人员本人不知道自己的某一行为是违法甚至构成了犯罪,如原河北省政府办公厅副主任吴庆五在反思自己走上犯罪道路的深刻教训就是不学法,他在给儿子的忏悔书中就写到希望他的儿子能够“学法、知法、懂法、守法”。如果能尽早对公职人员进行法制教育,那么有些腐败案件是完全可以避免的。因此,各级检察院内部的预防职务犯罪部门应该做好对公职人员的法制教育工作,通过法制宣传使公职人员做到知法、懂法,通过身边活生生的腐败实例讲解起到对公职人员警钟长鸣的作用。首先,通过对公职人员进行法制教育可以促使他们形成法治理念与法制观念,从内心增强守法意识,避免违法冲动的出现,使他们明确违法与守法的界限,用法律来约束自己的行为,不做法律所禁止的事,从而控制和减少腐败犯罪的发生。其次,通过法制教育也可以使他们懂得,严格依法办事仅仅是公职人员在履行公职时的最低行为标准,是公务活动行为准则不可逾越的底线,从而也能对公职人员的奉公守法,廉洁自律起到警诫作用。

(二)规制

控制腐败,制度是保证,只有建立健全规章制度,加强廉政监督,才能保证反腐倡廉落到实处。权力失去约束必然导致腐败,制度建设是从根本上解决腐败问题,防止腐败问题产生的重要环节。1980 年,邓小平同志在讲到《党和国家领导制度的改革》时指出,“我们过去发生的错误,固然与某些领导人的思想作风有关,但是组织制度、工作制度方面的问题更重要。这些方面的制度好可以使坏人无法任意横行,制度不好可以使好人无法充分做好事,甚至走向反面”。这充分说明了制度对领导干部手中的权力具有极大的制约性。因此,我们要把制度建设贯穿于反腐败的全过程,体现到各个环节,落实到各个方面,用制度来规制公职人员的行为。

1. 完善审批制度

层层审批制度垫高了企业的经营成本,阻碍资源的有效配置,极易导致行政审批腐败。从管理学角度来讲,多一个环节就多一层腐败,为此,要积极推进行政审批制度改革,构建适应社会主义市场经济发展要求的行政审批制度。首先,要减少审批项目,对政府不该管的做到坚决不管,充分发挥市场配置的基础作用。其次,严格规范保留下来的审批项目,对确有必要保留的审批事项,要规范审批行为,改进审批办法,尽量减少审批中的自由裁量权,并建立严格的行政审批监督制约机制和责任追究制度。行政审批设定行政机关相对人的参与权和监督权,行政审批项目设定不应由相关行政机关单方决定,应建立听证制度,对与公众利益密切相关的事项,应在充分听取社会各方面意见的基础上,建立专家审查、咨询制度,着力解决行政审批过程中的"暗箱操作"现象,以减少寻租和权钱交易的可能性。从 2007 年暴露出的广州市政府采购中心"窝案",我们可以看出,政府采购一旦缺失公开、透明的要求就很容易蜕变成"红包采购"。行政审批改革具有重要的廉政意义,通过改革取消很大一批行政审批权,与这些权力相伴的腐败机会就会消失,对现存行政审批规范意味着对权力本身的规范和制约,也会减少滥用权力的机会。[1]

2. 完善财政资金管理制度

1998 年 5 月 21 日,财政部、监察部和公、检、法、工商六部门联合召开落实"收支两条线"规定全国电视电话会,6 月 19 日,中办、国办转发了财政部、监察部、国家发展计划委员会及有关机关联合作出的《关于加强公安检察院法院和工商行政管理部门行政性收费和罚没收入收支两条线管理工作的规定》。但仅 2000 年 1 月至 11 月,全国查处违反"收支两条线"规定案件 1723 件,受党

〔1〕 柳晞春:《预防职务犯罪》,法律出版社 2003 年版,第 131 页。

纪政纪处分786人。[1] 因此,完善财政资金管理制度,建立起规范的公共财政运行体系,加强对财政资金的使用管理,实现对财政资金的使用监督,对预防此类腐败案件的发生具有重大意义。首先,彻底改革财政资金的收缴方式,对预算外资金,一律实行收支脱钩管理,规范政府收支行为,真正落实"收支两条线"管理的各项规定。按照"单位开票、财政统管"的思路,具体可采取"两个分离"的管理方法,即"票款分离""罚缴分离"。[2] 其次,严禁单位私设"小金库"账外账、违规开设银行账户等行为。尽管国家有关文件明确规定了禁止单位设立"小金库"的制度,但是"小金库"自20世纪80年代出现以来一直没有销声匿迹,而是以不同的方式存在着。一个重要的原因就是国家机关、国有事业单位和人民团体并非经营性企业,它们的开支要靠国家的财政供给。"小金库"的存在可以弥补财政拨款的不足,解决本单位某些不得不开支但又得不到财政拨款的项目,同时又能为本单位职工谋取福利待遇。

3. 深化干部人事制度改革

2006年8月,中共中央办公厅印发《党政领导干部职务任期暂行规定》《党政领导干部交流工作规定》《党政领导干部任职回避暂行规定》三个党内法规文件,进一步为干部人事制度改革提供了制度保证。但是当前我们仍沿用了不少中华人民共和国成立初期所形成的人事制度和干部制度,这种陈旧的制度与发生巨大变化的社会形势不相适应。在干部的选任、晋升等方面往往不是靠公平竞争,而是靠关系、靠领导人的意志,致使一些素质低、能力差的人也进入政府机关或走上领导岗位,因此,必须改革现行的干部人事制度。一是严格干部的选拔、任用标准和制度。确

[1] 文盛堂:《反职务犯罪论略》,北京大学出版社2005年版,第65页。

[2] 罗忠敏:《腐败成因与防治对策》,北京大学出版社2008年版,第101页。

保干部德才兼备,有较高的素质,具有无私奉献、全心全意为人民服务的献身精神。在人事任免制度上,要扩大民主,提高群众的参与程度,强化对干部选拔任用过程中的监督,防止和纠正"带病上岗""带病提拔"等问题。对未能得到民众表决通过的,不得提拔和任用,真正扭转干部任用完全由上级任命的现象。同时应改进对干部的考核、考察办法,实行廉政问题一票否决制,对有廉政问题的干部,不管政绩有多么突出也要坚决予以清除出干部队伍。二是明确干部的罢免制度。对那些品行差、能力低、有腐败行为的国家干部要予以降级、罢免,构成犯罪的要依法惩处。三是改革领导干部的用人责任追究制。以往的责任追究是只要被提拔的人存在了腐败行为就要追究领导的责任,即实行对干部推荐、提拔、考核、纵容等环节的责任追究制。本书认为这种责任追究制存在很大的不合理性。被提拔人有腐败行为时,追究提拔人的责任时应该有所区别,对所用之人刚被任用的时候就是不洁之人,对此领导要负失察之责;而对所用之人在被任用的时候就是正派之人,只是在以后的过程中发生了变化,变得不再那么纯洁了,这就不应该追究领导人的失察之责。否则,在第二种情况下还要追究领导人的责任的话就很可能造成领导人为了自己不被追究而会庇护自己下面的工作人员,造成官员集体腐败。

4.建立公职人员财产申报制度

建立公职人员财产申报制度就是要求公职人员在任职期间必须如实申报自己财产状况和变化情况。建立公职人员财产申报制度是预防腐败犯罪的一项重要措施,它的核心是使公职人员在任职期间财产数额公开化,接受公众监督。具体要求为:公职人员须按法律规定,在一定时期内向政府有关部门报告自己、配偶及子女的财产状况,包括数量、来源、变动等内容,然后由主管机关予以审核并公布。任何隐瞒、谎报或转移财产的行为,或者不能说明自己财产的正当来源的,都将受到法律的惩治。通过广泛信息渠道可以看出，所有的腐败都有一个共同的特点，那就是“见不得人”，他们最担心害怕的往往不是上级检查与调查而是公众舆论的监督。由于腐败是“黑暗中的交易”，以敛财为集中表现，所以财产申报制度将使黑暗变光明，这是一种对腐败的致命打击。第十届全国人大代表烟台大学教授王全杰在2008年2月29日做客腾讯网时就这样讲到：“我国之所以产生这么多贪官，腐败事件这么多，主要原因在于不透明，官员的收入不透明。他收入什么东西你也不知道，他加了什么家产你也不知道。由于不透明，就很可能用各种手段为自己谋私，为自己攫取财富，这样的话使社会越来越腐败。”事实上，近些年在财产申报方面，我国也迈开了重要的一步，党中央、国务院下发了《关于党政机关县处以上领导干部收入申报的规定》。但这一规定仅限于处级以上领导干部，其他国家公职人员在此方面却没有具体规定，而在很大程度上处级以下公职人员的犯罪数量要比处级以上领导干部多，我国已经建立的财产申报制度还存在某些弊端，那就是适用范围较狭窄。[1] 因此，本书认为这还不是真正意义上的财产申报制度，真正财产申报制度的建立还有赖于财产申报法的出台。在未来的财产申报法中，首先有必要明确规定公职人员财产申报的内容，其次还应解决在财产申报中拒绝申报或申报不实而得不到制裁的问题。

5. 健全与完善举报制度

举报是打击腐败的第一个环节，通过举报使我们发现腐败行为然后再进行调查和惩处。有统计数字表明，在我国举报腐败的信息有超过90%是通过各级信访举报提供的。但是长期以来我国实行实名举报制度，这种制度的要求往往打消了人们举报的积

〔1〕 张中友：《预防职务犯罪——新世纪的社会工程》，中国检察出版社2000年版，第200页。

极性,使一些了解干部腐败行为而本想举报的人因怕受到打击报复而不敢举报。例如,上海社保资金案涉及众多中高级干部,犯罪情节相当严重,不少涉案人员的贪污腐败行径持续长达数年,还有一些涉案人员存在生活腐化堕落问题。奇怪的是,检察机关查对近年来收到的举报材料,却没有发现对相关涉案人的举报。难道他们的腐败行为真的是没有一人知晓,当然不是。应该有相当一部分人本想举报,但怕举报不成功反而受到打击、报复。辽宁省鞍山市国税局公务员李文娟因实名举报受到了被劳教1年的打击报复,如此严重的报复现象无疑反映了我国实名举报制度的弊端。如果我们的政府不能解决保护举报人的问题,就会让人们不敢实名举报。为了有效打击腐败行为,我们也应该鼓励和允许匿名举报。不可否认,匿名举报存在一定的问题,那就是会出现不负责任而"随意举报",甚至是"恶意举报"。但是本书认为关键还在于受理举报的机关如何对待匿名举报所收集到的线索,是未经查实就使用匿名举报的线索还是既不去查实,也不愿再使用被举报的,使被举报的干部背上不白之冤。这是受理机关不负责任的做法,而不是匿名举报本身的罪过。如果我们连匿名举报都禁止的话,将有大量的腐败行为无法被知晓,这带给社会的损失将会更大。此外,科学的举报制度还应当加入激励因素:对举报者予以激励,可以是物质上的奖励,也可以是信誉、资格等非物质奖励;对基于特殊身份理应举报而未举报者给予适当"惩罚",包括晋升资格的剥夺、信誉的负面评价等。

6. 完善民主制度

过分集权是我国传统政治体制的弊端,近年来这一弊端并没有得到显著的改进。例如,党委领导制在很多地方实际上变成了常委会领导制,而常委会经常又变成了书记的办公会,决策的圈子越来越小,权力运行的圈子越来越封闭,滥用权力和错误决策风险越来越大。[1] 集中领导、民主集中、个别酝酿、会议决定作为党委内部议事的基本制度,但在实际运作中“民主表决”却往往成了走过场的形式主义。这不仅挫伤了成员参与决策的积极性,也为腐败现象的发生提供了条件。因为权力的过分集中为“权钱交易”提供了可能。因此,为防止腐败现象的发生,必须彻底扭转任何事情都由“一把手”说了算,权力过于集中,而其他成员在民主表决中只作“陪衬”的现象。要注重普通成员的民主参与权、民主表决权,真正做到在一般事项的表决中实行少数服从多数的原则,在重大事项的表决中实行一票否决制,并使之形成一种制度固定下来,因为民主是制止腐败的基础性因素。完善民主制度当务之急是要健全党委全委会和常委会的决策程序,健全决策程序可以实现领导集体权力运作的规范化,从而形成有效的监督制约机制。[2] 具体思路为,一是要抓党委全委会和常委会的集体议事规则。凡设定的重大事项都必须经过集体议事,不得以传阅会签或个别征求意见等形式代替集体议事。二是要抓会议表决。对重大问题的决策,必须实行会议表决,以此体现领导集体的意志,这是建立决策程序的核心内容。党的委员会或常委会对重大问题的决策必须实行少数服从多数的原则。

当然除上述六个方面外,学界也有人提出建立公职人员廉政公积金制度,但本书认为不可盲目地追随国外,建立此类制度要慎重,首先要认真研究我们的国情,包括我们的文化内涵与价值。对此,本书将在下面一些章节进行深入分析。

(三)监督

建立法治国家、法治政府,必须要有一套完善的监督机制来

---

〔1〕 朱兴友:《预防职务犯罪问题研究》,中国检察出版社2004年版,第233页。

〔2〕 罗忠敏:《腐败成因与防治对策》,北京大学出版社2008年版,第127页。

保证法律的良好运行。近年来,我国监督制度虽然取得了一定的成绩,但在社会的转型期也暴露出了许多弊端,其中最突出的就是对法律运作过程中的监督乏力、监督不到位问题,尤其是对领导干部的系列监督上。这其中的原因并不在于我国监督机构少,而是监督机制的不健全,各监督机构之间缺乏一种有效的对接机制,这就造成了监督职能的漏洞或重叠,使一些腐败行为无人监督或各监督机构争相监督或相互推诿。因此,从一定意义上来说,如何更好地控制腐败行为的蔓延取决于社会各监督机构的协调程度。温家宝同志在国务院第三次廉政工作会议上也指出,“要加大对权力运行的监督和制约。权力不受监督和制约,必然导致滥用和腐败。对权力运行的监督机制不完善,监督不到位,是腐败现象发生的一个重要原因。要完善对权力有效监督的体制和机制,权力运行到哪里监督就延伸到哪里,确保人民赋予的权力真正用来为人民谋利益。”

1. 党内监督

西方国家多数实行的是两党制或多党制,各政党通过定期的大选获取执政权。各政党为掌握执政权,总是处于不断的争斗当中,当然更少不了对执政党执政行为的监督。在野党为了把执政党拉下台总是千方百计地对政治管理、政府效率、经济生活,甚至政府官员的生活上进行全面监督。因此,在一定程度上就迫使执政党官员保持清正廉明的形象。而作为一党制的中国,中国共产党是执政党,在国家的政治生活中始终处于领导地位,所以要使党内的公职人员始终坚守清正廉明,除了其他党派对其进行监督外,还必须加强党的内部监督。只有这样才能尽快地建立、健全与社会主义民主相适应的干部监督管理体制,也关系到从源头上治理腐败的需要。党内监督对于公职人员(特别是共产党员)来说是最直接的监督,必须采取有针对性的措施发挥其在治理腐败上的制约作用。一是加强对干部选拔、任用方面的监督。在干部的选拔、任用上监督是否按照《党政领导干部选拔任用工作条例》的要求遵循了规范化的推荐、考核程序，是否遵循了公平竞争、任人唯贤的用人原则。二是加强任期审计监督。要把审计作为对公职人员（尤其是“一把手”）进行监督的主要手段，要从思想作风、重大决策、干部任免、资金使用和廉洁自律五个方面加强监督，尤其是贯彻落实对公职人员的经济责任审计制度，有效防止他们以权谋私。

2. 人大监督

根据宪法规定，全国人民代表大会和地方各级人民代表大会是我国的权力机关，国家行政机关、审判机关、检察机关由人民代表大会产生，对它负责，受它监督。根据我国宪法和法律的规定，我国人大的职权主要有立法权、决定权、监督权、任免权。人大的监督权是宪法和法律赋予的一项重要职权。2007 年 1 月 1 日开始实施的《监督法》，使权力机关对权力运行的形式、内容和程序的监督更加明确，从而使权力机关在对腐败的监督上更能有效地发挥其应有作用。但我国权力机关监督腐败主要是通过反腐倡廉立法和对违法违纪的公职人员实施罢免实现的。尽管近几年来，权力机关在立法监督上发挥了一定作用，先后制定并颁布了一些有关廉政建设方面的法律，为国家预防和控制腐败提供了法治基础。同时，全国各级人民代表大会通过依法听取各级政府、部门的工作报告，提出质询、视察或检查工作等，对监督国家机关及其工作人员为政清廉起到了一定的作用。[1] 但使用法律赋予的质询、调查、撤职、罢免等手段的频率上却很低，结果导致在一定程度上显得人大的监督力度不够，有权无威。因此，要切实发挥人大监督在控制腐败上的作用，首先需要完善人大的监督职

〔1〕 杨宇冠：《我国反腐败机制完善与联合国反腐败措施》，中国人民公安大学出版社 2007 年版，第 350 页。

能，加强人大对公职人员（特别是领导人员）廉政情况的监督，以此提高人大监督腐败行为的力度和广度；其次应建立廉政报告制度，一府两院的领导成员（包括政府部门的领导成员）每年需将自己的廉政情况写成专题报告，并附上财产申报表，提请人大审议，廉政专题报告和财产申报表应向社会公布。

3. 群众监督

由于我国正处于经济转型时期，腐败现象呈现出数量上的多发性、形式上的多变性和手段上的隐蔽性等特点，量大面广，情况复杂，仅有实行专门机关的监督是不够的，还必须充分调动人民群众检举揭发腐败分子的积极性，要让人民群众起来监督政府，使公务员不敢懈怠，真正做到对国家和人民的前途命运负责，当好人民的公仆。[1] 毛泽东同志早在 1947 年与民主人士黄炎培的谈话中，就提出了用群众监督来治理腐败的正确思想。他指出："我们已经找到了新路，我们能跳出这周期律，这条新路就是民主。只有让人民群众来监督政府，政府才不敢松懈。只有人人起来负责，才不会人亡政息。"[2] 我国现行《宪法》第 41 条也规定："中华人民共和国公民对任何国家机关和工作人员，有提出批评和建议的权利；对于任何国家机关和国家工作人员的违法失职行为，有向有关国家机关提出申诉、控告或者检举的权利，但是不得捏造或者歪曲事实进行诬告陷害。"因此，加强对权力运行的监督是人民实现其宪法权利的一条重要途径，也是发扬社会主义民主的体现。在治理腐败上，只有将公众监督的作用充分发挥出来，才能有效地抑制腐败的滋生、蔓延。正如俗话说："人民群众的眼睛是雪亮的。"群众监督与其他的监督形式相比更具有广泛性、及时性和敏锐性。但长期以来，群众监督的作用并没有得到

〔1〕 罗忠敏：《腐败成因与防治对策》，北京大学出版社 2008 年版，第 80 页。

〔2〕 黄炎培：《延安归来》，法律出版社 2001 年版，第 2 页。

充分的发挥，因为群众监督只是一种外部监督，其监督方式主要是申诉、控告、举报等，其监督结果的有效性还要取决于职能监督部门，即群众监督只是引起了职能监督部门启动了监督程序，其本身并不能产生实体意义上的监督结果。再加上我国职能监督部门交叉，职责划分不清，对于群众申诉、控告的案件往往会相互推诿，从而挫伤了群众监督的积极性。要使群众监督在控制腐败中真正发挥作用，首先必须在改革职能监督的基础上，将群众监督与职能监督有机地结合起来，使其在监督中做到相互配合，共同发挥作用。其次要深化政务公开，完善行政决策、行政审批、行政信息的披露制度，增强政务活动的透明度，确保人民群众享有知情权，因为监督权的行使是以知情权为基础的。

4. 舆论监督

舆论监督是指新闻媒体运用舆论的独特力量帮助公众了解政府事务、社会事务和一切涉及公共利益的事务，并促使其沿着法治和社会生活共同准则的方向运作的一种社会行为，专指新闻媒体发表的各种新闻信息。一个国家要保证公共权力尤其是政府权力的正当行使，必须设置强有力的监督机制，用权力来制约权力，唯有如此才能有效地防止权力的滥用和腐败的滋生。从我国的实际情况来看，虽然也存在党内的、行政的、司法的等各种各样的社会监督机制，这些监督机制也在发挥着作用。但在现实中，监督的匮乏仍然是非常普遍的事实。这在很大程度上是由于上述监督主要是内部的而且是纵向的，因而是不公开的。不公开的监督本身就是缺乏监督的表现，此外它还受监督者个人素质的影响，于是腐败就有了滋生的温床。这些黑暗面在新闻媒体面前就会变得明朗起来（当然，这是建立在有强而有力的新闻媒体的地方）。新闻媒体作为一种外部约束力量，对揭露一些腐败现象起到了很大的作用。尤其是近年来，很多大案、要案都是先有媒体的披露才被党中央和司法机关高度重视起来的，但是由于酝酿多年的新闻法未能出台，新闻媒体的舆论监督一直处于缺乏明确的法律规范和保障的状态。由于主要靠行政指导和政策调整，舆论监督的实施情况常常因为领导人、时间和地点的不同而发生变化，这里最典型的例子就是湖南郴州。[1] 总体而言，新闻媒体的舆论监督力量仍然十分薄弱，还不能对遏制腐败犯罪真正发挥强有力作用。只有赋予新闻媒体强而有力的新闻自由权才能更好地发挥其舆论监督作用。新闻自由，根据1951年国际新闻学会提出的衡量标准包括采访自由、传递自由、出版自由和批评自由。在我国现有的法律中并未明确规定新闻机构的这一权利，只是在《宪法》第35条中规定，中华人民共和国公民有言论、出版、集会、结

---

〔1〕 郴州政府部门官员腐败频发，从李树标到雷渊利，从原郴州市委书记李大伦到原郴州市委宣传部部长樊甲生再到郴州原市纪委书记曾锦春，湖南郴州官场的腐败地震一次比一次强烈，牵涉官员之多，涉及金额之大，在地级市中极为罕见。2004年3月8日，"李树标住房公积金案"被媒体曝光后，郴州市纪委、市委宣传部共同下发《关于接受新闻采访、提供新闻线索及新闻发布的有关规定》，这份文件提出了被人们广泛关注的"四不准"：未经市纪委或市委宣传部的批准，各单位一律不准接待市外媒体记者；不得通报重大案件、突发事件的进展情况；不得对外提供新闻线索；不得随意召开新闻发布会。李大伦被"双规"后据传樊甲生又签发了一个"三不准"文件：不准给外来媒体提供新闻线索；不准接待外来媒体记者；不得与外来媒体记者串联、合作等。并且扬言：对到郴州搞负面报道的记者，要"没收""砸烂"他们的采访设备，把他们"驱逐出境"。这种明目张胆的封杀舆论监督行为所带来的阴影并没有伴随着高官们的落马而烟消云散，而是在很长的一段时间里挥之不去。所以新一轮领导班子上台之初就开始以全新的态度对待这一行为，并炮制出所谓的为舆论设奖的举措。2007年1月11日，郴州市委、市政府转发了市委宣传部的《关于进一步支持新闻媒体工作的意见》，该文件要求全市各级党委、政府、部门、人民团体要以更加开放的思维、更加开明的态度，进一步支持新闻媒体开展工作。其中要点就是要求主动通报情况，建立向媒体通报情况制度；要求各单位为新闻媒体工作提供热情服务；虚心接受监督，对媒体的报道都要认真对待，派专人核实并回复媒体；真诚尊重记者，设立"新闻宣传奖"，对热情关心支持郴州事业发展的中央、省级媒体记者进行奖励，建议由市政府授予"荣誉市民"称号。2006年郴州腐败频发被认为是"缺乏舆论监督的表现"，而2007年该市市委、市政府关于为舆论设奖即"舆论监督奖"的举措又一次吸引了人们的眼球，结果如何，能不能从根本上遏制腐败的蔓延，新闻舆论监督的效力究竟如何，我们拭目以待。

社、游行、示威的自由。现在新闻机构只能根据这一规定的言论出版自由来行使舆论监督权,因此应尽快制定新闻法来赋予新闻媒体包括新闻自由权在内的更多权利,以符合国际发展的趋势。

5. 司法监督

法国著名启蒙思想家孟德斯鸠指出:"一切有权力的人都容易滥用权力,要防止滥用权力,就必须以权力制约权力。"〔1〕自从人们开始设想如何制约权力以来,一直存在种种不同的权力制约思路,西方国家所普遍实行的"三权分立"做法虽然在控制权力上取得了一定成效,但我国不具备实行实施"三权分立"的历史基础和现实基础。鉴于现实国情,我国选择了用法律监督力量来控制权力的另一种思路。根据我国现行宪法规定,我国的政治体制是人民代表大会制度下的权力分工制。其中检察机关则被定位为"法律监督机关",即行使国家权力中的监督权。实践中,检察机关监督权主要通过以下途径行使,一是通过查办职务犯罪案件监督行政权的行使。检察机关对行政权的法律监督主要体现在对职务犯罪的立案、侦查上,通过这种监督权的行使能起到对行政权的约束和控制,从而在一定程度上预防腐败现象的发生;二是对诉讼特别是刑事诉讼进行监督,实现对审判权、刑事侦查权以及判决的执行进行监督。如在刑事诉讼中,检察机关通过对公安机关侦查的案件进行审查,从而对公安机关的侦查活动进行监督,通过出庭支持公诉、监督审判、监督判决执行等一系列诉讼活动,对整个诉讼过程进行制约与监督。〔2〕这种在用公诉权在侦查权和审判权之间形成一种监督机制能在一定程度上遏制诉讼过程中的腐败行为,从而达到保证国家法律的正确、统一实施的目的。但从检察监督在遏制腐败发挥的实际效果来看并不理想,

---

〔1〕［法］孟德斯鸠:《论法的精神》,张雁深译,商务印书馆1982年版,第154页。

〔2〕参见李文生:《腐败防治论》,中国检察出版社2004年版,第395页。

因为检察监督多是对已经构成犯罪的腐败案件监督，属于事后监督，要想从源头上遏制腐败的发生，本书认为有必要扩大检察监督的范围，使其对那些虽然不构成犯罪，但不合法或不合理的涉权行为也有监督权。

6. 行政监督

行政监督即行政机关的法律监督，是指国家行政系统内部上下级之间以及行政系统内部设立的专门机关的法律监督。从我国目前宪法和法律的规定来看，我国的行政监督制度主要有行政复议、审计监督和行政监察。从行政监督的制度设计上可以说是很周全的，它不仅有上下监督，还有同级专门监督，但从控制腐败的实效上看却并不理想。从专门监督来看，这些专门监督部门的作用并没完全发挥，因为它缺乏相对的独立性；从现行领导体制上看，地方监察、审计机关不仅要接受它们上级机关的领导还要接受所在地政府的领导。虽然我国《行政监察法》第 3 条、《审计法》第 5 条规定行政监督机关依法独立行使监督权，不受其他行政机关、社会团体和个人的干涉。但是从现实来看，我国的审计、监察机关的法律地位并不高，在同一级政府机构体系中，很多方面（如财政、人事）都不同程度地受制于其他政府的职能部门，从而影响到它们监督权的有效行使。因此本书认为，为有效发挥监察、审计部门在法律监督方面的作用，有必要对它们的领导体制实施改革，建议改变双重领导为垂直领导。也有学者提议将行政监察机关与同级党委的纪律检查委员会合署办公，可以起到借用党的纪律检查委员会的地位来提高行政监察机关的权威，从而提高行政监察的实效。本书认为，这种设想应该说在今后一段时期内是符合中国国情的。

7. 民主党派监督

新时期的民主党派，主要是由知识分子组成的，包括一部分社会主义的劳动者和拥护社会主义的爱国者，具有政治联盟的性质。它们既不是执政党也不是在野党，而是接受共产党领导的参政党。中华人民共和国成立之后，毛泽东同志就提出了保留民主党派，发挥它们的监督作用使共产党能听到多方面的声音，认为这将有利于共产党改善领导，并且在处理共产党与民主党的关系上提出了“长期共存，互相监督”的方针。邓小平同志在《共产党要接受监督》一文中讲到民主党派和无党派民主人士的监督时，强调指出“要扩大他们对共产党的监督，对共产党员的监督”。在新的历史时期，特别是党面临着执政、改革开放和社会主义市场经济以及反腐败的考验的阶段，江泽民同志也曾明确指出：我们是执政党，必须自觉倾听人民群众和民主党派的意见，自觉接受人民群众和民主党派的监督……没有监督，就难以有效地防止腐败，坚持“长期共存、互相监督、肝胆相照、荣辱与共”的方针，主要是民主党派监督共产党。共产党从执政以来一直都重视民主党派的监督作用，民主党派的监督主要是通过对国家方针、政策、法律、法规的制定和执行情况进行民主监督并有权利提出批评、建议、意见等。由于这种监督既不具有强制性也不产生法律效力，故更能使民主党派在监督过程中畅所欲言，敢于大胆直言，指出问题的症结所在。但在具体的监督实践中，民主党派的监督，尤其是对共产党内的腐败问题的监督还显得很薄弱。因为虽然赋予了民主党派监督权，但目前还缺乏规范性的配套制度，监督不到位时并没有规定相应的责任。民主党派在监督上往往缺乏主动性。因此，要真正发挥民主党派在控制腐败上的监督作用，必须在保持受共产党领导的前提下，加强民主党派的相对独立性建设，使其在监督过程中毫无畏惧地开展工作。

（四）惩治

在反腐败问题上，我党历来旗帜鲜明，态度坚决，并一贯坚持从严的方针。在中华人民共和国成立之后，针对党内出现的官僚主义、贪污受贿等腐败现象，党和国家开展了声势浩大的“三反”

运动(反贪污、反受贿、反官僚主义),通过这次运动在党内进行了一次大清理,处理了一大批腐败分子。1989年6月16日,邓小平同志又一次讲到:“要一手抓改革开放,一手惩治腐败。不惩治腐败,特别是党内高层的腐败,确实有失败的危险。”[1]不可否认,惩治虽然只能算是一项治标手段,但是在反腐败斗争中起到的作用是其他任何手段都无法替代的,它在一定程度上遏制了腐败现象的蔓延。总而言之,惩治具有如下积极作用:

1. 一般预防作用。根据心理强制主义的观点,避苦求乐是人的本能,腐败分子之所以腐败,是为了追求实施腐败所带来的快乐和好处。要想预防腐败应当对腐败分子加之以痛苦,即对其进行惩治。这样通过惩治达到对腐败分子以外的公职人员,尤其是那些潜在的腐败分子和正在动摇欲走向腐败的人进行警示教育,对他们形成心理压力,从而威慑这些潜在的腐败分子和正在动摇欲走向腐败的人不敢实施腐败行为,起到了一般预防的良好效用。

2. 矫正和引导作用。对腐败分子的惩治(包括给予刑罚处罚)与对其他普通刑事犯罪分子的惩治相比,还起到矫正和引导作用。因为凡是被查处有腐败行为的公职人员一旦构成犯罪并被处以实刑,那么他们通常将无法再次获得职权;即使情节较轻只是受到了相应的行政处分,如开除、免职,这也使他们失去了独立实施腐败犯罪的资格和便利,我们没必要过于强调这方面的预防功能。但无论是受到刑事处分还是受到行政处分的公职人员,尽管他们失去了实施腐败行为的资格或便利,但他们还很有可能实施其他违法或违纪行为。因此,惩治对其本人来说无疑可以起到防止他们实施其他不轨行为的作用。

3. 鼓励作用。通过对实施腐败行为的公职人员进行惩治,表

---

〔1〕 柳唏春:《预防职务犯罪——反腐败的理性选择》,法律出版社2003年版,第363页。

明国家在打击腐败方面的决心和力度,从而增强社会公众与腐败行为做斗争的勇气和信心,提高他们反腐的积极性和主动性;同时,也会极大地鼓舞和鼓励人民群众和一般的腐败受害者对腐败者和腐败行为的监督举报,发现腐败行为之后,更多的人不再畏惧监督举报之后的打击报复,而是更加坚信"邪不胜正"的朴素正义观和是非观,更加勇敢地站出来监督腐败和举报腐败,不断地增强反腐败的力量。

(五)国际合作

随着社会的发展进步,交通、通信和科技的日新月异,世界上不同国家的国民之间的跨国流动也越来越频繁,随之而来的,各种跨国犯罪尤其是利用国际通信和交通网络实施的跨国境腐败犯罪也日益增多。如犯罪行为人在本国实施了腐败犯罪之后,就会携带赃款赃物逃到其他国家或是通过各种途径将腐败犯罪所得赃款打入自己在其他国家的账户,从而给查处和惩治腐败案件增加了很多困难。因此,从一定程度上来说,不仅仅是国际犯罪的惩治需要国际刑事司法协作,某些带有涉外因素的国内犯罪也同样需要国际刑事司法协助,加强惩治贪污贿赂、挪用公款等腐败犯罪的国际合作,是有效预防和惩治这种犯罪实践的需要。[1] 从反腐败的情况来看,进行不同国家之间反腐败的国际合作所涉及的问题很多,不仅包括 2003 年第 58 届联合国大会通过的《联合国反腐败公约》,还将涉及不同国家的外交政策、政治制度、法律制度,尤其是司法制度等一系列问题。因此,反腐败的国际合作必须是在相互尊重国家主权和管辖权以及相互不干涉内政的原则下,借助于主权国家的法律适用和积极参与进行,而且一般只能是通过各国之间的司法合作,如在反腐败经验交流、证据收集、资产追回,引渡等方面进行协助合作。

---

〔1〕 杨春洗:《腐败治理论衡》,群众出版社 1999 年版,第 406 页。

第四编　不能腐败及其立法机制

第十章　不能腐败及其机制的建立

在“三不机制”中，如果说“不想腐”是反腐败法律机制建设的基础，那么“不能腐”才是反腐败法律机制建设的核心。因此，反腐败的制度建设非常重要，可以说它才是反腐败法律机制建设的重中之重和关键。所以，我们要高度重视不能腐败法律机制的系统建设。

一、“三不机制”之一：“不能腐”的提出

针对什么是“不能腐”的防范机制，以及如何才能建立“不能腐”的防范机制？习近平总书记在党的第十八届中纪委第二次全体会议上强调说：“健全权力运行制约和监督体系，加强反腐败国家立法，加强反腐倡廉党内法规制度建设。”也就是说，只有加强对权力的监督和制约才能做到不能腐，从源

头上制止腐败的发生。他进一步指出:“要加强对权力运行的制约和监督,把权力关进制度的笼子里,形成不敢腐的惩戒机制、不能腐的防范机制、不易腐的保障机制。”可以说,这些经典概括凝结了中国共产党治党治国长期积累的经验和反腐倡廉的高度智慧,它形象地说明了要发挥制度对权力的规范、制衡、监督与约束作用,防止权力的滥用和腐败的产生。其实,早在18世纪美国时任总统华盛顿就曾说过说,必须让人民自己来管理自己,让人民自己来管理国家,把统治者关进笼子里。最后这句话被逐渐演进为“把权力关进制度的笼子”。在20世纪,美国的时任总统布什也有一个动人心魄的演讲,他在演讲中指出:“人类千万年的历史,最为珍贵的不是令人炫目的科技,不是浩瀚的大师们的经典著作,不是政客们天花乱坠的演讲,而是实现了对统治者的驯服,实现了把他们关在笼子里的梦想。因为只有驯服了他们,把他们关起来,才不会害人。我现在就是站在笼子里向你们讲话。”习近平总书记在中纪委全会上能够引用这一句话,说明了中国共产党人的高瞻远瞩与思想解放,也彰显了我们党要用制度约束权力的信心与决心。

之所以要“把权力关进制度的笼子里”,是因为权力是一定主体(统治者)通过一定方式支配客体(被统治者)的资格和力量。这种支配性质使一切有权力的人都容易滥用权力,尤其是权力很大或受不到制约时就会被滥用,从而产生腐败。其实,权力本身并不等于腐败,但却有着滋生腐败的天然潜质。一旦具备条件,权力就会失控或失去制约,就会使握有权力的人以权谋私,损害公共利益,最终产生腐败。这就是中外政治生活一再证明的一条基本逻辑:“绝对的权力导致绝对的腐败”或称“权力绝对,腐败绝对”。因此,中外统治者,尤其是资产阶级革命之后的统治者深刻认识到,必须给“权力”套上“制度的笼子”,使它不能走向极端或“绝对”,从而也使它不能产生“腐败”。那么,如何才能把权力关进制度的笼子里呢？本书认为，一是要有“制度”这个“笼子”，而且要努力打造一个好一些的“笼子”，包括网眼要密，制度要合理，兼顾利益要得当。二是要把“权力”真正地“关进去”，而且要关住、关好、关牢，不能使其任意脱缰，或随意跑出来，从而导致对社会的危害。要做到这两点，就要有一个特别有效的措施，那就是打造一个切实可行的“不能腐”的有效法律机制。

事实上，古今中外用来关“权力”的制度的“笼子”一直都有，或许是“笼子”本身不够完善，或许是“看管笼子之人”不够尽职尽责，时不时地在“权力”运行中脱缰、脱绳，导致“权力”经常从笼子里跑出来，甚至为所欲为干坏事。因此，当务之急是要编织更为结实、缜密或合体的“笼子”。像有些学者指出的那样，“一方面要尽快对现有的笼子查漏补缺、修缮巩固，确保已经暴露出来的漏洞被彻底封死，断了某些掌权者继续钻空子的企图。另一方面，要根据世情、国情、社情、民情的变化，广泛听取各方声音，吸纳各种力量，集合各方才智，共同打造腐败的‘终结笼’——不敢腐的惩戒机制、不能腐的防范机制、不易腐的保障机制。”〔1〕如上所述，如果说“不想腐”是“自律”，那么“不敢腐”就是“他律”，也即外来“制度”的约束。

二、“他律”与“制约”：“不能腐”的性质定位

要系统研究“不能腐”，必须深入了解它的定性。如上所述，从“不能腐”的本质上来讲，就是建立或打造“制度”的“笼子”，使权力受到管制，不能“肆意”或“任性”。那么从形式上来讲，就是

〔1〕 姚桓、张玉宝：《如何把权力关进制度的笼子里》，载《理论探讨》2013年第4期。

“制约”容易产生腐败的“权力”,使其不产生腐败,也即“他律”。

众所周知,“他律”是与“自律”相对应的一个基本范畴,由于“律”具有“约束”之意,故“他律”一般是指非自愿地受他人约束、检查、制约和监督的过程。当然,“他律”具有广狭两意。广义的“他律”是指为除本体之外的行为个体或群体对本体的直接约束和控制的一种过程。狭义的“他律”指非自愿地执行涵盖道德标准、法律体系(包括惩治和预防)和其他社会规范(包括法律规范)的一种过程。两个范畴最初来自于心理学,美国著名心理学家皮亚杰最早使用“自律”和“他律”描述儿童成长的道德、判断等现象。皮亚杰眼中的“他律”是指儿童的道德判断受他自身以外的价值标准所支配,这主要是根据儿童需要社会化的需求来进行的。反腐败中的“他律”,显然是除自身“不想腐”之外的一种制度约束。从一定意义上来说,“自律”是一种德治,“他律”是一种法治。就实际效果而言,人的“自律”是基础,但“他律”是关键,也更重要。

所谓“制约”也即牵制约束,一般是指某事物本身的存在、变化与发展以另一事物的存在为条件,如制约权力、互相制约。“制约”的近义词是“制衡”,通常是指划分或分立为不同部分的权利间相互形成的制约关系,这是西方公认的国家民主制度的重要形式。“制衡”特别强调相互间的恒定作用,其中的任何一部分都不能独占优势,而是相互牵制。“制衡”也并非西方的专利,最早提出“制衡”的是我国战国末期的改革家商鞅,而那时“制衡”这个词的提出其实是人类“制衡”的第一个初始阶段:“权衡”〔1〕时期

〔1〕 所谓权衡就是权贵之间的制衡。该种制衡的基础就是通过法律明确权贵之间的权利划分,通过君主、权贵和法律来令其不能随意动用权力剥削人民。但该种制衡是脆弱的,哪怕“皇帝犯法与庶民同罪”,也无法完全阻止权贵通过践踏法律来谋取私利,更不要说那种宣誓性的“信条”在封建社会也是根本做不到的。

阶段。而现代社会或西方民主式的现代“制衡”,是特指一个国家就管理社会的立法权、司法权和行政权“三权分立”之间的相互制衡,两者完全不是一个概念。社会主义国家由于其特殊的政权组织形式,尤其是在取得政权过程中或取得政权之处,主要是靠集中权力提高效率干成一些大事,一般不主张权力制衡。如苏联,也正是由于权力过分集中,集中于军工产业而放弃了民用产业,集权于苏共中央而疏忽了广大苏联民众和普通共产党员,最终导致苏联解体和苏共失去领导权和执政地位。我国实行改革开放政策之后,我们党和国家逐渐下放权力,尤其是经济权利,搞活地方经济,促进了国民经济发展。江泽民时期提出了“依法治国”,胡锦涛时期提出了“制约权力”,习近平时期提出了“全面推动依法治国”,这些都与权力制约和制衡有关,期待我们国家通过“依法治国”制约制衡权力,预防腐败。

应当说,上述“他律”和“制约”是“不能腐”的主要根基和性质,深刻把握或牢固抓住这些性质,尤其是依据其系统打造系统的反腐败法律机制、体制和制度,才能够从根本上防范和控制住腐败,这也是控制腐败法律机制的核心和根本。

三、制度性的监督:“不能腐”的功能定位

就权力结构的划分,甚至用法律制度对这些分权或制约(制衡)进行固定,这也是十分必要的。但常言道,“徒法不足以自行”,因此对制度执行的有效监督是“不能腐”的功能性定位。

所谓“监督”是指对某一事物或特定环节与过程进行监视、督促和管理，使其结果能达到预定的效果与目标。我们这里所讲的监督当然是指对我国法律制度,尤其是对与反腐败法律制度相关的法律监督。此外,在反腐败工作中,主要是对手中握有权

力的人的权力限制或制约方面的监督。长期以来，由于中国缺乏民主文化和价值理念，对权力盲目崇拜，很难形成体制性或制度性监督，更缺乏自下而上的民主监督，因此需要进一步培植与培养体制性或体系性的民主监督。

从上述分析的腐败及其形成机理上，我们可以得出一个基本结论，任何官员都需要监督，而监督既可以来自下层百姓，也可以来自高层官员。当然，长期以来，普通老百姓的监督几乎是软弱无力的，包括所谓的“上访”制度也几乎成了形式摆设，说是允许上访，但有规定上访数量是考核地方政绩的一个重要参数，于是各级地方政府反而惧怕上访、压制上访，甚至打击报复上访。这就使得所谓“上访”民主的监督是走不通的。而且，实践证明，群众上访的许多问题并不能得到彻底解决，最终形成的只能是自上而下的监督。但是如果我们的官僚体制又是腐败的，也就必然取决于贪官污吏的上司是否清廉、是否具备足够的能力和勇气进行监督，以及为民申冤。尽管官员们一般都接受过良好的教育，但是他们并不能保证不滥用权力，甚至监督好权力。我国的腐败与反腐败实践早已证明，现行体制无论是自下而上的监督还是自上而下的监督，效果都不好。

而且国外的反腐经验一再证明，如果没有自下而上的监督，那么不论“治官”或“治吏”制度如何发达，其都不可能从源头上遏制腐败。从腐败机理或原理上来讲，这是由人的本性及其固有的局限性所决定的，包括领导干部只要遇到机会照样有伸手的可能性，甚至必然性。因此，与其搞所谓的自上而下的监督，或者让领导去发现或监督某官员腐败与否，还不如开展自下而上的普遍监督。目前的情况就是这样，越是搞自上而下的监督，下级就越容易制造假象去蒙骗上级并从中获得提升，因而产生了种种“政绩工程”大都是一些大而无当、华而不实、劳民伤财的所谓“亮点”，目的不是为了给当地群众办实事，解决他们的实际困难，而是吸引上级和外界的注意力,让大家以为官员做了多么了不起的事情。其实,腐败就是这样产生的。

当然如上所述,对权力或行为监督的主要形式是法律监督。广义的法律监督是指由所有的国家机关、社会组织和公民对各种法律活动的合法性所进行的监察和督促。狭义的法律监督是指有关国家机关依照法定职权和程序,对立法、执法和司法活动的合法性进行的监察和督促。而且本书认为,在全面推进“依法治国”的宏伟战略中,法的概念已经从单指“国法”逐渐转向“党法”和“国法”,也就是说,监督的内容也就必然既包括“国法的监督”,也包括“党法的监督”。据此,在法律监督的系统或工作中,监督的内容也就必然包括权力监督(或称人大监督)、行政监督、司法监督、党法和党的纪律检查监督等,而监督机关主要有全国人大、司法机关(包括法院、检察机关和公安机关司法侦查的一部分)、自上而下的行政监督和专门的法律监督机关、行政监察机关和党的纪律检察委员会等。

四、关键在“制行”:“不能腐”的内容打造

所谓“制行”也即“控制行为”或“制约行为”的简称,一般是指控制或约束一个人或集体的行为,不至于做出超越法律或权力之外的违规、违法事宜。通常情况下,制约或约束权力或行为是制定良法的基础或标准,而良法又是法治社会的基本要求,因此也是反腐败的重中之重。

由此可见,良法是制约权力或规范行为,也即“制行”的基础。那么何为良法或正义之法?美国学者富勒(Lon L. Fuller,1902—1978 年)指出:“判断法律良善的重要标准是,第一,立法目的是否正当,即是否符合宪法的基本原则,而检验宪法的良善标准则

是考察它是否符合宪政的基本精神,是否对公民的权利和社会民主制度加以保护;第二,技术程序是否规范,即看它本身是否具备保护公民权利和社会民主制度的能力,是否能够保证立法目的的实现。这两项原则既相独立又相联系。第一项原则在标准中起着决定性的作用,但唯有两项原则都被严格的遵守,一部法律才能被视为善法。"[1]既然良法是"制行"的基础,那么"不能腐"的关键也就在于立法内容。

因此,"制行"的立法内容,包括上述提及的实体立法标准和程序正义标准等,都是打造"不能腐"的根本和关键内容。当然,如本书所一直主张的,这里的所谓"法"或"良法"既包括国法也包括党法,是党的十八届四中全会"全面推动'依法治国'战略"内容中所表述的"大法"的概念或"广义法"的概念。所以,下面就立法或制度层面而言我们先从党法政纪机制开篇。

---

〔1〕[美]朗·L.富勒:《法律的道德性》,郑戈译,商务印书馆2005年版,第324页。

第十一章　不能腐败以党法政纪机制为基础

本章在"大法律概念"和"大法律机制"的统领下,从党法政纪方面阐述了不能腐的法律规定和法律机制。本书认为,在"不能腐"问题上,除国家法律和法规及之外,党法政纪也是"不能腐"的重要基础,下面我们着重阐述党法政纪控制腐败机制、控制腐败制度的内涵,加强党法政纪控制腐败制度建设的意义,以及中国共产党党纪处分的种类和违纪行为等内容。

一、党法政纪控制腐败机制概述

党的十八大强调,"反对腐败、建设廉洁政治,是党一贯坚持的鲜明政治立场,是人民关注的重大政治问题。要坚持标本兼治、综合治理、惩防并举、注重预防方针,全面推进惩治和预防腐败体系建设,做到干部清正、政府清廉、政治清明”。以党法政纪机制控制腐败即指以反腐倡廉制度机制控制腐败。习近平总书记强调,“制度问题更带有根本性、全局性、稳定性、长期性,保证权力正确行使,必须把权力关进制度的笼子里,坚持用制度管权管事管人”。十八届中央纪委三次全会指出,“加强体制机制创新和制度建设,强化监督管理,严肃纪律,使领导干部不能腐”。控制腐败,教育是基础,监督是关键,制度是保证。2013 年,中共中央印发了《建立健全惩治和预防腐败体系 2013 -2017 年工作规划》,对全面推进惩治和预防腐败体系建设进行了具体部署,对加强反腐败体制机制创新、加强反腐倡廉法律法规制度建设、“把权力关进制度的笼子里”提出了明确要求。世界廉洁国家廉政建设的成功经验之一,就是重视制度建设,强化法制。依靠制度控制腐败,是依法治国、依法执政的必然要求,是做好控制腐败工作的根本途径。深入开展反腐倡廉,必须坚持改革创新,不断建立健全反腐倡廉各项制度,充分发挥制度在控制腐败中的保证作用。

(一)控制腐败制度的内涵

制度一般指要求大家共同遵守的办事规程或行动准则,也指在一定历史条件下形成的法令、礼俗等规范或一定的规格。[1]诺斯认为,“制度就是一个社会的游戏规则,更规范地说,它们是决定人们的相互关系的系列约束。制度是由非正式约束(价值观念、文化传统、风俗习惯等)和正式的法规(宪法、成文法、合同等)组成”。[2]

控制腐败制度是指有权机关制定的,社会共同体全体成员必须遵守的,按照一定程序办事的规程和行为准则。控制腐败制度

---

〔1〕《制度》,载 http://baike.baidu.com/view/78391.htm,2015 年 8 月 29 日访问。

〔2〕[美]道格拉斯·C.诺斯:《经济史中的结构与变迁》,陈郁等译,上海三联书店、上海人民出版社 1994 年版,第 3 页。

包括领导制度、组织制度、工作制度、生活制度、廉洁自律制度、权力制约和监督制度、违纪违法行为惩处制度等，具有科学性、权威性、强制性、系统性、稳定性等特征。其中，《中国共产党章程》有“党内宪法”之称，是党内的根本大法，是党的制度的最高权威。党的十八大以来，党中央、国务院高度重视、全面推进党风廉政建设，先后出台了《关于改进作风、密切联系群众的八项规定》等一系列关于党风廉政建设的重要规定，不断健全完善反腐败法规制度，2015 年 10 月 18 日，中共中央又颁布实施新修订的《中国共产党廉洁自律准则》和《中国共产党纪律处分条例》。

（二）加强党法政纪控制腐败制度建设的意义

1. 加强控制腐败制度建设是全面推进依法治国的必然要求。在我国，依法治国，就是广大人民群众在党的领导下，依照宪法和法律规定，通过各种途径和形式管理国家事务，管理经济文化事业，管理社会事务，保证国家各项工作都依法进行，逐步实现社会主义民主的制度化、法律化，使这种制度和法律不因个人意志而改变。[1] 依法治国的基本要求是有法可依、有法必依、执法必严、违法必究。有法可依是要求法律完备，可供遵循，这是依法治国的首要前提和保证。依法治国，是坚持和发展中国特色社会主义的本质要求和重要保障，事关我们党执政兴国，事关人民幸福安康，事关党和国家长治久安。我国《宪法》明确规定：“中华人民共和国实行依法治国，建设社会主义法治国家。”党的十八大报告提出，“法治是治国理政的基本方式”，“更加注重发挥法治在国家治理和社会管理中的重要作用”，“实现国家各项工作法治化”。党的十八届四中全会做出了全面推进依法治国的决策部署，明确提出，“党规党纪严于国家法律，党的各级组织和广大党

---

〔1〕《依法治国》，载 http//baike. baidu. com/link? url = gX8TZo9ugLkQBK5I4xKooScT4K8La83cBr - kEZbDpNHhzBMEfoDv_GblXyrX 8Hc1Xf75jB - RsFE4zJhW3__fpq，2015 年 8 月 28 日访问。

员干部不仅要模范遵守国家法律,而且要按照党规党纪以更高标准严格要求自己”,“加快推进反腐败国家立法,完善惩治和预防腐败体系,形成不敢腐、不能腐、不想腐的有效机制,坚决遏制和预防腐败现象”,“加强党内法规制度建设”,“依纪依法反对和克服形式主义、官僚主义、享乐主义和奢靡之风,形成严密的长效机制”。党内法规制度是建设法治中国的有力保障,坚决惩治和预防腐败是党和国家一直常抓不懈的一项重要政治任务,随着依法治国基本方略的不断推进,依靠制度和法律反腐是顺应历史潮流的必然选择,而加强控制腐败制度建设也是全面推进依法治国的必然要求。

2. 加强控制腐败制度建设是控制腐败的根本保证。控制腐败的各项措施,必须以制度为依据,按照制度来进行。加强控制腐败制度建设,目的在于形成一整套用制度管权、按制度办事、靠制度管人的有效机制,最大限度地减少制度漏洞和体制障碍,提高控制腐败的制度化、规范化。在教育、制度、监督并重的惩治和预防腐败体系中,教育是基础,监督是关键,而制度则是保证。教育侧重于教化和引导,其主要功能是引导人们树立正确的人生观、价值观、世界观,筑牢拒腐防变思想道德防线,但教育强调自觉性,缺乏强制性,对有些人不能奏效或不完全奏效。监督侧重于日常预防,其主要功能是制约权力运作,在全方位的监督中,监督制度是不可或缺的。制度侧重于源头治理和强制,其主要功能是规范党员、公职人员的言行,保证权力有章可循。控制腐败制度建设是推进党风廉政建设和反腐败斗争的重要保证:党风廉政建设和反腐败各项任务的落实,必须依靠制度贯穿其中;监督要靠制度来落实,惩治要靠制度来规范,教育要靠制度来保障,改革创新要靠制度来巩固,作风建设要靠制度来深化。因此,控制腐败中,制度建设是重中之重,是拒腐防变的根本性措施,更是反腐从“运动反腐”“权力反腐”走向“制度反腐”“法治反腐”的客观需要。

3. 加强控制腐败制度建设是控制腐败的内在要求。习近平总书记指出，“反腐倡廉必须常抓不懈，拒腐防变必须警钟长鸣。当前，滋生腐败的土壤依然存在，反腐败形势依然严峻复杂，一些不正之风和腐败问题影响恶劣，亟待解决。如果任凭腐败问题愈演愈烈，最终必然会亡党亡国”。经过长期的努力，尤其是十八大以来，我国的反腐败斗争取得了显著成绩，惩治了一批腐败分子，教育了广大党员干部和公职人员，广大人民群众对反腐败工作总体上是比较满意的。但是我们必须清醒地认识到，在新形势下，我党面临的执政考验、市场经济考验、外部环境考验等各种考验是长期的、复杂的、严峻的，各种腐朽思想的影响仍然存在，消极腐败危险、脱离群众危险、精神懈怠危险更加尖锐地摆在全党面前，腐败问题滋生蔓延的土壤在短期内还难以清除，党风廉政建设和反腐败斗争面临不少新情况新问题。在此形势下，必须发挥制度带有根本性、全局性、稳定性、长期性的优势，深化控制腐败制度建设，堵塞漏洞，完善体制机制，把中央关于党风廉政建设和反腐败工作的方针政策、领导体制、工作措施、成功经验等用法规制度的形势固定下来，用党法政纪和国家法律法规保证其得到贯彻落实，有效巩固反腐败斗争取得的成果。同时，依靠制度的强制性效力对腐败分子进行相应的惩处，不仅实现制度反腐的惩治功能，纯洁党员干部和公务员队伍，而且能够使意欲腐败者望而生畏，降低腐败滋生的概率。

4. 加强控制腐败制度建设是控制腐败体系建设的重要内容。推进控制腐败制度建设，是完善控制腐败体系、从源头上防治腐败的根本途径，更是以改革创新精神推进党风廉政建设和反腐倡廉建设的具体体现。控制腐败体系的监督机制、惩处机制、教育机制，归根结底都要通过制度来固定、保障和落实。如果将控制腐败体系比喻成一座高楼大厦，那么制度就是这座高楼大厦的钢筋结构，没有制度，控制腐败体系这座大厦就建不起来。近年来，尤其是十八大以来,随着党的建设和依法治国的全面推进,反腐倡廉制度建设的步伐进一步加快,反腐败体制机制、监督、教育、预防、惩治等实体性和程序性法规制度不断健全完善,《中国共产党廉洁自律准则》《中国共产党纪律处分条例》《关于实行党风廉政建设责任制的规定》《行政机关公务员处分条例》《关于领导干部报告个人有关事项的规定》《国有企业领导人员廉洁从业若干规定》《事业单位工作人员处分暂行规定》以及中央"八项规定"等一批党法政纪和法律法规相继出台或修订,控制腐败制度机制基本框架初步确立,保证了党风廉政建设和反腐败工作的有力进行。

二、域外党禁政纪控制腐败制度机制简况

腐败是人类社会面对的共同问题,是一种社会丑恶现象,其本质是公权力的滥用,不为某一个国家或地区所特有,目前任何国家和地区都不能说已经完全消灭了腐败。当今在廉政方面做得比较好的国家或地区,如我国香港地区、新加坡和西方一些发达国家,也曾经在其社会变革时期发生过非常严重的腐败现象,经过长时间的努力,其腐败频发的现象才得到遏制。控制腐败制度是国家治理腐败的重要途径,发达资本主义国家遵循"防病胜于治病"的理念,纷纷制定了相关法律制度。任何一个国家廉洁政府局面的出现,是多个制度的合力,而不是一两个制度作用的结果。我国香港地区、新加坡和西方一些发达国家廉政建设取得较好的效果,与其制定的较完备的行之有效的廉政法规制度机制是密不可分的。

(一)设立和维护独立的反腐败机构机制

从世界大多数国家的反腐经验来看,一套独立、权威而高

效的反腐败机构越来越成为打击和预防腐败的必备条件，如芬兰的行政监察专员公署、新加坡的贪污调查局、瑞典的国家反腐败办和经济犯罪署、我国香港地区的廉政公署。为了实现反腐败机构的业务活动不受相关权力部门的干扰，国（境）外典型的做法是在反腐败机构独立设置的基础上推行最高行政领导对反腐系统的直接领导，在反腐败组织系统内部实行垂直管理，并且反腐败机构有独立的保障措施。新加坡的贪污调查局（Corruption Practices Investigation Bureau，CPIB）成立于1952年，其局长由总理提名，总统任命，该局由总理直接领导，对总理负责，不受任何机关与个人干涉。香港的廉政公署（Independent Commission Against Corruption，ICAC）成立于1974年，1999年7月1日，中国恢复对香港行使主权，《香港特别行政区基本法》规定："香港特别行政区设立廉政公署，独立工作，对行政长官负责。"香港廉政公署的独立性是其获得成功的制度性原因，这种独立性，具体可概括为四个方面，即机构独立、人事独立、财政独立和办案独立。[1] 新加坡的贪污调查局和香港的廉政公署有四大共同特征：独立、权威、廉洁、专业，这两个反腐败机构在肃贪方面的功绩受到世界的瞩目和赞誉，给许多国家的反贪工作提供了值得借鉴的经验。"透明国际组织"（Transparency International）公布的2013年全球清廉指数（Corruption Perceptions Index，CPI）报告排行榜上，新加坡名列第5位，中国香港地区名列第15位。[2]

（二）建立严厉的惩处法规制度

许多国家规定，公职人员若不履行清正廉洁的义务，违反国

---

〔1〕《香港廉政公署》，载 http//baike. baidu. com/link? url = c7 - JtMUkx1iqBX5XA0SOxwBw9MENRWkHd42XEsK8Fc4rjNEORFIjjJubzVjPMXns1cgg4YuDwcN3RKS1_LLRrK#ref_[2]_145329，2015年8月29日访问。

〔2〕《2013年全球清廉指数》，载 http//baike. baidu. com/link? url = Yj354n5EkkkGXdU3xUugzjKAqB7iTtb0zE5Irp3oz7c5FKQ92JbLUpse - Vp0wzaxYpWUly91yISecWPhVyCXba，2015年8月29日访问。

家法律法规或廉政规定,以权谋私,贪污受贿,营私舞弊,损害政府形象和危害国家利益的,要受到降职、降薪、罚款、减少或停止退休金、开除公职,直至判处徒刑的惩处。英国规定公务员有贪污受贿、滥用政府基金行为的即被开除,并丧失领取退休金资格,构成犯罪的则予以处罚。新加坡的惩处制度更为严厉,其制定的《反贪污法》《公务员指导手册》等廉政法律法规,内容全面具体,操作性强,惩处严厉,凡违反了廉政规定的公务员,都要绳之以法。[1]

(三)建立严密的监督制约制度

廉洁国家或地区的反腐经验,除了依靠完善法制和道德观念的制约外,还建立了严密的监督制约制度,包括公务员的选拔和任用制度、严格的财产申报制度、日常考核制度、公务员回避制度、利益协调制度、反腐败新闻信息自由畅通制度、离职后的限制制度等。政府官员财产申报制度是对付官员不法之财、克服和预防腐败的一件利器,已成为一项世界性的反腐举措。例如新加坡的公务员财产申报制度,只要属于法律规定范围内的公务员,均须依法申报其财产,财产申报的时间规定方面有求职申报、任职申报、现职申报、离职申报。又如美国的《申报财产真实情况法》、法国的《政治家生活资金透明度法》、加拿大的《利益冲突法》,对政府官员财产申报的对象、范围、时间、程序和监督等内容均做了相应规定。为了防止公务员录用、调用、晋升等方面发生腐败,有的国家专门规定了公务员回避制度。例如奥地利《联邦官员法》规定,凡是有夫妻关系、直系亲属或不超过三代的旁系亲属关系以及有过继、连襟、联姻或承嗣关系的公务员,均不得在同一个政府单位工作。为了防止政府官员离职后,利用其原来的人事关系

---

〔1〕 刘峰岩:《新编纪检监察业务教材》(上册),中国方正出版社 2011 年版,第 215 页。

和掌握的信息为个人或其他组织谋取私利，有的国家对限制政府官员离职后的活动予以了明确规定。例如，法国的《公务员章程》规定，“任何已退职的公务员，在任职20年以上的情况下，离职5年后方可到私营企业工作、咨询或参与资本活动。”〔1〕

（四）建立高薪养廉制度

高薪养廉是国家或地区为保证公职人员为政清廉的一项重要措施，比较优厚的物质待遇让其没有物质上的后顾之忧，使其不用贪污受贿，还会使其为怕失去既得的利益而不敢贪污受贿。首先，保证公职人员有优厚的工资。其次，定期自动加薪，并且工资与物价指数挂钩，保证公职人员实收工资不致下降。再次，发放津贴和奖金。最后，提供社会保证，如职业保障、权利保障、健康保障、伤残保障、退休保障。如新加坡的高薪养廉，其实行的中央公积金制度为公务员提供了比较全面且优厚的福利保障，一旦公务员违法贪污被开除或判刑后，其全部公积金即自动取消，这对于防止贪污腐败、保证公务员廉洁起到了相当有效的作用，公务员一般不敢冒险违法贪污。因此，在新加坡，有人说：“只有傻子才会贪污。”又如对于津贴和奖金，在英国，此部分收入占公务员收入的10%～20%，法国、德国等国占公务员收入的30%～40%。

（五）建立反腐败国际合作制度

随着经济全球化和区域经济一体化的发展，腐败日益成为一种跨国境的犯罪行为，联合国先后制定了《联合国反腐败全球计划》《公职人员国际行为守则》《反对商业交易中的腐败和贿赂行为宣言》《联合国反腐败公约》等国际社会反腐败合作的法律文件。一个国家在执行反腐败法律时，为获得适当的合作甚至干

---

〔1〕刘峰岩：《新编纪检监察业务教材》（上册），中国方正出版社2011年版，第215～216页。

预,必须经常求助于其他国家或机构,特别是当它想要引渡逃往国外的官员或私人部门的行贿者,以及想要没收藏匿在海外的赃款时更是如此。[1] 为使腐败官员的腐败资金无法通过洗钱转移出镜,在其他国家无法逍遥法外,有的国家加强国际合作,从反腐全球化的角度使腐败犯罪分子无匿身之处。例如香港廉政公署在惩治贪污罪行时,除与本港及国际执法机构保持密切合作外,还与美国、英国、加拿大、澳洲等国的执法机构建立稳固的关系,共同打击国际性的贪污犯罪。国家主席习近平在出席 APEC 会议和 G20 峰会等多边和双边国际会见期间,至少七次谈到国际反腐败合作、海外追逃追赃;2014 年 11 月,APEC 会议通过的《北京反腐败宣言》和 G20 峰会成员领导人核准的《2015 - 2016 年 G20 反腐败行动计划》让全球反腐败合作更加深入。[2]

三、党法政纪控制腐败机制的建立与完善

不受制约的权力,必然导致腐败。反腐败取得的成果,需要依靠制度建设,才能得到有效的巩固和发展;反腐败中的阻力和障碍,需要制度改革和创新,才能不断予以排除和克服。因此,为防患于未然,控制腐败必须坚持改革创新,不断健全反腐倡廉各项制度,不断完善反腐倡廉党法政纪,构筑不能腐败“防火墙”,充分发挥制度建设的保证作用。控制腐败制度建设的核心内容是防范、遏制权力滥用和完善反腐倡廉法规制度,形成内容科学、程

---

〔1〕 [新西兰]杰瑞米·波普:《制约腐败——建构国家廉政体系》,清华大学公共管理学院廉政研究室译,中国方正出版社 2003 年版,第 219 页。

〔2〕 乌梦达、翟永冠、郑天虹:《八大关键词透视反腐 2014》,载 http://news. xinhuanet. com/politics/2014 - 12/02/c_1113492679. htm,2015 年 8 月 29 日访问。

序严谨、配套完备、有效管用的控制腐败制度体系。当前和今后一个时期,反腐倡廉建章立制应着重抓好以下几个方面制度建设。

(一)完善反腐败领导体制及工作机制

党的十八届三中全会通过的《中共中央关于全面深化改革若干重大问题的决定》提出,“加强反腐败体制机制创新和制度保障。加强党对党风廉政建设和反腐败工作统一领导。改革党的纪律检查体制,健全反腐败领导体制和工作机制,改革和完善各级反腐败协调小组职能。”党的十八大以来,党风廉政建设和反腐败工作不断取得新进展,但是反腐败形势依然严峻复杂。2016 年 12 月 25 日第十二届全国人民代表大会常务委员会第二十五次会议通过了《关于在北京市、山西省、浙江省开展国家监察体制改革试点工作的决定》。目前,我国的反腐败机构职能分散、形不成合力,存在有的案件难以坚决查办、腐败案件频发但责任追究不够、同级监督忌讳多、奉行好人主义等问题。要逐步建立健全独立的、权威的、统一的专门机构,以有效地惩治和预防腐败。

1. 明确“两个责任”,确保党风廉政建设责任制落实到位。党的十八届三中全会明确指出,“落实党风廉政建设责任制,党委负主体责任,纪委负监督责任”。要制定《关于实行党风廉政建设责任制的规定》的规范的、可操作性强的实施细则,进一步明确党风廉政建设党委主体责任和纪委监督责任,进一步落实好党风廉政建设责任制。要健全党风廉政建设党委主体责任制,各级党委要加强对党风廉政建设和反腐败工作统一领导,主要领导是第一责任人,要坚持党风廉政建设工作与业务工作同部署、同落实、同检查、同考核,坚持党风廉政建设重点工作亲自部署、重点环节亲自协调、重要案件亲自督办、重大问题亲自过问,着力抓好选用干部、纠正损害群众利益行为、从源头上防治腐败、支持纪检监察部门工作、党委主要负责同志当好廉洁自律表率五个方面重点任务;各级党委领导班子成员根据工作分工,对职责范围内的党风廉政建设负领导责任。要健全党风廉政建设纪委监督责任制,各级纪委要回归主业主责,转职能、转方式、转作风,聚焦中心任务,强化监督执纪问责,强化查案惩处,坚决把不该管的工作交还主责部门,坚决改变大包大揽等做法,集中精力抓好党风廉政建设和反腐败斗争,不要“种了别人的田,荒了自己的地”,绝不能既当“裁判员”又当“运动员”。

2. 落实“两个为主”,完善反腐败工作体制机制。我们党的纪检检查工作实行双重领导体制,根据新形势新要求,党的纪检检查工作体制机制还需进一步创新和完善,以适应党风廉政建设和反腐败斗争新常态。党的十八届三中全会着眼于党的纪检检查工作双重领导体制的具体化、制度化、程序化,强化上级纪委对下级纪委的领导,提出“两个”为主的改革举措:一是查办腐败案件以上级纪委领导为主,线索处置和案件查办在向同级党委报告的同时必须向上级纪委报告;二是各级纪委书记、副书记的提名和考察以上级纪委会同组织部门为主。这“两个为主”分别从办案上、人事上强化上级纪委领导,有利于推动腐败案件查处,有利于各级纪委书记、副书记更加大胆地、负责地履行职责,突破纪委由于受同级党委尤其是“一把手”的制约,无法有效发挥同级监督作用的问题,确保纪检机构相对独立性。要进一步完善和落实“两个为主”制度,保证纪委监督权的行使,加大反腐败工作力度。

3. 实现“两个全覆盖”,完善权力监督制约机制。权力不论大小,只要失去监督和制约,就可能被滥用。党的十八届三中全会着眼于强化监督、管住权力,提出必须落实“两个全覆盖”:一是全面落实中央纪委向中央一级党和国家机关派驻纪检机构,实行统一名称、统一管理,派驻机构对派出机关负责,履行监督职责;二是改进中央和省区市巡视制度,做到对地方、部门、企事业单位全覆盖。第一个覆盖是派驻监督全覆盖,有利于延伸监督触角,确保监督实效;第二个覆盖是巡视全覆盖,有利于突出发现问题,强化震慑作用。要进一步完善和落实"两个全覆盖"制度,进一步完善权力监督和制约机制,促进权力规范运行。

4. 加强国家监察制度的顶层设计,构建集中统一、权威高效的国家监察体系。第十二届全国人民代表大会常务委员会第二十五次会议通过的《关于在北京市、山西省、浙江省开展国家监察体制改革试点工作的决定》明确,在北京市、山西省、浙江省及所辖县、市、市辖区设立监察委员会,行使监察职权;将试点地区人民政府的监察厅(局)、预防腐败局及人民检察院查处贪污贿赂、失职渎职以及预防职务犯罪等部门的相关职能整合至监察委员会;试点地区监察委员会由本级人民代表大会产生;监察委员会对本级人民代表大会及其常务委员会和上一级监察委员会负责,并接受监督;试点地区监察委员会按照管理权限,对本地区所有行使公权力的公职人员依法实施监察;履行监督、调查、处置职责,监督检查公职人员依法履职、秉公用权、廉洁从政以及道德操守情况,调查涉嫌贪污贿赂、滥用职权、玩忽职守、权力寻租、利益输送、徇私舞弊以及浪费国家资财等职务违法和职务犯罪行为并作出处置决定,对涉嫌职务犯罪的,移送检察机关依法提起公诉。[1] 中央部署在3省市设立各级监察委员会,实行监察体制改革,建立权威高效、集中统一的监察体系,实现对所有行使公权力的公职人员监察全覆盖,从制度建设、体制机制上先行先试、探索实践,为下一步在全国推开积累经验。国家监察体制改革是落实党的十八届三中全会、六中全会精神的重大举措,使全面深化改革、全面依法治国、全面从严治党协调推进,对于进一步加强党对反腐败工作的集中统一领导,整合反腐败工作力量,深入推进

〔1〕《全国人民代表大会常务委员会关于在北京市、山西省、浙江省开展国家监察体制改革试点工作的决定》,载 http://www.npc.gov.cn/npc/xinwen/2016-12/25/content_2004968.htm,2016年12月28日访问。

党风廉政建设和反腐败斗争,具有重大的意义。对于这一事关全局的重大政治体制改革,试点地区要切实把思想和行动统一到党中央的决策部署上来,按照改革试点方案的要求,切实加强领导,认真组织实施,稳妥、有序推进国家监察体制改革。据有关方面消息,监委会就是实质性的中国反腐败机构,该项工作将在2018年在全国铺开,进入实质性的整体运行,届时中国的反腐败法律机制建设将会上一个更高的台阶。

(二)完善权力制约和监督制度

控制腐败,监督是关键。要建立健全决策权、执行权、监督权既相互制约又相互协调的权力结构和运行机制,形成科学有效的权力运行制约和监督体系,增强监督合力和实效。要健全党内监督制度和反腐倡廉党内法规,不断完善《中国共产党纪律处分条例》《中国共产党巡视工作条例(试行)》《关于实行党风廉政建设责任制的规定》,健全配偶子女均已移居国(境)外的国家工作人员管理制度,强化对"裸官"的监督管理,完善领导干部报告个人有关事项制度,推行新提任领导干部有关事项公开制度,推进领导干部财产申报与公示,加强和改进中央、省区市巡视制度。要完善选人用人管人制度,健全选拔任用决策机制、民主推荐和民主测评制度,改进竞争性选拔干部办法,坚持任人唯贤、德才兼备、以德为先,提高选人用人公信度,防止选人用人上的不正之风;改革和完善领导干部监督管理、考核评价制度,"倒逼"领导干部按本色做人、按角色办事。要完善民主集中制的各项制度,不断完善重大决策的规则和程序,切实将民主集中制贯彻到党的领导制度、组织制度、监督制度、选举制度和工作制度。要健全权力运行监控机制,推进权力运行程序化和公开透明,进一步完善工程建设招投标、土地使用权出让、产权交易、政府采购等制度,不断完善党务公开、政务公开、领导干部经济责任审计、述职述廉、诫勉谈话、质询、函询、引咎辞职、责令辞职、罢免等制度,进一步健全领导干部问责制、廉政承诺制、廉政宣誓制。要健全国有企业监管制度，加强党对国有企业的领导，加强对国企领导班子的监督，完善对国有企业的巡视制度、审计监督制度、国有资产资源监管机构和制度，推进垄断行业的市场化改革，强化对权力集中、资金密集、资源富集的部门和岗位的监管。要完善对司法活动的监督制度，健全检察机关行使监督权的相关法规制度，加强对刑事诉讼、民事诉讼、行政诉讼的法律监督，同时完善对检察机关查办职务犯罪执法活动的监督制度，坚决杜绝办关系案、人情案、金钱案，惩治和预防司法腐败，全面推进依法治国。要健全网络监督制度，完善网络举报和受理机制以及网络反腐舆情收集、研判和处置机制，畅通群众举报和监督渠道，适应互联网迅猛发展的趋势，充分发挥微博、微信等网络新媒体监督在反腐倡廉建设中的积极作用，完善广播、电视、报纸等新闻媒体监督制度，进一步健全反腐倡廉社会监督制度。

（三）完善预防腐败制度

要深化体制机制改革，推行权力清单制度，公开审批流程，加强政府的战略规划制定、市场监管和公共服务职能，最大限度减少对微观事务的管理，强化内部流程控制，防止权力滥用。要建立健全“优薪养廉”制度，完善定期自动加薪和福利保障制度，逐步提高公务员尤其是纪检监察、公、检、法以及基层公务员的工资报酬和福利待遇，使其付出的劳动与报酬相一致，使其无后顾之忧。要健全保证公正司法制度，推进司法体制改革，健全领导干部干预司法活动、插手具体案件处理的记录、通报和责任追究规定，完善确保依法独立公正行使审判权和检察权的制度，健全司法公开、执法监督管理、办案责任追究、人民群众参与司法、人权司法保障以及司法人员履行法定职责保护机制等制度，完善刑讯逼供和非法取证的源头预防制度，健全有效防范、及时纠正冤假错案机制，切实提高司法公信力，让人民群众在每一个司法案件中都感受到公平正义。要健全作风建设常态化制度,完善公职人员廉洁自律、公务接待、公务用车配备使用管理、国家工作人员出国(境)、办公用房清理等方面的制度规定,坚决反对和克服形式主义、官僚主义、享乐主义和奢靡之风“四风”问题。要健全行政权力网上公开透明运行和网上电子监察机制,依托电子政务平台,以“制度+科技”新模式对权力运行过程进行有效管理和控制。要完善廉政风险防控机制建设,从重点领域、重点环节、重点部位入手,开展廉政风险排查和评估,建立健全信息共享、腐败预警处置、考核评估、动态管理等制度,完善内控机制,增强科学分析和预防腐败能力,积极化解权力运行中的廉政风险。要健全防止利益冲突制度,更好地发挥市场在资源配置中的基础性作用,探索建立健全回避、从业限制、资产处理、离职后行为限制等相关制度规定。

(四)完善惩处腐败制度

1.完善惩处违纪违法行为的实体性规定。要加强反腐倡廉国家立法,加快制定反腐败法,使之具有广泛的适应性,完善惩治贪污贿赂和渎职侵权犯罪、规范国家工作人员从政行为方面的法律规定。要加强反腐倡廉党内法规制度建设,制定《中国共产党纪律处分条例》配套规定,加强适用《中国共产党纪律处分条例》的解释工作,促进《中国共产党纪律处分条例》的贯彻实施。要制定《行政机关公务员处分条例》配套规定,针对不同机关公务员的特点,完善对各类行政机关公务员的行政处分规定,全面、系统地规范行政处分的行政法规。要制定对违纪人员的组织处理专门规定,构建刑罚、党纪、政纪、组织处理等全覆盖的惩处制度体系。另外,要完善对事业单位和国有企业人员的纪律处分规定。

2.完善惩处违纪违法行为的程序性规定。围绕查办案件这一行使权力的中心环节,完善上级纪检监察机关对下级纪检监察机关办案工作的领导机制,健全纪检监察机关依纪依法办案、安全文明办案、办案监督、违法违纪财物管理、被调查人权利保障的相关制度,完善案件查处证据制度、审理制度、处分决定执行程序以及申诉制度。健全案件查处协调机制,完善纪检监察机关和组织、公安、检察、法院、司法、审计等部门案件线索协调管理机制。完善举报人和证人保护制度,建立健全举报人奖励制度,保护人民群众参加反腐败斗争的积极性。

3. 健全反腐败国际合作机制。加强和完善反腐败国际合作,让腐败分子无漏网之鱼也是完善腐败惩处制度的一项重要举措。近年来,我国许多腐败分子在贪污受贿后携带巨款,举家逃往国外,有的"裸官"将贪污受贿的财产转移国外,给国家和人民带来了重大损失。要不断完善国(境)外协作办案和反洗钱、防逃、海外追逃追赃、人员遣返等反腐败国际合作机制,提升查办案件的综合效能,使腐败分子无藏身之处。国际合作惩处制度让国内的腐败分子都意识到只要搞腐败,无论逃往何国何地,无论逃到天涯海角,最终都难逃法律制度的惩处和追究。

四、党纪处分的种类及违纪行为

(一)党纪处分的基本内涵

《中国共产党纪律处分条例》第 3 条规定:"党章是最根本的党内法规,是管党治党的总规矩。党的纪律是党的各级组织和全体党员必须遵守的行为规则。党组织和党员必须自觉遵守党章,严格执行和维护党的纪律,自觉接受党的纪律约束,模范遵守国家法律法规"。党纪处分即党的纪律处分,是指党组织或党员违反党章或其他党内法规,违反国家法律、法规,违反党和国家政策、社会主义道德,危害党、国家和人民利益,依照《中国共产党纪律处分条例》等党法、党规的规定,应当给予的纪律处罚。

《中国共产党纪律处分条例》是中共中央制定的关于规定中国共产党党组织、党员何种行为是违反党纪的行为,以及对于违反党纪的行为给予何种纪律处分或措施的规范性文件,是中国共产党处理党组织、党员的量纪标准和基本尺度。实施党纪处分必须坚持党要管党、从严治党原则,党纪面前一律平等原则,实事求是原则,民主集中制原则,惩前毖后、治病救人原则。党员违法犯罪的,应依照《中国共产党纪律处分条例》的规定给予纪律处分。

(二)党纪处分的种类

根据《中国共产党章程》和《中国共产党纪律处分条例》的规定,党纪处分包括对违纪党员的处分和对严重违犯党纪的党组织的纪律处理措施。对党员的纪律处分有五种:警告、严重警告、撤销党内职务、留党察看、开除党籍。对严重违犯党纪的党组织的纪律处理措施有两种:改组、解散。

根据《中国共产党纪律处分条例》的规定,党员受到警告处分一年内、受到严重警告处分一年半内,不得在党内提升职务和向党外组织推荐担任高于其原任职务的党外职务。

撤销党内职务处分,是指撤销受处分党员由党内选举或者组织任命的党内职务;对于在党内担任两个以上职务的,党组织在作处分决定时,应当明确是撤销其一切职务还是某个职务;如果决定撤销其某个职务,必须撤销其担任的最高职务;如果决定撤销其两个以上职务,则必须从其担任的最高职务开始依次撤销;对于在党外组织担任职务的,应当建议党外组织依照规定作出相应处理。对于应当受到撤销党内职务处分,但是本人没有担任党内职务的,应当给予其严重警告处分;其中,在党外组织担任职务的,应当建议党外组织撤销其党外职务。党员受到撤销党内职务处分,或者依照前述规定受到严重警告处分的,两年内不得在党内担任和向党外组织推荐担任与其原任职务相当或者高于其原任职务的职务。

留党察看处分，分为留党察看一年、留党察看两年。对于受到留党察看处分一年的党员，期满后仍不符合恢复党员权利条件的，应当延长一年留党察看期限；留党察看期限最长不得超过两年。党员受留党察看处分期间，没有表决权、选举权和被选举权；留党察看期间，确有悔改表现的，期满后恢复其党员权利；坚持不改或者又发现其他应当受到党纪处分的违纪行为的，应当开除党籍。党员受到留党察看处分，其党内职务自然撤销；对于担任党外职务的，应当建议党外组织撤销其党外职务；受到留党察看处分的党员，恢复党员权利后两年内，不得在党内担任和向党外组织推荐担任与其原任职务相当或者高于其原任职务的职务。

党员受到开除党籍处分，五年内不得重新入党。另有规定不准重新入党的，依照规定。

党的各级代表大会的代表受到留党察看以上（含留党察看）处分的，党组织应当终止其代表资格。对于严重违犯党纪、本身又不能纠正的党组织领导机构，应当予以改组；受到改组处理的党组织领导机构成员，除应当受到撤销党内职务以上（含撤销党内职务）处分的外，均自然免职。对于全体或者多数党员严重违犯党纪的党组织，应当予以解散；对于受到解散处理的党组织中的党员，应当逐个审查；其中，符合党员条件的，应当重新登记，并参加新的组织过党的生活；不符合党员条件的，应当对其进行教育、限期改正，经教育仍无转变的，予以劝退或者除名；有违纪行为的，依照规定予以追究。

（三）违反党纪的具体行为〔1〕

1. 违反政治纪律行为。（1）发表危害党的言论等行为。通过信息网络、广播、电视、报刊、书籍、讲座、论坛、报告会、座谈会等

---

〔1〕《一图读懂〈中国共产党纪律处分条例〉》，载 http://www.ccdi.gov.cn/jdtp/201510/t20151022_63861.html，2016 年 12 月 6 日访问。

方式,公开发表坚持资产阶级自由化立场、反对四项基本原则,反对党的改革开放决策的文章、演说、宣言、声明等的;公开发表违背四项基本原则,违背、歪曲党的改革开放决策,或者其他有严重政治问题的文章、演说、宣言、声明等的;妄议中央大政方针,破坏党的集中统一的;丑化党和国家形象,或者诋毁、诬蔑党和国家领导人,或者歪曲党史、军史的。发布、播出、刊登、出版前款所列文章、演说、宣言、声明等或者为上述行为提供方便条件的;制作、贩卖、传播上述所列内容之一的书刊、音像制品、电子读物、网络音视频资料等。私自携带、寄递上述所列内容之一的书刊、音像制品、电子读物等入出境,情节较重的。(2)破坏党的团结统一等行为。组织、参加反对党的基本理论、基本路线、基本纲领、基本经验、基本要求或者重大方针政策的集会、游行、示威等活动的,或者以组织讲座、论坛、报告会、座谈会等方式,反对党的基本理论、基本路线、基本纲领、基本经验、基本要求或者重大方针政策,造成严重不良影响的;其他参加人员或者以提供信息、资料、财物、场地等方式支持上述活动的;未经组织批准参加其他集会、游行、示威等活动。组织、参加旨在反对党的领导、反对社会主义制度或者敌视政府等组织的;组织、参加会道门或者邪教组织的;在党内组织秘密集团或者组织其他分裂党的活动的。(3)损害党中央权威、妨碍党和国家方针政策实施行为。在党内搞团伙、结党营私、拉帮结派、培植私人势力或者通过搞利益交换、为自己营造声势等活动捞取政治资本的;拒不执行党和国家的方针政策以及决策部署的;故意作出与党和国家的方针政策以及决策部署相违背的决定的;擅自对应当由中央决定的重大政策问题作出决定和对外发表主张的;挑拨民族关系制造事端或者参加民族分裂活动的;有其他违反党和国家民族政策的。组织、利用宗教活动反对党的路线、方针、政策和决议,破坏民族团结的;有其他违反党和国家宗教政策的;组织、利用宗族势力对抗党和政府,妨碍党和国家的方针政策以及决策部署的实施，或者破坏党的基层组织建设的。(4)对抗组织审查行为。串供或者伪造、销毁、转移、隐匿证据的；阻止他人揭发检举、提供证据材料的；包庇同案人员的；向组织提供虚假情况，掩盖事实的；有其他对抗组织审查行为的。(5)组织和参加迷信活动行为。组织迷信活动的；参加迷信活动，造成不良影响的。(6)叛逃及在涉外活动中损害党和国家尊严利益行为。在国(境)外、外国驻华使(领)馆申请政治避难，或者违纪后逃往国(境)外、外国驻华使(领)馆的；在国(境)外公开发表反对党和政府的文章、演说、宣言、声明等的；故意为上述行为提供方便条件的。在涉外活动中，其言行在政治上造成恶劣影响，损害党和国家尊严、利益的。(7)违反政治规矩等行为。党员领导干部对违反政治纪律和政治规矩等错误思想和行为放任不管，搞无原则一团和气，造成不良影响的；违反党的优良传统和工作惯例等党的规矩，在政治上造成不良影响的。

2. 违反组织纪律行为。(1)违反民主集中制原则等行为。违反民主集中制原则，拒不执行或者擅自改变党组织做出的重大决定，或者违反议事规则，个人或者少数人决定重大问题的；下级党组织拒不执行或者擅自改变上级党组织决定的；拒不执行党组织的分配、调动、交流等决定的；不按照有关规定或者工作要求，向组织请示报告重大问题、重要事项的；违反个人有关事项报告规定，不报告、不如实报告的；在组织进行谈话、函询时，不如实向组织说明问题的；不如实填报个人档案资料的；篡改、伪造个人档案资料的；隐瞒入党前严重错误的；党员领导干部违反有关规定组织、参加自发成立的老乡会、校友会、战友会等，情节严重的。(2)侵犯党员权利行为。诬告陷害他人意在使他人受纪律追究的；侵犯党员的表决权、选举权和被选举权，情节较重的；以强迫、威胁、欺骗、拉拢等手段，妨害党员自主行使表决权、选举权和被选举权的；对批评、检举、控告进行阻挠、压制，或者将批评、检举、控告材料私自扣压、销毁,或者故意将其泄露给他人的;对党员的申辩、辩护、作证等进行压制,造成不良后果的;压制党员申诉,造成不良后果的,或者不按照有关规定处理党员申诉的;有其他侵犯党员权利行为,造成不良后果的;对批评人、检举人、控告人、证人及其他人员打击报复的;党组织有上述行为的。(3)违反组织工作原则等行为。在民主推荐、民主测评、组织考察和党内选举中搞拉票、助选等非组织活动的;在法律规定的投票、选举活动中违背组织原则搞非组织活动,组织、怂恿、诱使他人投票、表决的;在选举中进行其他违反党章、其他党内法规和有关章程活动的;在干部选拔任用工作中,违反干部选拔任用规定;用人失察失误造成严重后果的;在干部、职工的录用、考核、职务晋升、职称评定和征兵、安置复转军人等工作中,隐瞒、歪曲事实真相,或者利用职权或者职务上的影响违反有关规定为本人或者其他人谋取利益的;弄虚作假,骗取职务、职级、职称、待遇、资格、学历、学位、荣誉或者其他利益的;违反党章和其他党内法规的规定,采取弄虚作假或者其他手段把不符合党员条件的人发展为党员,或者为非党员出具党员身份证明的;违反有关规定程序发展党员的。(4)违规办理因私出国(境)证件和在国(境)外擅自脱离组织等行为。违反有关规定取得外国国籍或者获取国(境)外永久居留资格、长期居留许可的;违反有关规定办理因私出国(境)证件、前往港澳通行证,或者未经批准出入国(边)境,驻外机构或者临时出国(境)团(组)中的党员擅自脱离组织,或者从事外事、机要、军事等工作的党员违反有关规定同国(境)外机构、人员联系和交往的;驻外机构或者临时出国(境)团(组)中的党员,脱离组织出走时间不满6个月又自动回归的;故意为他人脱离组织出走提供方便条件的。

3. 违反廉洁纪律行为。(1)以权谋私行为。利用职权或者职务上的影响为他人谋取利益,本人的配偶、子女及其配偶等亲属和其他特定关系人收受对方财物，情节较重的；相互利用职权或者职务上的影响为对方及其配偶、子女及其配偶等亲属、身边工作人员和其他特定关系人谋取利益搞权权交易的；纵容、默许配偶、子女及其配偶等亲属和身边工作人员利用党员干部本人职权或者职务上的影响谋取私利；党员干部的配偶、子女及其配偶不实际工作而获取薪酬或者虽实际工作但领取明显超出同职级标准薪酬，党员干部知情未予纠正的。(2)违规接受礼品礼金和服务等行为。收受可能影响公正执行公务的礼品、礼金、消费卡等的；收受其他明显超出正常礼尚往来的礼品、礼金、消费卡等的；向从事公务的人员及其配偶、子女及其配偶等亲属和其他特定关系人赠送明显超出正常礼尚往来的礼品、礼金、消费卡等，情节较重的；利用职权或者职务上的影响操办婚丧喜庆事宜，在社会上造成不良影响的；在操办婚丧喜庆事宜中，借机敛财或者有其他侵犯国家、集体和人民利益行为的；接受可能影响公正执行公务的宴请或者旅游、健身、娱乐等活动安排，情节较重的；违反有关规定取得、持有、实际使用运动健身卡、会所和俱乐部会员卡、高尔夫球卡等各种消费卡，或者违反有关规定出入私人会所，情节较重的。(3)违规从事营利活动行为。违反有关规定从事营利活动，经商办企业的；拥有非上市公司(企业)的股份或者证券的；买卖股票或者进行其他证券投资的；从事有偿中介活动的；在国(境)外注册公司或者投资入股的；有其他违反有关规定从事营利活动的；利用职权或者职务上的影响，为本人配偶、子女及其配偶等亲属和其他特定关系人的经营活动谋取利益的；违反有关规定在经济实体、社会团体等单位中兼职，或者经批准兼职但获取薪酬、奖金、津贴等额外利益的；党员领导干部离职或者退(离)休后违反有关规定接受原任职务管辖的地区和业务范围内的企业和中介机构的聘任，或者个人从事与原任职务管辖业务相关的营利活动的；党员领导干部离职或者退(离)休后违反有关规定担任上市公司、基金管理公司独立董事、独立监事等职务的;党员领导干部的配偶、子女及其配偶,违反有关规定在该党员领导干部管辖的区域或者业务范围内从事可能影响其公正执行公务的经营活动,或者在该党员领导干部管辖的区域或者业务范围内的外商独资企业、中外合资企业中担任由外方委派、聘任的高级职务的,该党员领导干部应当按照规定予以纠正而拒不纠正的;党和国家机关违反有关规定经商办企业的。(4)违反工作生活待遇规定等行为。党员领导干部违反工作、生活保障制度,在交通、医疗、警卫等方面为本人、配偶、子女及其配偶等亲属和其他特定关系人谋求特殊待遇,情节较重的;在分配、购买住房中侵犯国家、集体利益的;利用职权或者职务上的影响,侵占非本人经管的公私财物,或者以象征性地支付钱款等方式侵占公私财物,或者无偿、象征性地支付报酬接受服务、使用劳务的;利用职权或者职务上的影响,将本人、配偶、子女及其配偶等亲属应当由个人支付的费用,由下属单位、其他单位或者他人支付、报销的。(5)违规占有、使用公款公物等行为。利用职权或者职务上的影响,违反有关规定占用公物归个人使用,时间超过6个月,情节较重的;占用公物进行营利活动的;将公物借给他人进行营利活动的;违反有关规定组织、参加用公款支付的宴请、高消费娱乐、健身活动,或者用公款购买赠送、发放礼品的;违反有关规定自定薪酬或者滥发津贴、补贴、奖金等的。(6)违反厉行节约反对浪费规定行为。用公款旅游、借公务差旅之机旅游或者以公务差旅为名变相旅游的;以考察、学习、培训、研讨、招商、参展等名义变相用公款出国(境)旅游的;违反公务接待管理规定,超标准、超范围接待或者借机大吃大喝的;违反有关规定配备、购买、更换、装饰、使用公务用车或者有其他违反公务用车管理规定的行为;违反会议活动管理规定,到禁止召开会议的风景名胜区开会的;决定或者批准举办各类节会、庆典活动的;擅自举办评比达标表彰活动或者借评比达标表彰活动收取费用的;违反办公用房管理规定,决定或者批准兴建、装修办公楼、培训中心等楼堂馆所,超标准配备、使用办公用房的;用公款包租、占用客房或者其他场所供个人使用的。(7)权色交易等行为。搞权色交易或者给予财物搞钱色交易的;有其他违反廉洁纪律规定行为的。

4. 违反群众纪律行为。(1)侵害群众利益行为。超标准、超范围向群众筹资筹劳、摊派费用,加重群众负担的;违反有关规定扣留、收缴群众款物或者处罚群众的;克扣群众财物,或者违反有关规定拖欠群众钱款的;在管理、服务活动中违反有关规定收取费用的;在办理涉及群众事务时刁难群众、吃拿卡要的;有其他侵害群众利益行为的;干涉群众生产经营自主权,致使群众财产遭受较大损失的;在社会保障、政策扶持、救灾救济款物分配等事项中优亲厚友、明显有失公平的。(2)漠视群众利益行为。对涉及群众生产、生活等切身利益的问题依照政策或者有关规定能解决而不及时解决,造成不良影响的;对符合政策的群众诉求消极应付、推诿扯皮,损害党群、干群关系的;对待群众态度恶劣、简单粗暴,造成不良影响的;弄虚作假,欺上瞒下,损害群众利益的;不顾群众意愿,盲目铺摊子、上项目,致使国家、集体或者群众财产和利益遭受较大损失的;遇到国家财产和群众生命财产受到严重威胁时,能救而不救,情节较重的;侵犯群众知情权等行为;不按照规定公开党务、政务、厂务、村(居)务等,侵犯群众知情权;有其他违反群众纪律规定行为的。

5. 违反工作纪律行为。(1)党组织失职行为。党组织负责人在工作中不负责任或者疏于管理,有下列情形之一:不传达贯彻、不检查督促落实党和国家的方针政策以及决策部署,或者作出违背党和国家方针政策以及决策部署的错误决策的;本地区、本部门、本系统和本单位发生公开反对党的基本理论、基本路线、基本纲领、基本经验、基本要求或者党和国家方针政策以及决策部署行为的;党组织不履行全面从严治党主体责任或者履行全面从严治党主体责任不力,造成严重损害或者严重不良影响的。党员被依法判处刑罚后,不按照规定给予党纪处分,或者对违反国家法律法规的行为,应当给予党纪处分而不处分的;党纪处分决定或者申诉复查决定作出后,不按照规定落实决定中关于被处分人党籍、职务、职级、待遇等事项的;党员受到党纪处分后,不按照干部管理权限和组织关系对受处分党员开展日常教育、管理和监督工作的。(2)滥用职权和玩忽职守行为。因工作不负责任致使所管理的人员叛逃的;因工作不负责任致使所管理的人员出走的;在上级单位检查、视察工作或者向上级单位汇报、报告工作时对应当报告的事项不报告或者不如实报告,造成严重损害或者严重不良影响的;党员领导干部违反有关规定干预和插手市场经济活动,有下列行为之一:干预和插手建设工程项目承发包、土地使用权出让、政府采购、房地产开发与经营、矿产资源开发利用、中介机构服务等活动的,干预和插手国有企业重组改制、兼并、破产、产权交易、清产核资、资产评估、资产转让、重大项目投资以及其他重大经营活动等事项的,干预和插手批办各类行政许可和资金借贷等事项的,干预和插手经济纠纷的,干预和插手集体资金、资产和资源的使用、分配、承包、租赁等事项的;党员领导干部违反有关规定干预和插手司法活动、执纪执法活动,向有关地方或者部门打招呼、说情,或者以其他方式对司法活动、执纪执法活动施加影响的;党员领导干部违反有关规定干预和插手公共财政资金分配、项目立项评审、政府奖励表彰等活动,造成重大损失或者不良影响的。(3)失泄密行为。泄露、扩散或者窃取党组织关于干部选拔任用、纪律审查等尚未公开事项或者其他应当保密的内容的;私自留存涉及党组织关于干部选拔任用、纪律审查等方面资料的;在考试、录取工作中,有泄露试题、考场舞弊、涂改考卷、违规录取等违反有关规定行为的。(4)违反外事工作纪律等行为。

以不正当方式谋求本人或者其他人用公款出国（境）；临时出国（境）团（组）或者人员中的党员，擅自延长在国（境）外期限，或者擅自变更路线的；驻外机构或者临时出国（境）团（组）中的党员，触犯驻在国家、地区的法律、法令或者不尊重驻在国家、地区的宗教习俗，情节较重的；在党的纪律检查、组织、宣传、统一战线工作以及机关工作等其他工作中，不履行或者不正确履行职责，造成损失或者不良影响的。

6. 违反生活纪律行为。（1）生活奢靡行为。生活奢靡、贪图享乐、追求低级趣味，造成不良影响的。（2）违反社会公德、家庭伦理等行为。与他人发生不正当性关系，造成不良影响的；利用职权、教养关系、从属关系或者其他相类似关系与他人发生性关系的；违背社会公序良俗，在公共场所有不当行为，造成不良影响的；其他严重违反社会公德、家庭美德行为的。

五、政纪处分的种类及违纪行为

（一）政纪处分的基本内涵

政纪处分是与党纪处分并列的一类惩戒措施，是单位对其管理权限内的人员违反规定需要追究纪律责任，经查证属实后采取的一种启动最严肃、处理最权威、程序最周延的内部行政管理方式。[1]

政纪处分适用于公务员（含参照公务员法管理的工作人员），事业单位工作人员（含使用事业编制的社会团体工作人员），企业、社会团体中由行政机关任命的人员等。在法律规定中针对国

---

〔1〕 董芳：《关于政纪处分的适用问题》，载《中国纪检监察》2014 年第 17 期。

家工作人员特别是公务员的政纪处分多称为行政处分,针对其他人员多称为纪律处分。不同的适用对象,政纪处分的种类和依据也不同。其中对公务员、事业单位工作人员而言,处分种类和依据在《公务员法》《警察法》《检察官法》《法官法》《行政机关公务员处分条例》《公安机关人民警察纪律条令》《检察人员纪律处分条例(试行)》《人民法院工作人员处分条例》《事业单位工作人员处分暂行规定》等法律法规中已明确。

(二)行政机关公务员政纪处分的种类及违纪行为

1. 行政机关公务员政纪处分概述

行政机关公务员政纪处分是指行政机关按照法定条件,经过法定程序,依照法定权限,对违反纪律的公务员实施的一种惩戒措施。根据《行政机关公务员处分条例》的规定,行政机关公务员违反法律、法规、规章以及行政机关的决定和命令,应当承担纪律责任的,依照该条例给予处分;法律、其他行政法规、国务院决定对行政机关公务员处分有规定的,依照该法律、行政法规、国务院决定的规定执行;法律、其他行政法规、国务院决定对行政机关公务员应当受到处分的违法违纪行为做了规定,但是未对处分幅度做规定的,适用该条例与其最相类似的条款有关处分幅度的规定。行政处分应当坚持依法处分原则,公正、公平原则,教育与惩处相结合原则,错责相适应原则,事实清楚、证据确凿、定性准确、处理恰当、程序合法、手续完备原则。行政机关公务员违法违纪涉嫌犯罪的,应当移送司法机关依法追究刑事责任。

2. 行政机关公务员政纪处分的种类及期间

根据《行政机关公务员处分条例》的规定,行政机关公务员政纪处分的种类有六种:警告、记过、记大过、降级、撤职、开除。

警告,是一种警戒性的纪律制裁方式,也是最轻微的一种制裁方式,警告的期限为 6 个月。记过、记大过,即对于违法违纪行为的过错予以记载,也是警戒性的纪律制裁方式,记过的期限为

12 个月,记大过的期限为 18 个月。降级,是一种降低行政机关公务员级别的纪律制裁方式,降级的期限为 24 个月。撤职,是一种撤销行政机关公务员所担任的职务的纪律制裁方式,撤职的期限为 24 个月。开除,是解除被处分的公务员与行政机关人事关系的纪律制裁方式,是最为严厉的制裁方式,被开除后,被处分人不再具有行政机关公务员的身份。

行政机关公务员同时有两种以上需要给予处分的行为的,应当分别确定其处分。应当给予的处分种类不同的,执行其中最重的处分;应当给予撤职以下多个相同种类处分的,执行该处分,并在一个处分期以上、多个处分期之和以下,决定处分期。在受处分期间受到新的处分的,其处分期为原处分期尚未执行的期限与新处分期限之和,处分期最长不得超过 48 个月。政机关公务员在受处分期间不得晋升职务和级别,受记过、记大过、降级、撤职处分的,不得晋升工资档次;受撤职处分的,应当按照规定降低级别。

3. 行政机关公务员的违法违纪行为

根据《行政机关公务员处分条例》的规定,行政机关公务员的违法违纪行为主要包括违反政治纪律,违反组织纪律,玩忽职守、贻误工作,在行政许可、行政强制、行政处罚、行政委托和招标投标、征收征用、城市房屋拆迁、拍卖等工作中违反纪律,弄虚作假,误导、欺骗领导和公众,违反廉政纪律,违反财经纪律、挥霍浪费国家资财,滥用职权、侵害公民、法人或者其他组织合法权益,泄露国家秘密、工作秘密或者泄露因履行职责掌握的商业秘密、个人隐私,从事或者参与营利性活动、在企业或者其他营利性组织中兼任职务,严重违反职业道德、严重违反社会公德。

(三)事业单位工作人员政纪处分的种类及违纪行为

1. 事业单位工作人员政纪处分的种类及期间

根据《事业单位工作人员处分暂行规定》的规定,事业单位工作人员政纪处分的种类有警告、记过、降低岗位等级或者撤职、开除。其中,警告的期限为6个月,记过的期限为12个月,降低岗位等级或者撤职的期限为24个月。

事业单位工作人员被依法判处刑罚的,给予降低岗位等级或者撤职以上处分;其中,被依法判处有期徒刑以上刑罚的,给予开除处分;行政机关任命的事业单位工作人员,被依法判处刑罚的,给予开除处分。事业单位工作人员受到警告处分的,在受处分期间,不得聘用到高于现聘岗位等级的岗位,在做出处分决定的当年,年度考核不能确定为优秀等次;受到记过处分的,在受处分期间,不得聘用到高于现聘岗位等级的岗位,年度考核不得确定为合格及以上等次;受到降低岗位等级处分的,自处分决定生效之日起降低一个以上岗位等级聘用,按照事业单位收入分配有关规定确定其工资待遇,在受处分期间,不得聘用到高于受处分后所聘岗位等级的岗位,年度考核不得确定为基本合格及以上等次;行政机关任命的事业单位工作人员在受处分期间的任命、考核、工资待遇按照干部人事管理权限,参照《事业单位工作人员处分暂行规定》规定执行。事业单位工作人员受到开除处分的,自处分决定生效之日起,终止其与事业单位的人事关系。受到记过以上处分的,在受处分期间不得参加本专业(技术、技能)领域专业技术职务任职资格或者工勤技能人员技术等级考试(评审),应当取消专业技术职务任职资格或者职业资格的,按照有关规定办理。同时有两种以上需要给予处分的行为的,应当分别确定其处分;应当给予的处分种类不同的,执行其中最重的处分;应当给予开除以外多个相同种类处分的,执行该处分,但处分期应当按照一个处分期以上、两个处分期之和以下确定;事业单位工作人员在受处分期间受到新的处分的,其处分期为原处分期尚未执行的期限与新处分期限之和,但是最长不得超过48个月。两人以上共同违法违纪,需要给予处分的,按照各自应当承担的责任,分别给予相应的处分。事业单位有违法违纪行为，应当追究纪律责任的，依法对负有责任的领导人员和直接责任人员给予处分。

2. 事业单位工作人员的违法违纪行为

根据《事业单位工作人员处分暂行规定》的规定，事业单位工作人员的违法违纪行为主要有：

（1）违反政治纪律的行为。此类行为包括散布损害国家声誉的言论，组织或者参加旨在损害国家利益的集会、游行、示威等活动；组织或者参加非法组织；接受境外资助从事损害国家利益或者危害国家安全活动；接受损害国家荣誉和利益的境外邀请、奖励，经批评教育拒不改正；违反国家民族宗教法规和政策，造成不良后果；非法出境、未经批准获取境外永久居留资格或者取得外国国籍；携带含有依法禁止内容的书籍、音像制品、电子读物进入国（境）内；其他违反政治纪律的行为。

（2）违反工作纪律失职渎职的行为。此类行为包括在执行国家重要任务、应对公共突发事件中，不服从指挥、调遣或者消极对抗；破坏正常工作秩序，给国家或者公共利益造成损失；违章指挥、违规操作，致使人民生命财产遭受损失；发生重大事故、灾害、事件，擅离职守或者不按规定报告、不采取措施处置或者处置不力；在项目评估评审、产品认证、设备检测检验等工作中徇私舞弊，或者违反规定造成不良影响；泄露国家秘密；泄露因工作掌握的内幕信息，造成不良后果；采取不正当手段为本人或者他人谋取岗位，或者在事业单位公开招聘等人事管理工作中有其他违反组织人事纪律行为；其他违反工作纪律失职渎职的行为。

（3）违反廉洁从业纪律的行为。此类行为包括贪污、索贿、受贿、行贿、介绍贿赂、挪用公款；利用工作之便为本人或者他人谋取不正当利益；在公务活动或者工作中接受礼金、各种有价证券、支付凭证；利用知悉或者掌握的内幕信息谋取利益；用公款旅游或者变相用公款旅游；违反国家规定，从事、参与营利性活动或者兼任职务领取报酬；其他违反廉洁从业纪律的行为。

（4）违反财经纪律的行为。此类行为包括违反国家财政收入上缴有关规定；违反规定使用、骗取财政资金或者社会保险基金；擅自设定收费项目或者擅自改变收费项目的范围、标准和对象；挥霍、浪费国家资财或者造成国有资产流失；违反国有资产管理规定，擅自占有、使用、处置国有资产；在招标投标和物资采购工作中违反有关规定，造成不良影响或者损失；其他违反财经纪律的行为。

（5）严重违反职业道德的行为。此类行为包括利用专业技术或者技能实施违法违纪行为；有抄袭、剽窃、侵吞他人学术成果，伪造、篡改数据文献，或者捏造事实等学术不端行为；利用职业身份进行利诱、威胁或者误导，损害他人合法权益；利用权威、地位或者掌控的资源，压制不同观点，限制学术自由，造成重大损失或者不良影响；在申报岗位、项目、荣誉等过程中弄虚作假；工作态度恶劣，造成不良社会影响；其他严重违反职业道德的行为。

（6）严重违反公共秩序、社会公德的行为。此类行为包括制造、传播违法违禁物品及信息；组织、参与卖淫、嫖娼等色情活动；吸食毒品或者组织、参与赌博活动；违反规定超计划生育；包养情人；虐待、遗弃家庭成员，拒不承担赡养、抚养、扶养义务等；其他严重违反公共秩序、社会公德的行为。

（四）国企领导人员违反廉洁自律“七项要求”的违纪行为

十七届中央纪委二次全会提出了国企领导人员廉洁自律“七项要求”。为了促进国有企业领导人员廉洁从业，惩处违反廉洁自律要求的行为，监察部、人力资源和社会保障部、国资委于2009年1月联合出台了《国企领导人员违反廉洁自律“七项要求”政纪处分规定》。

国企领导人员违反廉洁自律“七项要求”的违纪行为包括：（1）利用职务上的便利通过同业经营或关联交易为本人或特定关

系人谋取利益；(2)相互为对方及其配偶、子女和其他特定关系人从事营利性经营活动提供便利条件；(3)在企业资产整合、引入战略投资者等过程中利用职权谋取私利；(4)擅自抵押、担保、委托理财；(5)利用企业上市或上市公司并购、重组、定向增发等过程中的内幕信息为本人或特定关系人谋取利益；(6)授意、指使、强令财会人员提供虚假财务报告；(7)违规自定薪酬、兼职取酬、滥发补贴和奖金。

第十二章　不能腐败以国家立法机制为核心

长期以来,虽然我国政府一直十分重视反腐败斗争,然而无论是理论界还是实际部门,都一味地追求所谓的表面政绩,甚至急功近利,难以将真正有效的控制腐败立法机制的研究与工作深入下去,致使反腐败工作包括其机制虽然已经建立很久,但实施就是不甚见效,客观上也使社会上的腐败之风愈演愈烈。要彻底摆脱这一困境,关键是建立具有长久效应的控制腐败的自觉法律机制,其中又要以立法机制为其基础和根本。

一、控制腐败立法机制概述

控制腐败立法机制的建立是构建整个控制腐败法律机制的关键环节,准确理解其概念、特征及意义,有利于我们正确、有效地建立该机制。

(一)控制腐败立法机制的概念

任何研究都是以相关概念的阐述和界定开始的,但是由于概念的界定要求具有高度的简洁性、明确性和技术性,所以科学地界定概念往往也是决定研究成功的关键。机制、立法机制、控制腐败立法机制,这三个基本范畴间具有紧密的联系,后一个概念的界定往往要靠前者的阐述,也即存在递进的关系。能否准确地定义这三个概念,直接关系到控制腐败立法机制的建立与否及其效果。

如前所述,所谓机制是指系统内部各要素间相互作用、相互联系、相互制约的有机体系。由于其内部结构和外部条件的作用,使得该体系在其事物内部形成的一种具有一定向度(导向)和律动(自律)作用,以及自动纠偏和稳定效应的工作(运作)方式。

立法机制是法律机制中最为关键的一个部分,也是其前提和基础。然而,对于立法机制的概念却鲜有人论及,那么究竟什么是立法机制呢?通过分析,我们可以得出这样的结论:立法机制就是指有关立法机关在法治的要求下相互配合,运用有效的立法工作方式,包括在复杂的外界环境的影响下,制定出协调一致的法律体系,同时当现行法律出现问题时,该机制能及时作出反应,自我纠偏,使其适应时代和社会的发展。

通常认为,控制是指施控主体对受控客体的一种能动作用,这种作用能够使受控客体根据施控主体的预定目标而动作,并最终达到这一目标。社会控制理论的核心可以表述为:社会为调整个人和群体的行为使之符合公认的规范而对其施以约束,以维持社会秩序的过程。社会控制有内在控制和外在控制两种,其中外在控制就包括了法律控制、纪律控制等,是一种强制控制手段。

控制腐败法律机制,就是通过法律机制对腐败进行人为控制的一项有机系统。在整个控制腐败法律机制系统内部,又以控制腐败立法机制为关键部分。它实质上是指立法机关为了达到控制腐败的目的，以有效的立法方式进行相关的控制腐败立法活动及完善现有法律，同时与司法机制、政策机制相互配合运行，且在法律系统运行过程中能自我纠偏、纠错，最终遏制住腐败泛滥的制度群及其运行方式。

（二）控制腐败立法机制的特征

控制腐败立法机制的基本原理要求我们针对控制腐败的特点从立法的有效性方面深入研究，了解控制腐败立法机制要讲求实用性、动态性、律动性和自我纠偏性，真正起到控制腐败的作用。控制腐败立法机制具有机制、立法机制的最一般特征，但是与普通的立法活动或反腐措施相比，我们不难发现其独有的三大特征：稳定性、流变性和系统性。

1. 稳定性。一般而言，立法的程序比较严格和复杂，而且一旦为国家通过、颁布、施行，其在相当长的时间内必然保持稳定，这也是法律的一个重要特性。因此，以立法为重要内容的控制腐败立法机制的首要特点即是稳定性，只有保持该机制的稳定性，才能在反腐斗争中做到有法可依、有法必依，这是治理腐败的前提。

2. 流变性。稳定的机制也需要适时发展，随着国家、社会的发展，也许经过很短的时间，法律制定时的环境已经不复存在，而该法律却仍然有效，要令其失效又必须经过相当复杂的过程，所以法律总是滞后的。然而控制腐败立法机制却具有流变的自动纠偏特性，在整个机制中，只要有其中一个环节出了差错，其他部分便会立刻做出反应，最快地改正错误、调整整个机制正常运行。而且，一切法律只有在运行中才能发挥其作用，这点和资本只有在运动中才能增值是一致的。正是在这层意义上，我们可以说控制腐败立法机制具有流变性的特点，它与世界万物一样，必然是一个生成、发展再到消亡的过程。立法机制形成之后，只有为司法所适用、执法所依据，才能真正达到立法的目的，才能在控制腐败的过程中起到应有的效用。

3. 系统性。控制腐败立法机制的系统性不仅指整个立法机制内部各部法律之间的系统协调,而且还包括立法机制在反腐系统中与司法、政策等其他各种机制的相互协调性。例如仅由刑法来控制腐败肯定是不够的,事实证明也是无效的,其必须与刑事诉讼法、执行法、监狱法等配套法律结合起来,系统运行,才能有效预防和减少腐败行为的发生。而法律配合的过程也即立法机制与其他机制系统协调运行的过程,因为各个法律要发挥作用,必须依靠其所对应的机制。所以我们可以说,系统性是控制腐败立法机制发挥有效作用的关键特征。

正是拥有这三大特征,控制腐败立法机制在反腐过程中才能起到实效,比其他措施具有更大的优越性。

(三)建立控制腐败立法机制的意义

造成腐败泛滥的原因很多,而且肯定是各种因素综合作用的结果。然而,我们不能否认法制不健全是导致腐败的最主要的客观原因之一,而比较健全完善的法律体系是控制腐败的必要前提。当今中国不完善的法律体系,给了腐败分子许多可乘之机,法律没能在控制腐败的运动中发挥其应有的作用。就以受贿罪的刑罚处罚为例,1997 年刑法修订之后,国家将受贿罪比照贪污罪论处(是指受贿罪性质不变,只是量刑比照贪污罪的法定刑处罚)。正是这种规定,导致受贿罪和贪污罪联系甚密,难以真正做到罪刑相当,法官往往在适用刑罚中遇到困难。而且没有相应的罚金刑和资格刑的剥夺,对犯罪分子的威慑效果也很微弱。所以,对于受贿罪应分类立法及规定相应法定刑,死刑是否适用及应该增设罚金刑和资格刑等方面必须重视并予以完善。[1]

---

〔1〕 许海波:《贪污贿赂罪若干问题研究》,知识产权出版社 2005 年版,第 138 页。

由此可见,不完善的法律会使法律的适用效果大打折扣,甚至使得法官进退两难。相关法律的修订完善以及新法的制定已经到了刻不容缓的地步了,只有建立起控制腐败的立法机制,我国的反腐败工作才能合法有效地深入下去。而且就是在整个控制腐败法律机制中,控制腐败立法机制也起着基础性的前提作用,只有建立了完善的立法机制,才能有治理、控制腐败的依据,才能完善司法和执法。因此建立控制腐败立法机制具有极为深刻的意义,我国要广布控制腐败的一切法网,真正形成强而有力的惩治和控制腐败的有效法律机制和严密的法律网络。

二、中外控制腐败的立法概况

世界各国和地区面对日益严重的腐败现象,都进行了惩治性的反腐立法,依靠法律手段控制腐败是目前最为普遍采用的手段。不仅如此,这些国家和地区的立法措施已由单纯规定事后惩戒向重视从源头上预防和解决腐败犯罪转变,特别是有关立法一般均十分注重约束政府和官员们的行为,力求从根本上防止腐败问题的滋生和蔓延。

(一)国际组织

随着全球腐败问题的日益严重,国际和区际的反腐合作也越来越严密,各个国际组织和地区性组织纷纷制定了有效的公约,共同治理腐败毒瘤。

1. 联合国

作为世界最重要的政府间组织,联合国在国际反腐败合作上做了很大努力。联合国预防犯罪和罪犯待遇大会于1990年重点讨论政府中的腐败问题,通过了《反腐败实施措施手册》(Anti－corruption measures in the implementation of the manual);1996年通过了《公职人员国际行为守则》(International Code of Conduct for Public Officers)和《反对国际商务交易中的贪污贿赂宣言》(No international business transactions of the Universal Declaration of corruption and bribery);1999 年修改了《打击跨国有组织犯罪国际公约》(Combating the International Convention on Transnational Organized Crime),增加反腐败内容。最终,第58届联合国大会于2003 年 10 月 31 日通过了《联合国反腐败公约》(United Nations Convention against Corruption),这是迄今为止关于治理腐败最完整且具全球性、综合性和创新性的国际法律文件,对腐败犯罪的界定、腐败利益的剥夺及反腐败国际合作问题的严谨规定,不仅为国际社会反腐败提供了基本法律指南,而且在世界范围内倡导了治理腐败的科学理念和长远策略。[1]

2. 欧洲委员会

腐败问题已被视为欧洲发展的严重障碍,同时也促使整个欧洲更努力地来打击腐败。这些认识被归纳总结在欧洲委员会制定的一系列公约中。如 1990 年《对于犯罪收入进行洗钱、搜查、扣押和充公的公约》(For the crime of money laundering, search, seizure and confiscation of the Convention)、1998 年《关于建立"反腐败国家联盟"的协议》(On the establishment of "national anti – corruption alliance" agreement)、1999 年《反腐败刑法公约》(Criminal Law Convention on Corruption)、1999 年《反腐败民法公约》(Civil Law Convention on Corruption)。《反腐败刑法公约》(Criminal Law Convention on Corruption)要求各成员国采取立法或必要措施,在国内法中将其明确列明的行为规定为犯罪,同时该公约规定了刑事犯罪的管辖权、豁免权以及法人的责任、刑事犯罪的制裁与措施、保护检举人以及账款没收等。而《反腐败民

---

[1] 韩芳:《国际间的反腐合作》,载《百科知识》2006 年第 5 期。

法公约》(Civil Law Convention on Corruption)则能在缺乏刑事法律保护的情况下,转用民法方式打击贪官外逃。例如,可以以腐败受害者的国家的名义提起诉讼,要求外逃贪官提供民事赔偿。从而保证了在无法引渡外逃官员的情况下,也可追回赃款。[1]

3. 其他国际组织

其他国际组织和区域性组织在反腐败斗争中也签署了很多公约和协议,共同打击和预防腐败。在 1994 年召开的首届美洲国家首脑会议上,美洲国家组织常设理事会提交了一份《美洲反腐败公约》(Inter-American Convention against Corruption),经过两年的谈判,出台了《美洲反腐败公约》(Inter-American Convention against Corruption),旨在遏制 20 世纪 60 年代以来军人独裁统治后滋生的腐败温床。在亚太地区,许多国家在较早的时候就设立了反贪机构,亚洲开发银行更将各国反腐败情况与贷款挂钩。非洲也是腐败的重灾区,贫穷、战乱和腐败极大地制约了当地的发展。1999 年,非洲各国通过了《非洲反腐败指导原则》(The guiding principles of the anti-corruption in Africa),到 2003 年非洲联盟国家和政府首脑又通过了《非洲联盟预防和打击腐败公约》(African Union Convention on Preventing and Combating Corruption),将非洲的反腐败斗争向前推进了一步。[2]

(二)域外国家或地区

所谓域外,是指中国大陆法域之外的国家和地区。其中英国、美国、新加坡和中国香港的反腐立法可谓是世界其他各国和地区学习的楷模,我们应该加以借鉴,汲取其精华部分,成为我国建立控制腐败立法的重要参考。

---

〔1〕 过勇:《加强国际合作　打击跨国腐败》,载《国际问题研究》2004 年第 5 期。

〔2〕 万霞:《反腐败的国际立法浅析》,载《外交学院学报》2004 年第 3 期。

1. 英国

英国是世界上第一个制定反腐败法律的国家,1889 年就颁布了首部反腐败法——《公共机构腐败行为法》(Public body corruption Law)。20 世纪初,随着经济的迅速发展,政府的社会经济职能不断扩大,官员的经济管理权限越来越多,这些为以权谋私、贪污受贿等职务犯罪行为创造了机会和条件。为此,英国于 1906 年颁布了《防止贪污法》(Prevention of Corruption Act),并于 1916 年对此法作了补充。据此,英国政府内阁和文官部都制定了相应的规则。[1] 之后的百年当中,英国政府又不断修改和颁布新的法律完善反腐败法律体系。2003 年 3 月,布莱尔政府公布了新的《反腐败法》(Anti-corruption law)草案,一旦它生效就将取代 1916 年颁布的《防止贪污法》(Prevention of Corruption Act),成为英国反腐第一法。

2. 美国

美国是较早制定反腐败专门法律的西方国家之一,从 19 世纪后期开始,美国陆续制定了防范和惩处公职人员腐败犯罪的法律,主要包括《贪污对策联邦法》(Measures of corruption federal law)、《政府道德法》(Ethics in Government Act)、《1989 年道德改革法》(Ethics Reform Act of 1989)、《行政部门雇员道德行为准则》(Principles of Ethical Conduct for government officers and Employees)、《行政程序法》(Administrative Procedure Act)、《信息自由法》(Freedom of Information Act)、《保护举报人法》(Protection of whistle-blowers Act)、《反海外腐败法》(Anti-Foreign Corrupt Practices Act)以及《廉政法》(Independent Commission Against Corruption Act)等。美国法律规定,相关政府公职人员必

〔1〕 许道敏:《英国:伴随"道德回归"的反腐行动》,载《中国监察》2002 年第 20 期。

须如实填写家庭财产申报单，交由廉政署审查，并接受新闻媒体和公众的查阅。一旦公职人员违反财产申报规定，轻则罚款，重则将受到刑事指控。[1]

3. 新加坡

新加坡是世界上公认的较为廉洁的国家，其政府防治腐败发生的最佳办法，就是建立完善、健全的法律法规和监督机制。为保证各级政府官员的清正廉洁和机构的高效运作，新加坡制定了《防止贪污法》（Prevention of Corruption Act）、《没收贪污所得利益法》（confiscation of the proceeds of corruption law）、《公务员惩戒规则》（Civil service disciplinary rules）等三个重要法律文件。[2] 另外，新加坡为了使公务员做到廉洁自律，制定了《财产申报法》（Property law to declare）、《公务员指导手册》（Civil service guide）。根据《财产申报法》（Property law to declare），每年7月1日各政府部门的职员都要填写个人财产申报表。申报的内容包括自己的动产、不动产、贵重饰物、银行存款、股票、证券等，同时还包括其担保人和家庭成员所拥有的投资和利息收入情况。财产如有变化，应自动填写变动财产申报清单并写明变动原因，及时改换原财产清单。[3] 通过财产申报，新加坡政府有效监控了公职人员的财产变动情况，最大限度地保证了他们的廉洁性。

4. 其他国家或地区

其他国家或地区也纷纷制定了相应的廉政法规，如印度的《防止腐败法》（Prevention of Corruption Act）、泰国的《反贪污法》（Anti-corruption law）、加拿大的《舞弊行为调查法》（Fraud

---

〔1〕 许道敏：《美国：权力法治日臻完善》，载《中国监察》2002年第14期。

〔2〕 王怡红：《西方国家的反腐败措施及对我们的启示》，载《齐鲁学刊》2004年第5期。

〔3〕 刘灿国：《从新加坡经验谈中国反腐》，载《山东省青年管理干部学院学报》2004年第4期。

investigation)、新西兰的《秘密手续费法》(Handling secret law)、埃及的《关于非法收入的法律》(Law on the illegal income)、日本的《关于整顿经济关系罚则的法律》(On the reorganization of the economic relationship between the penalty of the law)、我国台湾地区的"公职人员财产申报法"。[1]

特别值得一提的是,我国香港特别行政区的反腐败法律体系则由《防止贿赂条例》(1971年)、《舞弊及非法行为条例》(1955年)和旨在规范执法主体的《廉政公署条例》(1974年)等法律条例构成。这些立法规定从法律上赋予了廉政公署权力并为廉署的活动提供了有效保障。[2]

(三)中国

由于我国特殊的政党制度,我国反腐的规定很多都规定在党法政纪和党内文件中,如2004年印发的《中国共产党纪律处分条例》和《中国共产党党内监督条例》、2005年印发的《建立健全教育、制度、监督并重的惩治和预防腐败体系实施纲要》。[3] 因此,从现在开始必须充分体现和高度重视"党法治党""国法治国",全面树立"党法""国法"都是法的理念,用全新的大"法治"概念来全面构建控制腐败的国家立法机制和制度体系。

我国现行的与反腐有关的立法主要包括《刑法》《刑事诉讼法》《公务员法》《审计法》等法律中的相关规定以及若干司法解释。但是事实证明,我国控制腐败的立法是不完善的,这直接导致了腐败分子在法律上有空子可钻。我国现行的刑事司法制度面临众多难题:对一些新型腐败现象或边缘性腐败问题,刑法不

---

〔1〕 夏赞忠:《中国廉政法律制度研究》,中国方正出版社2007年版,第164页。

〔2〕 同上书,第203页。

〔3〕 同上书,第7页。

能给予有效的制裁;立法的深度不够、精度不够,某些罪名的可操作性还不强;反腐败程序法方面也有许多的地方需要填补完善,因为贪污、贿赂的实施者主要是国家公职人员,他们作案隐蔽,给取证、查处和追责带来很大难度。

目前,就我国的国情和腐败的发展态势来看,我国必须在统筹考虑“党法”“国法”形成严密的反腐法制系统的基础上,建立卓有成效的控制腐败立法机制,并配合司法、政策等机制的系统运行,才能遏制住日益严重的社会腐败势头。

三、控制腐败立法机制的建立

控制腐败立法机制的建立对于我国法制的发展和腐败控制工作具有重大意义,但非常烦琐复杂,我们必须经过仔细设计,按照科学的原则,全面合理地建立控制腐败立法机制。

(一)控制腐败立法机制的建立原则

控制腐败立法机制的建立是一项非常复杂和耗时持久的系统工程,所以必须遵循一定的建立原则,这样才能防止出现差错,并能提高效率、保证该机制的质量。对于协调性、纠偏性等是建立控制腐败立法机制的内在要求,是在其内涵的层面,与建立原则便不是在同一个层面上了。因此,机制建立要以以下四大原则为指导:效益原则、明确性原则、公平原则、“四不”原则。

1.效益性原则

控制腐败立法机制的建立要遵循效益性原则:一是要求讲求社会效益,即预防和控制住腐败,使社会真正得到净化;二是讲求经济效益,提高工作效率,即以最小的投入换取最大的效果。这也是我们之所以在腐败控制工作中采用科学的系统机制的主要原因。具体到实际的立法中时,遵循效益原则就是要充分研究、借鉴前人和他国的成果为我所用,少走弯路。马克思主义哲学告诉我们对待古今中外的事物要学会“扬弃”,取其精华去其糟粕。德国著名法学家鲁道夫·冯·耶林(Rudolph von Jhering,1818—1892 年)也曾说过:“只有傻瓜才会因为金鸡纳霜(奎宁)不是在自己的菜园里长出来的而拒绝服用它。”〔1〕只要我们在建立控制腐败立法机制时结合我们的实际情况,对其适当调整为我所用,这样就可以既学到了好的理论,又节约了大量的研究人力和物力,这种符合经济学的方法,何乐而不为呢?例如在官员选举任用的立法方面,我们可以在选任方式上借鉴古代科举制考试选官的经验,扩大考试录用官员的比例;在任官资格限制方面借鉴古代回避制度的合理因素,严格回避责任,将回避制度法制化;还应借鉴古代荐举责任制度,实行推荐、考察、决定干部任免的责任制。〔2〕而日本、埃及、俄罗斯、中国香港在反贪污贿赂方面细密的立法、设置的专门机构完全可以为我们所借鉴,提高效益,加快立法进程,早日控制住腐败任意蔓延。〔3〕

2. 明确性原则

明确性原则是指在对有关腐败的立法进行修订和制定过程中,对于腐败的界定,腐败主体的认定,腐败犯罪的罪名、构成要件、法定刑都要做出明确具体的规定,使之具有可操作性。明确性原则是罪刑法定原则、罪刑相当原则、人权原则等在腐败立法中的体现,也是这些原则的应有之义。2003 年通过的《联合国反腐败公约》就始终贯穿了该项原则,以其规定腐败主体为例。《联合国反腐败公约》第 2 条规定,公职人员的范围包括:其一,任何

〔1〕周永坤:《法理学》(第 2 版),法律出版社 2004 年版,第 513 页。

〔2〕刘守芬、王洪波、姜涛、陈新旺:《古今廉政法律制度的比较和借鉴》,载《河南省政法管理干部学院学报》2004 年第 2 期。

〔3〕河北省人民检察院、唐山市人民检察院:《贿赂犯罪及其惩治的理论与实务》,中国检察出版社 2004 年版,第 140 页。

在缔约国中担任立法、行政、行政管理或者司法职务的人员；其二，任何涉及公共权力的行使、公共职能或者提供公共服务的其他人员；其三，缔约国本国法律中界定为公职人员的任何其他人员。而且规定外国公职人员也在其所称的腐败主体之列，外国公职人员系指外国无论是经任命还是经选举而担任立法、行政、行政管理或者司法职务的任何人员；以及为外国，包括为公共机构或者公营企业行使公共职能的任何人员。[1] 我们必须参考学习此种立法模式和技术，如在对腐败行为进行刑事立法时，按照明确性原则要求：第一，罪要具体明确。具体而言，包括两方面的内容：一是要有明确的法定罪名。关于目前司法实践中出现的腐败新现象、新方式，立法机关要及时研究确立相关罪名，为今后的反腐败法律的出台做好准备。二是要尽量减少"模糊性"立法，也即尽量减少使用"数额较大""情节较重"之类较为笼统的概念。第二，刑期要明确具体。这要求一是避免设定绝对不定期刑，少设定绝对定期刑，尽量设定相对定期刑。二是尽量缩小法定刑的幅度，现行刑法设定的腐败犯罪的法定刑幅度过大，这容易造成法官自由裁量权的扩大，不利于罪刑相当、人权保护原则的实现。总之，在建立控制腐败立法机制的过程中遵循明确性的原则，既有利于该机制的有效运行，也有利于在具体的司法实践中正确地适用法律，更有利于确保法律的作用：制止腐败和保护人权。

3. 公平原则

公平，是指分配正义，具有浓厚的道德色彩，同时也是法律的最基本要求。公平原则是公平观念在建立控制腐败立法机制中的体现，它首先要求公民公平地选举立法者，然后由立法者公平地实施制定法律的行为。公平原则同时也是该立法机制正确目

---

〔1〕 管建强：《〈联合国反腐败公约〉与我国国内法的腐败犯罪主体》，载《法学》2006 年第 1 期。

的性的评价标准。我们在建立控制腐败立法机制的时候应当积极吸取古今中外各国惩治腐败的成功经验，严格用法律规范权力执掌者行使权力的行为，要坚持法律面前人人平等（包括立法平等）的原则，不管任何人、有任何的原因，都要受到相同法律的约束。从立法的公平到司法、执法的公平是一个逻辑过程，但是立法的公平是前提，司法执法的公平是必然的延伸。强调立法的公平是法制各环节统一的要求，如果强调立法的不公平，那就意味着立法不公平的惯性影响着法的实施的平等性（法律面前人人平等）的实现。回首中国古代，甚至两千多年前就提出过"刑无等级""刑过不避大臣，赏善不遗匹夫""法不阿贵""诚有功，则虽疏贱必赏，诚有过，则虽亲近必诛"等口号，但终究无法兑现。[1] 追根溯源，是因为立法就不公平。我们要从中吸取教训，立法就要遵循公平的原则，对于腐败分子，不管其职位有多高、功劳有多大，都要纳入法律调整的范围。有关腐败的法律是调整一切公民的，没有人能拥有特权。具体在立法时，要使立法的参与者能够代表不同的利益主体，反映不同的意志和愿望，按照少数服从多数的议事原则进行立法，实现立法上的平等，为实现整个法制的平等打下基础。

4."四不"原则

"四不"原则是在"三不"原则的基础上又增加了一项重要反腐原则，具体是指使公职人员对腐败不想犯、不敢犯、不能犯、不易腐的原则，它是建立控制腐败立法机制的具体目的，因此是建立该机制的终极原则。"不想犯"就是要通过法制、道德等一系列教育，强化公职人员的法律意识，让他们依法办事、依法行政、依法律己、依法行使权利和履行义务，从源头上控制腐败的发生。

---

〔1〕 闫莉：《法家思想在中国政治文化传统中的地位》，载《合肥工业大学学报》（社会科学版）2006 年第 6 期。

有了较强的法律意识和较高的道德素质,法律条文才能变成实际生活中的行为规范,才能约束人们的行为。作为公职人员,如果树立了严格依法办事的意识,那么他们行使权力的行为必将接受法律的制约,也即不想腐败了,如能加上严密的法网和制度的保障,"不能犯"的目的便也能达到了。但是没有完美的法律存在,当公职人员试图破坏法制,以身试法时,就要通过严厉的事后处罚制度来使其"不敢犯"。当然,如果能让公职人员有一个优厚的工资待遇和一笔丰厚的养老金,像新加坡那样不仅工作时有高薪,而且退休后又可获得一笔丰厚的"廉政公积金"。"不易腐"是指在"不能腐"的制度与机制保障下,以及在"不敢腐"的强大威慑和压力下,腐败现象和行为不易发生。甚至有的还有"五不"原则,即增加了"不必犯",退休后有充分的物质保障,公职人员也就没有必要再去贪,也即"不必犯"。总之,法律惩治腐败不在于"严酷"和"严厉",而在于"严密",即严密立法法网、执法法网与司法法网,从而使腐败分子切实地感受到伸手必被捉,只要腐败必然受到应有的制裁和打击。当然,在反腐败的整个过程中既要达到威慑效果,也要注重保障人权。有学者指出严密的惩治腐败制度能对腐败分子发挥三方面的威慑作用:一是恐惧名誉和地位丧失;二是恐惧个人既得利益的丧失;三是恐惧个人人身自由的丧失。因而惩戒制度的意义便是有效利用此三方面的得失效应,形成掌权者"不敢贪"或"不敢犯"的心理约束,达到遏制腐败的目的。〔1〕这与控制腐败立法机制要使公职人员"不敢犯(腐败)"的原理是一致的。另外,"不想犯""不必犯""不能犯""不敢犯"四者应该是递进的关系,即通过后一个原则或阶段来弥补前一个原则或阶段被破坏之后的控制方法,达到三者环环相扣,

〔1〕刘守芬、许道敏:《制度反腐败论》,载《北京大学学报》(哲学社会科学版)2000年第1期。

从而达到公职人员无从腐败的目的。

控制腐败立法机制对于整个控制腐败法律机制的建立都具有深远的意义和决定性的作用,只有在上述四大原则的指导下,我们才能建立起有效的控制腐败立法机制,为控制腐败法律机制的建立和运行奠定前提和基础。

(二)控制腐败立法机制的具体设计

控制腐败立法机制的具体设计包括该机制的组建和系统运行两大部分内容。这既是机制建立的前提条件,而且在机制的运行过程中又可以适应不断变化的情势,适时做出反馈,为该机制的修正提供依据和指导。

1. 控制腐败立法机制的组建

有了基础理论和科学原则的指导,建立控制腐败的立法机制就具有了可能性和可行性。控制腐败立法机制的组建涉及很多的部门和工作,因此有学者研究后认为,按照行为科学理论,腐败行为就其主体而言,可以划分为个体腐败行为和群体腐败行为两种形态。根据对这两种腐败行为的基本规律的分析,对个体腐败和群体腐败行为进行法律控制必将是一个系统工程。[1] 既然控制腐败立法机制的建立是一个繁杂的系统工程,那么在其建立过程中,必将要考虑全面,动态观察,才能制定出有效的立法机制。

第一,要了解目前社会上的种种腐败现象,深挖腐败行为的基础,并且要广泛收集古今中外的资料,建立起深厚而广大的立法基础。当前,除了传统的腐败类型——贪污、非法占有公私用财物、受贿、挪用公款、挪用资金、行贿等,又出现了大量的新型腐败:接受礼品不登记不交公、用公款超标建房、违规更换进口豪华小轿车、接受可能影响公正执行公务的宴请、包养情妇、嫖娼、接

---

〔1〕 刘国栋:《腐败行为的发生机制和法律控制》,载《领导科学》2001 年第 19 期。

受色情性异性按摩等。面对形形色色的腐败表现,在立法之前一定要尽量搜集齐全,才能保证在后期立法中防止漏洞,避免腐败分子"因法网疏而逃漏"的尴尬局面。

第二,对社会公众而言,一方面立法机关要全面掌握民情民意,以人民的利益为根本出发点。最大限度地满足人民群众的社会廉政要求,这是控制腐败立法机制的着眼点之一;另一方面要充分发挥人民群众的主体作用,保障他们的立法权,最广泛地听取他们的意见和建议,这也是控制腐败立法机制的着力点。因此,立法活动必须从人民的需要出发,体现广大人民的意志愿望和合理要求。

第三,由专门的法律研究机构进行深入系统的研究,提出立法建议或者再进行深入细致地考证研究。我国研究立法的机构既有政府机关,也有研究机构的学者,更有民间组织。国外的专家式立法模式值得我们借鉴,而在我国一般由法律研究会、政府的法制部门、高等学校的法学院,或者三者相互配合研究。例如2005年12月由中央纪委法规室、监察部法规司、北京大学法学院、清华大学法学院、中南财经大学法学院等机构的学者们共同研究的课题"中国廉政法律制度研究"全部完成,最终形成了七篇论文,这些文章在参考借鉴国外相关理论研究成果的基础上,理论与实践相结合,提出了多项具有中国特色的反腐倡廉法规制度建设理论研究成果,对于完善我国控制腐败立法具有极大的现实意义。

第四,有立法权部门的专门机构或有关机关收到立法建议后必须进行全面的审查,将有必要进入立法程序的建议按照法定程序拟定法律草案,交由有立法权的机关进行最后的表决。例如法律(此为狭义的法律)草案交由全国人大或者其常委会讨论通过,而行政法规、规章草案则由国务院相关部门审议发布。在此必须注意,通过法律、法规草案一定要符合法定程序。例如须有权机关或人员提请审议议案和草案、保证多数表决通过草案、由有权机关公布法律试行或实施等。通过的法律、法规必须公布，这样才能保障其成为合法有效的法律，才能规制人们的行为和处罚违法的行为。

第五，在公布实施法律之后，一方面，要组织公民学习控制腐败的法律，可以通过新闻媒体的宣传报道、散发法律宣传单、开设讲座、组织法律人事（包括法院与检察院工作人员、律师、法学家等）进行法律咨询活动等，构筑起对于腐败行为的第一道防线。教育人们提高道德素质，遵守法律，远离腐败。另一方面，对于法律有所规定的腐败行为的人员，有关机关必须严格执法、坚决查处，对其进行行政处罚、治安处罚，而对于触犯刑法的要移送检察机关审查起诉，通过法院追究其刑事责任。以此利用法律的惩处机制来威慑腐败分子和社会上有潜在的腐败意图的人员，达到一般预防和特殊预防的目的。

第六，必须有相关的机关、社会团体或者公民个人监督法律的实施，确保控制腐败法律的有效执行和遵守，达到控制腐败的最终目的。在我国，检察院是法律的监督机关，监督法律的遵守、执行、适用，对违法的司法行为进行纠错。除了检察院作为专门的监督机关外，有关社会团体和公民个人也可以而且有义务监督法律的实施，宪法赋予公民举报权、检举权、扭送权等与违法犯罪做斗争的目的也正是在于此。法律只有在社会中顺利运行，即被普遍遵守、合法执行和正确适用，才能发挥其应有的作用，控制腐败违法和犯罪。

第七，也是控制腐败立法机制较为关键的一个环节，即机制的自我纠错。当发现法律有任何不适应现实的情形时，该机制应该及时做出反应，自我纠偏，将法律不适时产生的负面影响降到最低的程度。这既是控制腐败立法机制的内在要求，也是其优于普通立法活动的表现所在。法律由于自身的稳定性、滞后性往往不能适应时代的发展，这必然导致法律对于最新出现的现象无可奈何、漏洞百出。然而，控制腐败立法机制依靠自我纠偏能力，便能及时发现问题的存在，通过该机制系统内部和外部一系列子系统的配合运行解决该问题，使法律长期处于有效运行的状态，而不会落后于社会发展。

2. 控制腐败立法机制的运行

系统运行就是用内部要素协调运行的办法来搞组织管理。具体讲，它是指为达到某一系统内的最佳预定目标，从整体上对该系统的结构、组成要素、信息传输、控制机制等进行分析、设计、规划、管理、评价和控制，以实现其最优效果的技术。[1] 控制腐败立法机制的建立就是一项涉及面宽且又极其复杂的社会大系统工程，所以只有科学动用全社会的力量，巧妙安排系统内各要素间的合理组合，正确选择先进的技术方法，才能达到控制腐败的预期目的和最佳社会效果。参考相关机制的运行流程，在控制原则、协调原则的指导下，我们得出控制腐败立法机制的运行过程为确立目标→系统运行→中期检测→综合评估。[2]

第一，确立目标。控制腐败立法机制的目标，就是该机制的制定者希望通过控制腐败立法机制的运行所达到的效果。确立目标是控制腐败立法机制运行的一个非常重要的阶段，因为目标一旦确立下来，就决定了控制腐败立法机制的方向，决定了后期检测和评估的评判标准，也为最终检验该机制实施的效果提供了基本尺度。为了保证控制腐败立法机制目标的正确性，在目标决定时必须注意目标要有可行性、系统性、层次性、激励性、阶段性。按照这五点特性，决定控制腐败立法机制的目标时要分阶段、分层次地确立各个子系统具有激励性和可操作性的具体目标和总目标。

---

〔1〕 李晓明：《中国犯罪学论纲》，中国审计出版社1996年版，第546页。

〔2〕 周路：《中国社会治安综合治理机制论》，群众出版社1999年版，第117页。

第二,系统运行。控制腐败立法机制的系统运行包括内部运行和外部运行两大部分。首先,在整个控制腐败立法机制内部各部法律之间要系统运行。例如其他法律的制定都要以宪法和上位法为基础和依据,实体法的实施要有程序法的保障,选举法、赔偿法、公务员法、审计法等关于腐败行为的规定都要考虑到刑法和行政法的表述,防止法律之间的冲突。具体而言,在主要依靠刑法和行政法规控制腐败时,不仅要完善其关于腐败的规定,更要修改与之适用、执行相关的刑事诉讼法、行政诉讼法、执行法、监狱法,以及司法解释等。当法律系统运行达到一定程度时,必须适时出台反腐败法,这也是控制腐败立法机制有效建立的重要表现。其次,立法机制在反腐败法律机制中与司法、政策等其他各种机制的相互协调运行。立法机制的建立必须有政策机制的指导,并为司法机制服务。但是我们也不能否认,立法机制建立过程中凸显的问题反过来作用于政策机制,为其自我完善提供动力,同时,司法机制的运行必将出现与现有立法不一致或者现有立法根本没有规定的情况,结果就是推动了立法机制的自动纠偏,更有效地预防和减少腐败行为的发生。总之,只有促使控制腐败立法机制内部和外部都系统协调运行,才能达到控制腐败泛滥的目的。

第三,中期检测。中期检测是指在控制腐败立法机制运行期间,根据所涉体系进行科学检测,组织运行协调,确保目标实现的过程。控制腐败立法机制运行过程中的中期检测是其中间环节,起着承上启下的作用。一般而言,控制腐败立法机制的运行是一个循环的过程,从进行相关立法研究开始,这一个过程可以简述为调研立法要求→专家、有关机关论证→立法目标设定→完成立法→检测调研立法要求→专家、有关机关论证→立法目标设定→完成立法……在这一反复循环的过程中,检测是中心环节,它决定了控制腐败立法机制的自我完善,客观地提供立法及修改法律的要求和依据,保证了法律的及时更新和有效地控制腐败。

第四,综合评估。综合评估与中期检测不同,综合评估是在某一阶段立法工作的运行过程完结后,针对这一周期工作所做出的符合实际的客观评价。控制腐败立法机制的综合评估包括定期利用考察、测评等方法评价和估计该机制的内容、执行与效果。考察指对于该机制的运行进行实地查看或者运用相关数据资料统计计算,以对建立该机制所要完成的目标进行验收。测评则是对该机制各子系统进行客观的评价和估计,对于各个子系统及与其他系统配合运行的程度与效果作出评估。综合评估是对控制腐败立法机制系统运行地阶段性评价,也是对一定周期该机制运行的总结,为后期其完善和更有效的运行提供指导。

整个控制腐败立法机制系统运行的过程,目的是为了促进各项具体工作措施的快速有效落实,确立目标、系统运行、中期检测、综合评估都要围绕这一目的进行,不断提高机制运行的质量,达到预防和控制腐败的目的。

(三)控制腐败立法机制涉及的相关法律

控制腐败立法机制是治理腐败问题的根本,只有建立起完善的控制腐败法律体系,才能在具体工作中有法可依,才能与中央依法治国的理念相一致,才能在反腐斗争中取得先机,以免给腐败分子可乘之机。具体而言,控制腐败立法机制应该包括完善现有的法律、相关法律的制定这两大部分的内容。

1.完善现有的法律

我国腐败猖獗的一个重要因素便是现有法律的不尽完善,这又涉及众多法律或者其中条款的修改,只有对控制腐败法律体系进行不断补充完善,才能在打击腐败的斗争中把握主动,并拥有治理腐败的有力根据。

(1)宪法

宪法是一个国家的根本大法,具有最高法律效力,它应规定一个国家最重要最基本的内容。我国必须在宪法中规定反腐的相关内容,给其他法律的制定提供依据和指导。

①增加关于反腐败的条款

国外很多廉政建设成功的国家在宪法中都专门规定了国家公职人员的职责、任职的要求以及制裁腐败行为等内容,作为反腐败的指导思想和法律依据。反腐败是关系国家生死存亡的斗争,但是我国宪法目前尚没有关于反腐败的规定,因此在《宪法》的总纲、序言和分则中都应该增加有关廉政建设和反腐败的条款。[1] 例如国外许多国家,尤其是一些发展中国家(智利、尼日利亚等),更是从本国实际出发,在宪法中对反腐倡廉做出了具体规定。我国也应像"民主集中制""依法治国"等提法一样明白无误地规定反腐败的内容和精神。[2] 除此之外,我国宪法还应制定出反腐败的执行标准和细则,制定出违宪惩罚措施,保证宪法在反腐败斗争的作用。[3]

②确立市场经济体制

腐败与经济利益密不可分,而我国宪法关于经济体制的规定在一定程度上成了滋生腐败的温床。例如由于国家对公、私企业的待遇不同,国有企业在竞争性领域的大量存在极易导致腐败。国有企业经理人的灰色收入极难控制,而国有企业经理人的遴选一般由政府官员说了算,他们的灰色收入一般会与政府官员分享,或者直接把企业资金送入政府官员的腰包。国有企业经理人有获取业务回扣的内在要求与方便条件。因此,国有企业经理人腐败的可能性极高。因此,宪法应该早日确立国家的完全的市场

〔1〕 夏赞忠:《中国廉政法律制度研究》,中国方正出版社 2007 年版,第 193 页。

〔2〕 高飞:《反腐倡廉法制化对策之管见》,载《探索》2003 年第 2 期。

〔3〕 刘树燕:《由〈宪法〉的反腐功能看依宪法治国的当务之急》,载《世纪桥》2003 年第 2 期。

经济体制，这在中国不仅仅是经济体制上的革命，更是意识领域上的一次维新。大规模市场化的过程可以逐步摧毁旧有的社会体制和价值系统，改变传统价值关系的基础，与国家、集体相对应的社会个体利益，得到法律充分的承认和保障。[1] 同时宪法要明确产权关系，实行公平竞争，由市场来择优去劣，避免通过腐败的手段来恶意竞争。同时严格规定政企分开，割断企业与政府的隶属关系，使得国有企业进行规范的公司化改制，直接面向市场与其他所有制企业进行公平竞争，接受市场的考验。[2]

③充分有效地制约权力

实践证明，不受制约的权力必然产生腐败，绝对的权力产生绝对的腐败。宪法一方面规定“中华人民共和国的一切权力属于人民”（第2条）、“中华人民共和国全国人民代表大会是最高国家权力机关”（第57条），另一方面在序言中规定中国共产党对于全国各族人民的领导权。在宪法之外执政党另有一套自己的权力运行机制，从而对党权没有有效的监督体制，容易滋生腐败。因此，对公共权力（包括政党的权力）的制约正是宪法所要完成的重要任务。目前我国宪法对权力的制约主要体现在七个方面：第一，立法权对行政权和司法权的制约；第二，检察权对审判权和行政权的制约；第三，审判权对行政权的部分制约；第四，上级权力对下级权力的制约；第五，人民群众对国家机关的制约；第六，通过授权的方式限制权力；第七，以责任原则制约权力。但是关于这些方面的规定都是原则性的，可操作性不强。所以应在宪法中具体规定对权力制约的内容，对公共权力的制约进行细化。特别是对权力机关监督权的具体范围、手段、方式有必要进一步明确，

---

〔1〕 孙万怀：《刑法的功能贫困——惩治腐败的阶段性思考》，载《华东政法学院学报》2003年第4期。

〔2〕 张深溪：《当前腐败滋生的经济体制原因及治理对策》，载《经济经纬》1999年第4期。

对行政权、司法权应确立一定的限度，增加禁止性规范，对中央和地方的权限作具体的划分以解决屡禁不止的地方保护主义。另外，要在宪法中增加权力行使的正当程序原则。腐败现象的发生很多时候是权力的运行未按法定的程序办事。若在宪法中直接明确权力行使的正当程序原则，将有助于全社会对权力运行过程的监督和控制，以防权力运行的随意性和无序性。[1]

（2）刑法

刑法是治理和控制腐败犯罪的最主要法律依据，为了充分发挥刑事法律对反腐的作用，构建相对完善的刑事法律反腐法网，我们主张必须在以下六个方面尽快做出改革。

①腐败与职务犯罪的立案标准

在腐败与职务犯罪中，行为人的主观方面、犯罪涉及的数额、犯罪情节以及犯罪造成的后果严重程度是该犯罪认定与处理的重要依据，包括以下几方面：一是行为人实施犯罪行为时的主观心理态度；二是基于对行为人的行为而给公共财产所造成的直接损失额，以及在行为人在犯罪未遂或者中止后未渎职严重后果（没有给公共财产所造成直接损失额）的情况下，腐败与职务犯罪行为人为腐败行为时所意欲得到的数额的有关事实上的认定；三是行为人实施腐败与职务犯罪时的行为手段是否恶劣、犯罪情节是否严重；四是行为人所实施的行为是否给其他个人、单位集体、社会、国家造成了严重后果。

由于腐败犯罪涉及的个案罪名较多，如贪污罪、挪用公款罪、受贿罪、单位受贿罪、非国家工作人员受贿罪、利用影响力受贿罪、行贿罪、单位行贿罪、对单位行贿罪、对非国家工作人员行贿罪、巨额财产来源不明罪、隐瞒境外存款罪、私分国有资产罪、私

〔1〕 刘小平：《遏制腐败——基于宪法学角度的分析》，载《贵州警官职业学院学报》2002 年第 5 期。

分罚没财物罪、滥用职权罪、玩忽职守罪、故意泄露国家秘密罪、徇私枉法罪、枉法裁判罪、释放在押人员罪等众多罪名，而且我国法律法规、立法司法解释、地方性规定对涉及腐败犯罪立案标准的规定较多，具体阐述和修正详见本书的附件（一）：《我国刑法规定的腐败与职务犯罪的立案标准》。特别应当指出的是，此次《刑法修正案（九）》第44条规定，"将刑法第383条修改为：'对犯贪污罪的，根据情节轻重，分别依照下列规定处罚：（一）贪污数额较大或者有其他较重情节的，处……（二）贪污数额巨大或者有其他严重情节的，处……（三）贪污数额特别巨大或者有其他特别严重情节的，处……'"。这一规定使贪贿犯罪定罪量刑标准由单一的"数额"模式修改为"数额或者情节"模式。上述规定表明：首先，贪贿数额仍是贪贿犯罪定罪量刑的重要标准，同时兼具其他较重、严重、特别严重"情节，由此可见数额和情节是选择关系而不是并列关系。其次，数额不再是贪贿犯罪犯罪定罪量刑的唯一标准，具有其他较重、严重、特别严重情节的仍应以贪污罪、受贿罪定罪处罚。最后，立法不再具体规定数额标准或情节较重、严重、特别严重情节的标准，而是由最高司法机关根据社会经济发展和司法实践的客观需要作出解释或调整。

②贪污贿赂型腐败犯罪

第一，受贿罪贿赂的范围扩大至"不正当好处"。

我国《刑法》第385条规定："国家工作人员利用职务上的便利，索取他人财物的，或者非法收受他人财物，为他人谋取利益，是受贿罪。"由此可见，我国受贿罪"受贿"范围仅限于财物，排除了财物以外的其他利益作为受贿犯罪的行为对象。

但根据国际反腐败公约，本书认为，应当把受贿罪贿赂的范围扩大至"不正当好处"，如利用手中的权力在公司、企业投资入股，牟取高额回报（实际上是变相受贿，目前受贿罪中尚无该方面的规定）。贿赂内容的范围和种类的界定，直接决定了一个国家或者地区对贿赂犯罪的打击范围和力度。在我国刑法理论与实践中，对贿赂犯罪中“贿赂”范围界定主要有三种观点：财物说、财产性利益说、利益说。我国现行刑法采取了最狭义的财物说，将贿赂的范围限定为“财物”，包括金钱与物品，而不包括其他利益。这种立法取向，侧重的是受贿罪的经济性，基本上承袭了我国古代法律的“计赃定罪”的立法模式。〔1〕目前我国仍有一些学者反对将非财产性利益纳入贿赂的范围。〔2〕其中一个重要理由是贿赂犯罪是数额犯，如果将贿赂的范围扩大到非财产性利益，会不利于司法实践的具体操作。〔3〕但目前的社会现实眼睁睁地将性贿赂、利用职权获得投资入股的高额回报和其他不当得利等均摆在了刑法面前，从立法的公平性上和加大打击我国腐败与职务犯罪的力度上讲，应当将其入罪并追究刑事责任。从我国加入的国际反腐败公约的要求来看，只要侵犯了国家工作人员职务的廉洁性就够了，甚至根本不需要所谓的“为他人谋利益”客观行为要求。包括行贿罪中非要要求“谋取不正当利益”等，是在工作实际中对行贿罪打击不力的一个重要或关键因素，也应从罪征要件中去掉。当然，关于行贿人作为污点证人的问题，倒是应更多地发挥其应有作用，不仅可以作为“诉辩交易”不追究其刑事责任，甚至可以作为对其不进行刑事立案的一个重要理由，以此推动和加大打击腐败和职务犯罪的力度。

但为了更好地打击腐败贿赂犯罪，杜绝此类犯罪的发生，我们必须时刻从不断变化的客观实际出发研究贿赂问题，绝不能因为司法实践不便于操作就放弃法律的科学性与有效性，随着市场

---

〔1〕 杨剑波：《贿赂范围新探——以〈联合国反腐败公约〉为背景的分析》，载《湖北大学学报》2006年第5期。

〔2〕 张明楷：《刑法学》，法律出版社2003年版，第923页。

〔3〕 林俊辉：《中国贿赂犯罪立法与〈联合国反腐败公约之比较〉》，载《福建公安高等专科学校学报》2005年第4期。

经济的建立和社会的变迁，贿赂犯罪的手法和形式日益多样化，仅以“财物”作为受贿犯罪的行为对象显然难以有效打击犯罪、遏制腐败，所以，适当扩大受贿罪犯罪对象即“贿赂”的范围势在必行。

根据《联合国反腐败公约》第 16 条第 2 款之规定，外国公职人员或者国际公共组织官员受贿罪是指外国公职人员或国际公共组织官员直接或间接为本人或他人或实体索取或收受不正当好处，以作为其在执行公务时作为或者不作为的条件。由此可见，已由我国签署并加入的该公约中受贿罪的范围是指“不正当好处”，该“不正当好处”不仅仅包括财物，还包括诸如接受或索取债权或股权、接受或索取性服务等等非财产性利益。我国作为《联合国反腐败公约》的缔约国，应该严格履行国际义务，将我国受贿罪“受贿”的范围扩大至“不正当好处”。

将贿赂的范围扩大为“不正当好处”也是当今世界大势所趋，很多国家的立法已经将贿赂的范围扩大到包括财物、财产性利益和非财产性利益。例如新加坡《防止贿赂法》把贿赂的各种形式进行了列举，包括金钱或任何礼品；任何职务；任何支持、免除、还清或清算任何贷款、责任或其他负债；任何其他服务、优惠或任何其他形式的好处。另外，意大利、日本等国家刑法规定贿赂的范围为“财产或其他利益”。

将我国刑法的受贿罪中贿赂的范围扩大为“不正当好处”，“好处”可以包括能够满足人需要与愿望的一切事物。根据马斯洛的“需要层次论”，最低级的需要是生理需要，最高级的需要是自我实现的需要，非物质性利益显然是人类需要的重要组成部分，不能将其排除在贿赂范围之外。正如有学者指出的一样，“不正当好处包括的范围可以无限制，不仅是金钱方面的，也包括提供服务、机会等，这就解决了一些国家刑法中关于贿赂罪只使用经济利益而导致对一些提供诸如性服务之类的贿赂无法认定的问题。”[1]

解决受贿罪中“为他人谋取利益”的问题，解决行贿罪中的“为谋取不正当利益”问题，我国刑法目前关于受贿罪的规定有四种形式：索取贿赂、收受贿赂、斡旋受贿、利用影响力受贿。我国《刑法》第385条第1款是关于索取贿赂和收受贿赂的规定，[2]第388条是关于斡旋受贿和利用影响力受贿的规定。[3] 索取贿赂成立的客观要件是只要是国家工作人员利用职务便利索取他人财物即构成受贿罪；收受贿赂成立的客观要件是国家工作人员利用职务便利接受他人财物和“为他人谋取利益”；斡旋贿赂成立的客观要件有三个：国家工作人员利用本人职权或地位形成的便利条件从中斡旋、为请托人谋取的是不正当利益、索取或收受他人财物。刑法学界对“为他人谋取利益”在受贿罪构成要件的定位问题上，肯定说与否定说针锋相对。肯定说又分为客观要件说与主观要件说之争。第一，否定说认为，把“为他人谋取利益”作为受贿罪的构成要件，于法理有悖；容易造成理论和司法实务的混乱，给犯罪分子以可乘之机，且与国际上关于受贿罪的立法规

---

〔1〕 杨宇冠：《〈联合国反腐败公约〉述评》，载《人民检察》2004年第4期。

〔2〕 我国《刑法》第385条第1款规定，国家工作人员利用职务上的便利，索取他人财物的，或者非法收受他人财物，为他人谋取利益的，是受贿罪。

〔3〕 我国《刑法》第388条规定，国家工作人员利用本人职权或地位形成的便利条件，通过其他国家工作人员职务上的行为，为请托人谋取不正当利益，索取请托人财物或者收受请托人财物的，以受贿罪论处。国家工作人员的近亲属或者其他与该国家工作人员关系密切的人，通过该国家工作人员职务上的行为，或者利用该国家工作人员职权或者地位形成的便利条件，通过其他国家工作人员职务上的行为，为请托人谋取不正当利益，索取请托人财物或者收受请托人财物，数额较大或者有其他较重情节的，处3年以下有期徒刑或者拘役，并处罚金；数额巨大或者有其他严重情节的，处3年以上7年以下有期徒刑，并处罚金；数额特别巨大或者有其他特别严重情节的，处7年以上有期徒刑，并处罚金或者没收财产。离职的国家工作人员或者其近亲属以及其他与其关系密切的人，利用该离职的国家工作人员原职权或者地位形成的便利条件实施前款行为的，依照前款的规定定罪处罚。

定不一致。[1] 第二,旧客观要件说认为,所谓为他人谋取利益,是指受贿人为行贿人谋取某种非法的或合法的利益,这是行贿人与受贿人之间的一个交换条件。第三,新客观要件说认为,“为他人谋取利益”只是受贿人的一种许诺,不要求客观上有为他人谋取利益的行为和结果。[2] 第四,主观要件说认为,“为他人谋取利益”应为受贿罪的主观要件。[3]

本书认为,我国受贿罪的成立要件应取消“为谋取不正当利益”或“为他人谋取利益”。

“为他人谋取利益”这一要件本身不科学,是一处明显的立法漏洞。首先,我国刑法中没有明确“为他人谋取利益”是主观要件,还是客观要件。事实上无论其作为主观要件还是客观要件都会放纵一部分犯罪。如果将其作为主观要件,只有当行为人主观上具有为他人谋取利益的意图时,才成立受贿罪,但事实上有些受贿人主观上并不具有这种意图;[4] 如果将其作为客观要件,当行为人收受贿赂后,没有为他人谋取利益的行为(包括没有许诺为他人谋取利益)时,也难以追究其刑事责任。这种明显的立法漏洞只会给犯罪人留下逃脱法律制裁的机会。

其次,“为他人谋取利益”作为定罪要件,正在成为权力寻租的突破口。[5] 实践中,“权、利”交易者经常采取更为隐晦的方式,行贿者对将来可能有用处的公职人员刻意采取放长线钓大鱼的投资策略,常常把过节、祝寿、婚丧嫁娶等作为正常礼尚往来的

---

〔1〕 朱建华:《受贿罪“为他人谋取利益”要件取消论》,载《现代法学》2001 年第 4 期。

〔2〕 夏强:《论“为他人谋取利益”在受贿罪中的地位及其认定》,载《行为与法》2000 年第 1 期。

〔3〕 陈兴良:《刑事法判例》(第 3 卷),法律出版社 2001 年版,第 40 ~ 41 页。

〔4〕 张明楷:《刑法学》,法律出版社 2003 年版,第 925 页。

〔5〕 王作富、但未丽:《〈联合国反腐败公约〉与我国贿赂犯罪质立法完善》,载《法学杂志》2005 年第 7 期。

机会行贿赂之实，但在行贿时又没有具体请托的事项，目的在于建立感情，为将来请求公职人员为其谋取利益奠定基础；公职人员收受贿赂后也不立即为行贿人谋取利益，也不做出将来要为其谋取利益的承诺，但双方都心照不宣，等到机会到来，“权与利”的交易就可完成。但在这时，刑法却难以对此加以惩罚。

受贿罪的本质在于侵犯了职务行为的不可收买性，无论行为人有没有“为他人谋取利益”的意图，不管行为人有没有“为他人谋取利益”的行为，都不会影响受贿行为的本质。因此，为了严密受贿罪的刑事法网，接轨《联合国反腐败公约》，我国立法机关应该尽快取消和修改“为他人谋取利益”这一构成要件，可以考虑将其作为一个量刑的情节，加以区分不同的受贿行为，并设置不同的法定刑幅度。

在典型的受贿罪中，国家工作人员一旦利用职务之便收受贿赂，无论是否为他人谋利，客观上都存在不能秉公办事的危险性，其职务行为的公正性将受到质疑；同时，该行为对没有行贿的公民的平等权实际上产生了威胁，而且这种威胁是不能容忍的。去除“为他人谋取利益”的条件，既没有减少受贿罪的社会危害性，又有利于查办受贿案件，因此，应当取消受贿罪中“为他人谋取不正当利益”的构成要件。

关于“为谋取不正当利益”要件的存废问题。在我国理论界与司法实践中，对“为谋取不正当利益”应否成为行贿罪的主观要件存在较大分歧。有学者认为“为谋取不正当利益”应当成为行贿罪的主观要件，它限制了行贿罪的成立范围，缩小了刑法对行贿人的打击面，节约了刑罚的成本；同时又能够体恤为了自己合法权益而基于某地某领域国家工作人员公正性丧失而不得不行贿的行贿人，坚持了刑法的人道性、谦抑性品质；同时，还有利于缓解对受贿罪侦查过程中的取证困难，有利于打击受贿犯罪。[1] 但更多的学者认为行贿罪不应以"为谋取不正当利益"为要件,主张应予以取消。如有学者认为:"随着形势的迅速发展,'为了谋取不正当利益'这一要件得以合理存在的客观依据已基本失去,要件的正面作用越来越小,反面作用却越来越大,需要加以废除";[2] 也有人主张应取消现行刑法关于行贿罪定义中的"为谋取不正当利益"的规定。该学者认为,为谋取正当利益而行贿也是犯罪行为。为谋取不正当利益而行贿自然会对"公共政府的威信"和"国家工作人员的职务廉洁性"等造成侵害,但如果认为为谋取正当利益而行贿不会侵害上述法益则实难令人苟同;[3] 又有学者则从长远社会效果的角度力主取消该要件,认为"这实际是以放纵行贿犯罪的代价来换取对受贿犯罪的查处,最终也变成既放纵了行贿犯罪,又使打击受贿犯罪、减少贿赂犯罪的发生变得难以奏效"。[4] 还有学者虽然没有明确提出废除这一要件,但是主张谋取任何形式的、任何性质的利益都属于"谋取不正当利益",行贿人谋取正当利益还是不正当利益都应构成行贿罪,理由是该学者认为,行为人即使谋取正当利益给予国家工作人员以财物,也是一种权钱交易。[5]

本书认为,应当修改刑法规定,取消行贿罪中的"为谋取不正当利益"主观要件规定。理由可归纳为如下几个方面:第一,行贿与受贿属对合犯,二者侵害的法益应当具有同一性。第二,在当前有关法律、法规及规章上不够完备、细致的情况下,经济运行中

---

〔1〕 吕天奇:《贿赂罪的理论与实践》,光明日报出版社2007年版,第259~261页。

〔2〕 朱孝清:《略论行贿罪主观要件的修改》,载《法学》1996年第8期。

〔3〕 吾占英:《行贿罪防范研究》,载《社会科学论坛》2002年第6期。

〔4〕 罗枫:《行贿罪不应以"为谋取不正当利益"为要件》,载《上海政法管理干部学院学报》1999年第5期。

〔5〕 张明楷:《刑法学》,法律出版社2003年版,第932~933页。

谋取利益的正当与否往往具有相对性,很难用一个固定的标准将其截然分开。第三,即使是为了谋取正当利益,也不应通过行贿的手段买通路子,对此种行为应当加以谴责并追究其相应法律责任。[1] 第四,从司法实践的角度来讲,在行贿罪定义中写进"为谋取不正当利益",会给司法工作带来侦查、定性上的麻烦,也往往会使行贿者规避刑罚制裁。第五,国外刑法对于行贿罪的规定,均是只从客观要件的角度设定罪状,至于行贿人的主观目的为何,法律在所不问。

第二,完善巨额财产来源不明罪。

我国《刑法》对巨额财产来源不明罪的规定是:"国家工作人员的财产或者支出明显超过合法收入,差额巨大的,可以责令说明来源,本人不能说明其来源是合法的,差额部分以非法所得论,处五年以下有期徒刑或者拘役,财产的差额部分予以追缴。"规定巨额财产来源不明罪有利于打击贪污腐败行为,弥补了我国反贪立法的漏洞,是"从严治吏"的历史经验的总结。但是纵观近些年来的司法实践,该罪名已成为一些贪官们的"避风港""保护伞"。但是当前我国《刑法》关于巨额财产来源不明的定罪量刑规定存在一定不足,笔者以为需要做进一步修正与充实。

首先,《刑法》中"可以责令说明来源"中对"可以"一词的规定不妥。"国家工作人员的财产或者支出明显超过合法收入,差额巨大的,可以责令说明来源",如此规定,说明法律赋予司法人员一定的选择权,司法人员既可以责令嫌疑人说明来源,也可以不责令其说明来源。如果司法人员选择后者,那么嫌疑人也就无说明财产来源的义务,这就不符合巨额财产来源不明罪的犯罪构成,也谈不上构成本罪了。毫无疑问,这样的规定为司法人员侦

---

〔1〕 许海波:《贪污贿赂罪若干问题研究》,知识产权出版社 2005 年版,第 168 页。

查适可而止、半途而废,甚至徇私枉法而放纵犯罪留下后路,也易导致官官相护和司法腐败。因此,应当将条款中“可以责令说明来源”改为“应当责令说明来源”,这既符合立法者的本意,又避免了司法机关不积极主动追究此类犯罪的后果。

其次,应当加强犯罪嫌疑人在说明财产来源时的举证责任。作为特殊主体,国家工作人员有义务说明其财产来源。本罪规定由犯罪嫌疑人负举证责任是我国刑法的一大进步,但规定仍不够详细。国外各国对财产的说明标准比我国要高出很多,很多国家和地区都不以犯罪嫌疑人对财产来源仅做出说明或解释为限,而是要求做出满意解释。如香港、新加坡要求做出圆满解释,埃及要求证明增加部分的合法来源,这就使得犯罪嫌疑人不能再信口开河,随意发挥。我国现行法律仅要求说明就行,所以实践中几乎很少有犯罪嫌疑人不能“说明”的情况。通常都将财产来源往已死的人或者国(境)外的人身上推诿和搪塞。犯罪嫌疑人或是说差额部分是父母留下的遗产,或是说现居住在海外的亲戚的馈赠,虽不能提供证据,但对接受财产的时间、地点、钱数均能“说明”,对此,办案人员实际上几乎无法调查核实,既不能证明有,也不能证明无。在这种情况下,办案人从证据上庭的角度考虑,只能认为这就是法律上要求的“说明”,因为法律没有规定必须“有证据说明”。这样,少数狡猾的犯罪嫌疑人就凭借这点逃脱了法律的制裁。如果我们的法律能进一步对于“说明”加以限制,要求犯罪嫌疑人做出“满意的说明”或者“提供证据说明”,那么有意逃避法律的贪污贿赂分子就不那么容易逃脱。至于到什么程度才是达到“满意或提供证据”说明,各国均无具体标准。实践中应从四方面掌握:第一,犯罪嫌疑人不做说明的情况。在各个司法程序阶段,犯罪嫌疑人拒绝说明来源的,都应认定为说明不圆满。第二,犯罪嫌疑人做“有说明”的情况。所做解释必须有证据证明其存在,如有证据证明被告人说明系捏造事实的,其解释为不圆满。第三,犯罪嫌疑人或公诉方缺乏能力。犯罪嫌疑人由于心理或生理的原因没有说明能力,或者侦查人员、公诉方不能证明说明为虚假的,不能认为说明不圆满。第四,说明期限。犯罪嫌疑人对合法来源的供述应当限于判决前。在服刑期间犯人又供述来源的,如果是贪污受贿等职务犯罪行为所得,按发现漏罪处理;供述合法来源的,视为没有供述。因为犯人必须为其"在判决前不对合法财产来源做出说明"的行为负法律责任。[1]

最后,巨额财产来源不明罪在实践中很难独立适用,建议尽快建立国家工作人员财产公布制度,并扩大巨额财产拥有人关系网络。巨额财产来源不明罪自设立以来似乎成了贪污罪、贿赂罪或其他渎职犯罪的附带罪名,人们从来没有听说过哪一个腐败分子单纯因为被查出巨额财产来源不明而被依此罪定刑的。出现这种情况的原因是什么?这是因为我国在法律层面上尚未实行官员财产公布制度。只有实行财产公布制度,才能及时发现国家工作人员的非法收入,以巨额财产来源不明罪追究其刑事责任。所以,笔者建议尽快建立国家工作人员财产公布制度,其收入和家庭财产必须在媒体上公开,必须接受全体公民和媒体的全方位有效监督。同时,来源不明的巨额财产拥有人应当扩及包括国家工作人员的亲属、信托人、关系人等在内的关系人网络。我国目前规定的"国家工作人员的财产",在实践中并不包括其关系人。而从当前贿赂案件的实际特点来看,多数受贿人是利用自己的亲属作掩护,采取间接受贿的方式。这部分财产名义上不是犯罪嫌疑人的财产,实质上是犯罪嫌疑人利用手中的权力换来的,有的仍归受贿人支配,有的属于受贿人赠与,实际控制权多半在犯罪嫌疑人手中。等到受贿案发时,犯罪嫌疑人说自己不知道就可以

〔1〕 时延安:《巨额财产来源不明罪的法理研析》,载《法学》2002年第3期。

推卸责任,案件也就只能不了了之。借鉴外国的经验,我们在立法上也应做出详细规定,堵塞这方面漏洞。[1]

综上所述,我们建议将《刑法》第395条应修改为:"国家工作人员的财产、支出明显超过合法收入,差额巨大的,应当责令其说明来源,不能说明其来源的,差额部分以非法所得论,处五年以下有期徒刑或者拘役;差额特别巨大的,处五年以上十年以下有期徒刑。财产的差额部分予以追缴。"课题研究中也有部分学者认为,通常情况下巨额财产来源不明罪是伴随受贿罪的调查而生的,索性在此问题上胆子再大些,只要切实查到了犯罪人拥有来历不明的巨额财产,而且犯罪人拒不说出其来源,就与受贿罪同罪,从而就没有任何法律的漏洞可钻了。

③渎职型腐败犯罪

渎职罪是指国家机关工作人员在履行职责过程或者行使职权过程中,玩忽职守、滥用职权或者徇私舞弊,致使公共财产、国家和人民利益遭受重大损失的行为。渎职罪侵犯国家、集体利益和公民的合法权益,损害政府形象,是严重危害国家机关正常活动的职务犯罪。我国《刑法》在第九章专设了渎职罪,将滥用职权、玩忽职守、徇私枉法罪、枉法裁判罪、故意泄露国家秘密罪等33个罪名规定在一章中,其犯罪主体除故意泄露国家秘密罪可以是非国家工作人员外,其他都是国家机关工作人员。

第一,渎职罪的立法现状及存在问题。我国刑法把渎职罪的主体限定为"国家机关工作人员",其理由是渎职罪的客体是国家机关的正常活动,只有国家机关工作人员才有"职"可渎,国有公司、企业、事业单位、人民团体中的人员都无"职"可渎。这在理论上符合现代国家执法主体的要求,也是我国国家机构改革的发展方向。

---

[1] 武彬:《试论巨额财产来源不明罪的认定》,载 http://www.law-lib.com/lw/lw_view.asp? no=4385,2015年8月29日访问。

但是我国政治体制和机构改革尚在进行、政府职能正在优化调整，当前的执法工作从主体到内容、方式都具有浓厚中国特色这一特点，使渎职罪的立法与我国社会现实情况不相符合，影响了对渎职犯罪的打击力度，其缺陷和弊端主要表现为以下方面：

首先，刑法对渎职罪主体范围的规定存在漏洞。根据宪法和有关国家机关组织法的规定："国家机关工作人员"，是在国家机关中从事公务的人员，包括在国家权力机关、行政机关、司法机关、军事机关中从事公务的人员，不包括企业、事业单位、人民团体中的人员以及其他依法从事公务的人员。这种规定是符合行使国家权力的资格必须依法取得、履行职权必须依法进行的基本理论要求的。但现实的情况是，我国的执法主体与发达国家相比，具有浓厚的中国特色，表现为不但国家机关工作人员行使执法权，而且事业单位、团体、企业或者受委托的个人也从事公务，行使各类执法权。这些行使国家权力的人员资格的取得方式不一，有经选任、考任、委任、调任等法定方式进入国家机关从事执法活动的国家机关工作人员，即在国家权力机关、行政机关、司法机关、军事机关中从事执法活动的工作人员；还有经法律授权依法从事执法活动，或者受委托从事执法活动，或者受聘用从事执法活动的非国家机关工作人员，并且后者还占相当大的比例。

其次，渎职罪个罪规定过于细化，主体范围限制过窄。当前，世界发达国家或地区在立法上规定的渎职罪名较少，一般只有十多条，且大都将贿赂罪纳入其中。如日本刑法有 11 个罪名，减掉其中贿赂罪 7 个罪名，只有 4 个罪名；我国澳门刑法有 11 个罪名；德国有 20 个罪名，减掉其中贿赂罪 5 个罪名，仅有 15 个罪名；俄罗斯联邦刑法的渎职罪分散在多个章节里，有 15 个罪名。犯罪主体一般都规定为公务员或者公务人员，大多把公务员解释为"依照法令从事公务的人"，如《美国模范刑法典》第 240 条规定："公务员系指政府之职员、受雇人，包含议员、裁判官、陪审员、顾问、咨议或以其他资格参与政府机能之实行者在内，但不包括证人。”我国《澳门刑法典》第336条公务员之概念规定：“一、为着本法典之规定之效力，‘公务员’一词包括：a)公共行政工作人员或其他公法人之工作人员；b)为其他公共权力服务之工作人员；c)在收取报酬或无偿下，因己意或因有义务，而不论系临时或暂时从事、参与从事或协助从事属公共行政职能或审判职能之活动之人。二、下列者等同于公务员：a)总督及政务司、立法会议员、咨询会委员、法院及检察院之司法官、反贪污暨反行政违法性高级专员及市政机关据位人；b)本地区官方董事及政府代表；c)公营企业、公共资本占多数出资额之企业，以及公共事业之特许企业、公共财产之特许企业或以专营制度经营业务之公司等行政管理机关、监察机关或其他性质之机关之据位人，以及该等企业或公司之工作人员。”〔1〕

而我国《刑法》将玩忽职守和徇私舞弊罪分解成若干具体罪名，其中大部分罪名设立在第九章，只有个别罪名分别规定在其他章节，力图通过增加渎职罪罪名、分解非国家机关工作人员的渎职罪名，从而将渎职罪的主体限定为国家机关工作人员并确定到具体的机关和部门，使刑法规定更为详尽，以使实践中的每一渎职犯罪都与刑法中的具体条款相对应。但这种理想化的目的并未实现，反而使许多应当规定为犯罪的渎职行为未能规定为犯罪。由此看来，这种穷举式的立法方式并非最理想的选择，反而出现了更多的立法漏洞。

最后，部分条款犯罪主体与实践中行为人主体不符。修订后的刑法力图使实践中的每一渎职犯罪都与刑法中的具体条款相对应，但由于不少企业事业单位、人民团体及其他从事公务的人

---

〔1〕 河南省人民检察院课题组：《渎职犯罪主体研究》，载《国家检察官学院学报》2002年第5期。

员不是国家机关工作人员，而使刑法条款与现实生活的发案主体不相符合，包括以下方面：

《刑法》第403条将滥用管理公司、证券职权罪的主体规定为国家有关主管部门的国家机关工作人员，而构成该罪的发案主体是工商行政管理、人民银行、中国证券监督管理委员会。中国证券监督管理委员会是具有行政职能的事业单位，不是国家机关，其工作人员不是国家机关工作人员。

《刑法》第405条第2款将违法提供出口退税凭证罪的犯罪主体规定为税务机关工作人员，而构成该罪的发案主体包括属于企业单位的中国银行等金融机构工作人员。

《刑法》第409条将传染病防治失职罪的犯罪主体规定为国家卫生行政部门工作人员，而构成该罪的发案主体一般是属于事业单位的从事传染病防治工作的卫生防疫站、卫生防疫所的人员。

《刑法》第418条将招收公务员、学生徇私舞弊罪的犯罪主体规定为国家机关工作人员，但负责招收公务员和学生考试程序的主管人员和其他从事考试工作的人员，包括考场监考、考后评卷人员，大多是学校教师及其他事业单位人员，不具有国家机关工作人员的身份。

《刑法》第419条将失职造成珍贵文物损毁、流失罪的犯罪主体规定为国家机关工作人员，而构成该罪的发案主体一般是属于事业单位的博物馆、展览馆、图书馆的工作人员。

再如人民法院的审判活动是国家的主要权力之一。我国实行人民陪审员制度，参加法庭审判的人民陪审员，具有与审判员同等的权力。人民陪审员的身份可能是教师、工人、农民，不是司法工作人员。修订后的《刑法》第399条第1、2款规定的徇私枉法罪、枉法裁判罪的主体是司法工作人员，人民陪审员的身份不符合徇私枉法罪、枉法裁判罪的主体条件。

上述人员都不是国家机关工作人员，按照刑法定的原则，不能构成渎职罪的主体。同时,我国目前正处于政治、经济体制改革过程中,一些国家机关(如铁道部)将转变为公司或者中介机构,并将在一定时期承担行政执法职能,这将使现实情况与刑法规定产生重大的差距。

第二,渎职罪立法建议。刑法对渎职罪规定的目的,是要从源头上减少和遏制渎职犯罪的发生,保证国家活动的正常进行。要实现从源头减少和遏制渎职犯罪发生,立法是基础。对渎职犯罪主体做出明确、合理的法律规定或立法解释,增强针对性和操作性,完善惩治渎职犯罪的立法是实现依法治国的前提。一是尽快对修订后的刑法第九章渎职罪的犯罪主体进行修订完善,将渎职罪的犯罪主体规定为“国家机关工作人员及其他从事公务的人员”。根据上文分析的渎职犯罪本质特征并结合我国的国情,渎职犯罪的主体应当是指国家机关工作人员和其他依法从事公务的人员。只要是从事公务,无论是否具有国家机关工作人员的正式身份,均可构成渎职犯罪的主体。这里的国家机关工作人员包括国家权力机关工作人员、国家行政机关工作人员、国家司法机关工作人员、国家军事机关工作人员四类人员;其他依法从事公务的人员包括法律、法规授权的组织中的工作人员、依法受委托的组织的工作人员、执政党和参政党组织的工作人员、人民政协及工、青、妇组织的工作人员。二是为克服对渎职罪个罪规定过于烦琐,造成对一些渎职行为处罚的疏漏和个别罪名闲置,建议通过认真的论证,高度概括渎职犯罪特征,结合我国特有的国情,参考世界当代国家对渎职罪的规定,通过最高权力机关的立法活动,重新对渎职犯罪予以界定,尽可能减少渎职罪个罪罪名,堵塞追究渎职犯罪的漏洞,以适应反腐倡廉和依法治国的需要。〔1〕

---

〔1〕 河南省人民检察院课题组:《渎职犯罪主体研究》,载《国家检察官学院学报》2002年第5期。

④私分国有资产罪

私分国有资产罪，是指国家机关、国有公司、企业、事业单位、人民团体，违反国家规定，以单位名义将国有资产集体私分给个人，数额较大的行为。[1] 本罪是1997年修订刑法时增设的新罪名，是应历史发展需要，为打击一些单位通过滥发实物、奖金或者名目繁多的补助等方法，变相或者直接私分公共财物，造成国有资产严重流失这一类犯罪而设立的。2002年5月，最高人民检察院将私分国有资产罪作为"严打"的六类严重职务犯罪之一。根据我国《刑法》第396条规定，国家机关、国有公司、企业、事业单位、人民团体，违反国家规定，以单位名义将国有资产集体私分给个人，数额较大的，对其直接负责的主管人员和其他直接责任人员，处3年以下有期徒刑或者拘役，并处或者单处罚金；数额巨大的，处3年以上7年以下有期徒刑，并处罚金。根据该规定，该罪的犯罪主体是特殊主体，必须是国有单位的直接责任人员，非国有单位的直接责任人员不能构成本罪，犯罪主体明知是违反国家规定私分国有资产而故意私分给个人；该罪的犯罪行为是故意私分国有资产的行为；犯罪结果必须是私分国有资产数额较大的结果。具备了上述构成条件的，构成私分国有资产罪。

本罪的设立对打击和惩治私分国有资产行为、保护国有资产不流失产生了积极的作用，但同时，亦存在难以准确界定的问题。

首先，在客观方面，该罪的具体表现：一是违反国家规定。二是以单位名义实施。"以单位名义"，是指经单位领导集体研究决定的，体现了单位的意识和意志。三是将国有资产集体私分给个人的行为。"集体私分给个人"，是指将国有资产擅自分给单位中

---

〔1〕 林亚刚：《贪污贿赂罪疑难问题研究》，中国人民公安大学出版社2005年版，第279页。

的每一个成员或者大多数成员。四是私分国有资产“数额较大”。对“数额较大”，根据最高人民检察院《关于人民检察院直接受理立案侦查案件立案标准的规定（试行）》，“私分国有资产或者私分罚没财物数额在10万元以上的，应予立案。”有观点认为，最高人民检察院的这一立案标准具有超前性，就目前状况而言太高。而实践中，私分5万元以上不到10万元的案件数量占有很大的比例，对这部分案件，受立案标准的影响而难以立案，涉案人员也难以受到法律的制裁，因而建议将立案标准降为5万元较为适宜。[1] 笔者以为，全国规定一个统一的数额标准，不一定适合各地区的实际情况，可以考虑规定一个数额幅度，将立案标准规定为5万～10万元，各地可根据本地区经济、社会发展水平在这一幅度内选择适用。

其次，本罪的犯罪主体问题，一般认为，私分国有资产罪的主体是国有单位。[2] 但也有观点认为，本罪的主体是自然人而不是单位。其理由是：私分国有资产罪，虽然是经集体研究决定或负责人员决定实施的犯罪，具有单位犯罪的某些特点，但这种犯罪并不是为整体谋取非法利益，而是为本单位个人谋取非法利益。也就是说它是一种自然人以单位名义，为个人（不限于本人）非法占有国有资产而实施的犯罪。[3] 也有学者从《刑法》第396条文字规定理解，认为私分国有资产罪的主体不是单位，不是单位犯罪，而是单位的直接责任人员的个人犯罪。[4] 笔者以为，将本罪的单位犯罪理解成为单位的利益，而不包括单位的个人利益

---

〔1〕 彭物明：《立案标准太高，私分国有资产罪难以定罪》，载《检察日报》2000年9月20日第4版。

〔2〕 高铭暄、马克昌：《刑法学》，高等教育出版社、北京大学出版社2000年版，第644页。

〔3〕 张鸣胜：《集体私分国有资产罪浅论》，载《学海》1998年第5期。

〔4〕 周其华：《刑法典问题之全景揭示》，法律出版社2003年版，第453页。

犯罪,显然是比较狭隘的,不利于处罚集体私分国有资产的行为。私分国有资产罪的主体不是单位,不构成单位犯罪。

其一,《刑法》第 396 条中没有规定国家机关、国有公司、企业、事业单位、人民团体构成犯罪的规定;也没有规定对单位给予刑罚处罚的规定;

其二,根据《刑法》第 30 条、31 条关于对单位犯罪的规定是:必须法律有特别规定的才构成犯罪,并实行双罚制原则,即刑法分则条文必须明确规定单位可以构成犯罪的,才能构成单位犯罪,并规定对单位判处罚金。同时,对单位直接责任的主管人员和其他直接责任人员判处刑罚,不存在单罚制的问题。由于《刑法》第 396 条既没有规定单位可以构成犯罪,也没有规定对单位判处罚金,因此,不能认定是单位犯罪,而只能认定是单位的直接责任人员个人的犯罪,即自然人犯罪。[1] 综上,我们建议相关立法部门应当将私分国有资产罪的犯罪主体进一步明确化,细化对相关责任人的责任承担及追究的规定。

⑤完善惩治腐败犯罪的刑罚制度

刑罚在惩治腐败斗争中居于特殊的重要地位。我国社会主义的刑罚是国家专政机器的一个重要组成部分,在履行其专政职能的同时更具有教育职能,是惩罚和教育的统一。教育寓于惩罚之中,而惩罚的目的是为了教育改造罪犯悔过自新。所以刑罚已不单纯是惩罚和威吓的手段,它更具有了社会伦理因素,成为评判人们行为是非标准的尺度。在社会主义条件下,法律是公众利益的体现,对犯罪分子科处刑罚,表达社会伦理道德对这些行为的彻底否定,以此来帮助人们树立正确的道德伦理观念;对于犯罪分子来说,使其感到社会的谴责,唤起他的良知和赎罪感,在自

---

〔1〕 周其华:《职务犯罪热点、难点问题解析》,中国方正出版社 2007 年版,第 121 页。

我谴责的内心体验下对自己的行为做出公正评价,由不自觉转为自觉地接受改造。[1] 为了更好地发挥刑罚在惩治腐败中的作用,我们至少必须在以下四方面进行改革。

第一,关于在腐败犯罪中废除死刑的问题。

虽然有些学者主张惩治腐败犯罪必须施以严刑重典,[2] 而且我国古代也历来采用严刑峻法治理腐败问题,明朝朱元璋更是动辄就对几百贪官处以极刑。[3] 但这些做法是偏激的。目前我国的有关腐败犯罪的刑事立法的严厉程度与其他国家相比有过之而无不及,如在刑期上,除泰国、韩国等极少数几个国家外,一般在法律上很少设有死刑,甚至很少设有无期徒刑,通常是 10 年以下有期徒刑。许多国家实行的是“轻刑必罚”的策略,提升刑罚预防腐败的效果,事实证明是十分成功的。而我国即使对于惩治腐败犯罪设置了死刑,但是收到的治理效果极微,腐败犯罪是愈加猖獗。[4]

基于其他国家和地区对腐败犯罪不适用死刑的通行做法,以及罪刑均衡、效益性原则、人道主义精神等的要求,我国应该在腐败犯罪中废除死刑。而且对于腐败犯罪取消死刑还有如下功能:首先,有利于国家有效行使刑法管辖权。因为腐败分子一旦外逃出国,我国便难以引渡。因为世界绝大多数国家,特别是发达国家都坚守“死刑犯不引渡”的原则,不允许“被申请引渡国”将引渡回国后可能判处死刑的犯罪嫌疑人引渡至其国籍国或其犯罪行为、结果发生地国。这样,我国的刑罚权难以实现不说,犯罪分

---

〔1〕 杨红:《论刑罚在肃贪治腐中的地位》,载《山东法学》1997 年第 8 期。

〔2〕 林维业:《关于惩治腐败犯罪的法律思考》,载《甘肃政法学院学报》2005 年第 7 期。

〔3〕 崔海容:《严法峻律,惩墨儆贪——历史上惩治贪官的几点做法》,载《中国监察》2001 年第 21 期。

〔4〕 陈晓明:《关于“反腐用重典”的理性思考——从刑罚威慑理论谈起》,载《福建政法管理干部学院学报》2005 年第 6 期。

子携款潜逃的后果也会令国家难以追回犯罪所导致的重大损失。因此,无论从有效行使刑法管辖权及刑罚权的行使可行性,还是从有效索回腐败犯罪的经济损失角度来看,对腐败犯罪的死刑设置都会影响到惩治此类犯罪的效益性。其次,具有诉讼程序上的意义。法定刑配置过高对降低现行犯罪的损害和尽可能地惩治腐败是不利的,因为法定刑的高低一般情况下与行为人对抗法律的决心成正比。法定刑低,行为人面临轻刑,就容易接受法律的制裁;法定刑高,行为人面临重刑甚至极刑,就不会轻易接受法律制裁。过重的刑罚强化其对抗法律采取极端逃避制裁的心理,甚至不惜手段,尤其当行为人心理上认为罚重于其罪时更是如此。从腐败的动机上来看,行为人多是利用自己的职权搞钱权交易,负罪感不像普通刑事犯罪那样深,如果设置过高的刑罚,政策感召法律教育唤醒的良知旋即被深深的恐惧所替代,出于自卫的本能,行为人就会千方百计掩盖其犯罪事实。[1]

在腐败犯罪中取消死刑后,应充分重视有期徒刑及无期徒刑等主刑的适用频度和幅度。一般情况下,在我国判处无期徒刑的罪犯在服刑 2 年后均能减为 20 年以下的有期徒刑,之后仍有多次减刑机会,最短服刑 12 年即可获减刑或假释出狱。如果在废除腐败犯罪死刑适用后,仍保留现行的无期徒刑制度,势必降低刑罚的威慑力,且有可能导致改革的失败。因此,建议严格控制有期徒刑和无期徒刑的减刑次数和幅度,加重自由刑的适用。例如要控制无期徒刑的最低服刑期限,至少应在刑罚执行 18 年以上时才能考虑对其假释,服刑 2 年后可以减刑,但是最终应服刑 15 年以上。[2] 当然,根据 2014 年 1 月 21 日中共中央政法委印发的《关于严格规范减刑、假释、暂予监外执行切实防止司法腐败

---

〔1〕 严尚军:《职务犯罪死刑立法之检讨》,载《法学杂志》2007 年第 5 期。

〔2〕 尹强明:《贪污贿赂犯罪死刑废除的刑法学思考》,载《南华大学学报》(社会科学版)2006 年第 6 期。

的意见》的规定,贪贿分子判处死缓,减刑后最少要服刑22年有期徒刑。

第二,关于贪贿犯罪的量刑幅度和终身监禁问题。

《刑法修正案(九)》第44条将《刑法》第383条修改为:“对犯贪污罪的,根据情节轻重,分别依照下列规定处罚:(一)贪污数额较大或者有其他较重情节的,处3年以下有期徒刑或者拘役,并处罚金。(二)贪污数额巨大或者有其他严重情节的,处3年以上10年以下有期徒刑,并处罚金或者没收财产。(三)贪污数额特别巨大或者有其他特别严重情节的,处10年以上有期徒刑或者无期徒刑,并处罚金或者没收财产;数额特别巨大,并使国家和人民利益遭受特别重大损失的,处无期徒刑或者死刑,并处没收财产。对多次贪污未经处理的,按照累计贪污数额处罚。”一方面调整了量刑幅度的排序,将1997年刑法的由重到轻改为由轻到重的排列,并删除了立法上的数额规定,从而使量刑幅度更加简约和具有可操作性。另一方面在第二档量的刑幅度中由原来的5年有期徒刑下调为3年有期徒刑,从而使法定刑幅度更趋合理,并为司法机关制定数额较大、数额巨大、数额特别巨大标准时提供数额标准幅度上的便利。

《刑法》第383条第4款还规定:“犯第1款罪,有第3项规定情形被判处死刑缓期执行的,人民法院根据犯罪情节等情况可以同时决定在其死刑缓期执行2年期满依法减为无期徒刑后,终身监禁,不得减刑、假释。”可以说这是“终身监禁”的首次入刑,它意味着因贪贿犯罪被判处死刑缓期执行的人员,有可能不再有减刑、假释的机会,而面临“终身坐牢”。在客观上,一方面“终身监禁”为贪贿犯罪最终废除死刑提供了必要的过渡性措施,另一方面杜绝了长期以来贪贿犯罪“前门进,后门出”的现象,从而加大了打击贪贿犯罪的力度。根据这一规定,今后特大贪贿犯罪判处死缓的罪犯主要分为两类:一类是“普通死缓”,也即死刑缓期执行2年期满后可以减刑假释;另一类则是"特别死缓",也即死刑缓期执行2年期满后不得减轻假释、终身监禁,从而进一步加强了刑法对贪贿犯罪的威慑力度。

第三,关于罚金刑在腐败犯罪中的特殊运用问题。

腐败犯罪是贪财型的犯罪,对于这类罪犯,应当尽可能考虑与之相匹配的刑罚设置:在判处自由刑的同时,采取经济剥夺的处罚手段,强制他们向国家缴纳一定数量的金钱,才能触动其痛处,让其"痛定思痛",从而对自己的行为重新做出评价,抑制其贪财图利的动机,不再实施犯罪。从日本刑法惩治腐败的经验来看,为了使腐败"无利可图",为了使腐败分子无法享受到经济利益,日本刑法在贿赂罪一章中把"没收"和"追缴"等经济刑罚单独拿出来做了具体规定,甚至还制定了单行法对这个问题进行规范,操作性很强。[1]

然而我国现行《刑法》只规定了对单位犯行贿罪、受贿罪等罪的罚金刑,对自然人犯腐败犯罪的,除对处刑较重的附加没收财产外,没有单处或附加罚金刑的规定,这不能不说是立法的缺陷。我们建议在限制、减少死刑的同时,在腐败犯罪的法定刑上增设罚金刑,让其与没收财产刑选科适用,全面体现对腐败犯罪的经济制裁,剥夺犯罪人再犯的经济实力。从一定意义上而言,罚金刑的确是针对腐败犯罪所具有的职务性、财产性特点而采取的措施,对该类犯罪人适用罚金刑,可以有效地剥夺其再犯条件,不让其在经济上得到任何好处,达到最佳的刑罚效果。罚金刑是一种对犯罪分子实施较严厉的经济性惩戒的刑罚方法,对腐败犯罪分子之贪利性动机的打击尤为效果明显,因为其不仅可以对该类犯罪分子获取不法经济利益进行罪后的惩罚,更可以通过对其经济利益的损

---

〔1〕 冷葆青:《完善社会主义刑罚体系,有效惩治腐败犯罪的新思维》,载《犯罪研究》2007年第5期。

害，使其丧失实施犯罪的经济基础，这也从一定程度上剥夺了犯罪分子的再犯能力。可以说，罚金刑兼顾了报应和预防的双重刑罚目的，将之纳入腐败犯罪的刑罚体系中应当是较为理想的选择，这在一定程度上也与《联合国反腐败公约》第 30 条第 10 款的精神实质不谋而合，应当是受到《联合国反腐败公约》所鼓励和支持的刑罚方法。〔1〕

第四，关于资格刑的完善问题。

资格刑是指剥夺犯罪人从事某种活动的资格的刑罚。〔2〕它可有力地使犯罪分子丧失任职资格从而取消再犯危险性。刑法发展的历史，是由报应刑向宽缓的教育刑的转变。与此相适应，刑罚体系也从古代以生命刑、身体刑为中心，发展到近代以自由刑为中心。社会主义市场经济下的刑罚，以非刑罚化、轻刑化和刑罚经济化为主要特点，资格刑正可以体现这一特点。〔3〕可遗憾的是，我国尚未意识到剥夺资格刑在预防腐败犯罪中的无可替代的作用，现行刑法关于剥夺资格刑的规定主要是指剥夺政治权利。尽管剥夺政治权利刑的内容已经包括了剥夺担任国家机关职务的权利和担任企业、事业单位和人民团体领导职务的权利，但由于我国刑法总则对适用剥夺政治权利规定了严格的条件，刑法分则又尚未规定对腐败犯罪可独立适用剥夺政治权利，实际上被判处剥夺政治权利的腐败犯罪分子并不多。而且目前司法实践中对腐败犯罪的判处比较轻，适用缓刑的很多，而缓刑的适用又使得腐败分子借此保住了职务。〔4〕

---

〔1〕 杨俊：《贪污贿赂犯罪刑罚设置之反思与重构——以〈联合国反腐败公约〉为视角》，载《湖南农机》2007 年第 5 期。

〔2〕 吴平：《资格刑研究》，中国政法大学出版社 2000 年版，第 51 页。

〔3〕 陈智清：《资格刑适用与反腐败斗争》，载《学习月刊》2003 年第 11 期。

〔4〕 易志华：《完善贿赂犯罪立法，遏制腐败新问题》，载《检察实践》2003 年第 3 期。

因此，刑法必须重新配置腐败犯罪的刑罚，增设新型的资格刑种类，如剥夺或限制公权、剥夺从事特定职业资格、剥夺荣誉权。通过对腐败犯罪人附加剥夺一定的资格，客观上可以堵死其利用职务和权力再次实施贪财图利的可能，从而达到特殊预防的目的。对于腐败犯罪既可单独适用这种资格刑，又可将其作为附加刑适用。

⑥增设"贿赂外国公职人员或国际公共组织官员罪"

2007年10月2日，菲律宾总统格洛丽亚·马卡帕加尔·阿罗约(Gloria Macapagal Arroyo)在上海与中国国家主席胡锦涛会晤时表示，因涉嫌贿赂丑闻，她已经决定不再继续履行与中国中兴通讯股份有限公司签订的一项价值3.29亿美元的宽带合同。该贿赂事件的发难者AHI公司的创始人指称项目总额被人为地抬高了至少1.3亿美元，以用作回扣或贿赂。10月1日，该丑闻中被指控向相关官员行贿的菲律宾选举委员会主席Benjamin Abalos已经辞职，而且菲律宾政府已经成立了"中国项目监察专门小组"，审查所有由中国贷款资助的项目，可能陆续还有中菲合作项目被宣布暂缓或"无限期延迟"。[1] 这一事件严重损害了国家的形象和地位，给国际化势头正劲的中国企业的市场形象带来了麻烦。出现这种情况的关键原因是我国刑法对贿赂外国官员的犯罪没有规定，因此对犯罪分子束手无策，更不用说预防此种犯罪了。

国外很多国家都对贿赂外国公职人员或国际公共组织官员都规定了单独的罪名或者有相应的处罚措施。例如美国为了迎合其公众的期望和价值观，保障市场体系的效率，打击日益严重的商业贿赂，专门制定了《反海外腐败法》(Anti-Foreign Corrupt Practices Act)，规定为了获得或保持商业机会而贿赂外国政府官

---

〔1〕 冯禹丁:《中兴深陷海外贿赂门》，载《商务周刊》2007年第20期。

员的行为是犯罪。这在世界反腐败历史上是开创之举。[1] 虽然美国公司为了遵守此法规定,而丧失了大量的海外市场和竞争优势,但是在预防腐败方面取得了很大成功,美国公司有了洁净的生存竞争环境,前景是极其美好的。

联合国也注意到了越来越严重的海外贿赂现象,《联合国反腐败公约》第16条第1款明确规定:"各缔约国均应当采取必要的立法和其他措施,将下述故意实施的行为规定为犯罪:直接或间接向外国公职人员或者国际公共组织官员许诺给予,提议给予或者实际给予该公职人员本人或者其他人员或实体不正当好处,以使该公职人员或者该官员在执行公务时作为或者不作为,以便获得或者保留与进行国际商务有关的商业或者其他不正当好处。"[2]《联合国反腐败公约》显然确定了"贿赂外国公职人员或者国际公共组织官员罪"这一罪名,并要求各缔约国在本国的行贿犯罪刑事立法上增设该项罪名,然而,我国的刑事立法却与《联合国反腐败公约》有着滞后脱节之处,并未对此罪名有所规定,因此我国在国内法中增设"贿赂外国公职人员或者国际公共组织官员罪"已成为当务之急。[3] 以此获得对该类贿赂行为在国内法的处罚依据,从而积极履行我国应有的打击贿赂犯罪的缔约国义务。增设本罪应注意关于该罪的法定刑,由于我国刑法对受贿罪规定有死刑,若比照我国现有量刑标准来设计对外国公职人员贿赂罪,恐难得到国际社会认可,而不利于国际司法协助。因此该罪法定刑应主要以有期徒刑为主并辅以罚金刑。

---

〔1〕 卢建平、张旭辉:《美国反海外腐败法解读》,中国方正出版社2007年版,第41页。

〔2〕 万克夫:《贿赂外国公职人员或国际公共组织官员罪的国内立法思考》,载《甘肃社会科学》2005年第3期。

〔3〕 卢建平:《从〈联合国反腐败公约〉看贿赂犯罪的立法发展》,载《人民检察》2005年第3期。

(3)刑事诉讼法

有了实体法律的规定,国家必须完善程序法以此保证追究腐败分子的刑事责任。海外许多国家在严密的刑法之外都配套有有效的诉讼追究机制,并在反腐中取得了明显的效果:有的国家(如新加坡)制定专门的反贪污贿赂的刑事诉讼法,补充和完善刑事诉讼法或刑事判例法关于查处贪污贿赂犯罪的规定;有的国家和地区(如泰国、中国香港)制定反贪污贿赂专门机关的组织法,明确反贪污贿赂的专门机关的职责权限,保证腐败犯罪的追究主体发挥应有的作用;还有些国家和地区(如英国、澳大利亚、中国香港)制定综合性的或贪污贿赂的专门法律,融刑法和刑事诉讼法于一体。[1]

由此可见,刑事程序法律在惩治腐败犯罪、进行廉政建设的过程中起着关键的保障作用。刑事诉讼与惩治腐败犯罪之间是一种辩证统一的关系:刑事诉讼是反腐的重要手段和基本保证;刑事诉讼的要求和反腐的目标在根本上是一致的;在完善刑事诉讼的法律规范中,许多规定反映了反腐的内在要求,既为刑事诉讼本身所必需,又是刑事诉讼领域进行反腐工作的必然结果;刑事诉讼的顺利进行有赖于反腐的成就。[2]

但是我国刑事诉讼法还存在很多漏洞,导致惩治腐败犯罪不力,追究犯罪分子于法无据。令人可喜的是,《联合国反腐败公约》的通过为我国打击腐败犯罪、解决贪官外逃问题提供了一项重要的法律武器。公约在刑事程序方面做出了许多特别规定,主要包括:增强反腐败机构的独立性;强化对被追诉者的程序控制和实体处罚;提升反腐败机构的侦控能力;加大对被害人的保护

〔1〕 缪树权:《论制定反贪污贿赂法的必要性与可行性》,载《国家检察官学院学报》2001年第4期。

〔2〕 谭世贵:《刑事诉讼与廉政建设》,法律出版社2007年版,第3~5页。

力度;拓宽证据收集渠道,降低证据运用的法律要求;加强反腐败领域的国际合作等。我国应该对照《联合国反腐败公约》,结合我国的具体国情,适时调整完善刑事诉讼法,有效发挥其在反腐中的重要作用。具体而言,要在以下几个方面作出改革。

①刑事理念:树立人权保障与刑事控制并重的理念

根据国家经济、政治、文化与社会发展的状况,西方国家的刑事程序有两大价值目标,一是对犯罪嫌疑人、被告人权利的保护,关注对被追诉人权利的程序保障、强化对被追诉人的人文关怀。二是对刑事犯罪的打击与控制。不同国家在不同时期对其刑事程序价值目标的定位有所不同,但总体而言,侧重于强化对犯罪嫌疑人、被告人权利的保障是当今各国刑事诉讼制度发展的总体趋势。但是腐败犯罪是一批白领阶层利用掌管公共权力、公共资源,公开向社会经济、政治、法律、文化挑战,以谋取巨额利益的高智商犯罪,他们反侦查、反指控、反制裁、反追回财产的手段狡诈,同普通刑事犯罪相比危害性更大。因此,《联合国反腐败公约》特别要求,各缔约国在行使对腐败犯罪的起诉裁量权时,应"努力确保针对这些犯罪的执法措施取得最大成效,并适当考虑到震慑这种犯罪的必要性"。在决定是否在判决前对被追诉者采取保释等措施时,要考虑到"确保被告人在其后的刑事诉讼中出庭的需要",在判断对已经被判刑的腐败犯罪分子给予保释或假释可能性时,"(应当)顾及这种犯罪的严重性"(第 30 条第 3、4、5 款)。[1]

所以,我国刑事诉讼法在打击腐败犯罪时应树立人权保障与刑事控制并重的理念,切实纠正重刑事控制、轻人权保障的传统诉讼观念。刑事诉讼制度的修改与完善,必须贯彻现代的刑事诉

---

〔1〕 徐汉明:《履行〈联合国反腐败公约〉与完善我国刑事诉讼制度之探讨——兼论检察权在诉讼制度中的配置与完善》,载《中国刑事法杂志》2006 年第 1 期。

讼价值与理念，体现刑事诉讼文明，切实有效地保障人权并能控制与预防腐败犯罪。

②证据制度：主观要件证明推定规则，举证责任倒置

第一，《联合国反腐败公约》第28条规定："根据本公约确立的犯罪所需具备的明知、故意或目的等要素，可以根据客观实际情况予以推定。"据此，对《联合国反腐败公约》所规定犯罪的主观要件的证明可以采取推定的方式进行。所谓推定，是指根据法律规定，从已知的事实直接认定另一事实的存在，除非被追诉者提出反证加以推翻。以推定的方式进行证明，实际上是免除了控诉方对推定事实的证明责任。而且，推定反映的只是一种高度的可能性，推定认定的事实一般没有达到排除合理怀疑的证明程度，因而基于推定认定的事实在证明程度上是不同于排他性和排除合理怀疑的另一种类型。[1] 采用主观要件证明推定是"无罪推定"原则的例外，世界各国根据打击腐败犯罪的需要，在立法和实践中都普遍接受了该例外规则，即允许针对某些特定的犯罪事实根据前提事实进行推定，或者要求被告人对某些特定事实承担证明责任。为了有效追究腐败犯罪，我国应对现行刑事诉讼法进行修订：允许针对腐败犯罪的主观要件如"明知""故意"或者"目的"等进行事实推定，但是必须是建立在客观事实的基础上，即推定所依据的前提事实必须由公诉机关提供，且必须经查证属实。[2]

第二，在特定情形下适用举证责任倒置原则。有时，控诉机关能够证明公职人员的财产或支出明显超过其合法收入，但又很难收集到充分的证据证明其财产或收入系实施腐败犯罪所得。

〔1〕 陈学权：《〈联合国反腐败公约〉与中国刑事诉讼》，载《江苏警官学院学报》2004年第3期。

〔2〕 陈光中：《〈联合国反腐败公约〉与我国刑事诉讼法再修改》，中国人民公安大学出版社2006年版，第253页。

《联合国反腐败公约》第31条第8款对举证责任倒置问题做出了明确规定:"缔约国可以考虑要求由罪犯证明这类所指称的犯罪所得或者其他应当予以没收的财产的合法来源。"[1]在涉及洗钱罪、贿赂犯罪、贪污犯罪、挪用犯罪、滥用职权犯罪、资产非法增加等犯罪的案件的没收事宜上,均可考虑由犯罪嫌疑人、被告人承担证明涉嫌犯罪所得或其他财产合法来源的责任,这有别于现代刑事诉讼中举证责任的承担问题一般由追诉方负责的规定。举证责任倒置是一种特殊的法律推定,考虑到让控诉机关来证明腐败犯罪所得或者其他应当予以没收的财产的合法性相当困难,让被告方承担证明责任相对容易和便捷。但我国现行刑事诉讼中没有举证责任倒置和推定制度,仅《刑法》中对巨额财产来源不明罪确认了举证责任倒置的概念。[2] 因此,我国刑事诉讼法应增加对于特定情形适用举证责任倒置原则的规定,以便有效追究腐败分子的刑事责任,保护国家、集体和个人的法益。

③证人制度:保护证人,实行对污点证人的不起诉制度

其一,要注意保护证人及相关人员的安全。《联合国反腐败公约》规定,各缔约国应当"采取适当的措施,为就根据本公约确立的犯罪作证的证人和鉴定人并酌情为其亲属及其他与其关系密切者提供有效的保护,使其免遭可能的报复或者恐吓"。这些措施包括:"(一)制定为这种人提供人身保护的程序,例如,在必要和可行的情况下将其转移,并在适当情况下允许不披露或者限制披露有关其身份和下落的资料;(二)规定允许以确保证人和鉴定人安全的方式作证的取证规则,例如允许借助于诸如视听资料

---

〔1〕 瓮怡洁:《〈联合国反腐败公约〉刑事程序问题评介》,载《法治论丛》2004年第5期。

〔2〕 周顺忠:《试论国际法视域下的我国刑事侦查制度之改革与建构——国际公约对我国〈刑事诉讼法〉再修改之启迪》,载《上海公安高等专科学校学报》2006年第6期。

之类的通信技术或者其他适当手段提供证言”(第32条)。同时,《联合国反腐败公约》要求各缔约国应当采取适当措施,为向反腐败机构举报腐败犯罪的人员“提供保护,使其不致受到任何不公正的待遇”(第33条),各国应当采取必要措施,以“鼓励公共机关及其公职人员与负责侦查和起诉犯罪的机关之间的合作”,使他们在有合理的理由相信发生了腐败犯罪时,“主动向上述机关举报”,或者“根据请求向上述机关提供一切必要的信息”(第38条)。[1]

其二,建立污点证人制度。污点证人,是具有犯罪污点但能证明他人犯罪事实的人。污点证人除具有证人的一般特性外,也与一般证人有所不同,主要表现在该证人自身可能存在着将被追究刑事责任的犯罪事实,甚至陈述的内容也极有可能使自己受到刑事追究,从而证明自身犯罪。《联合国反腐败公约》第37条规定,“各缔约国均应采取适当措施,鼓励参与或者曾参与实施根据本公约确立的犯罪的人提供有助于主管机关侦查和取证的信息”,对于在犯罪的侦查或者起诉中提供实质性配合的被告人,各缔约国应当考虑“在适当情况下减轻处罚”或者“不予起诉”。允许侦控机关以不起诉为条件促使同案被告人提供其他同案被告人的犯罪证据。腐败与职务犯罪,特别是贪污贿赂犯罪,往往没有直接的被害者,证据资源稀缺,通过建立污点证人制度,可以有效弥补腐败犯罪取证难的缺陷,及时惩治腐败犯罪。[2] 根据我们国家的现实情况,我们建议,对于污点证人可以采取更加宽大的政策,不仅对其违法犯罪行为尽可能地不定罪,而且还可以作为不对其进行立案的理由来把握。从而更进一步地分化瓦解罪

---

〔1〕 杨宇冠、吴高庆:《〈联合国反腐败公约〉解读》,中国人民公安大学出版社2004年版,第237页。

〔2〕 俞利平:《解读〈联合国反腐败公约〉——兼谈完善我国贿赂犯罪立法》,载《政法学刊》2005年第6期。

犯,取得利用污点证人的更好效果。

④侦查制度:赋予反腐败机构必要的特殊侦查权力和侦查手段

鉴于腐败犯罪的猖獗和侦查的难度,国外和境外地区都赋予反腐败机构必要的特殊侦查权力和侦查手段:一是特别调查权,如新加坡的《防止贪污法》(Prevention of Corruption Act)规定,贿赂调查局局长或者特别调查官不仅拥有一般调查权,而且不论其他法律如何规定,如果检察官有合理根据怀疑有人实施违反本法的行为,便可以命令方式授权局长或助理警监以上的警官根据命令进行调查。二是强制作证权。我国香港地区《防止贿赂条例》规定,廉政公署的工作人员有权进入任何政府楼宇及要求任何政府雇员答复与其职务有关的问题。三是无证逮捕和先行拘留权,如新加坡《防止贪污法》规定,腐败活动调查局局长或者任何特别调查官可以在没有逮捕证的情况下逮捕涉嫌违反本法的人、受到合理控告的人、有可靠线索证明违法的人或者有正当理由受到犯罪怀疑的人。香港法律规定,廉政公署工作人员如果有理由怀疑某人涉嫌贪污受贿、滥用职权犯罪,可以在没有办理拘捕令时将其拘留,必要时可以使用武力。其他特别的权力还包括技术侦查权、诱惑侦查权等。[1]

《联合国反腐败公约》第50条第1款也规定:"允许主管机关在其领域内酌情使用控制下交付和在其认为适当时使用诸如电子或者其他监视形式和特工行动等其他特殊侦查手段,并允许法庭采信由这些手段产生的证据。"但是从公约的精神来看,并不提倡将这些特殊手段作为常规的侦查方法,公约强调了酌情和适当性,即仍然坚持了侦查的比例性原则。[2] 关于电子或者其他监

〔1〕 雷建昌:《论我国职务犯罪侦查工作的特殊性》,载《西南民族大学学报》(人文社会科学版)2003年第12期。

〔2〕 夏红、王莹:《联合国反腐败公约中确立的刑事程序原则》,载《辽宁警专学报》2006年第2期。

视形式和特工行动主要涉及秘密拍照、录音、录像,监听通讯,以及秘密侦查或诱惑侦查证据材料是否准用的问题。虽然我国《刑事诉讼法》没有规定,但在司法实践中,这些手段在一定范围内也已被有关部门运用。秘密侦查或诱惑侦查证据材料,只要侦查主体合法、方式适当,其所获证据经法庭查证属实,应该可以作为认定犯罪事实的证据。[1]

因此,为了保障反腐机构有法可依,及时侦破腐败案件,我国必须在刑事诉讼法中赋予反腐败机构必要的特殊侦查权力和侦查手段,以此惩罚犯罪分子,保障国家职务行为的廉洁性。

⑤审判程序:建立我国刑事缺席审判特别程序以及境外追逃、追赃机制程序

第一,建立刑事缺席审判特别程序制度。《联合国反腐败公约》为打击腐败,鼓励各国建立缺席审判的机制,第54条规定在犯罪嫌疑人外逃、死亡或者失踪的情况下,只要能够证明有关财产属于犯罪所得或者非法所得,就可以不经定罪而予以没收。许多国家(如德国、日本)的刑事诉讼法确定的特别程序中也规定了缺席审判程序,当被告人在所在地不明或者被告人滞留国外,以及管辖法院不能使被告人到庭或具有其他被告人不能到庭的情形时,就适用缺席审判程序。在我国现行的三大诉讼程序法中,《民事诉讼法》和《行政诉讼法》都明确规定了缺席审判这一法律制度。《刑事诉讼法》中没有规定缺席审判制度,犯罪嫌疑人脱逃后,法院无法进行刑事审判,而且物证和其他证据材料也会随着时间的推移变形或灭失。[2] 而且,这不利于在国际反腐败的刑事司法合作的开展、腐败资产的追回和有效打击腐败犯罪行为。

---

〔1〕 赵秉志:《关于我国刑事法治与〈联合国反腐败公约〉协调的几点初步探讨》,载《法学杂志》2005年第1期。

〔2〕 申嘉:《"刑事附带民事诉讼"制度对追回腐败资产的制约及对策》,载《法学杂志》2007年第5期。

因此,有必要考虑增设该项制度,以满足我国司法实践的需要。但应看到刑事诉讼中的缺席审判与程序参与原则之间的矛盾,以及对被告人诉讼权利,尤其是辩护权的实质性影响,因此在设计制度时应寻求诉讼公正与效率之间的平衡。[1] 可以设计为三种程序:(1)公告程序。在被告人潜逃或缺席情况下,由人民法院发出公告,敦促其投案自首或出庭参加诉讼。(2)审判程序。由于被告人的特殊性,庭审中不设辩论与被告人最后陈述两个环节。(3)撤销程序。在特定条件下,被告人要求回国接受审判的,原判决当然撤销,审判程序可以重新开启;有其他证据表明缺席判决确有错误的,也应撤销原判决,重新审理。[2]

第二,构建境外追逃、追赃机制程序。目前,全球反腐斗争面临的一个重大挑战是犯罪嫌疑人潜逃出境,或将赃款转移出境,给资产追回造成很大困难。针对这一问题,《联合国反腐败公约》创设了两种追回法律机制,即直接追回机制(第53条)和通过没收的间接追回机制(第54条)。通俗地讲,两者区别在于资产被转移到某国后,该国是否对该资产进行了没收。如果没有没收,受害国可通过一定途径,主张对该资产的合法所有权,予以追回,此为直接追回;如果已经没收,受害国可请求返还,此为间接追回。利用直接追回机制追回外流资金,意味着要在资产流入国提起诉讼,而资产流入国多为发达国家,诉讼费用比较高昂,因而利用直接追回机制成本较高,不是我们的首选。对于我国这样的发展中国家来说,最切实可行的途径是利用间接追回机制追回外流资金。然而由于我国相关法律制度不完善:缺席审判制度的缺位

---

〔1〕 周国均、姚莉:《〈联合国反腐败公约〉与我国刑事诉讼制度构建》,载《人民检察》2005年第10期。

〔2〕 徐汉明:《履行〈联合国反腐败公约〉与完善我国刑事诉讼制度之探讨——兼论检察权在诉讼制度中的配置与完善》,载《中国刑事法杂志》2006年第1期。

和冻结、扣押适用条件的缺位,导致我们在利用间接追回机制追回资产时将会面临重重困难。[1] 因此,除了建立刑事缺席审判特别程序制度外,我国刑事诉讼法还应扩充强制措施的种类,将针对财产的冻结和扣押措施也纳入强制措施体系之中,并为其设定严格的适用条件,从而使我国关于冻结和扣押的规定符合《联合国反腐败公约》的要求,建立间接境外追逃、追赃机制,以便为我国追回外流资产消除提供依据和保障。

⑥执行程序:刑事附带民事诉讼的适用与严格执行对腐败犯罪所涉资产没收程序

腐败案件既属侵职权类的犯罪又属侵财产类的犯罪,因此随着涉及财产数额的增加(同时也是对职权侵犯的破坏性加大),应当由不同的法律进行调节来体现“行为和责任相适应”的基本原则。在涉及财产数额比较少、不够刑事处罚标准时,可以按侵权行为进行民事处理。但是当涉案金额达到刑事处罚的标准时,公共财物的性质变成了犯罪的赃款或者赃物,再也不是民法意义上的一般财物,案件由私法调节上升到必须由国家机关介入的公法调节层面,民法性质的追回已经变为刑事性质的没收,此时通过单纯的民事诉讼来追回是不妥当的。[2] 在构成刑事犯罪的情形下,可以通过刑事附带民事诉讼的方式或者严格适用附加没收财产的刑罚,确保腐败财产的及时追回。当以通过刑事附带民事诉讼的方式追回时,应具备以下适用条件:一是已经查明存在犯罪所得的财物;二是犯罪嫌疑人或被告人具有承担相应民事责任的能力;三是由检察院先行提起附带民事诉讼。[3]

---

〔1〕 瓮怡洁:《〈联合国反腐败公约〉与中国刑事诉讼》,载《广西政法管理干部学院学报》2004 年第 6 期。

〔2〕 陈斌、崔凯:《外逃腐败资产追回的程序选择——从〈联合国反腐败公约〉的视角》,载《湖北社会科学》2006 年第 11 期。

〔3〕 肖乾利:《我国贿赂犯罪的刑事立法完善——以〈联合国反腐败公约〉为探究视角》,载《求索》2006 年第 3 期。

在确定犯罪或者赔偿数额后，应该严格执行对腐败犯罪所涉资产没收程序、罚金刑，但要对犯罪分子个人及其扶养的家属保留必需的生活费用。

⑦受害人保护制度

在追诉腐败犯罪行为的过程中，被害人通过自身的行动为追惩犯罪提供了必要的帮助，但是这些人员及其亲属可能会因此而招致报复、恐吓或者其他不公正的待遇。而且被害人的心理是复杂多样的：其一，报复。被害人因为自己的合法人身财产权益受到犯罪分子的侵害，难免会对犯罪分子产生报复心理，但是又因为其自身无法采用自身力量进行报复，所以诉请公安司法机关制裁犯罪分子，以满足其报复的欲望。一旦这种不良的心理过度膨胀，被害人甚至是不惜采取违法的方式，同手握司法权的司法工作人员进行权钱交易、权权交易，将司法权变相地为自己的报复欲望服务。其二，防御。被害人如果对犯罪的发生存有过失，一旦当对方对其提出追诉之请求时，他就不得不为实施防御而向公安司法机关提出控告。其三，赔偿。被害人进行控告不仅仅在于使犯罪分子获得应受的法律制裁或作为防御之手段，有时候被害人利用控告促使犯罪分子不得不答应财产上的赔偿要求。一旦这种赔偿心理超出社会和法律公认的标准，它就容易畸形，随着畸形的心理的刺激下被害人往往会通过各种关系途径以各种方式贿赂司法工作人员，将司法权私用，获取利己裁判。[1] 因此，为腐败犯罪被害人提供必要的保护性措施就成为国家不可推卸的责任。

对因腐败犯罪而受害的人员的保护应该程序化、系统化。我国《刑事诉讼法》只规定了保护证人及其近亲属的安全，对其他因

---

〔1〕 伍光红、张亮：《试析刑事司法腐败的当事人因素——以诉讼文化、诉讼心理为视角》，载《广西政法管理干部学院学报》2007年第4期。

追诉犯罪而可能招致危险的人员（包括受害人）则没有提及，显然保护的范围过窄，同时也没有保护程序启动、保护措施、保护救济手段等方面的规定，因此只是个简单的原则性规定，不具有可操作性。且保护的范围也与《联合国反腐败公约》有很大的差距。[1]《联合国反腐败公约》第32条第5款规定，各缔约国在刑事诉讼的适当阶段，应当使“被害人的意见和关切得到表达和考虑”。此外，《联合国反腐败公约》第35条还规定，各缔约国应当“确保因腐败行为而受到损害的实体或者人员有权为获得赔偿而对该损害的责任者提起法律程序。”也即赋予腐败案件被害人以对腐败者提起民事赔偿的权利。[2]

因此我们需要根据《联合国反腐败公约》的规定，并参照国外的相关经验，尽快将保护措施程序化、系统化，切实保障被害人的程序参与权和程序启动权，从而使其受损的权利获得充分的救济，也能最大限度地增强社会力量与国家刑事执法机关合作追惩腐败犯罪的信心。

（4）选举法

选举制度是民主政治建设的重要内容，位于国家民主制度的基础环节，是一个国家最重要的政治制度之一，也是公民行使民主权利、参与政治生活及管理国家事务的重要制度。近些年来，我国社会主义市场经济持续健康发展，使人们的物质文化生活水平不断提高，这也增强了人民群众当家作主的意识和民主的要求。由此，推动了我国的民主选举工作不断进步。在《选举法》的指导下，选举中的民主性质越来越充分，选举的质量不断提高。但随着我国经济社会文化的进步，我国基层人大代表选举制度在

[1] 夏红：《〈联合国反腐败公约〉对中国刑事诉讼程序的影响》，载《法学杂志》2006年第3期。

[2] 瓮怡洁：《同步与差距：〈联合国反腐败公约〉与中国刑事诉讼》，载《黑龙江省政法管理干部学院学报》2004年第3期。

实践中仍存在一些问题。

中国的选举从选举对象上可分为三种类型：各级人民代表大会代表的选举、国家机关领导人的选举、基层群众自治性组织成员的选举。中国选举法调整范围目前还仅限于各级人民代表大会代表的选举。由于不同类型的选举虽然在具体操作规范上有所差别，但在选举的指导思想和基本原则上应该是相同的，正是基于这一点，有必要把不同类型的选举法律统一起来，特别是把选举国家公职人员的选举法和选举国家代议机关代表的选举法统一起来，使国家公职人员的选举不再游离于选举的基本原则之外。

中国现行的选举规范主要渊源：《宪法》《全国人民代表大会和地方各级人民代表大会选举法》《关于县级以下人民代表大会代表直接选举的若干规定》《全国人民代表大会组织法》《全国人民代表大会和地方各级人民代表大会代表法》《国务院组织法》《地方各级人民代表大会和地方各级人民政府组织法》《人民法院组织法》《人民检察院组织法》《香港特别行政区基本法》《澳门特别行政区基本法》《村民委员会组织法》《城市居民委员会组织法》以及各地方关于实施这些法律的地方性法规等。选举法律规范分散在众多的法律中，不利于人们准确把握选举的精神和原则。

因此，选举法的修改，应当通盘考虑整个国家的选举事务，制定统一的选举法典，使中国的选举法不仅规范人民代表的选举，也规范国家机关领导人的选举，还规范基层自治组织的选举。这对于推进社会主义法治和民主建设，无疑是一件很重要的事情。

本书认为，在反腐败的法律防控体系中选举法的修改，主要应致力于以下两个方面。

①进行差额选举

差额选举是指全国和地方各级人民代表大会代表候选人的

名额应多于应选代表名额的选举方式。差额选举制度是为了保证选举过程的民主性和公正性而设的，其实质在于提高选举的民主程度和扩大选民或选举单位的选择面。[1] 作为一种现代的民主选举制度，自 1979 年起，经过对有关法律的修改和制定，我国开始实行人民代表和省以下行政首脑的差额选举。尤其是 1986 年修改地方组织法时，对地方国家领导人选举的差额幅度也进行了明确的规定。可在现实生活中我们并没有完全按照法律去操作，尤其是对地方国家机关正职领导人实行差额选举还比较少见。有的尽管表面上实行了差额选举，但"陪选"意图非常明了，没能给真正有实力的候选人以参与竞争的机会，无异于等额选举。究其原因，那就是在我们选举的许多环节上都存在制度上的弊端。

首先，于代表候选人的提名和确定。

我国《选举法》第 31 条规定："由选民直接选举的人民代表大会代表候选人，由各选区选民和各政党、各人民团体提名推荐。选举委员会汇总后，将代表候选人名单及代表候选人的基本情况在选举日的十五日以前公布，并交各该选区的选民小组讨论、协商，确定正式代表候选人名单。""对正式代表候选人不能形成较为一致意见的，进行预选，根据预选时得票多少的顺序，确定正式代表候选人名单。"该规定体现了对选民意愿充分尊重的立法意图，但同时也暴露出一些问题。选举法对"酝酿协商"方式没有做明确的规定，具体操作起来随意性比较大，不符合法律规定的运作程序的现象时有发生。这样的规定在确定正式代表候选人的过程中为"暗箱操作"提供了很大的活动空间。选举法修正案恢复了县级以上人大代表选举的预选制度，即"……如果所提候选

---

〔1〕 徐艳群：《关于我国选举制度的立法思考》，载《江西社会科学》2002 年第 2 期。

人的人数超过本法第三十条规定的最高差额比例,进行预选,根据预选时得票多少的顺序,确定正式候选人名单”。该条规定有值得思考和完善的地方,一是法律规定最高差额比例是否适当。为了保证选举程序真正的公正、公平、民主,理论上应是规定最低差额比例,而非最高差额比例,因为倘若如此,则首先使很多合格的候选人未进入正式候选程序时就可能会被淘汰出局,其次这种规定对于候选人本身积极性就是一种压抑。二是确定正式候选人名单不应由预选形式完成。根据选举法规定,候选人的法定资格审查只能由选举委员会进行,凡是符合法律规定的候选人即可参选。三是如何预防和避免预选改为搞变相等额选举提供“合法”途径,这就需要保证预选过程真正是民主,投票是秘密进行,否则结果将与恢复预选制度的目的背道而驰。为此,本书认为要实现真正意义上的差额选举,对党推荐的代表候选人也要通过选举,接受选民和代表的选择,从而体现对人民意志的尊重。

其次,建立候选人与选民沟通的平台,完善具有竞争性的选举机制。

《选举法》第33条规定:“选举委员会或者人民代表大会主席团应当向选民或者代表介绍代表候选人的情况。推荐代表候选人的政党、人民团体和选民、代表可以在选民小组或者代表小组会议上介绍所推荐的代表候选人的情况。选举委员会根据选民的要求,应当组织代表候选人和选民见面,有代表候选人介绍本人情况,回答选民的问题。”选举是由选民在候选人中选择自己满意的代表,双方构成了互动的选举关系。选民选择自己满意的代表需要了解候选人的情况,并且通过秘密投票自由表达自己的意愿;候选人则希望通过选举能进入国家权力机关,代表选民行使人民管理国家的权力。候选人要在差额选举中与其他候选人竞争,也需要把自己的优秀方面向选民展示,为选民提供必要的信息,寻找自己所代表的民意群体。选举作为民主政治的基础性制度，所体现的民主真谛在于赋予选民选择的自由，营造参选者竞争的氛围，激发公众参与的热情，选举的中心环节就是确保选民对代表候选人"知名、知人、知情"。选民只有获取了候选人充分的信息，才能做出正确判断，选出符合选民心愿又具有高素质高品格的代表。

在目前基层人大代表选举的实践中，一方面，代表候选人和选民互不相识的现象普遍存在，在城市中这种状况更加严重。北京大学法学院"人民代表大会与议会研究中心"课题组的问卷调查显示，在公众"对候选人了解多少"的问题上，"只了解一点"和"完全不了解"的比例达75.8%，60%以上选民对介绍候选人的办法不满意，35%的选民认为"应当让候选人与选民直接见面——做竞选演说，回答选民提问"。他们希望了解候选人的"能力和水平"以及"道德和品行"。"不了解候选人"已成为选民不太愿意参加投票的主要原因，对候选人的陌生和隔膜，在一定程度上造成老百姓的厌选情绪。[1] 另一方面，候选人向选民展示自己的机会很不充分，选举缺乏应有的竞争性，由于缺乏相应的具体的法律规定，候选人不能充分向选民宣传、推荐自己，候选人之间也无法开展充分的竞争，只能消极等待选民的选择。在实践中，有些自荐候选人曾采取一些介绍宣传自己的方法，如贴竞选海报、发传单，都因为没有相关法律的规定而被禁止或不被选举组织认同。选民和候选人之间缺乏了解很难保证选举的透明、公平和公正。因此，有必要完善候选人介绍制度，建立候选人与选民沟通的平台，增加选举的竞争性。

②变对上负责为对下负责

我国《选举法》第46条规定："全国和地方各级人民代表大会

〔1〕 崔丽：《人大代表提议修改〈选举法〉，让候选人直面选民》，载 http//news. sohu. com/42/76/news207087642. shtml，2015年8月29日访问。

的代表，受选民和原选举单位的监督。选民或原选举单位都有权罢免自己选出的代表。”但选举法只对监督权做了一个泛泛的规定，具体监督的内容和监督的方式等均未涉及，实际操作难度大。

腐败犯罪的日益猖獗，无疑和我国当前的行政负责制度规定有很大关联，根据我国制度规定，上级领导要对由其推荐的下级人员负责，一旦其推荐并最终当选的人员出现腐败问题，该上级领导要负相应连带责任，很多领导对其有腐败行为的下属采取包庇的态度，而不是主动将其移交有关部门并追究其法律责任。因为一旦自己推荐的人的腐败行为东窗事发，自己也必然受到牵连。因此，笔者以为，修改选举法，规定选举并当选的人员变对其上级负责为对其下属负责，一旦出现问题，其下属有权揭发检举并移交有关部门进行处理。这关系到监督罢免制度的设立与完善。罢免制度是民主选举制度是重要组成部分，会直接影响选举制度的社会效果。

完善对代表的监督和罢免制度，建立选举诉讼制度应包括以下方面：

首先，选举监督是对整个选举过程中各个阶段进行监督。西方国家的选举监督途径一般包括了“制定反对和防止选举中舞弊行为的法律、法规；建立严密与完善的选举程序；新闻舆论和选民监督。监督的内容包括选举经费、选举行为和选举过程。”〔1〕与西方国家相比我国的监督不如西方国家的那样完善。因此，我们可以借鉴西方国家的先进制度，规定监督的内容和形式。具体应该包括：第一，对选举过程的监督：清点选举人数、选票发出与收回数、有效选票和无效选票数，候选人得票数，选举是否符合法定程序；第二，对选举资格的监督：要是对选民资格的确认及选民登

〔1〕 谢宝富：《当代中国选举制度若干问题分析》，深圳大学出版社2003年版，第229页。

记,公布选民名单的监督,对此必须认真检查,加以确认;第三,对选举工作人员的监督:是否有收受贿赂行为,有无选票舞弊,是否诱导选民投票意向,选票清点与计算是否公正、准确;第四,对选举人行为的监督:是否收受贿赂,是否重复投票和未经授权委托代写选票等。并且,对选民或代表的监督行为所产生的结果必须设置相应的选举机构予以处理和答复。〔1〕

其次,我国近些年出现了多起对代表的罢免案件,只有个别成功实例,多数均以失败告终。究其原因和罢免制度不完善有极大关系。而实践当中对于那些“视察活动不参加,会议审议不发言,选区选民不联系,群众意见不反映”的“四不代表”一定要罢免,让位于其他优秀的代表。因此,对罢免制度的改革势在必行,具体措施包括:第一,从法律上对罢免制度作详细规定,包括罢免主体、程序、表决方式、做出具体规定。第二,要清除实际执行中的重要关卡,对于符合法律规定的罢免案必须认真审议,不能故意刁难,严格按法律程序办理。第三,降低乡镇和县级代表罢免案通过的人数要求,在出席罢免投票的人数达到法定标准后,将罢免案通过的人数可以规定为“出席罢免会议的所有选民的过半数”即可,如此规定,既保证了罢免的严肃性,又提高了罢免的可实现性。

最后,我国选举法第28条规定了对选民名单不服的救济:“与公布的选民名单有不同意见的,可以在选民名单公布之日起5日内向选举委员会提出申诉。选举委员会对申诉意见,应在3日内做出处理决定。申述人对处理决定不服,可以在选举日5日以前向人民法院起诉,人民法院在选举日前判决。人民法院的判决为最后决定。”这只是对选民名单争议的处理,没有对选举过程中发生的争议及选举结果的争议做出规定,没有建立起一套完整

〔1〕 于钟逵、谢蒲定:《30年选举制度的基本经验之四:维护公民选举权利,保护公民的知情权、表达权和监督权》,载《人大研究》2008年第11期。

的选举诉讼制度。西方国家的选举诉讼制度分为“选举人登记诉讼、选举效力诉讼及当选诉讼,处理争议的机构为议会、宪法委员会或司法机构。”[1] 首先,我国应该在选举法中明确规定我国的选举诉讼包括选民资格申诉、选举效力诉讼及当选诉讼。其次,需要确定一个选举诉讼的管理机构。我国没有宪法法院和宪法委员会等专门机构,最高权力机关又因立法任务繁重很难处理选举纠纷,因此,我们建议这种案件应由法院进行管辖,在法院系统内交给相关法庭,建立一套完整的诉讼制度,对选举纠纷加以解决,以保证选举活动合法、公正、顺利进行。

(5)行政程序法

行政程序法是以实现公共行政职能为目的,调整行政法律关系主体在行政活动中的程序法律规范和原则的总和,主要调整行政主体实施行政行为时所遵循的程序,包括行政行为所遵循的方式、步骤、顺序以及时间等要素,同时也调整行政相对人在行政活动中的行为程序,它是将影响相对人实体权益及行政效率的重大行政程序法律化的结果。[2] 可以说,科学合理、规范严谨的行政程序对预防腐败、抑制腐败发生和有效惩处腐败都具有一定的作用。目前,由于我国尚未制定一部统一的行政程序法典,有关行政程序法律规范的存在形式比较分散和零乱,未能形成科学严密的体系,这样一来,使行政活动在程序运作方面显得比较混乱,降低了程序的权威性,极不便于行政法律关系主体双方的具体操作,也严重削弱了程序对行政活动的控制、约束功能。[3] 此种状况的不利后果就是在我国行政程序的运行过程中,很难避免由于

---

[1] 赵珺瑛、马宁:《我国代表选举制度的不足与完善》,载《内蒙古大学学报》(人文社会科学版)2004 年第 6 期。

[2] 马怀德:《行政程序法的价值及立法意义》,载《政法论坛》2004 年第 5 期。

[3] 杨海坤、黄学贤:《中国行政程序法典化——从比较法角度研究》,法律出版社 1999 年版,第 36 页。

行政程序违法或行政程序不当所导致的大量腐败现象的发生。

就行政程序违法和行政程序不当而言，我国有学者归纳如下：认定行政程序违法有三个标准，首先，可将行政程序分为强制性程序和任意性程序，行政主体违反强制性程序或超越任意性程序而实施的行为就构成行政程序违法；其次，还可将行政程序分为主要程序和次要程序，其中行政主体违反主要程序应为行政程序违法；最后，行政主体滥用行政程序职权应定为行政程序违法。认定行政程序不当的标准则是包含两个方面，即行政主体不适当地行使了自由裁量权所造成的任意性程序的不当和行政主体在行使行政权时不遵守次要程序所导致的次要程序的不当。〔1〕无论是行政程序违法或行政程序不当，归结到共同的一点就是行政主体在行使行政权力的时往往没有受到有效的规范和制约，导致滥用职权和越权行政。而滥用职权和越权行政乃是行政主体不按程序行使行政权力的集中表现，这也恰好就是腐败尤其是行政领域内腐败的致害之源。须知，行政权力是国家公权力的一种，我国《宪法》即规定："国家的一切权力属于人民。"但是人民不可能都亲自来行使国家公权力，于是国家公权力就由人民通过全国人民代表大会和地方各级人民代表大会来行使。在此过程中发生了行政权力的所有权和使用权之间的分离，即人民是行政权力的所有主体，而行政主体是行政权的行使主体。因此，从根本上来说，行政权力不过是执行法律、执行权力机关意志的一种权力，而不能成为行政主体借以实现以权谋私之非法目的的工具。〔2〕然而，正如孟德斯鸠所言："一切有权力的人都容易滥用权力，这是万古不易的一种经验。有权力的人们使用权力一直遇到有界

---

〔1〕 章剑生：《行政程序法学原理》，中国政法大学出版社 1994 年版，第 200 ~ 208 页。

〔2〕 吴秀玲：《现代行政程序制度对行政控权的意义》，载《行政与法》2001 年第 6 期。

限的地方才休止。"[1]目前,正是由于我国行政程序没有统一的法典作为依据,所以在行政领域的各个行政活动中都不同程度地存在行政权力的行使缺乏程序性规范的状况。又由于受到长期以来封建传统中的"官本位"和"专制"思想的影响,加上现代法治意义上的行政法观念的长期薄弱,使得对行政主体行使行政权力没有应有的监督,那么行政偏私和专横就很难避免。甚至行政主体认为自身一旦拥有了强大的行政权力,就可以凭借此种权力增加寻求腐败的机会,为自身谋取非法利益。

概言之,长期以来我国行政程序方面存在的问题主要集中于行政处罚、行政许可、行政强制和行政收费等领域。首先,就行政处罚而言,其设定和实施的程序不严格、不规范,从而导致我国行政处罚出现紊乱,实践中乱设定、乱处罚现象时有发生,致使作为行政相对人一方的受处罚人的程序性权利没有法律保障。其次,在行政许可领域,由于缺少对行政许可行为统一、严格的程序性约束,许可设定权随意行使,权力交叉。同时,行政许可实践中往往缺少相关的程序性约束机制,这常常导致行政许可申请人的合法权益在行政许可程序上得不到切实的法律保护,为作为行政主体一方的行政许可人滥用职权、违法行政提供了便利。再次,行政强制的程序性问题主要集中在行政强制执行领域,由于有关单行立法一般没有对行政主体强制执行的执行程序加以规定,所以各行政主体滥用行政强制执行权提供了方便。最后,在行政收费方面,往往表现为"政出多门",随意性很大,而且对行政收费项目的设定、行政收费的具体程序以及相关的法律救济途径等都没有严格、统一的法律规定,所以行政收费往往为人所诟病,况且行政收费同行政许可、审批、处罚等权力的"结合性"滥用更是增设了

---

〔1〕 [法]孟德斯鸠:《论法的精神》(上),张雁深译,商务印书馆1987年版,第154页。

许多行政相对人不该承担的经济性义务，加重了“收费”问题的严重性。以上都是行政领域比较突出的程序问题，此外，如行政检查、行政指导、行政立法、行政合同等诸多行政领域也都不同程度地存在公正性程序规则比较薄弱的问题。[1] 不仅如此，行政程序的腐败还突出地表现在行政活动的公开性不够，所以行政活动往往处于“暗箱操作”之中，行政主体行使行政权力的过程不能置于有效监督之下。同时由于行政相对人对行政程序的参与程度不够，导致当行政程序违法或行政程序不当对行政相对人的合法权益造成侵犯时，行政相对人却无法寻求有效的救济途径。本书认为，如上行政程序中的种种状况亟待改观。具体而言，正如有学者所指出的，造成权力腐败的主要原因是缺乏对权力的有效制约和监督机制，而要实现真正的监督和制约则离不开行政程序法，各国行政程序法正是在这个意义上设置了公开、时限、顺序、说明理由、告知等制度，使行使权力的行政机关置于社会及司法机关的监督之下，从程序上有效地遏制了腐败现象的蔓延滋长。[2]

通过以上分析足以表明，我国应当在已有的行政处罚法、行政许可法和行政强制法的基础上尽快制定统一的行政程序法，为各种行政活动提供最基本的程序规则，规范各类行政权力的行使。此外，更为重要的是，应当在我国确立行政程序公开制度和行政程序参与制度，这是有效杜绝行政程序腐败的制度性保障，也是切实维护行政相对人合法权益的有效措施。具体而言，行政程序公开制度就要求改变以往行政活动的“暗箱操作”，将行政活动的各领域、各阶段公之于众，使其保持相应的公开度和透明度，

---

〔1〕 杨寅：《中国行政程序法治化——法理学与法文化的分析》，中国政法大学出版社2001年版，第209～212页。

〔2〕 马怀德：《行政程序法的价值及立法意义》，载《政法论坛》2004年第5期。

随时接受各方面的监督,对行政主体依法行使行政权力具有重要的监督作用。行政程序参与制度则要求行政相对人可以通过听证、陈述、申辩、说明理由等程序行使对行政程序的参与权,对行政程序的运行效果提出建议和看法,以确保自身的合法权益不受侵犯。目前,我国行政领域的相关立法虽然已经明确规定了行政听证程序等程序性规则,然而还很不健全和完善,所以期望今后统一的行政程序法能在健全和改善这些程序性规则方面有所体现。

(6)行政诉讼法

行政诉讼法是我国法律体系中的三大诉讼法之一。就行政诉讼法的立法目的或者说立法价值而言,行政诉讼法应定位于对行政相对人实施救济和补偿的基点上,保护公民、法人和其他组织的合法权益应该是行政诉讼制度根本的价值目标。[1] 然而,在我国行政诉讼的司法实践中,却存在大量违背上述行政诉讼法立法目的的现象,如在行政诉讼中,法院偏袒被告,甚至判决不公。作为国家审判机关的人民法院本应在行政诉讼中秉公执法,维护行政主体和行政相对人双方的权利与义务,尤其是应注意保护在行政法律关系中相对处于弱势一方的原告的合法权益。然而不少法院尤其是基层法院,不但不遵循行政诉讼的原则和程序办事,公正履行审判职责,严格执法,反而偏袒被告,搞官官相护,相互串通,进而出现判决不公,甚至歪判、错判、乱判的现象,严重影响了审判机关的形象,并对作为原告方的行政相对人的合法权益造成极大的侵害。之所以出现这种状况,是由于法院行使审判职能,本应是其独立行使司法权的体现,不应该受到来自任何方面包括行政主体的干预和压力,然而现实的情况却是我国的法院

---

〔1〕 杨海坤、黄学贤:《行政诉讼基本原理与制度完善》,中国人事出版社2005年版,第9页。

在人、财、物等方面均无法独立，于是往往受制于行政主体，因此司法权就在很大程度上不得不屈从于强大的行政权，根本无从独立行使，并导致行政权的恣意和任性而没有受到法律程序的制约，这样行政腐败和司法腐败如一对孪生兄弟般地相伴而生就不可避免了。这也正如有学者所分析的，腐败的本质是权力与私欲的结合，而腐败的产生必有缺乏对权力运作行为的有效的监督和制约机制的因素之作用。[1] 同时，由于行政主体代表国家，其所拥有的行政权力具有国家强制力，以国家暴力作为后盾，因而属于强势一方。而作为原告一方的行政相对人本来就无法有效地以私力对抗行政主体，况且在行政诉讼司法实践中，行政主体还凭借强大的行政权力在案外对行政相对人施压，甚至采用威胁利诱之手段，迫使行政相对人予以撤诉。法院在行政诉讼中也因为受到行政主体的利诱、威逼，不愿得罪行政主体，非但不轻易判其败诉，还经常与行政主体一起"合作"审理行政相对人，矛头一致指向行政相对人，竭力判其败诉。更有甚者，法院还千方百计动员原告撤诉或选择非自愿的调解，尽力维护行政主体。可以说，行政相对人在不当司法权和行政权的双重压制之下，遭受程度更深的侵害而救济乏力，这也无怪乎在行政诉讼中原告败诉率居高不下了。

当然，我们也注意到，2014 年 11 月 1 日，全国人民代表大会常务委员会通过了《关于修改〈中华人民共和国行政诉讼法〉的决定》(自 2015 年 5 月 1 日起施行)。而且在扩大受案范围，加强公民诉讼权利；保障诉讼权利，解决立案难；加强法院监督，解决实质争议；完善管辖制度，解决审理难；完善证据制度，促进公正审判；完善诉讼程序，促进程序科学化；完善审判监督，促进公正司法；完善执行制度，解决执行难等诸多内容上进行了修改。相

---

〔1〕 陈卫东：《腐败控制论》，中国方正出版社 2000 年版，第 109 页。

信在新的行政诉讼法的推动下，上述严重损害司法公正和法制权威的行政腐败现象和司法腐败现象会逐步得以消除，尤其是在建立控制腐败法律机制的过程中，不妨采用如下四个方面的举措予以督促：

首先，进一步加大对法院及审判组织的监督力度，确保法院审理行政案件的中立性。法院是代表国家行使审判权的主体，在行政诉讼中，代表国家受理行政诉讼案件，审判行政诉讼案件，这就要求加强对法院的审判监督，敦促和制约法院在行政诉讼司法实践中严格按照诉讼制度和程序要求进行公正审判，做到不偏不倚，维护司法公正。其中，加强对法院的审判监督很重要的环节就是加强检察机关的监督权，因为检察机关的监督权是一种明确的法律监督权，它介入行政诉讼是有明确的法律依据的。〔1〕此外，最重要的是要实现真正的司法独立，保证法院能够中立地审理行政案件。具体而言，就是要从体制、人员、经费等方面能够确保行政审判的独立性和公正性。同时要保证法官不受非法干预，能够严格地按照法律的规定做出司法判决，法官是对法律负责，而不是对某个特定的人或团体负责。总之，司法独立要求法院独立地行使行政审判权，只严格遵循行政诉讼制度特有规则办事，并且在法律设定的行使主体意志的职权空间领域内发挥其主观能动性。同时在行政审判的过程中，必须始终与双方当事人保持相等的司法距离。司法独立还要求行政诉讼程序规则的平等性，亦即诉讼双方行使诉讼权利以及受到法律保护是平等的，这就要求法官公正地将普遍适用的程序规则运用到个案之中去。〔2〕

---

〔1〕 我国《行政诉讼法》第11条规定，人民检察院有权对行政诉讼实行法律监督。由此可见，检察机关的监督是我国行政诉讼法律监督的主要方式之一。

〔2〕 李孝猛：《中国行政诉讼制度现代化研究》，上海交通大学出版社2007年版，第27～28页。

其次,对行政权予以进一步的制约。针对日益扩张的行政权在行政诉讼中干预司法权以及侵害行政相对人合法权益的状况,有必要从法律上加强对行政权的制约。本书认为,可以从加强对行政权的司法审查和人大监督两方面入手。就司法审查而言,我国现行的司法审查制度就是通过行政诉讼活动来实施的。换言之,我国的司法审查制度就是依据行政诉讼法而建立的行政诉讼制度。司法审查必须依照一种客观、公正、法定的诉讼程序进行,要求法院超脱于利害关系之外而较彻底地处于裁判的中立地位,使行政主体和行政相对人双方平等地享受诉讼权利、平等地承担诉讼义务,从而保证诉讼结果的公正性。同时,司法审查所具有的公正性、中立性、权威性等特点,恰恰能够有效遏制行政主体的违法侵权行为和不当行为,对其及时纠错和补救。

再次,在条件许可的情况下建立司法审查制度。由于在行政法律关系中,行政相对人较之行政主体处于弱势地位,因此,行政相对人在合法权益受到行政权的侵犯时,单靠自身的力量往往无法自保,这就需要一个权威的中立机构来评判他们的是非曲直——司法机关。由此可见,司法审查是法院从外部监督行政主体遵守法律的有力工具,没有司法审查,行政相对人的合法权益就缺乏保障。当然,在司法审查过程中,必须正确处理好司法权和行政权的相互关系,即这两种权力都应当在预设的诉讼程序中进行,否则就会出现权力制约失衡的现象。司法审查权只有在诉讼程序中运作才能获得合法性和正当性,任何游离诉讼程序的司法审查权是无法获得合法地位而为社会所认可。行政权的运作也同样适合于上述原理。〔1〕

最后,发挥人大监督制约行政权。根据现行《宪法》规定,人

〔1〕 章剑生:《行政诉讼基本理论》,中国人事出版社1998年版,第15页。

大监督是高踞司法审查权和行政权之上，并对司法审查权和行政权进行合宪性监督。当司法权和行政权之间发生不正常的现象时，人大应当启动监督权并倾力消除这种不正常的现象。具体而言，人大监督要真正发挥制约行政权的作用，必须做到如下几点：一是确立主体意识，正确认识监督的重要性。须知，监督的目的是保证行政主体正确行使权力，严格依法行政。宪法和法律赋予人大相应的法律监督权，如不发挥，则形同虚设，而且从某种意义上讲，权力空缺或权力萎缩则意味着失职。二是完善人大的人事任免权，把实质上的任免权赋予人大，这在一定程度上可以使人大的监督不再流于形式，使监督权同选举权、任免权等配合使用，真正实现人大应然权力和实然权力的有机统一。三是完善控权机制。由于权力皆出自法，则必须以法治权，以维护制约的权威性和强制性。而对制约的立法完善是遵循权责一致原则，为权力套上责任的枷锁，把行政违法和行政不当的法律责任尽可能明确地、全面地、具体地、和权力成比例地加以规定。四是完善备案审查制。对于同已有的法律、行政法规和政策相抵触的规章，必须坚持原则，不能含糊迁就。〔1〕 相信通过人大监督制度的完善，一定能够有效制约行政权力，进而在制度上有力遏制行政腐败和司法腐败的滋生。

(7)赔偿法

赔偿法在我国主要就是指国家赔偿法。早在1995年我国就已经通过实施了《国家赔偿法》，该法主要是关于国家机关及其工作人员违法行使职权侵犯公民、法人和其他组织的合法权益造成损害后由国家予以赔偿的法律规范。可以说，国家赔偿法的立法初衷是为了尽可能弥补作为受害人的公民、法人和其他组织所遭

---

〔1〕 黄伟：《论人大对行政权监督的完善》，载《理论研究》1999年第6期。

受的不法侵害，因此就一定意义上而言，国家赔偿法应当是一种特殊形式的人权法和权益补救法。然而，近几年来随着我国民主法治进程的加快，国家赔偿法暴露出越来越多的问题，突出表现在如下方面：

第一，赔偿范围过于狭窄，导致受害人部分权利丧失。受国家机关及其工作人员违法行使职权侵害的权益范围被单纯地局限在人身权与财产权，其中人身权也被限制为公民的人身自由权、生命权和身体健康权。但是现代社会生活的丰富多样带来的与人相关的权利种类更多，内容也更加广泛，原有的规定已经不适应人权保护的需要，这显然导致受害人应当受到保护的权利没能得到充分保护，这部分权利因而在无形中丧失。更为严重的是，国家赔偿法在规定了对受害人的赔偿范围的同时，还规定了若干国家不承担赔偿责任的情形，即免责规定。具体而言，免责规定包括下列内容：国家机关工作人员个人行为、受害人自己的行为、正当防卫行为、紧急避险行为、不能归因于国家机关或国家机关工作人员的行为、国家行为、意外事件、不可抗力、第三人过错等。[1] 从实践上来看，这些免责规定是过于宽泛的，甚至其中有的规定过于抽象和含糊，不易清晰界定其行为标准，如不能归因于国家机关或国家机关工作人员的行为究竟应该怎样理解，也即这类行为的认定标准究竟是什么，似乎国家赔偿法未予以清楚地明确。可以说，免责规定过于宽泛和免责条款的抽象性和含糊性是存在弊端的，这样很容易在实践中被致害方的国家机关及其工作人员所利用，千方百计地寻找免责事由，进而逃避他们本应承担的赔偿责任。

第二，国家赔偿的归责原则存在问题。所谓国家赔偿的归责

---

〔1〕 刘嗣元、石启佑：《国家赔偿法要论》，北京大学出版社2005年版，第81～84页。

原则,是指国家赔偿法确定的国家承担赔偿责任时所应依据的基本准则,国家只对符合此准则的行为所引起的法律后果承担赔偿责任。当受害人的合法权益受到损害后,国家赔偿是以行为人的过错为依据,还是以已发生的损害事实为依据,抑或以行为的违法性为依据,解决这一基本问题的准则即是国家赔偿的归责原则。从我国原国家赔偿法的规定来看,采用的是“违法归责原则”,即国家赔偿以职务行为违法为归责准则,而不是以侵权公务人员的主观过错及相对人的合法权益遭受的客观损害后果为归责原则。可以说,“违法归责原则”基本排除了国家机关及其工作人员的不当行为侵犯公民、法人和其他组织合法权益的赔偿责任。也就是说,如果致害行为是合法的或者说是不违法的,那么受害人就不能通过国家赔偿法获得赔偿,得不到相应的救济。[1]这项规定是极不合理的,其不仅对于公民、法人和其他组织合法权益实际遭受的侵害在救济方面显得乏力,同时也纵容致害方的国家机关及其工作人员进行“合法侵害”而无须承担赔偿风险,甚至有的国家机关及其工作人员还想方设法利用法律规定的漏洞为自身的违法侵害行为寻找“合法”或“不违法”的理由,借以逃避赔偿责任,这样的后果是相当可怕的。有鉴于此,我国在2010年4月29日第十一届全国人大常委会第十四次会议审议通过了《关于修改〈国家赔偿法〉的决定》,修订后的《国家赔偿法》第2条第1款规定:“国家机关和国家机关工作人员行使职权,有本法规定的侵犯公民、法人和其他组织合法权益的情形,造成损害的,受害人有依照本法取得国家赔偿的权利。”与原国家赔偿法的规定相比,新法将“国家机关和国家机关工作人员违法行使职权”修改为“国家机关和国家机关工作人员行使职权”,即删掉了“违

---

〔1〕 盛永彬:《〈国家赔偿法〉违宪条款质疑》,载《暨南学报》(哲学社会科学版)2005年第2期。

法”的限制。可以认为，修改后的国家赔偿法在归责原则的确立上改变了过去单一以违法为归责原则的模式，这或许正是此次国家赔偿法修改的最大亮点之一。但目前我国国家赔偿法在归责原则方面仍然存在问题，即在修法过后却没有明确确定国家赔偿应当遵循怎样的原则，即“国家机关和国家机关工作人员行使职权”过于宽泛，无法准确理解，这使得在归责方面似乎没有可供依据的标准，也即国家赔偿的归责变得无章可循，这样的话，难免会影响到国家赔偿的具体可操作性。

第三，赔偿决定执行与否没有配套、硬性的法律做后盾，一旦承担赔偿责任的国家机关及其工作人员不遵照执行，又缺乏强制力予以保障，则赔偿决定如同一纸空文，无法落实到位，由于承担赔偿责任的国家机关及其工作人员代表着国家的信誉和尊严，其不认真履行赔偿义务的结果，使得做出赔偿决定的机关与国家的权威一同遭受侵害。〔1〕

为此，针对上述国家赔偿法存在的弊端，本书认为，适时做出改进是十分必要的。可以从如下几方面着手：一是应当遵循“有损害就有赔偿”的原则，适当扩大赔偿的范围。就是除了立法规定的侵害受害人人身权和财产权的行为应当赔偿外，还应当对以下几种虽然看似可以成为免责条款、但实际却造成受害人合法权益受损的行为增加赔偿性规定，即立法行为、军事行为、公有公共设施致人损害行为、不作为行为以及法院错判行为等。同时，对国家赔偿的免责条款的规定一定要清晰详尽，明确界定，具有可认定的标准，不可抽象和含糊，对不属于免责情形的内容要一概排除于免责条款之外，以免国家机关及其工作人员利用立法粗疏的漏洞在侵害受害人的合法权益后逃避赔偿之责。二是除了改变以往国家赔偿所遵循的“违法归责原则”外，还有必要根据修改

---

〔1〕 刘风瑞：《国家赔偿法存在的问题》，载《人民司法》2006年第1期。

后国家赔偿法的具体规定,进一步明确国家赔偿所须遵循的归责原则,使国家赔偿在归责方面有可供操作的明确依据。本书认为,结合现有立法的规定,采用“过错归责原则”是比较合适的,即把“国家机关和国家机关工作人员行使职权”理解为是他们有可能因过错行使职权而给公民、法人和其他组织合法权益造成损害的情形,也只有在立法上明确了过错归责,受害人的合法权益才能受到有效保护,可以说,将“过错归责原则”纳入进来是国家赔偿法趋向法治化的必然要求。三是立法要规定不履行赔偿责任的国家机关及其工作人员必须承担相应的法律责任,并确保这些立法规定是硬性规定,并非可有可无,形同虚设,而是要以强制力保障赔偿责任的落实到位。当国家机关及其工作人员不履行赔偿义务、逃避赔偿责任时,一定要极力追究,不可姑息纵容。具体而言,就是要在国家赔偿的申请、违法确认、赔偿决定、赔偿费用的划拨、追偿以及国家赔偿判决、裁定或决定的执行等各个环节中赋予国家机关及其工作人员一定的民事责任、行政责任、刑事责任、诉讼责任和经济责任等,防止其互相推诿,该赔不赔,只有这样,方能保证国家赔偿渠道的畅通,才能让国家赔偿责任得以真正实现。

(8)公务员法

2006年我国颁布实施了《公务员法》,这是我国第一部关于公务员管理的综合性法律,具有里程碑的意义。一般而言,公务员就是代表国家从事社会公共事务管理,行使行政职权,执行国家公务的人员。从此可以看出,公务员是公共权力的行使者和公共资源的支配者和管理者,因此加强对公务员的规范和管理是十分重要的。尤其是《公务员法》制定出台,标志着我国正在努力构建现代化的公务员管理制度,现代化的公务员管理制度就意味着国家通过制定法律和法规,对公务员依法进行管理,其核心就是公开考试,择优录用,依法管理,论功行赏。其精神实质在于公开、平等、竞争、择优。[1] 可以说，公务员管理制度是国家人事管理科学发展到一定阶段的产物，完善的公务员管理制度对于一国政府的高效、廉洁运作是起到非常巨大作用的。因此，在公务员管理制度的构建过程中，加强廉政建设无疑是重要的内容。我国的《公务员法》也充分正视这一点，将廉政建设放到了重要的地位，进行了较为严密、深入的制度设计，从而使廉政要求贯穿于公务员管理的各个环节，形成了科学、完备的廉政机制。在公务员管理制度中形成廉政机制是促使公务员勤政为民、廉洁奉公，促进改革开放顺利进行的有效保障，同时也是当前推行反腐倡廉工作的应然之举。通过《公务员法》这一硬性的法律规范来强化廉政机制，也为现代化公务员管理制度建设提供法制化保障。

具体而言，对照我国《公务员法》的规定，公务员管理制度中的廉政机制应包含如下内容：

一是完善公务员的考试录用制度，严格公务员的任职条件。公务员的考试与录用、升降与考核、辞职与辞退等，被形象地称为入口，在入口这一关，经过公平竞争、层层筛选，对参加考试者的思想品德素质和专业素质进行严格的考察，确保公务员队伍的优秀素质，在公务员素质上为廉洁奉公打下基础。此外，《公务员法》第24条特别规定三类人员不得录用为公务员，即曾因犯罪受过刑事处罚的、曾被开除公职的、有法律规定不得录用为公务员的其他情形的。这些规定严把入口关，提高了公务员入门的门槛，体现了国家对公务员任职资格的高度重视，能够引发整个社会对公务员这一特殊职业的尊重，增强公务员履职的自豪感、荣誉感和责任感，同时提升公务员的自律意识。因此，严格公务员的任职条件，对于建设高素质的公务员队伍，促进公务员廉洁自

[1] 徐银华：《公务员法原理》，中国方正出版社2000年版，第24页。

律有积极的意义。[1]

二是制定公务员行为准则和行政权力运作规则，并建立一套完善的公务员培训、转任、升降、薪水、职务考核等制度，对公务员的行为和行政权力的运用加以严格限制，不给腐败留下可乘之机。具体来说，《公务员法》专门将“廉”作为公务员考核的一个方面，考核分为平时考核和定期考核，考核结果作为调整公务员职务、级别、工资以及公务员奖励、培训、辞退的依据，通过考核可以鼓励先进，鞭策后进，保证公务员队伍的纯洁性。[2] 同时加强培训，大力提高公务员的综合素质。公务员培训内容实行专业训练、管理训练和智能训练相结合，理论和实际工作技能相结合，尤其要加强公务员依法行政培训，使公务员不但要有很强的法制观念和依法行政的意识，而且要有很强的依法行政能力。

除此之外，职业道德和行为规范也是公务员培训的重要内容，通过教育，培养公务员遵纪守法，忠于职守，廉洁奉公，树立公仆意识和良好形象，从思想上筑起防腐保廉的堤坝。

此外，仅仅依靠公务员自身较高的素质来保障廉洁是远远不够的，还必须从制度上、法律上采取切实可行、行之有效的措施，严格约束、严密防范，对行政权力进行制约，才能减少公务员腐败行为的滋生。具体可以通过明确公务员必须履行的义务，职务职级的重新设计划分，交流回避制度，兼职的规范等环节加以实现。[3]

三是制定公正、健全的公务员惩戒制度。对公务员违反廉政纪律的行为进行严惩，并坚决清除出公务员队伍。就公务员的廉

---

〔1〕 纪新青等：《论〈公务员法〉对公务员廉政建设的制度保障》，载《山东农业大学学报》（社会科学版）2006 年第 3 期。

〔2〕 莫蓉：《〈公务员法〉廉政机制试析》，载《广西民族学院学报》（哲学社会科学版）2005 年第 5 期。

〔3〕 徐银华、石启佑、杨勇萍：《公务员法新论》，北京大学出版社 2005 年版，第 222～223 页。

政纪律大致可列举如下：第一，公务员不得贪污、行贿、受贿、利用职务之便为自己和他人谋取私利。第二，公务员不得违反财经纪律，浪费国家资财。第三，公务员不得滥用职权，侵犯公民、法人或者其他组织的合法权益。第四，公务员不得从事或者参与营利性的经营活动，在企业或者其他营利性组织中兼任职务。此外，公务员惩戒制度应和有关刑法内容紧密衔接，对触犯刑律者，必须予以刑事制裁。例如我国《刑法》第254、397、418条就是追究公务员犯罪行为的法律依据所在。[1] 本书认为，如果以上廉政机制能够健全，并在公务员管理制度的建设过程中加以贯彻执行，就会在相当程度上预防腐败发生，确保公务员的廉洁奉公。

(9)审计法

目前，由于我国市场经济环境不完善，法制体系不健全，监管力度也有所不足。所以，发生审计失败后，审计承担的法律责任也极不健全，具体表现在：

首先，我国审计体制的设置使得审计机关作为政府的职能部门而存在，审计人员的人事、经费、党政关系等均受到地方政府的控制，审计机关和审计人员不能完全保持独立性，但同时审计法律体制又要求审计机关保持独立性以对地方政府的财政财务收支进行监督和审查，这种内在矛盾使得审计机关并不具备完成审计任务的组织上和职能上的独立性。更何况审计机关不能完全保持独立性，审计人员就有收受贿赂、协同舞弊的可能性。更有地方政府和上级审计机关对审计人员的审计行为进行行政干预，

---

〔1〕《刑法》第254条规定："国家机关工作人员滥用职权、假公济私，对控告人、申诉人、批评人、举报人实行报复陷害的，处二年以下有期徒刑或者拘役；情节严重的，处二年以上七年以下有期徒刑。"第397条规定："国家机关工作人员滥用职权或者玩忽职守，致使公共财产、国家和人民利益遭受重大损失的，处三年以下有期徒刑或者拘役；情节特别严重的，处三年以上七年以下有期徒刑。"第418条规定："国家机关工作人员在招收公务员、学生工作中徇私舞弊，情节严重的，处三年以下有期徒刑或者拘役。"

致使审计人员的审计行为显得步履维艰,无形中加重了审计机关和审计人员的法律责任。

其次,审计是一项复杂的综合性工作,尤其是在我国目前不讲究诚信、内部人控制现象严重、财务管理混乱、集团协作犯罪猖獗、贪污腐败丛生的经济环境中,要彻底查处经济案件,则需要审计、纪检、监察、司法等部门的精诚团结、紧密合作,实现信息交流、资源共享、沟通顺畅。但是在信息交流或案件移交的过程中,泄密现象比比皆是。然而审计法律制度既没有对信息传递、手续交接的时间、内容做出规定,也没有对信息保真、畅通无阻的程序和措施做出规定,其中某个环节出现泄密事件后该如何补救,泄密人员该受到何种惩罚,审计法规也没有给出答案和解释。因此工作人员在执行中无法可依,无规可循,故意行为和过失行为难以界定,责任承担上容易被内部消化掉。审查到此为止,大家皆大欢喜。由此也导致了在审计工作过程中出现大量违规腐败的行为。

最后,虽然《审计法》第12条规定,审计人员应当具备与其所从事的审计工作相适应的专业知识和业务能力。而具体达到这种专业知识和业务能力的标准是多高,审计法律制度并没有明确的规定。因此,不少人是凭借关系、人情进入审计机关的。审计法律制度对不具备审计主体资格的审计人员出具的审计意见书、审计决定书是否依然具备法律效力,仍没有做出规定。这样,对于审计所产生的真实效力就大打折扣了。[1]

针对上述状况,本书认为应当完善我国的审计法律制度,发挥审计工作在控制腐败方面的独特作用。一是应当增强审计机关和审计人员在进行审计工作时的独立性。为了确保审计机关

---

〔1〕 杨转转:《论中国国家审计法律制度的缺失与完善》,载《贵州商业高等专科学校学报》2004年第4期。

独立地行使审计监督职能,大多数国家均将审计机构设立在政府之外,例如美国、加拿大、澳大利亚采用立法型模式,将审计机关隶属于议会(或者国会)。德国采用独立型的立法模式,即审计机关独立于立法、行政、司法之外。法国则采用司法模式,将审计机关隶属于法院。〔1〕 这对我国亦是有借鉴意义的,的确,改革我国目前的审计管理体制是十分必要的,之所以我国的审计机关和审计人员长期以来无法保持应有的独立性,是同地方审计机关受到地方政府和上级审计机关双重领导的管理体制密切相关的。因此,应当改革这种双重领导体制为垂直领导体制,即地方审计机关由审计部门直接领导,切断审计机关与地方政府在组织、人员、经费等方面的关系,逐步摆脱地方政府对审计工作的不正常干预,从而在客观上保证审计监督的独立性,这一点在我国宪法上也有充分的依据。我国《宪法》规定,审计机关"依照法律规定独立行使审计监督权,不受其他行政机关、社会团体和个人的干涉"。随着改革的深入,审计机关必须代表国家整体利益,从宏观方面加强控制和调节,对财政、财务收支及有关的经济活动进行严格的审计监督。而这种审计监督必须保持独立性,排除外界各种干扰,才能从根本上维护国家的整体利益。〔2〕 除了加强审计机关独立性外,确保审计人员的独立性也是很重要的。具体而言,根据审计法和公务员法的要求,审计人员享有职位保障权和执行公务权,前者是指未有法定事由和未经法定程序,审计人员不得被免职、撤职或辞退,后者是指审计人员依法审计的行为乃是依法执行国家公务的行为,应保证其能够有效行使审计职权,并获得履行职责应有的权力和工作条件。这样一来,就可以保证

〔1〕 杨春然:《〈审计法〉的立法缺陷及对策》,载《审计理论与实践》2003年第1期。

〔2〕 游中民等:《中国审计法学》,中国广播电视出版社1993年版,第25页。

审计人员在审计工作中排除外来干扰,不受其他方面影响,科学、公正而有效地完成审计工作。二是要强化审计同纪检、监察、司法等部门的合作,形成相互协调、配合与沟通的关系,确保审计信息交流或案件移交的畅通无阻,即要求法律必须规定审计人员在何种情况下,向其他部门及时移交被审计项目,并保守秘密。对于没有及时移交,因耽搁或泄密造成不良后果的审计人员,要依法追究其相关的法律责任。同时,还应当建立起有效的审计案件问责制度,即当审计案件移交后,有关部门一定要充分重视,不能漫不经心、拖延不办,或者在处理中避重就轻,将审计案件大案化小、小案化了,人为削弱审计的威力。究其原因,恐怕还是地方保护或部门利益在作祟,因为经过审计查出的案件一般都带有经济利益,处理起来可能有损地方形象,在群众中造成不良影响,所以有的部门只审计、不立案,或者立案不查处,造成此种状况,除了个人因素外,最根本的还是缺乏审计案件的问责机制。此种状况一旦予以放任,势必导致经济违规更加严重,腐败现象更加猖獗,因此,建立审计案件问责制度势在必行,当审计案件移交之后,一定要采取相应措施,监督有关部门办案情况,保证对该类案件的查处到位。三是针对审计人员主体资格缺失的问题,本书以为,具备主体资格的审计人员一定要有如下几方面的基本素质:一是审计人员要有"民本审计"的理念,增强为民办事,为民谋利的意识,将维护人民群众的根本利益作为审计工作出发点和最终目标,做到审计结果反映民情、体现民意。二是审计人员要注重学习,要有长时间的知识和实践的积累,具备较强的素质。要精通审计业务,能熟练应用现代审计技术方法。三是审计人员要紧紧抓住审计质量这条主线,将提高审计质量作为审计工作的重中之重。四是审计人员要自觉遵守审计工作纪律和法规,遵守审计职业道德,做到坚持原则、严谨细致、客观公正、廉洁自律、乐于奉献,正确使用手中的权力,克服审计随意、处理不公的现象。唯有如此，才能确保审计工作真正取得实效。以上几方面是我国审计法制建设过程中突出需要解决的问题，当然，要消除审计过程中发生的腐败现象，还需要进行其他相关配套制度的建设和完善，例如审计公告制度、审计过错责任追究制度，限于篇幅，在此不再一一赘述。

(10)社会保障法

胡锦涛同志在十七大报告中指出："加快建立覆盖城乡居民的社会保障体系，保障人民基本生活。社会保障是社会安定的重要保证。要以社会保险、社会救助、社会福利为基础，以基本养老、基本医疗、最低生活保障制度为重点，以慈善事业、商业保险为补充，加快完善社会保障体系。"由此可见，社会保障就是以国家或政府为主体，为了保持经济的发展和社会的安定，依照国家法律建立起来的，以国民收入分配和再分配的形式，确保社会成员基本生活需求的社会经济制度。社会保障是以保持经济发展和社会安定为其价值目标的，而要实现这一价值目标，就有赖于形成一个科学、系统的社会保障体系。

所谓社会保障体系，就是指国家通过立法对社会成员给予物质帮助而采取的各种互相独立而又相互联系的社会保障措施(或项目)而构成的整体。[1] 从此可以看出，社会保障体系是不能离开国家的立法而得以建立和实施的，在现代社会，一个国家社会保障的内容是由法律规定的，其中大部分内容是由国家强制实施的。国家通过立法规定了社会保障的不同层次和范围，当人们的基本生活状况符合法律规定的条件时，他们就能够享受社会保障的权利。社会保障制度通过法律的规范性得以确立并为全体社会成员所接受，通过法律的权威性得以在社会中普遍实施，从而

---

〔1〕 陈信勇等：《社会保障法原理》，浙江大学出版社 2003 年版，第 21 页。

为全体社会成员的生存安全提供稳定和可信赖的保障。[1] 因此,对社会保障体系的规范化运行就体现为社会保障法。社会保障法是以社会利益为本位,以社会公平为价值追求,以保证实现公民社会保障权利的法律制度的总称。没有健全的社会保障法律体系,就不可能出现健全、完善和成熟的社会保障制度。我国自 20 世纪 90 年代以来,就开始重视社会保障方面的立法,社会保障方面的实践也日益丰富。但是我们也应看到,近年来社会保障法在我国的实施运行过程中亦存在着不容忽视的问题,就是社会保障涉及社会保障部门行政审批权力的运作和社会保障基金的管理两大问题。由于行政审批权力运作可能缺乏规范和监督,以及社会保障基金管理方面可能出现制度漏洞,致使社会保障本应起到的保持经济发展和社会安定、保障社会成员基本生活的功能无法实现,反而使得社会保障领域成为腐败的高发地带,这显然是人们难以容忍的。因此,本书认为,应当完善有关社会保障的法律规范,不断加强制度建设,确保社会保障法能够高效、有序地运行,真正起到保障社会的作用。

首先,应对社会保障部门的行政审批权力加以监督和制约,防止出现权力使用不当或出现以权谋私现象。具体而言,就是要严格规章制度,对审批制度尚不健全的审批项目,要建立集体决策或专家评审制度等,完善相关标准和工作程序,要从制度上防止少数人或个人说了算,消除个人或少数人利用行政审批权谋取私利的条件。还要强化监督制约,加强对审批过程的监督,对容易发生以权谋私的行政审批项目,研究探索实行分权和制约办法,建立以权制权的相互监督制约机制。此外,还必须加强工作指导,督促社会保障部门在实施各项行政审批工作中依法行政。加强交流,推广在行政审批工作中好的做法和工作经验,使社会

〔1〕 黎建飞:《社会保障法》,中国人民大学出版社 2006 年版,第 3 页。

保障部门各级行政审批工作实现规范化和制度化。

其次,应着力解决社会保障基金管理方面的缺陷问题。这些问题主要有资金筹集不规范、缺乏法律保障,资金管理系统混乱、缺乏强有力的监督机制以及资金的使用不能做到专款专用,开支存在漏洞等。[1] 有鉴于此,本书认为比较理想的解决措施是严格执行国务院及有关部门下发的关于社会保障基金实行收支两条线管理等规定,把基金纳入社会保障基金财政专户,实行收支两条线管理,专款专用。同时进一步规范和严格执行社会保障基金财务会计制度和社会保障基金财政专户管理办法,建立一套完善的、健全的、科学规范的制度体系,从制度上保证基金的安全。此外,还应当建立社会监督机制,即除了政府行政部门的监督外,还要设立由相关社会成员代表组成的社会监督机构,监督基金管理的运营状况。

最后,还要开展对社会保障基金管理的专项检查,纠正和查处违纪违规问题,推动社会保障基金管理工作的有序进行。本书认为,只有通过规范、约束行政权力运作和加强管理,建立健全规章制度和监督制约机制,构建社会保障领域的控制腐败的完善法律机制,才能从源头上防范和治理社会保障领域内所出现的腐败现象,这也正是我国社会保障法迈向现代化发展的应然之举。

2. 制定《反腐败法》

为了应对日趋严重的腐败现象和犯罪态势,在不断完善相关领域法律的同时,我国必须尽快出台一部专门的《反腐败法》,有效预防和惩治各种腐败行为。

①我国制定《反腐败法》的必要性和可行性

习近平总书记在党的十八届中央纪委二次全会上的讲话明

---

〔1〕 周琳、吉星:《现行社会保障制度的问题及对策》,载《山西财税》2002 年第 2 期。

确指出:“当前一些领域消极腐败现象仍然易发多发,一些重大违法案件影响恶劣,反腐败斗争形势依然严峻,人民群众还有许多不满意的地方,”他强调要“加强反腐败国家立法,确保国家机关按照法定权限和程序行使权力”。我国制定《反腐败法》的必要性:当前反腐败斗争的严峻形势,要求我们制定一部专门的反贪污贿赂法;制定反贪污贿赂法,可以更为突出地表明我们党和政府惩治腐败的坚定决心,保证国家工作人员的为政廉洁;反腐败的长期性、复杂性和艰巨性,需要有一部长期、稳定的专门立法作为依据;制定反贪污贿赂法可以更好地号召、动员和鼓舞人民群众同腐败做斗争;司法机关近 20 年来惩治贪污、贿赂犯罪的经验,需要有一部专门的综合性法律加以概括总结,以更好地服务于司法实践;〔1〕制定专门的反腐败法,严密法网,堵塞漏洞,可以减少犯罪机会,提高犯罪成本。由于我国的反腐败法网不严密,贪污贿赂犯罪机会多、成本低,法律对官员腐败犯罪缺乏应有的威慑作用。为此,我们应该在总结古今中外反腐败经验教训的基础上,结合我国反腐实践,应该制定专门的反腐败法。〔2〕

近些年来我国为加强反腐败工作制定了许多法律法规和规范性文件,尤其是地方预防职务犯罪立法或反腐败立法多达几百件,取得了比较明显成效。但正如中央估计得那样,反腐败形势依然十分严峻,一些地方或领域的腐败活动居高不下,腐败现象呈现出群体化、集团化甚至地区化的态势,近些年出现的串案、窝案、大案、要案等就是例证。而且腐败犯罪的职务级别越来越高,包括薄熙来、徐才厚等政治局委员,甚至前中央政治局常委周永康等。甚至涉案金额越来越大,动则几千万元,甚至上亿元。个别地

---

〔1〕 缪树权:《论制定反贪污贿赂法的必要性与可行性》,载《国家检察官学院学报》2001 年第 4 期。

〔2〕 陈尚志:《监督文化、机制与官员腐败犯罪》,载《政法学刊》2003 年第 6 期。

方和领域越来越具有广泛性和顽固性，严重影响了党和政府在人民群众中的形象与威信。当然腐败原因是多方面的，但其中的根本原因就是反腐败立法还未能跟上，反腐败的法制还不够完善，缺乏系统的、严密性的控制腐败法律机制。有的规定仅限于党法和纪律条例、行政规章或地方性法规，还没有上升到国家层面和基本法的层级，约束力不够；有的方面虽然已经立法，但相互间还存在矛盾和冲突，还存在不严密的问题。这些问题的存在都为腐败的发生留下了漏洞和空间，致使一些党员干部尤其是领导干部有了可乘之机，因此导致大面积和大幅度腐败的发生。国家反腐败法的力量就在于它的权威性和威慑性，它能够较好地抑制和克服因领导意志的变化而使反腐败工作出现反复性和随意性。由此可见，只有建立系统全面的反腐败国家专项立法，才能从根本上全面启动反腐败的制度与运行，并最终推动反腐败工作做出成效。

而在我国建立一部专门的《反腐败法》也具有切实可行性：长期的惩治腐败的立法和司法实践证明，制定一部专门的反贪污贿赂法是我国刑事法律的一项的传统，能够发挥重要的作用；世界许多国家的立法经验说明，制定专门的反贪污贿赂法是运用法律手段同腐败现象做斗争的有效措施；多年的《反贪污贿赂法》的研究和起草工作，为制定这部专门的法律做好了充分的准备；新的刑法和刑事诉讼法颁布后的司法实践说明，当前的反腐败斗争仍需要有一部专门的法律提供强有力的保障。[1]

②域外国家反腐败法之借鉴

域外国家在反腐败过程中都制定了各自的专门反腐败立法，并取得了长足的实效。我国在制定适合自己国情的《反腐败法》时，可以借鉴这些国家反腐的成功经验。

---

〔1〕 缪树权：《论制定反贪污贿赂法的必要性与可行性》，载《国家检察官学院学报》2001年第4期。

新加坡的《防止贪污法》(Prevention of Corruption Act)是专门反腐法律法规的基础性法律。它制定于1960年,后经多次修改,至今已达到内容全面、严密、明确、具体的水平。《防止贪污法》(Prevention of Corruption Act)既有关于贪污贿赂行为及其处罚的实体法内容的规定,又有关于查处贪污贿赂行为的机构、组织及其权利义务和查处程序等程序法内容的规定,具有很强的可操作性。《防止贪污法》(Prevention of Corruption Act)确立了非常宽泛的贪污定义,包括任何以金钱和非金钱形式表现的利益和好处,以及被查人不能澄清的多余财富。对受贿罪收受的"报酬"也做了详细的界定,包括金钱物质的和非金钱物质的。《防止贪污法》(Prevention of Corruption Act)对刑法做了补充,规定了代理人、投标人、公共机构成员的受贿罪及对他们的行贿罪,对教唆犯罪、预备犯罪和共同犯罪做了新规定;对贪污贿赂犯罪的惩治较刑法规定得要严厉。如在定罪的构成要件上,规定无须证实其实际上是否对对方谋利提供帮助,贪污和贿赂的赃款去向或用途并不影响犯罪的构成,对定罪的数额没有规定起点,在对犯罪的处罚上,将自由刑与经济制裁相结合,即对贪污贿赂者除给予刑事处罚外,还要对其进行经济制裁。经济制裁除判处罚金外,还对贪污贿赂的金钱以罚款的形式全部追回。《防止贪污法》(Prevention of Corruption Act)还对新加坡重要的专门反贪污机构——贪污调查局的权利做了全面规定,赋予了它广泛的侦查权,并规定了具体、详细的侦察措施。此外《防止贪污法》(Prevention of Corruption Act)还规定了一些适用于反腐败的特别诉讼程序和证据制度,如贿赂推定、财产来源不明证据、习惯证据、共犯证据、证人免责、贿赂人的证据效力。[1]

---

〔1〕 李国花、李志勤:《部分国家反腐败法比较》,载《天津市政法管理干部学院学报》2006年第4期。

韩国的《反腐败法》(Anti-corruption law)是一部综合性法律,它主要包括了对举报人和其他信息提供者的保护;无腐败的政府支出及采购保障;成立和管理反腐败组织;加强公民监督和参与反腐败运动;加大对有腐败行为的人员的惩罚;公务员行为准则;与公民组织反腐败合作;通过教育和宣传提升公民反腐败意识;建立和管理反腐败的举报和信息提供中心等内容。[1]

美国的《反海外腐败法》,又可称《涉外反行贿法案》(Anti-Foreign Corrupt Practices Act),该法颁布于1977年,是美国政府为了遏制美国企业在跨国经济活动中的商业贿赂行为而制定的。该法的实施对净化美国的跨国商业环境、确保美国企业在跨国经济活动中的公平竞争发挥了重要作用。[2] 美国是世界上第一个制定涉外反腐败法的国家。《反海外腐败法》(Anti-Foreign Corrupt Practices Act)的内容分为两部分。一部分是关于财务会计制度的规定,另一部分是关于禁止对外国公务人员行贿的规定。该法对违法向外国公务人员行贿行为的主体、行为表现及其处罚做了规定。[3] 美国的反贪战略提出了一些应对措施,如加强国际金融合作,精确查证、追踪、冻结、收藏贪官非法所得;同时通过双边和多边合作,以金融和经济制裁手段,惩罚贪官及其同伙;对外国贪官的洗钱行为进行严查;查证贪官身份,拒绝他们入境美国;加快遣返工作,建立查获和处置贪官资产的机制;提供技术援助,帮助有关国家增强侦查、起诉、遏制贪官等。

1906年,英国在修订《公共机构腐败行为法》(Public body corruption Law)的基础上,颁布了《防止贪污法》(Prevention of

[1] 裴志军:《韩国政府反腐败政策研究》,浙江大学2002年硕士学位论文。

[2] 程宝库、李晓锋:《关于我国制定〈海外反商业贿赂法〉的思考》,载《南开学报》(哲学社会科学版)2005年第5期。

[3] 黎宏:《国际商业活动与反腐败——从美国〈反海外腐败法〉中得到的启示》,载《人民检察》2005年第6期。

Corruption Act),将禁止公共机构成员贿赂的适用范围扩大,规定不仅适用于公共机构的工作人员,而且适用于公共机构本身。1916 年,英国又对《防止贪污法》(Prevention of Corruption Act)做了修订,进一步将适用范围扩大到一切地方性和公共性机构。2003 年 3 月,英国政府又颁布了新的《反腐败法》(Anti-corruption law),它将 1999 年经合组织签订的《关于公共官员受贿的协议》(Bribery of public officials on the agreement)纳入了国内法,同时规定该法的域外效力,再一次将禁止公共机构人员贿赂行为的适用范围扩大,扩大到适用于涉及外国人的贿赂案件,即在境外的英国公民和公司的贿赂行为。按照新法的规定,"英国公民或根据英国任何一个地区的法律注册设立的机构在英国以外的国家或领土上发生的贿赂行为"都要受反腐败法的约束。[1]

③我国《反腐败法》的具体建构

国际反腐败法制建设的趋势是全方位综合立法。具体到国内法上,有三种类型:第一类是综合型反腐败法,集刑法、刑事诉讼法、司法组织法等部门法为一体,自成体系,既有总则性条文规定,也有分则性条文规定,既有摘录刑法、刑事诉讼法、司法组织法等法律已规定的内容,也有补充规定或者特别规定的内容;第二类是实体型反腐败法,其中绝大多数条文内容是关于腐败犯罪和刑罚的规定,主要是对刑法的补充规定,也有的是一些特别规定;第三类是程序型反腐败法,其特点是以刑事特别程序为主,主要是关于调查的特别程序规定。[2] 我国目前在第一类综合性的法律方面则处于空白状态。

如何制定符合我国实际的《反腐败法》,是摆在我们面前的一

---

〔1〕 李国花、李志勤:《部分国家反腐败法比较》,载《天津市政法管理干部学院学报》2006 年第 4 期。

〔2〕 匡科:《国际反腐败法律制度与我国刑事司法改革——以〈联合国反腐败公约〉为中心的分析》,载《南京师大学报》(社会科学版)2006 年第 1 期。

大困难。九届全国人大外事委员会副主任委员宋清渭指出，反腐败问题是关系党和国家生死存亡的重大问题。反腐败是一项长期而艰巨的任务，要从根本上遏制和铲除腐败，关键之一在于建立健全反腐败的法律机制，抓紧研究制定《反腐败法》。宋清渭认为，《反腐败法》应包括以下内容：一是将现行党纪条规、行政规章上升为国家法律；二是设立专门监督机构，在强化现有监督机构作用的同时，建立由中央和各省、自治区、直辖市直接领导，相对独立的垂直监督机构；三是强化各级人大监督的力度；四是建立公务员财产登记制度；五是建立个人终身只用一个银行账号的制度；六是对新闻媒体的监督进行规范，给新闻工作者更多的舆论监督权。[1]

当全国性预防腐败立法还处于考虑和酝酿阶段的时候，一些地方在预防腐败立法方面迈出了可喜的步伐。2001 年 5 月 25 日，无锡市第十二届人民代表大会常务委员会第二十七次会议制定了全国第一部预防职务犯罪的地方性法规——《无锡市预防职务犯罪条例》（以下简称《预防条例》），并已于当年 8 月 1 日起在无锡正式施行。[2] 其主要内容有：第一，关于预防职务犯罪的主体。《预防条例》规定预防职务犯罪工作的主体是国家机关和国有公司、企业、事业单位、人民团体，以及国家工作人员。这些主体既是预防职务犯罪的对象，更是预防职务犯罪工作的主要责任者，《预防条例》对国家工作人员在预防职务犯罪工作中的地位和作用，以及自我防范等内容做了明确规定，突出了对国家工作人员教育、管理、监督并重的预防思路，以有利于调动国家工作人员参与预防职务犯罪的积极性。考虑到预防职务犯罪是一项社会

〔1〕《腐败现象屡禁不止　人大代表呼吁出台〈反腐败法〉》，载 http://news.sina.com.cn/c/2002-03-07/1037498178.html，2015 年 8 月 30 日访问。

〔2〕柳晞春：《预防职务犯罪——反腐败的理性选择》，法律出版社 2003 年版，第 292 页。

系统工程,《预防条例》同时体现了全社会预防和综合治理的精神。第二,关于职务犯罪的界定。《预防条例》第3条对职务犯罪做了界定,《预防条例》所称职务犯罪,是指《刑事诉讼法》第18条第2款规定的由人民检察院立案侦查的犯罪,具体包括《刑法》第八章的贪污贿赂犯罪;《刑法》第九章国家机关工作人员的渎职犯罪;利用职权实施的非法拘禁、刑讯逼供、报复陷害、非法搜查等侵犯公民人身权利及民主权利的犯罪;利用职权实施的其他重大犯罪。这样界定,既符合《刑法》《刑事诉讼法》和最高人民检察院的规定,又突出重点,有利于预防职务犯罪工作的开展。第三,关于预防职务犯罪的工作责任制和工作机制。建立预防职务犯罪工作责任制和完善预防职务犯罪工作机制,是有效开展预防职务犯罪工作的基础和保证。《预防条例》第7、8条就这两方面做了规定,要求国家机关和国有公司、企业、事业单位、人民团体将预防职务犯罪工作列入精神文明建设目标,按照谁主管谁负责的原则落实责任制,进行检查考核。要求国家机关和国有公司、企业、事业单位、人民团体各负其责,密切配合,建立教育、管理、监督、惩治联动的预防职务犯罪工作机制。要求检察机关与其他司法机关、监察、审计、新闻、文化、出版等有关部门建立"联席会议制度",交流信息,加强工作联系和协调,使预防职务犯罪工作落到实处。第四,关于检察机关和有关行政执法部门在预防职务犯罪工作中的职责。检察机关和监察、审计等行政执法部门在预防职务犯罪工作中起着十分重要的作用,尤其是作为国家法律监督机关的检察机关,根据反腐败斗争的部署,成立了预防职务犯罪的专门工作机构,是预防职务犯罪工作的主要职能部门。为此,《预防条例》第9条规定,由检察机关"组织协调预防职务犯罪工作",并对其职责作了具体规定。同时,《预防条例》对监察、审计等行政执法部门的职责也做了专门规定。第五,关于预防职务犯罪的形式。在认真分析职务犯罪的成因、特点和规律的基础上,根据党和国家关于反腐败斗争的要求,并总结无锡市预防职务犯罪工作的成功做法和经验,《预防条例》具体规定了社会预防、行业预防和专项预防等预防职务犯罪的条款,力求体现地方性法规的稳定性、前瞻性和可操作性。[1]

借鉴域外国家的立法经验并参考我国地方已经完成的一些反腐败立法,我国专门的综合性的《反腐败法》应当包括以下内容:[2]

第一章:总则(立法的目的、任务、基本原则)。

第二章:贪污罪、贿赂罪、渎职罪以及其他涉及腐败的犯罪(对罪名进行解释,完善刑法规定不足之处)。

第三章:反腐组织、机构及其职权(建立起以检察院为中心,其他组织和机构配合的体系,并明确相互之间的分工、配合、制约)。

第四章:侦查程序(对腐败案件的侦查程序做出特别规定,赋予检察机关特别侦查权,以及要求嫌疑人申报财产、限制转移财产、收缴嫌疑人旅行证件、限制出境、要求获得协助权、要求有关人员提供犯罪证据的权力)。

第五章:证据制度(建立特定条件下的举证责任转移制度、法律推定制度、污点证人制度)。

第六章:法律责任(阻碍侦查和拒绝协助侦查的法律责任、不举报和虚假举报的法律责任、泄密和不依法追究的法律责任等)。

第七章:附则(规定该法的适用范围、作为刑法、刑事诉讼法、检察院组织法的特别法优先适用、生效时间)。

在法律地位上,反腐败法是基本法,与刑事诉讼法、检察院组

---

〔1〕 参见《江苏人大网》,载 http://www.jsrd.gov.cn/jsrdportal/portal/portalShow.html,2015 年 8 月 30 日访问。

〔2〕 钱小平:《刑事一体化视野中的反腐立法》,载《南京工业大学学报》(社会科学版)2006 年第 3 期。

织法之间是特别法与一般法的关系，在发生冲突时，按照“特别法优于一般法”的规则，优先适用反腐败法，详见本书附件（三）：《中华人民共和国反腐败法》（专家意见稿）。

3. 制定《公务员财产透明法》

（1）我国制定《公务员财产透明法》的必要性和可行性

长期以来，公务员“财产透明法”也叫“财产申报法”，总之是对国家公务员或官员财产监督的一种立法。可以说，反腐败或控制腐败最根本的问题是财产控制问题，而且腐败问题与权力及权钱交易有着极为密切的关系。因此，作为国家公务人员，勤政、廉洁二者同等重要，尤其是在我们国家已经实行存款实名制的背景下，接下来就是要尽快制定《公务员财产透明法》，一方面以此加强国家对公务人员廉洁自律的监管，另一方面与国家反腐败立法的制定相配套。实际上，中央曾先后在20世纪90年代和21世纪初发布过《关于党政机关县处级以上领导干部收入申报的规定》《关于省部级现职领导干部报告家庭财产的规定（试行）》，这对反腐起到了一定作用，但该项制度并不透明，更没有很好落实，目前来看其已经名存实亡。1994年，全国人大常委会也曾将《财产申报法》正式列入立法规划，但至今未见出台，而且在立法规划中也不见了踪影。在控制腐败法律机制研究中，我们发现，公务员财产申报制度是其核心内容，它要求所有公务员必须如实申报、登记主要家庭财产，以示财产透明，便于公众监督，这被世界很多国家称为阳光法案。而金融实名制是要求每一个公民在任何一家金融机构开设任何账户时都必须使用实名，所有的金融交易也必须使用实名并记录在案。金融实名制的推行，使个人收入的来源更加透明，使腐败行为在透明的金融交易中难以遁形。二者的配合，可以说是控制腐败的一个极为有效的制度体系。

而且反腐败也是近些年“两会”的一个持续性热点。两会期间，人大代表、政协委员争先建言献策，其中一个共同的声音是：制定“公务员财产申报法”。全国人大代表、重庆律师协会副会长韩德云提出：“如果有了公务员财产申报法，可以把所有的官员置于社会公众的监督之下。”“公务员财产公开化后，老百姓终归会发现，抽什么烟、住什么房子，都反映了你的生活水准，现在就差一个标杆和尺度。如果你的财产来源正常，大不了就是你没有‘艰苦奋斗’罢了。”包括党的十八届四中全会也再次强调了制定国家反腐败立法，因此制定国家反腐败法是当务之急。

（2）国外及台湾地区公务员财产透明法之借鉴

关于财产申报的规定，美国于1965年颁布了《政府官员及雇员道德操行准则》（Officer and Employee Morality Behavior Standard），对各类高级官员及其配偶、子女的财产申报做了规定；关于公职人员行为准则的规定，美国于1883年颁布了《文官制度法》（Civilian System Law），1978年修订为《文官制度改革法》（Civilian System Reform Law）；关于有效打击腐败犯罪的规定，《有组织的勒索、贿赂和贪污法》（Systematical Blackmail Bribe Corruption Law）是美国打击腐败犯罪的重要法律。〔1〕

我国台湾地区“立法院”也于1993年6月通过了第一部“阳光立法”——“公职人员财产申报法”，共17条，并于1993年8月20日通过“公职人员财产申报法施行细则”“公职人员财产申报资料审核及查阅办法”。〔2〕“财产申报法”迄今已历经四次修订，对财产申报人员的范围、财产的范围、申报材料的公开程序等方面都做了较为详细的规定。

〔1〕许道敏、胡健波：《美国预防职务犯罪立法》，载《检察日报》2001年11月18日版。

〔2〕阮传胜：《台湾地区公职人员财产申报制度评介及其借鉴》，载http://www.360doc.com/content/10/0724/00/2346251_41019959.shtml，2015年8月30日访问。

(3)我国《公务员财产透明法》的具体建构

据了解,我国现行的官员财产申报制度,主要来源于两份文件——1995年5月,中共中央办公厅和国务院办公厅联合发布的《关于党政机关县(处)级以上领导干部收入申报的规定》;2001年6月,中共中央纪委、中共中央组织部又联合发布的《关于省部级现职领导干部报告家庭财产的规定(试行)》。实践中,因为这两份文件对于申报对象、申报范围界定过窄等种种先天缺陷,实施起来鲜有成效。这两个文件离"阳光法律"有距离,它们不是法,也不对公众公开。比如《关于党政机关县(处)级以上领导干部收入申报的规定》的薄弱之处很明显也很突出——"只报个人收入,不报家庭财产;只报劳务收入,不报非劳务收入;只在内部向人事部门报告,不向社会公布"。正因如此,公众才无法监督官员,往往是官员大肆贪腐,东窗事发后,公众才发现其有巨额财产来源不明。在十一届全国人大二次会议上,时任国务院总理温家宝在政府工作报告中指出,要加强廉政建设和反腐败工作。以规范制度和制约权力为核心,针对腐败现象易发多发的领域和环节,从源头上防治腐败。温家宝总理表示,会坚决查处腐败案件,依法惩处腐败分子。一定勤勉尽责,以实际行动和工作业绩,建设为民、务实、廉洁、高效的政府,让人民放心,让人民满意。这也表明《公务员财产透明法》应该是制定或者出台的时候了。

借鉴我国台湾地区的"公职人员财产申报法"的经验及我国在这方面的一些制度性的规定,我国专门的《公务员财产透明法》应该包括以下内容:立法的目的、任务、基本原则;财产申报人员的范围、财产范围、申报种类、受理申报的机构财产申报的程序及材料的公开程度;违反财产申报的法律责任;附则等。详见本书附件四《公务员财产透明法(专家意见稿)》。

此外,与控制腐败相关或相配套的措施还有《反洗钱法》《信用机制建立法》《商业交易安全法》和《新闻法》等法律法规和机制,以及财产继承法的一些配合规定等。因为中国官场要廉洁起来,关键是要建立现代预防腐败制度,最重要的是在新闻监督、群众监督、交易安全、财产透明和控制洗钱等方面取得突破,以此加大反腐败力度和制度体系建设。

第五编　不敢腐败及其惩处机制

第十三章　不敢腐败及其机制的建立

在“三不机制”中，如果说“不想腐”是基础，而“不能腐”是核心，那么“不敢腐”就是最终的威慑和法律效果。从语法上分析，“不想腐”“不能腐”“不敢腐”实际上是一种层层递进的关系。不想是个人意愿，不能是外因限制，不敢则是因为威慑力，从内因到外因，这其实都离不开内控制度的作用。[1]因此，就整个“控制腐败法律机制”而言，从“不想腐”的主体出发，再到“不能腐”的客观控制，再最终回到“不敢腐”威慑性法律后果。换个角度讲，从主观自觉控制，到客观制度限制，再回到主客观相统一的威慑。使得整个“控制腐败法律机制”环环相扣，步步为营，最终发挥出应有的切合实际的反腐败效能与效果。

---

〔1〕 李晓霞：《制度内控是反腐关键》，载《兰州日报》2013年10月18日版。

一、"三不机制"之一:"不敢腐"的提出

如上所述,学界早就有学者提出了加强"不敢腐"的法律机制研究。[1] 而且,中央纪委书记王岐山在党的十八届中央纪委委员学习贯彻党的十八大精神研讨班上也强调指出:"要深刻认识党风廉政建设和反腐败斗争的长期性、复杂性和艰巨性。坚持标本兼治,当前要以治标为主,为治本赢得时间。"这里的治标就是要赢得"不敢腐"的氛围与环境,也即要从根本上"建立不敢腐的惩戒机制",从而使腐败分子迫于威慑而"不敢腐"。

所谓"不敢腐"是指对腐败实行"零容忍",[2] 坚持有腐必惩、有贪必肃,使一切腐败单位或人员不敢妄为和行动。"不敢腐"的前提和核心就是加大反腐败的惩戒力度,严格执法与司法,严格执行党纪政纪,使腐败分子望而生畏。当然,不敢腐败的动因是多方面的,但主要有两个方面:一是腐败案件的坚决查处。要让腐败分子感受到"莫伸手、伸手必被捉",自动有效地中止贪腐念头。二是增加或加大腐败的成本。也就是说,当腐败行为的预期收益超过其预期成本时,腐败分子也就会尝试选择腐败;而当腐败行为的预期收益等于或小于其成本时,腐败分子就会拒绝腐败。因此,一要不断提高案件查处的效率,充分发挥严查腐败案件的巨大震慑功能。要克服困难,树立有腐必反的理念,坚持

---

[1] 李晓明等:《控制腐败法律机制研究》,法律出版社2010年版,第299页。

[2] "零容忍"是指社会对各种腐败行为和活动不论其发生的具体情况和背景如何、无论涉及什么人,都要严查和惩处,不允许、不容忍任何官员有任何腐败行为,甚至是轻微的腐败行为都要毫不犹豫、绝不妥协地与之进行彻底的斗争,做到不护短、不姑息、不手软,使任何腐败行为都受到严厉的处罚。参见习近平同志在党的十八届中央纪委三次全会上发表的重要讲话。

"老虎、苍蝇一起打"。二要始终保持惩治腐败的高压态势,对于群众反映较大的案件,加大惩治力度,提高违法成本,减少腐败收益,令腐败分子得不偿失而不敢腐败。[1] 如果能真正做到"威不可测",那么腐败也就无藏身之地了。

二、"制行"与"自省":"不敢腐"的性质定位

如上所述,所谓"制行"也即"控制行为",是指控制或约束一个人或集体的某种行为,不至于做出超越法律或权力之外的违规、违法事宜。反腐败中的"制行",当然就是指的控制腐败行为,是指不发生、不蔓延、不发展。由此可见,控制行为是"不敢腐"的重要因素之一。

所谓"自省"是指基于当前的外部环境,从内心保持清醒的头脑,要理智、冷静地反思和权衡腐败的"利"与"弊",甚至管控好自己的内心欲望与行为。可以说,"制行"也好,"自省"也好,都是"不敢腐"的性质定位,也是"不敢腐"的核心和重要内容。

"不敢腐"的核心是加大惩治力度,凭借威慑力量来威吓和震慑腐败犯罪,甚至设置"高压线",使腐败分子不敢触摸或触碰。具体来讲,惩治力度直接决定反腐力度及其威慑力,正像习近平总书记在党的十八届中央纪委二次全会上强调指出的那样:"从严治党,要坚持'老虎'、'苍蝇'一起打,坚决查处领导干部违纪违法案件,切实解决发生在群众身边的不正之风和腐败问题。"当然,惩治腐败,尤其是体现其威慑力并非一味地实行死刑、重刑,更应从严格执法和司法的源头上做起,真正做到有贪必反、伸手

[1] 余志涛:《反腐败要形成"不敢腐、不能腐、不易腐"机制》,载《人才资源开发》2014年第12期。

必被捉,而不应当是随意性、选择性执法与司法,只有严惩腐败和严密刑事法网二者有机结合起来,才能最终出现“不敢腐”的良好局面。

三、惩处性的严密:“不敢腐”的功能定位

单就“严密法网”而言,可以说,它是“不敢腐”的基本功能定位。“严密法网”的内容有两项:一是立法法网,即反腐败的立法,包括反腐败的专项立法,也包括与反腐败有关的某些基本立法,如关于制约和限制权力的基本组织立法规定,以及进行公务人员财产登记立法或称公务员财产透明立法的规定,更应包括惩治腐败的刑法规定和刑事诉讼法的规定,甚至党内关于反腐败的一些立法、规章和组织规定等,也即一切与反腐败有关的党法国法的整体。二是执法与司法法网,即反腐败的法律执行与司法活动,包括党纪政纪的惩戒规定等。在执法与司法法网中,最核心的问题是严格执法与司法,尤其杜绝和反对随意性执法与选择性执法,更不允许利用反腐败排除政治异己或作为政治斗争的工具。也只有这样,才能让真正的腐败分子惧怕反腐败法的威慑力,最终产生巨大的震撼力,震慑腐败分子“不敢腐”。

当然,“不敢腐”只是控制腐败法律机制中的一个单项内容,如上所述,它应该与“不想腐”和“不能腐”等的法律机制有机地结合起来。首先,从腐败主体的自我约束“不想腐”做起,当然“不想腐”也是应该有前提和基础的,例如公务员的价值追求、基本工资保障和社会福利,以及“高薪养廉”和“廉政保证金”,只有这样才能真正地让国家公务人员“不想腐”。其次,从客观制度与环境而言,打造严密和刚性的制约制度,使其即便想腐也无法做到,只有这样才能从根本上堵住腐败的网眼与漏洞,使国家公务

人员“不能腐”。最后,再回到腐败主体,经过利弊权衡和迫于制裁的威慑,使腐败分子根本“不敢腐”。当然,最终的“不敢腐”也会循环性地推动和驱使腐败主体“不想腐”,如此形成一个有机的整体和良性传递的反腐链条,构成控制腐败法律机制整体。

四、关键在“威慑”:“不敢腐”的内容打造

在“不敢腐”的法律机制打造中,如上所述,关键在于惩治的“威慑”,只有法律、法网具有一定的威慑力量了,“不敢腐”的效果才会最终显现出来。可以说,这是“不敢腐”的基本内容。具体来讲,威慑来自三个方面:一是“伸手必被捉”,使每个正欲腐败与已经腐败的人都坚信“天网恢恢,疏而不漏”,只要腐败就一定会受到应有的法律追究,只有如此,“不敢腐”的法律机制才真正具有巨大的“反腐威慑力”。二是“加大腐败成本”,使每个正欲腐败与已经腐败的人都认为只要腐败就将付出巨大或沉重的代价,得不偿失,也只有如此“不敢腐”的法律机制才真正形成巨大的“反腐威慑力”。三是“严厉惩处腐败”,使每一个正欲腐败与已经腐败的人都坚信或最终受到严厉打击,恶果不能承受之重,唯有如此,“不敢腐”的法律机制才能真正凝聚巨大的“反腐威慑力”。例如新加坡还保留的鞭刑等严厉的刑罚,就对腐败犯罪分子形成了无比巨大的刑罚上的威慑力。

可以说,“不敢腐”内容的打造是控制腐败法律机制的中坚力量和威力核心。我们只有在“不敢腐”的内容打造方面下大功夫、下大力气,把“不敢腐”的“高压线”架好,通上“高压电”,才能够真正实现“不敢腐”的法律机制的威慑与实效,才能最终营造“不贪不腐、清正廉明”的社会环境与氛围,真正实现控制我国腐败现象的蔓延和泛滥。

第十四章　不敢腐败以党法政纪惩处机制为基础

党的十八大强调，始终保持惩治腐败高压态势，坚决查处大案要案，着力解决发生在群众身边的腐败问题；不管涉及什么人，不论权力大小、职位高低，只要触犯党纪国法，都要严惩不贷。习近平总书记指出，全党同志要深刻认识反腐败斗争的长期性、复杂性、艰巨性，以猛药去疴、重典治乱的决心，以刮骨疗毒、壮士断腕的勇气，坚决把党风廉政建设和反腐败斗争进行到底。十八届中央纪委三次全会强调，严厉惩治腐败，坚持“老虎”“苍蝇”一起打，坚持有腐必惩、有贪必肃，使领导干部“不敢腐”。这充分表明了中央反对腐败的坚定决心和顽强意志，党风廉政建设和反腐败斗争是一场输不起的斗争，我们要把思想和行动统一到中央的要求和精神上来，严厉惩处一切腐败分子，坚决把反腐败斗争进行到底。

一、党法政纪控制腐败惩处机制概述

（一）控制腐败惩处机制的内涵

孟德斯鸠曾说："一切有权力的人都容易滥用权力，这是万古不易的一条经验。"惩处腐败，是有关执纪执法机关依据党内法规或国家法律法规，通过查办案件的形式来发现、处理腐败分子的活动，其关键是依纪依法查办违法违纪案件。控制腐败惩处机制就是有关执纪执法机关依据党内法规或国家法律法规，通过对腐败分子的查办和处理，以斩断腐败贪欲，从而达到抑制腐败动机、预防腐败行为的发生。违纪型腐败本质上是一种违反党纪政纪的行为，与违法型腐败不同，违纪型腐败不属于我国刑事诉讼法规定的检察机关的管辖范围，只有违纪型腐败严重到违反法律的程度，检察机关才能获得管辖权。根据《中国共产党纪律检查机关案件检查工作条例》和有关监察法规的规定，在我国违纪型腐败的管辖主体为各级纪律检查委员会和监察部门。目前，我国的纪律检查委员会和监察部门合署办公，称为纪检监察机关，党的纪律检查工作和行政监察工作称为纪检监察工作。纪检检察机关和监察机关分属于党的机关和国家行政机关两个序列，履行不同的职责，保持各自不同的性质、任务和职权。

党的纪律检查委员会是中国共产党内负责党纪的委员会，除中央设有纪律检查委员会外，在内地各级党组织亦有纪委，党的纪律检查是指党的纪律检查委员会维护党的纪律的活动。《中国共产党章程》规定，各级纪委的主要任务是：维护党的章程和其他党内法规，检查党的路线、方针、政策和决议的执行情况，协助党的委员会加强党风建设和组织协调反腐败工作。经常性工作是：各级纪律检查委员会要经常对党员进行遵守党的纪律的教育，做出关于维护党纪的决定;对党员领导干部行使权力进行监督;检查和处理党的组织和党员违反党的章程和其他党内法规的比较重要或复杂的案件,决定或取消对这些案件中的党员的处分;受理党员的控告和申诉;保障党员的权利。

在行政部门,国务院下设有监察部,在各级地方政府设有监察厅、监察局。国家监察机关是依据宪法设立的行使监察职能的政府机关,行政监察是指国家行政机构内专门行使监督职权的机关,依法对国家行政机关及其公务员以及国家行政机关任命的其他人员行使行政权力的行为进行监督和督察。国家监察机关的主要任务是:依法对国家行政机关及其公务员和国家行政机关任命的其他人员,对法律、法规授权的具有公共事务管理职能的组织及其从事公务的人员,对国家行政机关依法委托从事公共事务管理活动的组织及其从事公务的人员执法、廉政、效能情况进行监察,保证政令畅通,维护行政纪律,促进廉政建设,改善行政管理,提高行政效能。[1]《行政监察法》规定,监察机关的职责是:检查国家行政机关在遵守和执行法律、法规和人民政府的决定、命令中的问题;受理对国家行政机关及其公务员和国家行政机关任命的其他人员违反行政纪律行为的控告、检举;调查处理国家行政机关及其公务员和国家行政机关任命的其他人员违反行政纪律的行为;受理国家行政机关公务员和国家行政机关任命的其他人员不服主管行政机关给予处分决定的申诉,以及法律、行政法规规定的其他由监察机关受理的申诉;法律、行政法规规定由监察机关履行的其他职责。在调查中如发现违法违纪涉嫌犯罪的,则会移送司法机关依法追究刑事责任。

(二)惩处在控制腐败中的作用

查办违法违纪案件、惩处腐败是《党章》和《行政监察法》赋

[1] 中央纪委研究室:《纪检监察基本知识简明读本》,中国方正出版社2013年版,第1~2页。

予纪检监察机关的一项重要职责，是惩治腐败最有效的手段。建立、完善违纪型腐败的惩处机制，充分发挥纪检监察部门的职能作用，严厉惩处腐败分子，对于遏制腐败现象，惩治腐败行为具有十分重要的意义。

1. 坚决惩处腐败是维护改革发展稳定大局、构建和谐社会的内在要求。腐败分子损害国家利益，损害人民群众利益，败坏党的形象，破坏党和人民群众的密切关系，是构建社会主义和谐社会中的一大障碍。通过坚决查处腐败案件，严厉惩处腐败分子，把腐败分子侵占的利益还给人民，化解社会矛盾，可以最大限度地减少影响改革发展稳定大局和社会和谐的因素，为经济社会持续健康发展、社会和谐稳定提供政治保障。

2. 坚决惩处腐败是从严治党、巩固党的执政地位的主要保证。治国必先治党，治党务必从严。反腐败关系党和国家生死存亡，如果不能坚持不懈地抓好党风廉政建设和反腐败工作，党的执政地位就有丧失的危险，党就有可能走向自我毁灭。通过坚决查处腐败案件，严厉惩处腐败分子，严肃党法政纪，纯洁党的组织和队伍，不断增强党的凝聚力和战斗力，不断提高党的拒腐防变和抵御风险的能力。

3. 坚决惩处腐败是维护党纪国法、推进依法治国的重要途径。党纪国法是党的组织、全体党员必须遵守的行为准则，政纪国法是国家机关、企事业单位等公职人员必须遵守的行为准则。遵纪守法是对各级党组织、全体党员、全体公职人员的基本要求。腐败行为违反党纪，有的违反政纪、国法，必须予以严厉制裁。通过坚决查处腐败案件，严厉惩处腐败分子，及时纠正违纪违法行为，有利于维护党纪国法的严肃性，有利于推进依法治国方略的实施。

4. 坚决惩处腐败是治标的重要内容、治本的必然要求。惩处机制是控制腐败体系的重要组成部分之一。党中央确立了“标本兼治、综合治理、惩防并举、注重预防”的反腐败方针，颁布了惩治和预防腐败体系实施纲要。坚决惩处腐败,既是治标的重要内容,也是治本的必然要求。只有抓好从严惩处,才能为预防腐败创造条件。通过坚决查处腐败案件,开展警示教育,使党员干部增强廉洁自律意识。通过坚决查处腐败案件,及时发现体制机制制度的不足之处,及时查找监督管理的薄弱环节,不断改革创新,建章立制,完善制度,巩固教育、监督、制度取得的成果,推动惩治和预防腐败工作的整体发展,不断把党风廉政建设和反腐倡廉建设引向深入。

二、新加坡控制腐败的惩处简况

新加坡是一个华人约占全国总人口 76% 的东南亚国家,能够在一党长期执政的情况下,被世界公认为很好地控制贪污,其廉洁程度在世界上名列前茅。"透明国际组织"(Transparency International)每年都定期发表"全球清廉指数"(Corruption Perceptions Index, CPI,有的称"贪腐印象指数")及贪污情况报告,截至 2014 年,新加连续 20 年进入该组织的"全球清廉指数"排行榜前 10 位,也一直雄居亚洲之首。新加坡的廉洁状况也并非从来如此,行动党 1959 年执政之前的新加坡也是贪污盛行。新加坡在治理贪污方面之所以能取得如此良好的廉洁成就,与该国在治贪上特别讲究"硬道理"密切相关。新加坡立法完备、详尽,使官员不能贪污;执法严实、惩罚严厉,使官员不敢贪污;注重教育倡廉、以德养廉、典型导廉,使官员不想贪污;高薪养廉,使官员不用贪污。[1]

---

〔1〕 阎群力编:《国(境)外廉政建设与反腐败考察研究》,中国方正出版社 2007 年版,第 178 ~ 180 页。

(一)新加坡的反贪机构“权比天大”

新加坡治贪的重要经验,就是反贪机构直属总统与总理,拥有法律赋予的特别重大的权力,从而被人称作“权比天大”。[1]新加坡的贪污调查局成立于1952年,直属内阁总理,是新加坡反贪污的专门机关,也是全国防止贪污贿赂的独立最高机关,它可以根据法令一视同仁地对任何人展开调查,并且它在惩治腐败中雷厉风行、无私透明,让腐败分子闻风丧胆,让公众称誉有加。该局局长和副局长由总理任命,局长只对总理负责,不受其他任何人的指挥和管辖。

新加坡贪污调查局以彻底铲除贪污腐败现象为根本宗旨,集中全部精力侦办贪污案件,不论是公共部门或是私人机构,重点优先处理涉及政府部门官员的贪污案件。其权力很大,执法较严,信息灵通,效率极高,成效很大。贪污调查局的主要任务是:调查被检举的贪污嫌疑人;侦查符合逮捕条件的贪污罪犯。贪污调查局的主要职责是:重点查办政府公务人员贪污受贿以及其他舞弊行为;调查局确认政府公务人员的不检点行为;根据法律和准则规范向有关政府部门建议纪律制裁或者向总检察署提出控诉;有针对性地提出对政府公务人员进行反贪污教育;重点检查容易发生贪污受贿行为的部门的工作程序,以堵塞漏洞。[2]

新加坡贪污调查局拥有广泛而足够的权力和绝对的权威。新加坡1960年颁布的《防止贪污法》,赋予贪污调查局享有如下特权:[3]

第一,逮捕权。局长或任何侦查员无逮捕证可逮捕与犯罪有

---

〔1〕 吕元礼:《新加坡治贪为什么能》,广东人民出版社2011年版,第139页。

〔2〕 阎群力编:《国(境)外廉政建设与反腐败考察研究》,中国方正出版社2007年版,第192页。

〔3〕 同上书,第191~192页。

关的任何人,押送到贪污调查局或警察局听候处理。局长或者特别侦查员,对被逮捕人员身上的一切物品,只要有理由认为是犯罪的赃物或者作为证据,都可以进行搜查并没收。但女性则由一名女性侦查员进行搜查。

第二,调查权。局长或者特别侦查员在进行调查违法行为时,可以行使刑事诉讼所授予的一切与警方调查类似的特别权力。根据《防止贪污法》规定,只要依据刑法典进行罪行调查,应被视为警方调查,该局长或特别侦查员如同警官。在执行重大任务时,贪污调查局还可以行使特别调查权,可调查任何银行存款、股票存款、购物账户、报销单据或其他任何账目,以及任何银行的任何保险箱。被授予特别调查权的局长或者特别侦查员可以在任何时候进入银行,检查簿据并可复制账目带走;可以要求任何人揭发或出示一切情报、文件及其他物品。如果有人知道这类事情而不如实报告,或不出示这些证据,则被视为犯罪。其罪名被控告成立,则受到罚款或判刑。

第三,调查保障权。为保证调查的顺利进行,法律规定:“没有向授权人披露信息或编制账目、文件或文章的,构成犯罪,处以2000 美元以下罚金或 1 年以下监禁,或二者并罚。”

第四,武力搜查权。贪污调查局人员在必要时可以动用武力进入某地搜查。在调查和起诉过程中,如有理由认为某公职人员有违反《防止贪污法》的行为,调查局可要求他提出属于本人或配偶、子女的一切动产和不动产情况,详细说明每项财产的获得途径和准确日期,如果被控告人占有与自己收入不相符的钱财,而又不能令人满意地说出其来源,这一事实将交法院考虑,若认定是贪污性行为将依法受到惩处。同时,如果被控告人占有的财产或增添的财力被任何其他人所获得,则有理由相信这是受被控告人的委托或代表被控告人,或作为礼物从被控告人处获得。这类行为都为惩戒之列。

另外,新加坡的反贪体制实行侦控分立,贪污调查局主侦,检察公署主控。检察公署主要负责指导和监督调查、侦查活动,决定或者提起公诉。根据《防止贪污法》的规定,主控机构对贪污调查局具有一定的制约关系,主要体现在三个方面。一是特别调查权的行使须经检察官授权。贪污调查局虽然在调查贪污贿赂犯罪案件中具有很强的独立性,但在行使特别调查权必须按照检察官指定的方式方法进行,调查的范围也不得超越检察官的授权范围。二是非可拘捕之罪的调查须经检察官授权。三是检察官要求贪污调查局调查的权力。即检察官如果认为在政府、政府的任何部门或者公共团体供职的人违法犯罪,其证据有可能在本人或其妻子、子女的银行账册中获得,或者有可能在检察官确信的信托人、代理人的银行账册中获得,检察官即可发布命令,授权贪污调查局局长、特别调查官或者助理警长以上的警官调查这些账册。这种既密切又互相制约的关系,对于查处贪污贿赂案权力的正确行使起到了保证作用。[1]

(二)新加坡惩治贪腐手段严厉透明

新加坡贪污调查局尽管权力巨大,却独立而不独裁,专业而不专断,始终不偏不倚、无畏无惧。新加坡坚持惩治与预防相结合,对腐败行为处罚非常严厉,刑事、纪律、经济处罚三管齐下,有效地阻止了贪腐行为。

一是法律完备、系统详尽。新加坡立法严密,对法律概念注释详细,对法律条文释例详明,使得腐败分子无空可钻。新加坡宪法、刑事法律、行政法律都有治理腐败方面详细规定,特别是《防止贪污法》,对各级公职人员形成一套“步步设防”、严格管理的约束机制。扩大“贿赂”的定义,不仅包括看得见的“有价值物

---

〔1〕 阎群力编:《国(境)外廉政建设与反腐败考察研究》,中国方正出版社2007年版,第176~177页。

品”，也包括看不见的“有价值的职务”，具体包括：(1)金钱或任何礼物、贷款、费用、酬劳、佣金、有价证券或其他财产或任何一种财产利益，无论是动产或不动产；(2)任何职务、雇佣或契约；(3)任何贷款、债务或其他任何义务的全部或部分偿付、免除或清偿；(4)任何其他服务、赠与或利益，如保证免受惩处、免因拘捕而失去资格、免受行政或刑事追诉以及行使或延期行使任何权利或公务上的职责；(5)对上述(1)(2)(3)(4)各款所指贿赂的要求、期约和收受。意图贿赂，同意就算犯罪，不管行贿性报酬给予或未曾给予，接受或未曾接受，只要“同意给予”或“同意接受”，均被视为犯罪；不管贿赂性报酬的接受者已经行动或未曾行动，或“无意这样做”，均被视为犯罪。[1] 注重实效，可操作性强，如《防止贪污法》规定了“贿赂推定制度”，只要行贿方或受贿方提供证据证明对方受贿或行贿，而对方提不出相反证据，贪贿罪即成立，这解决了贿赂案件因“一对一”而缺乏旁证、无法定案的难题。

二是鼓励检举、风闻出击。新加坡民众的反贪意识较强，任何人都可能是告密者，甚至是自己亲近的人。民众的检举和投诉是新加坡获取反贪情报的重要来源，新加坡鼓励民众检举和投诉，利用传媒、广告、互联网、通信等多种现代方式方法，使大众时刻关注贪污问题，反贪机构与民众广泛联系，共同建立良好的反贪氛围。并且，当市面上盛传或谣传某种贪污行为时，不管有没有人报案，贪污调查局情报署人员都会闻风而动，出击跟进。以20世纪90年代的“越位行动”为例，贪污调查局就是因为媒体和公众盛传马来西亚杯足球赛和联赛打假球，于是介入调查，结果使一些接受贿赂的球员、裁判、职员和赌球集团成员被定罪。[2]

---

〔1〕 吕元礼：《新加坡治贪为什么能》，广东人民出版社2011年版，第58~61页。

〔2〕 陈天明：《贪污调查局卸任局长蔡子益专访 闻风而主动出击》，载《联合早报》2005年6月30日版。

三是执法严实、惩处严厉。新加坡反贪机构秉公执法、铁面无私、敢于碰硬、有贪必反，对贪腐实行“零容忍”“打老虎，也打苍蝇”，不论职位多高，都要受到严惩，不论数额，一律治罪，有因收受2新加坡元贿赂而被判刑的。执行严格、惩处严厉、有罪必罚、连锁惩罚，假如公务员贪污受贿，就会被判刑坐牢，开除公职，取消养老金，不能再聘用为公务员，连自办企业都不能当董事，同时犯事公务员的直接领导也要承担连带责任。这种连锁效应，代价巨大，警示性强，使公务员不敢以身试法、铤而走险。如前国家发展部部长郑章远，1986年受到贪污调查局调查指控，尽管李光耀与其私交深厚，但并未因他“劳苦功高、人才难得”而心慈手软。郑章远最后畏罪自杀，留下遗书表示“用自杀来表达对新加坡法律的尊重”。[1] 新加坡国立大学的一名公务员，因不符合规定报销了13新加坡元的出租车费，被视为贪污行为、开除公职。一位警长因接受一名被拘留者母亲5000新加坡元“咖啡钱”，事后被判处30个月监禁，并返还全部贿金。新加坡原商业事务局局长格林奈一直从事与商业犯罪进行斗争的工作，以判案公正、精明快捷著称，亲自处理过多起轰动新加坡的商业刑事案件，被誉为“杰出公务员”“商业犯罪的克星”。但因其先后两次对新加坡银行人士撒谎，引诱他们投资其妻子的度假村项目，被判“欺骗罪”，受到坐牢、开除公职的处罚，失去了每月1.2万新加坡元工资的职位，并被取消了50万新加坡元的公积金和30万新加坡元的退休金，从此不得再担任公务员，还被律师公会取消了律师资格。[2]

四是严于律己、雷厉风行。贪污调查局开放透明，内部管理严格，曾有官员参与非法赌马而被清退，对于害群之马绝不姑息。

---

〔1〕 朱明国：《新加坡为什么能做到廉洁高效》，载《决策探索》2010年第12期。

〔2〕 阎群力：《国(境)外廉政建设与反腐败考察研究》，中国方正出版社2007年版，第179～186页。

雷厉风行、精干高效,把“通过迅速和肯定、坚决但公正的行为取缔贪污罪行”作为使命和宣言,有的案件从接受报案到移交法院只用了7天。新加坡贪污调查局惩治贪腐的效率和严厉可见一斑。

三、党法政纪控制腐败惩处机制的建立与完善

建立、完善违纪型腐败的惩处机制,充分发挥纪检监察部门的职能作用,对于遏制腐败现象,惩治腐败行为具有十分重要的意义。近年来,我国各地的纪检监察部门坚持“标本兼治,综合治理,惩防并举,注重预防”的工作方针,着力于教育、制度、监督三方面工作,努力探索从源头上预防和治理腐败的措施办法,取得显著的成效。但是我们在看到成绩的同时,也要清醒地认识到存在的问题,例如一些地方存在严重的形式主义,官僚主义作风盛行,纪检监察人员违纪行为时有发生,纪检监察队伍素质有待进一步提高,一些制度还有待进一步的加强和完善。本书认为要充分发挥纪检监察部门对违纪型腐败的惩处作用,要着重做好以下几个方面的工作。

(一)坚持不断改革创新,完善反腐败领导体制和工作机制

按照党章及其他有关规定,纪检监察部门的职责主要是对违反党纪政纪的行为进行审查和处理,其在反腐败过程中管辖的案件范围应该限定在违纪型腐败上。

如前所述,各级纪委的主要任务是“维护党的章程和其他党内法规,检查路线、方针、政策和决议的执行情况,协助党的委员会加强党风建设和组织协调反腐败工作”。尽管在任务中明确了组织协调反腐败工作的职能,但在详细列举的工作职责中,只是提到违法违纪案件,并未明确纪律检查部门可以直接组织协调查

处触犯刑律的案件。从有关规定来看,我国对纪律检查部门的职权规定主要体现在三个方面:一是纪委应当按照党章的规定,在职责范围内查办案件;二是违法违纪案件是纪委办案的重点;三是纪委的组织协调作用,主要是指在查办违法违纪案件时,纪委应当积极牵头,使执纪执法部门能够密切配合,形成反腐合力。党的十五大确定了“党委统一领导、党政齐抓共管、纪委组织协调、部门各负其责、依靠群众的支持和参与”的反腐败领导体制和工作机制,明确了纪委在反腐败工作中的组织协调责任。党的十六大修改后的党章更是将纪委协助党委组织协调反腐败工作确立为纪委的一项主要任务。这是我们党在反腐败问题上与时俱进、积极推进体制机制制度创新的具体体现,也是反腐败斗争深入发展的客观需要。纪委能否完成好这一重要任务,直接关系到能否调动反腐败各职能部门的力量,形成反腐败合力,直接关系到反腐败斗争能否顺利进行。

要想形成反腐败的合力,就需要“确立一个能担负起反腐败统一组织、指挥、协调的领导机关。这个机关应该拥有绝对、全面的组织权、指挥权、协调权、物资调配权、人事管理权、奖惩权等,能够调动起所有反腐败机构和成员的积极性”。[1] 目前,我国反腐败体制机制需要进一步健全、完善。长期以来,纪委受同级党委和上级纪委的双重领导,这种领导体制存在不足。反腐败机构分散,听命于党委,有的地方党委政府给纪委交办了不少与反腐败工作无关的任务;有时查处级别较高干部腐败案件时,较难做到独立办案;监督机制不完善,上级监督存在“鞭长莫及”情况,同级纪委在同级党委的领导下开展工作,纪委监督同级党委忌讳多,很难监督党委“一把手”,这些年发生的“一把手”腐败案件,

---

〔1〕 邓念国、胡小平:《香港廉政公署肃贪倡廉的成功经验对我国反腐败工作的启示》,载《行政与法工作研究》2002 年第 7 期。

很少有同级纪委主动报告的。对于领导体制问题,“双重领导”和“垂直领导”各有利弊。“垂直领导”可以更多地排除来自地方的干扰,独立行使其纪检职能。另外,建议中央纪委在省级行政区设立派出机构,直接对中央纪委负责,地方纪检系统从省级到县级实行垂直管理。

党的十八届三中全会通过了《中共中央关于全面深化改革若干重大问题的决定》,指出“加强反腐败体制机制创新和制度保障。加强党对党风廉政建设和反腐败工作统一领导。改革党的纪律检查体制,健全反腐败领导体制和工作机制,改革和完善各级反腐败协调小组职能”,提出“落实党风廉政建设责任制,党委负主体责任,纪委负监督责任。查办腐败案件以上级纪委领导为主,线索处置和案件查办在向同级党委报告的同时必须向上级纪委报告;各级纪委书记、副书记的提名和考察以上级纪委会同组织部门为主。全面落实中央纪委向中央一级党和国家机关派驻纪检机构,实行统一名称、统一管理;改进中央和省区市巡视制度,做到对地方、部门、企事业单位全覆盖”。各级党委、纪委要认真贯彻落实中央的决策部署和有关精神要求,坚持党对党风廉政建设和反腐败工作统一领导,不折不扣认真落实“两个责任”“两个为主”“两个全覆盖”,切实推进党的纪律检查工作双重领导体制的具体化、程序化、制度化,强化上级纪委对下级纪委的领导,不断改革和健全反腐败体制机制,确保有力、有序、有效推进党风廉政建设和反腐败斗争。同时,要加强纪检监察干部队伍建设,强化教育培训,不断提高办案能力水平,提高工资福利待遇和政治待遇,保障纪检监察干部本人及家属人身安全,使纪检监察干部无后顾之忧,努力建设一支政治过硬、敢于担当、业务精通、秉公执纪、作风优良的队伍。2016 年 12 月 25 日,全国人大常委会根据党中央确定的《关于在北京市、山西省、浙江省开展国家监察体制改革试点方案》,通过了《关于在北京市、山西省、浙江省开展国家监察体制改革试点工作的决定》，在3省市设立各级监察委员会，实行监察体制改革，建立权威高效、集中统一的监察体系，实现对所有行使公权力的公职人员监察全覆盖，为下一步在全国推开积累经验。对于这一事关全局的重大政治体制改革，试点地区要认真组织实施，有序、稳妥推进国家监察体制改革。

（二）畅通信访举报渠道，拓展案件线索来源

1.强化信访举报工作。信访举报是人民群众参与反腐败的重要形式，其为查处违纪违法案件提供大量有价值的案件线索，是案件来源的主渠道。要畅通来信、来访、电话等信访渠道，完善受理、处理、核查、反馈机制，切实做好人民群众来信来访工作，注意从人民群众来信来访中发现案件线索，进一步发挥信访举报的主渠道作用。同时，要拓宽线索来源渠道，通过巡视、审计监督、专项清理、明察暗访等方法发现案件线索。

2.发挥网络反腐正能量。随着互联网和计算机技术的飞速发展，特别是随着博客、微博、微信、智能手机等自媒体的广泛应用，我国已进入信息网络化的新媒体时代。据中国互联网络信息中心（CNNIC）报告，截至2014年12月，我国网民规模已达6.49亿人，手机网民规模已达5.57亿人，互联网普及率达47.9%。[1]网络打破了信息传播的时空界限，以开放度高、信息传递迅速、信息量大、传播面广、社会影响广泛等特点，成为社会舆论的集散地、发酵场、放大器，更成为群众反腐的新渠道，许多“苍蝇”“老虎”被网络反腐打落。因此，要加强反腐败官方网站建设，建立健全网上举报平台，方便人民群众检举控告。要加强网络反腐舆情的收集、分析和研判，做到早发现、早报告、早预警、早核查、早反馈，及时回应网民关切，同时要及时发布案件信息和反腐倡廉热

〔1〕 中国互联网络信息中心：《第35次中国互联网络发展状况统计报告》，载 http://www.cnnic.net.cn/hlwfzyj/hlwxzbg/hlwtjbg/201502/t20150203_51634.htm，2015年8月30日访问。

点、权威信息，充分发挥新媒体在控制腐败中的积极作用。

3. 完善保护举报人、证人制度。要探索完善保护举报人、证人的有效机制，建立完善的举报人、证人保护制度，当人民群众因进行控告、检举、申诉，其合法权利受到威胁或侵害时，有关机关要严厉打击报复陷害举报人、证人的行为，应当充分保障举报人、证人的合法权利和人身安全，充分发挥人民群众在反腐倡廉建设中的参与和推动作用。

（三）突出查办重点案件，加大案件查处力度

党的十八大强调，新形势下，党面临的执政考验、改革开放考验、市场经济考验、外部环境考验是长期的、复杂的、严峻的，精神懈怠危险、能力不足危险、脱离群众危险、消极腐败危险更加尖锐地摆在全党面前。习近平总书记指出，保持高压态势不放松，查处腐败问题，必须坚持零容忍的态度不变、猛药去疴的决心不减、刮骨疗毒的勇气不泄、严厉惩处的尺度不松，发现一起查处一起，发现多少查处多少，把反腐利剑举起来，形成强大震慑。2014 年，全国纪检监察机关共接受信访举报 272 万件（次），立案 22.6 万件，给予党纪政纪处分 23.2 万人，涉嫌犯罪被移送司法机关处理 1.2 万人；全国检察机关共立案侦查贪污贿赂、渎职侵权等职务犯罪 5.5 万人；发挥行政监察监督作用，加大对失职渎职行为问责力度，对 2.1 万人进行责任追究。[1] 因此，要始终保持惩治腐败高压态势，始终坚持以零容忍态度惩治腐败，始终坚持有案必查、有腐必惩，突出办案重点，加大查处力度，严肃查办违法违纪案件，严厉惩处腐败分子，不能让法规制度成为纸老虎、稻草人，深入推进党风廉政建设和反腐败斗争，全面推进依法治国。

1. 严肃查办领导机关和领导干部的腐败案件。要坚持“老

---

〔1〕 王岐山：《在中国共产党第十八届中央纪律检查委员会第五次全体会议上的工作报告》，载 http://www.ccdi.gov.cn/special/wcqh/tt/201501/t20150130_50819.html，2015 年 8 月 31 日访问。

虎”“苍蝇”一起打，重点查处十八大后还不收敛不收手的、群众反映强烈的、现在重要岗位且可能还要提拔使用的干部。要严肃查办领导机关和重要岗位领导干部贪污贿赂、买官卖官、腐化堕落、徇私枉法、以权谋私、滥用职权、失职渎职等腐败案件。查办利用司法权、人事权、行政审批权、行政执法权徇私舞弊、索贿受贿的腐败案件。查办官商勾结、权钱交易、权色交易、为请托人谋取利益以及充当黑恶势力“保护伞”的案件。查办领导干部配偶、子女及其他特定关系人利用领导干部职权和职务影响谋取不正当利益的腐败案件。查办违反政治纪律、组织纪律，转移赃款赃物、销毁证据，搞攻守同盟、对抗组织审查的行为。

2. 严肃查办重点领域和关键环节的腐败案件。要严肃查办违反中央“八项规定”等作风建设问题，重点查处仍然顶风违纪的行为，驰而不息纠正“四风”。查办发生在工程建设、房地产开发、出让土地、产权交易、政府采购、矿产资源开发、国有企业、金融服务、电信服务等重点领域和关键环节的腐败案件。查办司法领域少数司法人员贪赃枉法、办案不公、审判不公、冤假错案、涉案人员非正常死亡等腐败案件。查办重大责任事故、群体性事件背后的徇私枉法、失职渎职等腐败案件。

3. 严肃查办严重损害群众利益的腐败案件。要严肃查办侵占土地补偿、移民安置、扶贫救灾、惠民补贴等专项资金以及侵吞集体收益、擅自处置集体资产资源的腐败案件。查办违规征地拆迁、横行霸道、官黑勾结、欺压群众的案件。查办干扰、破坏甚至操纵选举的腐败案件。查办食品药品质量、生产安全、环境保护等方面不顾群众生命安全、严重侵害群众切身利益的失职、渎职案件。

4. 严肃查办商业贿赂案件。要严肃查办商业贿赂案件，严厉惩处受贿行为，加大对行贿行为的惩处力度。查办集体行贿案件，严肃追究单位主要负责人和其他直接责任人的责任。要依法查处国(境)外企业在我国内地的商业贿赂行为,同时要依法查处中资企业国(境)外的商业贿赂行为。

另外,要坚持抓早抓小,防微杜渐。要建立对重点关注人员的帮扶教育机制,对苗头性、倾向性问题要早发现、早提醒、早纠正、早查处,及时约谈、提醒、教育、诫勉、函询,惩前毖后、治病救人,不能养痈遗患,防止小问题变成大问题。对诬告陷害的要追究责任,对反映失实的要及时澄清。

(四)加强反腐协调合作,形成反腐整体合力

1.加强办案协调配合,充分发挥各职能部门作用。抓好办案工作的组织协调,是履行党章赋予纪委职责的重要内容,纪委要切实抓好任务分解、督促检查、责任追究三个关键环节。查办腐败案件工作必须依靠各有关方面共同完成,必须坚持党委统一领导、党政齐抓共管、纪委组织协调、执纪执法部门各负其责、依靠人民群众参与的反腐败机制。纪检监察机关要突出大案要案这个重点,健全完善查办案件组织协调机制,加强纪检监察、检察、公安、审计、税务、审判等部门协调配合,完善违纪违法线索移交和案件移送等方面制度,调动各方力量,充分发挥各执纪执法机关的职能作用,形成查办案件的合力。同时,要进一步完善金融、电信等行业支持配合查办案件制度。要加强国内跨区域协作,进一步完善和规范跨区域协作办案的途径、形式和程序。另外,纪检监察部门履行组织协调职责时,要严格依纪依法,注意党的纪检机关和国家司法机关的职能区别,对涉及的案件定性、党纪政纪处理、法律处置等问题,要严格按照各自的权限办事,不得干预司法机关和有关部门依法独立行使职权,不得超越权限使用司法机关的办案手段和措施以及行政执法机关的行政处罚权,切实做到牵头不包办、组织不揽权、协调不越位。

2.加强反腐败国际合作,狠抓防逃追逃追赃工作。党的十八大明确要求:“加强反腐败国际合作。”加强反腐败国际交流与合作已成为各国、各地区的共识，这是腐败问题国际化趋势的必然选择。党中央高度重视反腐败国际追逃追赃工作，中央反腐败协调小组设立国际追逃追赃工作办公室，健全协调机制；开展“猎狐”行动，敦促在逃境外经济犯罪人员投案自首；加强《联合国反腐败公约》框架下双边、多边协作，与美国、加拿大、澳大利亚等国建立反腐败执法合作机制，亚太经合组织领导人非正式会议期间，发表《北京反腐败宣言》。2014 年，中国境外反腐追逃的打击力度史无前例，在中纪委统筹下，最高人民检察院、公安部等部门协力出击。2014 年，共追逃 500 多人、追赃 30 多亿元。[1] 因此，要把反腐败国际合作纳入反腐败工作总体部署，健全国际执法合作、司法协助和涉案人员外逃预警、遣返、引渡、追赃等工作机制，强化与有关国家、地区合作，布下天罗地网，加强国际情报和信息交流，做好防逃追逃追赃工作，绝不让腐败分子逍遥法外。要立足我国实际，借鉴国（境）外反腐败的有益做法，做好履行《联合国反腐败公约》的相关工作，推动落实《北京反腐败宣言》，形成国际追逃追赃合力，将外逃者绳之以法。

3. 完善研判预警机制，加强典型案件警示教育。要建立健全研判预警机制，加强对案件尤其是典型案件的深入剖析，针对案件发生的根源、暴露出的苗头性倾向性问题，及时进行预警，加强重大典型案件的警示教育，充分发挥反面教材的警示教育作用和查办案件的治本功能。同时，认真总结经验教训，查找体制、机制、制度等方面的原因和漏洞，及时提出规范行为和建章立制的建议，不断完善、深入推进惩治和预防腐败体系建设。

（五）加强办案监督管理，坚持依纪依法办案

1. 加强对案件办理的监督管理。近年来，纪检监察部门地位

---

〔1〕 王岐山：《在中国共产党第十八届中央纪律检查委员会第五次全体会议上的工作报告》，载 http://www.ccdi.gov.cn/special/wcqh/tt/201501/t20150130_50819.html，2015 年 8 月 31 日访问。

日高，权力日大，工作半径扩大，因此也成为各种腐败分子拉拢腐蚀的重点对象之一。全国各地不时传出纪委书记落马的消息，“2003 年以来，湖南常德、娄底、郴州三个市的纪委书记相继东窗事发，还有一位省纪委副书记落马。这在当地乃至全国引起不小的震动”。〔1〕因此，对于纪检监察部门的监督，尤其是加强对案件办理的监督管理成为一个非常重要的话题。作为纪检监察机关的党员干部，既要提高对党和国家的纪检监察工作重要性的认识，不断增强监督意识；同时又要作为监督的客体，必须树立正确的“受监督意识”，自觉接受内部和外部的监督。加强对纪检监察机关及其工作人员案件办理的监督，是促进其严格依纪依法、安全文明办案的现实需要，是反腐败斗争面临的新形势新任务，是对纪检监察干部提出的新要求。一方面，要严格加强内部监督。要落实党风廉政建设责任制，健全和落实办案责任制，完善查办案件内部监督制约机制，加强纪检监察室、案件审理室、案件监督管理室等职能部门之间的相互监督制约，强化纪检监察系统内部办案监督，加强对重要岗位和关键环节的监督，并主动接受上级监督，形成一级抓一级、一级带一级的监督格局和上下互相监督的联动约束机制。另一方面，要主动接受外部监督。纪检监察机关要主动接受人民群众监督、发案单位和当事人的监督，通过公布监督举报电话、开展民主测评和走访座谈等形式，收集群众的意见和反映。还可通过实行案件回访制，把牢办案这个中心环节。对查办的大要案件，可采取发送回访函和上门回访等形式，通过听取案件当事人、发案单位负责人、署名举报人等有关人员的意见，及时了解办案人员在办案过程中是否有不廉洁行为，是否违反办案工作程序和纪律，是否公平公正执纪执法，直接对办

---

〔1〕 周清印：《四省纪委书记：纪检部门成为腐败者重点拉拢对象》，载 http://new.s.qq.com/a/20070329/001832.htm，2015 年 8 月 31 日访问。

案工作实施监督，从而切实提高群众的参与程度和监督质量。注意整合社会监督、法律监督、舆论监督的综合优势，形成全方位、多层次的监督网络。现在有些地方的纪委监察部门主动聘请党代表、民主党派人士以及新闻记者担任党风廉政建设监督员的这种做法，就十分值得提倡。

2. 严格依纪依法安全文明办案。严格依纪依法办案是中央纪检监察部门对办案工作的一贯要求，2005 年 5 月，中央纪委、监察部下发了《关于纪检监察机关严格依纪依法办案的意见》，用“三个是”，即“是贯彻依法治国基本方略，提高依法执政、依法行政水平的必然要求，是加强党的执政能力建设构建社会主义和谐社会的重要举措，是深入开展党风廉政建设和反腐败斗争的现实需要”，阐明严格依纪依法办案的政治意义和现实意义。近年来，在党中央、国务院的正确领导下，各级纪检监察机关查办违纪违法案件、惩治腐败取得了显著成绩，查办案件质量和水平不断提高，产生了良好的政治、经济和社会效果，与此同时，树立起了良好的执纪形象，赢得了广大人民群众的充分信任和肯定。但也应当看到，在严格依纪依法履行职责、查办案件方面也存在一些不容忽视的问题。概括地讲，一是有案不查、瞒案不报、拖案不结，执纪执法失之于软、失之于宽；二是重实体、轻程序，重结果、轻过程，重惩处、轻保护；三是对办案人员重使用、轻培养，重办案、轻管理，重激励、轻监督。这些问题虽然只是在一些地方和部门一定程度上存在，但它直接制约执纪办案水平的提高，影响反腐败斗争健康深入地开展，必须采取切实有效措施加以解决。一是要严格办案基本要求。要坚持党法政纪面前人人平等，做到“事实清楚、证据确凿、定性准确、处理恰当、手续完备、程序合法”24 字办案的基本要求，不断提高办案质量，使所办案件经得起历史检验。二是要严格执行办案程序。纪检监察机关贯彻依法治国的要求，一个很重要的方面就是要严格依纪依法办案，要严格按照党法政纪和法律规定的职责、权限、程序、手段等进行办案,既要依纪依法严惩腐败分子,又要保障被审查人员的人身权、财产权、申辩权、申诉权和知情权等合法权益,逐步在法制的轨道上解决腐败问题。三是要坚持安全文明办案。要严格落实办案安全责任制,对办案安全事故严肃追责,加强办案场所规范化建设,及时排查、消除安全隐患。要严格规范办案行为,坚决防止刑讯逼供、体罚或变相体罚、诱供、虐待、侮辱人格现象,及时告知被审查人员依法享有的各项权利,注意被审查人员的身体、饮食和安全,有效防止被审查人员非正常死亡、自残、伤人和逃跑等执法办案安全事故的发生。

第十五章　不敢腐败以执法司法惩处机制为根本

“不敢腐”以党法政纪惩处机制为基础，同时还必须以执法司法惩处机制为根本。这里的“执法司法”是指的狭义上的法，是除党法之外的法，也即国法。作为比党法或党纪惩戒更为严厉的惩处措施，当然就是动用国家法律尤其是刑法，展开对腐败的全面制裁。

一、控制腐败惩处机制概述

控制腐败惩处机制，是指在完善的立法机制的基础上，建立成熟、高效的执行机构，运用司法、行政的手段，将法律明确规定的对腐败行为的惩处措施落到实处，使控制腐败的制度设计能够在现实中充分发挥作用。

预防和惩治，是控制腐败的两种基本途

径。对于控制腐败而言,惩治的意义尤为突出。由于腐败与权力的天然联系,腐败案件的涉案人员多为公职人员,所以腐败案件的查处经常会遇到制度以外的阻力。毋庸讳言,在我国这种现象尤其普遍。贝卡利亚早就指出,“对于犯罪最强有力的约束力量不是刑罚的严酷性,而是刑罚的必定性,这种必定性要求司法官员谨守职责,法官铁面无私”。[1] 因此,控制腐败惩处机制的首要任务就是保障惩处的不可避免性,杜绝对案件的不公正处理,彻底消除腐败者的侥幸心理。其中,建立一支公正廉洁、铁面无私的反腐败执行机构乃是重中之重。纵观世界各国,那些清廉指数较高、腐败得到有效控制的国家,几乎都拥有这样一支卓有成效的反腐败机构。通过对比可以发现,虽然职能和工作方式各异,但是机构的独立和打击的严厉无疑是这些国家的反腐事业取得成功的重要因素。同时,随着《联合国反腐败公约》在联合国通过并获得越来越多国家的批准,控制腐败惩处机制还应强调国际合作,各国执法机构应当通力合作,使腐败案件的外逃人员的外流资金得到及时、合理的处理,打造一张疏而不漏、虽远必究的惩处腐败的法网。

二、中外控制腐败的惩处状况

腐败是一种世界范围内普遍存在的现象,没有哪个国家能够完全杜绝腐败。各国因国情不同而腐败现象也各有其特殊性,有些国家和地区预防和惩治腐败比较成功,腐败现象相对较少;也有一些国家和地区预防和惩治腐败力度不够,腐败特别严重。但

---

[1] [意]贝卡利亚:《论犯罪与刑罚》,黄风译,中国方正出版社2004年版,第57页。

是腐败现象以及各国预防和打击腐败的措施也存在共性。各国都有反腐败的体制和机制，这些制度虽不尽相同，但在实践中，大多数国家都以法律的形式详细规定惩治贪污贿赂等腐败行为的程序，并设立了侦查或调查这些腐败行为的专门机关。了解这些国家反腐败惩处措施的经验教训，对于完善我国反腐败惩处机制，具有很强的借鉴作用和参考价值。

（一）国际组织及公约

随着经济全球化的发展，腐败犯罪越来越呈现出复杂化、有组织化、跨国化的趋势。腐败分子犯罪后潜逃出境，或将赃款转移出境，成为他们逃避法律制裁的惯用伎俩，并已成为各国有效惩治腐败犯罪的最大障碍之一。因此，加强国际的反腐败合作，不仅是我国打击腐败犯罪的形势所需，也是世界各国的共识与期望。严峻的现实呼唤各国政府为解决腐败犯罪问题应进行广泛的国际合作，以应对单个国家难以承担的挑战。

反腐败国际合作的历史可以追溯到20世纪70年代。美国于1977年制定了《反对海外腐败行为法案》，禁止本国公司在海外业务行为中向外国政府官员行贿。但是真正形成国家间和全球性的反腐败合作机制，则是1990年以后的事。标志性事件就是一些国家间和国际组织先后表明它们反对跨国腐败行为的态度，并积极致力于建立合作机制——政府的、非政府的。在这些国家间和国际组织的努力下，召开了一系列反腐败的国际会议，〔1〕并逐步形成了一些有影响的国际公约，如《美洲国家间反腐败公约》（OAS，1996）、《经合组织反对在国际商务交易中贿赂外国公职人员公约》（OECD，1997）、《反腐败刑法公约》、《反腐败民法公约》（欧盟理事会，1999）、《联合国反腐败公约》（2003）和《国际经济交往中的腐败及相关犯罪决议》（第17届国际刑法大

〔1〕　如国际反贪污大会、国际廉政道德会议、政府间廉政工作国际会议。

会,2004)。许多国家政府间签署了双边司法合作协议。以上均对推动反腐败的国际合作发挥着重要作用。[1]

2003 年 10 月 31 日,第 58 届联合国大会通过《联合国反腐败公约》(United Nations Convention against Corruption),确立了国际反腐败的五大法律机制即预防机制、刑事定罪与执法机制、国际司法合作和执法合作机制、资产追回与返还机制、履约监督机制。该公约是迄今为止关于治理腐败最完整且具全球性、综合性和创新性的国际法律文件,不仅为国际社会反腐败提供了基本法律指南,而且在世界范围内倡导了治理腐败的科学理念。

《联合国反腐败公约》对于构建我国国际反腐败法律机制和完善国内反腐败法律制度具有极为的重要作用:一方面,公约一旦经我国全国人大批准,其内容即成为我国法律渊源之一,我国相关的法律,特别是与公约规定不一致的地方就应当进行修改;另一方面,对于我国法律的不完善之处,可以起到弥补作用,对制定我国相关的国内法还可以起到示范和指导作用。

《联合国反腐败公约》第 4 章自第 43 ~ 50 条专章规范了反腐败的“国际合作”,主要内容包括了引渡、司法协助、被判刑人的移管、刑事诉讼的移交、执法合作、联合侦查和特殊侦查手段等制度和措施。此外,《联合国反腐败公约》其他章节也包含了国际合作的相关内容和措施,如第 5 章资产回追、第 6 章技术援助和信息交流。因此,《联合国反腐败公约》一方面在加强国际反腐败合作方面制定了共同遵守的基本原则和准则,扩大了刑事司法合作的领域和范畴;另一方面也对完善各国反腐败法律机制提供了宝贵的指导和示范。再者,根据《联合国反腐败公约》规定,反腐败的国际合作不仅适用于范围广泛的刑事案件的相互合作,还适用于非刑

---

〔1〕 参见索维东、刘世天:《全球化视野下的反腐败国际合作》,载《当代法学》2006 年第 6 期。

事案件的司法协助。即在本国法律许可的情况下,对于腐败有关的民事和行政案件在调查和诉讼过程中也可以相互协助。[1] 除《联合国反腐败公约》以外,其他国际反腐败公约或条约也就在反腐败领域内开展广泛的国际刑事合作做出了规定。[2]

对中国而言,应当在国际社会普遍加强反腐败国际合作的大背景下,立足本国,以本国的反腐败斗争实践为基础,借鉴和吸收国际反腐败的先进经验和做法,加强与世界各国的反腐败合作,把我国的反腐败事业推向一个新的高度。

(二)外国

1. 日本

日本的反腐败机构包括国会法官弹劾法院和法官追诉委员会、内阁行政监察局、会计检察院、各级检察厅及法院系统等。法官弹劾法院和法官追诉委员会直属于国会,负责起诉和审判有违法行为的法官。内阁行政监察局和邮政监察、人事行政监察、预算执行监察机构等,都属于日本内阁或有关部委,负责对整个文官系统进行行政检查。会计检察院是一个相对独立于内阁的审计监察机构,专门负责对国家的收支进行检查和对会计工作进行监督。日本的检察机关虽然在内阁法务省的领导之下,但具有相对独立性,它负责调查和起诉违法违纪官员。法院则负责审理贪污贿赂案件。日本这套反腐败体制在国会监察、行政监察、财政

---

〔1〕《联合国反腐败公约》第43条第1款就规定有"在适当而且符合本国法律制度的情况下,缔约国应当考虑在与反腐败有关的民事和行政案件调查和诉讼中相互协助"。又如《欧洲委员会反腐败民法公约》第13条规定:"缔约方应当依照均为当事方的关于在民事和商事事项开展国际合作的国际文书以及各自的国内法,就针对腐败行为提起的民事诉讼事项开展充分的合作,特别包括送达文书、获取国外证据、管辖权、承认和执行外国判决和诉讼费用的裁决。"

〔2〕比如《美洲国家反腐败公约》第14条,《欧洲委员会反腐败刑法公约》第25、26条。参见陈雷:《惩治与预防国际腐败犯罪理论与实务》,中国检察出版社2005年版,第137~138页。

检查、司法调查和审判等方面，编制了一张严密的监察法网，对于遏制公务员队伍中的腐败行为发挥了重要作用。[1]

2. 新加坡

在新加坡，最具权威和威慑力的反腐败机构是贪污调查局(Corruption Practices Investigation Bureau, CPIB)，它是新加坡反贪污贿赂的最高专门机构，其职责是依法调查政府、企业中的贪污、贿赂行为，重点是侦查公共机构的贪污贿赂案件。法律规定，任何新加坡公民，上至高官下至平民，乃至侨居海外的新加坡籍公民都属于其监察对象。调查局直属内阁总理领导，局长由总统任命，对总理负责，不受其他任何人指挥和管辖。调查局成员的地位、身份、权力有严格的法律保障，薪水也比同级官员高。调查局官员被视为特别官员，持有局长签署的委任证书，作为行使职权的凭证。贪污调查局享有广泛的职权，在发现有违反刑法或防止贪污法的行为后，贪污调查局的局长或特别调查员无须接到公诉人的命令，就可以行使刑事诉讼法所授予的特别权力。经检察官授权后，贪污调查局的局长或特别调查员可以调查任何人的银行存款、股票存款、资金账目，并要求任何人揭发或者交出上述材料、账目、文件、物品。个别情况下，调查局甚至不用逮捕证就可以逮捕罪犯或任何涉嫌贪污犯罪的人。[2]

3. 美国[3]

(1)检察机构

美国的各级检察机构在贪污受贿案件的调查和起诉中发挥着非常重要的作用，因此被认为是美国最主要的反贪污腐败机

〔1〕 参见杨宇冠主编：《我国反腐败机制完善与联合国反腐败措施》，中国人民公安大学出版社2007年版，第429～430页。

〔2〕 同上书，第421～422页。

〔3〕 子午：《美国的反贪污腐败机构》，载《江苏法制报》2005年3月3日版。

构。在美国的反贪污机构中,独立检察官具有特别重要的地位,是专门对某一对象包括总统、副总统、各部的正副部长等高级行政官员的贪污受贿或其他违法失职行为进行调查起诉的临时性官员。在1994年被任命负责调查克林顿总统的“白水事件”调查中,斯塔尔检察官就是一位独立检察官。

(2)执法机构

美国的执法机构建立在联邦、州、县、市(镇)四个层次上。其中,州、县、市镇的执法机构主要指相应的警察部门。联邦的一些执法机构虽然具有警察的性质,如联邦调查局和联邦缉毒署,但是一般不使用警察这个名称。就贪污受贿案件的调查而言,这些执法机构往往都具有一定的职能。

联邦调查局是美国最重要的犯罪侦查机构,该局虽隶属于司法部,但是局长由总统直接任命。该局下属部门中最重要的是调查处,负责违反联邦法律的各种犯罪案件的调查。该局在美国各地建有59个地区办事处和数百个驻区站。

属于联邦财政部的国内税收署除了一般的税收执法工作以外,该署的犯罪调查处和稽查处都对贪污贿赂案件负有一定的调查职能。犯罪调查处主要负责涉及收入、不动产、税收等领域的犯罪案件的调查。稽查处主要负责贿赂、贪污公款、泄露税务机密等犯罪案件的调查。该署在美国各地建有7个地区办事处。

政府道德规范机构是指美国人事管理局下属的政府道德署。其基本职责是主管政府高级官员的财产申报事务和监督政府官员的道德行为。该署的总监由总统任命,但须经参议院的同意。总监向总统和国会负责。不征得国会同意,总统无权免除总监的职务。政府道德规范机构的职责是接受并审查行政官员的财产申报,制定关于行政部门道德准则和程序规则等。

(3)监察机构

美国的监察机构虽然在形式上隶属于各部委的行政首长并

接受行政首长的监督领导,但实际上至少在一定程度上是直接向总统和国会负责的。监察处作为政府机关内部的反贪机构负责对部委的财政支出和行政行为进行审查,并对发现的可能与贪污、诈欺等违法活动有关的问题进行调查。

(4)国会调查机构

美国国会具有的最重要的非立法性权力就是调查权力。负责国会调查的机构主要是国会的各种常设委员会、为专门目的设立的特别委员会和参众两院的联合委员会。国会调查的内容之一是政府高级官员的行为表现,包括有无贪污受贿行为并为弹劾收集证据。各州议会对本州政府官员也有相应的弹劾权。各委员会在进行调查时最常用的方式就是举行调查听证会。国会有权向公众公开其调查和调查结果,以便取得人民对其调查的关注和支持,因此,其大多数听证会都是公开的,并且通过新闻媒体广泛报道。

4. 加拿大

加拿大的反腐败专职机构包括审计长公署、议会行政监察专员、监察机关等。审计长公署已有上百年历史,它是对政府账目和支出进行审计监督的专门机构,独立于政府之外,隶属于议会,直接对议会负责并报告工作,因而工作主动性较强,能够独立行使审计职能,不受行政机关的干扰。为有效预防、打击腐败,加拿大于1999年颁布实施了《加拿大政府监察官法》,[1]设立政府监察官,作为打击腐败的特色性专门机构。该法赋予了监察官充分的权力,主要有:(1)监察官可以从任何其认为合适的对象、以其认为合适的方式接受和获取信息,并可以自行决定举行听证。诸如要求某人提供信息,或在指定的时间和地点,出示该人拥有或

---

〔1〕 法规内容参见中央纪委法规室、监察部法规司编译:《国外反腐败廉政法规选编》,中国方正出版社2002年版,第247~258页。

控制的与调查有关的文件或物品。(2)特许保护。任何在监察官调查过程中说过的话、提供的信息和出示的文件或物品,都将获得与法庭进行的查问等程序相同程度的特许保护,以及监察官作出的报告以及报纸、期刊或电视台播出的任何公平的、准确的对该报告的报道,都将收到特许保护。(3)授权。监察官可以授权任何人行使在本法案之外他人不能获得的权力。[1] 值得一提的是,针对警察机关内部贪污贿赂犯罪等上升的趋势,加拿大皇家骑警近年新成立了反贪处,专门负责调查队本部门雇员贪污的投诉及管理和监控有关情报。现在皇家骑警反贪处正积极加强与国内外同行的交流与合作,共同切磋贪污腐败案件调查、防范及反贪队伍训练的最佳策略及方法。

(三)中国

我国目前的反腐败机构是多元化的,人民检察院、共产党的纪律检查委员会和政府的监察部门均承担着部分反腐败的职能。纪委从党的角度对党员干部的违纪行为进行查处,政府的监察部门主要是从行政纪律的角度对行政干部进行查处。当纪委或监察部门在查处违纪案件过程中发现被查处的干部涉及腐败犯罪时,则移交给人民检察院立案侦查,以追究其刑事责任。

我国这种多元化反腐败机构模式,具有自己的特色,特别是党和政府高度重视反腐败工作时,往往能够有力打击地形形色色的腐败。近几年来我国反腐败工作取得的巨大成就,充分证明了这一点。但是从法律角度分析,我国反腐败机构设置也存在明显的缺陷和不足:首先,纪委是党内的一个机构,监察部门是政府的一个内设机构,这两个机构的独立性无法从制度上得到保障。其次,纪委或监察部门查处腐败案件的某些措施和手段,缺乏法律

---

〔1〕 参见杨宇冠主编:《我国反腐败机制完善与联合国反腐败措施》,中国人民公安大学出版社2007年版,第438~440页。

依据。比如“双规”(在规定的时间、地点就调查事项涉及的问题作出解释和说明)或“两指”(在指定的时间、地点把问题说清楚)的做法,受到普遍质疑。最后,人民检察院是国家的法律监督部门,反腐败只是其担负的众多职能之一,难以保证其全部力量从事反腐败工作。从实践来看,在反腐败案件中,检察院虽然是法定的反腐的机关,基本上是被动地配合纪委或监察部门办案,削弱了其反腐败应有的力度。

本书认为,应当积极创造条件,大胆借鉴国外的一些成功经验,重构我国的反腐败机构组织体系,设立独立的、权威的专职反腐败法定机构,专事反腐败工作。如有学者指出:“将高级干部职务犯罪的侦查、起诉从检察院中独立出来,设立专门的职务犯罪的侦控机构,直接隶属于中央。”[1]有人建议把现在检察院的反贪局独立出来,直接隶属于全国人大和全国人大常委会,给予法定的职责和地位,垂直管理,下设派出机构,确保其权威性、专门性、公正性和独立性,这样反腐败就有了组织机构上的根本保证。可喜的是,2016年党中央确定在北京市、山西省、浙江省开展国家监察体制改革试点。2016年12月25日,全国人大常委会根据党中央确定的《关于在北京市、山西省、浙江省开展国家监察体制改革试点方案》,通过了《关于在北京市、山西省、浙江省开展国家监察体制改革试点工作的决定》。该决定明确,将试点地区人民政府的监察厅(局)、预防腐败局及人民检察院查处贪污贿赂、失职渎职以及预防职务犯罪等部门的相关职能整合至监察委员会,试点地区监察委员会由本级人民代表大会产生,监察委员会对本级人民代表大会及其常务委员会和上一级监察委员会负责,并接受监督。中央部署在3省市设立各级监察委员会,实行监察体制改

---

〔1〕 陈光中、张小玲:《中国刑事强制措施制度的改革与完善》,载《政法论丛》2003年第5期。

革,实现对所有行使公权力的公职人员监察全覆盖,为下一步在全国推开积累经验,集中统一、权威高效的监察体系即将在我国建立。

我国香港特别行政区的廉政工作享誉中外,2003年国际反腐组织“透明国际”公布全球清廉指数,香港在133个国家和地区中居第14位,在亚洲仅次于新加坡。毋庸置疑,香港独特的反腐败机构——廉政公署在香港的反腐败事业中居功至伟。香港廉政公署于1974年2月14日正式成立,其设立之初,便吸取了以前有警务部门执行反贪的失败教训,使廉政公署直接听命于总督。廉署官员均不属于公务员系统,在任职期间不得在香港政府下辖的其他部门兼职。廉署的经费则是由政府每年从预算中单独开支。人员和财务上的高度独立性有效保证了廉署在履行职责过程中的独立性。廉政公署的人员甄选标准十分严格,所聘用的都是优秀人才。廉署设有内部监察组,并制定了严格的纪律守则,以保证其职员的恪尽职守与诚信高效。此外,廉署还给予其职员丰厚的报酬,从物质上保障廉署职员远离腐败诱惑。在机构设置上,廉署下设执行处、防止贪污处、社会关系处和行政总部。其中,执行处是廉署的调查部门,负责调查涉嫌各种触犯反贪防止贿赂条例的罪行。执行处是廉署最大、拥有职员最多的部门,彰显了廉署将打击腐败犯罪作为廉政之首的信念。〔1〕

三、国内反腐败的惩处机制

腐败是全世界的公害,随着当今世界各国交往日益频繁,腐

〔1〕　参见杨宇冠主编:《我国反腐败机制完善与联合国反腐败措施》,中国人民公安大学出版社2007年版,第466~467页。

败还跨越国界并影响到社会和经济的各个方面。世界上许多国家已经意识到,单靠一个国家的力量不足以有效预防和控制腐败。为了加强各国的反腐败力度、提高反腐败成效,我们应当在立足本国国情的基础上,积极调整我国现有的反腐败政策,完善与反腐败密切相关的基础性法制建设,并且加强和促进反腐败合作,"内外兼修",打造一个高效完备并且符合我国国情的控制腐败惩处机制。

(一)树立良好的司法理念

"从制度经济学的角度来看,一种符合司法本质和司法内在要求的体制调整就是一种进步,也必然有助于司法公正和司法效率的提高。但单纯的制度建设和调整并不能消除制度运作中的所有问题。因为法律制度的建立是不可能包罗万象的,法律制度也不是僵死和教条的,这就要求制度运用者必须要有相应的观念意识。"〔1〕经济的发展和国家法治化的进程,需要相应的司法制度来保障,同时还要求司法人员必须具备现代的司法理念,在司法活动中以先进的司法理念指导自己的司法实践。

理念是一种原理、信念或价值观,是一种制度在建构、设计中内在的指导思想、原则和哲学基础。任何制度的设计都离不开其内在理念的支撑,司法制度也不能例外。违法型腐败的惩处,是国家司法机关根据法定职责和法定程序,对违反法律的腐败行为进行惩治和处罚的活动。对违法型腐败的惩处,是司法机关在司法制度框架下进行的司法行为,因此,对违法型腐败的惩处离不开良好司法理念的指导。

司法理念是指导司法制度设计和司法实际运作的基础理论和主导性价值观念,也是基于不同的价值观(意识形态或文化传统)对司法的功能、性质和应然模式的系统思考。司法理念是司

〔1〕 张卫平:《体制、观念与司法改革》,载《中国法学》2003年第1期。

法的重要组成部分：司法体制、司法组织、司法程序、司法人员、司法实践、司法理念和司法环境，后三个因素是把法从“书本上的法”转化为“行动中的法”必须考虑的因素。[1]

树立良好的司法理念，是在腐败惩处过程中保持司法公正和司法独立的必然性要求。良好的司法理念对于腐败惩处具有现实意义，主要表现在：

1. 司法工作人员在惩处违法型腐败过程中树立良好的司法理念，就能够在工作中更好地适用法律，处理好以人为本与严格执法的关系，在案件办理过程中注入人性化的理念。一般而言，严格执法就是意味着以国家强制力处理各种腐败案件，但是法律，特别是民主社会中的法律，不是脱离人性的冰冷条文，富含人性是民主社会法律的重要特点，相应地，民主社会、民主国家的司法也要求充满人性。体现民主精神的法律制度、充满人文关怀的司法，要求司法工作人员具有民主意识、人本意识和为人民服务意识。在当前的腐败惩处实践中，很多地方的司法机关并没有把握好这些理念，一些地方的检察机关，常常是一讲严格执法，就会机械办案、埋头办案，对待当事人“生、冷、硬”。其实，严格执法的真正含义应当是依法办案和文明办案，认真维护法律的尊严。在办案实践中，司法人员应该注入以人为本的司法理念，在案件办理过程中，要有服务意识、亲民意识，文明而礼貌地对待当事人，重视人性，尊重人权。

2. 树立良好的司法理念，有助于理解司法权力依法独立公正行使的真正内涵，处理好党委领导、人大监督与司法机关的关系。在司法活动过程中贯彻司法权力的独立行使，有利于保证国家司法权的统一行使，有利于维护司法活动的严肃性和公正性。在违

---

〔1〕 范愉：《现代司法理念漫谈》，载 http://www.jus.cn/，2015 年 8 月 31 日访问。

法型腐败的司法惩处过程中，司法人员树立良好的司法理念，能够帮助他们从政治和党性的高度，处理好司法工作与党委领导、人大监督的关系。坚持党的领导是腐败司法惩处的可靠保障，司法体制的改革必须有利于加强党对司法工作的领导，而人大及其常委会对司法工作进行监督，则是宪法赋予的权力。但司法机关接受党的领导和人大监督，要注意把握好度，坚持党的领导、接受人大监督并不是要求各项具体工作，包括案件侦查、强制措施采用、审理判决等诉讼具体过程均要请示汇报，一步一履完全按照指示办。我国实施依法治国方略，国家管理的一切事务必须依据宪法和法律进行，尤其是具体的办案工作，更是必须严格按法律规定的程序和实体标准处理。

随着我国法治化进程的不断加快，腐败的司法惩处工作也必须与时俱进，树立现代的、良好的司法理念，为腐败的司法惩处工作提供精神保障。本书认为，现代的司法理念是由一系列理念、思想和精神原则汇集而成的，在腐败司法惩处过程中，司法人员应该牢牢树立良好的司法理念，具体内容包括：

一是树立法律权威理念。法律权威理念，又称"法律至上"理念，是指人们对法律的一种信仰。"正如美国法学家伯尔曼所指出的，法律只有被信仰，才能得到切实的遵守。"[1]法律在一个国家有没有权威，是否被民众信仰，是区分该国是人治还是法治的根本标志。法律权威理念要求法凌驾于人之上，法是最高的"统治者"，所有的公民（无论是平民还是官员）都必须在法律之下，遵守法律，不存在任何凌驾于法律之上的权威。在司法活动中，只有真正树立起法律至上的权威，司法才具有终结纠纷，平息纷争的实际意义。1997 年 9 月 12 日，党的十五大郑重提出："依法

〔1〕 王利明：《法律职业专业化与司法改革》，载 http://www.civillaw.com.cn/，2015 年 8 月 31 日访问。

治国,是党领导人民治理国家的基本方略。”“发展民主,健全法制,建设社会主义法治国家。”转眼间,依法治国已经提出十多年,但是在当前的腐败司法惩处过程中,仍然大量存在“人凌驾于法之上”的现象。在一些地方,检察机关在对某一级别官员进行反贪侦查之前,无论掌握的证据多么充分有力,往往都需要事先得到管理这一级别干部的有关领导的批准或认可,常常会出现“一言可废法”的现象,法律制定得再完善,也抵不过领导的一句“金口玉言”,完全是人治的表现。由此可见,在大力倡导实施依法治国的今天,从目前法治建设的现状来看,强调树立法律权威理念,显得何其重要。因此,在当前腐败司法惩处过程中,必须加强对全体司法人员,甚至是各级领导干部,进行依法治国和依法执政理念的教育,确保他们忠实地服从法律,模范地带头遵守法律,严格地在宪法和法律的范围内开展司法和行政活动,切实树立法律权威。试想,如果司法工作人员和领导干部都不信仰法律,那么依法治国必定会成为一句空话,更无法要求社会大众也对法律有所信仰。

二是树立公平正义理念。公平正义是社会主义法治理念基本内涵之一,是社会主义法治的价值追求,也是现代法治国家司法制度和司法活动追求的唯一目的和最高价值。只有牢固树立公平正义的信条,司法活动才能体现出它的价值意义。公平正义区别于专制社会下司法的专横与偏私,现代司法首先推崇的是公平与正义理念。英国哲学家弗朗西斯·培根曾经做出过这样的比喻:“一次不公正的司法判决比多次不公正的其他举动为祸尤烈,因为这些不公正的举动只不过是弄脏了水流,而不公正的司法判决则把水源败坏了。”由此可见,公正对于司法何等重要,它是人们建立法律信仰的基础。舍此,司法便失去了存在的理由。作为一名司法工作者,自从事司法职业的第一天起,就应该牢牢地把公平与正义的观念植入心中,并贯穿于全部司法活动的始终。然而,正如认识论中只存在相对真理一样,绝对的公正也是不存在。把司法公正问题绝对化,要求对每一起案由相同的个案裁判都如出一辙,把法官们变成输入了统一程序的电脑,不仅不现实,也抹杀了个案案情本身的差异,会造成另一个层面上的不公平。因此,在法律许可的范围之内,允许司法人员保留适度的自由裁量权,不仅是实践的需要,也是切实维护公平正义理念的逻辑必然。〔1〕同样的道理,在司法惩处腐败过程中,司法工作人员在坚决而忠实地执行法律,排除一切非法律因素的干扰和影响同时,也要避免一味教条化地施行法律,盲目追求形式公正,而忽视实质公正。

三是树立司法中立理念。司法中立理念,是指在司法工作过程中,能够客观地、没有任何偏袒地居中裁判,其内在机理是:裁判的本质是利益衡量,作为利益衡量者,本身不能和利益有联系,裁判者应当是无利益冲突的第三方,不能既当运动员,又当裁判员。"司法的中立源于司法的初衷——公正裁判,而要做到司法公正,必然要求裁判者在司法活动中,只服从非人格化的法律,排除非法干预,因为司法本身就是一种判断,非予兼听则无以明断,其一旦偏袒一方,必失其公正,这就要求树立司法中立的现代司法理念。"〔2〕从法理上讲,司法中立是指司法人员的态度不受其他因素,包括政党、政府、媒体、个人等的影响,至少在办理个案的过程中不应受这些非法律因素左右。司法中立既是程序正义应倡导的原则,也是实体正义所含当然之义,司法若不中立,法治便无法推行。因此,在腐败的司法惩处中,严守司法中立,严格执行回避制度意义重大,不仅要防止和阻断直接和间接利害关系人参

---

〔1〕 参见高少勇:《现代司法理念的基本概念与主要构件》,载 http://www.chinacourt.org/index.shtml,2015 年 8 月 3 日访问。

〔2〕 卢锦泉:《司法中立的法理思考》,载《北京工业大学学报》(社会科学版)2007 年第 3 期。

与案件的侦查与审理，还要尽可能避免那些让公众产生合理怀疑的司法情形发生。

四是树立司法效率理念。司法效率问题，实际上是一个投入产出观的问题。效率本来是个经济学的名词，即指尽可能"以最少的交易成本获得最大的产出"，将效率一词引入司法领域是美国经济分析法学派代表人物罗纳德·哈里·科斯（Ronald Harry Coase，1910—2013年）的贡献。科斯认为"效益是法律的宗旨"，所有的法律制度，说到底都是"以有益的利用自然资源，最大限度地实现效益"，主张用微观经济学来分析和改革法律制度。〔1〕司法资源作为社会资源一种，它的使用同样需要讲究效益。司法效率问题不仅在于效益的本身，而且与正义的实现密切相关，在英国著名的戏剧家莎士比亚（W. William Shakespeare，1564—1616）的笔下"法律的迟延（law's delay）与压迫者的凌辱、傲慢者的冷眼、官吏的横暴等并列为人世间不可忍受的几大苦难之一。"〔2〕"迟来的公正就是不公正"，针对案件久拖不决，以及刑事司法领域超期羁押屡清不绝的现象，牢固树立司法效率理念，更具有现实意义。在腐败犯罪的侦查过程中，司法人员要注重司法效率的提升，要改变过去重口供轻证据，靠时间办案的传统做法，切实提高司法惩处腐败工作的质量。

五是树立法律平等理念。在司法活动中遵循平等理念，实际上是宪法规定的"法律面前人人平等"原则，在司法活动中的反映和必然要求。平等地重视当事人的权利、平等地制裁各方当事人的违法行为，是司法公正的内在要求。在反腐败斗争中，司法人员要强化法律面前人人平等的观念，确保法律在反腐败斗争中的

〔1〕参见高少勇：《现代司法理念的基本概念与主要构件》，载 http://www.chinacourt.org/index.shtml，2015年8月31日访问。

〔2〕［英］莎士比亚：《哈姆雷特》，朱生豪译，载《莎士比亚全集》悲剧卷（上），译林出版社1999年版，第316页。

权威作用。法律体现着公平、正义等基本价值,“公民们都应该遵守一邦所定的生活规则,让个人行为有所约束。法律不应该被看作(和自由相对的)奴役,法律毋宁是拯救”。[1] 法律是国家意志和人民意志的集中体现。腐败行为本身就是侵害国家和人民利益的行为,是严重的违法行为,不论行为人地位多高,权力多大,只要他触犯了法律,都应同样地适用法律,平等地被追究责任,平等地被制裁,不能有超越法律之外的特权。对于腐败犯罪行为,司法机关要严格依照法律、法规,发现一起,查处一起,消除任何干扰和影响执法的人为因素,加大对腐败行为和腐败现象的惩处力度。

(二)建立完善的惩处腐败司法制度

树立起良好的司法理念,对于腐败的司法惩处固然十分重要,但是与树立理念相比,同等重要甚至更加重要的是,怎样将这些司法理念变为具体可操作的制度。美国联邦最高法院第一位首席大法官约翰·杰伊(John Jay)曾经说过:“过去的历史表明,将正义运送到每个人的家门口的益处是显而易见的,然而,如何以一种有益的方式做到这一点,就远不是那么清楚的了。”[2] 因此,仅仅有良好的司法理念还不行,还必须有完善的制度保障,才能发挥腐败惩处的最大功效。

1. 完善腐败犯罪侦查的相关制度

根据我国刑事诉讼法规定,检察机关是承担职务犯罪侦查的唯一机关,对贪污贿赂犯罪的侦查,是检察机关的重要职能之一。然而迫于腐败日趋严峻的形势及检察机关职能的限制,越来越多的部门介入到反腐败领域,并实际上承担起一部分贪污贿赂案件

---

〔1〕 [古希腊]亚里士多德:《政治学》,吴寿彭等译,商务印书馆1965年版,第276页。

〔2〕 徐迅雷:《公平博弈达成妥协才能利益最大化》,载《南方周末》2007年3月29日第3版。

的侦查工作，最为典型的就是纪检监察部门。然而，按照党章及其他有关规定，纪检监察部门的职责主要是对违反党纪政纪的行为进行审查和处理，显然不应该对违法型腐败开展调查工作。检察机关作为行使违法型腐败侦查权的唯一机关，自恢复重建以来，在行使侦查权，开展侦查工作方面取得了很大发展。尤其近几年来，全国各级人民检察院在反贪污贿赂斗争中，充分行使侦查权，取得了显著成绩。但是随着反腐败斗争的不断深入，职务犯罪呈现出涉案人员群体化、法律认定复杂化、作案过程交织化、作案手段智能化等时代特征，而检察机关原有办案机制固有的弊端和缺陷在新形势下也日益显现，当前检察机关在腐败犯罪侦查工作中，存在以下问题：

一是地方行政干预影响侦查工作的主动性。众所周知，目前检察机关"人、物、财"均在地方，检察机关要发展、要生存就不得不依靠地方党委和政府的支持。但检察机关依法行使检察权履行职责过程中不可避免会与地方党委、政府的意见发生冲突。当出现不同意见的时候，能协调统一当然最好，但是反之又当如何呢？曾看到这样一个现实的例子，某县检察机关在对该县国土局的两名正、副局长，以涉嫌渎职罪立案侦查，采取刑拘的强制措施后，该县县委书记从外地打电话给县检察院检察长，责令限期放人，后来检察机关迫于压力不得不将人放了。像这个例子中出现的情况，现实司法实践中已经不止一次地出现，这种潜规则式的做法，早已成为一种公开的秘密。试想，检察机关作为违法型腐败的唯一侦查机关，长期处在地方行政干预的执法环境中，出现侦查人员办理腐败案件时办案底气与后劲不足的现象也就见怪不怪了。

二是侦查机制落后难以适应新形势的需要。检察机关现行的腐败案件侦查机制，是一种比较完备的、适应腐败犯罪侦查特点的工作机制，其有合理性、科学性、易操作性和实效性的一面。

然而,由于市场经济负面效应引发各种腐败现象在社会生活中滋生蔓延,贪污贿赂、渎职等腐败犯罪在新的历史条件下呈现出了新的特点,发生了新的变化,这就从客观上决定了在计划经济条件下建立起来的职务犯罪侦查机制,已经不能很好地适应新的工作形势的需要。具体体现在以下几点:其一是侦查机制落后。面对腐败犯罪呈现出的复杂局面,现行条块分割的侦查工作运行机制,不能适应工作需要。现有的侦查机制常常是各自为营,信息不畅,指挥不灵,难以符合上下一体、协调高效、指挥有力的侦查工作特点和规律。因为没有一个有效的查办案件工作运行机制,造成案件侦查过程中遇到的诸多问题,无法得到有效的解决。其二是侦查力量分散。由于现行的侦查模式将检察机关的侦查权一分为二,由反贪污贿赂局和反渎职侵权局两个部门分别行使,这就从客观上导致反贪部门和反渎部门在侦查方向上各有其侧重点。而当前的腐败犯罪具有相互交织的特点,例如受贿罪往往同徇私舞弊罪存在"连体"关系,反贪部门在查证受贿罪时,可能会忽视对徇私舞弊罪的侦查;反之,反渎部门在查证徇私舞弊罪时,也会忽视对受贿罪的侦查,这样一来不仅浪费了侦查资源,而且也影响了腐败犯罪的打击力度。其三是侦查质量不高。由于腐败犯罪一般都是高智商的"白领犯罪",往往具有复杂性、智能性和隐蔽性等特征,犯罪嫌疑人具有一定的反侦查能力。在腐败犯罪的侦查过程中,也常常需要到省内外、全国各地进行调查取证,如果仅靠承办案件的部门单兵作战,既可能因查证的动作缓慢而贻误战机,也可能因多处取证而不能在法定时限内完成调查任务。其四是侦控合力不强。当前检察机关在腐败犯罪查处过程中,自侦部门与侦查监督、公诉部门一般都是各自为营,相互之间缺少配合。侦查监督、公诉部门的同志往往为了避嫌,而不愿意靠近自侦活动,自侦部门的同志也常常是出于对案件保密等原因,不愿主动与侦监、公诉部门沟通。这样一来,无形之中就弱化了侦控合力，造成自侦案件撤案率高、不起诉率高等现象出现。

要解决当前在侦查腐败犯罪过程中存在的这些问题，本书认为，关键需要做好以下两个方面的工作：

一是构建腐败犯罪侦查一体化的新型侦查模式。近年来，腐败犯罪的群发性、跨地域性、高智能性等特点日益突出，犯罪分子的反侦查能力增强，检察机关在查办腐败犯罪案件过程中涉及异地取证、异地办案、异地缉拿逃犯的案件也越来越多，而且随着市场经济的进一步发育和加入 WTO 后经济结构的调整，这类案件的数量还在逐年增加。打击腐败犯罪的严峻形势告诉我们，过去那种各自为营、分散作战的侦查方式，已经很难适应现实的需求了。实现分兵作战向整体作战的转变，构建侦查一体化的侦查机制，不失为一种与时俱进的好设想。最高人民检察院副检察长王振川指出，“建立侦查一体化机制，根本目的就是通过整合侦查资源配置，形成纵向指挥有力、横向协作紧密、运转高效有序的侦查运行机制，发挥检察机关的整体效能，有效排除办案的干扰阻力，推动反贪侦查工作的发展”。[1] 侦查一体化模式的推行，是检察机关上下级领导关系的重要实现形式，也是从制度上保证依法独立行使检察权的有效途径，符合反贪侦查工作的客观规律和实践需要，也是提高反贪侦查能力的关键之举。在近年来的检察改革中，全国检察机关开展了职务犯罪侦查一体化机制建设。实践证明，侦查一体化机制在突破重大疑难案件、排除办案阻力、加强异地协作等方面发挥了重要作用。

所谓腐败犯罪侦查一体化，是指“检察机关在现行的检察体制模式下，在现行的法律规定框架内，为了优化侦查资源配置，提高整体效能，建立的以上级院为龙头，以基层院为支点，以侦查指

---

〔1〕 肖玮：《侦查一体化：纵横捭阖查贪官》，载《检察日报》2005 年 9 月 30 日第 1 版。

挥中心为组织形式,以提办、交办、督办、联合办为主要办案方式,实行侦查活动统一组织指挥,案件线索统一管理和经营,侦查人才和技术装备统一调配,侦查一体化是指使用执法环境统一营造的查办职务犯罪的侦查机制。具体地说,就是在坚持基层院为办案主体,负责查办一般职务犯罪的前提下,通过建立侦查指挥中心,强化上级院对下级院侦查工作统一指挥和协调,对辖区内发生的重大复杂案件,形成统一调配力量,合力攻坚、集中突破的工作格局;组建统一的职务犯罪侦查局,整合同一检察机关的侦查力量,形成大侦查态势;上级院运用督办、领办、提办、交办、指导办等形式,帮助下级院,特别是基层院排除阻力,同时在具体案件定性、明确侦查方向等环节上予以指导,共同完成办案任务”。〔1〕这是一种符合新时期职务犯罪特点和侦查规律的,依靠检察机关自身优势和内部合力依法独立办案的新型侦查机制,是检察机关针对腐败犯罪跨地区、跨行业,呈现窝案、串案的新特点而建立起来的一种新的工作机制,是在现行检察体制框架下,对传统侦查机制的一项重大改革。

侦查一体化顺应了现代职务犯罪侦查工作的发展趋势,整合了检察资源并充分发挥其整体优势,增强了发现线索、快速反应、突破案件、排除干扰和追捕逃犯的能力,促进了职务犯罪侦查工作的平稳健康发展。但是面对日益严重的腐败犯罪现实,侦查一体化机制还有待进一步的完善,本书认为,可以采取以下几种措施,全面完善侦查一体化机制:

首先要完善内部协作机制,实现侦查、批捕、公诉一体化。自1988年以来,检察机关对自行侦查的刑事案件建立起内部制约制度,增加了案件的经办部门,每个部门又都有一套自身的工作程

---

〔1〕王祺国、刘周:《职务犯罪侦查一体化问题研究》,载《河北法学》2005年第10期。

序和要求。因此,部门与部门之间难免出现工作矛盾和意见分歧。如何使侦查、批捕和公诉部门相互监督和配合,形成目标一致,分工明确,沟通默契的有机整体,也是腐败犯罪侦查一体化的重要内容。侦查一体化的思想,就检察机关内部而言,就是要强调侦查和起诉均属公诉职能,侦查是起诉的必要前提,起诉是侦查的必然归宿。从这样的一个共同目标出发,就需要进一步完善公诉引导侦查工作机制,积极探索建立符合侦查特点和规律的办案制度。一方面要在检察机关内部制定出台以提高案件质量为核心的反贪、批捕、公诉相互配合的工作制度。明确公诉部门要积极参与反贪案件的侦查工作、反贪侦查人员要听从公诉部门人员的一般性指挥和具体指导的关系,建立起规范的工作程序,从制度上保证一体化的实现。另一方面要变公诉部门被动等待接受案件,为主动提前介入案件,与腐败案件侦查人员一道分析案情,并从庭审举证的角度出发,提出侦查线索、方向、应予收集的证据及证据如何保全等,必要时可与反贪侦查人员一道讯问犯罪嫌疑人和询问证人,从司法实践行为上实行一体化。

其次要建立完善的外部协作机制,实现上下级检察机关、同级检察机关之间侦查一体化。一要进一步加强侦查指挥中心建设。地级以上检察院要尽快在反贪部门设立机构独立、人员编制单列的指挥中心办公室,为实施侦查一体化提供组织保障。必须明确,在查办重大案件工作中,侦查指挥中心同本级检察院反贪局之间是领导决策和执行的关系,上下级侦查指挥中心之间是指挥与被指挥关系。二要切实强化上级院对办案工作的统一组织、统一指挥和统一协调。要强化职务犯罪线索的备案管理,实现对侦查信息的统一管理;加大上级院交办、提办、参办、督办和指定异地管辖的力度,适时组织开展专项侦查行动和专案侦查等活动,强化对侦查工作的统一组织指挥;有效整合侦查资源,上级院在必要时可以根据办案需要,调用本级侦查人才库的办案骨干,或者调集其他办案力量,调用辖区内的侦查装备,实现对侦查力量、侦查装备的统一调度使用;加大侦查协作力度,各地在办案工作中都要相互支持、密切合作,实现跨区域侦查协作的统一协调。三要积极探索解决制约侦查一体化建设的各种问题。要积极争取地方党委、政府及财政部门的支持,逐步建立交办案件补助经费、追逃奖励经费、协查协作补助经费、调用人员补助经费等经费保障制度。四要提升侦查指挥中心的权威。下级检察院必须服从命令、听从指挥、积极协作。对拒不服从指挥协调、不执行侦查指挥中心决定,贻误侦查时机、给反贪工作造成损失的,要严肃追究有关人员的责任。各级侦查指挥中心要做到科学决策、正确指挥、有效协调,对盲目指挥造成重大侦查失误的,也要追究有关人员的责任。五要充分发挥一体化机制的实战功能。要运用一体化机制组织查办一批有影响、有震动的大案要案、窝案串案,在办案实践中探索完善一体化机制的具体运行模式,提升一体化机制的实战功能,推动一体化机制建设不断深化。[1]

二是建立健全能够真正保障独立行使检察权的机制和制度。近年来,随着中央反腐败力度的不断加大,一些身居要职的官员纷纷落马,广大群众拍手称快,但回过头来细细思量,我们发现了一个严峻的问题,这些大案要案多是由纪委查处,然后移交检察机关立案侦查。一位长期研究腐败问题的专家在接受记者采访时说:“目前,中国的腐败案件80%以上是纪委先查,是否给予党纪、政纪、法纪处分,也是由纪委决定(法纪处分移交司法机关)。对县处级以上官员腐败案件,95%以上是各级纪委先查办。而对省部级官员腐败案件,100%是中纪委先查。中纪委查处后,一般先给腐败官员党纪、政纪处分(政纪处分以监察部名义决定),构

[1] 参见周斌:《对构建反贪侦查一体化价值和模式的探讨》,载 http://www.ajxxgk.jcy.gov.cn/html/gj/jl/,2015年8月31日访问。

成犯罪的，移交最高检反贪污总局。”[1]在中国，各级纪委在中国反腐败中充当了极其重要的角色。回顾以前的那些大案，几乎没有一个不是中纪委或者其地方纪委先下手，然后才有检察机关的介入和后来的审判。相比之下，为何国家法定的打击腐败犯罪的检察机关常常处于较为被动的地位呢？究其原因，检察权的独立性问题是不容忽视的主要原因。

从目前检察权的运行情况来看，远未达到独立性的标准。主要表现在以下两点：一是检察权地方化。检察权在实际运行过程中，受地方党政机关的控制和干扰，检察机关没有独立的权力和地位。表现之一，检察机关建制地方化。长期以来，我国按行政区划分，设置地方各级检察院，司法管辖区和行政管辖区重合，这种建构体现出检察权的地方化。表现之二，检察人员管理的地方化。我国检察管理体制实行党管干部的原则，检察官的任命先要经过当地组织部门考察同意，然后提交人大任免。表现之三，检察财政管理地方化。检察机关财政经费由地方财政拨付，是滋生检察权地方化的温床，导致检察机关对地方党政机关存在机构、人员和经费等依附关系，使得设在地方的国家检察机关实际上成了地方政府的检察机关。二是检察权功利化。由于检察机关被地方化，使检察权的价值取向带有一定的功利性，导致一些检察机关因利益的驱动而违法行使权力，在执法中保护本地利益，包括一些不合法或不合理的利益。有些地方检察机关由于经费严重不足，工资无法保障，常常把办案与创收联系起来，造成执法不公，执法不严，甚至司法腐败。

我国《宪法》第131条明确规定：“人民检察院依照法律规定独立行使检察权，不受行政机关、社会团体和个人的干涉。”尽管

---

[1] 宋涛：《中国反腐败走近“中纪委模式”》，载《新民周刊》2007年3月23日。

我国宪法确立了“一府两院”的体制，但由于检察机关的人事编制权由地方政府的人事部门行使，日常开支、办案经费由地方政府的财政部门供给，检察机关的人事、经济命脉都掌握在地方政府的手里，导致检察权地方化和法律监督职能严重弱化。从某种程度上说，检察机关能否独立行使检察权关键在于检察机关人财物管理体制的改革。本书认为，当前要从以下几个方面加以改进，确保检察权独立行使：

首先，应该摒弃目前的双重领导体制，构建检察一体化大格局。我们可以借鉴金融体制改革的经验和海关、国税系统的做法，构建“垂直领导、预算单列、统一协调、分级负责”的检察一体化大格局，真正实现宪法规定的“最高人民检察院领导地方各级人民检察院和专门人民检察院的工作，上级人民检察院领导下级人民检察院的工作”。构建检察一体化格局，一方面要通过立法赋予检察机关统一的财政控制权和物质调配权。建立“地方足额上缴，中央统筹预算，系统层层下拨”的财物保障体制，规定每年由最高人民检察院根据全国各级检察机关的实际需要拟制财政预算，提交到全国人民代表大会或其常务委员会审议通过。经审查批准后的财政预算，由中央财政和地方财政全额划拨，将检察经费从地方财政分离出来，以经济独立推动检察独立；另一方面在人事管理上要实现检察系统直接管理，即赋予检察机关应有的人事决定权。地方各级检察机关的检察长应由上一级检察机关检察长提名，上级人大选举任命；副检察长、检察委员会委员、检察官由本院检察长上请上级检察机关后提名，同级人大选举任命；检察长、副检察长、检察委员会委员必须从资深检察官中选任，绝不允许从地方党政机关调任。上级检察机关对下级检察机关的检察官有惩戒处分权和人事调动权。

其次，要走检察官职业化、精英化之路。“徒善不足以为政，徒法不能以自行”。检察独立要以一个政治坚定、业务精通、作风优良、执法公正的检察官队伍为依托，这既是处理和应对各种复杂关系的前提条件，也是实现检察独立和履行法律监督职能的内在要求。全国统一司法考试的实行和《检察官法》的修正，确立了法律职业准入制度，对检察官队伍的精英化具有里程碑的意义。但如何广开门路、广纳群贤，尽快优化检察官队伍的年龄、素质、知识结构，已成为当前亟待解决的难题。一是要完善检察官选任机制。面向全社会符合条件的法律专业人员公开招考、择优上岗，避免非专业人员（技术人员除外）进入检察机关，对不适合继续从事检察工作的人员要实行末位淘汰、下岗分流。二是检察官培训要经常化、规范化、法制化。检察官必须具备开拓创新的能力和与时俱进的品格，适应飞速发展的社会需要。依托检察官学院和其他法律院校，对检察官进行职业技能培训，尽快培养一批高层次复合型、专业型、外向型的检察人才。三是改革检察官的管理机制。当前检察官的职务和待遇是按照公务员行政职级的标准而定，论资排辈、首长负责等做法广泛存在。管理的行政化不利于调动检察官的积极性，使检察机关失去应有的活力。改革管理机制一方面要逐步淡化以行政职级为主的管理模式，把业务水平作为晋升法律级别的主要标准，实现法律级别与待遇标准挂钩，激发检察官学习和工作的积极性；另一方面要推行检察官逐级遴选制，上级院高级别的检察官应从本院和下级院的检察官中择优选任，使检察官不仅在本院而且在上下级院能够合理流动，真正做到人尽其才、才尽其用。〔1〕

2. 完善腐败审判的相关制度

根据我国《刑事诉讼法》规定，人民法院是我国法定的审判机关，在惩治腐败犯罪中发挥着刑事审判的作用。治理腐败法院的

〔1〕 参见卢晓均：《检察机关领导体制改革论纲》，载 www. dffy. com，2015 年 9 月 1 日访问。

审判是最强有力的工具,充分发挥审判职能、依法严惩腐败是法院系统长远的重要的工作目标。

人民法院是国家机器的重要组成部分,是社会正常秩序的最后保护屏障,也是惩治腐败的职能部门,承担着对违法型腐败进行审判的职责,权力大,责任重,其司法活动一旦出现不公正,法律的尊严、人民法院形象乃至党和人民的利益就会受到严重损害。近年来,我国各级人民法院为了确保公正高效和清正廉洁,通过建立和完善监督预防体系,坚持不懈地开展队伍教育整顿,严肃查处违法违纪的人和事,已经取得了明显成效。但是我们在看到成绩的同时也不能盲目乐观,从近年来所查处的法官违法违纪案件来看,司法不公,办关系案、人情案、金钱案等腐败现象仍然没有能从根本上加以杜绝。在当前的腐败司法审判过程中,造成司法不公的原因是多方面的,主要体现在以下几个方面:〔1〕

一是由于外部干预引起的司法不公。外部干预主要是指一些部门和机关直接插手干预司法案件处理,一些地方出现了不同程度的司法地方保护主义,特别是一些领导干部的干预,使得很多法院、法官长期工作、生活在一定关系包围圈中,司法活动不可能完全摆脱他们的影响。本来,作为审判机关应该坚决抵制来自外部的任何干预,依法独立办案,但在当前审判机关的经费需要依靠地方政府供给,司法机关的人员升迁、编制需由地方政府决定,司法机关的工作条件改善、装备更新依赖于地方政府及有关部门批准的情况下,仅凭司法机关自身力量还很难做到。

二是由于司法体制引起的司法不公。这主要反映在司法体制的行政化上。由于受到传统文化和司法传统的制约,我国的司法体制及其运行过程带有明显的行政化色彩。司法裁判权与行

---

〔1〕 参见周苏友:《构建和谐社会中的司法公正问题研究》,载《社会科学研究》2006 年第 3 期。

政权的一个明显区别就是行政机关可以对行政事务进行主动的积极的干预，而司法机关则不应该采取主动的方式行事，否则就难以保证司法机关的中立地位。另外，司法机关的行政化色彩还使司法过程中不同程度地存在办案者与裁决权相分离，裁判权与责任相分离的状况，不能很好地保证司法人员独立办案。这些制度上的漏洞完全可能降低对司法不公行为的有效防范，司法裁判也可能因执法者个人的弱点而陷于不公正。

三是由于司法人员个人素质不高引起的司法不公。办理司法案件对办案者有着很高的素质要求，除了坚定的政治立场和严格依法办事的执法理念外，还需要较高的法律专业知识，如果缺乏这一点，就可能会自觉不自觉地以个人情感、偏好来指导办案，从而难以保证裁判的公正。我们看到，目前司法机关干警的素质与司法工作的要求还有不小的差距，尤其是专业知识结构。

四是由于司法人员徇私舞弊、贪赃枉法引起的司法不公。这类司法不公与社会上的腐败现象是相关联的。尽管这类现象发生在个别司法人员身上，但其恶劣影响不可低估。从现在披露的有关案例来看，司法人员中徇私舞弊、贪赃枉法涉及司法机关担任领导职务者还占有相当的比例，其中多数是收受司法案件当事人贿赂的情况，由此引起的司法不公就可想而知了。

当然，导致法院司法不公的原因很多，有主观的，也有客观的，但最根本的还是没有建立成熟完善的确保司法公正的保障机制。只有建立一支高素质的司法队伍，建立分工合理的司法机构、司法监督机制和司法保障机制，司法腐败、司法不公的现象才会得到有效的遏制。本书认为健全完善司法公正的保障机制，主要应加强和做好以下几个方面的工作：

首先要建立一支高素质的司法队伍。司法队伍的素质不高，是出现司法腐败和司法不公的重要原因之一。实现司法公正，防止司法腐败，提高司法效率，树立司法权威，关键在于建立一支高素质的司法队伍。司法工作是一项法律专业性很强的工作，工作人员需要具备专门的法律知识，丰富的实践经验和良好的职业道德。为此，需要根据法官队伍的职业特点，完善国家统一司法考试制度，严把法官的入口关。深化人事制度改革，建立健全人员的选拔、考核、晋升、淘汰制度，提高法官队伍专业化职业化水平。要加强思想政治建设，建立完善司法人员职业道德规则，规范司法人员的行为，建设一支政治坚定、业务精通、作风优良、执法公正的法官队伍。

其次要建立中央集权的法院体制。在现行法院体制中，地方法院均是由地方人民代表大会产生，直接受地方党委的领导，办案经费也都是依靠地方财政拨付，因此法院的独立审判权不可避免地受到影响，一些地方法院的司法行为受地方党委和地方人民政府等的干涉比较严重，出现严重的地方保护主义倾向，司法权力独立行使受到挑战。法院作为中立的裁判者，要想做出公正无偏私的裁判，保持自身的独立地位是关键。因此，重构地方法院体制，建立中央集权的法院体制，打破与行政区划相匹配的格局，从客观上减少和地方政权的联系，是确保司法公正的有效途径。而要建立中央集权的法院体制，改变当前由地方行政机关控制法院的人事、财政的体制，有效排除地方行政机关可能对司法工作造成的干涉，确立有效的抗干扰机制是关键。法院的人、财、物权应由最高人民法院掌握，司法经费由全国统筹。可将法院的经费纳入中央财政预算，由中央财政将法院经费单列，同时最高人民法院通过加强诉讼费用的管理，由地方各级法院上缴一定比例的诉讼费，由最高人民法院根据各省、直辖市、自治区法院的实际，统筹安排下拨费用给省高级人民法院，再由省高级人民法院直接下拨给各级人民法院。关于人事管理体制方面，改变行政机关管理法院机构人员编制的做法，实行由最高人民法院和省、直辖市、自治区高级人民法院二级管理的方法，即由高级人民法院依据最高人民法院关于编制管理、人事管理的总体规定，对辖区内的各级法院进行具体的管理。

再次要确保法官的独立。法官独立是现代司法制度的核心和基石，对于保障司法公正意义重大。法官独立有两层含义，即“外部独立”和“内部独立”。外部独立是指法官在审理案件时不受来自司法外部的诸如立法机关、行政机关以及其他社会集团的指示、命令和各种形式的干涉；而内部独立则是指法官在审判时不受来自法院系统内部的干涉。长期以来，我国法官审而不判、合而不议、议而无用的现象普遍存在，法官行政化、地方化、非专业化的倾向明显，制约法官独立的因素太多，致使法官无法真正独立，严重阻碍了法治的进程。因此，我们必须大刀阔斧地推行司法改革，从体制进行上变革，健全保障机制，设立专门的法官管理委员会，对法官人、财、物的管理要实现科学化、法定化，真正建构起“法官只服从法律”的现代司法理念。

从次要建立起完善相关法律法规和制度，合理规范法官的自由裁量权。通过增加审判的透明度，建立诉讼过程中完善的救济机制，强化当事人对法官的制约。加强全民的法制教育，增强广大公民的法制观念，减少干扰司法工作的因素，减少腐蚀司法人员的条件，创建良好的司法环境，保证司法机关依法独立公正地行使职权。

最后要强化法院的内部监督，用监督机制规范司法行为。一是发挥立案庭的监督作用，以《案件流程管理操作规则》为中心，加强立案审查、排期公告、保全实施、文书送达、审执限预警等工作的监督，及时防止和纠正少数人司法活动中行为不规范的问题。二是加强纪检监察监督，对有违法审判线索、经审查确属错判和案件质量检查不合格的案件，由纪检组监察室按最高人民法院“两个办法”调查处理。同时，主动出击，定期或不定期对一些单位和特殊场所进行检查，建立廉政档案，对带有倾向性的问题及时进行廉政谈话，对苗头性问题及时进行警示谈话。三是强化职责考核监督，完善司法责任制和岗位目标考核制，以完成任务优劣、办案质量好坏、管理工作强弱为标准，坚持季度、半年、全年考核，量化考核与综合考核相结合，实行末位淘汰制，使司法责任制与岗位目标考核结合起来，激励先进、鞭策后进。

3. 对司法权的进行有效监督

作为对违法型腐败惩处的法定机关，司法机关承受着惩治腐败的重要责任。然而如果作为惩治腐败主体的司法工作人员腐败了，以权谋私、以案谋私，谁又来监督和惩治这些司法工作者？这是一个不可回避的现实问题。“加强对司法工作的监督，惩治司法领域中的腐败”是党的十六大提出的“推进司法体制改革”的任务之一。对司法权进行有效监督，防止权力滥用，是保障司法公正与效率的一项重要内容。实践证明，权力失去监督就可能导致腐败。如果对司法人员运用权力监督不力，必然会产生作风不正、从业不廉、司法不公等问题。因此，强化监督措施，构建监督网络，全方位监控司法工作，对防治司法腐败，惩治腐败犯罪就有极其重要的意义。

(1)强化国家权力对司法权的监督

国家权力对司法监督主要包括政党监督和人大监督。加强政党对司法权的监督，厘清坚持党的领导和司法权独立的关系是必须解决好的问题。司法机关只有处理好坚持党委领导与独立行使司法权的关系，才能正确贯彻党的路线、方针和政策，保证司法工作的良性发展。如果在司法权独立与坚持党的领导关系问题上认识不清，处理不当，将从根本上把握不准司法工作的方向和重点，于党的事业和司法工作都不利。本书认为司法权接受政党监督要注意以下几点：

第一，要正确认识党对司法工作的领导权。坚持党对司法工作的领导，绝不是要求司法机关和司法工作时时听命于党委，凡事必须汇报,征得党委同意后才能实施具体工作。党对司法工作的领导,不是具体案件的领导,而是路线、方针、政策的领导,是方向性的领导。如果把党的领导当作具体工作的领导,则会抓不住问题的主要矛盾和根本环节,将使党对司法工作的领导关系变得更为混乱,真正把"领导"和"独立"对立起来。

第二,要正确为司法权定位。司法权具有权威性、独立性等特征,但是我们不能由此就认为司法权是高于一切的,我们要正视司法权的地位。所谓司法权力独立行使,应该是相对于行政权独立,而不是独立于党的领导,我国是实行人民民主专政的国家,党代表着最广大人民群众的利益,党所代表的利益和司法权所保护的利益是一致的,使司法权超然于党的领导之外是不可行的,也是不可取的。而且司法权的根本宗旨应该是服务,司法权作为国家权力的一部分,从根本上讲是为社会服务的,为保护有序的人身关系、财产关系和稳定的社会秩序而服务。就我国当前的社会现状而言,司法工作应为社会稳定服务,为经济发展服务,为人民群众的利益服务,这些和党的目标是完全一致的,只有坚持党的领导才能营造更为有利的工作条件,才能更好地发挥职能。

第三,要正确处理"独立"与"领导"的关系。在依法治国方略下,党的活动也必然严格按照宪法和法律进行,所以坚持党的领导与司法权力独立行使根本上是一致的,二者并不矛盾,二者关系也完全能够处理好。而要处理好二者的关系,必须做到以下几点:一是必须坚持党的领导。坚持党的领导与保证司法权力独立行使两个矛盾并不是平衡和对等的,而是有先后和主次之分,首先要坚持党的领导,这是基础,在坚持党领导的前提下,再具体讨论司法权的独立性。许多人之所以处理不好二者关系,原因就是把二者摆在一个平行的位置上,两种思路并驾齐驱,实践中难免出现困惑和无所适从。二是正确把握司法权的独立性问题。坚持党的领导并不是各项具体工作包括案件侦查、强制措施采用、审理判决等诉讼的具体过程听命于党委部门，并不要求凡事请示汇报，一步一履完全按党的指示办。我国实施依法治国方略，国家管理的一切事务必须依据宪法和法律进行，尤其是具体的办案工作，更是必须严格按法律规定的程序和实体标准处理，不能出现没有党的批示就裹足不前、不敢放手的工作倾向，这种问题必须纠正。三是要敢于排除一些干涉和干扰的影响。毋庸讳言，由于人员素质的个体差异性，党对司法工作的领导过程中，不排除极个别党政部门工作人员甚至领导干部超越职权对司法工作擅自“指示”的问题，有些人为了某些利益可能已构成对正常司法工作的干涉。处理好坚持党的领导与司法权独立的关系，要正确认识此类问题，某些工作人员对司法工作的意见，并非出于组织程序，而仅仅只能是一种个人的“意思”，而不是党的意见，更不是党对司法工作的干涉。对这类问题一是要认清，二是要敢于纠正，不能让这些个人干涉诋毁了党的形象。

人大及其常委会对司法权进行监督，是我国宪法所确定的一项重要的制度。加强和完善这项工作，保证司法公正、遏制司法腐败，是发展、健全人大制度，实现依法治国伟大目标的需要，也是广大人民的迫切要求。本书认为加强人大对司法权监督必须建立完善的几项制度：

第一，要完善对主要司法官员提名、考核、选举、任命、罢免制度。审判、检察工作首先面对的是对各种复杂案件的事实认定和对庞大的法律体系的具体适用，相对于行政活动而言，更具有专业性、程序性、规范性、严肃性，因此司法官员的选任要求比普通国家公务员更加严格。国家已颁布《检察官法》《法官法》《人民警察法》等法律法规，标志着我国司法官员的选任、管理的法律化、规范化和科学化。但对主要的司法官员如法院院长、副院长、检察院检察长、副检察长的选任条件仍缺少法律规定。本书认为，选任主要的司法官员必须坚持两个条件：一是应有一定的法律专业学历，参考《检察官法》和《法官法》等对检察官、法官的要求，主要司法官员至少应有法律专业大专以上学历；二是应有稳健和公正的个人品质。绝不能因为检法两院机关的规格高而成为解决、照顾某些官员待遇的台阶。人大在行使选举权、任命权时，必须做好资格审查，不符合上述条件的，不予提名、选举和任命。已经任职但经考核不能胜任工作或有徇私舞弊、枉法裁判等违法犯罪行为的，阳奉阴违不执行人大决议给司法工作造成妨碍的，坚决予以罢免。

第二，要建立对检察员、审判员的日常考核评议制度。依据检、法两院组织法，检察员、审判员的任免权在同级人大常委会。而审判员、检察员是司法机关的中坚力量，根据《检察官法》《法官法》及两院组织法，大量的司法工作都由他们依法进行。因此，人大对司法机关官员的监督，除了主要的司法官员外，还应严格落实到对审判员、检察员的监督。具体地讲，将审判员、检察员的考核列入日常工作，严格以《法官法》《检察官法》来进行任命前的资格审查。任命后，定期或不定期地抽查他们所办案件质量，听取群众意见、社会反映，如有不能胜任或违法乱纪者，坚决撤销其职务。只有这样，人大对司法权的监督才能体现出权威性和力度。

第三，要建立对重要司法工作方针、决议和司法文件的审查、备案制度。不可否认，在过去的司法实践中，司法机关重大事项的决议向党委请示的多，向人大汇报的少，没有形成向同级人大汇报的制度。根据依法治国方略的要求和党政分开、党在宪法和法律范围内活动的原则，党对司法机关的领导应是大的政治原则、政治方向上的领导，司法机关大量的业务工作是国家行为，应更多地接受国家权力机关的监督和领导。这一点宪法、法律已有体现，如法律规定重大事项上检察长与检察委员与多数委员意见不一时，应报请同级人大常委会决定。检法两家对法律的理解分歧和执行不一也要由全国人大统一和协调。例如最高人民检察院和最高人民法院对修订后的《刑事诉讼法》《刑法》的司法解释就有分歧，给执法带来一定的混乱，全国人大对“两高”司法解释工作的监督、领导、协调，是避免这一问题的唯一途径。

第四，要建立冤假错案的督办制度。我们必须承认这样一个事实，现在司法机关所办的案件，存在一些冤假错案。这些错案的发生，司法腐败是根源。错案的存在，使当事人四处上访申诉，倾家荡产，也使人民群众对司法机关和法律的威信、公正产生怀疑，增加社会的不安定因素，破坏了党和国家的威信。为解决这一问题，许多地方人大建立了对司法机关工作评议制度，有些地方人大纠正错案成绩显著。除了评议制度，人大还应建立冤假错案督办制度，对于通过各种渠道发现的错案，人大应督促有关司法机关严肃查处。作为国家法律监督的专门机关，检察机关尤其要重视这一项工作。要认识到，检察机关和人大的密切合作，不仅有助于推进人大制度和检察制度的建设，更重要的是有助于中国特色的法律监督制度的确立，从而从根本上解决一切权力腐败包括司法腐败的问题。

(2)司法权要主动接受社会监督

社会监督指来自司法机关以外的各种监督，包括行政机关、其他权力机关以及新闻媒体、社会团体(利益集团)以及公众和选民监督等多种形式。由于司法活动是依靠高度独立和专业化的运作方式实现司法公正和正义的，因此，对于司法权的监督制约是现代国家所不可或缺的。一般而言，没有司法民主及司法监督，司法独立的正当性就很难得到社会认同，而为了实现真正意义上的司法权力独立行使，就必须建立合理的司法民主和有效的监督制约机制。

当前，围绕着如何监督司法权的讨论越来越多。一方面，由于司法活动受到过多干预，阻碍了司法工作的正常运作，因此要求司法权力独立行使的呼声越来越高;另一方面,加强对司法权的监督、加大司法工作的公开性和透明度、治理司法腐败已成为社会公众普遍的迫切愿望。而且,两方面所显现出的矛盾也越来越突出。那么,怎样才能解决这个矛盾,做到司法权力独立行使和有效监督的和谐统一,真正提高司法的公正与效率,是当前迫切需要解决的问题。

法律是公共意志的体现,人民是司法的主导者,司法权力独立行使、减少干预并不意味着司法权力不受社会公众监督。只有正确地运用和发挥民主监督和社会监督的效力,才能促进司法独立,保障司法公正,使我国的司法改革顺利进行。司法公正是司法权力所要实现的主要目标,国家司法机关承担着维护社会公正的重任。任何权力都必须受到监督,司法权力也不例外。为了维护社会公正,提高司法人员的自身素质和待遇地位,通过自律手段完善司法人员职业道德等方式,在一定程度上能够使司法权力得到正确行使。但是为了保障司法独立的地位和避免权力被滥用,必须建立和健全监督和制约机制,特别是社会公众的监督,即民主监督是最为有效的监督。因为社会公正应该由社会公众来验证,人民群众对司法权力进行监督是他们行使公民权利和履行公民义务的方式,也是公民的职责所在。司法权力要让公众监督,主要体现在司法活动的公开审判制度上,要让社会公众对案件审判知情。当然,让所有的公民都到法庭旁听审判,既不可能,也没必要。但是司法机关必须保障司法审判的公开和透明,特别是一些有社会影响、涉及公众利益的案件审理,要尽可能让公众知情。

在现代社会中,媒体对司法机关公开审判的报道,实际上是扩大公众知情渠道的有效形式,也是一种更为广泛的社会监督,新闻媒体在不妨碍法庭正常审理秩序的情况下,对庭审过程进行记录、录音、录像、摄影、转播,通过报道满足公众对案件审理情况的知情权。社会监督不仅要使公众有知情权,而且还要有让他们有依法自由发表言论的权利。对于司法机关的判决,社会公众有权利发表不同的意见。因为司法活动自有一套专业化的思维模式和运作规律,对于不合法、不恰当的批评完全可以置之不理。不同意见的存在,不会影响既有的判决生效,也不会影响生效判决的执行。而公众的言论对于那些"暗箱操作"、权钱交易、徇私舞弊等司法腐败现象是强有力的监督。有社会公众的监督,法官会以更慎重的审判行为向社会证明,司法机关是公正的。

当然,司法活动必须保障司法权力独立行使。我国《宪法》规定:"人民法院依照法律规定独立行使审判权,不受行政机关、社会团体和个人的干涉。"为了公正,必须保障司法机关在不受任何外来的干扰的条件下独立适用法律,并且根据法律做出裁决。但是司法独立应该建立在民主司法的基础上,让公民成为司法权的行使主体,应当完善我国的人民陪审员制度,使之不再仅仅只是一种形式,而成为真正有效的实践。同时,要保障公民对司法权力的监督权,让公民成为司法权的制约主体。随着我国司法改革和信息化的不断推进,司法活动将能在更大的信息平台上展示,从而提高司法的公开和透明化程度,便于社会公众对司法权力进行监督。

(3)司法权要做好内部监督

司法权和其他权力一样,失去制约监督就会出现滥用职权和产生腐败,探索完善司法系统内部对司法权制约监督的有效措施,是新时期发挥好司法机关内部制约监督作用,坚决杜绝司法腐败的出现,实现司法权运行公正与效率的重要保障。

对于司法机关来说,必须抓住强化监督这一关键环节,通过细化和完善各项内部监督制度,建立健全对司法权的内部监督制约机制,实行对司法权行使过程的全方位监督,真正形成"不能为"的防范机制,保证司法工作人员严格依法办案,公正司法。内部监督与其他监督形式相比,更具有直接性。通过规范内部监督机制,加强对重点部位和重点环节的监督制约,是非常必要的。对司法机关而言,不但要充实司法监督的力量,还须加大监督的力度,扩大监督的内容,延伸监督的范围,从事后监督延伸到事中、事前的监督。对容易出问题的人和事要有“超前意识”,并有行之有效的监督措施,把监督的“关口”前移,增强监督的前瞻性、主动性,防患于未然。

(三)强化司法规范性的培育

有了良好的司法理念的指引和完善司法制度的保障只是具备了实现腐败惩处的硬件条件,要想充分彰显惩治腐败的打击力,还必须有司法规范化这种软件条件的保障。只有规范的司法行为才能实现预期的腐败惩处效果。

讲规范,就要严守规则,不能随意而行。随意性是规范司法的大敌。规范司法行为,促进司法公正,关键就是要在防止司法随意性上下功夫。司法的随意性不仅往往使人们对司法的公正性产生怀疑,而且也确实容易给司法不公留下空间。这些年来,随着我国社会主义法治的不断发展,法律规范和司法体制日益健全,特别是程序方面的规范化建设成效明显,应该说,政法机关规范司法的意识和水平都在不断提高。但我们也应看到,在实践中,当前存在的问题也还有不少,在个别地方甚至比较严重。有的司法人员不严格按照法定权限、法定程序和法定职责办事,有的在办案中证据收集马虎,文书制作粗糙,有的甚至滥用权力,徇私枉法,所有这些都严重损害着司法部门和司法人员的形象。克服司法的随意性关键在于司法规范性的培育。

司法规范性的培育首先在于规范司法意识的培育。思想是行动的先导,在目前的腐败惩处的司法实践中,很多司法人员规范司法的意识不强,缺乏现代法治应有的程序理念,还没有彻底摒弃“重实体、轻程序”思想的影响,在案件办理的司法实践过程中出现很多随意之举。各级司法机关工作人员必须认识到，规范司法是公正司法的基石，随意司法则是公正司法的大敌。为此，要树立规则意识，将程序公正与实体公正并重；树立宗旨意识，充分认识手中司法权的重量，慎重对待每一项司法行为；树立细节意识，细节体现全局，要注意把规范司法的意识贯彻到司法行为的每一个细节中，使案件当事人从每一个细节中都能感受到法律的规范和公正。

司法规范性的培育其次在于各项规章制度的建立健全。没有规矩，无以成方圆，完善的规章制度是规范司法的前提。各级司法机关要认真查找问题，剖析问题成因，找出制度上的漏洞，对各项规章制度加以完善。对司法中的每个具体环节做出严密细致的规定，尽可能地减少外部因素对司法的干扰，并加强各环节、各部门的制约。力求通过严密的制度规定，减小司法随意性的空间。

司法规范性的培育还要注重制度的落实。制度不能止于纸面，有关规范司法的各项制度必须落实到具体的司法行动中。各级司法机关要加强司法责任制的建立和完善，以制度促规范。各级司法机关要结合自身工作实际，根据每个工作岗位的职责和每个工作环节的特性，制定出富有针对性、可操作性和实效性的制度。通过严格、科学的制度，进一步细化和明确司法行为规范，健全强化工作流程管理，实现工作过程的有效控制，以达到提质增效的目的。要结合当前正在进行的“三严三实”教育活动，加大思想作风建设力度，教育广大司法工作人员牢固树立牢旨意识，发扬优良传统，增强责任心，打牢规范司法的思想基础。对发现的徇私枉法、滥用权力，办关系案、办人情案、办金钱案等现象，要坚决执行责任追究制，一查到底，绝不手软，依法惩罚相关责任人，向人民群众表明惩治腐败的决心。

四、加入联合国反腐败公约与国际反腐败合作

(一)反腐败与国际引渡

打击腐败一直是我们反腐败的重中之重,引渡外逃贪官回国接受法律制裁是惩治既有犯罪,威慑未来犯罪的关键举措之一。但我国引渡外逃贪官并不顺利,产生引渡困境的原因是多方面的,因而关注我们外逃贪官引渡中的法律问题也是构建惩处腐败的法律机制的题中应有之义。

1. 引渡制度简介

引渡是指“一国应他国的请求,将本国境内的而被他国指控为犯罪或被他国判刑的人,移交该请求国追诉和处罚的制度”。[1] 引渡是一项古老的司法制度,最早的引渡活动,可以追溯到公元前1280年,埃及国王拉美西斯二世和赫梯族国王哈图西里三世在叙利亚战争结束后所签订的《和平条约》,该条约规定有相互遣返逃到对方境内的罪犯的内容。不过,当时所遣返的对象基本上是政治逃犯、异教徒、阴谋叛乱者、逃兵等,引渡普通罪犯的情形几乎没有发生过,并且这种状况一直持续到18世纪以前。[2] 18世纪以后,引渡制度得到了突飞猛进的发展,现代意义的引渡制度逐渐形成。引渡的对象不再仅仅限于政治犯罪和军事犯罪,而是扩展到了普通刑事犯罪。在启蒙思想的影响下,现代引渡制度的一些基本原则,如“政治犯不引渡”原则,就是在这一时期形成的。1833年,比利时制定了世界上第一部引渡法,此后的一百多年间,各欧美主要国家以及部分亚洲国家纷纷效仿,

---

〔1〕 贾宇:《国际刑法学》,中国政法大学出版社2004年版,第393页。

〔2〕 马德才、唐彩声:《引渡制度溯源》,载《求实》2004年第11期。

制定了自己的引渡法。关于引渡的国内立法的在全世界的迅速发展也推动和促进了多边引渡条约的发展,1933 年的美洲国家间的引渡公约、1952 年阿拉伯联合引渡协定、1957 年的《欧洲引渡公约》、1966 年的英联邦国家《关于引渡逃犯的制度》等相继出现。[1] 为了更有效地和国际犯罪做斗争,一些国际公约中也出现了一些有关引渡的条款,1990 年 12 月,联合国大会通过了《引渡示范条约》,确定了有关引渡问题的一般规则。2000 年《联合国打击跨国有组织公约》和 2003 年《联合国反腐败公约》都以较长的、具有创新性的条款调整引渡问题。

在我国,有关引渡的实践开展较晚。中华人民共和国成立初期,我国也曾与邻国基于互惠或礼让原则进行过引渡罪犯事宜,但基本上是把它视为国际合作或国际斗争的事务并通过外交途径来进行的,极少把它从司法角度加以考虑。1984 年我国成为国际刑警组织成员国之后,这种做法有所改变,但也尚未真正建立起国际上普遍通行的引渡制度。近年来,随着我国改革开放事业的发展以及国际交流的日益频繁,涉外刑事案件的发生愈来愈多。为此,我国与波兰、蒙古、罗马尼亚、古巴、土耳其、俄罗斯、白俄罗斯和哈萨克斯坦签订了含有刑事司法协助条款的司法协助条约。但是这些条约一方面缺少引渡条款的规定,另一方面与国际上普遍建立的刑事司法协助制度有一定差距,因而不利于有效打击国际刑事犯罪活动和开展与他国在引渡方面的国际协作事宜,以及保卫我国的司法主权。有鉴于此,我国于 1993 年 8 月 26 日与泰国签订第一个双边引渡条约之后,陆续与俄罗斯、白俄罗斯、保加利亚、罗马尼亚、哈萨克斯坦、蒙古、吉尔吉斯斯坦、乌克兰、柬埔寨、乌兹别克斯坦、突尼斯、立陶宛、韩国、秘鲁、南非等国签订了双边引渡条约,并且于 2000 年 12 月 28 日颁布了《引渡

---

[1] 成文良:《刑事司法协助》,法律出版社 2003 年版,第 67 ~ 68 页。

法》,从而使我国开展对外引渡方面的国际合作有法可依。[1] 2005年11月,中国与西班牙缔结了双边引渡条约,实现了中国政府与欧美国家签订双边引渡条约零的突破。2014年12月28日,第十二届全国人大常委会第十二次会议经表决,决定批准了《中华人民共和国和阿富汗伊斯兰共和国引渡条约》和《中华人民共和国和伊朗伊斯兰共和国引渡条约》。至此,全国人大常委会已经决定批准了我国同36个国家缔结的双边引渡条约,包括澳大利亚、法国、韩国、意大利、西班牙、葡萄牙等,为我国打击犯罪,与相关国家开展引渡合作提供了法律依据,维护了我国的国家利益。[2]

总之,引渡制度自产生以来,随着国际政治经济关系的发展变化,其内容不断丰富和发展,其理论和立法日益成熟和完善,在同跨国犯罪、集团犯罪、国际犯罪斗争中,越来越发挥着举足轻重的作用,已日渐成为国际刑事司法协助的重要内容。在国际社会联合打击腐败犯罪的过程中,引渡的作用更是不可替代。腐败犯罪的犯罪人携款外逃、躲避法律制裁的现象十分普遍,缉拿外逃犯罪人、犯罪嫌疑人也因此成为各国打击和惩处腐败犯罪极为棘手的一个问题。在这一问题上,我国面临着同样的困境。据公安部资料显示,截至2005年年底,中国外逃的经济犯罪嫌疑人尚有500多人(其中多数为贪官),涉案金额达700多亿元人民币,其中大多数都因为我国与西方国家的引渡合作开展不力而长期逍遥法外。《联合国反腐败公约》的通过为国际社会开展反腐败刑事司法合作创造了一个良好契机。如何利用这一契机,加大我国反腐败领域中的国际刑事司法合作的力度,以及加快引渡腐败犯罪相关案犯的进程,将是今后一个时期我国反腐败工作中必须认真对待的问题。

---

〔1〕 马德才、唐彩声:《引渡制度溯源》,载《求实》2004年第11期。

〔2〕 《我国已与36国缔结双边引渡条约》,载 http://news.sina.com.cn/c/2014-12-29/035931337924.shtml,2015年9月2日访问。

2. 国际引渡基本原则的评介

引渡制度经过长期的探索和实践,在国际社会的引渡实践中逐渐形成了一些规制引渡行为的规则。这些规则,通过有关国际公约的确认,体现为国际刑法的一般原则,同时也通过各国之间签订的引渡条约的确认,成为各个国家引渡依照国内刑法构成犯罪的人时共同信守的条约规则。这些规则由于其法定性、实体性和普遍性成为国际社会公认的引渡原则。这些规则主要包括政治犯不引渡原则、本国公民不引渡原则、条约前置主义与互惠保证原则、双重犯罪原则等。[1] 近年来,人权观念也逐渐被引入引渡制度,形成了一些旨在保障人权的新的引渡规则,其中包括一个人有可能因其种族、宗教信仰、政治观点等受到惩罚时,被请求国可拒绝引渡;可能受到酷刑或得不到公正的审判,可能被判死刑或被一个特别法庭判决的情形时,可以被禁止引渡等等,这些都体现了对被引渡者人权的保护。在引渡实践中,必须遵守这些引渡原则,才能保证引渡的顺利进行。

(1)政治犯不引渡原则

政治犯不引渡原则,又称政治犯排外原则,是指请求国要求引渡的对象是政治犯时,被请求国可以拒绝引渡。作为一项渊源已久的国际法原则,"政治犯不引渡"最早出现在大革命后的《法国 1793 年宪法》,此后,《比利时 1833 年引渡法》第 1 条明确规定,禁止引渡外国政治犯。这一原则逐渐得到了各国的承认,并在引渡的立法和司法实践中占有非常重要的地位。在引渡的各项规则中,"政治犯罪不引渡"原则是普及程度最高的,也是法律地位最高的,它甚至在许多国家的宪法中都占有一席之地,这是为其他引渡原则望尘莫及的。[2] 从性质上看,它已超出了纯粹

---

〔1〕 贾宇:《国际刑法学》,中国政法大学出版社 2004 年版,第 396 页。

〔2〕 赵秉志、陈一榕:《试论政治犯不引渡原则》,载高铭暄主编:《当代国际刑法的理论与实践》,吉林人民出版社 2001 年版,第 128 页。

的引渡领域，而上升为国家的重要对外政策，甚至在多个国际性宣言中也有规定。〔1〕与获得立法承认的普遍性不相协调的是，政治犯不引渡原则同时也是引渡实践中争议最大的问题，比任何其他的引渡原则都承载着更多的非法律因素。因为尽管政治犯罪不引渡原则在国际引渡条约和国内立法上得到普遍采用，但究竟什么是政治犯罪，无论是各国引渡立法还是引渡理论，尚无明确统一的认识，各国国内法中的关于政治犯罪的概念甚至可以说是五花八门，这必然影响着该原则的实践。尤其在意识形态不同又缺乏沟通与了解的国家之间，适用政治犯不引渡原则甚至有可能被指责为干涉他国内政。因此，在实践中，各国对该原则的适用都十分谨慎。

目前，政治犯不引渡原则的适用正在沿着限制和扩大两个相反的方向发展。一方面，通过"非政治化"限制"政治犯不引渡"适用范围的做法越来越广泛，以为国际社会共同打击严重犯罪行为特别是国际恐怖主义犯罪铺平道路。另一方面，出于保护基本人权和政治自由，又将"政治犯不引渡"的适用范围扩大到与政治有关的因种族、宗教、国籍或政治见解等原因而受追诉或处罚者。〔2〕总之，既考虑国家主权，也注意保护个人的基本人权和自由，这种限制和保护的双重性，正是当今政治犯不引渡原则的发展趋势。

(2)死刑犯不引渡原则

死刑犯不引渡原则是在第二次世界大战后随着废除死刑运动的高涨而进入引渡领域的。作为一种引渡限制性条件，死刑犯

---

〔1〕 1948年《世界人权宣言》第14条规定："一，人人为避迫害有权在他国寻求并享受庇身之所；二，控诉之确源于非政治性之犯罪或源于违反联合国宗旨与原则之行为者，不得享受此种权利。"1967年的《领土庇护宣言》再次重申：一国行使主权，对有权援引《世界人权宣言》第14条之人包括反抗殖民主义之人给予庇护时，其他各国应当予以尊重。

〔2〕 贾宇：《国际刑法学》，中国政法大学出版社2004年版，第397～398页。

不引渡原则比政治犯不引渡原则起步晚，其在引渡中的地位和作用与政治犯不引渡原则相比还有一定的距离，但是其发展势头却异常迅猛。近年来，死刑犯不引渡这一规则在国际引渡合作领域越来越受到人们的重视、越来越多地被国际社会承认，许多国家在国际国内法领域开始接受这一原则，死刑犯不引渡正日益被视为一条重要的国际法原则。“如果翻阅一下近20年来各国缔结的引渡条约，人们会发现死刑不引渡条款已经普遍存在，它也被写入了1990年通过的联合国《引渡示范条约》（第4条第4项）。它的普遍性还可以通过下列事实证明：死刑不引渡原则的采纳已经不再与开展引渡合作的国家是否仍然保留死刑问题存在必然联系，那些已经废除了死刑的国家在相互缔结引渡条约时同样会重申死刑不引渡原则，那些仍然保留死刑的国家在相互缔结引渡条约时也可能要求确立这一原则。”[1]由此可见，死刑犯不引渡原则的刚性正不断上升，在国际引渡实践中，被引渡人往往援引该原则提出法律救济，并且成功率很高。

（3）本国公民不引渡原则

本国公民不引渡原则是指当被请求引渡的对象是本国公民时，被请求国可以不予引渡。“在原则上，任何个人，无论他是追诉国的国民，还是被请求国的国民，或第三国的国民，都可以被引渡。”[2]然而基于刑事管辖中的属人原则，许多国家认为，一个国家对本国国民在本国领域外实施的犯罪享有管辖权。在现代，许多国家都接受了本国国民不引渡原则，拒绝将在外国犯罪的本国国民引渡给犯罪地国。这一原则在一系列有关引渡的国际条约中也得到了确认，特别是第二次世界大战以来，随着对人权保护

---

〔1〕 黄风：《引渡问题研究》，中国政法大学出版社2006年版，第24～25页。

〔2〕 [英]詹尔斯、瓦茨修订：《奥本海国际法》，王铁崖等译，中国大百科全书出版社1998年版，第341页。

呼声的日益高涨，一些国家以担心本国国民在外国接受审判可能会受到不公正的待遇，其人权得不到保障为借口，不愿将明知在外国犯了罪的国民引渡给犯罪地国，以致本国公民不引渡原则出现了不断加强的趋势。从国际引渡实践来看，该原则在一定程度上妨碍了引渡制度的发展，使一些域外犯罪的犯罪人有可能借助这一原则逃避应受的惩罚，为了防止这一原则可能导致的对犯罪人不应有的庇护，在各国的引渡立法和条约中逐渐形成了“或引渡或起诉”的原则，即如果被请求国因为被请求人是本国公民而拒绝引渡，那么被请求国有义务将被请求人向本国主管机关进行起诉，从而对本国公民不引渡的原则的消极意义进行补救。[1]

(4)双重犯罪原则

双重犯罪原则，是指被引渡人的行为依照请求国与被请求国的法律，都认为是犯罪时，才可以引渡。如果有一方的法律不认为是犯罪，则不能引渡。双重犯罪原则的提出，既是为了相互尊重国家主权，也是为了保护被引渡人的基本人权。当然，在实际应用中，请求国和被请求国的法律(包括法律传统、法律术语、法律技术等)不可能完全相同，在相关罪名及其构成要件的解释上也不应该要求取得一致。如果刻意追求罪名及其构成要件在两国之间的一致性，必然会妨碍引渡的顺利进行。因此，作为请求引渡理由的行为，只要是请求国与被请求国所共同禁止的犯罪行为，就符合双重犯罪原则。

(5)条约前置主义与互惠原则

条约前置主义是指一些国家的法律要求以与请求国存在双

〔1〕 比如《联合国反腐败公约》第44条第11款规定：“如果被指控罪犯被发现在某一缔约国而该国仅以该人为本国国民为理由不就本条所适用的犯罪将其引渡，则该国有义务在寻求引渡的缔约国提出请求时将该案提交本国主管机关以便起诉，而不得有任何不应有的延误。”该条规定便体现了“或引渡或起诉原则”。

边引渡条约关系作为开展引渡合作的前提条件,如果没有双边条约,则不予引渡,该原则一般为普通法系国家所坚持。而大陆法系国家则不坚持必须订有引渡条约,只要双方承认以互惠条件为保证,就可以进行引渡。

实际上,“任何一个国家都难以或者不可能与所有外国缔结双边引渡条约,因此,条约前置主义严重地限制了引渡的合作范围,不仅实行条约前置主义的国家只能向数目有限的伙伴提供引渡合作,而且他们向外国提出的引渡请求也往往因不符合互惠原则而遭到拒绝。”〔1〕因此,许多采取“条约前置主义”的国家对该原则的态度已经有所改变,纷纷通过立法程序对该原则进行变通。〔2〕与此同时,在引渡实践中采取互惠保证原则作为条约前置主义的补充,越来越成为国际通行的做法。

3.《联合国反腐败公约》中的引渡机制

《联合国反腐败公约》第44条是对引渡制度的具体规定,其中体现了《联合国反腐败公约》对传统引渡理论中一些规则和原则的态度以及一些新的规定。

(1)双重犯罪原则的例外规定

《联合国反腐败公约》第44条第2款规定:“尽管有本条第一款的规定,但缔约国本国法律允许的,可以就本公约所涵盖但依照本国法律不予处罚的任何犯罪准予引渡。”

根据该条款,对于公约中规定的腐败方面的犯罪以及妨害执行本公约的妨害司法罪等,即使缔约国本国刑法未规定这些犯罪或者虽规定但不予处罚,仍可以依据第44条的规定直接将《联合

---

〔1〕 黄风:《引渡问题研究》,中国政法大学出版社2006年版,第2页。

〔2〕 比如英国曾是典型的“条约前置主义”国家,但它在2003年颁布的《英国引渡法》已经不再坚持“条约前置主义”,而是要求有关领域以“认可的方式”提出引渡请求。参见黄风:《引渡问题研究》,中国政法大学出版社2006年版,第3页。

国反腐败公约》作为引渡的法律依据;此外,《联合国反腐败公约》第44条第7款也暗含了这一意思:“不以订有条约为引渡条件的缔约国应当承认本条所适用的犯罪为它们之间可以相互引渡的犯罪。”《联合国反腐败公约》如此规定,显然是对传统引渡理论中的“双重犯罪原则”的突破。之所以这样规定,无非是加强《联合国反腐败公约》的可适用性,尤其在当前各国对可引渡的罪行上存在相当大的差异的情况下,《联合国反腐败公约》的较为一致性规定,在某种程度上可能会超越国内刑法的规定而被优先适用,以加强反腐败领域的合作。但从其措辞中也不难看出,《联合国反腐败公约》能否作为引渡合作的法律依据,基本上取决于缔约国的明确接受。

(2)附带引渡原则

《联合国反腐败公约》第44条第3款规定:“如果引渡请求包括几项独立的犯罪,其中至少有一项犯罪可以依照本条规定予以引渡……则被请求缔约国也可以对这些犯罪适用本条的规定。”

所谓附带引渡,通常是指当一项引渡请求针对的是数项犯罪时,并不要求所有这些犯罪都必须符合可引渡之罪的刑期标准,只要其中的主犯罪符合有关的刑期标准,即可同意对其他未达到该标准的轻微犯罪随主犯罪一起引渡。[1] 这一规定能更迅速地解决有关引渡争端,使犯罪分子尽早受到惩罚,充分体现了刑事司法协助的合作精神。当然,不能过分夸大其作用,毕竟是否附带引渡仍是由被请求国自主决定。

(3)腐败犯罪的非政治化

《联合国反腐败公约》第44条第4款规定:“本条适用的各项犯罪均应当视为缔约国之间现行任何引渡条约中的可以引渡的

〔1〕 参见黄风:《中国引渡制度研究》,中国政法大学出版社1997年版,第57页。

犯罪……如果缔约国本国法律允许,根据本公约确立的任何犯罪均不应当视为政治犯罪。"

如前所述,政治犯不予引渡是一个传统的原则,各国的引渡法或引渡条约基本都对该原则做了相应的规定。而在实践中问题的焦点集中在如何界定"政治犯罪"。腐败犯罪的主体往往由公职人员甚至高级公职人员构成,这些人员逃到国外后,经常利用自己的政治身份或者其他与政治有关的借口为自己的罪行开脱,对抗针对其开展的引渡合作。《联合国反腐败公约》亦未对"政治犯罪"规定一个统一的定义,但是为了有效避免政治犯不引渡原则的滥用所造成的放纵犯罪的后果,《联合国反腐败公约》在同意政治犯不引渡的大前提下,规定了本公约确立的任何犯罪均不得视为政治犯罪,不得以"政治犯不予引渡原则"为借口拒绝引渡。无疑,这种非政治化努力有利于克服对引渡合作的阻碍。

(4)允许将本公约作为引渡的法律依据从而放弃或变通"条约前置主义"

《联合国反腐败公约》第44条第5款规定:"以订有条约为引渡条件的缔约国如果接到未与之订有引渡条约的另一缔约国的引渡请求,可以将本公约视为对本条所适用的任何犯罪予以引渡的法律依据。"根据该条款,《联合国反腐败公约》的缔约国之间即使没有签订引渡条约,也可以直接以《联合国反腐败公约》作为引渡依据,大大拓展了国际社会开展合作的可能性。这也表明,要想有效惩处和遏制腐败犯罪,离不开国际刑事司法合作。在联合打击腐败的问题上,国际社会正表现得越来越开放和务实。

(5)或引渡或惩处原则

《联合国反腐败公约》第44条第13款规定:"如果为执行判决而提出的引渡请求由于被请求引渡人为被请求缔约国的国民而遭到拒绝,被请求缔约国应当在其本国法律允许并且符合该法律的要求的情况下,根据请求缔约国的请求,考虑执行根据请求缔约国本国法律判处的刑罚或者尚未服满的刑期。”本款规定的是“或引渡或惩处原则”，在被请求国不允许引渡本国国民的情况下，被请求国在符合本国法律的前提下，应当考虑对本国国民执行由请求国判处的刑罚。第 44 条第 11 款规定了“或引渡或起诉”原则，[1]而该原则是对“或引渡或起诉”的延伸和发展。“或引渡或起诉”原则的适用对象是请求国开始追诉，但尚未判处刑罚的未决犯，而“或引渡或惩处”所针对的则是请求国经过合法审判且该判决已经生效的已决犯。传统的国际公约只规定了“或引渡或起诉”原则，但是随着国际性严重犯罪的增多，对人类共同利益的威胁日益加剧。为了有效打击和抑制重大国际犯罪，有必要扩大在不引渡情况下的国际刑事司法合作。[2]《联合国反腐败公约》既规定了“或引渡或起诉”原则，又规定了“或引渡或惩处”原则，使无论是腐败犯罪的已决犯还是腐败犯罪的未决犯都能受到及时惩处，这充分反映了国际社会加强打击腐败犯罪的决心。

此外，《联合国反腐败公约》第 44 条第 12 款所规定的“先引渡后移管”的做法也是对“或引渡或起诉”原则的发展，所谓“先引渡后移管”是指：“被请求国可以先将本国国民引渡给请求国接受刑事追诉和审判，在定罪判刑之后，请求国再对被引渡人刑事被判刑人移管，也就是说，将该人送回被请求国，在被请求国的监狱中执行由请求国判处的刑罚。”[3]《联合国反腐败公约》这两款旨在鼓励各缔约国变通本国公民不引渡原则的规定，无疑将有助

---

〔1〕《联合国反腐败公约》第 44 条第 11 款规定：“如果被指控罪犯被发现在某一缔约国而该国仅以该人为本国国民为理由不就本条所适用的犯罪将其引渡，则该国有义务在寻求引渡的缔约国提出请求时将该案提交本国主管机关以便起诉，而不得有任何不应有的延误。这些机关应当以与根据本国法律针对性质严重的其他任何犯罪所采用的相同方式作出决定和进行诉讼程序。有关缔约国应当相互合作，特别是在程序和证据方面，以确保这类起诉的效率。”

〔2〕参见杨宇冠、吴高庆：《联合国反腐败公约解读》，中国人民公安大学出版社 2004 年版，第 321 ~ 322 页。

〔3〕黄风：《引渡问题研究》，中国政法大学出版社 2006 年版，第 31 页。

于拓宽国际社会在腐败问题上的刑事司法合作。

（6）重视对被引渡者的人权保护

"保障、维护被请求引渡人的基本权益是引渡法的一个十分重要的功能。"[1]《联合国反腐败公约》第44条第14款规定："在对任何人就本条所适用的任何犯罪进行诉讼时，应当确保其在诉讼的所有阶段受到公平待遇，包括享有其所在国本国法律所提供的一切权利和保障。"第15款规定："如果被请求缔约国有充分理由认为提出引渡请求是为了以某人的性别、种族、宗教、国籍、族裔或者政治观点为理由对其进行起诉或者处罚，或者按请求执行将使该人的地位因上述任一原因而受到损害，则不得对本公约的任何条款作规定了被请求国引渡义务的解释。"这两款分别就保障被引渡人的基本诉讼权力和防止对被引渡人的迫害做了规定。[2] 现代引渡制度的一个基本特征就是，不再把引渡合作视为国家间的政治交易，不再把被引渡者和种种引渡规则视为这种政治交易的筹码。被引渡者也是一个权利主体，他的合法权益同样受到法律的保护。我国《引渡法》第1条开宗明义地将"保护个人和组织的合法权益"列为立法目的之一。因此，被引渡者无论在被请求国还是在请求国都必须享受公正的待遇，不因其外逃而加重刑罚或剥夺其某些诉讼辩护的权利，在执行时不得改变当初引渡请求时所主张的罪名和刑罚，更不能对其施行酷刑或不人道或有辱人格的待遇或处罚。

---

〔1〕 See GeoffGilbert, Aspects ofExtradition Law, 1991, p. 4，转引自李文沛、王卿：《〈联合国反腐败公约〉中的引渡制度研究》，载《社会科学论坛》2006年第7期（下）。

〔2〕 政治犯不引渡条款与"防止迫害"条款具有不同的性质，前者针对的是被请求引渡人的行为，后者针对的是请求国的追诉活动，考虑的是隐藏在引渡请求后的追诉目的，防止这种追诉活动产生侵犯人权的基本后果。比如被请求引渡人虽然被指控犯有普通罪行，但请求方要求引渡他的真实目的却是试图因该人的特定的主体条件或立场而对其实施司法迫害。参见黄风：《引渡问题研究》，中国政法大学出版社2006年版，第20、69～70页。

4. 我国引渡机制的缺陷与困境

我国的引渡制度的历史与现状，上文已略有介绍。在实践中，特别是在利用国际引渡打击腐败犯罪方面，我国取得了一系列成功经验，值得肯定。近年来，我国已经把追捕外逃贪官作为今后反腐工作的一项重点，加大了与欧美发达国家——贪官外逃的主要目的地国开展刑事司法合作的力度，成功引渡或通过其他方式遣返了一批外逃贪官。比如 1999 年 5 月，我国通过国际刑警组织发出红色通缉令，由厄瓜多尔警方将涉嫌挪用公司资产 4000 多万元的国有控股西安市机电设备有限公司原总经理周长青抓获，后由厄瓜多尔警方将周引渡给中国警方。〔1〕 2000 年 8 月 22 日，被指控犯有贪污罪并携 200 万元巨款外逃的北京房山区河北信用分社会计杨彦军，从蒙古国引渡回国，这是中国与蒙古国自 1997 年缔结双边引渡条约后我国第一例从蒙古国主动引渡的成功案例。〔2〕 2004 年 4 月 16 日，中国银行开平支行特大贪污挪用案主犯之一、开平支行前任行长余振东，在携款潜逃 2 年 6 个月之后，被美国执法机关从内华达州遣送回北京。〔3〕 2015 年，中纪委、公安部等开展的“猎狐行动”针对 100 名外逃国家工作人员和重要腐败案件涉案人员的红色通缉令震动了世界。此次在 100 名外逃人员中名列榜首的是被称为“中国第一女巨贪”的浙江省建设厅原副厅长杨秀珠。2003 年 4 月，杨秀珠带着家人出逃，后辗转新加坡、美国、荷兰等多个国家，直到 2005 年 5 月在荷

〔1〕 贾宇：《国际刑法学》，中国政法大学出版社 2004 年版，第 45 页。

〔2〕《中国引渡外逃疑犯面面观：引渡赖昌星有障碍》，载《环球时报》2002 年 7 月 4 日版。

〔3〕 对余振东的遣返实际上并不属于引渡，在引渡问题上，美国实行“条约前置主义”，针对美国主管机关也没有启动引渡程序。是共同合作的意愿促使中美两国执法机关相互配合，共同营造了迫使余振东就范的环境。

兰落网。目前,杨秀珠已被成功引渡回国。[1]

然而毋庸讳言,我国在对引渡外逃贪官以及追缴外流资金方面还存在重重困难和问题。我国主动引渡的成功率还很低,大量的引渡或遣返请求被拖延、搁置或者被拒绝,对此我们应该有清醒的认识。造成这种困难局面的原因有很多,比如我国的引渡立法不完善、引渡的实现机制不通畅,以及对被请求国的引渡规则缺乏了解,问题主要集中在以下几个方面。

(1)我国签订的双边引渡条约量少质弱

截至2014年年底,我国在已经和36个国家签订了双边引渡条约,就世界上200多个国家和地区的总数而言,这一数字显然微不足道,完全不足以覆盖我国国际政治经济交往的现状,对于人数日益庞大的外逃犯罪分子而言,无异于杯水车薪。此外,现有条约在地域上也存在明显的局限性。与我国签订双边引渡条约的国家多是属于友好邻邦的东亚和东南亚地区(共有6个:韩国、菲律宾、泰国、老挝、柬埔寨和蒙古),以及苏联加盟共和国(共有10个:俄罗斯、罗马尼亚、乌克兰等)。[2] 这些国家虽然与我国经贸及文化往来密切,但是毕竟数量有限,而且偏于一隅,不能覆盖我国对外交往的广大区域。更需要指出的是,我国与欧美发达国家签署的引渡条约只有一个,即2005年11月与西班牙签署的双边引渡条约。而欧美国家正是贪官外逃的主要目的地和躲藏地,所以与我国缔结双边引渡条约的国家,大多并不是我们进行引渡的主要对象国,这也造成了我国引渡实践的尴尬处境。在目前签署的双边或多边引渡条约数量明显不足,从而在缺乏从某

---

[1] 《中国第一女巨贪在荷兰落网 将被引渡回国》,载http://news.ubetween.com/2015/hotnews_0424/52535.html,2015年9月3日访问。

[2] 贾宇:《中国引渡制度的实践困境与对策研究》,载赵秉志:《中韩国际刑事司法协助及相关犯罪研究》,中国人民公安大学出版社2006年版,第88~89页。

些国家获得引渡的法律依据的情况下，只能通过扩大国际合作和友好协商来解决引渡问题。然而，缺乏正式条约的制度化保障，引渡合作往往受到两国关系的好坏以及政治文化的认同程度的影响，充满了不确定因素。其结果不是放弃对外逃犯罪分子的追诉，就是对我国司法主权做出过多的让步。

（2）刑法中的死刑规定阻碍引渡合作

根据联合国2003年7月的一份报告显示，目前有112个国家已经废除了死刑，只有83个国家仍然保留并继续执行死刑。[1]与国际社会对死刑日益普遍的厌恶形成鲜明对比的是，死刑在我国刑法中还大量存在，目前我国可以适用死刑的罪名有68个，其中与公职人员腐败有关的贪污和受贿罪的最高刑都是死刑，可以说，不管是刑法中规定的死刑罪名还是实际执行死刑的数量，都位居世界之首。所以无论在我国与外国订立双边引渡条约的过程中，还是在具体的双边引渡实践中，我们都会遇到对方提出的如何处理“死刑不引渡”的问题。长期以来，我国在处理引渡活动中的死刑问题时，主要采用以下几种模式：一是尽量说服对方同意不在双边条约中规定“死刑不引渡”条款；二是使用比较笼统的措辞以避免直接表述；三是在正式条文中搁置，在会谈纪要中说明；四是在正式条文中做笼统规定，同时在会谈纪要中附加说明，而不在引渡条约中对“死刑不引渡原则”做直接的表述。[2]第一种模式，从本质上说是否认“死刑不引渡原则”；第二、三、四种模式，则采取的是一种消极的回避态度。这些做法，显然不能获得已经废除死刑或明确规定“死刑不引渡原则”的西方国家的认同，从而成为我国与这些国家签订引渡条约的一个不可忽视的障碍，

---

〔1〕 王秀梅：《论中国死刑的限制适用——国家法对中国死刑态度的影响》，载赵秉志：《死刑制度之现实考察与完善建言》，中国人民公安大学出版社2006年版，第452页。

〔2〕 黄风：《引渡问题研究》，中国政法大学出版社2006年版，第108页。

尤其是近年来,贪官外逃的流向主要为美国、加拿大、澳大利亚等国,引渡的难度可想而知。

(3)基于误解和不信任而产生的引渡障碍

人权观念引入引渡制度后,使引渡制度朝着更加文明人性的方向发展。在现代引渡合作中,各国普遍重视引渡国对被引渡人的公正审判,禁止对被引渡人的迫害。因此,被请求国往往会对请求国的法治程度和法律运行样态进行总体性评价,并将此作为是否决定引渡的参考因素之一。中国20年来的法治建设的成就有目共睹,当然,不可否认我国的法治状况(尤其在实际操作中)仍然存在着许多不尽如人意的地方。一些国家却基于对我国既有的政治偏见,以偏概全,对我国的法治状况横加指责,蔑视我国的法治环境,并常常据此拒绝我国的引渡请求。比如加拿大在对赖昌星难民申请的法庭审判中,在程序审查部分曾就中国对赖昌星的追诉因所谓的“司法不公正”和“政治因素的介入”等原因是否变成了迫害等问题进行了辩论。[1] 在2007年4月5日,加拿大联邦法院认为加移民部对被遣返后将面临酷刑的风险评估不充分,因而决定准许赖昌星要求对其遣返前风险评估报告进行司法复核的申请,从而推翻了加拿大移民部此前发布的对赖昌星的遣返令。而移民部重新做风险评估需要10个月到1年的时间。这意味着赖昌星的遣返又将拖延至少1年时间。仅仅在赖昌星被引渡回国是否会“面临酷刑”的问题上就如此反复,充分说明了加拿大等西方国家对中国的陌生和对中国司法制度的不了解。

(4)关于引渡制度的理论发展滞后

关于引渡制度的诸理论起源于欧洲,尽管在基本原则的研究上已经非常精细和成熟,但是关于引渡的若干原则和方法却没有在同一个基础上形成一个统一的引渡制度理论体系。而各国学

---

[1] 王勇:《赖昌星“难民”案的法理评析》,载《法学》2002年第10期。

者也由于其所处国家的政治环境、意识形态等不同,往往有意引导其理论向有利于本国政治与法律需要的方向发展。这在一定程度上制约了引渡制度理论的前进,并可能在实践中造成混乱。而我国关于引渡的理论研究尚处于起步阶段,理论界相关知识储备不足,仅有的一些著述也仅仅是停留在对外国研究进行介绍的程度上。立足我国国情、针对实践中出现的具体问题而提出的具有原创性理论尚付阙如。

5. 我国引渡机制的发展与完善

针对以上我国在国际引渡合作中所面临的困境,笔者认为,我们应该认真研究需要合作国家或地区的法律与政策,尽可能地弥合我国与西方国家在法律制度与文化上的差别,求同存异,寻求合作的契机与解决问题的办法。就目前而言,应从以下几个方面着手:

(1)积极推动与他国特别是西方发达国家的双边引渡条约以及区域性或者多边条约的签订。对于那些允许将含有引渡条款的多边公约作为开展引渡合作的法律依据的国家,则可以尝试依据《联合国反腐败公约》或其他可以援引的多边公约提出引渡要求。如上所述,《联合国反腐败公约》就腐败犯罪人的引渡对传统引渡理论做出一些突破,改变了一些基于狭隘的主权观念和利益驱动而对国际引渡制度做出的过于严格的限制,使对腐败犯罪人的引渡的条件更加宽松,同时也愈加强调在打击腐败犯罪中国际司法合作的重要性。因此,对于双边引渡条约量少质弱的我国而言,尤其应该重视和加强对《联合国反腐败公约》的应用,甚至可以从立法的高度承认将《联合国反腐败公约》作为我国与各公约成员国之间引渡腐败犯罪人的法律依据。我国《引渡法》第 3 条规定:“中华人民共和国和外国在平等互惠的基础上进行引渡合作。”换言之,我国引渡实行的是平等互惠的原则,只要不损害我国主权、安全和社会公共利益,我们可以大胆探索犯罪人引渡的多种实现方式。在缺乏可直接适用的国际公约或者双边(多边)引渡条约的情况下,我国也完全可以与当事国就个案展开双边协商合作,以期就个案达成“个案协定”,同样可以实现引渡目的。在无法诉诸正式的引渡程序的情况下,可以探索引渡的替代措施,比如“联手外国司法机关共同营造打击外逃行为的环境,形成对外逃行为的震慑”,“它既包括对在逃人员的异地追诉,也包括采用外国移民法手段对非法入境或居留者的遣返”。[1] 即使在引渡和遣返都遭遇了无法逾越的障碍而无法实现的情况下,仍然可以利用《联合国反腐败公约》中已经明确规定的“或引渡或起诉”原则,由被请求国对被请求人进行起诉。采取这种做法,我国虽然放弃了司法管辖权,但是被请求引渡者毕竟在他国受到了追诉,从而避免其逍遥法外,在引渡无望的情况下,此举不失为一种解决问题的办法。

(2)采取积极有效措施,努力克服死刑问题对我国开展国际引渡合作造成的障碍。1966 年 12 月 16 日联合国大会通过了《公民权利与政治权利公约》,其中第 6 条第 2 款规定:“在未废除死刑的国家,判处死刑只能是作为对最严重的罪行的惩罚。”我国《刑法》第 48 条也规定:“死刑只适用于罪行极其严重的犯罪分子。”这里的“最严重的罪行”或“罪行极其严重”作何理解?理论上一般认为,“首先是指最严重的故意杀人行为;其次,也包含了危害国家安全、公共安全的与最严重故意杀人行为最类似的致人死亡的行为,如基于爆炸、纵火的故意实施的造成重大人员伤亡的行为等”。[2] 因此,在死刑的配置上,只有对那些侵害法益的价值不低于人的生命的故意犯罪,才能设置死刑。

反观我国刑法,适用死刑的类罪名占全部类罪名的 90%,死

〔1〕 黄风:《引渡问题研究》,中国政法大学出版社 2006 年版,第 119 页。

〔2〕 张远煌:《中国非暴力犯罪死刑限制与废止研究》,法律出版社 2006 年版,第 150 页。

刑罪名分布于除渎职罪外的其他九章犯罪中。其中非暴力犯罪的死刑罪名多达44种,约占全部死刑罪名的65%。这显然是与世界范围内的废止死刑的潮流背道而驰的。因此不少学者认为,无论从正义报应还是功利预防的角度,或者基于对犯罪规律的理性分析,对非暴力犯罪的死刑都应当予以废除。在与腐败密切相关的犯罪中,死刑也大量存在。如果说鉴于历史原因和现实国情,对贪污罪和贿赂罪的死刑,目前我国立法者和民众还抱有一些依赖心理,因而可以暂时予以保留的话,那么对于经济犯罪中许多完全不涉及对生命法益的侵害犯罪,如集资诈骗罪、金融凭证诈骗罪、信用证诈骗罪、虚开增值税发票、用于骗取出口退税、抵扣税款发票罪设置死刑,无论从哪个角度看,都已不存在合理性。同时也造成了一旦此类案件的案犯外逃,对其的引渡将会困难重重。正如有学者指出的那样:"不承诺不判处死刑,外国就不会引渡过来;如承诺不判处死刑,又与我国规定不相符合。总之,我们无法对这类经济犯罪分子适用死刑,不如对经济犯罪不设置死刑,而设置无期徒刑并加大财产刑的力度为好。"〔1〕在司法上,死刑案件的证明标准和救济程序都应当比普通案件更为严格,应当充分利用法定或酌定量刑情节,充分适用死刑缓期执行程序,通过司法限制死刑适用与实际执行。自2007年1月1日起,死刑除依法由最高人民法院判决的以外,应当报请最高人民法院核准。这一举措维护了法制的统一性,体现了在司法程序中维护人权的要求,是"国家尊重和保障人权"的宪法精神在刑事诉讼活动中的体现,是对我国现阶段不废除死刑,但慎用死刑和逐步减少死刑的刑法改革方向的有力诠释。

同时,在国际引渡实践中,我们要充分尊重其他国家废除或者限制死刑的刑事政策和相关法律制度。可喜的是,"死刑不引

---

〔1〕　马克昌:《有效限制死刑的适用刍议》,载《法学家》2003年第1期。

渡原则”在我国立法和双边引渡条约中都已有所反映。《引渡法》第50条规定:“被请求国就准予引渡附加条件的,对于不损害中华人民共和国主权、国家利益、公共利益的,可以由外交部代表中华人民共和国政府向被请求国做出承诺;对于限制追溯的承诺,由最高人民检察院决定;对于量刑的承诺,由最高人民法院决定。”这里的“被请求国就准予引渡附加条件”,就包括被请求引渡的罪行按照我国法律本应判处死刑,而被请求国要求我国保证对被请求引渡人不予判处或执行死刑的情形。而《中西引渡条约》则首次引入了死刑条款,明确规定“根据请求方法律,被请求引渡人可能因引渡请求所针对的犯罪被判处死刑,除非请求方作出被请求方认为足够的保证不判处死刑,或者在判处死刑的情况下不执行死刑”,否则被请求方“应当拒绝引渡”。“这一条款的引进将为我国与欧盟各成员国以及西方发达国家建立双边引渡条约关系扫除最主要的法律障碍。”[1]因此,在必要时,我们应当根据以上法律条款的内涵,通过向请求国做出不判处死刑或者不执行死刑的承诺,以保障引渡合作的顺利展开。

(3)深化国内司法改革,与国际上通行的司法制度接轨。《引渡法》第8条规定:“有下列情形之一的,应当拒绝引渡……(四)被请求引渡人可能因种族、国情、身份等方面的原因而被提起刑事诉讼或执行刑罚,或者被请求引渡人在司法程序中可能会由于上述原因受到不公正的待遇的。”该条款一方面对请求国的司法状况提出了严格要求,另一方面也表明我国愿意接受同样严格的要求。因此,我国需要建立一套符合法治社会要求的公正合理的诉讼制度,确保被引渡人拥有完全的诉讼权利(辩护权、上诉权、沉默权等),保障被引渡人的基本人权。与此同时,进一步加强对外宣传和交流,充分展示我国在法治领域的进步成果,提高司法机

---

〔1〕 黄风:《引渡问题研究》,中国政法大学出版社2006年版,第121页。

关的形象和威信;加强对执法者的业务培训和对外交流,力求将非制度性的障碍降到最低。

(4)以务实的态度对待腐败财产回追。由于腐败案件外逃人员携款出逃的现象十分普遍,因此这些涉案资金的回追也成为引渡的任务之一。在寻求引渡犯罪人的同时,还应当通过国际刑事司法协助或者资产所在地国家的相关法律制度,设法冻结、扣押、没收非法转移的财产,切断外逃案犯在躲藏地的非法经济来源。在回追涉案财产时,由于引渡合作国为启动引渡程序耗费了一定的成本,因此我们可以与引渡合作国进行涉案财产分割,允许其在一定程度上分享涉案财产,以提高其积极性,这也符合国际惯例。

总之,在互惠、务实的前提下,我们可以灵活探索实现引渡及其他方面的国际刑事司法合作的开展途径与模式,从而寻求尽快在腐败案件的引渡问题上取得突破。

(二)反腐败国际司法协助

这里的司法协助(mutual legal assistance),即狭义的司法协助,也称普通司法协助或一般司法协助。一般认为,国际刑事司法协助是国家之间根据条约或协议应委托代为履行某些刑事诉讼行为的活动。狭义的国际刑事司法协助,是指各国之间在询问证人、鉴定人,移交物,检验证件,送达文书,提供情况,以及办理有关刑事诉讼手续等方面所进行的相互帮助与合作。[1]《联合国反腐败公约》第46条第1款和第2款对司法协助做出了一般性规定:"一、缔约国应当在对本公约所涵盖的犯罪进行的侦查、起诉和审判程序中相互提供最广泛的司法协助。二、对于请求缔约国依照本公约第26条可能追究法人责任的犯罪所进行的侦

〔1〕张智辉:《国际刑法通论》(增补本),中国政法大学出版社1999年版,第351页。

查、起诉和审判程序,应当根据被请求缔约国有关的法律、条约、协定和安排,尽可能充分地提供司法协助。”由此可见,《联合国反腐败公约》规定的司法协助主要适用于对腐败犯罪的侦查、起诉和审判三个诉讼阶段的活动,内容涉及送达司法文书、协助调查取证和采取有关措施等。

《联合国反腐败公约》要求各缔约国可以为下列任何目的而请求给予司法协助:“(1)向个人获取证据或者陈述;(2)送达司法文书;(3)执行搜查和扣押并实行冻结;(4)检查物品和场所;(5)提供资料、物证以及鉴定结论;(6)提供有关文件和记录的原件或者经核证的副本,其中包括政府、银行、财务、公司或商业记录;(7)为取证目的而辨认或追查犯罪所得、财产、工具或者其他物品;(8)为有关人员自愿在请求缔约国出庭提供方便;(9)不违反被请求缔约国本国法律的任何其他形式的协助;(10)根据本公约第五章的规定,辨认、冻结和追查犯罪所得;(11)根据本公约第五章的规定追回资产。”司法协助过程中产生的执行费用,一般由被请求国承担,也可由双方约定(尤其是需要支付巨额或特殊费用时)。[1]

司法协助的主要原则有:

1. 尽快协助执行原则

《联合国反腐败公约》要求,司法协助应尽快进行,并可以在请求中规定执行期限。请求缔约国可以合理要求被请求缔约国提供执行司法协助的进展情况,被请求国应将这一情况做出答复。[2]

2. 执行应当依据被请求国法律原则

请求应当依据被请求国的法律执行,不得违反被请求国的法律,这是请求司法协助的前提条件。在这一前提下,可以依照请

〔1〕 参见《联合国反腐败公约》第46条第28款。
〔2〕 参见《联合国反腐败公约》第46条第24款。

求书列明的程序执行。[1]

3.《联合国反腐败公约》的司法协助条款为执行依据原则

《联合国反腐败公约》规定,公约的司法协助条款可作为双方进行司法协助的法律依据,特别是缔约双方没有司法协助条约时则可以适用公约的相关条款,并且不论双方有无司法协助的协议。[2]

4. 银行保密不得拒绝的司法协助原则

银行保密不得拒绝的司法协助原则已经成为反腐败刑事司法合作的基本原则,在引渡、司法协助等国际合作中均有体现。《联合国反腐败公约》第46条第8款规定:"缔约国不得以银行保密为由拒绝提供本条所规定的司法协助。"

5. 不影响双边或多边司法协助协议原则

有关司法协助条款的履行,不影响缔约国双方达成的其他司法协助双边或多边条约的履行。[3]

6. 司法协助证据使用的特定原则和保密原则

司法协助的特定原则或称司法协助证据材料使用限制原则,是指司法协助所提供的证据材料一般应当用于司法协助请求书所述的侦查、起诉或者审判程序,未经请求国同意不得用于其他目的。对于在诉讼中需要披露的证明被告人无罪的证据材料,应当事先通知被请求国进行磋商;如果在特殊情况下事先不能通知的,事后应当"毫不犹豫"地通告被请求国。[4]

(三)反腐败国际执法合作

执法合作是国际公约所确认的一种新型的刑事司法国际合作的方式。鉴于腐败现象的日益国际化,许多国家都感到只有

---

〔1〕 参见《联合国反腐败公约》第46条第17款。

〔2〕 参见《联合国反腐败公约》第46条第7款。

〔3〕 参见《联合国反腐败公约》第46条第6款。

〔4〕 参见《联合国反腐败公约》第46条第19款。

把全球各国的力量普遍调动起来,加强国际执法合作,才能有效地预防和打击腐败现象。“执法合作已经成为世界各国联合反腐败赖以实现的基本保障。”[1]《联合国反腐败公约》第48条和《联合国打击跨国有组织犯罪公约》第27条均为执法合作条款。

为了提高打击公约所涵盖的腐败犯罪的执法行动的有效性,《联合国反腐败公约》第48条对执法合作问题做出规定,对各缔约国在反腐败执法合作的联系渠道、互通情报及其内容、人员交流、订立执法机关之间的双边或多边协定或者安排、应对借助现代化科技实施的腐败犯罪等问题方面提出了具体的要求。强调缔约国应当在符合本国法律制度和行政管理制度的情况下相互密切合作,采取有效措施控制腐败行为。

国际反腐败执法合作包括以下方面的内容:

1. 这种合作是各国执法机关之间的合作。这里的“执法机关”是指各国宪法或法律赋予的执行特定法律职能的组织和机构。一般而言,执法机关有广义和狭义之分,广义的执法机关包括了司法机关,但又比司法机关广泛,还包括了隶属于政府职能范围内的行政执法机关。狭义的执法机关指不包括司法机关在内的政府行政执法机关。《联合国反腐败公约》显然采用了广义的概念。各国间的执法合作,一般以执法职能相同或相对应的机关或部门之间进行合作。比如有的国家将贪污贿赂等腐败犯罪的侦查权赋予警察局特设部门,而有的国家则将这一权力赋予检察机关。因此,执法合作只能依职能寻求合作的可能。

2. 执法合作的主要内容是对有关犯罪事项进行合作调查、交换有关犯罪的信息资料和证据材料,加强执法机关之间的协调和

〔1〕 胡铭:《国际执法合作:反腐败斗争的新路径——以〈联合国反腐败公约〉为主要视角》,载《学术探索》2005年第1期。

人员交流,包括合作调查犯罪所得或财产的去向或隐匿地点,相互交换各自国家掌握的有关腐败犯罪的信息材料,向请求国有关部门提供一定范围的物证作为侦查的证据。

3. 公约要求各缔约国采取反腐败的有效措施以密切执法合作。《联合国反腐败公约》要求各缔约国应加强并在必要时建立各国主管机关、机构和部门之间的联系渠道,以促进安全、迅速地交换有关腐败犯罪的各个方面的情报,必要时甚至可以向对方国家派遣联络官。关于腐败犯罪的国际情报互通合作上,公约将其主要集中于追查犯罪嫌疑人和腐败行为所得的财产以及作案工具的去向。[1] 为尽早查明本公约所涵盖的犯罪,各缔约国还可以酌情采取"冻结""扣押""没收""充公"等措施。

4. 公约要求各缔约国应积极订立反腐败的双边或多边条约、协定或者安排以加强执法合作。公约倡导缔约国应当考虑订立关于其执法机构之间直接合作的双边或多边协定或者安排,并在已经有这类协定或者安排的情况下考虑对其进行修正。

5. 执法合作的前提必须是符合本国法律制度和行政管理制度。由于执法合作不仅涉及相关国家的法律制度,也涉及这些国家的行政管理制度,在许多情况下属于政府的行政管理范畴。因此,执法合作不仅要遵守相关国家的法律,也要遵守这些国家的行政管理制度。[2]

6. 公约倡导各缔约国应当在力所能及的范围内开展执法合作,以便对借助现代化技术实施的腐败犯罪做出反应。因此,除了一般意义上的执法合作之外,为了应对借助现代化科技实施的腐败犯罪,各缔约国应当运用科技手段调查和证明腐败犯罪,例如监听、计算机监控、心理测试技术、基因鉴定等现代科技应当为

---

〔1〕 参见《联合国反腐败公约》第48条第1款。

〔2〕 参见陈雷:《惩治与预防国际腐败犯罪理论与实务》,中国检察出版社2005年版,第179页。

国际领域的反腐败执法合作发挥更大的作用。

(四)腐败资产追回中的国际合作

随着腐败犯罪在世界范围内的蔓延,腐败资产从一国流入另一国,一方面给资产流出国造成重大的经济损失;另一方面也严重干扰和破坏了资产流入国正常的经济秩序,影响了正当的经济交往和市场的有序竞争,腐蚀了社会的肌体。目前腐败犯罪越来越呈现出有组织、跨国化的趋势。腐败分子犯罪后潜逃出境,或将赃款转移境外,已成为各国有效惩治腐败犯罪的一大障碍。资产追回与返还是《联合国反腐败公约》确立的国际反腐败五大法律机制之一,作为《联合国反腐败公约》的重要组成部分,《联合国反腐败公约》在第五章用九个条款的篇幅专章规范了这一制度。

1. 资产追回的含义和范围

《联合国反腐败公约》第51条是关于资产追回的一般规定条款,规定返还资产是《联合国反腐败公约》的一项基本原则,缔约国应当在这方面相互提供最广泛的合作与协助。

资产追回(asset recovery)即资产返还(retur of asset),是指位于被请求国(资产流入国)领域内的犯罪所得、财产、设备或者其他工具,应请求国(资产流出国或来源国)的请求予以归还的司法协助制度。它具有三个方面的特点:(1)资产范围广泛,既包括犯罪所得,也包括作案的工具和其他证据,不仅包含有形资产和无形资产,而且还包含动产和不动产;(2)具有涉外性,即资产位于国外(或境外);(3)必须通过国际刑事司法协助的途径回,往往附随犯罪人的引渡而进行。

2. 资产追回的基本方式

《联合国反腐败公约》创设了腐败犯罪所得资产的追回法律机制,规定了两种追回机制,即直接追回机制和通过没收的间接追回机制。[1] 这个机制的确立表明，国际社会在腐败犯罪所得资产追回方面的合作，迈出了实质性的步伐。[2]

（1）直接措施

直接措施，"即直接追回财产的措施，是指请求国（资产流出国）的资产因腐败犯罪被转移[3]到被请求国（资产流入国），请求国通过本国民事诉讼程序主张对该资产的合法所有权或者被请求国通过司法程序确认犯罪人对请求国造成损害，通过司法协助的途径予以追回（返还）或赔偿（或补偿）的方式"。也即通过民事诉讼的方式追回资产。直接措施由《联合国反腐败公约》第53条规定。[4]

根据缔结或参加的国际条约的规定或者按照互惠的原则，一个缔约国承认并执行另一个缔约国法院民事判决和裁定，是国际上的通行做法，我国民事诉讼法也确认这一原则。[5] 因此，用民事诉讼方式通过法院判决确认资产产权性质或财产所有权归属，另一国应当给予承认，并进行司法协助，具有国际法和国内法的法律基础。直接措施主要解决两方面的问题：一是腐败犯罪受害国（或资产流出国、来源国）可以通过司法途径确认外流资产的产

---

〔1〕 参见陈雷：《惩治与预防国际腐败犯罪理论与事务》，中国检察出版社2005年版，第210页。

〔2〕 陈正云：《〈联合国反腐败公约〉将对我国反腐产生积极影响》，载http://www.people.com.cn/BIG5/guoji/1030/2240616.html，2015年9月4日访问。

〔3〕 参见陈雷：《惩治与预防国际腐败犯罪理论与事务》，中国检察出版社2005年版，第211页。

〔4〕 《联合国反腐败公约》第53条有三项规定：(1)允许另一缔约国在本国法院提起民事诉讼，以确立对通过实施根据本公约确立的犯罪而获得的财产的产权或者所有权；(2)允许本国法院命令（令、令状）实施了公约所确立的犯罪的人向受到这种犯罪损害的另一缔约国支付补偿或者损害赔偿；(3)允许本国法院或者主管机关在必须就没收做出决定时，承认另一缔约国对通过实施公约所确立的犯罪而获得的财产所主张的合法所有权。

〔5〕 参见《民事诉讼法》第266~268条。

权或财产的所有权，而资产的流入国应当认可这一司法结果或对资产流出国提出的资产合法所有权的主张给予承认并执行；二是资产流入国可以通过法院令的方式由相关犯罪人向受害国（资产流出国）支付补偿或损害赔偿。采取这一措施的好处是可以快捷、迅速地追回资产，不需要事先对资产采取没收等法律措施，但前提必须是资产流入国或资产流出国有管辖权的法院做出的判决（含裁定）或下达的法院令。

（2）间接措施

间接措施即通过没收事宜的国际合作追回资产的机制，是指当一缔约国依据本国法律或者执行另一缔约国法院发出的没收令，没收被转移到本国境内的腐败犯罪所得资产后，再返还给另一缔约国。[1]《联合国反腐败公约》第54条为通过没收事宜的国际合作追回资产的机制条款。

采取这一司法协助措施主要是对于资产流出国司法机关发出冻结令或扣押令，或者资产流出国向资产流入国提出冻结或扣押请求，资产流入国可以根据资产流出国的冻结令或扣押令，或者根据资产流出国的请求由本国采取冻结或扣押措施而进行的司法协助，但进行这种司法协助的条件是资产流出国的冻结或扣押令，或者冻结或扣押请求有合理的根据，使资产流入国相信有充足理由采取这种行动，最终按公约规定的没收令处理。在这里，"充足理由"应理解为初步证据确凿的案件。[2] 同时，公约认可缔约国可以做出选择：或者是确立承认和执行外国冻结令，或者扣押令的程序，或者是确立以外国冻结令，或者扣押令为根据而要求下达本国的冻结令或者扣押令的程序。这里涉及的冻结

---

〔1〕 陈正云：《〈联合国反腐败公约〉将对我国反腐产生积极影响》，载《人民网》2003年11月5日版。

〔2〕 《〈联合国反腐败公约〉谈判工作的正式记录（准备工作文件）注释》第60条。

令或者扣押令,但不应理解为要求执行或者承认某个不拥有刑事管辖权的机关发出的冻结令或者扣押令。[1]

此外,这一措施还包括一项补充措施,即赋予有关国家采取保全财产的措施,以便进一步采取没收,并有利于对犯罪人实行逮捕或提起刑事诉讼。

从我国目前的实践来看,实施这些措施有一定的难度,主要原因在于:首先,我国因贪污贿赂犯罪涉及财产所有权的民事诉讼制度还不完备。民事诉讼附带于刑事诉讼中,而犯罪嫌疑人往往逃往国外,涉案财产独立的民事诉讼难以展开。其次,我国法律还没有关于在犯罪人死亡、潜逃或者缺席等情形发生时,不经过刑事定罪而没收其犯罪所得资产的独立的法律程序即先行没收程序。目前,我国法律规定没收财产程序必须先经对犯罪嫌疑人刑事审判,构成犯罪后才能进行,定罪前不能没收财产。在犯罪人死亡、潜逃或者缺席情形下,如何没收犯罪所得财产是我国立法机关必须考虑的问题。[2] 再次,各国司法制度各不相同,承认和执行外国民事和刑事判决或裁定或法院令的规定也不一样,甚至由于意识形态上的差异,拒绝承认和执行外国判决和裁定的现象较为突出。一些发达国家从自身利益出发,强调属地管理,即资产流动到哪个国家就由哪个国家接管,从而客观上也会对资产的追回形成障碍。最后,司法人员不善于利用这一机制通过司法协助追回外流的资产,因为公约创设的这种新机制,多数司法工作者还不太了解,如何操作、怎样进行,都需要国内法做出具体规定。[3] 从国际司法协助的实际情况来看,两种机制相比,通过没

〔1〕《〈联合国反腐败公约〉谈判工作的正式记录(准备工作文件)注释》第61条。

〔2〕皮勇:《〈联合国反腐败公约〉及其对我国反腐败法律机制的影响》,载《法学杂志》2004年第1期。

〔3〕陈正云:《〈联合国反腐败公约〉将对我国反腐产生积极影响》,载http://www.people.com.cn/BIG5/guoji/1030/2240616.html,2015年9月4日访问。

收事宜的国际合作追回资产的机制即利用间接措施是主要途径。

(3)特别合作机制

《联合国反腐败公约》第56条规定:“不影响本国法律的情况下,各缔约国均应当努力采取措施,以便在认为披露根据本公约确立的犯罪的资料可以有助于接收资料的缔约国启动或者实行侦查、起诉或审判程序时,或者在认为可能会使该缔约国根据本章提出请求时,能够在不影响本国侦查、起诉或审判程序的情况下,无须事先请求而向该另一缔约国转发这类资料。”由此可见,特别合作是无须请求国事先请求,被请求国就主动向其提供有利于追究腐败犯罪行为的有关资料的合作行为。这是《联合国反腐败公约》创设的在各缔约国之间就追回资产问题进行特别合作的新举措。[1]

《联合国反腐败公约》确定了拒绝合作(司法协助)或者解除临时措施程序。

《联合国反腐败公约》规定在具备一定的条件时,被请求国(资产流入国)可以拒绝合作或者解除临时措施。拒绝合作或者解除临时措施的条件是被请求缔约国未收到充分和及时的证据,或者如果财产的价值极其轻微。至于财产价值是否极其轻微,或者关于以何种方式遵守提供补充证据的任何期限,被请求缔约国(资产流入国)将与请求缔约国进行协商。同时,公约还规定在解除临时措施之前,被请求缔约国(资产流入国)应当给请求缔约国以说明继续保持该措施的理由的机会。[2]

3. 构建我国资产回追与返还法律制度

如何构建我国资产追回与返还法律制度,特别是如何完善我国的涉外追赃机制,笔者认为,应当着重考虑以下几个方面的问题。

---

〔1〕 杨宇冠、吴高庆主编:《〈联合国反腐败公约〉解读》,中国人民公安大学出版社2004年版,第485页。

〔2〕 参见《联合国反腐败公约》第55条第7、8款。

(1)在完善立法方面

首先,健全和完善诉讼程序制度,在涉外刑事诉讼的法律适用中应当考虑将《联合国反腐败公约》的相关程序内容吸纳进去,特别是建立缺席审判制度和先行没收程序制度;其次,对《引渡法》做适当的修订,增加与犯罪人引渡密切相关的资产追回或返还内容;最后,在起草和制定我国统一的司法协助法时,应当规定国际公约中的资产返还机制并结合我国的实际情况加以规范,使资产追回和返还真正成为我国的一项司法协助制度。

(2)在加强司法和执法力度方面

第一,加强人民法院审判工作在追回资产方面的积极作用,充分运用民事诉讼和刑事诉讼机制确认外流资产所有权和实施缺席审判和先行没收程序制度;第二,进一步发挥检察机关查办职务犯罪,特别是公职人员贪污贿赂等腐败犯罪、追赃(包括涉外追赃)和起诉这些犯罪的作用,强化相关措施机制;第三,发挥公安机关经济犯罪侦查和追逃(包括追赃)方面的作用,特别是利用国际刑事警察合作机制的作用;第四,完善引渡和司法协助的操作制度,充分利用公约、双边和多边的司法协助机制;第五,加强和完善对国家公职人员的管理、加强纪检监察在监督国家公职人员、查处行政违法违纪和预防犯罪方面的作用。同时,加强这些机关之间的相互配合与协作、加强国际上述相应的机构的司法合作关系。

(3)在行政管理、金融监控和预防腐败犯罪等方面

首先,加强对国有资产的管理,完善监管措施,防患于未然;其次,加强海关监管的力度,对可能外流的可疑资产采取切实的监控措施,必要时采取扣押等法律措施;再次,加强金融监管措施,规范和强化账户审查制度和资金交易,加强外汇管理,禁止设立非法的金融机构和地下钱庄,打击洗钱犯罪,加强和完善金融监管和金融情报机构的建设,加强国际这类机构的合作;最后,完

善综合治理和预防措施,发挥国家机关、社会团体、公私企业、群众组织和公民个人在反腐败斗争的重要作用,加强执法合作措施,维护公民、法人和其他组织控告、举报和申诉的宪法权利,鼓励和保护举报人的合法权益。[1]

(4)以互惠和务实的精神处理被追缴资金的分享问题

在我国请求外国在该国境内追缴犯罪所得的情况下,对于外国主管机关提出的分享追缴成果的建议和要求,均应本着互惠互利和着眼长期合作的精神予以妥善处理。实际上,成功开展追缴合作这一事实本身就是对腐败犯罪以及向国外转移犯罪所得图谋的沉重打击和震慑。为了能充分调动各方国际司法合作的积极性并且使这种合作获得必要的财力保障,可以考虑在与外国缔结包含刑事司法协助内容的条约时增加关于相互分享追缴所得的条款,或者在必要时与有关合作方针对具体案件达成分享协议。同时,应该注意将这种分享与向犯罪被害人履行的民事返还以及补偿提供协助方为执行具体的合作行为而支出的费用区别开来。

---

〔1〕 参见陈雷:《惩治与预防国际腐败犯罪理论与事务》,中国检察出版社 2005 年版,第 232 ~ 233 页。

附录一：我国党法政纪规定的腐败与违法违纪及其立案标准

根据中国共产党的一系列党规党纪，本书梳理出腐败与违法违纪及其立案标准：

一、违反党纪行为及党纪处分

《中国共产党纪律处分条例》（以下简称《党纪处分条例》）对党组织和党员违反党纪行为及党纪处分予以了明确规定。

（一）违反政治纪律行为及党纪处分

1. 通过信息网络、广播、电视、报刊、书籍、讲座、论坛、报告会、座谈会等方式，公开发表坚持资产阶级自由化立场、反对四项基本原则，反对党的改革开放决策的文章、演说、宣言、声明等的，给予开除党籍处分。发布、播出、刊登、出版前款所列文章、演说、宣言、声明等或者为上述行为提供方便条件的，对直接责任者和领导责任者，给予严重警告或者撤销党内职务处分；情节严重的，给予留党察看或者开除党籍处分。

2. 通过信息网络、广播、电视、报刊、书籍、讲座、论坛、报告会、座谈会等方式,有下列行为之一,情节较轻的,给予警告或者严重警告处分;情节较重的,给予撤销党内职务或者留党察看处分;情节严重的,给予开除党籍处分:(1)公开发表违背四项基本原则,违背、歪曲党的改革开放决策,或者其他有严重政治问题的文章、演说、宣言、声明等的;(2)妄议中央大政方针,破坏党的集中统一的;(3)丑化党和国家形象,或者诋毁、诬蔑党和国家领导人,或者歪曲党史、军史的。发布、播出、刊登、出版前款所列内容或者为上述行为提供方便条件的,对直接责任者和领导责任者,给予严重警告或者撤销党内职务处分;情节严重的,给予留党察看或者开除党籍处分。

3. 制作、贩卖、传播《党纪处分条例》第45条、第46条所列内容之一的书刊、音像制品、电子读物、网络音视频资料等,情节较轻的,给予警告或者严重警告处分;情节较重的,给予撤销党内职务或者留党察看处分;情节严重的,给予开除党籍处分。私自携带、寄递《党纪处分条例》第45条、第46条所列内容之一的书刊、音像制品、电子读物等入出境,情节较重的,给予警告或者严重警告处分;情节严重的,给予撤销党内职务、留党察看或者开除党籍处分。

4. 组织、参加反对党的基本理论、基本路线、基本纲领、基本经验、基本要求或者重大方针政策的集会、游行、示威等活动的,或者以组织讲座、论坛、报告会、座谈会等方式,反对党的基本理论、基本路线、基本纲领、基本经验、基本要求或者重大方针政策,造成严重不良影响的,对策划者、组织者和骨干分子,给予开除党籍处分。对其他参加人员或者以提供信息、资料、财物、场地等方式支持上述活动者,情节较轻的,给予警告或者严重警告处分;情节较重的,给予撤销党内职务或者留党察看处分;情节严重的,给予开除党籍处分。对不明真相被裹挟参加，经批评教育后确有悔改表现的，可以免予处分或者不予处分。未经组织批准参加其他集会、游行、示威等活动，情节较轻的，给予警告或者严重警告处分；情节较重的，给予撤销党内职务或者留党察看处分；情节严重的，给予开除党籍处分。

5. 组织、参加旨在反对党的领导、反对社会主义制度或者敌视政府等组织的，对策划者、组织者和骨干分子，给予开除党籍处分。对其他参加人员，情节较轻的，给予警告或者严重警告处分；情节较重的，给予撤销党内职务或者留党察看处分；情节严重的，给予开除党籍处分。

6. 组织、参加会道门或者邪教组织的，对策划者、组织者和骨干分子，给予开除党籍处分。对其他参加人员，情节较轻的，给予警告或者严重警告处分；情节较重的，给予撤销党内职务或者留党察看处分；情节严重的，给予开除党籍处分。对不明真相的参加人员，经批评教育后确有悔改表现的，可以免予处分或者不予处分。

7. 在党内组织秘密集团或者组织其他分裂党的活动的，给予开除党籍处分。参加秘密集团或者参加其他分裂党的活动的，给予留党察看或者开除党籍处分。

8. 在党内搞团团伙伙、结党营私、拉帮结派、培植私人势力或者通过搞利益交换、为自己营造声势等活动捞取政治资本的，给予严重警告或者撤销党内职务处分；情节严重的，给予留党察看或者开除党籍处分。

9. 有下列行为之一的，对直接责任者和领导责任者，给予严重警告或者撤销党内职务处分；情节严重的，给予留党察看或者开除党籍处分：(1)拒不执行党和国家的方针政策以及决策部署的；(2)故意作出与党和国家的方针政策以及决策部署相违背的决定的；(3)擅自对应当由中央决定的重大政策问题作出决定和对外发表主张的。

10. 挑拨民族关系制造事端或者参加民族分裂活动的，对策划者、组织者和骨干分子，给予开除党籍处分。对其他参加人员，情节较轻的，给予警告或者严重警告处分；情节较重的，给予撤销党内职务或者留党察看处分；情节严重的，给予开除党籍处分。对不明真相被裹挟参加，经批评教育后确有悔改表现的，可以免予处分或者不予处分。有其他违反党和国家民族政策的行为，情节较轻的，给予警告或者严重警告处分；情节较重的，给予撤销党内职务或者留党察看处分；情节严重的，给予开除党籍处分。

11. 组织、利用宗教活动反对党的路线、方针、政策和决议，破坏民族团结的，对策划者、组织者和骨干分子，给予留党察看或者开除党籍处分。对其他参加人员，情节较轻的，给予警告或者严重警告处分；情节较重的，给予撤销党内职务或者留党察看处分；情节严重的，给予开除党籍处分。对不明真相被裹挟参加，经批评教育后确有悔改表现的，可以免予处分或者不予处分。有其他违反党和国家宗教政策的行为，情节较轻的，给予警告或者严重警告处分；情节较重的，给予撤销党内职务或者留党察看处分；情节严重的，给予开除党籍处分。

12. 组织、利用宗族势力对抗党和政府，妨碍党和国家的方针政策以及决策部署的实施，或者破坏党的基层组织建设的，对策划者、组织者和骨干分子，给予留党察看或者开除党籍处分。对其他参加人员，情节较轻的，给予警告或者严重警告处分；情节较重的，给予撤销党内职务或者留党察看处分；情节严重的，给予开除党籍处分。对不明真相被裹挟参加，经批评教育后确有悔改表现的，可以免予处分或者不予处分。

13. 对抗组织审查，有下列行为之一的，给予警告或者严重警告处分；情节较重的，给予撤销党内职务或者留党察看处分；情节严重的，给予开除党籍处分：（1）串供或者伪造、销毁、转移、隐匿证据的；(2)阻止他人揭发检举、提供证据材料的；(3)包庇同案人员的；(4)向组织提供虚假情况，掩盖事实的；(5)有其他对抗组织审查行为的。

14. 组织迷信活动的，给予撤销党内职务或者留党察看处分；情节严重的，给予开除党籍处分。参加迷信活动，造成不良影响的，给予警告或者严重警告处分；情节较重的，给予撤销党内职务或者留党察看处分；情节严重的，给予开除党籍处分。对不明真相的参加人员，经批评教育后确有悔改表现的，可以免予处分或者不予处分。

15. 在国（境）外、外国驻华使（领）馆申请政治避难，或者违纪后逃往国（境）外、外国驻华使（领）馆的，给予开除党籍处分。在国（境）外公开发表反对党和政府的文章、演说、宣言、声明等的，依照前款规定处理。故意为上述行为提供方便条件的，给予留党察看或者开除党籍处分。

16. 在涉外活动中，其言行在政治上造成恶劣影响，损害党和国家尊严、利益的，给予撤销党内职务或者留党察看处分；情节严重的，给予开除党籍处分。

17. 党员领导干部对违反政治纪律和政治规矩等错误思想和行为放任不管，搞无原则一团和气，造成不良影响的，给予警告或者严重警告处分；情节严重的，给予撤销党内职务或者留党察看处分。

18. 违反党的优良传统和工作惯例等党的规矩，在政治上造成不良影响的，给予警告或者严重警告处分；情节较重的，给予撤销党内职务或者留党察看处分；情节严重的，给予开除党籍处分。

（二）违反组织纪律行为及党纪处分

1. 违反民主集中制原则，拒不执行或者擅自改变党组织作出的重大决定，或者违反议事规则，个人或者少数人决定重大问题的，给予警告或者严重警告处分；情节严重的，给予撤销党内职务或者留党察看处分。

2. 下级党组织拒不执行或者擅自改变上级党组织决定的，对直接责任者和领导责任者，给予警告或者严重警告处分；情节严重的，给予撤销党内职务或者留党察看处分。

3. 拒不执行党组织的分配、调动、交流等决定的，给予警告、严重警告或者撤销党内职务处分。在特殊时期或者紧急状况下，拒不执行党组织决定的，给予留党察看或者开除党籍处分。

4. 不按照有关规定或者工作要求，向组织请示报告重大问题、重要事项的，给予警告或者严重警告处分；情节严重的，给予撤销党内职务或者留党察看处分。不按要求报告或者不如实报告个人去向，情节较重的，给予警告或者严重警告处分。

5. 有下列行为之一，情节较重的，给予警告或者严重警告处分：(1)违反个人有关事项报告规定，不报告、不如实报告的；(2)在组织进行谈话、函询时，不如实向组织说明问题的；(3)不如实填报个人档案资料的。篡改、伪造个人档案资料的，给予严重警告处分；情节严重的，给予撤销党内职务或者留党察看处分。隐瞒入党前严重错误的，一般应当予以除名；对入党后表现尚好的，给予严重警告、撤销党内职务或者留党察看处分。

6. 党员领导干部违反有关规定组织、参加自发成立的老乡会、校友会、战友会等，情节严重的，给予警告、严重警告或者撤销党内职务处分。

7. 诬告陷害他人意在使他人受纪律追究的，给予警告或者严重警告处分；情节较重的，给予撤销党内职务或者留党察看处分；情节严重的，给予开除党籍处分。

8. 侵犯党员的表决权、选举权和被选举权，情节较重的，给予警告或者严重警告处分；情节严重的，给予撤销党内职务处分。以强迫、威胁、欺骗、拉拢等手段，妨害党员自主行使表决权、选举权和被选举权的，给予撤销党内职务、留党察看或者开除党籍处分。

9.有下列行为之一的，给予警告或者严重警告处分；情节较重的，给予撤销党内职务或者留党察看处分；情节严重的，给予开除党籍处分：(1)对批评、检举、控告进行阻挠、压制，或者将批评、检举、控告材料私自扣压、销毁，或者故意将其泄露给他人的；(2)对党员的申辩、辩护、作证等进行压制，造成不良后果的；(3)压制党员申诉，造成不良后果的，或者不按照有关规定处理党员申诉的；(4)有其他侵犯党员权利行为，造成不良后果的。对批评人、检举人、控告人、证人及其他人员打击报复的，依照前款规定从重或者加重处分。党组织有上述行为的，对直接责任者和领导责任者，依照第一款规定处理。

10.有下列行为之一的，给予警告或者严重警告处分；情节较重的，给予撤销党内职务或者留党察看处分；情节严重的，给予开除党籍处分：(1)在民主推荐、民主测评、组织考察和党内选举中搞拉票、助选等非组织活动的；(2)在法律规定的投票、选举活动中违背组织原则搞非组织活动，组织、怂恿、诱使他人投票、表决的；(3)在选举中进行其他违反党章、其他党内法规和有关章程活动的。

11.在干部选拔任用工作中，违反干部选拔任用规定，对直接责任者和领导责任者，情节较轻的，给予警告或者严重警告处分；情节较重的，给予撤销党内职务或者留党察看处分；情节严重的，给予开除党籍处分。用人失察失误造成严重后果的，对直接责任者和领导责任者，依照前款规定处理。

12.在干部、职工的录用、考核、职务晋升、职称评定和征兵、安置复转军人等工作中，隐瞒、歪曲事实真相，利用职权或者职务上的影响违反有关规定为本人或者其他人谋取利益的，给予警告或者严重警告处分；情节较重的，给予撤销党内职务或者留党察看处分；情节严重的，给予开除党籍处分。弄虚作假，骗取职务、职级、职称、待遇、资格、学历、学位、荣誉或者其他利益的，依照前款规定处理。

13. 违反党章和其他党内法规的规定,采取弄虚作假或者其他手段把不符合党员条件的人发展为党员,或者为非党员出具党员身份证明的,对直接责任者和领导责任者,给予警告或者严重警告处分;情节严重的,给予撤销党内职务处分。违反有关规定程序发展党员的,对直接责任者和领导责任者,依照前款规定处理。

14. 违反有关规定取得外国国籍或者获取国(境)外永久居留资格、长期居留许可的,给予撤销党内职务、留党察看或者开除党籍处分。

15. 违反有关规定办理因私出国(境)证件、前往港澳通行证,或者未经批准出入国(边)境,情节较轻的,给予警告或者严重警告处分;情节较重的,给予撤销党内职务处分;情节严重的,给予留党察看处分。

16. 驻外机构或者临时出国(境)团(组)中的党员擅自脱离组织,或者从事外事、机要、军事等工作的党员违反有关规定同国(境)外机构、人员联系和交往的,给予警告、严重警告或者撤销党内职务处分。

17. 驻外机构或者临时出国(境)团(组)中的党员,脱离组织出走时间不满六个月又自动回归的,给予撤销党内职务或者留党察看处分;脱离组织出走时间超过六个月的,按照自行脱党处理,党内予以除名。故意为他人脱离组织出走提供方便条件的,给予警告、严重警告或者撤销党内职务处分。

(三)违反廉洁纪律行为及党纪处分

1. 利用职权或者职务上的影响为他人谋取利益,本人的配偶、子女及其配偶等亲属和其他特定关系人收受对方财物,情节较重的,给予警告或者严重警告处分;情节严重的,给予撤销党内职务、留党察看或者开除党籍处分。

2. 相互利用职权或者职务上的影响为对方及其配偶、子女及其配偶等亲属、身边工作人员和其他特定关系人谋取利益搞权权交易的，给予警告或者严重警告处分；情节较重的，给予撤销党内职务或者留党察看处分；情节严重的，给予开除党籍处分。

3. 纵容、默许配偶、子女及其配偶等亲属和身边工作人员利用党员干部本人职权或者职务上的影响谋取私利，情节较轻的，给予警告或者严重警告处分；情节较重的，给予撤销党内职务或者留党察看处分；情节严重的，给予开除党籍处分。党员干部的配偶、子女及其配偶不实际工作而获取薪酬或者虽实际工作但领取明显超出同职级标准薪酬，党员干部知情未予纠正的，依照前款规定处理。

4. 收受可能影响公正执行公务的礼品、礼金、消费卡等，情节较轻的，给予警告或者严重警告处分；情节较重的，给予撤销党内职务或者留党察看处分；情节严重的，给予开除党籍处分。收受其他明显超出正常礼尚往来的礼品、礼金、消费卡等的，依照前款规定处理。

5. 向从事公务的人员及其配偶、子女及其配偶等亲属和其他特定关系人赠送明显超出正常礼尚往来的礼品、礼金、消费卡等，情节较重的，给予警告或者严重警告处分；情节严重的，给予撤销党内职务或者留党察看处分。

6. 利用职权或者职务上的影响操办婚丧喜庆事宜，在社会上造成不良影响的，给予警告或者严重警告处分；情节严重的，给予撤销党内职务处分。在操办婚丧喜庆事宜中，借机敛财或者有其他侵犯国家、集体和人民利益行为的，依照前款规定从重或者加重处分，直至开除党籍。

7. 接受可能影响公正执行公务的宴请或者旅游、健身、娱乐等活动安排，情节较重的，给予警告或者严重警告处分；情节严重的，给予撤销党内职务或者留党察看处分。

8. 违反有关规定取得、持有、实际使用运动健身卡、会所和俱乐部会员卡、高尔夫球卡等各种消费卡,或者违反有关规定出入私人会所,情节较重的,给予警告或者严重警告处分;情节严重的,给予撤销党内职务或者留党察看处分。

9. 违反有关规定从事营利活动,有下列行为之一,情节较轻的,给予警告或者严重警告处分;情节较重的,给予撤销党内职务或者留党察看处分;情节严重的,给予开除党籍处分:(1)经商办企业的;(2)拥有非上市公司(企业)的股份或者证券的;(3)买卖股票或者进行其他证券投资的;(4)从事有偿中介活动的;(5)在国(境)外注册公司或者投资入股的;(6)有其他违反有关规定从事营利活动的。利用职权或者职务上的影响,为本人配偶、子女及其配偶等亲属和其他特定关系人的经营活动谋取利益的,依照前款规定处理。违反有关规定在经济实体、社会团体等单位中兼职,或者经批准兼职但获取薪酬、奖金、津贴等额外利益的,依照第一款规定处理。

10. 党员领导干部离职或者退(离)休后违反有关规定接受原任职务管辖的地区和业务范围内的企业和中介机构的聘任,或者个人从事与原任职务管辖业务相关的营利活动,情节较轻的,给予警告或者严重警告处分;情节较重的,给予撤销党内职务处分;情节严重的,给予留党察看处分。党员领导干部离职或者退(离)休后违反有关规定担任上市公司、基金管理公司独立董事、独立监事等职务,情节较轻的,给予警告或者严重警告处分;情节较重的,给予撤销党内职务处分;情节严重的,给予留党察看处分。

11. 党员领导干部的配偶、子女及其配偶,违反有关规定在该党员领导干部管辖的区域或者业务范围内从事可能影响其公正执行公务的经营活动,或者在该党员领导干部管辖的区域或者业务范围内的外商独资企业、中外合资企业中担任由外方委派、聘任的高级职务的,该党员领导干部应当按照规定予以纠正;拒不纠正的，其本人应当辞去现任职务或者由组织予以调整职务；不辞去现任职务或者不服从组织调整职务的，给予撤销党内职务处分。

12. 党和国家机关违反有关规定经商办企业的，对直接责任者和领导责任者，给予警告或者严重警告处分；情节严重的，给予撤销党内职务处分。

13. 党员领导干部违反工作、生活保障制度，在交通、医疗、警卫等方面为本人、配偶、子女及其配偶等亲属和其他特定关系人谋求特殊待遇，情节较重的，给予警告或者严重警告处分；情节严重的，给予撤销党内职务或者留党察看处分。

14. 在分配、购买住房中侵犯国家、集体利益，情节较轻的，给予警告或者严重警告处分；情节较重的，给予撤销党内职务或者留党察看处分；情节严重的，给予开除党籍处分。

15. 利用职权或者职务上的影响，侵占非本人经管的公私财物，或者以象征性地支付钱款等方式侵占公私财物，或者无偿、象征性地支付报酬接受服务、使用劳务，情节较轻的，给予警告或者严重警告处分；情节较重的，给予撤销党内职务或者留党察看处分；情节严重的，给予开除党籍处分。利用职权或者职务上的影响，将本人、配偶、子女及其配偶等亲属应当由个人支付的费用，由下属单位、其他单位或者他人支付、报销的，依照前款规定处理。

16. 利用职权或者职务上的影响，违反有关规定占用公物归个人使用，时间超过六个月，情节较重的，给予警告或者严重警告处分；情节严重的，给予撤销党内职务处分。占用公物进行营利活动的，给予警告或者严重警告处分；情节较重的，给予撤销党内职务或者留党察看处分；情节严重的，给予开除党籍处分。将公物借给他人进行营利活动的，依照前款规定处理。

17. 违反有关规定组织、参加用公款支付的宴请、高消费娱乐、健身活动,或者用公款购买赠送、发放礼品,对直接责任者和领导责任者,情节较轻的,给予警告或者严重警告处分;情节较重的,给予撤销党内职务或者留党察看处分;情节严重的,给予开除党籍处分。

18. 违反有关规定自定薪酬或者滥发津贴、补贴、奖金等,对直接责任者和领导责任者,情节较轻的,给予警告或者严重警告处分;情节较重的,给予撤销党内职务或者留党察看处分;情节严重的,给予开除党籍处分。

19. 有下列行为之一,对直接责任者和领导责任者,情节较轻的,给予警告或者严重警告处分;情节较重的,给予撤销党内职务或者留党察看处分;情节严重的,给予开除党籍处分:(1)用公款旅游、借公务差旅之机旅游或者以公务差旅为名变相旅游的;(2)以考察、学习、培训、研讨、招商、参展等名义变相用公款出国(境)旅游的。

20. 违反公务接待管理规定,超标准、超范围接待或者借机大吃大喝,对直接责任者和领导责任者,情节较重的,给予警告或者严重警告处分;情节严重的,给予撤销党内职务处分。

21. 违反有关规定配备、购买、更换、装饰、使用公务用车或者有其他违反公务用车管理规定的行为,对直接责任者和领导责任者,情节较重的,给予警告或者严重警告处分;情节严重的,给予撤销党内职务或者留党察看处分。

22. 违反会议活动管理规定,有下列行为之一,对直接责任者和领导责任者,情节较重的,给予警告或者严重警告处分;情节严重的,给予撤销党内职务处分:(1)到禁止召开会议的风景名胜区开会的;(2)决定或者批准举办各类节会、庆典活动的。擅自举办评比达标表彰活动或者借评比达标表彰活动收取费用的,依照前款规定处理。

23. 违反办公用房管理规定,有下列行为之一,对直接责任者和领导责任者，情节较重的，给予警告或者严重警告处分；情节严重的，给予撤销党内职务处分：(1)决定或者批准兴建、装修办公楼、培训中心等楼堂馆所，超标准配备、使用办公用房的；(2)用公款包租、占用客房或者其他场所供个人使用的。

24. 搞权色交易或者给予财物搞钱色交易的，给予警告或者严重警告处分；情节较重的，给予撤销党内职务或者留党察看处分；情节严重的，给予开除党籍处分。

25. 有其他违反廉洁纪律规定行为的，应当视具体情节给予警告直至开除党籍处分。

(四)违反群众纪律行为及党纪处分

1. 有下列行为之一，对直接责任者和领导责任者，情节较轻的，给予警告或者严重警告处分；情节较重的，给予撤销党内职务或者留党察看处分；情节严重的，给予开除党籍处分：(1)超标准、超范围向群众筹资筹劳、摊派费用，加重群众负担的；(2)违反有关规定扣留、收缴群众款物或者处罚群众的；(3)克扣群众财物，或者违反有关规定拖欠群众钱款的；(4)在管理、服务活动中违反有关规定收取费用的；(5)在办理涉及群众事务时刁难群众、吃拿卡要的；(6)有其他侵害群众利益行为的。

2. 干涉群众生产经营自主权，致使群众财产遭受较大损失的，对直接责任者和领导责任者，给予警告或者严重警告处分；情节严重的，给予撤销党内职务或者留党察看处分。

3. 在社会保障、政策扶持、救灾救济款物分配等事项中优亲厚友、明显有失公平的，给予警告或者严重警告处分；情节严重的，给予撤销党内职务或者留党察看处分。

4. 有下列行为之一，对直接责任者和领导责任者，情节较重的，给予警告或者严重警告处分；情节严重的，给予撤销党内职务或者留党察看处分：(1)对涉及群众生产、生活等切身利益的问题依照政策或者有关规定能解决而不及时解决，造成不良影响的；

(2)对符合政策的群众诉求消极应付、推诿扯皮,损害党群、干群关系的;(3)对待群众态度恶劣、简单粗暴,造成不良影响的;(4)弄虚作假,欺上瞒下,损害群众利益的。

5. 不顾群众意愿,盲目铺摊子、上项目,致使国家、集体或者群众财产和利益遭受较大损失的,对直接责任者和领导责任者,给予警告或者严重警告处分;情节严重的,给予撤销党内职务或者留党察看处分。

6. 遇到国家财产和群众生命财产受到严重威胁时,能救而不救,情节较重的,给予警告、严重警告或者撤销党内职务处分;情节严重的,给予留党察看或者开除党籍处分。

7. 不按照规定公开党务、政务、厂务、村(居)务等,侵犯群众知情权,对直接责任者和领导责任者,情节较重的,给予警告或者严重警告处分;情节严重的,给予撤销党内职务或者留党察看处分。

8. 有其他违反群众纪律规定行为的,应当视具体情节给予警告直至开除党籍处分。

(五)违反工作纪律行为及党纪处分

1. 党组织负责人在工作中不负责任或者疏于管理,有下列情形之一,给党、国家和人民利益以及公共财产造成较大损失的,对直接责任者和领导责任者,给予警告或者严重警告处分;造成重大损失的,给予撤销党内职务、留党察看或者开除党籍处分:(1)不传达贯彻、不检查督促落实党和国家的方针政策以及决策部署,或者做出违背党和国家方针政策以及决策部署的错误决策的;(2)本地区、本部门、本系统和本单位发生公开反对党的基本理论、基本路线、基本纲领、基本经验、基本要求或者党和国家方针政策以及决策部署行为的。

2. 党组织不履行全面从严治党主体责任或者履行全面从严治党主体责任不力,造成严重损害或者严重不良影响的,对直接责任者和领导责任者,给予警告或者严重警告处分;情节严重的,给予撤销党内职务或者留党察看处分。

3. 党组织有下列行为之一,对直接责任者和领导责任者,情节较重的,给予警告或者严重警告处分;情节严重的,给予撤销党内职务或者留党察看处分:(1)党员被依法判处刑罚后,不按照规定给予党纪处分,或者对违反国家法律法规的行为,应当给予党纪处分而不处分的;(2)党纪处分决定或者申诉复查决定作出后,不按照规定落实决定中关于被处分人党籍、职务、职级、待遇等事项的;(3)党员受到党纪处分后,不按照干部管理权限和组织关系对受处分党员开展日常教育、管理和监督工作的。

4. 因工作不负责任致使所管理的人员叛逃的,对直接责任者和领导责任者,给予警告或者严重警告处分;情节严重的,给予撤销党内职务处分。因工作不负责任致使所管理的人员出走,对直接责任者和领导责任者,情节较重的,给予警告或者严重警告处分;情节严重的,给予撤销党内职务处分。

5. 在上级单位检查、视察工作或者向上级单位汇报、报告工作时对应当报告的事项不报告或者不如实报告,造成严重损害或者严重不良影响的,对直接责任者和领导责任者,给予警告或者严重警告处分;情节严重的,给予撤销党内职务或者留党察看处分。

6. 党员领导干部违反有关规定干预和插手市场经济活动,有下列行为之一,造成不良影响的,给予警告或者严重警告处分;情节较重的,给予撤销党内职务或者留党察看处分;情节严重的,给予开除党籍处分:(1)干预和插手建设工程项目承发包、土地使用权出让、政府采购、房地产开发与经营、矿产资源开发利用、中介机构服务等活动的;(2)干预和插手国有企业重组改制、兼并、破产、产权交易、清产核资、资产评估、资产转让、重大项目投资以及其他重大经营活动等事项的;(3)干预和插手批办各类行政许可和资金借贷等事项的;(4)干预和插手经济纠纷的;(5)干预和插手集体资金、资产和资源的使用、分配、承包、租赁等事项的。

7. 党员领导干部违反有关规定干预和插手司法活动、执纪执法活动,向有关地方或者部门打招呼、说情,或者以其他方式对司法活动、执纪执法活动施加影响,情节较轻的,给予严重警告处分;情节较重的,给予撤销党内职务或者留党察看处分;情节严重的,给予开除党籍处分。党员领导干部违反有关规定干预和插手公共财政资金分配、项目立项评审、政府奖励表彰等活动,造成重大损失或者不良影响的,依照前款规定处理。

8. 泄露、扩散或者窃取党组织关于干部选拔任用、纪律审查等尚未公开事项或者其他应当保密的内容的,给予警告或者严重警告处分;情节较重的,给予撤销党内职务或者留党察看处分;情节严重的,给予开除党籍处分。私自留存涉及党组织关于干部选拔任用、纪律审查等方面资料,情节较重的,给予警告或者严重警告处分;情节严重的,给予撤销党内职务处分。

9. 在考试、录取工作中,有泄露试题、考场舞弊、涂改考卷、违规录取等违反有关规定行为的,给予警告或者严重警告处分;情节较重的,给予撤销党内职务或者留党察看处分;情节严重的,给予开除党籍处分。

10. 以不正当方式谋求本人或者其他人用公款出国(境),情节较轻的,给予警告处分;情节较重的,给予严重警告处分;情节严重的,给予撤销党内职务处分。

11. 临时出国(境)团(组)或者人员中的党员,擅自延长在国(境)外期限,或者擅自变更路线的,对直接责任者和领导责任者,给予警告或者严重警告处分;情节严重的,给予撤销党内职务处分。

12. 驻外机构或者临时出国(境)团(组)中的党员,触犯驻在国家、地区的法律、法令或者不尊重驻在国家、地区的宗教习俗,情节较重的，给予警告或者严重警告处分；情节严重的，给予撤销党内职务、留党察看或者开除党籍处分。

13. 在党的纪律检查、组织、宣传、统一战线工作以及机关工作等其他工作中，不履行或者不正确履行职责，造成损失或者不良影响的，应当视具体情节给予警告直至开除党籍处分。

（六）违反生活纪律行为及党纪处分

1. 生活奢靡、贪图享乐、追求低级趣味，造成不良影响的，给予警告或者严重警告处分；情节严重的，给予撤销党内职务处分。

2. 与他人发生不正当性关系，造成不良影响的，给予警告或者严重警告处分；情节较重的，给予撤销党内职务或者留党察看处分；情节严重的，给予开除党籍处分。利用职权、教养关系、从属关系或者其他相类似关系与他人发生性关系的，依照前款规定从重处分。

3. 违背社会公序良俗，在公共场所有不当行为，造成不良影响的，给予警告或者严重警告处分；情节较重的，给予撤销党内职务或者留党察看处分；情节严重的，给予开除党籍处分。

4. 有其他严重违反社会公德、家庭美德行为的，应当视具体情节给予警告直至开除党籍处分。

（七）贪污贿赂行为及党纪处分

1. 贪污

党和国家工作人员或者受委托管理、经营国有财产的人员，利用职务上的便利，侵吞、窃取、骗取或者以其他手段非法占有公共财物，情节较轻的，给予警告或者严重警告处分；情节较重的，给予撤销党内职务或者留党察看处分；情节严重的，给予开除党籍处分。

贪污党费、社保基金和救灾、抢险、防汛、优抚、扶贫、移民、救济、防疫款物的，依照前款规定从重或者加重处分，直至开除党籍。

2. 私分国有资产、私分罚没财物

和国家机关、国有企业(公司)、事业单位、人民团体,违反有关规定以单位名义将国有资产集体私分给个人的,追究主要责任者和其他直接责任人员的责任,情节较轻的,给予警告或者严重警告处分;情节较重的,给予撤销党内职务或者留党察看处分;情节严重的,给予开除党籍处分。

执纪机关、行政执法机关、司法机关违反有关规定将应当上缴国家的罚没财物以单位名义集体私分给个人的,对主要责任者和其他直接责任人员,依照前款规定处理。

3. 受贿

(1)党和国家工作人员或者其他从事公务的人员,利用职务上的便利,索取他人财物,或者非法收受他人财物为他人谋取利益,情节较轻的,给予警告或者严重警告处分;情节较重的,给予撤销党内职务或者留党察看处分;情节严重的,给予开除党籍处分。

前款所列人员利用职务上的便利,变相非法收受他人财物为他人谋取利益,情节较重的,给予警告或者严重警告处分;情节严重的,给予撤销党内职务、留党察看或者开除党籍处分。

因受贿给国家、集体和人民利益造成重大损失的,从重或者加重处分,直至开除党籍。

因索取财物未遂而刁难报复对方,给对方造成损失的,给予警告或者严重警告处分;情节较重的,给予撤销党内职务或者留党察看处分;情节严重的,给予开除党籍处分。

(2)党和国家工作人员或者其他从事公务的人员,在经济往来中违反有关规定收受财物或者各种名义的回扣、手续费,归个人所有的,以受贿论,依照本条例第八十五条规定处理。

(3)党和国家工作人员或者其他从事公务的人员,利用本人职务上的便利,通过其他党和国家工作人员职务上的行为,为请托人谋取不正当利益，索取请托人财物，或者收受、变相非法收受请托人财物的，依照本条例第八十五条规定处理。

(4)党和国家工作人员退(离)休后，利用本人原有职权或者地位形成的便利条件，通过在职党和国家工作人员职务上的行为为请托人谋取利益，而本人索取或者非法收受、变相非法收受请托人财物的，依照本条例第八十五条规定处理。

(5)农村党组织、社区党组织和村民委员会、社区居民委员会等基层组织中的党员从事下列公务，利用职务上的便利，非法占有公共财物，挪用公款，索取他人财物或者非法收受、变相非法收受他人财物为他人谋取利益的，分别依照本条例第八十三条、第九十四条、第八十五条规定处理：a. 党费、社保基金和救灾、抢险、防汛、优抚、扶贫、移民、救济、防疫款物的管理；b. 社会捐助公益事业款物的管理；c. 国有土地的经营和管理；d. 土地征用补偿费的管理；e. 代征、代缴税款；f. 有关计划生育、户籍、征兵工作；g. 协助人民政府从事的其他行政管理工作；h. 依照党内法规从事党的纪检、组织(人事)、宣传等工作。

4. 单位受贿

党和国家机关、国有企业(公司)、事业单位、人民团体，索取或者非法收受、变相非法收受他人财物，为他人谋取利益的，追究主要责任者和其他直接责任人员的责任，情节较重的，给予警告、严重警告或者撤销党内职务处分；情节严重的，给予留党察看或者开除党籍处分。

前款所列单位，在经济往来中，在账外暗中收受各种名义的回扣、手续费的，以受贿论，对主要责任者和其他直接责任人员，依照前款规定处理。

因索取财物未遂而对下属单位、客户刁难报复，给对方造成损失的，对主要责任者和其他直接责任人员，给予警告或者严重警告处分；造成较大损失的，给予撤销党内职务或者留党察看处分；造成重大损失的，给予开除党籍处分。

将索取或者非法收受、变相非法收受的财物合伙私分的，以受贿论，根据个人所得数额和所起作用，依照本条例第八十五条规定处理。

5. 行贿

为谋取不正当利益，给予党和国家工作人员或者其他从事公务的人员以财物，情节较轻的，给予警告或者严重警告处分；情节较重的，给予撤销党内职务或者留党察看处分；情节严重的，给予开除党籍处分。

在经济往来中违反有关规定，给予党和国家工作人员或者其他从事公务的人员以财物或者各种名义的回扣、手续费的，依照前款规定处理。

因行贿给国家、集体和人民利益造成重大损失的，依照本条规定从重或者加重处分，直至开除党籍。

6. 对单位行贿

为谋取不正当利益，给予党和国家机关、国有企业（公司）、事业单位、人民团体以财物，或者在经济往来中违反有关规定给予各种名义的回扣、手续费，情节较轻的，给予警告或者严重警告处分；情节较重的，给予撤销党内职务或者留党察看处分；情节严重的，给予开除党籍处分。

单位有前款所列行为的，对主要责任者和其他直接责任人员，依照前款规定处理。

7. 介绍贿赂

向党和国家工作人员或者其他从事公务的人员介绍贿赂，情节较轻的，给予警告或者严重警告处分；情节较重的，给予撤销党内职务或者留党察看处分；情节严重的，给予开除党籍处分。

8. 单位行贿

单位为谋取不正当利益而行贿，或者违反有关规定给予党和国家工作人员或者其他从事公务的人员以财物或者各种名义的回扣、手续费的，追究主要责任者和其他直接责任人员的责任，情节较重的，给予警告、严重警告或者撤销党内职务处分；情节严重的，给予留党察看或者开除党籍处分。因行贿取得的违纪违法所得归个人所有的，依照本条例第九十条规定处理。

9. 挪用公款

党和国家工作人员或者受委托管理、经营国有财产的人员，利用职务上的便利，挪用公款归个人使用，进行非法活动，或者进行营利活动，或者超过三个月未还，情节较轻的，给予警告或者严重警告处分；情节较重的，给予撤销党内职务或者留党察看处分；情节严重的，给予开除党籍处分。

挪用党费、社保基金和救灾、抢险、防汛、优抚、扶贫、移民、救济、防疫款物的，依照前款规定从重或者加重处分，直至开除党籍。

挪用公款归个人使用时间不足三个月，但数额较大的，依照本条规定处理。

10. 大额财产来源不明、隐瞒境外存款

党和国家工作人员或者其他从事公务的人员，其财产或者支出明显超过合法收入，差额较大的，可以责令其说明来源，本人不能说明其来源是合法的，差额部分以非法所得论，给予严重警告或者撤销党内职务处分；情节严重的，给予留党察看或者开除党籍处分。

党和国家工作人员违反有关规定隐瞒境外存款的，依照前款规定处理。

（八）破坏社会主义经济秩序的行为及党纪处分

1. 走私

进行走私，情节较轻的，给予警告或者严重警告处分；情节较重的，给予撤销党内职务或者留党察看处分；情节严重的，给予开除党籍处分。利用职务上的便利进行走私的,从重处分。

单位走私的,对主要责任者和其他直接责任人员,依照前款规定处理。

2. 职务侵占

企业(公司)或者其他单位中的非国家工作人员,利用职务上的便利,将本单位财物非法占为己有,情节较轻的,给予警告或者严重警告处分;情节较重的,给予撤销党内职务或者留党察看处分;情节严重的,给予开除党籍处分。

3. 挪用资金

企业(公司)或者其他单位中的非国家工作人员,利用职务上的便利,挪用本单位资金归个人使用或者借贷给他人,超过三个月未还,或者进行营利活动,或者进行非法活动,情节较轻的,给予警告或者严重警告处分;情节较重的,给予撤销党内职务或者留党察看处分;情节严重的,给予开除党籍处分。

挪用本单位资金不退还的,依照前款规定从重或者加重处分。

挪用本单位资金归个人使用时间不足三个月,但数额较大的,依照本条规定处理。

4. 单位挪用财政资金、专项资金、特定款物

国家机关、国家拨给经费的团体和事业单位,挪用财政资金或者科研、教育、卫生、军工等专项资金的,追究主要责任者和其他直接责任人员的责任,情节较轻的,给予警告或者严重警告处分;情节较重的,给予撤销党内职务或者留党察看处分;情节严重的,给予开除党籍处分。

挪用党费、社保基金和救灾、抢险、防汛、优抚、扶贫、移民、救济、防疫款物的,依照前款规定从重或者加重处分,直至开除党籍。

5. 非国家工作人员受贿

企业(公司)或者其他单位中的非国家工作人员,利用职务上

的便利，索取他人财物，或者非法收受、变相非法收受他人财物为他人谋取利益，情节较轻的，给予警告或者严重警告处分；情节较重的，给予撤销党内职务或者留党察看处分；情节严重的，给予开除党籍处分。

前款所列人员，在经济往来中违反有关规定收受各种名义的回扣、手续费，归个人所有的，依照前款规定处理。

6. 对非国家工作人员行贿

为谋取不正当利益，给予企业（公司）中的非国家工作人员以财物，情节较轻的，给予警告或者严重警告处分；情节较重的，给予撤销党内职务或者留党察看处分；情节严重的，给予开除党籍处分。

单位有前款所列行为的，对主要责任者和其他直接责任人员，依照前款规定处理。

7. 非法经营同类业务

国有企业（公司）的管理人员，利用职务上的便利，自己经营或者为他人经营与其所任职企业（公司）同类的业务，谋取非法利益的，给予警告或者严重警告处分；情节较重的，给予撤销党内职务或者留党察看处分；情节严重的，给予开除党籍处分。

前款所列人员以他人名义登记注册企业（公司），实则本人经营的，依照前款规定处理。

8. 为亲友非法牟利

国有企业（公司）、事业单位和集体所有制企业（公司）中的党员，利用职务上的便利，有下列行为之一，损害国家、集体和人民利益的，给予警告或者严重警告处分；情节较重的，给予撤销党内职务或者留党察看处分；情节严重的，给予开除党籍处分：

（1）将本单位的盈利业务交由其亲友经营的；

（2）以明显高于市场的价格向其亲友经营管理的单位采购商品或者以明显低于市场的价格向其亲友经营管理的单位销售商

品的；

(3)向其亲友经营管理的单位采购不合格商品的。

9. 单位违规经商办企业

党和国家机关违反有关规定经商办企业的，对主要责任者和其他直接责任人员，给予警告或者严重警告处分；情节严重的，给予撤销党内职务处分。

10. 金融从业人员违反金融法律法规、强迫金融单位违纪违法

金融从业人员违反金融法律、法规，情节较轻的，给予警告或者严重警告处分；情节较重的，给予撤销党内职务或者留党察看处分；情节严重的，给予开除党籍处分。

强迫金融企业或者国家金融监管机构违纪违法的，对主要责任者和其他直接责任人员，依照前款规定处理。

由于党和国家机关非法干预致使金融从业人员违反金融法律、法规的，对金融从业人员可以依照第一款规定从轻或者减轻处分。其中，金融从业人员进行了抵制的，不予处分。

11. 不履行纳税义务

不履行法定纳税义务，情节较轻的，给予警告或者严重警告处分；情节较重的，给予撤销党内职务或者留党察看处分；情节严重的，给予开除党籍处分。

单位不履行法定纳税义务的，对主要责任者和其他直接责任人员，依照前款规定处理。

12. 违反增值税及其他功能相近的税务专用发票管理制度

虚开、伪造、非法出售、非法购买、擅自制造或者出售伪造、擅自制造的增值税专用发票或者可用于骗税、抵扣税款的其他票据的，给予撤销党内职务或者留党察看处分；情节严重的，给予开除党籍处分。

单位有前款所列行为的，对主要责任者和其他直接责任人员，依照前款规定处理。

13. 违反土地管理法规

非法占用、买卖或者以其他形式非法出让、转让土地使用权,情节较轻的,给予警告或者严重警告处分;情节较重的,给予撤销党内职务或者留党察看处分;情节严重的,给予开除党籍处分。

单位有前款所列行为的,对主要责任者和其他直接责任人员,依照前款规定处理。

14. 出具虚假证明文件

从事资产评估、验资(证)、会计、审计、法律服务等工作的社会中介组织,出具虚假评估、虚假资信证明、虚假鉴证等文件的,追究主要责任者和其他直接责任人员的责任,情节较轻的,给予警告或者严重警告处分;情节较重的,给予撤销党内职务或者留党察看处分;情节严重的,给予开除党籍处分。

15. 扰乱市场秩序

在市场经济活动中,有下列行为之一的,追究主要责任者和其他直接责任人员的责任,情节较轻的,给予警告或者严重警告处分;情节较重的,给予撤销党内职务或者留党察看处分;情节严重的,给予开除党籍处分:

(1)生产、销售假冒伪劣商品的;

(2)知悉或者非法获取内幕信息,进行证券、期货交易的;

(3)捏造并散布虚假事实,损害他人的商业信誉、商品声誉或者对商品和服务作虚假宣传的;

(4)侵犯他人知识产权或者商业秘密的;

(5)利用行政垄断或者行业垄断地位,实施或者变相实施妨碍公平竞争行为的;

(6)限制外地商品和服务进入本地市场或者限制本地商品和服务流向外地市场的。

16. 其他破坏社会主义经济秩序行为

有其他破坏社会主义经济秩序的行为,情节较轻的,给予警告或者严重警告处分;情节较重的,给予撤销党内职务或者留党察看处分;情节严重的,给予开除党籍处分。

(九)违反财经纪律的行为及党纪处分

1. 隐瞒、截留、坐支国家财政收入

隐瞒、截留、坐支应当上交国家的财政收入的,对主要责任者和其他直接责任人员,给予严重警告处分;情节较重的,给予撤销党内职务或者留党察看处分;情节严重的,给予开除党籍处分。

将隐瞒、截留款合伙私分的,对主要责任者和其他直接责任人员,依照前款规定从重或者加重处分,直至开除党籍。

2. 骗取国家财政拨款、退税款、补贴

党和国家机关、国有企业(公司)、事业单位、人民团体,以虚报、冒领等手段骗取国家财政拨款、退税款或者补贴的,对主要责任者和其他直接责任人员,给予警告或者严重警告处分;情节较重的,给予撤销党内职务或者留党察看处分;情节严重的,给予开除党籍处分。

将以虚报、冒领等手段骗取的钱款合伙私分的,对主要责任者和其他直接责任人员,依照前款规定从重或者加重处分,直至开除党籍。

3. 违规核拨国家财政经费、资金或者擅自动用国库款项、财政专户资金

不按照预算或者用款计划核拨国家财政经费、资金的,对主要责任者和其他直接责任人员,给予警告或者严重警告处分;情节较重的,给予撤销党内职务或者留党察看处分;情节严重的,给予开除党籍处分。

擅自动用国库款项或者财政专户资金的,对主要责任者和其他直接责任人员,依照前款规定处理。

4. 个人借用公款、违规将公款借给他人

个人借用公款超过六个月不还的,追还所欠公款,情节较重

的，给予警告或者严重警告处分；情节严重的，给予撤销党内职务处分。但确因生活困难到期无力归还的除外。

个人借用公款进行营利活动，情节较轻的，给予警告或者严重警告处分；情节较重的，给予撤销党内职务或者留党察看处分。个人借用公款进行非法活动的，从重或者加重处分。

违反有关规定将公款借给他人，情节较重的，给予警告或者严重警告处分；情节严重的，给予撤销党内职务处分。

5. 以个人名义存储公款

以个人名义存储公款的，追究主要责任者和其他直接责任人员的责任，情节较轻的，给予警告处分；情节较重的，给予严重警告处分；情节严重的，给予撤销党内职务处分。

6. 单位接受礼品

党和国家机关违反有关规定，在对内对外活动中接受礼品应当上交而不上交的，追究主要责任者和其他直接责任人员的责任，情节较重的，给予警告或者严重警告处分；情节严重的，给予撤销党内职务处分。

将接受的礼品集体私分的，以私分国有资产论，根据个人所得数额和所起作用，依照本条例第八十四条规定处理。

7. 擅自开设银行账户

违反有关规定擅自开设银行账户的，对主要责任者和其他直接责任人员，给予严重警告处分；情节较重的，给予撤销党内职务或者留党察看处分；情节严重的，给予开除党籍处分。

8. 擅自处理涉案款物

擅自使用、调换、变卖或者损毁被查封、扣押、冻结、划拨、收缴的财物，或者擅自处理应当委托拍卖的物品的，追究主要责任者和其他直接责任人员的责任，情节较轻的，给予警告或者严重警告处分；情节较重的，给予撤销党内职务或者留党察看处分；情节严重的，给予开除党籍处分。

9. 违规提供担保

违反有关规定为他人提供担保的,追究主要责任者和其他直接责任人员的责任,情节较轻的,给予警告或者严重警告处分;情节较重的,给予撤销党内职务或者留党察看处分;情节严重的,给予开除党籍处分。

10. 违规造成国有资产流失

违反国有资产管理规定,造成国有资产流失的,对主要责任者和其他直接责任人员,给予警告或者严重警告处分;情节较重的,给予撤销党内职务或者留党察看处分;情节严重的,给予开除党籍处分。

11. 违反“收支两条线”规定和国库集中收付制度

违反“收支两条线”规定和国库集中收付制度,将应当纳入法定账簿的资产未纳入法定账簿或者转为账外的,追究主要责任者和其他直接责任人员的责任,情节较轻的,给予警告或者严重警告处分;情节较重的,给予撤销党内职务或者留党察看处分;情节严重的,给予开除党籍处分。

12. 违反政府采购和招投标法律法规

党和国家机关、国有企业(公司)、事业单位、人民团体,违反政府采购和招投标法律、法规的,追究主要责任者和其他直接责任人员的责任,情节较轻的,给予警告或者严重警告处分;情节较重的,给予撤销党内职务或者留党察看处分;情节严重的,给予开除党籍处分。

13. 违反会计法律法规

党和国家机关、国有企业(公司)、事业单位、人民团体,在财务管理活动中违反会计法律、法规的,追究主要责任者和其他直接责任人员的责任,情节较轻的,给予警告或者严重警告处分;情节较重的,给予撤销党内职务或者留党察看处分;情节严重的,给予开除党籍处分。

伪造、变造会计凭证、会计账簿,或者编制虚假财务会计报告,或者隐匿、故意销毁依法应当保存的会计凭证、会计账簿、财务会计报告的,对主要责任者和其他直接责任人员,依照前款规定从重或者加重处分。

14. 其他违反财经纪律行为

在财经方面有其他违纪违法行为,情节较轻的,给予警告或者严重警告处分;情节较重的,给予撤销党内职务或者留党察看处分;情节严重的,给予开除党籍处分。

(十)失职、渎职行为及党纪处分

1. 玩忽职守、滥用职权

党和国家工作人员或者其他从事公务的人员,在工作中不履行或者不正确履行职责,给党、国家和人民利益以及公共财产造成较大损失的,给予警告或者严重警告处分;造成重大损失的,给予撤销党内职务、留党察看或者开除党籍处分。本条例另有规定的,依照规定。

前款所列人员,在工作中滥用职权或者玩忽职守,给党、国家和人民利益以及公共财产造成较大损失的,给予严重警告处分;造成重大损失的,给予撤销党内职务、留党察看或者开除党籍处分。在工作中徇私舞弊的,从重或者加重处分。本条例另有规定的,依照规定。

2. 党组织负责人失职、渎职

党组织负责人在工作中违反有关规定或者不负责任,有下列情形之一,给党、国家和人民利益以及公共财产造成较大损失的,对负有直接责任者,给予警告或者严重警告处分。造成重大损失的,对负有直接责任者,给予撤销党内职务、留党察看或者开除党籍处分;负有主要领导责任者,给予严重警告、撤销党内职务或者留党察看处分;负有重要领导责任者,给予警告、严重警告或者撤销党内职务处分:

(1)不传达贯彻、不检查督促落实党和国家的方针政策,或者作出违背党和国家方针政策的错误决策的;

(2)本地区、本部门、本系统和本单位发生公开反对党的基本理论、基本路线、基本纲领、基本经验或者党和国家方针政策行为的;

(3)不制止、不查处本地区、本部门、本系统和本单位发生的严重违纪违法行为的;

(4)在党的思想、组织、作风建设以及党风廉政建设方面有其他违反有关规定或者不负责任行为的。

有上述情形之一,造成巨大损失或者恶劣影响的,对有关责任者,依照前款规定加重处分。

3. 国家行政机关工作人员失职、渎职行为

国家行政机关或者法律、法规授权的部门、单位工作人员,在履行经济调节、市场监管、社会管理和公共服务职责中失职、渎职,情节较轻的,给予警告或者严重警告处分;情节较重的,给予撤销党内职务或者留党察看处分;情节严重的,给予开除党籍处分。

4. 国有、集体所有制公司、企业人员失职、渎职

国有企业(公司)和集体所有制企业(公司)工作人员,在生产、经营、管理等活动中有下列情形之一,给党、国家和人民利益以及公共财产造成较大损失的,对负有直接责任者,给予警告或者严重警告处分。造成重大损失的,对负有直接责任者,给予撤销党内职务、留党察看或者开除党籍处分;负有主要领导责任者,给予严重警告、撤销党内职务或者留党察看处分;负有重要领导责任者,给予警告、严重警告或者撤销党内职务处分:

(1)在签订、履行合同过程中违反有关规定或者不负责任的;

(2)对本单位、下属单位生产、销售假冒伪劣商品和其他危害公共安全、人身健康、生命财产安全的产品发现后不采取措施处

理或者措施不力，或者因工作严重不负责任购进假冒伪劣商品的；

（3）对本单位、下属单位发生的破坏国家自然资源的行为，发现后不采取措施处理或者措施不力的；

（4）对本单位、下属单位违反财政、金融、工商管理、海关、会计、统计等方面法律、法规的行为长期失察或者发现后不予纠正的；

（5）因工作不负责任，致使公共财物被贪污、挪用、盗窃、诈骗或者物资丢失、损坏、变质的。

有上述情形之一，造成巨大损失或者恶劣影响的，对有关责任者，依照前款规定加重处分。

5. 基本建设、文教卫生、邮电通信、环境保护、社会福利工作、突发事件或重大事故的处置、群众切身利益问题处理中失职、渎职

在工作中违反有关规定或者不负责任，有下列情形之一，给党、国家和人民利益以及公共财产造成较大损失的，对负有直接责任者，给予严重警告或者撤销党内职务处分。造成重大损失的，对负有直接责任者，给予留党察看或者开除党籍处分；负有主要领导责任者，给予严重警告、撤销党内职务或者留党察看处分；负有重要领导责任者，给予警告、严重警告或者撤销党内职务处分：

（1）在决定基本建设项目的立项、设计、施工、投产等工作中造成重大失误的；

（2）在文教卫生、邮电通信、环境保护、社会福利等社会管理和服务方面发生严重事故的；

（3）在灾害、事故面前未采取必要和可能的措施，贻误时机，使本可以避免或者减少的损失未能避免或者减少的；

（4）对突发事件、重大事故和其他重要情况瞒报、谎报、缓报、

漏报的;

(5)对涉及人民群众生产、生活等切身利益的问题能解决而不解决的。

有上述情形之一,造成巨大损失或者恶劣影响的,对有关责任者,依照前款规定加重处分。

6. 在管辖范围内失职、渎职

在管辖范围内,有下列情形之一,给党、国家和人民利益以及公共财产造成较大损失的,对负有直接责任者,给予警告或者严重警告处分。造成重大损失的,对负有直接责任者,给予撤销党内职务或者留党察看处分;负有主要领导责任者,给予严重警告或者撤销党内职务处分;负有重要领导责任者,给予警告或者严重警告处分:

(1)对发生的反对党的基本路线的集会、游行等活动放任不管,致使本单位多数党员、群众参加集会、游行等活动的;

(2)对存在的问题不认真解决,致使矛盾激化,造成闹事、罢工、罢课或者其他重大事件,严重影响生产、工作、教学和社会正常秩序的;

(3)对发生的明令禁止的不正之风不制止、不查处的;

(4)对发生的重大事件不及时采取措施进行处理的。

有上述情形之一,造成巨大损失或者恶劣影响的,对有关责任者,依照前款规定加重处分。

7. 安全工作失职、渎职

在安全工作方面,有下列情形之一,造成较大损失的,对负有直接责任者,给予严重警告或者撤销党内职务处分。造成重大损失的,对负有直接责任者,给予留党察看或者开除党籍处分;负有主要领导责任者,给予撤销党内职务或者留党察看处分;负有重要领导责任者,给予警告、严重警告或者撤销党内职务处分:

(1)不认真执行劳动保护、安全生产和消防等方面的法律、法规，发生爆炸、火灾、交通安全、建筑质量安全、矿山安全以及其他事故的；

（2）在组织群众性活动时，对可能发生的问题未采取有效的防范措施，发生责任事故的；

（3）因工作不负责任致使学校、幼儿园或者公共场所发生人身伤亡事故的；

（4）生产、销售假劣药品、有害食品，发生危害人身健康的事故的。

有上述情形之一，造成巨大损失或者恶劣影响的，对有关责任者，依照前款规定加重处分。

8. 执纪、行政执法、司法工作失职、渎职

在执纪、行政执法和司法工作中违反有关规定或者不负责任，有下列情形之一的，对负有直接责任者，给予警告或者严重警告处分。情节较重的，对负有直接责任者，给予撤销党内职务或者留党察看处分；负有主要领导责任者，给予警告或者严重警告处分。情节严重的，对负有直接责任者，给予开除党籍处分；负有主要领导责任者，给予撤销党内职务或者留党察看处分：

（1）在查处违纪违法案件中，瞒案不报、压案不办的；

（2）对他人要求保护合法权益的申请，无正当理由不予答复和办理的；

（3）违法采取保全措施或者不履行法定执行职责的；

（4）对依照规定应当移交其他机关或者组织的案件不移交的；

（5）在办案工作中因违反有关规定或者不负责任导致有关人员伤亡等事件的。

在行政裁决或者案件侦查、起诉、审理、审判活动中徇私舞弊或者枉法裁判的，或者刑讯逼供、暴力取证的，或者经查证确属冤假错案而不予纠正的，对负有直接责任者，给予严重警告或者撤

销党内职务处分;负有主要领导责任者,给予警告或者严重警告处分。情节严重的,对负有直接责任者,给予留党察看或者开除党籍处分;负有主要领导责任者,给予撤销党内职务或者留党察看处分。

9. 强令他人履行非法定义务

违反有关规定,强令他人履行非法定义务,有下列情形之一,情节较轻的,给予警告或者严重警告处分;情节较重的,给予撤销党内职务或者留党察看处分;情节严重的,给予开除党籍处分:

(1)以各种方式乱收费、乱摊派的;

(2)擅自向他人征收、征用财物的;

(3)有其他强令他人履行非法定义务情形的。

10. 强令他人违规行使职权、强令他人实施违法行为

利用职务上的便利,强令党和国家工作人员或者其他从事公务的人员违反有关规定行使职权,情节较重的,给予严重警告或者撤销党内职务处分;情节严重的,给予留党察看或者开除党籍处分。

强令公民、法人或者其他组织实施违反法律规定行为的,依照前款规定处理。

11. 失职致使所属人员叛逃、出走

因工作不负责任致使所属人员叛逃的,给予警告或者严重警告处分;情节严重的,给予撤销党内职务处分。

因工作不负责任致使所属人员出走,情节较重的,给予警告或者严重警告处分;情节严重的,给予撤销党内职务处分。

12. 丢失秘密文件资料、泄露党和国家秘密、失职致使发生重大失密泄密事故

丢失秘密文件资料或者泄露党和国家秘密,情节较轻的,给予警告或者严重警告处分;情节较重的,给予撤销党内职务或者留党察看处分;情节严重的,给予开除党籍处分。

在保密工作方面不负责任，致使发生重大失密泄密事故，造成或者可能造成较大损失的，对负有主要领导责任者，给予警告或者严重警告处分；造成或者可能造成重大损失的，对负有主要领导责任者，给予撤销党内职务处分。

13. 造成严重不良影响的失职、渎职

对因工作失职、渎职，所造成的后果虽不够较大损失的标准，但给本地区、本单位造成严重不良影响的直接责任者，以及所造成的后果虽不够重大损失的标准，但给本地区、本单位造成严重不良影响的主要领导责任者，根据损失的数额及影响程度，给予警告、严重警告或者撤销党内职务处分。

（十一）侵犯党员权利、公民权利的行为及党纪处分

1. 侵犯批评权、检举权、控告权、打击报复

对批评、检举、控告进行阻挠、压制，或者将批评、检举、控告、申诉材料私自扣押、销毁，或者故意将其泄露给被批评人、被检举人、被控告人的，给予警告或者严重警告处分；情节较重的，给予撤销党内职务或者留党察看处分；情节严重的，给予开除党籍处分。

对批评人、检举人、控告人、证人及其他人员打击报复的，依照前款规定从重或者加重处分。

2. 侵犯申辩权、辩护权、申诉权、作证权

对党员或者公民的申辩、辩护、申诉、作证等，进行压制，造成不良后果的，给予警告或者严重警告处分；情节严重的，给予撤销党内职务处分。

3. 侵犯选举权、被选举权、表决权

侵犯党员或者公民的选举权、被选举权、表决权，情节较重的，给予警告或者严重警告处分；情节严重的，给予撤销党内职务处分。

伪造选举文件、篡改选举结果或者以威胁、贿赂、欺骗等手

段，妨害选民或者代表自由行使选举权、被选举权和表决权的，给予撤销党内职务、留党察看或者开除党籍处分。

4. 侵犯人身权利

侵犯他人人身权利，有下列行为之一，情节较轻的，给予警告或者严重警告处分；情节较重的，给予撤销党内职务或者留党察看处分；情节严重的，给予开除党籍处分：

(1)侮辱、诽谤他人的；

(2)对他人进行殴打、体罚、非法拘禁、非法搜查的；

(3)非法侵入或者非法搜查他人住宅的；

(4)有其他侵犯他人人身权利行为的。

5. 侵犯劳动者权利

违反劳动管理法律、法规侵犯他人权利，情节较重的，给予警告或者严重警告处分；情节严重的，给予撤销党内职务、留党察看或者开除党籍处分。

6. 侵犯通信自由

隐匿、毁弃或者非法开拆他人邮件、信件，侵犯他人通信自由，情节较重的，给予警告或者严重警告处分；情节严重的，给予撤销党内职务、留党察看或者开除党籍处分。

利用职务上的便利侵犯他人通信自由的，依照前款规定加重处分。

7. 干涉婚姻自由

干涉他人婚姻自由，情节较重的，给予警告或者严重警告处分；情节严重的，给予撤销党内职务、留党察看或者开除党籍处分。

8. 诬告陷害

诬告陷害他人的，给予警告或者严重警告处分；情节较重的，给予撤销党内职务或者留党察看处分；情节严重的，给予开除党籍处分。

9. 其他侵犯党员权利、公民权利行为

有其他侵犯党员权利、公民权利的行为，情节较重的，给予警告或者严重警告处分；情节严重的，给予撤销党内职务、留党察看或者开除党籍处分。

（十二）严重违反社会主义道德的行为及党纪处分

1. 骗取荣誉

弄虚作假，骗取荣誉的，给予警告或者严重警告处分；情节较重的，给予撤销党内职务或者留党察看处分；情节严重的，给予开除党籍处分。

2. 通奸、重婚、包养情妇（夫）

与他人通奸，造成不良影响的，给予警告或者严重警告处分；情节较重的，给予撤销党内职务或者留党察看处分；情节严重的，给予开除党籍处分。

与现役军人的配偶通奸的，依照前款规定从重或者加重处分。

重婚或者包养情妇（夫）的，给予开除党籍处分。

3. 利用特定关系与他人发生性关系

利用职权、教养关系、从属关系或者其他相类似关系与他人发生性关系的，给予撤销党内职务处分；情节严重的，给予留党察看或者开除党籍处分。

4. 拒不承担抚养教育义务、拒不承担赡养义务、遗弃家庭成员、虐待家庭成员

拒不承担抚养教育义务或者赡养义务，情节较重的，给予警告或者严重警告处分；情节严重的，给予撤销党内职务处分。

虐待家庭成员情节较重或者遗弃家庭成员的，给予撤销党内职务或者留党察看处分；情节严重的，给予开除党籍处分。

5. 临危能救而不救

遇到国家财产和人民群众生命财产受到严重威胁时，能救而

不救,情节较重的,给予警告、严重警告或者撤销党内职务处分;情节严重的,给予留党察看或者开除党籍处分。

6. 其他严重违反社会主义道德行为

有其他严重违反社会主义道德的行为,情节较重的,给予警告或者严重警告处分;情节严重的,给予撤销党内职务、留党察看或者开除党籍处分。

(十三)妨害社会管理秩序的行为及党纪处分

1. 进行色情活动

进行色情活动的,给予严重警告或者撤销党内职务处分;情节严重的,给予留党察看或者开除党籍处分。本条例另有规定的,依照规定。

2. 嫖娼、卖淫,组织、强迫、介绍、教唆、引诱、容留他人嫖娼、卖淫,故意为嫖娼、卖淫提供方便条件

嫖娼、卖淫,或者组织、强迫、介绍、教唆、引诱、容留他人嫖娼、卖淫,或者故意为嫖娼、卖淫提供方便条件的,给予开除党籍处分。

3. 制作、复制、出售、出租、传播淫秽物品

制作、复制、出售、出租、传播淫秽影视书画或者其他淫秽物品,情节较轻的,给予严重警告处分;情节较重的,给予撤销党内职务或者留党察看处分;情节严重的,给予开除党籍处分。

4. 观看淫秽影视书画、观看淫秽表演、组织淫秽表演

观看淫秽影视书画,情节较重的,给予警告或者严重警告处分;情节严重的,给予撤销党内职务处分。

观看淫秽表演的,给予严重警告或者撤销党内职务处分;情节严重的,给予留党察看或者开除党籍处分。

组织进行淫秽表演的,给予开除党籍处分。

5. 进行淫乱活动、猥亵、侮辱妇女

进行淫乱活动的,给予严重警告或者撤销党内职务处分;情

节严重的，给予留党察看或者开除党籍处分。

猥亵、侮辱妇女的，依照前款规定处理。

6. 吸毒，非法种植毒品原植物，制造、运输、贩卖毒品

违反有关规定吸食、注射毒品、精神药品或者其他违禁品的，给予撤销党内职务处分；情节严重的，给予留党察看或者开除党籍处分。

以牟利为目的，违反有关规定种植毒品原植物或者制造、运输、贩卖毒品、精神药品和其他违禁品的，给予开除党籍处分。

单位有前款所列行为的，对主要责任者和其他直接责任人员，依照前款规定处理。

7. 侵犯公私财产

侵犯公私财产，有下列行为之一，情节较轻的，给予警告或者严重警告处分；情节较重的，给予撤销党内职务或者留党察看处分；情节严重的，给予开除党籍处分：

(1)盗窃公私财物的；

(2)诈骗公私财物的；

(3)抢夺公私财物的；

(4)破坏或者哄抢公私财物的；

(5)有其他侵犯公私财产行为的。

敲诈勒索公私财物的，给予开除党籍处分；情节较轻的，给予留党察看处分。

8. 赌博、为赌博提供方便条件

以营利为目的聚众赌博或者以赌博为业的，给予开除党籍处分。

参加赌博屡教屡犯，或者赌资较大，或者在工作时间赌博，或者在国(境)外赌博的，给予警告、严重警告或者撤销党内职务处分；情节严重的，给予留党察看或者开除党籍处分。党员领导干部参加赌博的，从重或者加重处分。

故意为赌博活动提供场所或者其他方便条件，情节较重的，给予警告、严重警告或者撤销党内职务处分；情节严重的，给予留党察看或者开除党籍处分。

9. 妨碍公务

妨碍党和国家工作人员或者其他从事公务的人员依纪依法执行公务，情节较轻的，给予警告或者严重警告处分；情节较重的，给予撤销党内职务或者留党察看处分；情节严重的，给予开除党籍处分。

10. 扰乱、破坏公共秩序，搞封建迷信活动

扰乱和破坏生产、交通、工作等公共秩序的，给予警告或者严重警告处分；情节较重的，给予撤销党内职务或者留党察看处分；情节严重的，给予开除党籍处分。

搞封建迷信活动，扰乱生产、工作、社会生活秩序的，依照前款规定从重或者加重处分。

11. 伪造、变造公文、证件、印章或者买卖、使用伪造的公文、证件、印章

伪造、变造或者买卖、使用伪造的党和国家机关、企业（公司）、事业单位、人民团体的公文、证件、印章的，给予严重警告处分；情节较重的，给予撤销党内职务或者留党察看处分；情节严重的，给予开除党籍处分。

抢夺党和国家机关、企业（公司）、事业单位、人民团体的公文、证件、印章的，依照前款规定从重或者加重处分。

伪造、变造或者买卖、使用伪造的学历、文凭的，依照第一款规定处理。

12. 超计划生育、破坏人口与计划生育法律法规实施

违反人口与计划生育法律、法规超计划生育的，给予严重警告或者撤销党内职务处分；情节严重的，给予留党察看或者开除党籍处分。

破坏人口与计划生育法律、法规实施的，给予撤销党内职务或者留党察看处分；情节严重的，给予开除党籍处分。

13. 违反保护环境、资源保护、文物古迹等法律法规

违反国家关于保护环境、自然资源和文物古迹等方面的法律、法规，情节较轻的，给予警告或者严重警告处分；情节较重的，给予撤销党内职务或者留党察看处分；情节严重的，给予开除党籍处分。

单位有前款所列行为的，对主要责任者和其他直接责任人员，依照前款规定处理。

14. 编造、散播虚假信息或者其他对社会有害的信息

编造、散播虚假信息或者其他对社会有害的信息，情节较重的，给予警告或者严重警告处分；情节严重的，给予撤销党内职务、留党察看或者开除党籍处分。

15. 违规侵入、破坏计算机信息系统

违反有关规定，侵入、破坏计算机信息系统，损害党、国家和人民利益，情节较轻的，给予警告或者严重警告处分；情节较重的，给予撤销党内职务或者留党察看处分；情节严重的，给予开除党籍处分。

16. 包庇

包庇犯罪分子，情节较轻的，给予严重警告或者撤销党内职务处分；情节较重的，给予留党察看处分；情节严重的，给予开除党籍处分。

包庇恐怖组织、黑社会性质组织及其主要成员的，给予开除党籍处分。

包庇有严重违纪行为应受纪律处分人员的，给予警告或者严重警告处分；情节严重的，给予撤销党内职务处分。

17. 被蒙骗为犯罪分子犯罪活动提供方便条件

被犯罪分子蒙骗而为其犯罪活动提供方便条件的，给予警告

或者严重警告处分；情节严重的，给予撤销党内职务或者留党察看处分。

18. 触犯驻在国家、地区的法律、法令或者不尊重驻在国家、地区的宗教习俗

驻外机构或者临时出国（境）团（组）中的党员，触犯驻在国家、地区的法律、法令或者不尊重驻在国家、地区的宗教习俗，情节较重的，给予警告或者严重警告处分；情节严重的，给予撤销党内职务、留党察看或者开除党籍处分。

19. 偷越国（边）境

违反国（边）境管理法律、法规，偷越国（边）境的，给予开除党籍处分。

20. 其他妨害社会管理秩序行为

有其他妨害社会管理秩序的行为，情节较重的，给予警告或者严重警告处分；情节严重的，给予撤销党内职务、留党察看或者开除党籍处分。

另外，对党员有因故意犯罪被依法判处《刑法》规定的主刑（含宣告缓刑）、因过失犯罪被依法判处三年以上（不含三年）有期徒刑、单处或者附加剥夺政治权利此三种情形之一的，应当给予开除党籍处分。因过失犯罪被判处三年以下（含三年）有期徒刑或者被判处管制、拘役的，一般应当开除党籍；对于个别可以不开除党籍的，应当对照处分党员批准权限的规定，报请再上一级党组织批准。

二、违反政纪行为及政纪处分

（一）行政机关公务员违反政纪行为及政纪处分

《行政机关公务员处分条例》对行政机关、行政机关公务员以及对法律、法规授权的具有公共事务管理职能的事业单位中经批准参照《中华人民共和国公务员法》管理的工作人员等违法违纪行为及其适用的处分予以了明确规定。

1. 违反政治纪律的行为

有下列行为之一的，给予记大过处分；情节较重的，给予降级或者撤职处分；情节严重的，给予开除处分：

(1)散布有损国家声誉的言论，组织或者参加旨在反对国家的集会、游行、示威等活动的；

(2)组织或者参加非法组织，组织或者参加罢工的；

(3)违反国家的民族宗教政策，造成不良后果的；

(4)以暴力、威胁、贿赂、欺骗等手段，破坏选举的；

(5)在对外交往中损害国家荣誉和利益的；

(6)非法出境，或者违反规定滞留境外不归的；

(7)未经批准获取境外永久居留资格，或者取得外国国籍的；

(8)其他违反政治纪律的行为。

有前款第(6)项规定行为的，给予开除处分；有前款第(1)项、第(2)项或者第(3)项规定的行为，属于不明真相被裹挟参加，经批评教育后确有悔改表现的，可以减轻或者免予处分。

2. 违反组织纪律的行为

有下列行为之一的，给予警告、记过或者记大过处分；情节较重的，给予降级或者撤职处分；情节严重的，给予开除处分：

(1)负有领导责任的公务员违反议事规则，个人或者少数人决定重大事项，或者改变集体作出的重大决定的；

(2)拒绝执行上级依法作出的决定、命令的；

(3)拒不执行机关的交流决定的；

(4)拒不执行人民法院对行政案件的判决、裁定或者监察机关、审计机关、行政复议机关作出的决定的；

(5)违反规定应当回避而不回避，影响公正执行公务，造成不良后果的；

(6)离任、辞职或者被辞退时，拒不办理公务交接手续或者拒不接受审计的；

(7)旷工或者因公外出、请假期满无正当理由逾期不归,造成不良影响的;

(8)其他违反组织纪律的行为。

3. 玩忽职守、贻误工作的行为

有下列行为之一的,给予记过、记大过处分;情节较重的,给予降级或者撤职处分;情节严重的,给予开除处分:

(1)不依法履行职责,致使可以避免的爆炸、火灾、传染病传播流行、严重环境污染、严重人员伤亡等重大事故或者群体性事件发生的;

(2)发生重大事故、灾害、事件或者重大刑事案件、治安案件,不按规定报告、处理的;

(3)对救灾、抢险、防汛、防疫、优抚、扶贫、移民、救济、社会保险、征地补偿等专项款物疏于管理,致使款物被贪污、挪用,或者毁损、灭失的;

(4)其他玩忽职守、贻误工作的行为。

4. 在行政许可、行政强制、行政处罚、行政委托和招标投标、征收征用、城市房屋拆迁、拍卖等工作中违反纪律的行为

有下列行为之一的,给予警告或者记过处分;情节较重的,给予记大过或者降级处分;情节严重的,给予撤职处分:

(1)在行政许可工作中违反法定权限、条件和程序设定或者实施行政许可的;

(2)违法设定或者实施行政强制措施的;

(3)违法设定或者实施行政处罚的;

(4)违反法律、法规规定进行行政委托的;

(5)对需要政府、政府部门决定的招标投标、征收征用、城市房屋拆迁、拍卖等事项违反规定办理的。

5. 弄虚作假、误导、欺骗领导和公众的行为

弄虚作假,误导、欺骗领导和公众,造成不良后果的,给予警

告、记过或者记大过处分；情节较重的，给予降级或者撤职处分；情节严重的，给予开除处分。

6. 违反廉政纪律的行为

有贪污、索贿、受贿、行贿、介绍贿赂、挪用公款、利用职务之便为自己或者他人谋取私利、巨额财产来源不明等违反廉政纪律行为的，给予记过或者记大过处分；情节较重的，给予降级或者撤职处分；情节严重的，给予开除处分。

7. 违反财经纪律、挥霍浪费国家资财的行为

违反财经纪律，挥霍浪费国家资财的，给予警告处分；情节较重的，给予记过或者记大过处分；情节严重的，给予降级或者撤职处分。

8. 滥用职权、侵害公民、法人或者其他组织合法权益的行为

有下列行为之一的，给予记过或者记大过处分；情节较重的，给予降级或者撤职处分；情节严重的，给予开除处分：

(1)以殴打、体罚、非法拘禁等方式侵犯公民人身权利的；

(2)压制批评，打击报复，扣压、销毁举报信件，或者向被举报人透露举报情况的；

(3)违反规定向公民、法人或者其他组织摊派或者收取财物的；

(4)妨碍执行公务或者违反规定干预执行公务的；

(5)其他滥用职权，侵害公民、法人或者其他组织合法权益的行为。

9. 泄露国家秘密、工作秘密或者泄露因履行职责掌握的商业秘密、个人隐私的行为

泄露国家秘密、工作秘密，或者泄露因履行职责掌握的商业秘密、个人隐私，造成不良后果的，给予警告、记过或者记大过处分；情节较重的，给予降级或者撤职处分；情节严重的，给予开除处分。

10. 从事或者参与营利性活动、在企业或者其他营利性组织中兼任职务

从事或者参与营利性活动,在企业或者其他营利性组织中兼任职务的,给予记过或者记大过处分;情节较重的,给予降级或者撤职处分;情节严重的,给予开除处分。

11. 严重违反职业道德、社会公德的行为

严重违反公务员职业道德,工作作风懈怠、工作态度恶劣,造成不良影响的,给予警告、记过或者记大过处分。

有下列行为之一的,给予警告、记过或者记大过处分;情节较重的,给予降级或者撤职处分;情节严重的,给予开除处分:(1)拒不承担赡养、抚养、扶养义务的;(2)虐待、遗弃家庭成员的;(3)包养情人的;(4)严重违反社会公德的行为。有前款第(3)项行为的,给予撤职或者开除处分。

参与迷信活动,造成不良影响的,给予警告、记过或者记大过处分;组织迷信活动的,给予降级或者撤职处分,情节严重的,给予开除处分。

吸食、注射毒品或者组织、支持、参与卖淫、嫖娼、色情淫乱活动的,给予撤职或者开除处分。

参与赌博的,给予警告或者记过处分;情节较重的,给予记大过或者降级处分;情节严重的,给予撤职或者开除处分。为赌博活动提供场所或者其他便利条件的,给予警告、记过或者记大过处分;情节严重的,给予撤职或者开除处分。在工作时间赌博的,给予记过、记大过或者降级处分;屡教不改的,给予撤职或者开除处分。挪用公款赌博的,给予撤职或者开除处分。利用赌博索贿、受贿或者行贿的,依照本条例第二十三条的规定给予处分。

违反规定超计划生育的,给予降级或者撤职处分;情节严重的,给予开除处分。

(二)事业单位工作人员违反政纪行为及政纪处分

《事业单位工作人员处分暂行规定》对事业单位工作人员违法违纪行为及其适用的处分予以了明确规定。

1. 违反政治纪律的行为

有下列行为之一的,给予记过处分;情节较重的,给予降低岗位等级或者撤职处分;情节严重的,给予开除处分:

(1)散布损害国家声誉的言论,组织或者参加旨在损害国家利益的集会、游行、示威等活动的;

(2)组织或者参加非法组织的;

(3)接受境外资助从事损害国家利益或者危害国家安全活动的;

(4)接受损害国家荣誉和利益的境外邀请、奖励,经批评教育拒不改正的;

(5)违反国家民族宗教法规和政策,造成不良后果的;

(6)非法出境、未经批准获取境外永久居留资格或者取得外国国籍的;

(7)携带含有依法禁止内容的书刊、音像制品、电子读物进入国(境)内的;

(8)其他违反政治纪律的行为。

有前款第(1)项至第(2)项规定的行为,但属于不明真相被裹挟参加、经批评教育后确有悔改表现的,可以减轻或者免予处分。

2. 违反工作纪律失职渎职的行为

有下列行为之一的,给予警告或者记过处分;情节较重的,给予降低岗位等级或者撤职处分;情节严重的,给予开除处分:

(1)在执行国家重要任务、应对公共突发事件中,不服从指挥、调遣或者消极对抗的;

(2)破坏正常工作秩序,给国家或者公共利益造成损失的;

(3)违章指挥、违规操作,致使人民生命财产遭受损失的;

(4)发生重大事故、灾害、事件,擅离职守或者不按规定报告、不采取措施处置或者处置不力的;

(5)在项目评估评审、产品认证、设备检测检验等工作中徇私舞弊,或者违反规定造成不良影响的;

(6)泄露国家秘密的;

(7)泄露因工作掌握的内幕信息,造成不良后果的;

(8)采取不正当手段为本人或者他人谋取岗位,或者在事业单位公开招聘等人事管理工作中有其他违反组织人事纪律行为的;

(9)其他违反工作纪律失职渎职的行为。

有前款第(6)项规定行为的,给予记过以上处分。

3.违反廉洁从业纪律的行为

有下列行为之一的,给予警告或者记过处分;情节较重的,给予降低岗位等级或者撤职处分;情节严重的,给予开除处分:

(1)贪污、索贿、受贿、行贿、介绍贿赂、挪用公款的;

(2)利用工作之便为本人或者他人谋取不正当利益的;

(3)在公务活动或者工作中接受礼金、各种有价证券、支付凭证的;

(4)利用知悉或者掌握的内幕信息谋取利益的;

(5)用公款旅游或者变相用公款旅游的;

(6)违反国家规定,从事、参与营利性活动或者兼任职务领取报酬的;

(7)其他违反廉洁从业纪律的行为。

有前款第(1)项规定行为的,给予记过以上处分。

4.违反财经纪律的行为

有下列行为之一的,给予警告或者记过处分;情节较重的,给予降低岗位等级或者撤职处分;情节严重的,给予开除处分:

(1)违反国家财政收入上缴有关规定的；

(2)违反规定使用、骗取财政资金或者社会保险基金的；

(3)擅自设定收费项目或者擅自改变收费项目的范围、标准和对象的；

(4)挥霍、浪费国家资财或者造成国有资产流失的；

(5)违反国有资产管理规定，擅自占有、使用、处置国有资产的；

(6)在招标投标和物资采购工作中违反有关规定，造成不良影响或者损失的；

(7)其他违反财经纪律的行为。

5. 严重违反职业道德的行为

有下列行为之一的，给予警告或者记过处分；情节较重的，给予降低岗位等级或者撤职处分；情节严重的，给予开除处分：

(1)利用专业技术或者技能实施违法违纪行为的；

(2)有抄袭、剽窃、侵吞他人学术成果，伪造、篡改数据文献，或者捏造事实等学术不端行为的；

(3)利用职业身份进行利诱、威胁或者误导，损害他人合法权益的；

(4)利用权威、地位或者掌控的资源，压制不同观点，限制学术自由，造成重大损失或者不良影响的；

(5)在申报岗位、项目、荣誉等过程中弄虚作假的；

(6)工作态度恶劣，造成不良社会影响的；

(7)其他严重违反职业道德的行为。

有前款第(1)项规定行为的，给予记过以上处分。

6. 严重违反公共秩序、社会公德的行为

有下列行为之一的，给予警告或者记过处分；情节较重的，给予降低岗位等级或者撤职处分；情节严重的，给予开除处分：

(1)制造、传播违法违禁物品及信息的；

(2)组织、参与卖淫、嫖娼等色情活动的;

(3)吸食毒品或者组织、参与赌博活动的;

(4)违反规定超计划生育的;

(5)包养情人的;

(6)有虐待、遗弃家庭成员,或者拒不承担赡养、抚养、扶养义务等的;

(7)其他严重违反公共秩序、社会公德的行为。

(三)国有企业领导人员违反廉洁自律“七项要求”的违纪行为及政纪处分

《关于国有企业领导人员违反廉洁自律“七项要求”政纪处分规定》对国有企业领导人员违反廉洁自律“七项要求”的违纪行为及政纪处分予以了明确规定。

1. 利用职务上的便利通过同业经营或关联交易为本人或特定关系人谋取利益

利用职务上的便利通过同业经营或者关联交易为本人或者特定关系人谋取利益,有下列情形之一的,给予记过或者记大过处分;情节较重的,给予降级或者撤职处分;情节严重的,给予开除处分:

(1)本人经营或者为特定关系人经营与其所任职企业相同或者有竞争关系业务的;

(2)为本人或者特定关系人谋取属于本企业商业机会的;

(3)利用本企业商业秘密、知识产权、业务渠道、资质、品牌或者商业信誉,为本人或者特定关系人谋取利益的;

(4)与本人或者特定关系人经营或者实际控制的企业订立合同或者进行交易的;

(5)本人或者特定关系人在本企业的关联企业或者与本企业有业务关系的企业从事证券投资以外的投资入股的;

(6)不按照独立企业之间的业务往来支付价款、费用,或者以优于对非关联方同类交易的条件进行交易的;

(7)为本人或者特定关系人经营的企业拆借资金、提供担保或者转嫁风险的;

(8)不按照规定披露关联交易信息的。

2. 相互为对方及其配偶、子女和其他特定关系人从事营利性经营活动提供便利条件

相互为对方及其配偶、子女和其他特定关系人从事营利性经营活动提供便利条件,有下列情形之一的,给予记过或者记大过处分;情节较重的,给予降级或者撤职处分;情节严重的,给予开除处分:

(1)将本单位的盈利业务交由对方及其配偶、子女和其他特定关系人经营的;

(2)以明显高于市场的价格向对方及其配偶、子女和其他特定关系人经营管理的单位采购商品、提供服务或者以明显低于市场的价格向对方及其配偶、子女和其他特定关系人经营管理的单位销售商品、提供服务的;

(3)向对方及其配偶、子女和其他特定关系人经营管理的单位采购不合格商品的;

(4)向对方及其配偶、子女和其他特定关系人经营管理的单位提供本企业的商业机会或者商业秘密的;

(5)为对方及其配偶、子女和其他特定关系人经营管理的单位拆借资金、提供担保或者承担风险的;

(6)通过虚假招标、串通招标或者控制中标结果等方式为对方及其配偶、子女和其他特定关系人谋求中标的。

授意、指使下属单位、关联企业、与本企业有业务关系的企业或者人员从事前款所列行为的,按照前款规定处理。

3. 在企业资产整合、引入战略投资者等过程中利用职权谋取私利

在企业资产整合、引入战略投资者等过程中,利用职权谋取私利,有下列情形之一的,给予记过或者记大过处分;情节较重的,给予降级或者撤职处分;情节严重的,给予开除处分:

(1)索取他人财物,或者收受他人财物,非法处置国有资产权益的;

(2)隐匿、截留、转移国有资产的;

(3)违反规定以经济补偿金、企业年金、商业保险等名义将国有资产集体私分给个人的;

(4)为谋求业绩,编造或者提供虚假财务报告的;

(5)为谋取其他不正当利益,不履行或者不正确履行职责,造成国有资产流失的。

4. 擅自抵押、担保、委托理财

擅自以企业资产提供担保的,给予警告、记过或者记大过处分;造成损失的,给予降级或者撤职处分;造成重大损失的,给予开除处分。

擅自将企业资金、证券等金融性资产委托他人管理投资的,给予警告、记过或者记大过处分;情节较重的,给予降级或者撤职处分;情节严重的,给予开除处分。

5. 利用企业上市或上市公司并购、重组、定向增发等过程中的内幕信息为本人或特定关系人谋取利益

利用企业上市或者上市公司并购、重组、定向增发等过程中的内幕信息为本人或特定关系人谋取利益的,给予记过或者记大过处分;情节较重的,给予降级或者撤职处分;情节严重的,给予开除处分。

6. 授意、指使、强令财会人员提供虚假财务报告

授意、指使、强令财会人员提供虚假财务报告的,给予警告处

分;情节较重的,给予记过或者记大过处分;情节严重的,给予降级或者撤职处分。

7. 违规自定薪酬、兼职取酬、滥发补贴和奖金

违反规定自行决定本级领导人员薪酬或者滥发补贴和奖金的,给予警告、记过或者记大过处分;情节较重的,给予降级或者撤职处分;情节严重的,给予开除处分。

违反规定兼职或者兼职取酬的,给予记过或者记大过处分;情节较重的,给予降级或者撤职处分;情节严重的,给予开除处分。

附录二：我国刑法规定的腐败与职务犯罪的立案标准

根据我国刑法及其他法律法规的规定，本书总结出腐败与职务犯罪的一系列立案标准，总共涉及刑法 93 个条款和 82 个罪名。

1. 贪污案

涉嫌下列情形之一的，应予立案；

a. 贪污数额在三万元以上的；

b. 贪污数额在一万元以上不满三万元，但具有下列情形之一的：

（ⅰ）贪污救灾、抢险、防汛、优抚、扶贫、移民、救济、防疫、社会捐助等特定款物的；

（ⅱ）曾因贪污、受贿、挪用公款受过党纪、行政处分的；

（ⅲ）曾因故意犯罪受过刑事追究的；

（ⅳ）赃款赃物用于非法活动的；

（ⅴ）拒不交待赃款赃物去向或者拒不配合追缴工作，致使无法追缴的；

(ⅵ)造成恶劣影响或者其他严重后果的。

2. 挪用公款案

涉嫌下列情形之一的,应予立案:

a. 挪用公款归个人使用,进行非法活动,数额在三万元以上的;

b. 挪用公款归个人使用,进行营利活动或者超过三个月未还,数额在五万元以上的。

3. 挪用资金案

涉嫌下列情形之一的,应予立案:

a. 挪用资金归个人使用,进行非法活动,数额在六万元以上的;

b. 挪用资金归个人使用,进行营利活动或者超过三个月未还,数额在十万元以上的。

(按照挪用公款罪的数额标准规定的二倍执行)

4. 受贿案

涉嫌下列情形之一的,应予立案:

a. 受贿数额在三万元以上的;

b. 受贿数额在一万元以上不满三万元,但具有下列情形之一的:

(ⅰ)曾因贪污、受贿、挪用公款受过党纪、行政处分的;

(ⅱ)曾因故意犯罪受过刑事追究的;

(ⅲ)赃款赃物用于非法活动的;

(ⅳ)拒不交待赃款赃物去向或者拒不配合追缴工作,致使无法追缴的;

(ⅴ)造成恶劣影响或者其他严重后果的;

(ⅵ)多次索贿的;

(ⅶ)为他人谋取不正当利益,致使公共财产、国家和人民利益遭受损失的;

(ⅷ)为他人谋取职务提拔、调整的。

5. 单位受贿案

涉嫌下列情形之一的，应予立案：

a. 单位受贿数额在十万元以上的；

b. 单位受贿数额不满十万元，但具有下列情形之一的：

(ⅰ)故意刁难、要挟有关单位、个人，造成恶劣影响的；

(ⅱ)强行索取财物的；

(ⅲ)致使国家或者社会利益遭受重大损失的。

6. 非国家工作人员受贿案

涉嫌非国家工作人员受贿数额在六万元以上的，应予立案。(按照受贿罪、贪污罪相对应的数额标准规定的二倍执行)

7. 利用影响力受贿案

涉嫌下列情形之一的，应予立案：

a. 受贿数额在三万元以上的；

b. 受贿数额在一万元以上不满三万元，但具有下列情形之一的：

(ⅰ)曾因贪污、受贿、挪用公款受过党纪、行政处分的；

(ⅱ)曾因故意犯罪受过刑事追究的；

(ⅲ)赃款赃物用于非法活动的；

(ⅳ)拒不交待赃款赃物去向或者拒不配合追缴工作，致使无法追缴的；

(ⅴ)造成恶劣影响或者其他严重后果的；

(ⅵ)多次索贿的；

(ⅶ)为他人谋取不正当利益，致使公共财产、国家和人民利益遭受损失的；

(ⅷ)为他人谋取职务提拔、调整的。

(《刑法》第三百八十八条之一规定的利用影响力受贿罪的定罪量刑适用标准，参照受贿罪的规定执行)

8. 对有影响力的人行贿案

涉嫌下列情形之一的，应予立案：

a. 为谋取不正当利益，向国家工作人员行贿，数额在三万元以上的；

b. 行贿数额在一万元以上不满三万元，但具有下列情形之一的：

（ⅰ）向三人以上行贿的；

（ⅱ）将违法所得用于行贿的；

（ⅲ）通过行贿谋取职务提拔、调整的；

（ⅳ）向负有食品、药品、安全生产、环境保护等监督管理职责的国家工作人员行贿，实施非法活动的；

（ⅴ）向司法工作人员行贿，影响司法公正的；

（ⅵ）造成经济损失数额在五十万元以上不满一百万元的。

（《刑法》第三百九十条之一规定的对有影响力的人行贿罪的定罪量刑适用标准，参照行贿罪的规定执行）

c. 单位对有影响力的人行贿数额在二十万元以上的，应当依照《刑法》第三百九十条之一的规定以对有影响力的人行贿罪追究刑事责任。

9. 行贿案

涉嫌下列情形之一的，应予立案：

a. 为谋取不正当利益，向国家工作人员行贿，数额在三万元以上的；

b. 行贿数额在一万元以上不满三万元，但具有下列情形之一的：

（ⅰ）向三人以上行贿的；

（ⅱ）将违法所得用于行贿的；

（ⅲ）通过行贿谋取职务提拔、调整的；

（ⅳ）向负有食品、药品、安全生产、环境保护等监督管理职责的国家工作人员行贿，实施非法活动的；

（ⅴ）向司法工作人员行贿，影响司法公正的；

（ⅵ）造成经济损失数额在五十万元以上不满一百万元的。

10. 对单位行贿案

涉嫌下列情形之一的，应予立案：

a. 个人行贿数额在十万元以上、单位行贿数额在二十万元以上的；

b. 个人行贿数额不满十万元、单位行贿数额在十万元以上不满二十万元，但具有下列情形之一的：

（ⅰ）为谋取非法利益而行贿的；

（ⅱ）向3个以上单位行贿的；

（ⅲ）向党政机关、司法机关、行政执法机关行贿的；

（ⅳ）致使国家或者社会利益遭受重大损失的。

11. 对非国家工作人员行贿案

涉嫌对非国家工作人员行贿，行贿数额在六万元以上，应予立案。（按照行贿罪的数额标准规定的二倍执行）

12. 介绍贿赂案

涉嫌下列情形之一的，应予立案：

a. 介绍个人向国家工作人员行贿，数额在二万元以上的；介绍单位向国家工作人员行贿，数额在二十万元以上的；

b. 介绍贿赂数额不满上述标准，但具有下列情形之一的：

（ⅰ）为使行贿人获取非法利益而介绍贿赂的；

（ⅱ）3次以上或者为3人以上介绍贿赂的；

（ⅲ）向党政领导、司法工作人员、行政执法人员介绍贿赂的；

（ⅳ）致使国家或者社会利益遭受重大损失的。

13. 单位行贿案

涉嫌下列情形之一的，应予立案：

a. 单位行贿数额在二十万元以上的；

b.单位为谋取不正当利益而行贿,数额在十万元以上不满二十万元,但具有下列情形之一的:

(i)为谋取非法利益而行贿的;

(ii)向3人以上行贿的;

(iii)向党政领导、司法工作人员、行政执法人员行贿的;

(iv)致使国家或者社会利益遭受重大损失的。

14.职务侵占案

涉嫌侵占数额达六万元以上的,应予立案。(按照受贿罪、贪污罪相对应的数额标准规定的二倍执行)

15.巨额财产来源不明案

涉嫌巨额财产来源不明,数额在三十万元以上的,应予立案。

16.隐瞒境外存款案

涉嫌隐瞒境外存款,折合人民币数额在三十万元以上的,应予立案。

17.私分国有资产案

涉嫌私分国有资产,累计数额在十万元以上的,应予立案。

18.私分罚没财物案

涉嫌私分罚没财物,累计数额在十万元以上,应予立案。

19.对外国公职人员、国际公共组织官员行贿案

为谋取不正当利益,给予公司、企业或者其他单位的工作人员以财物,个人行贿数额在一万元以上的,单位行贿数额在二十万元以上的,应予立案追诉。

20.滥用职权案

涉嫌下列情形之一的,应予立案:

a.造成死亡1人以上,或者重伤2人以上,或者重伤1人、轻伤3人以上,或者轻伤5人以上的;

b.导致10人以上严重中毒的;

c.造成个人财产直接经济损失十万元以上,或者直接经济损

失不满十万元,但间接经济损失五十万元以上的;

d. 造成公共财产或者法人、其他组织财产直接经济损失二十万元以上,或者直接经济损失不满二十万元,但间接经济损失一百万元以上的;

e. 虽未达到3、4两项数额标准,但3、4两项合计直接经济损失二十万元以上,或者合计直接经济损失不满二十万元,但合计间接经济损失一百万元以上的;

f. 造成公司、企业等单位停业、停产6个月以上,或者破产的;

g. 弄虚作假,不报、缓报、谎报或者授意、指使、强令他人不报、缓报、谎报情况,导致重特大事故危害结果继续、扩大,或者致使抢救、调查、处理工作延误的;

h. 严重损害国家声誉,或者造成恶劣社会影响的;

i. 其他致使公共财产、国家和人民利益遭受重大损失的情形。

21. 玩忽职守案

涉嫌下列情形之一的,应予立案:

a. 造成死亡1人以上,或者重伤3人以上,或者重伤2人、轻伤4人以上,或者重伤1人、轻伤7人以上,或者轻伤10人以上的;

b. 导致20人以上严重中毒的;

c. 造成个人财产直接经济损失十五万元以上,或者直接经济损失不满十五万元,但间接经济损失七十五万元以上的;

d. 造成公共财产或者法人、其他组织财产直接经济损失三十万元以上,或者直接经济损失不满三十万元,但间接经济损失一百五十万元以上的;

e. 虽未达到3、4两项数额标准,但3、4两项合计直接经济损失三十万元以上,或者合计直接经济损失不满三十万元,但合计间接经济损失一百五十万元以上的;

f. 造成公司、企业等单位停业、停产 1 年以上，或者破产的；

g. 海关、外汇管理部门的工作人员严重不负责任，造成一百万美元以上外汇被骗购或者逃汇一千万美元以上的；

h. 严重损害国家声誉，或者造成恶劣社会影响的；

i. 其他致使公共财产、国家和人民利益遭受重大损失的情形。

22. 故意泄露国家秘密案

涉嫌下列情形之一的，应予立案：

a. 泄露绝密级国家秘密 1 项(件)以上的；

b. 泄露机密级国家秘密 2 项(件)以上的；

c. 泄露秘密级国家秘密 3 项(件)以上的；

d. 向非境外机构、组织、人员泄露国家秘密，造成或者可能造成危害社会稳定、经济发展、国防安全或者其他严重危害后果的；

e. 通过口头、书面或者网络等方式向公众散布、传播国家秘密的；

f. 利用职权指使或者强迫他人违反国家保守秘密法的规定泄露国家秘密的；

g. 以牟取私利为目的泄露国家秘密的；

h. 其他情节严重的情形。

23. 过失泄露国家秘密案

涉嫌下列情形之一的，应予立案：

a. 泄露绝密级国家秘密 1 项(件)以上的；

b. 泄露机密级国家秘密 3 项(件)以上的；

c. 泄露秘密级国家秘密 4 项(件)以上的；

d. 违反保密规定，将涉及国家秘密的计算机或者计算机信息系统与互联网相连接，泄露国家秘密的；

e. 泄露国家秘密或者遗失国家秘密载体，隐瞒不报、不如实提供有关情况或者不采取补救措施的；

f. 其他情节严重的情形。

24. 徇私枉法案

涉嫌下列情形之一的，应予立案：

a. 对明知是没有犯罪事实或者其他依法不应当追究刑事责任的人，采取伪造、隐匿、毁灭证据或者其他隐瞒事实、违反法律的手段，以追究刑事责任为目的立案、侦查、起诉、审判的；

b. 对明知是有犯罪事实需要追究刑事责任的人，采取伪造、隐匿、毁灭证据或者其他隐瞒事实、违反法律的手段，故意包庇使其不受立案、侦查、起诉、审判的；

c. 采取伪造、隐匿、毁灭证据或者其他隐瞒事实、违反法律的手段，故意使罪重的人受较轻的追诉，或者使罪轻的人受较重的追诉的；

d. 在立案后，采取伪造、隐匿、毁灭证据或者其他隐瞒事实、违反法律的手段，应当采取强制措施而不采取强制措施，或者虽然采取强制措施，但中断侦查或者超过法定期限不采取任何措施，实际放任不管，以及违法撤销、变更强制措施，致使犯罪嫌疑人、被告人实际脱离司法机关侦控的；

e. 在刑事审判活动中故意违背事实和法律，作出枉法判决、裁定，即有罪判无罪、无罪判有罪，或者重罪轻判、轻罪重判的；

f. 其他徇私枉法应予追究刑事责任的情形。

25. 民事、行政枉法裁判案

涉嫌下列情形之一的，应予立案：

a. 枉法裁判，致使当事人或者其近亲属自杀、自残造成重伤、死亡，或者精神失常的；

b. 枉法裁判，造成个人财产直接经济损失十万元以上，或者直接经济损失不满十万元，但间接经济损失五十万元以上的；

c. 枉法裁判，造成法人或者其他组织财产直接经济损失二十万元以上，或者直接经济损失不满二十万元，但间接经济损失一百万元以上的；

d. 伪造、变造有关材料、证据,制造假案枉法裁判的;

e. 串通当事人制造伪证,毁灭证据或者篡改庭审笔录而枉法裁判的;

f. 徇私情、私利,明知是伪造、变造的证据予以采信,或者故意对应当采信的证据不予采信,或者故意违反法定程序,或者故意错误适用法律而枉法裁判的;

g. 其他情节严重的情形。

26. 枉法仲裁案

涉嫌下列情形之一的,应予立案:

a. 伪造、变造有关材料、证据,制造假案枉法仲裁的;

b. 串通当事人制造伪证,毁灭证据、故意丢失证据或者篡改仲裁笔录而枉法仲裁的;

c. 枉法仲裁,致使当事人或者其近亲属自杀、自残造成重伤、死亡,或者精神失常的;

d. 徇私情、私利,明知是伪造、变造的证据予以采信,或者故意对应当采信的证据不予采信,或者故意违反法定程序,或者故意错误适用法律而枉法仲裁的;

e. 枉法仲裁,造成法人或者其他组织财产直接经济损失三十万元以上,或者直接经济损失不满三十万元,但间接经济损失一百五十万元以上的;

f. 枉法仲裁,造成个人财产直接经济损失十五万元以上,或者直接经济损失不满十五万元,但间接经济损失五十万元以上的;

g. 枉法仲裁,造成公司、企业等单位停业、停产一年以上,或者破产的;

h. 具有索取或者收受财物情节的;

i. 其他情节严重的情形。

27. 执行判决、裁定失职案

涉嫌下列情形之一的,应予立案:

a. 致使当事人或者其近亲属自杀、自残造成重伤、死亡,或者精神失常的;

b. 造成个人财产直接经济损失十五万元以上,或者直接经济损失不满十五万元,但间接经济损失七十五万元以上的;

c. 造成法人或者其他组织财产直接经济损失三十万元以上,或者直接经济损失不满三十万元,但间接经济损失一百五十万元以上的;

d. 造成公司、企业等单位停业、停产1年以上,或者破产的;

e. 其他致使当事人或者其他人的利益遭受重大损失的情形。

28. 执行判决、裁定滥用职权案

涉嫌下列情形之一的,应予立案:

a. 致使当事人或者其近亲属自杀、自残造成重伤、死亡,或者精神失常的;

b. 造成个人财产直接经济损失十万元以上,或者直接经济损失不满十万元,但间接经济损失五十万元以上的;

c. 造成法人或者其他组织财产直接经济损失二十万元以上,或者直接经济损失不满二十万元,但间接经济损失一百万元以上的;

d. 造成公司、企业等单位停业、停产6个月以上,或者破产的;

e. 其他致使当事人或者其他人的利益遭受重大损失的情形。

29. 私放在押人员案

涉嫌下列情形之一的,应予立案:

a. 私自将在押的犯罪嫌疑人、被告人、罪犯放走,或者授意、指使、强迫他人将在押的犯罪嫌疑人、被告人、罪犯放走的;

b. 伪造、变造有关法律文书、证明材料,以使在押的犯罪嫌疑人、被告人、罪犯逃跑或者被释放的;

c. 为私放在押的犯罪嫌疑人、被告人、罪犯,故意向其通风报信、提供条件,致使该在押的犯罪嫌疑人、被告人、罪犯脱逃的;

d. 其他私放在押的犯罪嫌疑人、被告人、罪犯应予追究刑事责任的情形。

30. 失职致使在押人员脱逃案

涉嫌下列情形之一的，应予立案：

a. 致使依法可能判处或者已经判处 10 年以上有期徒刑、无期徒刑、死刑的犯罪嫌疑人、被告人、罪犯脱逃的；

b. 致使犯罪嫌疑人、被告人、罪犯脱逃 3 人次以上的；

c. 犯罪嫌疑人、被告人、罪犯脱逃以后，打击报复报案人、控告人、举报人、被害人、证人和司法工作人员等，或者继续犯罪的；

d. 其他致使在押的犯罪嫌疑人、被告人、罪犯脱逃，造成严重后果的情形。

31. 徇私舞弊减刑、假释、暂予监外执行案

涉嫌下列情形之一的，应予立案：

a. 刑罚执行机关的工作人员对不符合减刑、假释、暂予监外执行条件的罪犯，捏造事实，伪造材料，违法报请减刑、假释、暂予监外执行的；

b. 审判人员对不符合减刑、假释、暂予监外执行条件的罪犯，徇私舞弊，违法裁定减刑、假释或者违法决定暂予监外执行的；

c. 监狱管理机关、公安机关的工作人员对不符合暂予监外执行条件的罪犯，徇私舞弊，违法批准暂予监外执行的；

d. 不具有报请、裁定、决定或者批准减刑、假释、暂予监外执行权的司法工作人员利用职务上的便利，伪造有关材料，导致不符合减刑、假释、暂予监外执行条件的罪犯被减刑、假释、暂予监外执行的；

e. 其他徇私舞弊减刑、假释、暂予监外执行应予追究刑事责任的情形。

32. 徇私舞弊不移交刑事案件案

涉嫌下列情形之一的，应予立案：

a. 对依法可能判处 3 年以上有期徒刑、无期徒刑、死刑的犯罪案件不移交的;

b. 不移交刑事案件涉及 3 人次以上的;

c. 司法机关提出意见后,无正当理由仍然不予移交的;

d. 以罚代刑,放纵犯罪嫌疑人,致使犯罪嫌疑人继续进行违法犯罪活动的;

e. 行政执法部门主管领导阻止移交的;

f. 隐瞒、毁灭证据,伪造材料,改变刑事案件性质的;

g. 直接负责的主管人员和其他直接责任人员为牟取本单位私利而不移交刑事案件,情节严重的;

h. 其他情节严重的情形。

33. 滥用管理公司、证券职权案

涉嫌下列情形之一的,应予立案:

a. 造成直接经济损失五十万元以上的;

b. 工商管理部门的工作人员对不符合法律规定条件的公司设立、登记申请,违法予以批准、登记,严重扰乱市场秩序的;

c. 金融证券管理机构工作人员对不符合法律规定条件的股票、债券发行、上市申请,违法予以批准,严重损害公众利益,或者严重扰乱金融秩序的;

d. 工商管理部门、金融证券管理机构的工作人员对不符合法律规定条件的公司设立、登记申请或者股票、债券发行、上市申请违法予以批准或者登记,致使犯罪行为得逞的;

e. 上级部门、当地政府直接负责的主管人员强令登记机关及其工作人员,对不符合法律规定条件的公司设立、登记申请或者股票、债券发行、上市申请予以批准或者登记,致使公共财产、国家或者人民利益遭受重大损失的;

f. 其他致使公共财产、国家和人民利益遭受重大损失的情形。

34. 徇私舞弊不征、少征税款案

涉嫌下列情形之一的，应予立案：

a. 徇私舞弊不征、少征应征税款，致使国家税收损失累计达十万元以上的；

b. 上级主管部门工作人员指使税务机关工作人员徇私舞弊不征、少征应征税款，致使国家税收损失累计达十万元以上的；

c. 徇私舞弊不征、少征应征税款不满十万元，但具有索取或者收受贿赂或者其他恶劣情节的；

d. 其他致使国家税收遭受重大损失的情形。

35. 徇私舞弊发售发票、抵扣税款、出口退税案

涉嫌下列情形之一的，应予立案：

a. 徇私舞弊，致使国家税收损失累计达十万元以上的；

b. 徇私舞弊，致使国家税收损失累计不满十万元，但发售增值税专用发票25份以上或者其他发票50份以上或者增值税专用发票与其他发票合计50份以上，或者具有索取、收受贿赂或者其他恶劣情节的；

c. 其他致使国家利益遭受重大损失的情形。

36. 违法提供出口退税凭证案

涉嫌下列情形之一的，应予立案：

a. 徇私舞弊，致使国家税收损失累计达十万元以上的；

b. 徇私舞弊，致使国家税收损失累计不满十万元，但具有索取、收受贿赂或者其他恶劣情节的；

c. 其他致使国家利益遭受重大损失的情形。

37. 国家机关工作人员签订、履行合同失职被骗案

涉嫌下列情形之一的，应予立案：

a. 造成直接经济损失三十万元以上，或者直接经济损失不满三十万元，但间接经济损失一百五十万元以上的；

b. 其他致使国家利益遭受重大损失的情形。

38. 违法发放林木采伐许可证案

涉嫌下列情形之一的,应予立案:

a. 发放林木采伐许可证允许采伐数量累计超过批准的年采伐限额,导致林木被超限额采伐10立方米以上的;

b. 滥发林木采伐许可证,导致林木被滥伐20立方米以上,或者导致幼树被滥伐1000株以上的;

c. 滥发林木采伐许可证,导致防护林、特种用途林被滥伐5立方米以上,或者幼树被滥伐200株以上的;

d. 滥发林木采伐许可证,导致珍贵树木或者国家重点保护的其他树木被滥伐的;

e. 滥发林木采伐许可证,导致国家禁止采伐的林木被采伐的;

f. 其他情节严重,致使森林遭受严重破坏的情形;

g. 林业主管部门工作人员之外的国家机关工作人员,违反森林法的规定,滥用职权或者玩忽职守,致使林木被滥伐40立方米以上或者幼树被滥伐2000株以上,或者致使防护林、特种用途林被滥伐10立方米以上或者幼树被滥伐400株以上,或者致使珍贵树木被采伐、毁坏4立方米或者4株以上,或者致使国家重点保护的其他植物被采伐、毁坏后果严重的,或者致使国家严禁采伐的林木被采伐、毁坏情节恶劣的,按照《刑法》第397条的规定以滥用职权罪或者玩忽职守罪追究刑事责任。

39. 环境监管失职案

涉嫌下列情形之一的,应予立案:

a. 造成死亡1人以上,或者重伤3人以上,或者重伤2人、轻伤4人以上,或者重伤1人、轻伤7人以上,或者轻伤10人以上的;

b. 导致30人以上严重中毒的;

c. 造成个人财产直接经济损失十五万元以上,或者直接经济损失不满十五万元，但间接经济损失七十五万元以上的；

d. 造成公共财产、法人或者其他组织财产直接经济损失三十万元以上，或者直接经济损失不满三十万元，但间接经济损失一百五十万元以上的；

e. 虽未达到3、4两项数额标准，但3、4两项合计直接经济损失三十万元以上，或者合计直接经济损失不满三十万元，但合计间接经济损失一百五十万元以上的；

f. 造成基本农田或者防护林地、特种用途林地10亩以上，或者基本农田以外的耕地50亩以上，或者其他土地70亩以上被严重毁坏的；

g. 造成生活饮用水地表水源和地下水源严重污染的；

h. 其他致使公私财产遭受重大损失或者造成人身伤亡严重后果的情形。

40. 传染病防治失职案

涉嫌下列情形之一的，应予立案：

a. 导致甲类传染病传播的；

b. 导致乙类、丙类传染病流行的；

c. 因传染病传播或者流行，造成人员重伤或者死亡的；

d. 因传染病传播或者流行，严重影响正常的生产、生活秩序的；

e. 在国家对突发传染病疫情等灾害采取预防、控制措施后，对发生突发传染病疫情等灾害的地区或者突发传染病病人、病原携带者、疑似突发传染病病人，未按照预防、控制突发传染病疫情等灾害工作规范的要求做好防疫、检疫、隔离、防护、救治等工作，或者采取的预防、控制措施不当，造成传染范围扩大或者疫情、灾情加重的；

f. 在国家对突发传染病疫情等灾害采取预防、控制措施后，隐瞒、缓报、谎报或者授意、指使、强令他人隐瞒、缓报、谎报疫情、灾情，造成传染范围扩大或者疫情、灾情加重的；

g. 在国家对突发传染病疫情等灾害采取预防、控制措施后，拒不执行突发传染病疫情等灾害应急处理指挥机构的决定、命令，造成传染范围扩大或者疫情、灾情加重的；

h. 其他情节严重的情形。

41. 非法批准征用、占用土地案

涉嫌下列情形之一的，应予立案：

a. 非法批准征用、占用基本农田 10 亩以上的；

b. 非法批准征用、占用基本农田以外的耕地 30 亩以上的；

c. 非法批准征用、占用其他土地 50 亩以上的；

d. 虽未达到上述数量标准，但造成有关单位、个人直接经济损失三十万元以上，或者造成耕地大量毁坏或者植被遭到严重破坏的；

e. 非法批准征用、占用土地，影响群众生产、生活，引起纠纷，造成恶劣影响或者其他严重后果的；

f. 非法批准征用、占用防护林地、特种用途林地分别或者合计 10 亩以上的；

g. 非法批准征用、占用其他林地 20 亩以上的；

h. 非法批准征用、占用林地造成直接经济损失三十万元以上，或者造成防护林地、特种用途林地分别或者合计 5 亩以上或者其他林地 10 亩以上毁坏的；

i. 其他情节严重的情形。

42. 非法低价出让国有土地使用权案

涉嫌下列情形之一的，应予立案：

a. 非法低价出让国有土地 30 亩以上，并且出让价额低于国家规定的最低价额标准的百分之六十的；

b. 造成国有土地资产流失价额三十万元以上的；

c. 非法低价出让国有土地使用权，影响群众生产、生活，引起纠纷，造成恶劣影响或者其他严重后果的；

d. 非法低价出让林地合计30亩以上，并且出让价额低于国家规定的最低价额标准的百分之六十的；

e. 造成国有资产流失三十万元以上的；

f. 其他情节严重的情形。

43. 放纵走私案

涉嫌下列情形之一的，应予立案：

a. 放纵走私犯罪的；

b. 因放纵走私致使国家应收税额损失累计达十万元以上的；

c. 放纵走私行为3起次以上的；

d. 放纵走私行为，具有索取或者收受贿赂情节的；

e. 其他情节严重的情形。

44. 商检徇私舞弊案

涉嫌下列情形之一的，应予立案：

a. 采取伪造、变造的手段对报检的商品的单证、印章、标志、封识、质量认证标志等作虚假的证明或者出具不真实的证明结论的；

b. 将送检的合格商品检验为不合格，或者将不合格商品检验为合格的；

c. 对明知是不合格的商品，不检验而出具合格检验结果的；

d. 其他伪造检验结果应予追究刑事责任的情形。

45. 商检失职案

涉嫌下列情形之一的，应予立案：

a. 致使不合格的食品、药品、医疗器械等商品出入境，严重危害生命健康的；

b. 造成个人财产直接经济损失十五万元以上，或者直接经济损失不满十五万元，但间接经济损失七十五万元以上的；

c. 造成公共财产、法人或者其他组织财产直接经济损失三十万元以上，或者直接经济损失不满三十万元，但间接经济损失一百五十万元以上的；

d. 未经检验，出具合格检验结果，致使国家禁止进口的固体废物、液态废物和气态废物等进入境内的；

e. 不检验或者延误检验出证、错误出证，引起国际经济贸易纠纷，严重影响国家对外经贸关系，或者严重损害国家声誉的；

f. 其他致使国家利益遭受重大损失的情形。

46. 食品监管渎职案（包括滥用食品安全监管职权罪、食品安全监管失职罪）

立案标准：并无量化的司法解释或规定参照其他相应渎职罪的立案标准但必须具备两个条件：

a. 相应渎职犯罪的刑罚等同或高于食品安全监管渎职罪的刑罚；

b. 相应渎职罪的立案追究情形必须是与食品安全事故有关的情形。

47. 动植物检疫徇私舞弊案

涉嫌下列情形之一的，应予立案：

a. 采取伪造、变造的手段对检疫的单证、印章、标志、封识等作虚假的证明或者出具不真实的结论的；

b. 将送检的合格动植物检疫为不合格，或者将不合格动植物检疫为合格的；

c. 对明知是不合格的动植物，不检疫而出具合格检疫结果的；

d. 其他伪造检疫结果应予追究刑事责任的情形。

48. 动植物检疫失职案

涉嫌下列情形之一的，应予立案：

a. 导致疫情发生，造成人员重伤或者死亡的；

b. 导致重大疫情发生、传播或者流行的；

c. 造成个人财产直接经济损失十五万元以上，或者直接经济损失不满十五万元，但间接经济损失七十五万元以上的；

d. 造成公共财产或者法人、其他组织财产直接经济损失三十万元以上，或者直接经济损失不满三十万元，但间接经济损失一百五十万元以上的；

e. 不检疫或者延误检疫出证、错误出证，引起国际经济贸易纠纷，严重影响国家对外经贸关系，或者严重损害国家声誉的；

f. 其他致使国家利益遭受重大损失的情形。

49. 放纵制售伪劣商品犯罪行为案

涉嫌下列情形之一的，应予立案：

a. 放纵生产、销售假药或者有毒、有害食品犯罪行为的；

b. 放纵生产、销售伪劣农药、兽药、化肥、种子犯罪行为的；

c. 放纵依法可能判处 3 年有期徒刑以上刑罚的生产、销售伪劣商品犯罪行为的；

d. 对生产、销售伪劣商品犯罪行为不履行追究职责，致使生产、销售伪劣商品犯罪行为得以继续的；

e. 3 次以上不履行追究职责，或者对 3 个以上有生产、销售伪劣商品犯罪行为的单位或者个人不履行追究职责的；

f. 其他情节严重的情形。

50. 办理偷越国(边)境人员出入境证件案

负责办理护照、签证以及其他出入境证件的国家机关工作人员涉嫌在办理护照、签证以及其他出入境证件的过程中，对明知是企图偷越国(边)境的人员而予以办理出入境证件的，应予立案。

51. 放行偷越国(边)境人员案

边防、海关等国家机关工作人员涉嫌在履行职务过程中，对明知是偷越国(边)境的人员而予以放行的，应予立案。

52. 不解救被拐卖、绑架妇女、儿童案

涉嫌下列情形之一的，应予立案：

a. 导致被拐卖、绑架的妇女、儿童或者其家属重伤、死亡或者精神失常的；

b. 导致被拐卖、绑架的妇女、儿童被转移、隐匿、转卖，不能及时进行解救的；

c. 对被拐卖、绑架的妇女、儿童不进行解救 3 人次以上的；

d. 对被拐卖、绑架的妇女、儿童不进行解救，造成恶劣社会影响的；

e. 其他造成严重后果的情形。

53. 阻碍解救被拐卖、绑架妇女、儿童案（第 416 条第 2 款）

涉嫌下列情形之一的，应予立案：

a. 利用职权，禁止、阻止或者妨碍有关部门、人员解救被拐卖、绑架的妇女、儿童的；

b. 利用职务上的便利，向拐卖、绑架者或者收买者通风报信，妨碍解救工作正常进行的；

c. 其他利用职务阻碍解救被拐卖、绑架的妇女、儿童应予追究刑事责任的情形。

54. 帮助犯罪分子逃避处罚案

涉嫌下列情形之一的，应予立案：

a. 向犯罪分子泄漏有关部门查禁犯罪活动的部署、人员、措施、时间、地点等情况的；

b. 向犯罪分子提供钱物、交通工具、通讯设备、隐藏处所等便利条件的；

c. 向犯罪分子泄漏案情的；

d. 帮助、示意犯罪分子隐匿、毁灭、伪造证据，或者串供、翻供的；

e. 其他帮助犯罪分子逃避处罚应予追究刑事责任的情形。

55. 招收公务员、学生徇私舞弊案

涉嫌下列情形之一的，应予立案：

a. 徇私舞弊，利用职务便利，伪造、变造人事、户口档案、考试成绩或者其他影响招收工作的有关资料，或者明知是伪造、变造的上述材料而予以认可的；

b. 徇私舞弊，利用职务便利，帮助5名以上考生作弊的；

c. 徇私舞弊招收不合格的公务员、学生3人次以上的；

d. 因徇私舞弊招收不合格的公务员、学生，导致被排挤的合格人员或者其近亲属自杀、自残造成重伤、死亡，或者精神失常的；

e. 因徇私舞弊招收公务员、学生，导致该项招收工作重新进行的；

f. 其他情节严重的情形。

56. 失职造成珍贵文物损毁、流失案

涉嫌下列情形之一的，应予立案：

a. 导致国家一、二、三级珍贵文物损毁或者流失的；

b. 导致全国重点文物保护单位或者省、自治区、直辖市级文物保护单位损毁的；

c. 其他后果严重的情形。

57. 挪用特定款物案

涉嫌下列情形之一的，应予立案：

a. 挪用特定款物价值在五千元以上的；

b. 造成国家和人民群众直接经济损失数额在五万元以上的；

c. 虽未达到上述数额标准，但造成人民群众的生产、生活严重困难的。

58. 强迫职工劳动案

涉嫌下列情形之一的，应予立案：

a. 长时间地无偿强迫他人劳动的；

b. 在强迫他人劳动过程中有侮辱情节的；

c. 强迫他人长时间的劳动造成人员伤亡的；

d. 强迫多人无偿劳动的；

e. 其他强迫他人劳动的情形。

59. 刑讯逼供案

涉嫌下列情形之一的，应予立案：

a. 以殴打、捆绑、违法使用械具等恶劣手段逼取口供的；

b. 以较长时间冻、饿、晒、烤等手段逼取口供，严重损害犯罪嫌疑人、被告人身体健康的；

c. 刑讯逼供造成犯罪嫌疑人、被告人轻伤、重伤、死亡的；

d. 刑讯逼供，情节严重，导致犯罪嫌疑人、被告人自杀、自残造成重伤、死亡，或者精神失常的；

e. 刑讯逼供，造成错案的；

f. 刑讯逼供 3 人次以上的；

g. 纵容、授意、指使、强迫他人刑讯逼供，具有上述情形之一的；

h. 其他刑讯逼供应予追究刑事责任的情形。

60. 暴力取证案

涉嫌下列情形之一的，应予立案：

a. 以殴打、捆绑、违法使用械具等恶劣手段逼取证人证言的；

b. 暴力取证造成证人轻伤、重伤、死亡的；

c. 暴力取证，情节严重，导致证人自杀、自残造成重伤、死亡，或者精神失常的；

d. 暴力取证，造成错案的；

e. 暴力取证 3 人次以上的；

f. 纵容、授意、指使、强迫他人暴力取证，具有上述情形之一的；

g. 其他暴力取证应予追究刑事责任的情形。

61. 虐待被监管人案

涉嫌下列情形之一的，应予立案：

a. 以殴打、捆绑、违法使用械具等恶劣手段虐待被监管人的；

b. 以较长时间冻、饿、晒、烤等手段虐待被监管人，严重损害其身体健康的；

c. 虐待造成被监管人轻伤、重伤、死亡的；

d. 虐待被监管人，情节严重，导致被监管人自杀、自残造成重伤、死亡，或者精神失常的；

e. 殴打或者体罚虐待 3 人次以上的；

f. 指使被监管人殴打、体罚虐待其他被监管人，具有上述情形之一的；

g. 其他情节严重的情形。

62. 报复陷害案

涉嫌下列情形之一的，应予立案：

a. 致使被害人的人身权利、民主权利或者其他合法权利受到严重损害的；

b. 致人精神失常或者自杀的；

c. 手段恶劣、后果严重的。

63. 国家机关工作人员利用职权实施的破坏选举案

涉嫌下列情形之一的，应予立案：

a. 以暴力、威胁、欺骗、贿赂等手段，妨害选民、各级人民代表大会代表自由行使选举权和被选举权，致使选举无法正常进行，或者选举无效，或者选举结果不真实的；

b. 以暴力破坏选举场所或者选举设备，致使选举无法正常进行的；

c. 伪造选民证、选票等选举文件，虚报选举票数，产生不真实的选举结果或者强行宣布合法选举无效、非法选举有效的；

d. 聚众冲击选举场所或者故意扰乱选举场所秩序，使选举工作无法进行的；

e. 其他情节严重的情形。

64. 非法剥夺公民宗教信仰自由案和侵犯少数民族风俗习惯案

涉嫌下列情形之一的，应予立案：

a. 采取强制手段，干涉他人正当的宗教活动或者强迫教徒退教、强迫公民信教或信某教派，情节恶劣，后果严重，影响很坏的；

b. 非法封闭或捣毁合法宗教场所及其他宗教设施的；

c. 强迫少数民族改变风俗习惯或非法干涉、破坏少数民族风俗习惯，引起民族纠纷的；

d. 非法剥夺他人宗教信仰自由和侵犯少数民族风俗习惯，造成其他严重后果的。

65. 私自开拆、隐匿、毁弃邮件、电报案

涉嫌下列情形之一的，应予立案：

a. 私拆或者隐匿、毁弃邮件、电报，次数较多或数量较大的；

b. 私拆或者隐匿、毁弃邮件，从中窃取财物的；

c. 私拆或者隐匿、毁弃邮件、电报、给国家、集体利益以及公民合法权益造成严重后果的；

d. 私拆或者隐匿、毁弃邮件、电报，造成其他危害后果的。

66. 出售、非法提供公民个人信息案

涉嫌下列情形之一的，应予立案：

a. 出售公民个人信息获利较大的；

b. 出售或者非法提供多人信息的；

c. 多次出售或者非法提供公民个人信息的；

d. 公民个人信息被非法提供、出售给他人后，给公民造成了经济上的损失的；

e. 公民个人信息被非法提供、出售给他人后，严重影响到公民个人的正常生活的；

f. 公民个人信息被非法提供、出售给他人后，被用于进行违法犯罪活动的。

67. 打击报复会计、统计人员案

涉嫌下列情形之一的,应予立案:

a. 打击报复手段恶劣的;对多人进行打击报复的;

b. 屡教不改的,多次进行打击报复的;

c. 打击报复致使会计、统计人员不敢依法履行职责的;

d. 打击报复致使会计、统计人员精神失常,造成严重后果的。

68. 为亲友非法牟利案

涉嫌下列情形之一的,应予立案:

a. 造成国家直接经济损失数额在十万元以上的;

b. 使其亲友非法获利数额在二十万元以上的;

c. 造成有关单位破产,停业、停产 6 个月以上,或者被吊销许可证和营业执照、责令关闭、撤销、解散的;

d. 其他致使国家利益遭受重大损失的情形。

69. 虚假破产案

涉嫌下列情形之一的,应予立案:

a. 隐匿财产价值在五十万元以上的;

b. 承担虚构的债务涉及金额在五十万元以上的;

c. 以其他方法转移、处分财产价值在五十万元以上的;

d. 造成债权人或者其他人直接经济损失数额累计在十万元以上的;

e. 虽未达到上述数额标准,但应清偿的职工的工资、社会保险费用和法定补偿金得不到及时清偿,造成恶劣社会影响的;

f. 其他严重损害债权人或者其他人利益的情形。

70. 国有公司、企业、事业单位人员失职、滥用职权案

涉嫌列情形之一的,应予立案:

a. 致使国有公司、企业停产或破产的;

b. 造成恶劣影响的。

71. 徇私舞弊低价折股、出售国有资产案

涉嫌列情形之一的,应予立案:

a. 造成国家直接经济损失数额在三十万元以上的;

b. 致使国有公司、企业停产或破产的;

c. 造成恶劣影响的。

72. 擅自发行股票、公司、企业债券案

涉嫌下列情形之一的,应予立案:

a. 发行数额在五十万元以上的;

b. 虽未达到上述数额标准,但擅自发行致使30人以上的投资者购买了股票或者公司、企业债券的;

c. 不能及时清偿或者清退的;

d. 其他后果严重或者有其他严重情节的情形。

73. 内幕交易、泄露内幕信息案

涉嫌下列情形之一的,应予立案:

a. 买入或者卖出证券,或者泄露内幕信息使他人买入或者卖出证券,成交额累计在五十万元以上的;

b. 买入或者卖出期货合约,或者泄露内幕信息使他人买入或者卖出期货合约,占用保证金数额累计在三十万元以上的;

c. 获利或者避免损失数额累计在十五万元以上的;

d. 多次进行内幕交易、泄露内幕信息的;

e. 有其他严重情节的。

74. 利用未公开信息交易案

涉嫌下列情形之一的,应予立案:

a. 证券交易成交额累计在五十万元以上的;

b. 期货交易占用保证金数额累计在三十万元以上的;

c. 获利或者避免损失数额累计在十五万元以上的;

d. 多次利用内幕信息以外的其他未公开信息进行交易活动的;

e. 其他情节严重的情形。

75. 诱骗投资者买卖证券、期货合约案

涉嫌下列情形之一的,应予立案:

a. 造成投资者直接经济损失数额在三万元以上的;

b. 致使交易价格和交易量异常波动的;

c. 造成恶劣影响的。

76. 背信运用受托财产案

涉嫌下列情形之一的,应予立案:

a. 擅自运用客户资金或者其他委托、信托的财产数额在三十万元以上的;

b. 虽未达到上述数额标准,但多次擅自运用客户资金或者其他委托、信托的财产,或者擅自运用多个客户资金或者其他委托、信托的财产的;

c. 其他情节严重的情形。

77. 违法运用资金案

涉嫌下列情形之一的,应予立案:

a. 违反国家规定运用资金数额在三十万元以上的;

b. 虽未达到上述数额标准,但多次违反国家规定运用资金的;

c. 其他情节严重的情形。

78. 违法发放贷款案

涉嫌下列情形之一的,应予立案:

a. 个人违法发放贷款,造成直接经济损失数额在五十万元以上的;

b. 单位违法发放贷款,造成直接经济损失数额在一百万元以上的。

79. 吸收客户资金不入账案

涉嫌下列情形之一的,应予立案:

a. 吸收客户资金不入账,数额在一百万元以上的;

b. 吸收客户资金不入账，造成直接经济损失数额在二十万元以上的。

80. 违规出具金融票证案

涉嫌下列情形之一的，应予立案：

a. 违反规定为他人出具信用证或者其他保函、票据、存单、资信证明，数额在一百万元以上的；

b. 违反规定为他人出具信用证或者其他保函、票据、存单、资信证明，造成直接经济损失数额在二十万元以上的；

c. 多次违规出具信用证或者其他保函、票据、存单、资信证明的；

d. 接受贿赂违规出具信用证或者其他保函、票据、存单、资信证明的；

e. 其他情节严重的情形。

81. 对违法票据承兑、付款、保证案

涉嫌下列情形之一的，应予立案：

a. 个人对违反票据法规定的票据予以承兑、付款、保证，造成直接经济损失数额在五十万元以上的；

b. 单位对违反票据法规定的票据予以承兑、付款、保证，造成直接经济损失数额在一百万元以上的。

82. 逃汇案

涉嫌逃汇，单笔在二百万美元以上或者累计数额在五百万美元以上的，应予立案。

附录三：《中华人民共和国反腐败法（专家建议稿）》

第一章　总　　则

第一条　为了腐败惩罚犯罪，保护公民，根据宪法，结合我国同腐败犯罪作斗争的具体经验及实际情况，制定本法，以便更加高效而有力地预防和打击腐败。

第二条　中华人民共和国反腐败法的任务，是同一切腐败犯罪行为作斗争，以保卫国家安全，保卫人民民主专政的政权和社会主义制度，保护国有财产和劳动群众集体所有的财产，保护公民私人所有的财产，保护公民的人身权利、民主权利和其他权利，维护社会秩序、经济秩序，保障社会主义建设事业的顺利进行。

第三条　法律明文规定为腐败犯罪行为的，依照法律定罪处罚；法律没有明文规定为腐败犯罪行为的,不得定罪处罚。

第四条 对任何人犯罪,在适用法律上一律平等。不允许任何人有超越法律的特权。

第五条 惩罚的轻重,应当与腐败犯罪分子所犯罪行和承担的刑事责任相适应。

第六条 凡在中华人民共和国领域内腐败犯罪的,除法律有特别规定的以外,都适用本法。

凡在中华人民共和国船舶或者航空器内腐败犯罪的,也适用本法。

腐败犯罪的行为或者结果有一项发生在中华人民共和国领域内的,就认为是在中华人民共和国领域内腐败犯罪。

第二章 预防措施

第七条 国家根据本国法律制度的基本原则,制定和执行或者坚持有效而协调的反腐败政策,这些政策应当促进社会参与,并体现法治、妥善管理公共事务和公共财产、廉正、透明度和问责制的原则。

国家努力定期评估有关法律文书和行政措施,以确定其能否有效预防和打击腐败。

国家根据本国法律制度的基本原则,酌情彼此协作并同有关国际组织和区域组织协作,以促进和制定本法所述措施。这种协作可以包括参与各种预防腐败的国际方案和项目。

第八条 建立起以检察院为反腐败中心,其他组织和机构配合的反腐败体系。在适当情况下对上条政策的实施进行监督和协调,并积累和传播预防腐败的知识。

第九条 国家赋予检察院必要的独立性,使其能够有效地履行职能和免受任何不正当的影响,并应当提供必要的物资和专职工作人员,并为这些工作人员履行职能提供必要的培训。

第十条 在力所能及的范围内采取适当措施,推动公共部门以外的个人和团体,例如民间团体、非政府组织和社区组织等,积极参与预防和打击腐败,并提高公众对腐败的存在、根源、严重性及其所构成的威胁的认识。

第十一条 国家采取适当的措施,确保公众知悉本公约提到的相关的反腐败机构,并应当酌情提供途径,以便以包括匿名举报在内的方式向这些机构举报可能被视为构成根据刑法确立的腐败犯罪的事件。

第三章 腐败犯罪

第十二条 本章罪名及量刑以刑法规定为准。主要包括贪污罪、贿赂罪、渎职罪以及其他涉及利用职务进行的腐败犯罪。

第四章 侦查程序

第十三条 国家尽最大可能采取必要的措施,以便能够没收:

(一)来自根据本法确立的犯罪的犯罪所得或者价值与这种所得相当的财产。

(二)用于或者拟用于根据本法确立的犯罪的财产、设备或者其他工具。

(三)其他涉及腐败的财产及利益等。

第十四条 国家采取必要的措施,辨认、追查、冻结或者扣押第十三条所述任何物品,以便最终予以没收。

第十五条 为有效地打击腐败,根据法律规定的条件在力所能及的情况下采取必要措施,允许主管机关在其领域内酌情使用控制下交付和在其认为适当时使用诸如电子或者其他监视形式和特工行动等其他特殊侦查手段,并允许法庭采信由这些手段产生的证据。

第十六条 国家采取必要的措施,以要求管辖范围内的金融机构核实客户身份,采取合理步骤确定存入大额账户的资金的实际受益人身份,并对正在或者曾经担任重要公职的个人及其家庭成员和与其关系密切的人或者这些人的代理人所要求开立或者保持的账户进行强化审查。对这种强化审查应当作合理的设计,以监测可疑交易从而向主管机关报告,而不应当将其理解为妨碍或者禁止金融机构与任何合法客户的业务往来。

第五章 审判程序

第十七条 国家采取必要的措施,允许《联合国反腐败公约》的缔约国在本国法院提起民事诉讼,以确立对通过实施根据本公约确立的犯罪而获得的财产的产权或者所有权。

第十八条 国家采取必要的措施,允许法院命令实施了根据本公约确立的犯罪的人向受到这种犯罪损害的《联合国反腐败公约》的缔约国支付补偿或者损害赔偿。

第十九条 国家采取必要的措施,允许法院或者主管机关在必须就没收作出决定时,承认《联合国反腐败公约》的缔约国对通过实施根据本公约确立的犯罪而获得的财产所主张的合法所有权。

第二十条 在犯罪嫌疑人外逃、死亡或者失踪的情况下,只要能够证明有关财产属于犯罪所得或者非法所得,就可以不经定罪而予以没收。

第六章 证据制度

第二十一条 腐败犯罪所需具备的明知、故意或目的等要素,可以根据客观实际情况予以推定。

第二十二条 检察机关能够证明公职人员的财产或支出明显超过其合法收入,但又很难收集到充分的证据证明其财产或收入系实施腐败犯罪所得的,可以考虑要求由罪犯证明这类所指称的腐败犯罪所得或者其他应当予以没收的财产的合法来源。

第二十三条 国家采取适当措施,鼓励参与或者曾经参与实施腐败犯罪的人提供有助于主管机关侦查和取证的信息,并为主管机关提供可能有助于剥夺罪犯的腐败犯罪所得并追回这种所得的实际具体帮助。

对于在腐败犯罪的侦查或者起诉中提供实质性配合的被告人,在适当情况下可以从轻或者减轻处罚,情节较轻微的,可以作出不予起诉的决定。

国家负责给这类人员提供全面的保护。

第七章 法律责任

第二十四条 除了刑法规定的刑罚外,考虑建立有关程序,使有关部门得以对被指控实施了腐败犯罪的公职人员酌情予以撤职、停职或者调职,但应当符合无罪推定原则。

第二十五条 根据腐败犯罪的严重性,考虑建立程序,据以通过法院令或者任何其他适当手段,取消被判定实施了腐败犯罪的人在法律确定的一段期限内担任下列职务的资格:

(一)公职;

(二)国家机关、企业、事业单位和人民团体中的职务。

第二十六条 本法规定不妨碍主管机关对公职人员行使纪律处分权。

第二十七条 确保因腐败犯罪而受到损害的单位或者个人有权为获得赔偿而对该损害的责任者提起法律程序。

第八章 附 则

第二十八条 本法自某年某月某日起施行。

第二十九条 在发生法律适用冲突时,本法是基本法,应作为刑法、刑事诉讼法、检察院组织法的特别法优先适用。

附录四:《中华人民共和国公务员财产透明法(专家建议稿)》

第一条　为了维护我国公职人员廉洁性,建设透明廉洁政府,完善社会主义民主政治依据宪法制定本法。

第二条　我国公职人员有依法如实公布或申报家庭财产状况的义务。

第三条　本法所称"国家公职人员",是指国家主席、副主席、《中华人民共和国公务员法》所规定的公务员、各级人民代表大会代表、军事机关少校以上军官或副团级以上干部、财政拨款的社会团体、事业单位的科级以上领导干部,以及国有大、中型企业的负责人等。

担任领导职务的公务员已正式退休但不满5年的人员需进行申报。

公务员的近亲也应申报财产,近亲包括父母、岳父母、配偶、子女及与其共同生活的其他家庭成员。

第四条 负有申报义务的国家公职人员应当在到任前十五日内向申报受理机关申报家庭财产状况;在离职前三十日内申报家庭经济状况,并在离职后三年内按任职申报方式申报家庭财产状况。

国家公职人员应在每年的第二季度和第四季度的最后一个月内向申报受理机构申报家庭财产状况。

国家公职人员的财产变动有引起公众误解的较大可能时,其可以随时主动申报或经受理机构建议而申报财产变动情况。

第五条 本法所称“家庭财产”,是指国家公职人员本人及其配偶和由其抚养的子女的个人财产和共有财产。

前款所称“由其抚养的子女”,是指由国家公职人员抚养的未成年子女和不能独立生活的成年子女。

第六条 以下财产收入应申报:

(一)工资;

(二)各类奖金、津贴、补贴及福利费;

(三)从事咨询、讲学、写作、审稿、书画等劳务所得;

(四)关系单位或个人赠送的现金(礼金)、有价证券、各类支付凭证、珍贵礼品(包括以婚丧嫁娶、各类节假日、子女升学、乔迁、工作变动等各种名义收受的钱物);

(五)申报对象及其近亲属接受与申报对象职务有直接或间接关系,可能影响公正执行公务的食宿行等方面的馈赠、款待和各种由对方给予的补偿、优惠;

(六)有权担任国企、事业单位、社会团体负责人的申报对象的承包经营、承租经营所得;

(七)数额较大的动产、不动产购置、交易、租赁情况及资金来源;

(八)股票、债券、期货等交易性金融资产及其收益情况及资金来源；

（九）由继承、赠与偶然所得等形式获得的财产；

（十）与申报对象职务有直接或间接关系的人（包括债权人和债务人）单笔数额较大的债权债务；

（十一）有权机关认为需要申报的其他财产或收入等。

第七条 不同国家公职人员的财产申报分由如下机构受理：

（一）国家主席、副主席，全国人大常委会委员长、副委员长，政协主席、副主席，国务院总理、副总理，军委主席、副主席向全国人大的专门申报受理机构进行财产申报；

（二）其他科级以上公务员向其上一级机关的人事机构申报；科员、副科级公务员向本级人事机构申报；

（三）国有事业、企业单位及社会团体负责人向其行政主管机关中的人事机构申报；由国家委任、委派到大中型股份制企业、中外合资企业中担任企业负责人向其委任、派出机关的人事机构申报；

（四）各级人民代表大会代表向本级人民代表大会的专门申报受理机构申报；

（五）军队系统少校以上军官或副团级以上干部向其上一级单位的人事机构申报。

第八条 以下人员的财产申报信息应当向社会公开：

（一）国家主席、副主席，全国人大常委会委员长、副委员长，政协主席、副主席，国务院总理、副总理，军委主席、副主席；

（二）其他科级以上公务员；

（三）国有事业、企业单位及社会团体负责人和由国家委任、委派到大中型股份制企业、中外合资企业中担任企业负责人；

（四）各级人民代表大会常务委员会委员；

（五）军队系统少将以上军官或副军级以上干部；

（六）其他直接负责采购、招标等易被公众误解的工作的人员。

前款规定应公开人员的申报信息的公开将会暴露国家秘密的,经第九条所规定的有关机构同意的,可以不公开。

第九条 第八条所规定的申报信息的审查和公开分由以下机构负责:

(一)第八条第(一)项所规定人员的申报信息审查和公开由全国人大的专门申报受理机构负责;

(二)第八条第(二)项所规定的人员的申报信息的审查和公开由上级监察机构负责;

(三)第八条第(三)项所规定的人员的申报信息的审查和公开由其行政主管机关或委任、委派机关的监察机关负责;

(四)第八条第(四)项所规定的人员的申报信息的审查和公开由专门申报受理机构负责;

(五)第八条第(四)项所规定的人员的申报信息的审查和公开由国防部专门机构负责审查和公开;

(六)其他应公开人员的申报信息审查和公开由前列各项规定的机构负责。

第十条 第九条所规定的各责任机关应当采用人民代表大会公报、人民政府公报、人民法院公报、人民检察院公报或相应网站上公布,以便于公众知悉。

第十一条 任何中华人民共和国公民经向申报受理机构依法申请,得查询、复制或摘抄未公开的国家工作人员的申报信息。受理机构应在收到之日起三日内做出决定,并给予申请人必要协助。

第十二条 负责受理、审查和公开申报信息的机构有权对存在疑问的财产申报进行调查取证,被调查人或相关人员、机关或组织应予配合。

第十三条 财产申报人以填写《家庭财产申报表》的形式申报家庭财产,《家庭财产申报表》由监察部统一制发。

第十四条 国家公职人员无正当理由不报告或者不按时报告的,应责令其于十五日内申报,并根据情节给予行政处分,并处一万到五万元罚款。对瞒报、伪报的,要从重处罚。

对于超过责令申报期限仍拒不申报,或申报存在瞒报、伪报,或申报仍不属实的,处五万到十万元罚金或三年以下有期徒刑、拘役。

第十五条 负责受理或公开财产申报信息的机构故意向申请人提供或公开与申报内容不符的信息的,根据情节轻重,给予行政处分、并处一万到五万元罚款或两年以下有期徒刑、拘役。

第十六条 本法自×年×月×日起施行。

后　记

本书是我在承担司法部2006年度“国家法治与法学理论研究”重点研究项目《控制腐败法律机制研究》（项目编号为：06SFB1009）基础上撰写而成的，曾于2010年在法律出版社出版。当时参加课题及具体承担编写任务的情况是：导言（李晓明）；第一章（李晓明、陆岸、张长梅）；第二章（李晓明、李敏、何家亮）；第三章（李晓明、朱媛媛、任慧、刘杰）；第四章（李晓明、苏冉冉、刘杰）；第五章（李晓明、徐国聪、张华强）；第六章（李晓明、杨俊）；第七章（李晓明、李洪欣、华小钢、芦吉权、杨俊）；第八章（李晓明、陈栋、韩海军）；第九章（李晓明、胡庆波）；第十章（李晓明）。时过六年，接到法律出版社学术分社易明群女士的电话，称《控制腐败法律机制研究》一书被中纪委网站列为“全党系统必读52本书”之一（本书被列在第12位，同时也是唯一一本法律类书籍），出版社要求按照新近党的十八大反腐精神修订本书。由于时间紧，任务重，修订幅度大,当年的许多学生毕业不说,就连李洪欣教授也已经退休,而且各自从事的工作岗位及生活等都出现了很大的变化,故再把大家召集在一起或按照原来的分工进行本书修改已不大可能。实事求是地讲,为保证课题及原书内容与观点的统一,我承担了 2010 年的《控制腐败法律机制研究》一书大部分内容的撰写,其中通稿中对他人撰写的内容也进行过大量修改。再者说,党的十八大明确提出尽快打造“不想腐、不能腐、不敢腐”的控制腐败法律机制,十八届四中全会做出的全面推动“依法治国”的宏伟战略,以及《刑法修正案(八)》和《刑法修正案(九)》及其司法解释等,在控制腐败法律机制研究的内容上以及贿赂罪名及法定刑上等都有了很大的变化,这不仅为新书稿的撰写提出了更高的要求,而且实际运作中也的确是对整个内容进行了重新编排和撰写。2010 年的书稿总共 10 章内容:相关基本范畴及控制腐败法律机制的界定,认定腐败的标准及其分类,腐败的原因及其形成机理,中外腐败现状及控制机制,控制腐败的政策机制,控制腐败的法律机制(一):建立前提、具体设计与操作运行,控制腐败的法律机制(二):立法机制,控制腐败法律机制(三):惩处机制,控制腐败法律机制的新视点:博弈论,控制腐败法治系统工程。而新的书稿共新增和扩充为五编,内容增加至十五章,不仅新增加的五章是全新的内容,甚至原来的章节也进行了大篇幅的重新编排和撰写。包括根据党的十八大精神,明确了“党法也是法”的新理念,尤其是新的一届党中央及中央纪律检查委员会不仅铁腕反腐,而且对党规党纪进行了全面系统的修改,甚至正在进行的我国监委会的体制改革以及反腐败实质机构的建立等内容,都在全书中予以充分体现和反映。因此,从如此多内容的增加与扩充需要来讲,整部书的内容体系都出现了很大的变化。加之出版社在交稿时间上的要求与一再催促,最终书稿的修订也只能由我和我身边的研究生来完成。当然,在控制腐败法律机制的原理上仍然采用的是原课题的一些设计,部分书稿内容经过修改完善后也在书中使用，在此予以说明，并借此机会对原课题的作者们付出的辛勤劳动再次表示诚挚谢意。

此次书稿的修订和补充完善过程，再一次使我切身体会到构建中国特色的“控制腐败法律机制”是一项艰苦的理论研究与实践探索过程，更是一项宏大的社会工程与法治系统工程。加之我国文化与体制方面的原因，主要是我本人的专业能力与水平所限，使得在研究和构建新形势下的“控制腐败法律机制”时仍然感到力不从心，甚至书稿中会出现这样或那样的缺点、错误与不足，请大家阅后批评指正，如果还有下次再版的机会将予以修正和完善。此次书稿撰写过程中，我的博士研究生尹文平利用其从事公安纪委工作的先天优势，帮助我搜集了大量的专业资料，并参加了整部书稿的文字校对及部分内容的撰写（如第十一章和第十四章等），没有他的帮助我很难在这么短的时间内完成这部书稿。已经毕业的张振华硕士，以及在校的黄静、倪文琦、沈仕芫等硕士研究生也帮助我整理相关资料和校对书稿。当然，还有法律出版社学术分社的领导及编辑同志们从督促此书的出版到具体策划、编辑排版等，都付出了辛勤劳动，他们是朱宁社长、孙东育社长、易明群主任和黄倩倩编辑等，借此机会对他们的巨大奉献和付出一并表示感谢！

此外，在研究和撰写书稿过程中，本书参阅了学界和实务界同人们的许多著作和文章，不少理论观点在书中引用，当然本书尽可能准确地将其在文中一一注释，但由于资料繁多，万一有疏漏之处，也请各位学界同人见谅为盼，并在此表示真诚的谢意！

谨以此书再次献诸学界和实务部门时，真诚期待得到大家的关心、支持与批评指正，再次谢谢大家！

李晓明

2017 年 2 月 5 日于苏州大学相门寓所

图书在版编目(CIP)数据

控制腐败法律机制研究 / 李晓明著．—2 版．—北京：法律出版社，2017
ISBN 978-7-5197-0524-4

Ⅰ．①控…　Ⅱ．①李…　Ⅲ．①职务犯罪—预防犯罪—研究—中国　Ⅳ．①D924.304

中国版本图书馆 CIP 数据核字(2016)第 326245 号

控制腐败法律机制研究
KONGZHI FUBAI FALÜ JIZHI YANJIU

李晓明 著

责任编辑 黄倩倩
装帧设计 李　瞻

出版 法律出版社
总发行 中国法律图书有限公司
经销 新华书店
印刷 三河市龙大印装有限公司
责任校对 杨锦华
责任印制 陶　松
编辑统筹 学术·对外出版分社
开本 A5
印张 24.5
字数 602 千
版本 2017 年 10 月第 2 版
印次 2017 年 10 月第 1 次印刷

法律出版社/北京市丰台区莲花池西里 7 号(100073)
网址/www.lawpress.com.cn
投稿邮箱/info@lawpress.com.cn
举报维权邮箱/jbwq@lawpress.com.cn
销售热线/010-63939792
咨询电话/010-63939796

中国法律图书有限公司/北京市丰台区莲花池西里 7 号(100073)
全国各地中法图分、子公司销售电话：
统一销售客服/400-660-6393
第一法律书店/010-63939781/9782
西安分公司/029-85330678
重庆分公司/023-67453036
上海分公司/021-62071639/1636
深圳分公司/0755-83072995

书号：ISBN 978-7-5197-0524-4
定价：88.00 元